《本草纲目》
里的博物学

猛兽与家禽

余军 ◎ 编著

贵州科技出版社
·贵阳·

序

在浩渺的文化长河中，中医药学以其独特的哲学智慧、系统的理论体系和卓越的医疗效果，犹如一颗璀璨的明珠，闪烁着源自东方的特有光芒。它不仅承载着古代先知对自然界的深刻洞察，而且凝聚了中华民族的精神智慧。然而，如何将这数千年的智慧结晶以更贴近现代社会（特别是贴近年轻一代）的方式呈现出来，成为普及中医药学的重要挑战。面对这一挑战，我有幸读到这本创新而富有见地的《〈本草纲目〉里的博物学》。

还未看到《〈本草纲目〉里的博物学》时，就听说这套书是普及中医药学和博物学知识的图书，我便产生了强烈的阅读兴趣，很想看看怎么把内容庞杂的《本草纲目》做成适合大众阅读的图书。

接到样稿简单翻阅后，我的疑问便消失了，这并不是一套完全抄录《本草纲目》原文的图书，而是在《本草纲目》中医药学知识的基础上，重新编纂的一套兼具中医药学和博物学知识的读物。不得不说，这种将古代优秀的传统文化用现代创意进行编辑的想法是很好的，既能传承中华民族几千年来的优秀传统文化，又能让这些难懂的传统文化焕发出全新的生命力。

这套书里面的中医药学知识是经过拣选后重新编辑的，内容简单、直白，筛去了一些模棱两可的内容，保留的都是现代生活中能接触到、能理解的内容。除中医药学知识之外，这套书还加入了许多博物学知识，很好地扩展了《本草纲目》原本的内容，让读者从更全面的角度去了解那些植物与动物。

相比知识类的文字介绍，五颜六色的插图可能更吸引人。作为一种辅助阅读的内容，精美的插图能更直观地展示出各条目的具体形象，让读者清晰地了解《本草纲目》中提到的各类药材究竟长什么样。这对于那些较少接触大自然的读者来说是大有裨益的。读者在外出踏青、游玩时，对照着书中的内容，寻找一下山林之中的"本草"，也是别有一番趣味的。

整体读下来，能看出创作者在这套书中的良苦用心。把《本草纲目》这种内容丰富、条目庞杂的古代典籍做成现代读物，本就不是一件容易的事，许多细小的知识点都需要翻阅很多资料去核对、辨析。作为一套知识普及读物，知识点的准确性更是要加倍注意，创作者付出的辛苦可想而知。

《〈本草纲目〉里的博物学》以其独特且深入浅出的方式，使我们有机会重新审视和欣赏中医药学的博大精深。这套书不仅超越了传统科普读物的范畴，还将历史与未来、传统与创新相融合。我相信，这套书的出版将为中医药学的传承与创新注入源源不断的活力，激发更多的年轻人深入探索这门学问，从而推动中医药学的繁荣与发展。

很高兴能阅读这套书。欣喜之余，也期待能有更多的读者通过这套书了解《本草纲目》，了解中医药学，了解中国几千年的优秀传统文化。希望有更多的读者能够加入传承中华优秀传统文化的队伍，国家的非物质文化遗产需要更多年轻人来传承。

北京市中医管理局原副局长
北京同仁堂中医医院原院长

前　言

现在算起来，我已经在中医临床研究的道路上探索了30多年。一路走来，如果说哪本中医典籍让我最感兴趣，那非《本草纲目》莫属了。

对出生于中医世家的我来说，读中医典籍就像读漫画书一样有趣。在走上工作岗位后，20多年来我一直从事临床中医骨伤保健工作。虽然工作上的事情比较多，但一有时间我仍会拿起几本中医典籍翻阅，《本草纲目》算是其中最为特别的一本。

《本草纲目》就像是一本中医药学、博物学的知识百科大全集，内容之丰富，简直无法形容。学过专业中医药学知识的人阅读这本书是比较轻松的，但对于大多数没接触过中医药学知识的人来说，这部"百科全书"就有点儿难懂了，说它是有字的"天书"也不为过。

我第一次接触《本草纲目》时就觉得它的内容太过庞杂，即使后来走上工作岗位后再翻阅这本书，也还是会有同样的感受。于是我就在想，是不是可以用其他的形式把《本草纲目》的丰富内容重新呈现出来，让对中医药学感兴趣的读者也能读懂这部"百科全书"呢？

一番思考后，我以"删繁就简，古为今用"为原则，着手对《本草纲目》的内容进行筛选，并以类目分册的形式，将同类内容归入一册，最终完成了这套条理清晰、易读易懂的《〈本草纲目〉里的博物学》。

本套书共有6册，分别为《〈本草纲目〉里的博物学：芹草与奇珍》《〈本草纲目〉里的博物学：繁花与果实》《〈本草纲目〉里的博物学：蔬菜与稻谷》《〈本草纲目〉里的博物学：乔木与灌木》《〈本草纲目〉里的博物学：鱼贝与珍灵》《〈本草纲目〉里的博物学：猛兽与家禽》，基本囊括了《本草

纲目》原书中的大多数内容。

为了更贴近普通大众的阅读习惯，我还在正文之外增加了一些辅助阅读的内容，如条目知识科普等。这些内容的添加，使得本书的知识范围进一步拓展，不再局限于仅介绍本草的药用价值，而是全面介绍本草的特征、形态、习性等，让读者能够更为全面地学习其中的博物学知识。在此一提，书中各条目内容均为科普讲解，现部分条目已被禁止使用。同时，书中故事皆为神话传说，读者若有类似病症请勿自行效仿用药，务必及时就医。

本套书还为每一个条目绘制了精美的插画，更为直观地展示了各条目的具体形象，读者可以从中找到"鹳与鹤的区别"，发现"柑与橘的差异"，了解各类植物与动物的具体特征。

《本草纲目》内容广博，囊括了许多与人们生活息息相关的中医药学常识，这也是其流传千年而热度不减的重要原因。到了现代，《本草纲目》已经走出那些中医药学家的书柜，走进了千家万户。

作为中医典籍中的璀璨瑰宝，《本草纲目》深刻影响了中医药学的发展，如今，随着博物学在国内的兴起，它的博物学价值也进一步凸显。希望这套《〈本草纲目〉里的博物学》能够为读者打开博物学的大门，帮助读者更好地了解神秘的自然，了解先辈留下来的优秀传统文化。

余 军

2024 年 11 月 22 日

第五章　畜类：人类饲养的家畜 —— 069

第六章　兽类：大自然中的野兽 —— 089

第七章　鼠类：多样化的鼠类动物 —— 121

第八章　灵长类：聪明伶俐的猴子 —— 137

目录

第一章 水禽类：在水边生活的禽类动物 —— 001

第二章 原禽类：栖息于原野的禽类动物 —— 023

第三章 林禽类：树林中的禽鸟 —— 045

第四章 山禽类：山林中的猛禽 —— 059

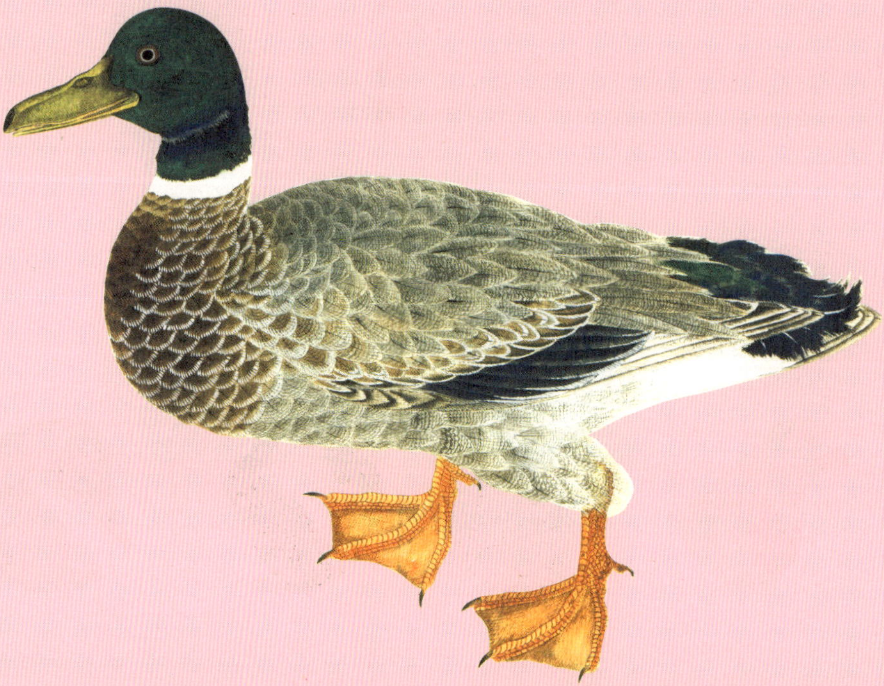

第一章

水禽类：在水边生活的禽类动物

鹤

神话中的仙人坐骑

别名 仙禽
分类 鹤形目，鹤科
习性 河边或海岸群居或双栖
功用 益气补虚，祛风益肺

《本草纲目》记载：鹤可以益气补虚，祛风益肺。鹤为长寿仙禽，颇具仙风道骨的特点，在神话故事中常为仙人所骑。据说，八仙之一吕洞宾经常云游四海。

这天，吕洞宾听说洞庭湖畔有一家小酒馆，酒馆的主人辛氏为人宽厚，乐善好施，但酒馆的收入并不多，仅够辛氏糊口。吕洞宾决定去试探一番，看看辛氏是否如传言那样。

吕洞宾进入酒馆后，呼唤辛氏为他上酒菜。辛氏见吕洞宾仙风道骨，未敢怠慢。吕洞宾酒足饭饱之后，大摇大摆地离店而去，而辛氏见此，竟然没有向他讨要酒饭钱。

就这样，吕洞宾天天来这个小酒馆吃饭，分文不给，辛氏也一直不追究。一晃半年时间过去了，吕洞宾见辛氏一直待他宽厚，便决定回报辛氏。

吕洞宾用橘子皮在店里画了一只黄鹤，告诉辛氏这只黄鹤可以帮助他，辛氏只要呼唤黄鹤，黄鹤就

鹤别名仙禽，是鹤形目鹤科的动物。鹤的羽毛有白色、黄色、黑色等颜色，其中躯干部羽毛多为白色；翅膀和尾部羽毛为黑色或灰色；头顶颊部和眼眶部羽毛为红色；脚部羽毛为青色。颈部修长，膝粗趾细。

鹤经常半夜鸣叫，声音非常洪亮。通常雄鹤在上风（逆风）鸣叫，雌鹤在下风鸣叫，它们通过声音辨别雌雄，进而寻找配偶进行交配，孕育幼鹤。

会出来跳舞。人们听说了这件事,都来这家小酒馆吃饭,辛氏的生意越来越好,不久便成了一个大富翁。

吕洞宾见辛氏的生活已经足够富裕,便再次来到小酒馆,用玉笛吹了一曲,黄鹤便从墙上飞了下来。吕洞宾跨上鹤背,骑着仙鹤腾空而去。

鹳（guàn）

不会鸣叫的大型涉禽

别名 皂（zào）君、负釜（fǔ）

分类 鹳形目，鹳科

习性 单独栖息于广野或小丘

功用 治痰迷心窍、心腹疼痛

古代神话中，人们认为鹳是治疗疾病的良药，常常想方设法捕捉鹳。

有一天，鹳妈妈出去为自己的幼鹳寻找食物。飞了一会儿，鹳妈妈在不远处发现了一条草蛇，于是飞到地上想要捉住草蛇，但草蛇却躲到了石缝中。于是，鹳妈妈将石头挪开，把草蛇衔（xián）在口中。

几个术士听说鹳肉可以让人日行千里，鹳血可以让人点石成金，鹳骨可以治疗五尸病。于是，就在鹳妈妈出去觅食之时，他们爬到鹳的巢穴，准备将幼鹳偷走。

正当这几个术士掏鹳巢之际，鹳妈妈衔着草蛇飞了回来。术士被鹳妈妈的翅膀扑倒，掉了下来。他们不甘心，拿出长刀想要杀了鹳妈妈。

鹳妈妈仅仅凭长喙、翅膀，没有办法与术士抗衡。几个回合下来，鹳妈妈被术士刺伤，体力渐渐不支。术士正欲趁机杀了鹳妈妈时，一声巨雷猛然在天空炸开，将接近鹳巢的一个术士打了下来。

鹳别名皂君、负釜，是鹳形目鹳科的一种动物。鹳分为白鹳和乌鹳两种，白鹳身形像鹄，经常在树上筑巢，乌鹳是黑色的，颈部弯曲。

鹳像鹤，但头顶部不红，颈长嘴赤，颜色多为灰白色，翅膀和尾巴为黑色，喜欢在高树上筑巢。鹳起飞时直冲云霄，速度很快。

术士们突然想起，传说中鹳乃仙禽，能够呼风唤雨，凡人不能侵犯，否则会给自己带来灾难。于是，术士们赶紧带着受伤的同伴逃离树林，并承诺以后再也不冒犯鹳了。

雁

善于飞行的大型游禽

别名 大雁

分类 雁形目，鸭科

习性 以野草为食，有迁徙（xǐ）习性

功用 祛风寒，壮筋骨，益阳气

雁属于大型候鸟，每年秋季南迁，古人认为其是传递思乡怀亲之情的信鸟。

传说在汉武帝时期，汉朝与匈奴战事频发。汉武帝派苏武出使匈奴之地，与单于商讨议和的事情。

苏武到了匈奴之地后，单于突然反悔，扣押了苏武，并逼迫苏武投降。苏武宁死不屈，举刀自刎（wěn），经过抢救才保住性命。

后来，苏武被单于流放到北海无人区牧羊。苏武在北海风餐露宿，就这样待了十几年。十几年后，汉昭帝继位，要求单于放苏武归国，单于谎称苏武已经死了，汉昭帝信以为真，便没有再追究。

一天，汉朝天子在上林苑打猎，射到一只大雁。雁足上绑着一封信，信上写着苏武没死，而是在北海牧羊。于是汉昭帝派使者质问单于，单于听到此事后，认为苏武的忠义感动了大雁，连大雁都替苏武传递消息。他无法再抵赖，只好向使者道歉，并将苏武释放了。

后来，人们用大雁喻指传递书信的人。

雁别名大雁，是雁形目鸭科的一种动物。雁喙为扁平形，尖端具有嘴甲；脖颈比较长；翅膀长而尖，适合长途跋（bá）涉；脚短，跗（fū）跖（zhí）前侧覆盖网状鳞（lín），三趾向前，有蹼（pǔ）或半蹼相连，一趾向后，较其他三趾为短，行走中不接触地面。

雁主要在淡水水域活动，喜欢沿水岸水生植物稠（chóu）密区觅（mì）食，多以野草与种子为主食，也会捕食一些小鱼、小虾。

第一章 水禽类：在水边生活的禽类动物

鹄（hú）
"丑小鸭"变成的白天鹅

别名 大天鹅、白天鹅

分类 雁形目，鸭科

习性 成群生活在植物繁茂的浅水水域

特征 全身雪白，嘴端为黑色

关于天鹅，有这样一个古老的传说。

很久以前，王母娘娘在天庭召开蟠桃会，并邀请各路神仙赴宴，蟾蜍也在其中。蟾蜍一直听闻天庭的天鹅十分美丽，并且吃了天鹅肉可以长生不老，所以决定借蟠桃会一睹天鹅的美貌。

蟾蜍上了天庭后，在天庭中到处闲逛。当它走到花园的时候，看到天鹅走了过来。蟾蜍为天鹅的美貌所倾倒，想要求娶天鹅。

天鹅见蟾蜍非常丑陋，而且心思邪恶，一气之下在王母娘娘面前告了蟾蜍一状。王母娘娘大怒，随手拿起嫦娥进献的月精盆，砸向鬼迷心窍的蟾蜍，使蟾蜍坠入凡间变成一只癞（lài）蛤蟆。

没想到，月精盆化作一道金光，进入蟾蜍体内。王母娘娘后悔不已，但已经没有办法阻止。于是，王母娘娘命令蟾蜍去凡间历劫，劫数结束后，再把月精盆还回来。蟾蜍已经知道了自己的过错，领命下了凡间。

鹄即天鹅，别名大天鹅、白天鹅，是雁形目鸭科中个体最大的种类。鹄的颈部修长，和体长、身躯长度相等；嘴基部高而前端缓平，眼腺裸露；尾巴短而呈圆形；蹼强大，后趾没有瓣状蹼。

鹄喜欢在湖泊和沼泽地带栖息，主要以水生植物为食，同时也会食用螺类等软体动物。

第一章　水禽类：在水边生活的禽类动物 | 009

鹜（wù）
肉质鲜美的家禽

别名 家鸭、舒凫（fú）、家凫

分类 雁形目，鸭科

习性 喜群居，喜水，杂食

功用 补虚，除热，调和脏腑

鸭子的肉质肥美，因此被人们广泛食用。烤鸭是北京著名的菜品，享誉世界。烤鸭最初起源于一千年前，当时的中国帝王进行狩猎活动，活动中捕获了一只白鸭，后来被人们培育成了今天名贵的肉食鸭种。此外，北京鸭曾在百年前传至欧美。

相传，明初洪武年间，老百姓非常喜欢吃南京板鸭。明朝皇帝也非常爱吃，据说朱元璋"日食烤鸭一只"。宫廷里的御厨见皇帝爱吃，就想方设法研制鸭子的新做法来讨好皇帝，于是后来研制出了叉烧烤鸭和焖炉鸭这两种烤鸭。

后来，朱棣当上皇帝后，将国都迁至北京，并带走了南京宫廷中做烤鸭的御厨。嘉靖年间，烤鸭从宫廷传到了民间。

后来，烤鸭技术又发展到了"挂炉"时代。这种烤鸭是用果木明火烤制的，具有特殊的清香味道，其鸭肉十分鲜美。

鹜别名家鸭、舒凫、家凫，是雁形目鸭科的一种动物。雄性鹜头部呈绿色，翅膀上有纹理；雌性鹜头部呈黄色，有的呈黑色或纯白色。雄性鹜不会鸣叫，而雌性鹜则会鸣叫。

鹜肉具有补虚、除热、调和脏腑、通利水道、解丹毒、止热痢等功效。白鹜的肉最好，黑鹜的肉有毒，容易损伤中焦，导致中焦虚寒，引发脚气。

第一章 水禽类：在水边生活的禽类动物 | 011

凫（fú）
好成群飞行的禽类

别名：野鸭、野凫、沉凫
分类：雁形目，鸭科
习性：喜群居，喜水，杂食
功用：补中益气，平胃消食

《庄子·骈（pián）拇（mǔ）》曾载："长者不为有余，短者不为不足。是故凫胫（jìng）虽短，续之则忧；鹤胫虽长，断之则悲。"这则古文记载了这样一个故事。

从前，有一个人非常善良，经常帮助别人，但是他并不聪明，反而有一点愚蠢。

有一天，他路过郊外湖边时，看到一群野鸭和白鹤在水里觅食嬉戏。野鸭的腿比较短，只能浮在水面上慢慢游动，而白鹤双腿修长，可以在浅湖里自由游动。这个人看到白鹤不一会儿就找到了很多食物，而野鸭的食物却很少。

他心想，野鸭的腿那么短，走起路来肯定不方便，不如把白鹤的腿截掉一段给野鸭，这样野鸭就可以走得很快了。想到这里，这个人真的捉来一只白鹤和一只野鸭。

他将白鹤的一段腿截下来之后，接到了野鸭的脚上。然而，白鹤断了一截腿，疼得不得了，一直在水

凫别名野鸭、野凫、沉凫，是雁形目鸭科的一种动物。相较于普通鸭子，凫身材较小，羽毛多夹杂青白色，背部有纹理，嘴短尾巴长，腿比鹤短，脚小掌红，体形肥胖，耐寒冷。

凫生长在江淮以南的江河湖泊中，常常几百只结群飞行，飞行时发出的声音如同起风下雨。凫肉味甘，无毒，具有补中益气、平胃消食、清热解毒、消水肿等功效。

里悲鸣。野鸭并没有因为多了一截腿而走得快，反而一步也不能走了。看到这种情况后，他对自己刚才的行为后悔不已。

鸳鸯（yuān yāng）

象征爱情的鸟类

别名 中国官鸭

分类 雁形目，鸭科

习性 好成群活动，杂食

功用 清热除湿，治瘘疮、疥癣

  古代人将鸳鸯视为爱情的象征。在中国古代文学作品和神话传说中，很多凄美缠绵的爱情故事都和鸳鸯有关，"鸳鸯石"便是其中一个著名的爱情故事。

  从前，有个村庄叫作中寨，中寨有一个叫作勒耶的年轻姑娘，她十分美丽，而且心地善良，非常聪明。勒耶是中寨有名的歌手，中寨的年轻人常来和她对歌，并向她求婚，但都被她拒绝了。

  一年中秋节，中寨举行歌节，勒耶打扮得像仙女一样，年轻人纷纷前来和她对歌。在人群中，勒耶看到一个二十来岁、名叫索卜的年轻人，他身强力壮，英俊朴实，唱歌也非常好听。勒耶很喜欢和他对唱，两人日久生情，最终定下了婚约。

  然而，勒耶的母亲非常贪财，不同意勒耶和索卜在一起，并将勒耶锁在家中。勒耶无法与索卜见面，日日以泪洗面，期盼索卜可以前来救她。

  有一天晚上，勒耶听到母亲要将她许配给东寨一位老爷，心中十分难过，一心想求死，就在她打算上

  鸳鸯别名中国官鸭，是雁形目鸭科的一种动物。鸳鸯的体形和水鸭相似，体色为杏黄色，有纹理，头和脚掌为红色，翅膀和尾巴为黑色，头部还有很长的白色羽毛可以垂到尾部。

  鸳鸯生活在南方的湖泊和小溪中，常常栖息在土穴中。休息时，它们会躲在水涧中，雌雄鸳鸯常常一起休息，颈部相互缠绕，形成有趣的景象。

吊的时候，索卜从窗外翻了进来，将勒耶救了出去。他们两个逃出去后，躲到了寨子前山峭壁的岩洞里。

第二天，他们看到东寨老爷的迎亲队伍，心想整个寨子都是东寨老爷的地盘，他们已经无路可走，事到如今，大不了死在一起。于是，他们两个人紧紧相拥，坐在岩洞里。

日子一天天过去，这对情人慢慢变成了两块石头。寨上的人十分敬佩他们对爱情的忠贞，于是把这两块石头称为"鸳鸯石"。

鸬鹚（lú cí）
被驯养的捕鱼能手

别名 鱼鹰、水老鸦
分类 鲣鸟目，鸬鹚科
习性 善潜水，能捕鱼
功用 利尿，主治水肿

相传很久以前，南方水乡有一个渔夫，以捕鱼为生。渔夫有一个贤惠能干的妻子，还有一个聪明可爱的女儿。

渔夫每天都会捕很多鱼回来，除了卖掉的，总会剩下一条最肥美的鱼，用来炖汤给妻子和女儿享用。

这天，渔夫照例捕完鱼之后，把最肥美的一条鱼装进鱼篓（lǒu），然后把其他鱼卖掉。晚上回家，渔夫让妻子把那条鱼炖成鱼汤。

饭菜备齐后，渔夫一家围着桌子享受晚餐。渔夫的女儿早就饿了，一看见鱼汤就迫不及待地喝了一大碗。可是，女儿喝得太急，不慎把一块鱼骨卡在了喉咙里。她疼痛难忍，不停地哭泣。

渔夫深知鱼骨不能轻易取出，于是马上去找大夫帮忙。大夫来到渔夫家，看到渔夫女儿喉咙里的鱼骨，马上取出一段鸬鹚的骨头，并告诉渔夫："这是鸬鹚的骨头，古方说把鸬鹚的骨头烧成灰加水服用，可以治疗鱼骨卡喉的情况。你赶紧将它烧成灰，让你

鸬鹚别名鱼鹰、水老鸦，是鲣鸟目鸬鹚科中的一种大型食鱼游禽。鸬鹚的羽毛主要为深色，许多鸬鹚脸上有明亮的蓝色、橙色、红色或黄色；喙长而薄，经常发出大声的鸣叫；脚上有四个脚趾，脚趾之间有蹼。

鸬鹚善潜水，潜水后羽毛会被弄湿，需要张开翅膀在阳光下晒干后才能再次飞翔。它们主要栖息于海草丛生的水域，以鱼类和甲壳类动物为食。

女儿服下。"

　　渔夫听从大夫的建议，立刻将鸬鹚骨烧成灰加水让女儿服下。服下后，他女儿顿时感觉疼痛减轻了很多。大夫再次检查她的喉咙，发现鱼骨已经不见了。渔夫见此，立刻给了大夫诊费，并对大夫表示感谢。

鸨（bǎo）

不善飞行的鸟类

别名 独豹

分类 鸨形目，鸨科

习性 鸨形目，鸨科

特征 独居或松散群居，杂食

体形略大，颈直立，腿长

　　传说，古时有一种鸟在一片山林中栖息。这种鸟和大雁类似，但是它们经常聚集在一起生活。附近的村民见到它们时，这些鸟都会成群鸣叫，保护彼此。久而久之，人们就放弃了捕捉它们的想法。

　　后来，人们发现这种鸟经常成群聚集在庄稼地里栖息。它们并不吃村民的庄稼，反而经常吃庄稼上的害虫。在这种鸟的保护下，村民们种植的庄稼都茁（zhuó）壮生长。每到收获的季节，村民都能收获很多粮食。

　　为了感谢这种鸟，村民有时会主动给它们一些食物，并且不让人捕捉它们。有一天，一个村民突然想到这种鸟还没有名字，于是打算给它们取一个名字。

　　一个孩子听到这个消息，告诉村民，每次鸟群出现时，都有七十只，因此不妨把它们叫作"七十"。村民觉得这个名字不错，便用了这个名字。

　　之后，人们在"鸟"字左边加上一个"七十"字样，就构成了"鸨"，从此以后，人们就把这种鸟称为"鸨"。

　　鸨别名独豹，是鸨形目鸨科的一种动物。鸨的体形比雁略大；颈部直立，位于腿的前方，背上有黄褐色和黑色斑纹；腿长，适于奔跑；脚趾有3趾，没有后趾。它们身体结实，可以保持水平姿势，与其他大型走禽姿态相同。

　　鸨主要以大量害虫的幼虫为食，因此被人们当作益鸟。鸨通常在春末夏初繁殖，每窝可以产2~3枚卵。

第一章 水禽类：在水边生活的禽类动物 | 019

鸥

不挑食的鸟类

别名 江鸥、海鸥

分类 鸻形目，鸥科

习性 性凶猛，喜成群飞翔

功用 养阴润燥，止渴除烦

　　山东有一座海驴岛。这座岛是大海中的一个小岛。岛上有成千上万只海鸥经常在海面飞翔。关于这座岛，有一个神奇的传说。

　　相传，当年玉皇大帝看到大海中有很多海鸥飞翔，景象非常壮观，于是想修建一个海上乐园，以近距离观察这些美丽的海鸥。但是大海广阔无垠，全是海水，没有办法修建乐园，玉皇大帝便派二郎神移山填海。

　　二郎神用扁担搬着两座大山，驾云来到海面上空。二郎神正在天上想将两座大山放在大海何处的时候，突然听见东岸有驴的叫声，同时西岸还有鸡鸣声。

　　二郎神被突如其来的叫声吓到，一不小心将两座山落入了海中，化为两个海岛。海上的海鸥们看到海上凭空出现了两座海岛，十分好奇，纷纷跑到两个海岛之上，想要弄清它们的来历。

　　后来，人们观察这两座海岛，发现东边的海岛像

> 鸥别名江鸥、海鸥，是鸻形目鸥科的一种动物。鸥体长大约40厘米，头和颈为深褐色，后部转为黑褐色，嘴为赤红色，下体全为白色，胸、腹略带淡灰色，脚和趾为赤红色，尾上覆羽，尾羽皆为白色。
>
> 鸥主要繁殖在东北中部，栖息于沿海和内陆湖泊、河流，常常聚集在一起繁殖，它们常把巢穴搭在草堆、芦苇丛中或者平坦而潮湿的土壤上。

一头驴，西边的海岛像一只鸡，于是把东边的海岛叫作"海驴岛"，把西边的海岛叫作"鸡鸣岛"。而海岛上的海鸥到现在都没有弄清海岛的来历，所以还是经常盘旋在海岛周围。

于是，人们经常跑到这两座海岛上，去看成群的海鸥，欣赏它们的英姿。玉皇大帝知道后，认为二郎神修建乐园有功，便赏赐了他。

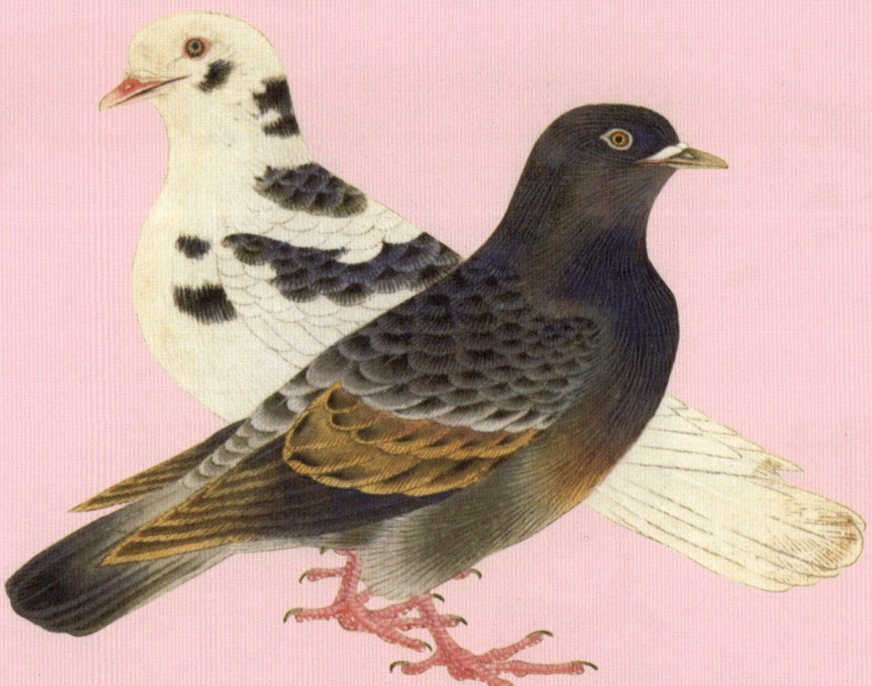

第二章

原禽类：栖息于原野的禽类动物

鸡

最常见的家禽

别名 烛夜、司晨
分类 鸡形目，雉（zhì）科
习性 体温高，发育快，抗寒能力差
功用 治虚劳瘦弱、骨蒸潮热

  鸡是一种非常常见的动物，几乎每个人都见过，而且它还是十二生肖中的一员。据记载，我国早在三千多年前就已经开始饲养鸡，并且发现了鸡的药用价值。中国鸡文化源远流长，内涵丰富多彩。

  鸡肉的做法有很多，比如叫花鸡。叫花鸡是将鸡杀死后去掉内脏，带毛涂上黄泥，把涂好的鸡置于柴草火中煨（wēi）烤，待泥干肉熟后剥去泥壳，鸡毛也随泥壳脱去，露出鸡肉。叫花鸡还有另外一个名字叫"富贵鸡"，这个名字与朱元璋有很大的关系。

  据说，朱元璋在建立明朝之前，由于缺乏兵力，有时会吃败仗。一次，朱元璋打仗失利后，带着士兵逃了三天三夜，众人饥渴难忍，四处寻找食物。

  就在这时，有人发现在不远处有炊烟升起。朱元璋觉得那里肯定是有人烧火做饭，便带人过去察看。

  过去后，朱元璋看到一个老叫花子在火堆里烤泥巴。这个老叫花子看到朱元璋带着官兵，心知来者不善，马上站起来对朱元璋说："我在给大王烤鸡吃。"

  鸡别名烛夜、司晨，是鸡形目雉科的一种动物。鸡的种类很多，不同地区产的鸡大小、颜色也不相同。辽阳的食鸡和角鸡肉味非常肥美；丹雄鸡肉有杀恶毒、避邪、温中补血、治疗疮疡溃烂、补肺等功效；白雄鸡肉有下气消积、治疗狂躁、安五脏、调中祛邪、治丹毒等功效。

朱元璋问道:"哪里有鸡?"

老叫花子连忙从火堆中把泥巴取出来,敲开外面的壳,顿时香味扑鼻。朱元璋吃了之后赞不绝口,并把这种鸡称为"富贵鸡"。

雉鸡

羽毛可做装饰品的鸟类

别名 野鸡
分类 鸡形目，雉科
习性 鸡形目，雉科
功用 善跑，杂食，集群性强
补中益气，健脾止泻

野鸡的羽毛艳丽，很多人喜欢用野鸡的羽毛制作东西，下面这个故事就与野鸡艳丽的羽毛有关。

森林里有一只美丽的野鸡，它有着非常鲜艳漂亮的羽毛。每天，野鸡都在森林里走来走去，依靠自己的力量寻找食物。有时，野鸡可能一天都找不到食物，但是它总是尽自己的努力维持生命。

这天，野鸡在森林里觅食的时候，看到一位农夫走了过来。农夫手上提着一个篓子，里面好像装满了东西。

野鸡好奇地问农夫："请问你的篓子里面装的是什么啊？"

农夫说："我装的是蚯蚓。"

野鸡一听非常兴奋，蚯蚓正是它最喜欢的食物。如果它能直接从农夫那儿要一些蚯蚓，今天就不用辛苦觅食了。

野鸡鼓起勇气对农夫说："你可以给我一条蚯蚓吗？"

雉鸡别名野鸡，属于鸡形目雉科的一种动物。雉鸡的体形和鸡相似，羽毛五彩斑斓。雄性雉鸡的羽毛色彩艳丽，尾巴长；雌性雉鸡的羽毛色彩较暗，尾巴较短。

雉鸡肉有补中益气，止泻痢，除蚁瘘（lòu），治疗脾虚下痢、消渴口干、心腹胀满等功效。

第二章　原禽类：栖息于原野的禽类动物 | 027

农夫说:"可以,但是你必须用你的一根羽毛交换。"

野鸡心想不过就是一根羽毛,于是野鸡拔下一根羽毛给了农夫。农夫给了野鸡一条蚯蚓。野鸡虽然很疼,但是看到蚯蚓还是很开心。

第二天,野鸡又看到了农夫,心想我现在身上还有这么多羽毛,就算再给农夫一根也无妨,至少我就不用辛苦寻找食物了。于是,野鸡又用自己的羽毛和农夫换了一条蚯蚓。

就这样,野鸡变得越来越懒,它每天都拔一根羽毛和农夫换蚯蚓吃。转眼间,冬天到了,野鸡还想用羽毛换蚯蚓吃,但是它发现自己已经没有羽毛可以给农夫了。不久,这只野鸡因为饥寒交迫而死掉了。

孔雀

有着鲜艳羽毛的鸟类

别名 越鸟
分类 鸡形目，雉科
习性 喜集群，杂食
功用 能解百毒

　　从前，有一只非常美丽的孔雀，它认为自己是世界上最美丽的鸟。有一天，别人告诉它，凤凰比它还要美丽。孔雀心里很不服气，一遇到别人，就露出自己美丽的尾巴，想让人夸赞它。

　　这天，它又非常招摇地在森林里闲逛。突然，一个面目狰（zhēng）狞（níng）的魔鬼出现在它的面前。这个魔鬼说："大家都说最近森林里有一只非常美丽的鸟，它们说的就是你吧？我要吃掉你，这样我也可以变得美丽了。"说完，便露出长长的獠牙，想要吃掉孔雀。

　　孔雀说："我不是最美丽的鸟，凤凰才是，你要是有办法让我变得比凤凰更有魅力，我就可以帮你做一件事！"

　　魔鬼想了想说："办法是有，但是你先要摘下凤凰的一根羽毛，这样我才能帮你。"

　　孔雀听完，赶紧飞出森林，找到凤凰，并按照魔鬼说的摘下了凤凰的一根羽毛。

　　孔雀别名越鸟，是鸡形目雉科中体形最大的鸟类。孔雀头顶翠绿，羽冠蓝绿色且呈尖形；尾上覆羽特别长，形成尾屏，鲜艳美丽；雌鸟无尾屏，羽色暗褐而多杂斑。

　　雄性孔雀很喜欢自己的尾巴，寻找住处时首先会考虑到能够容纳尾巴的地方栖息。孔雀性善妒，见到穿彩服者一定会啄他。

第二章　原禽类：栖息于原野的禽类动物　｜　029

030 | 《本草纲目》里的博物学：猛兽与家禽

然而，孔雀没有想到，魔鬼并没有方法将它变美，魔鬼只是想用凤凰的羽毛增加法力，想在森林里大开杀戒。

孔雀意识到自己的错误，它听说自己的血可以杀死魔鬼，于是，它找到魔鬼，用一块石头划破自己的身体，趴在魔鬼身上，让自己的血滴在魔鬼身上。不一会儿，魔鬼就灰飞烟灭了，但孔雀也因为失血过多而死。

鹧鸪（zhè gū）

喜欢沙浴的鸟类

别名 怀南、越雉

分类 鸡形目，雉科

习性 喜暖怕冷，善于结群，飞行速度快

功用 滋养补虚，开胃化痰

鹧鸪可以解毒，比如野葛、菌子之毒，还能补五脏，强心益智。但鹧鸪不可多食，否则会出现头疼、痈肿等症状。

相传，广州有一位姓杨的官员，他听说鹧鸪能强心益智，所以经常食用鹧鸪。没想到，鹧鸪吃多了之后，他的咽喉开始红肿，并且开始慢慢溃烂，一直流脓血。

这位杨大人寻遍名医，但都没有治好自己的病，每天痛苦不堪。这时，有一位喜欢游历的老神医经过此地，当地的人都说这位神医医术高超，并且乐善好施。

杨大人听闻神医到此，立刻将神医请到了自己的府上。神医到了之后，看到杨大人的情况，不等杨大人说话，就告诉杨大人，所有的鸟死后都会产生一些毒素，鹧鸪也不例外。鹧鸪虽然能够强心益智，但是吃多了也会中毒。鹧鸪喜欢吃乌头、半夏苗，要解鹧鸪的毒，可以吃生姜，并加服甘草汤即可。

鹧鸪别名怀南、越雉，是鸡形目雉科的一种动物。鹧鸪头黑带栗色眉纹，有由眼至耳羽的白色条带，颏（kē）及喉为白色。脚爪强健，善于在地上行走，虽不常飞行，但飞行速度很快。

鹧鸪害怕寒露，早晨和晚上很少出来，多在矮小山岗的灌木林中活动，主要以蚱蜢（zhà měng）、蚂蚁等昆虫为食物，在我国各地多有分布。

杨大人按照神医的药方服药后，不到一个月，症状便消退了不少。杨大人为此十分感谢"神医"，并决定以后吃东西不再过量。

竹鸡

我国特有的观赏鸟类

别名 泥滑滑、扁罐罐
分类 鸡形目，雉科
习性 生性好斗，善鸣叫
功用 补中益气，杀虫解毒

竹鸡生性好斗，一遇到自己的同类，肯定就会打个头破血流。因此，常被人们驯（xùn）化成斗鸟，供人观赏。至于捕捉竹鸡的方法，古人有很多经验。

从前，有一个聪明的猎人，他听说人们很喜欢买竹鸡，然后欣赏它们相斗，就想多捕捉一些竹鸡，拿到市场去卖。

可是，猎人听说竹鸡跑得很快，非常难抓，他冥思苦想，想要找到抓住竹鸡的办法。不一会儿，他想到竹鸡好斗，自己可以利用竹鸡的这一特征给竹鸡下一个圈套。

于是，猎人在树林里用树叶堆了一个巢穴，然后在巢穴里面放上一只买来的竹鸡。接着，他拿出一张网子罩住巢穴，自己在一棵大树后面隐藏起来。

买来的这只竹鸡被猎人网住后，不停地鸣叫。树林中野生的竹鸡一听到同类的鸣叫声，就知道有架可

竹鸡别名泥滑滑、扁罐罐，是鸡形目雉科的一种动物。竹鸡喙为黑色或褐色，额与眉纹为灰色，头顶与后颈呈嫩橄榄色，并有较小的白斑，胸部为灰色，呈半环状，下体前部为栗棕色，渐后转为棕黄色。

竹鸡有很多药用价值，它可以补中益气、杀虫解毒，能治疗脾胃虚弱、消化不良、痔疮等疾病。

以打了，于是纷纷出来，闭上眼睛，昂头冲进巢穴里，想要和同类决斗。然而，猎人早已等候多时。当竹鸡跑到巢穴时，猎人迅速将网收起，没有一只竹鸡能够逃脱。

猎人抓住这些竹鸡后，把它们拿到市场去卖，最终赚了不少钱。

鹑（chún）
跑得飞快的鸟类

别名：鹌（ān）鹑
分类：鸡形目，雉科
习性：生性胆怯，不喜欢结群
功用：补中气，强筋骨，止泻痢

有一个姓魏的秀才，娶了一位非常贤惠的娇妻。魏秀才十分喜欢自己的妻子，对妻子非常好，两人一直和睦恩爱，十分幸福。

一天，魏秀才的妻子突然患了一种怪病，肚子胀得比鼓还大。魏秀才以为妻子有喜了，非常高兴，马上请大夫前来诊治。大夫给妻子把脉后，告诉魏秀才，他的妻子并没有怀孕，而是得了一种怪病，并且这种怪病没有办法医治。

魏秀才知道后，心中难过不已。他看见妻子的肚子一天比一天大，四肢却越来越瘦，着急得不得了。

这天，妻子突然说自己想吃鹑肉。魏秀才马上到山林捕捉了一只鹑，并把它煮熟，喂妻子吃下。没想到，妻子吃完后病情更加严重，大汗淋漓，说不出话来。

魏秀才自责不已，认为是自己害了妻子。这时，妻子想小便，魏秀才赶紧搀扶妻子去厕所。小便时，妻子突然解出鹅脂般的白色液体。如此多次，妻子的

鹑别名鹌鹑，是鸡形目雉科的一种动物。鹑生性胆怯，不喜欢结群。鹑分雌雄，经常生活在田野里，白天通常潜伏在草丛中。人们经常用声音来引诱鹑，然后捕捉它们。

鹑有很大的药用价值，它可以补中益气、强筋健骨、消除热结。

病情竟然开始好转，魏秀才见此，高兴极了。

后来，魏秀才听大夫说，妻子的怪病可能是中焦湿热积聚所致，而鹌肉可以解热结、治疗疳积，所以妻子的病才好转了。

鸽

记忆力很强的鸟类

别名 鹁（bó）鸽
分类 鸽形目，鸠（jiū）鸽科
习性 警觉性高，有强烈归巢性
功用 滋肾益气，祛风解毒

    鸽子蛋营养价值极高，含有各种维生素和微量元素，被誉为"动物人参"。在古代，富贵阶层经常食用鸽子蛋来养生。

    从前，有一位姓王的官员身体虚弱，经常出汗，喝了很多补品也不见效。一天，这位官员将一位郎中请到府上看病。

    这位郎中把脉后，告诉王大人，他的病是由肾虚导致的，可以服用一些鸽子蛋来滋补身体。王大人按照郎中的说法，让下人将鸽子蛋加桂圆肉、枸杞、冰糖、燕麦炖后服用，果然大有成效。

    王大人听说鸽子蛋不仅有补肾效果，而且还可调节女性内分泌，使其保持青春靓丽，于是，王大人就把鸽子蛋当作府上的日常菜肴。过了一段时间，王大人的妻子果然气色非常好，皮肤也变得十分光滑。

    后来，人们开始将鸽子蛋当作一种良药。到了清朝，鸽子蛋成为一道非常贵重的菜肴，皇亲贵族都非常喜爱它。

    鸽别名鹁鸽，是鸽形目鸠鸽科的一种动物。鸽子头顶平，身躯硕大，喙长而略弯曲，羽毛颜色多样，有瓦灰色、青色、白色、黑色、绿色等。

    据《本草纲目》记载，鸽肉可以解毒，调精益气，治疗疮疖（jiē）和白癜（diàn）风；鸽血可以解药物毒和虫毒、蛇毒。

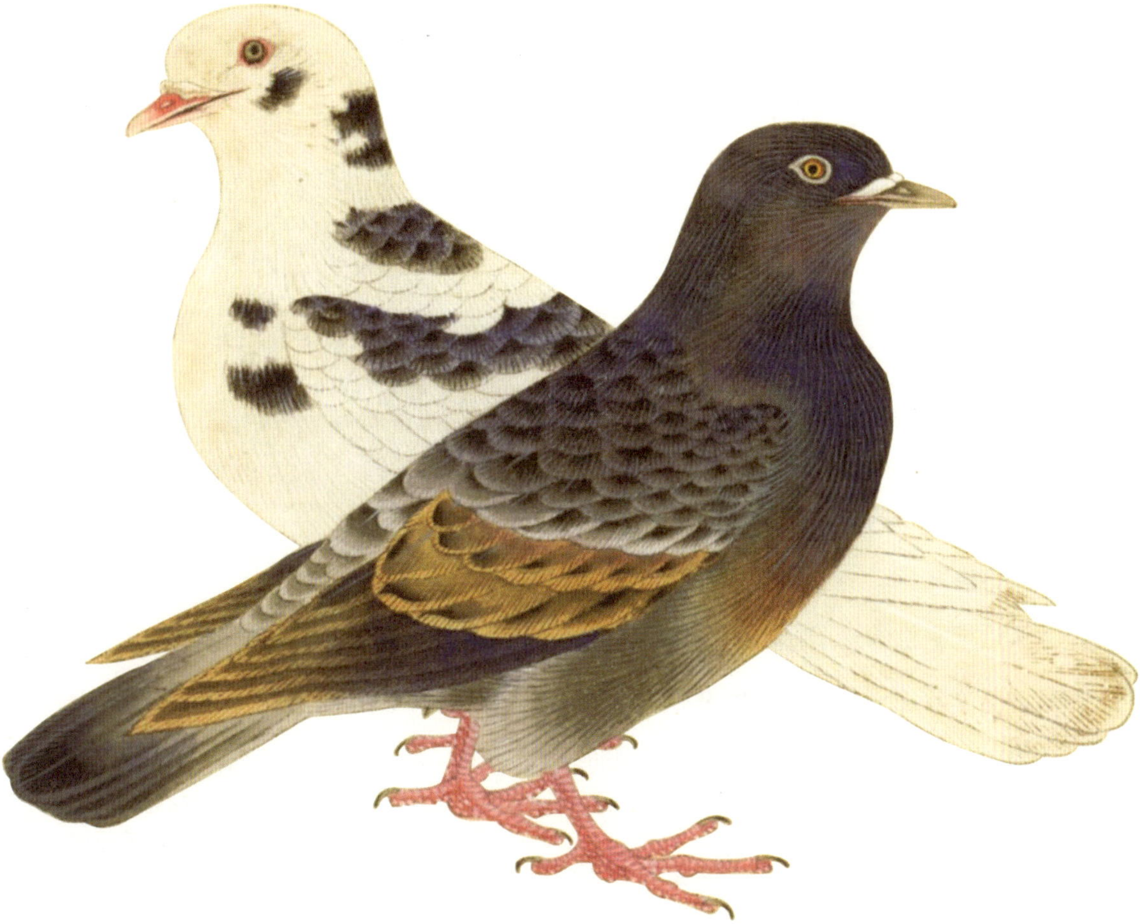

雀

好奇心很强的鸟类

别名	麻雀、宾雀、瓦雀
分类	雀形目,雀科
习性	警惕性高,好奇心强
功用	补肾壮阳,益精固涩

在古代,人们常常把麻雀视为治病的良药或药引。

从前,镇江有一个姓范的秀才,他的妻子长期患病,尽管他遍寻名医,但妻子的病情仍然没有好转。范秀才为了治疗妻子的病,开始到处寻找偏方。

有一天,他听说用药米饲养100只麻雀,养21天后把它们的脑子挖出来食用可以治疗疾病。

范秀才一开始并不愿意尝试这种方法。但他看着妻子日日痛苦不堪的样子,最终还是买来了100只麻雀,准备用药米饲养到21天后给妻子服用。

然而,当他准备取出麻雀的脑子时,妻子看着这些活蹦乱跳的麻雀,突然心有不忍。

于是,妻子对范秀才说:"为了给我治病,杀掉100只麻雀,我真的不忍心啊!"

范秀才看着妻子难过的样子,他最终打开鸟笼,放走了这些麻雀。

> 雀别名麻雀、宾雀、瓦雀,是雀形目雀科的一种动物。雀的羽毛呈褐色并有斑点;下颌、嘴巴为黑色;头形像独蒜;嘴短粗而强壮,呈圆锥状;脚爪为黄白色,喜爱跳跃,不会走。
>
> 雀多活动于人类聚居的地方,比如城镇、乡村、果园等。它们生性活泼,胆大易近人,但警惕性高。

几天后，奇迹出现了，妻子的病情突然好转。夫妻二人因此高兴不已，并认为放走麻雀是正确的选择。

燕

很会筑巢的鸟类

别名 燕子、乙鸟、玄鸟

分类 雀形目，燕科

习性 群居，善筑巢，以昆虫为食

功用 利肠胃，足气力

　　燕子的肉虽然有毒，但是燕窝却是珍贵的补品。燕窝是雨燕科动物分泌的唾液与绒羽等混合凝结所筑成的巢穴。燕窝的形状像元宝，一般直径为6~7厘米，深为3~4厘米。自古以来，人们就将燕窝视为一种养生佳品。

　　据史书记载，明朝时，郑和奉命下西洋。途中，郑和的船队遭遇大风暴，只能暂时停泊在马来群岛的一个荒岛上。荒岛上什么都没有，船队食物匮乏，难以生存，只能到处寻找可以食用的东西。

　　无意中，郑和他们发现了藏在悬崖峭壁上的燕窝。郑和命令部属前去采摘，然后将燕窝洗净，用清水炖煮，用以充饥。

　　吃了几天的燕窝后，郑和发现船队的船员们个个脸色红润，中气十足。郑和意识到燕窝肯定不是凡品，于是回国时带了一些燕窝献给皇帝。

燕别名燕子、乙鸟、玄鸟，是雀形目燕科的一种动物。燕体形小，嘴短弱，翅膀尖，尾巴有分叉，脚短小，爪子较强，背部的羽毛大多为蓝黑色。

燕是益鸟，主要以蚊、蝇为食，喜欢在人类屋檐下筑巢，春天飞走后会在南方的洞穴里栖身。

皇帝食用后深感燕窝滋补功效不凡，于是开始命人大量采摘燕窝。从此，燕窝成了中国不可或缺的珍馐补品，而郑和也因此成为中国史料记载中最先食用燕窝的人。

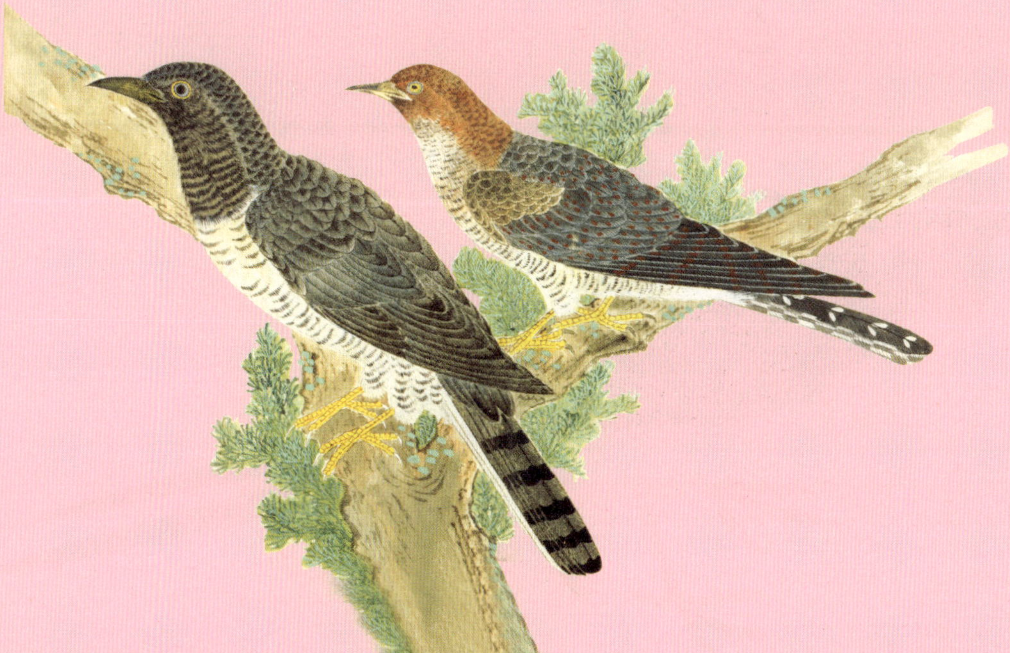

第三章

林禽类：树林中的禽鸟

鹦鹉

能学人说话的鸟类

别名 鹦哥

分类 鹦形目，鹦鹉科

习性 以树洞为巢，食植物果实

功用 养阴润肺，止咳

关于鹦鹉的故事有很多。相传在三国时期，名士祢（mí）衡和江夏太守黄祖的儿子黄射关系十分要好，经常在一起饮酒赋诗、玩耍作乐。

一天，黄射在长江的一个江心洲宴请祢衡。席间歌舞升平，气氛十分欢快。这时，有一个人将一只羽毛碧绿的红嘴鹦鹉献给黄射。黄射大喜，将这只鹦鹉转送给了祢衡，并要求祢衡赋诗一首。

祢衡生在乱世，才华过人，却一直不得志。在此情境下，他挥笔写了一篇《鹦鹉赋》，大意如下：鹦鹉是一只神鸟，但是却没有人认识它，只把它当作玩物。写完后，祢衡又把这只鹦鹉转送给一位叫作碧姬的歌姬。

后来，黄祖看到了这篇《鹦鹉赋》，认为祢衡有不臣之心，于是命人把祢衡杀害了。黄射伤心至极，将祢衡埋葬在了江心洲。那名叫作碧姬的歌姬知道后，带着祢衡转赠给她的鹦鹉来到洲上，一头撞死在墓碑前。那只鹦鹉见此彻夜哀鸣，第二天也死在了

鹦鹉别名鹦哥，是鹦形目鹦鹉科的一种攀禽。鹦鹉的对趾（zhǐ）足两趾向前、两趾向后，善于抓握，喙强劲有力；羽毛艳丽，善于学习人的语言，因此被人们所欣赏和钟爱，常被人们作为宠物饲养。

鹦鹉种类繁多，在世界各地都有分布，其中在拉丁美洲和大洋洲的种类最多，在亚洲和非洲的种类比较少。

墓前。

江夏城的人感念歌姬和鹦鹉的重情重义，集资为碧姬修了坟墓，并把鹦鹉和碧姬葬在了一起。从此，人们把这座江心洲叫作鹦鹉洲。

三百年后，人们在鹦鹉洲发现了碧姬的遗体，而那只鹦鹉已经变成了一块绿色的翡（fěi）翠。

莺

叫声悦耳的鸟类

别名 黄鸟、黄鹂

分类 雀形目、黄鹂科

习性 喜集群，杂食，叫声悦耳

功用 补益阳气，舒郁和肝

在古代神话故事中，黄莺是比翼鸟。

相传，黄河附近有个小村庄，村庄里面有一个叫柳生的人。柳生喜欢听各种鸟的叫声，并且经常学着各种鸟叫。日子久了，柳生模仿出来的声音连鸟儿听了都分辨不出来真假。柳生学鸟叫的时候，经常能招来很多的鸟。

柳生长大后，他的母亲突然得了重病。柳生没有钱给母亲治病，只好去附近县里的一个黄员外家当家丁。

在黄员外家里，柳生遇见了黄员外的女儿黄莺。黄莺长得非常漂亮，她喜欢鸟，还养了一只金丝雀。柳生非常喜欢黄莺，但是他知道自己身份低微，不能和黄莺在一起，于是，他只能每天偷偷地在旁边看几眼黄莺。

后来，柳生的母亲病死了。柳生安葬母亲后，继续在黄员外家当家丁。一天，黄莺的金丝雀死掉了，黄莺非常伤心，整天不吃不喝，一直在花园里哭。柳生不忍黄莺伤心，就学金丝雀鸣叫。

莺别名黄鸟、黄鹂，是雀形目黄鹂科的一种动物。莺是小型鸣禽，体形纤细瘦小，嘴细小，体部的毛呈黄色，翅膀上和尾部有黑毛，眉毛黑，脚部色青。

莺栖息于多种环境中，叫声圆滑而清晰，像织布机的声音。通常立春过后开始鸣叫，小麦成熟的季节叫得最为欢畅。

黄莺听到叫声后，以为是自己的金丝雀回来了，特别高兴。她走近一看，才知道是柳生。从此之后，柳生经常在黄莺面前学鸟叫，引来众多鸟，逗黄莺开心。

不久，黄员外发现了这件事，命人把柳生打死了。黄莺知道柳生死了，过度伤心，不久也病死了。

后来，在他们的坟上常有两只鸟，人们相传，这两只鸟就是柳生和黄莺，两人真心相爱，死后便变成了鸟，于是，人们就把这种鸟叫作比翼鸟。

喜鹊

爱吃害虫的"报喜鸟"

别名	飞驳鸟
分类	雀形目,鸦科
习性	喜集群,适应性较强
功用	滋补,通淋,散热

古代神话中,人们把喜鹊看作一种会报喜的鸟。

相传,从前有一个叫作黎景逸的人。他家门前的树上有一个鹊巢,他经常喂巢穴中的喜鹊。长此以往,喜鹊把黎景逸当作了自己的主人,每天围着黎景逸飞个不停。

一次,官府冤枉黎景逸犯了杀人罪,强行把他关进了大牢。一番严刑逼供后,官府逼迫黎景逸画了押。黎景逸在狱中受尽折磨,没有办法出去。

喜鹊见黎景逸一直不回来,非常担心。喜鹊飞到监狱里面,看到黎景逸遍体鳞伤的样子,心疼极了。于是,喜鹊变成人的模样,写了一道假的圣旨交给了官员。官员不知实情,立刻命人将黎景逸放出来。

喜鹊知道黎景逸可以出来后,连忙回到监狱外面,变回喜鹊的样子,不停地在树上鸣叫。黎景逸听到喜鹊的叫声,心想大约好事就要来了。果然,三天后,他被释放了。

喜鹊别名飞驳鸟,是雀形目鸦科的一种动物。喜鹊体形与乌鸦差不多;头、颈、背至尾为黑色,并夹杂紫色、绿蓝色、绿色等;双翅黑色,翼肩有一块白斑;尾远较翅长,呈楔形;喙、腿、脚纯黑色。

喜鹊常出没于人类活动地区,喜欢将巢筑在民宅旁的大树上,以昆虫、蛙类等小型动物和瓜果、谷物、植物种子为食。

第三章 林禽类：树林中的禽鸟

杜鹃（juān）
叫声洪亮的鸟类

别名：子规、催归
分类：鹃形目、杜鹃科
习性：杂食，叫声洪亮，不筑巢
功用：滋养补虚，活血止痛

很早以前，蜀国有个叫作望帝的人，他带领人们开垦荒地，种植五谷，把蜀国建成了繁荣昌盛的天府之国。

有一年，川西一带的妖怪作祟，将万流归海的大水挡住了，导致百姓们的房屋都被淹没了。望帝因而茶饭不思，心中十分难受。

一只鳖（biē）灵知道了这件事情，感念望帝心怀百姓，决定帮助望帝。鳖灵带着许多有本领的兵马和工匠，与妖怪斗了六天六夜，终于将它们打败了。

接着，鳖灵把巫山一带的乱石高山变成了巫峡、西陵峡等弯曲峡谷，将汇积在蜀国的洪水顺着长长的河道引向东海。此后，蜀国又变成了物产丰饶、人民康乐的天府之国。

望帝是一个惜才的君主，他觉得鳖灵的才能高于自己，于是将王位让给了鳖灵。可是，鳖灵做了帝王后有点居功自傲，变得独断专行，百姓的日子一天比一天难过。

杜鹃别名子规、催归，是鹃形目杜鹃科的一种动物。杜鹃多数种为灰褐或褐色；喙强壮而稍向下弯；翼多较短，尾长，凸尾，个别尾羽尖端白色；腿呈中等长或较长，脚对趾型。

杜鹃经常栖息于植被稠密的地方，性格胆怯。杜鹃鸣叫的声音非常悲伤，繁殖季节经常通宵达旦地鸣叫，每次鸣叫总是朝向北方。

望帝知道后，变成了一只会飞会叫的杜鹃鸟。他飞进皇宫，告诉鳖灵："民贵呀！民贵呀！"鳖灵一听，顿时清醒过来，从此开始体恤民情。

　　后来，望帝一直以杜鹃鸟的身份，昼夜不停地对千百年来的帝王叫道："民贵呀！民贵呀！"但是，有很多帝王根本不听他的话，所以他苦苦地叫着，叫出了血也不停。

　　人们被杜鹃这样的精神感动，经常用"杜鹃啼血"来形容哀痛之情。

第三章　林禽类：树林中的禽鸟

啄木鸟

啄食害虫的森林益鸟

别名	叨木冠子
分类	䳜（zè）形目，啄木鸟科
习性	食量大，活动范围广
功用	补虚，开郁，平肝

啄木鸟能够为树木清理害虫，是一种对人们有益的鸟，据说它还是人们钻木取火的启迪者。

传说在很远的西方有一个遂明国，这个地方没有阳光的照耀。遂明国有一棵大树，这棵树很高，仅树冠的面积就达一万顷，整个看起来就像是一片茂密的森林。大树下闪着美丽的火光，就像宝石一样亮。这些火光对人们来说非常重要，为了保护这些火光，人们日夜看守，可是保存火种非常难。

一天，有个人看到一只长着坚硬利爪的大鸟，在树上跳来跳去找虫吃。每到大鸟啄树皮的时候，就会发出一点璀（cuǐ）璨（càn）的火光。这个人见了这种景象后，受到了启发，想到了取得火种的办法。他从地上捡了一根硬木枝，在燧木上钻了起来，结果真的发出了火光。

人们利用这种方法，学会了钻木取火。后来，人们把这种啄木的鸟叫作啄木鸟。

啄木鸟别名叨木冠子，是䳜形目啄木鸟科的一种动物。啄木鸟嘴强直如凿，舌长而能伸缩；脚比较短；尾巴为平尾或楔状；羽毛坚硬富有弹性。啄木鸟是森林益鸟，经常啄食树皮下的害虫。

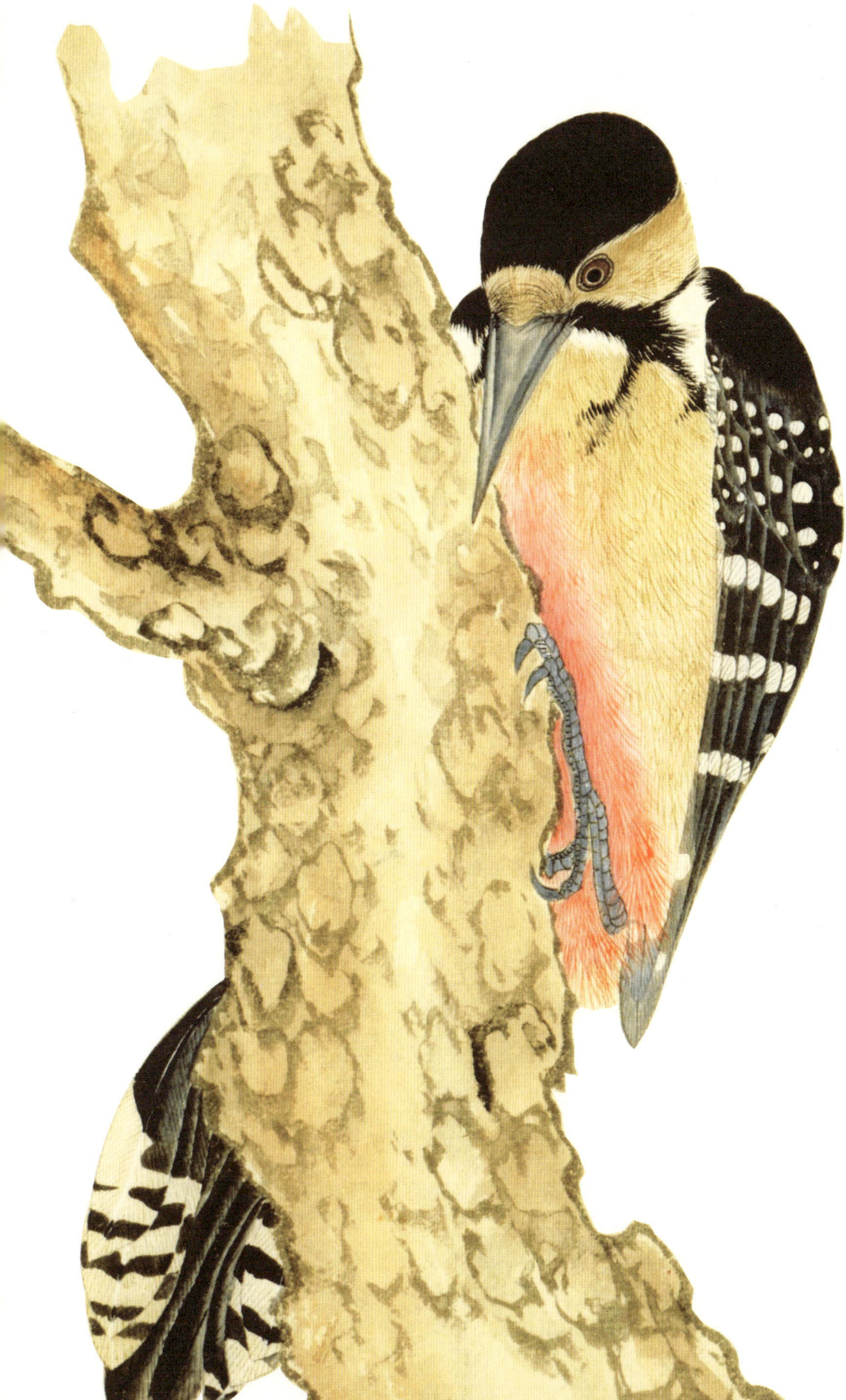

乌鸦
很乖巧的鸟类

别名	老鸹（guā）
分类	雀形目，鸦科
习性	喜集群，杂食，有侵略性
功用	祛风定痫，滋阴止血

有些人认为乌鸦不吉利，非常反感乌鸦。不过，乌鸦拥有一种真正值得我们人类称道的美德——孝顺。在孝顺方面，乌鸦堪称动物中的楷模。

从前，有一只小乌鸦每天受到乌鸦爸爸和乌鸦妈妈的照顾。乌鸦爸爸和乌鸦妈妈每天清晨都早早离开巢穴，去很远的地方觅食。等到他们找到肥嫩的虫子，就立刻带回来给小乌鸦吃。

天冷了，乌鸦爸爸和妈妈就轮流张开翅膀为小乌鸦遮风挡雨。在乌鸦爸爸和乌鸦妈妈的呵护下，小乌鸦渐渐长大。

有一天，小乌鸦突然发现，乌鸦爸爸和乌鸦妈妈变老了很多，飞起来也越来越吃力了。小乌鸦心想，之前一直是爸爸妈妈照顾它，现在轮到它来照顾爸爸妈妈了。

于是，小乌鸦苦练飞翔和捉虫的本领。每天早上，乌鸦爸爸和乌鸦妈妈还没醒来，小乌鸦就去很远的地方捉虫子，然后把虫子带回来给爸爸妈妈吃。

乌鸦又名老鸹，是雀形目鸦科中体形最大的鸟类。乌鸦全身或大部分羽毛为乌黑色；喙长；有的具鲜明的白色颈圈；黑羽具紫蓝色金属光泽，翅膀比尾巴长；鼻须硬直。

乌鸦集群性强，一群可达几万只，经常群居在树林中或田野间，多在树上营巢，主要以水禽、涉禽巢内的卵和雏鸟、谷物、浆果、昆虫、腐肉为食。

就这样，小乌鸦一直照顾着爸爸妈妈，就像小时候爸爸妈妈照顾它一样。小乌鸦一点也不觉得厌烦，一直到老乌鸦临终再也吃不下东西。

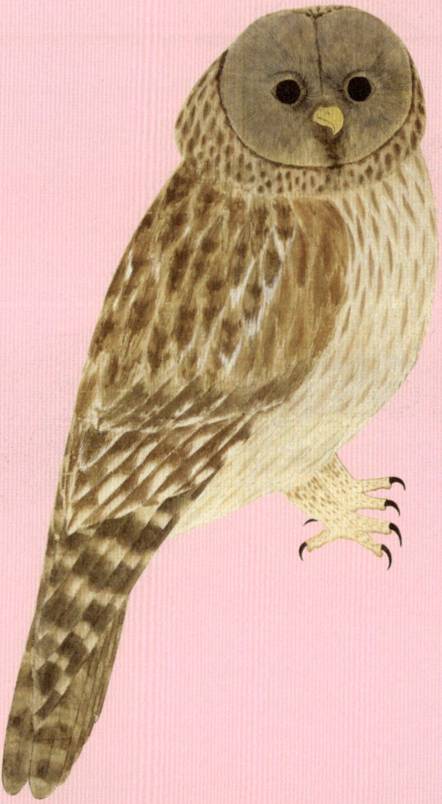

第四章

山禽类：山林中的猛禽

鹰

动物中的"飞高冠军"

别名 角鹰
分类 鹰形目，鹰科
习性 鹰形目，鹰科
食性 食肉，性情凶猛
功用 祛风除湿，舒筋活血

传说，天地初开的时候，大地就像一块巨大的冰块。地上的人们没有火，非常寒冷，难以生存。天神知道后，派一只母鹰前去拯救人们。

母鹰接到命令后，挥动着自己硕大的翅膀，从太阳面前飞过。然后，母鹰抖抖自己的羽毛，把光和热都装进自己的羽毛里面。母鹰等到收集了足够的光和热，又挥动着自己的大翅膀，去到凡间。接着，母鹰把自己收集到的光和热均匀地洒到世上。

大地上的冰雪接触到光和热之后，开始慢慢融化，变成河流和大海。人类和其他生灵有了光和热，终于可以更好地生存下去了。

母鹰看着人们安居乐业的样子，非常开心，准备飞回天上。可是，母鹰飞得太累了，中途打了个盹（dǔn）。一不小心，它羽毛中的光和热一股脑都掉落下去了，炽烈的热量顿时将凡间的森林和草原都烧着了，大火彻夜不熄，凡间顿时一片哀号。

鹰别名角鹰，是鹰形目鹰科的一种动物。鹰身重如金，爪如钢铁，非常锋利；羽毛上有斑点，斑点有的白如雪花，有的黑如点漆，羽毛经常脱落，再生出来的羽毛颜色往往不同。

鹰多数在白天活动，即使它在千米以上的高空翱翔，也能把地面上的猎物看得一清二楚，是鼎鼎有名的"千里眼"。

母鹰知道自己犯了很大的错误,立刻返回凡间,用自己巨大的翅膀扑火,用自己的巨爪搬巨石灭火,经过一天一夜,终于把火熄灭了。然而,母鹰却因烧伤和劳累死去了,它的魂魄化为守护人的神灵。

鹗（è）

爱吃鱼的中型猛禽

别名 鱼鹰

分类 鹰形目，鹗科

习性 单独或成对活动，好吃鱼

体形特征 体形中等，背部暗褐色，双翼狭长

鱼鹰善于捕鱼，渔夫经常利用鱼鹰捕鱼。由于长时间食用鱼类，鱼鹰的肉非常腥，一般不能食用。

从前，有一个人乘坐渔船出海旅行。这天晚上，他一边吃着东西一边欣赏海上的美景。

突然，他看到海上有一排木头架子，架子上立着七八只鱼鹰。他好奇地问渔夫："天已经这么晚了，为什么还把鱼鹰放在海上，不让它们回船上呢？"

渔夫说："你不了解鱼鹰，这种动物捕鱼特别厉害，但是它们长期食用鱼类，身上的味道太腥了。如果把它们放在船上，估计船上的人一晚上都睡不着。"

他问："那么，这些鱼鹰一晚上都要待在海上吗？"

渔夫回答说："对呀，不止晚上，这些鱼鹰一年四季都会在海上待着。而且，鱼鹰如果死了，必须把它们埋在土里。有人不信邪，曾经吃过鱼鹰肉，结果恶心得上吐下泻，身上的腥味经久不散。"

这个人看着那些鱼鹰，它们个个都黑不溜秋的，眼睛瞪得异常大，爪子牢牢地抓住木头架子，就像天生长在海上一样。

鹗别名鱼鹰，是鹰形目鹗科的一种动物。鹗头白色，顶上有黑褐色的纵纹，嘴黑色；翼下为白色，腹部为白色，胸部有赤褐色的纵斑；背部为暗褐色，尾羽有黑褐色横斑。

鹗主要栖息于水库、湖泊、溪流、河川、鱼塘、海边等水域环境，主要以鱼类为食，也吃蛙、蜥蜴、小型鸟类等其他小型陆栖动物。

第四章 山禽类：山林中的猛禽 | 063

鸮（xiāo）
捕捉老鼠的能手

别名 猫头鹰、鸱鸺（chī xiū）
分类 鸮形目，草鸮科
习性 夜行性动物，栖息于平原或丘陵
功用 治噎食、惊痫、壮筋骨

有一种鸮非常美丽，它昼伏夜出，可以在黑暗中观察非常细微的事物和捕捉食物。小的时候由其母鸟哺育，长大后却吃它母亲的肉，因此又被称为"不孝鸟"。

很久以前，有两个人结伴出行。晚上，他们走到河边时，忽然看到路旁林内飞出一只大鸟。

这只鸟的体形和人类相似，但是满口獠牙，浑身长毛。

两个人走近一看，发现这只鸟的额头上刻着"不孝"两个字。一个人说道："我们刚才谈论不孝，就有'不孝鸟'飞过来了。"

另外一个人也觉得很诧异，他朝着这只鸟砍了一刀。这只鸟受伤落到地上，并想要展翅飞走。这两人赶紧上前，拦住它。

这时候，他们发现，这只鸟不仅额头上刻着"不孝"，手臂上还刻有"不道"，左肋有"爱夫"两字，

鸮别名猫头鹰、鸱鸺，是鸮形目草鸮科的一种动物。鸮形目猛禽都是夜行性鸟类，现在大概有140种，其中雕鸮的体形最大。常见的鸮形目猛禽有长耳鸮、短耳鸮、仓鸮、雪鸮、草鸮等。

鸮经常栖息于平原或者丘陵，在黄昏或者夜间活动，民间称之为"夜猫子"。它们大部分以鼠类为食，也有一部分以小鸟或者大型昆虫为食。

右肋有"怜妇"两字。

其中一人叹道:"天地之大,无奇不有。据说这只鸟就是鸮。

鸩（zhèn）

传说中的毒鸟

别名	分类	习性	功用
无	传说中的鸟类	好食毒物	有剧毒，可攻蛇毒

鸩鸟最可怕的地方就是它的羽毛。传说中，用鸩鸟的羽毛划过酒，酒就会含有剧毒，饮鸩酒的人就会立刻毙命。其中，黑鸩鸟是鸩鸟中最为稀少的一种，它的毒性强而难发，但只要发作则无药可救。

相传，南唐皇帝李昪（biàn）曾经使用过鸩酒。当时李昪觉得大臣周本心怀不轨，害怕难以控制他，所以一直想找办法除掉周本，以绝后患。

李昪听说鸩酒的毒性十分强烈，便命人用鸩鸟的羽毛制作了一杯鸩酒。随后，李昪将周本召入宫廷。

周本到了宫廷之后，李昪夸奖周本劳苦功高，假借奖赏之意，为周本倒了一杯鸩酒。

周本察觉了皇上的意图，突然心生一计。他将鸩酒分出一半，倒入皇上的金盏中，对皇上说："我将这半杯酒奉给皇上，以此表明我们君臣一心。"

李昪当即色变，不知道该怎么办。

这时候，一位为帝王演戏奏乐的人申渐高见此情景，一边跳舞一边走到周本身边，顺势接住了周本的

鸩是一种中国传说中的毒鸟，眼睛里充满着血红的颜色，脖子上有一圈发亮的羽毛，身上的羽毛为紫绿色。传说中鸩鸟的羽毛有剧毒，放入酒中能置人于死地。

鸩鸟只能生活在有古木或者有蛇蝎的山林里，喜欢将巢筑在高数丈的毒栗子树上。

酒，说道："请皇上把这杯酒赐给我吧！"说完，一饮而尽，然后将酒杯揣在怀里走了。

　　李昇感念申渐高的忠心，立刻派人带着解药去给申渐高。可是，没有等到送药的人到申渐高的家里，申渐高就已经因为中毒太深死了。

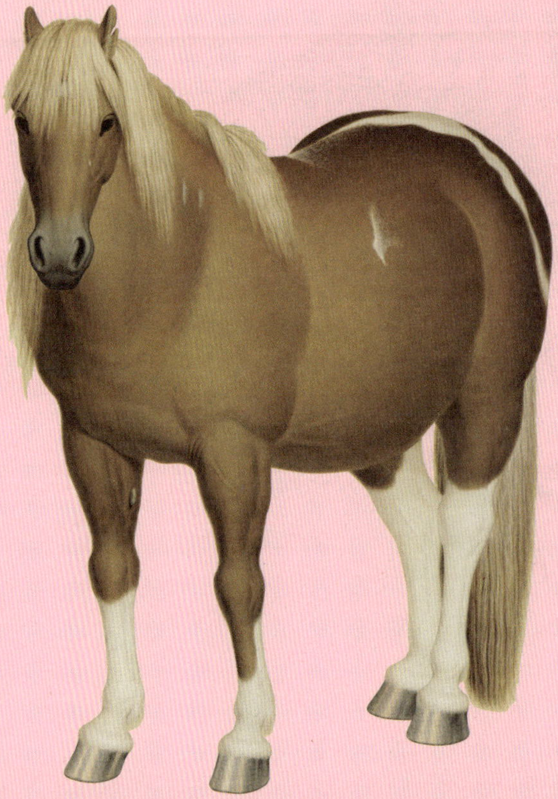

第五章

畜类：人类饲养的家畜

猪

古代财富的象征

别名	豚、彘（zhì）、黑面郎
分类	偶蹄目，猪科
习性	杂食，好拱土
功用	补肾滋阴，养血润燥

传说中，猪八戒在人间游历好久，一直没有找到合适的地方居住。这天，他来到永嘉楠溪江边，被江边的美景吸引，在这个地方流连徘（pái）徊（huái）了好长时间。

有一天，江边突然雷声滚滚，随即下起了大雨。猪八戒被雷声一惊，突然意识到自己应该为人类做点什么。

于是，猪八戒就倚在江边的太平岩上变成了一尊石像。然后，他托梦给当地的村民，告诉他们用石像上的粉末拌猪饲料，猪吃了能长肉。有好奇的人抱着试一试的心态，在石像上刮了一点粉末放到猪饲料里喂猪吃，几天后，猪果然长了好几十斤。

这时，当地的村民纷纷跑到太平岩，刮石粉喂猪。过了没多久，村民养的猪都长得又肥又大，村民们过上了幸福美满的生活。后来，人们又发现，不管他们刮多少石像的粉，石像也没有变化，也可以说这石像是取之不尽、用之不竭的。因此，人们都非常感激天蓬元帅。

猪别名豚、彘、黑面郎，偶蹄目猪科的一种杂食类哺乳动物。猪身体肥壮，四肢短小，有黑、白、酱红等色，性温驯（xùn），适应力强，繁殖快。

猪颈肉可以治疗面黄、腹胀；脂肪可以解各种肝毒，利于调养胃肠、通小便、养血脉。

第五章　畜类：人类饲养的家畜 | 071

狗

人类最忠实的朋友

别名 犬
分类 食肉目,犬科
习性 好肉食,怕热
功用 补中益气,温肾助阳

狗是人类最忠实的朋友。自古以来,神话传说中经常可以见到狗英勇无畏、矫健机敏的身影。

三国时期,东吴孙权在位的时候,襄阳纪南城中居住着一位名叫李信纯的居民。他家中养了一条狗,名叫黑龙,它皮毛油亮,机灵得很,深得李信纯的喜爱。平日里,无论是进山砍柴,还是下田干活,李信纯总将它带在身边。

有一天,李信纯出城赴宴,不慎喝得大醉,醉意朦胧中迷了路,最终在一片茂密的草丛中沉沉睡去。恰逢太守郑瑕率队出城打猎,他看到田野中荒草丛生,便下令放火烧掉野草,清出道路。而李信纯醉卧之处恰好位于火势蔓延的必经之路上。

见状,黑龙焦急万分,扑上去撕咬李信纯的衣角,试图唤醒他,可李信纯浑然不觉,依旧沉睡着。黑龙环顾四周,发现不远处有一条小溪,它连忙跑过去跳入水中,等浑身湿透后,又回到李信纯的身边,将身上的水洒到周围,阻挡火势。黑龙就这样往返

狗别名犬,食肉目犬科的一种动物。狗按照功能划分,可以分为三类:一是田犬,它们的嘴比较长,善于狩猎;二是吠犬,它们的嘴比较短,善于看守;三是食犬,它们的体形比较壮,可以用来食用。

狗肉可以安五脏、补绝伤、轻身益气、补五劳七伤、养肾、暖腰膝、增加肠胃运化能力、填补精髓。

几次，终于使李信纯得免大难，可它自己却因为来回运水奔波，累死在李信纯身边。

等李信纯醒来，发现黑龙已经死去，全身湿透，周围却是一片火烧后的痕迹。他明白了一切，心中悲痛交加，不禁失声痛哭。这件事后来传到了太守郑瑕那里，他敬佩黑龙的忠诚与勇敢，于是下令准备衣裳和棺椁，将黑龙按照人类的礼仪安葬了。

羊

本性驯顺的动物

别名 羯（jié）
分类 偶蹄目，牛科
习性 喜干燥环境
功用 温中暖肾，益气补虚

在神话中，羊是正义的化身，它是给人间送来五谷杂粮的英雄。

传说上古时期，人间没有五谷杂粮，人们只能依靠野果、野菜生存。有一年，一只神羊来到人间，它发现人们每天吃野果、野菜，身体很弱，十分同情他们。

于是，好心的神羊回到天上，在玉皇大帝的五谷田里偷了五谷的谷穗（suì），然后把这些谷穗送到了人间，还悉心地教人们播种五谷的办法。

人们有了五谷之后，家家户户都开始种植粮食。不久，到了丰收的季节，人们收获谷物后，吃上了五谷杂粮，日子也一天天好起来。

后来，玉皇大帝知道了这件事情，非常愤怒。他命令天神把神羊贬下凡，然后在人间宰杀它，并且要求人们吃羊肉。

第二年，宰神羊的地方突然长满了青青的马莲

羊别名羯，是偶蹄目牛科的一种动物。羊肠薄而回曲，五行属火，宜于繁殖，性格外柔内刚，厌恶潮湿，喜欢干燥。

羊肉主暖中，可以治疗虚劳寒冷、镇静止惊、止痛，还可以开胃健力。

草，而且还有一只小羊羔。从那以后，羊开始在人间一代代繁衍下来，它们以草为食，却把羊奶、羊肉和羊皮贡献给了人们。

黄羊

喜欢大规模迁徙的动物

别名 黄羚（líng）

分类 偶蹄目，牛科

习性 喜群居，善奔跑

特征 体形纤瘦，全身黄褐色

　　黄羊的营养价值很高，古人经常食用黄羊来补中益气。

　　相传，以前有一位苏大人，十分清廉，从不收受贿赂。

　　这年，他的妻子怀孕了。之前，他的妻子也怀过几胎，但是都流产了。他的妻子听说喝野生黄羊的血可以保胎，吃黄羊肉可以让胎儿健康发育。但是，野生黄羊生长在沙漠地区，很难捕捉，因此十分名贵。

　　苏大人手下的一位随从听说后，想要用黄羊讨好苏大人的妻子，为自己挣一个更好的功名。他不远千里去沙漠地区捕捉了一只黄羊，然后献给了苏大人的妻子。苏大人的妻子看到黄羊欣喜不已，答应随从替他美言几句。

　　苏大人知道后，立刻把黄羊还给了随从，并要按照刑法治随从贿赂官员的罪。正欲行刑时，随从大声喊冤，对苏大人说他送的羊并不是名贵的黄羊，而是普通的山羊。

　　黄羊别名黄羚，偶蹄目牛科的一种动物。黄羊体形纤瘦，头部圆钝，耳朵长而尖，并且生有很密的毛；四肢细长，前腿稍短，角质的蹄子窄而尖，臀部有白色的斑。

　　黄羊一般栖息在半沙漠地区的草原地带，喜欢群居，能跑善卧。黄羊可以补中益气、治劳伤虚寒。

苏大人询问之下，随从才说道，他本来捉到了一只黄羊，但是在沙漠里迷路了。这时另外一只黄羊突然跑出来，为他引路，他才得以走出沙漠。他感念黄羊的善良，把黄羊放了，然后从牧民那里买了一只非常普通的山羊当作黄羊献给苏大人的妻子。

苏大人知道后，认为随从虽有贿赂之心，但是良知未泯，所以好言劝诫了随从一番，然后把他放了。

牛

勤奋老实的动物

别名	土畜
分类	偶蹄目，牛科
习性	爱吃草，有反刍习性
功用	补脾胃，益气血，强筋骨

　　牛象征着勤奋、老实，永远为我们人类做贡献。

　　据说，远古时候的黄牛是天上的神牛。后来，天神怕人们种好了庄稼，不再听他的管教，就把人间的种子收回天宫，然后派黄牛下去监督人们。

　　黄牛每天在人间传达天神的命令，督促人们按照天神的命令生活。可是，每天晚上，黄牛回到天宫汇报的时候，天神已经酒足饭饱，准备休息了，可怜的黄牛每天只能吃点残汤剩饭。

　　黄牛心有不满，但又不敢抵抗，只好每次下凡时对人们睁一只眼闭一只眼。时间久了，黄牛和人们的关系越来越好。

　　一天，黄牛问人们需要什么，人们说，他们最需要的就是种子。黄牛知道可能会惹天神不高兴，但还是到天上把种子偷了下来。天神知道后，罚黄牛去人间修炼。

　　没想到的是，黄牛已经受够了天神，决定再也不回天上了。于是，黄牛每天都拼命地帮人们拉犁种

　　牛别名土畜，偶蹄目牛科的一种动物。牛体质强壮，不善奔跑；门牙和犬齿都已经退化，三对门齿向前倾斜呈铲子状，以比较坚硬的植物为食；它们有4个胃，即瘤(liú)胃、蜂巢胃、瓣胃和腺(xiàn)胃，这些胃可以贮(zhù)存草料，还能帮助它们更好地消化和吸收食物。

　　牛的适应性很强，可以很快适应所在地区的气候，食物范围很广，最喜欢吃青草，还喜欢吃一些花生苗、红薯藤、玉米苗、小麦苗等绿色植物。

地，还学会了吃草。人们有了黄牛之后，种地更加方便了，渐渐过上了丰衣足食的生活。

天神知道后，也不敢派使者到人间找牛算账，他怕其他使者也像牛一样再也不回天宫，留在人间帮人们拉犁种地。

马
人类的好帮手

别名：飞黄
分类：奇蹄目，马科
习性：爱吃草，喜群居
功用：除热下气，长筋骨，强腰脊

马经过训练后成为人类最好的助手之一。在清朝，马非常受欢迎，人们出行主要依靠马。

相传，在清朝有一个叫马龙大滕的地方，这个地方有一个姓安的富翁。安富翁雇用了一名憨厚老实的小牧童，让他替自己牧马。

这个小牧童每天早出晚归出去牧马，晚上回家的时候还会割一捆（kǔn）草带回来。起初，安富翁觉得小牧童特别勤奋，很喜欢他。后来，安富翁发现一件特别奇怪的事情：小牧童每天带回来的草都是同一种草。

安富翁感到非常奇怪，决定一探究竟。一天，他让牧童在家休息，自己亲自去牧马。然而，当他刚骑上马，马儿就开始仰天长啸，叫了数声后，四蹄突然腾空而起。

安富翁感觉耳边的风呼啸而过，他发现自己已经穿梭在云间。安富翁还没有反应过来，马儿就降落在近十公里之外的磨盘山上，然后开始在山上吃草。令

马别名飞黄，是奇蹄目马科的一种食草性动物。马头面比较长，耳朵短；四肢长，骨骼坚实，肌腱（jiàn）和韧（rèn）带发育良好，蹄质坚硬；毛色复杂，以骝（liú）、栗、褐、青和黑色居多；汗腺发达，胸廓深广，心肺发达，适于奔跑。

马肉味辛、酸，性凉；马奶可以止渴、止热；马心可以治疗善忘；马肺可以治疗寒热。

安富翁疑惑的是，马儿一直在同一个地方吃草，但是草却一点都不减少。

就在安富翁震惊不已之时，马儿又长嘶一声，驮（tuó）着他到了对面的山崖上。安富翁惊叹之余，马儿已经开始在山崖上喝水。安富翁怀着好奇的心，也捧了一点水喝，没想到的是，他因此沾染上了仙气。这时，他才知道原来自己家的马是一匹仙马。

驴

叫声很有特点的动物

别名 毛驴、驴子
分类 奇蹄目，马科
习性 性情温顺，适应性强
功用 补血益气，养心安神

在古代神话故事中，驴原本是野生的肉食动物，它有着锋利的牙齿和爪子。

据说，有一年天下大旱，山林里只剩下一条河流还有一点水。动物们知道后，纷纷来到小河边抢水喝。河神见到一群动物争吵不休，心中恼怒。河神说："你们不要抢了，要想喝水就先排队。"可是，动物们太渴了，根本顾不上什么喝水的秩序。

河神想了想，然后问它们："你们当中谁最勇敢呢？"

驴抢先说道："我！"

河神说："那你就喝一口吧。"

接着，河神又问道："你们谁最能干啊？"

驴又第一个回答："我！"

河神又让驴喝了一口水。

河神再问谁最聪明的时候，驴又抢答说是自己。河神生气了，又问谁是最愚蠢的，结果驴想都没想，说就是自己。其他动物听了都哈哈大笑。

驴别名毛驴、驴子，是奇蹄目马科的一种动物。马和驴有共同的起源，驴的形象和马相似，体色多为灰褐色，头大耳长，颈项皮薄，胸部稍窄，躯干较短，四肢瘦弱，蹄小坚实。

驴肉味甘，无毒，具有补血、益气、补虚的功效，可以治疗忧愁不乐、多年消渴。

驴看到其他动物都在嘲笑自己，便冲上去把一只野猪咬死了。其他动物吓得赶紧跑了。驴得意地说自己才是山中的大王。

河神一看，立刻去玉皇大帝那儿告了驴一状。玉皇大帝听完非常生气，下令把驴的爪子变成蹄子，尖牙变成方牙，以后只准吃草不准吃肉，并把驴发配到人间为人们劳动。从此以后，驴就变成了现在我们看到的样子。

骡（luó）

不能产崽（zǎi）的动物

别名 骡子

分类 奇蹄目，马科

习性 抗病力强，适应性强

功用 强腰脊，治寒热痿痹

相传，骡肝有一定的药用价值。根据李时珍的考察，有人食用骡肝后，疾病因此祛除了。

据说，曾经有一个叫赵简子的人，他非常富有，且生性淳厚，心地善良。他家有很多马匹和骡子，他十分喜欢。

有一次，有人送给赵简子一头白色的骡子。赵简子看这头白骡身强力壮，体态优美，是不可多得的良品，因此十分喜爱。赵简子每天都要骑着骡子巡视自家的田庄，见到这头白骡的人都称赞它漂亮，于是，赵简子更加珍爱这头白骡。

一天，赵简子的心腹胥（xū）渠突然得了大病，整日卧病不起。赵简子心急，立刻为胥渠请大夫诊治。大夫看过后，告诉赵简子胥渠的病只有白骡的肝才能救治，如果找不到白骡的肝，他肯定会死。

赵简子想了想那头珍贵的白骡，又看了看患病的胥渠，沉思了片刻，便对大夫说："虽然我很喜欢我的白骡，但是它毕竟只是畜生，而胥渠却是我的心

骡别名骡子，是奇蹄目马科的一种动物。骡体形比驴大，比马强壮；毛色多为骝、栗、黑色，头稍长而窄，耳长，颈短，鬣（liè）毛稀短，前胸窄，鬐（qí）甲低，腰部坚实有力，后面盆骨不能开合，所以不能产子。

骡肉味辛、苦，性温。

腹，他是活生生的人，杀一头牲畜去救一个人，这是仁义之举。"

说完，赵简子命令人把白骡杀了，然后把骡肝取出来给胥渠服用。胥渠服用骡肝后，病果然好了。胥渠心中有愧，认为因为自己而让赵简子失去心爱的白骡，病愈后向赵简子赔罪。赵简子却笑着说："能够救你的性命，那头白骡也很荣幸了。"

驼
沙漠之舟

别名	骆驼
分类	偶蹄目，骆驼科
习性	性情温顺，能耐饥渴
功用	补气血，壮筋骨，润肌肤

很久以前，当动物们刚开始为人类所用的时候，骆驼的背上还没有驼峰。那时的骆驼很懒，一点也不喜欢干活，每天都无所事事。不管谁和它说话，它只会回答一个字："哼"。

这天，一匹马来找骆驼。马的背上驮着鞍（ān）子，嘴上套着嚼（jiáo）子。马对骆驼说："骆驼啊，不要自己待在这里了，来和我一起奔跑吧！"

骆驼回答："哼。"

马生气地走开了。

过了一会儿，狗叼着一根木柴走过来。它对骆驼说："骆驼，不要在那儿待着了，和我一起来运东西吧！"

骆驼回答："哼。"

狗生气地走开了。

又过了一会儿，牛脖子上套着轭（è）走过来。它对骆驼说："骆驼，不要自己待在这里了，来和我一起耕地吧！"

骆驼回答："哼。"

驼别名骆驼，偶蹄目骆驼科的一种动物。驼体色有褐色、黄色等，头形和羊相像，颈项长，垂耳，背上有一或两个驼峰；背上可以负重约200千克，很耐渴，可以感知泉源水脉，每天可以行走约150公里。

驼有野生和饲养两种。单峰驼饲养于阿拉伯半岛、印度及非洲北部。双峰驼分布于中国及中亚地区，有野生的。

牛很生气地走开了。

沙漠之神知道这件事情后，决定惩罚懒惰的骆驼。他在骆驼光滑的背上安上了两个肉疙瘩（gē da），然后，他告诉骆驼："这两个肉疙瘩就是你偷懒的结果。依靠这两个肉疙瘩你可以三天不用吃饭，这三天你就把之前没有干的活干完吧。"

骆驼没有办法，只好背着两个重重的肉疙瘩，和狗、马、牛一起去干活。从那以后，骆驼的背上就一直有一个或两个肉疙瘩，人们把肉疙瘩叫作"驼峰"。

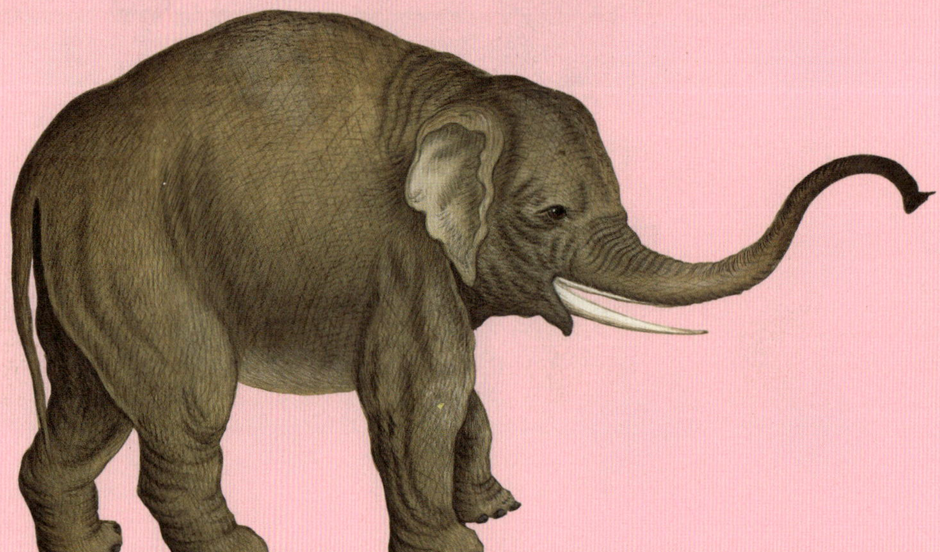

第六章

兽类：大自然中的野兽

狮

雌雄两态的猫科动物

别名	狻猊（suān ní）
分类	食肉目，猫科
习性	群居生活，领地意识强
特征	头大而圆，躯体均匀，四肢中长

　　传说中，狮本来是铁拐李（八仙之一）的坐骑。

　　一天，铁拐李骑着青狮和吕纯阳一起去赴王母娘娘的宴席。路过天目山的时候，山顶传来清泉响动的声音。铁拐李正觉口渴，于是取下自己的宝葫芦，在泉边饮水。

　　青狮看到清泉很高兴，跳进了水里戏耍。玩了一会儿后，青狮爬上岸抖动身体，水滴溅到四周的岩石上，只见这些水滴变成了一群活泼可爱的小狮子。这些小狮子跑到青狮旁边，与青狮亲密地玩耍。

　　铁拐李见青狮和小狮子这么亲密，知晓青狮动了凡心，于是罚青狮在此做狮子王。铁拐李将小狮子变回了石头的模样，形成了一大片石林，青狮也自行化成了一座山峰。

　　天长日久，青狮山又变回青狮。一天，铁拐李驾云路过此地，看到青狮在这里玩耍，便按下云头去找青狮。可是，到了下面的石林里面，却怎么也绕不出

　　狮别名狻猊，是食肉目猫科的一种大型动物。狮体形大，头大而圆，吻部较短，犬齿及裂齿极发达，躯体均匀，四肢中长，皮毛柔软，爪锋利，可伸缩，尾较发达，毛发短，体色有浅灰、黄色或茶色。

　　狮通常集群生活，其捕食对象范围很广，经常以水牛、长颈鹿、黑斑羚等动物为食。

去。最后，还是依靠好友吕纯阳的指引才出去的。

后来，人们就把这个地方叫作狮子林。这片狮子林到现在还有很多假山，进去游玩的人很容易在里面迷路。

虎

森林中的百兽之王

别名 大虫

分类 食肉目，猫科

习性 单独活动，不耐炎热

特征 四肢健壮，毛色绮丽

老虎是百兽之王，在传说中可以执搏挫锐，噬（shì）食鬼魅。

传说，古代有一个叫作赵泽亮的青年，以砍柴为生。

一天，赵泽亮上山打柴，突然在不远处看见一只老虎。这只老虎伸着滴血的舌头，走到他面前，一直摇头摆尾。

赵泽亮觉得老虎似有所求，于是问道："你是不是生病了？如果是就点三下头，不是就摇三下尾巴。"

老虎听了，点了三下头。

赵泽亮又说："那你坐起来，让我看看你哪里受伤了。"

老虎听完，真的坐了起来。赵泽亮仔细看老虎的嘴，发现它的舌头上扎进去一根骨刺。赵泽亮轻轻地把手伸进老虎的嘴里，帮助老虎拔出了骨刺。然后，赵泽亮又拿出一些治疗创伤的药，敷到老虎的伤口上。不一会儿，老虎的伤就好了。老虎叫了几声，然后跑进了山林。

虎别名大虫，是食肉目猫科的一种动物。虎体态雄伟，毛色绮丽；头圆，吻宽，前额的黑纹和汉字中的"王"很相似，嘴边长着白色间有黑色的硬须；颈部粗而短，肩部、胸部、腹部和臀部均较窄，四肢强健，犬齿和爪极为锋利。

虎经常出没于山脊、矮林灌丛和岩石比较多的山地，能游泳但是不会爬树，通常捕食大型哺乳动物，比如野羊、野猪、狍（páo）子、麝（shè）、野牛等。

后来，赵泽亮无意间捡了一枚凤凰蛋。他把凤凰蛋拿回家，悉心照料。过了几天，一只美丽的凤凰破壳而出。当地的官员知道后，让赵泽亮把凤凰献给他。赵泽亮不同意，官员就把赵泽亮关进死囚牢中。

被赵泽亮救的老虎知道这件事情之后，从四面八方召集了八百只老虎。它们一起来到官员府上，官员一见，顿时站立不稳，跪在地上，立刻放了赵泽亮。最后，老虎护送赵泽亮回到了家中。

豹

跑得飞快的猫科动物

别名	豹子
分类	食肉目，猫科
习性	单独活动，感官敏锐
特征	头圆较大，躯体细长，四肢粗短

相传，豹身上原来没有斑点，浑身上下都是黄褐色的，现在豹身上的斑点据说是这样产生的。

最早的时候，豹生活在一个几乎全都是黄褐色的大草原上。这里的长颈鹿、斑马、羚羊都是黄褐色的，其中豹的颜色与草原最为接近。

豹利用自身优势，经常躲在黄褐色的大岩石或者草丛边。当动物经过的时候，它就猛地扑出去，把动物都吃掉。因此，草原上的动物都怕它。

在这个草原上还住着一个猎人，这个猎人浑身上下也是黄褐色的，他也经常躲在黄褐色的大岩石或者草丛边，用弓箭狩猎动物。

不久，草原上的动物越来越少。剩下的动物为了逃生，跑到一个幽暗的大森林里。在这里，动物们经常站在树荫底下，太阳一出来，从树缝透过来的阳光就会照在动物的身上。久而久之，长颈鹿身上被晒出一大块一大块斑点，斑马身上出现一道道条纹……

这时，猎人和豹来到森林里想要打猎。但是他们

　　豹别名豹子，是食肉目猫科的一种动物，也是四种大型猫科动物中体形最小的。豹躯体细长，头圆较大，颈稍短，四肢粗短有力，爪强锐，趾间、趾掌垫间长有浓密的短毛，额部、眼间、眼下及颊（jiá）部均布满小黑斑点。

　　豹性情孤僻，喜欢单独活动，通常黄昏的时候才出来游窜，主要以鹿（jǐ）、羊、兔子、猴子等为食。

身上的颜色在森林里特别显眼,没有办法捕捉动物。豹为了掩饰自己,让猎人用五根手指在它身上点黑点。当豹的身上有了黑点之后,它就可以利用自己身体颜色的优势来捕捉动物了。

象

陆地上最大的哺乳动物

别名	大象
分类	长鼻目，象科
习性	喜群居，食量极大
特征	耳大如扇，四肢如柱，鼻子很长

传说中，大象最初和猪长得相似，生活习性和河马一样。那时的大象没有象牙和长鼻，后来经过演化，大象才变成现在这样。

在最早的神话故事中，野象非常凶猛，并且生性狡诈，舜使用了很多计策都没有收服野象。

有一次，舜和野象大战了好几个回合，都没有了力气。后来，舜趁野象虚弱之际，再次发力，一举捕捉了野象。

这时，野象突然跪下来，对舜说："请您不要杀死我，我的孩子还在洞穴里面等我回去。我会屈服于您的，但是请让我先回去把我的孩子带过来吧！"

舜听了之后，一时心软，将野象放回去了。但是，野象后来不但没有回来，还三番五次跑到舜的领地捕食人类。舜每次想要再次捕捉它，它都很快逃得无影无踪。

舜没有办法，只能向天女求助。在天女的帮助下，舜终于战胜了野象。后来，人们让野象帮助他们耕田。

象别名大象，是长鼻目象科的一种动物，也是陆地上最大的哺乳动物。象全身的毛很稀疏，体色为浅灰褐色；头大，耳大如扇，四肢粗大如圆柱，鼻呈圆筒状，鼻尖有指状突起，能捡拾细物。

象喜欢栖息在丛林、草原和河谷地带，主要以植物为食，食量非常大。

第六章 兽类：大自然中的野兽 | 097

犀（xī）牛

世界上最大的奇蹄目动物

别名 兕（sì）

分类 奇蹄目，犀科

习性 吃植物，视觉较差，听觉灵敏

特征 腿短，体肥笨拙

　　古代人们把犀牛当作一个神圣的物种，认为犀牛有天文之象，所以将犀牛称为"望月之犀"。

　　传说中，犀牛本来是天上的一位神将，负责向人类传达玉皇大帝的旨意。

　　有一次，玉皇大帝命令犀牛向人类传达"一日三餐三打扮"的旨意。犀牛当时刚刚睡醒，头脑还不是很清醒。它摇晃着走到凡间，对人们说："刚刚玉皇大帝下达了旨意，让你们一日三餐一打扮。"

　　玉皇大帝知道犀牛传错了旨意后，将犀牛逐出天界，让它在凡间受苦。犀牛被贬之后，非常想念天上的生活。它白天帮助人们干活，晚上就抬头望着月亮，希望玉皇大帝可以把它召回天宫。

　　可是，犀牛等了好几百年都没有消息。后

犀牛别名兕（sì），是奇蹄目犀科的一种动物，也是世界上最大的奇蹄目动物。犀牛头部庞大，吻部上面长有单角或双角，头两侧有一对小眼睛，躯体粗笨，四肢如短柱，全身披以铠甲似的厚皮。

　　犀牛经常栖息于开阔的草地、草原、灌木林或者沼泽地，喜欢独居，属于食草动物。

来，犀牛伤心而绝望。人们为了纪念犀牛，做了一面叫作"犀牛望月"的镜子。这面镜子上面有个圆形镜面，代表的是月亮，镜子中间还有祥云，底座是一头犀牛。

野猪

长着獠（liáo）牙的猪科动物

别名 山猪

分类 偶蹄目，猪科

习性 杂食，集群活动

功用 补五脏，润肌肤，祛风解毒

相传，野猪曾经是妖精，经常在凡间为祸。后来，王母娘娘将它收服，让它看守御花园。

有一年，玉皇大帝想要在凡间为王母娘娘修建一座浴池，于是让野猪精去开凿王母湖。野猪精只花了一个晚上，就将凡间的一条小河凿了三十公里。第二天，人们忽然发现，原来的小河变成了汪洋，感到很奇怪。人们认为这肯定是神仙所为，就把这条河叫作"天河"。

到了八月十五，人们在天河里划龙舟，吼声震天，惊醒了在天河睡觉的野猪精。野猪精妖性大发，在天河中狂奔，顷刻间两岸的庄稼全被淹没。自此之后，每到八月十五，野猪精就会出来作祟（suì），弄得天河两岸变成了一片汪洋。

一天，太白金星从这里路过，看到饥民遍野。太白金星知道这里有野猪精作祟后，对人们说："要想除掉野猪精，可以在西北岸建一座石塔寺，这样肯定能镇住野猪精。"

野猪别名山猪，是偶蹄目猪科的一种动物。野猪头较长，耳小并直立，吻部突出，顶端有裸露的软骨垫，犬齿发达，雄性上犬齿外露，并向上翻转，呈獠牙状，体躯健壮，四肢粗短，尾巴细短。

野猪栖息于山地、丘陵、荒漠、草地、森林等各种环境中，一般早晨和黄昏时分出来觅食，以青草、蠕（rú）虫、鸟卵等为食。

人们按照太白金星的办法，用了三个月修建了一座石塔寺。就在石塔寺落成的当天，野猪精感到非常不自在，它腾空而起，向西北窜去。这时，从北方飞来一口大钟，一声巨响，将野猪精牢牢罩住。

人们为了不让大钟受到风吹雨打，又在大钟的上方建了一座庙。因为野猪精是受到惊吓才被大钟罩在这里的，所以人们把这座庙叫作"猪惊庙"。

熊
爱吃蜂蜜的动物

别名	黑（pí）
分类	食肉目，熊科
习性	杂食，性情温和
特征	头大嘴长，臼齿发达

相传，熊的起源和大禹有关。

传说在远古时期，大禹负责治理洪水。这年，禹想要打通辕（zhé）辕（yuán）山，于是每天都去辕辕山干活。每次离开家之前，禹都会嘱咐妻子，一旦听到鼓声，就去给他送饭。

这天，禹到达辕辕山之后，把自己变成一头熊，然后用嘴和脚掌开山造河。可是，禹一不小心踩到一块石头上。这块石头跳起来，正好撞到旁边的鼓上，发出"咚"的声音。禹的妻子听见鼓声后，急忙来到辕辕山给禹送饭。

她看到禹变成一头熊之后，非常害怕，放下饭篮子，转身就往回跑。禹不知道妻子为什么跑，就在后面一直追。妻子回头，看见熊一直追自己，心里更加害怕。跑到嵩（sōng）山脚下的时候，妻子变成了一块大石头。

禹以为妻子想要抛弃他，又气又恨，大声地对着石头喊道："还我儿子，还我儿子！"不一会儿，禹

> 熊别名黑，是食肉目熊科的一种动物。熊体形粗壮肥大，体毛又长又密，脸型和狗类似，头大嘴长，眼睛和耳朵比较小，臼齿发达，咀嚼力强；四肢粗壮有力，脚上有锋利的爪子，尾巴比较短小。
>
> 熊平时用脚掌走路，行走速度比较慢，但在它追赶猎物或者逃跑的时候速度很快。大多数熊属于杂食性动物，它们既食用青草、嫩枝芽、浆果等植物，也食用蛙、鱼、老鼠等动物。

突然看到石头朝北的那一面裂开了,一个小孩从里面走了出来。禹认为这是上天赐给自己的孩子,于是给他起名为"启"。

后来,从石头里面出生的启果然不凡,他成为夏朝的开国国君。

鹿

药用价值较高的动物

别名 斑龙

分类 偶蹄目，鹿科

习性 食草，善游泳

特征 四肢细长，尾巴较短

　　鹿在古代被视为神物，人们认为鹿能给人类带来吉祥、幸福和长寿。

　　传说在远古的时候，关东大地上没有一条大江大河。生活在关东的百鸟和百兽每天都没有足够的水喝，生活非常艰难。尤其是到了旱季，很多动物都因干渴而死去。

　　王母娘娘知道后，不忍动物们受苦，就派七位仙女下凡到关东开凿河流。七位仙女来到关东后，凿开了长白山，放出了一片河流。河流从云端垂直而落，形成了一条瀑布，瀑布又流成两条河，两条河向前奔涌，形成了松花江。鸟兽见到后，都来松花江畅饮江水。

　　七位仙女好不容易完成了任务，准备飞回天上，可是她们太累了，没有力气飞回天上。

　　其中一个仙女说道："这可怎么办啊，如果我们没有按时返回天庭，肯定是要受到处罚的。"其他仙女也都纷纷附和，着急得不得了。

　　鹿别名斑龙，偶蹄目鹿科的一种动物。鹿四肢细长，尾巴较短，体形大小不一，大的鹿像小马，体色为黄底白花；小的鹿没有斑点，体色多为黄白色。

　　鹿大多生活在森林中，以树叶和树芽为食。

这时，一只梅花鹿路过仙女旁边，听到了她们的谈话。梅花鹿说："仙女姐姐们，你们不用着急，我的鹿茸血可以帮助你们恢复力气。"

说完，梅花鹿一头向旁边的石头撞去，它的犄角一下就断了，头上的残角不断地涌出鲜血。七位仙女喝了鹿茸血之后，得到了滋养，转眼之间就精神焕发。七位仙女帮助梅花鹿包扎好伤口后飞上天，回天庭去了。

獐（zhāng）
最原始的鹿科动物

别名 獐子、香獐
分类 偶蹄目，鹿科
习性 喜食植物，不结大群
功用 补虚，祛风

关于獐的神话故事有很多。相传，有一个叫作安生的人，平时仗义疏财，喜欢放生。他每每看到猎人捕获了鸟兽，就花钱将这些鸟兽买来释放。

有一次，他路过华山，在山谷里迷了路。眼见天越来越黑，他怎么都走不出去。忽然，他看到不远处有光，于是快步奔向那里。一个老头看见安生后，把安生请进了家里，并吩咐妻子和女儿准备酒菜招待他。

第二天，老头一家把他送到山外。安生回到家后，总想着要报答山中的这家人。一天，安生买了很多酒菜和糕点，准备送给山中的这家人。他骑着马走进山林，却只看见陡峭的山崖，根本没有当晚所见的小屋。

安生问了周边的人家，大家都说从来没有见过那家人。安生找了一天都没有找到，只好准备返回家中。没想到，中途居然碰到一条毒蛇，安生被咬了一口。他勉强支撑到家门口，随后便昏迷不醒，一天过

獐别名獐子、香獐，是偶蹄目鹿科的一种动物。獐四肢粗壮发达，蹄子较宽，尾巴特别短，几乎被臀部的毛所遮盖，常被误认为是没有尾巴的鹿；体毛多为棕黄色、灰黄色，浓密粗长，背部和侧面的毛发颜色一致，腹面的毛色比较浅，全身都没有斑纹。

獐生性胆小，经常独居或者成双活动，受到惊扰后跑得和兔子一样快，人类难以近身。它们喜欢吃植物，主要以杂草嫩叶、树根、树叶为食。

后，他便气息全无了。

安生的家人伤心至极，出门去买办丧事的物品。这时，安生那晚见到的老头的女儿突然出现在安生家，她划破自己的手腕，把自己的血喂给安生。不一会儿，安生竟活了过来。安生看到她惊讶不已，忙问到底怎么回事。

她告诉安生，四年前，他救过她们一家的性命，所以那晚她们一家为了报恩，才招待了迷路的安生。后来，她听说安生中蛇毒死了，便前来相救。安生感激不尽，欲随她回家谢恩。她却说，安生对她们的恩情远比这大得多。然后，她化成一只獐子跑了。

麝（shè）
能分泌（mì）香料的动物

别名：原麝、山驴
分类：偶蹄目，麝科
习性：喜食植物，单独行动
功用：补虚消积

麝香是雄麝体内的干燥分泌物，也是一种药材。这种香香味异常浓烈，可以消化瓜果食积，治疗中风。古人经常用麝香制作香囊或制成药品。

从前，一座深山里面住着何姓父子二人，他们长年以打猎为生。

一天，何姓父子在深山里面打猎。儿子看到一只野鸡，为了追捕野鸡，儿子飞快地奔跑。然而，跑到一个山涧，儿子不慎掉了下去。何老汉看到后，急忙跑到山涧下面寻找儿子。

何老汉找到儿子后，看到儿子摔伤了，想要找一些药物为儿子疗伤。这时，他们闻到山涧里面充盈着缕缕奇香。儿子闻着奇特的香气，伤痛逐渐消散。何老汉循着香味找到了一个鸡蛋大小、长着细毛的香囊。

不久后，儿子的伤依靠这个香囊渐渐痊愈了。后来，何老汉每遇到附近的村民有跌打损伤，就会拿出香囊为他们医治。

麝别名原麝、山驴，是偶蹄目麝科的一种动物。麝头小眼大，耳长而直立，没有角；四肢细长，身体后部粗壮，主蹄狭长，尾短。

麝经常单独活动，或者和雌麝与幼麝组成家族活动，早晨和黄昏时活动较为频繁，主要以绿色植物为食，也会吃一些两栖类的小动物。

当地的县太爷知道这件事后，派人把何老汉的香囊抢了，送给自己的妻子。他的妻子很喜欢香囊的味道，日日随身携带。几天后，妻子突然腹痛，腹中的孩子竟然流掉了。

原来，何老汉捡到的这种香囊是雄麝分泌物的囊袋，它有通络、散瘀（yū）的作用，但是却对怀孕的女子有害，可致流产。

狐

警惕性很高的犬科动物

别名 狐狸
分类 食肉目，犬科
习性 食肉，夜间活动
功用 杂食，夜间活动
补虚暖中，解疮毒

九尾狐是古代神话传说中的神异动物。传说九尾狐是四脚怪兽，通体长着火红色的毛，善于变化体态。有的人认为九尾狐是祥瑞之兆，有的人则认为九尾狐是不祥之兆。有一种传说则认为，九尾狐是大禹的媒人。

相传，大禹专心治理水患，终日操劳奔走，一点儿也不敢懈怠。直到三十岁，大禹都没有考虑娶妻成家的事，一心只想治理水患。

一天，他走到涂山附近，看到一只有九条尾巴的白狐狸走到他的面前。他想到涂山当地传的那首歌谣，歌谣的意思为：谁见了九条尾巴的狐狸，谁就可以做国王；谁娶了涂山的女儿，谁就可以子孙繁茂、家道兴旺。大禹一时心动，想要娶涂山的女儿。

九尾白狐看穿了大禹的心思，对大禹说："听说你一直勤勉治水，未曾有半分懈怠（xiè dài）。但俗话说成家立业，你要立业首先要成家啊。涂山的女儿非常美貌，如果你娶了她，以后肯定过得非常幸福。"

狐别名狐狸，是食肉目犬科的一种动物。狐有黄色、黑色、白色三种，体形像小黄狗，但鼻尖比较尖，主要以鱼、鼠类、鸟类、昆虫类等小型动物为食。

狐的气味非常腥臊，白天伏在洞穴中，夜间出来觅食。

于是大禹请求九尾白狐做媒。九尾狐答应后，安排大禹和涂山的女儿女娇见面。大禹一见女娇就被她的美貌吸引了，女娇也非常仰慕大禹的人品，两人相见恨晚，有说不完的话和道不尽的柔情。

最后，在九尾狐的帮助下，大禹迎娶了女娇。婚后，大禹继续专心治水，女娇就专心操持家务，两人十分恩爱。

狼

狗的祖先

别名	野狼、豺（chái）狼
分类	食肉目，犬科
习性	喜群居，善奔跑
特征	体形中等，四肢修长，嘴长而窄

古人认为狼有灵性，是一种怪异的动物。狼的筋可以捉住偷盗的人，如果遇到贼人，用狼筋熏他，贼人的脚就会马上挛（luán）缩。

很久以前，有一个叫作段兴的人，他的家境很优渥（wò），家里雇用了几十个仆人。段兴生性善良，下人犯了小错误从来不会过分苛责。

这天，段兴最喜爱的一块玉佩不翼而飞。段兴很着急，因为这块玉佩是他母亲生前留给他的。他仔细询问了每一个下人，但是他们都说没有见过。段兴生性淳厚，不愿对下人用刑逼供，只能干着急。

这时，他的一个随从告诉他，可以使用狼筋熏一下人们，这样就能找到偷玉佩的人。段兴心想，这的确是一个两全其美的办法，所以同意用这种办法。

他将所有的下人召集到大厅，然后焚狼筋熏他们。不一会儿，一个妇人脸上的肉开始跳动，身体开

狼别名野狼、豺狼，是食肉目犬科的一种动物。狼体形中等，头骨尖形，颜面部长，鼻端突出，耳尖且直立，嘴长而窄，四肢修长，毛粗而长。

狼喜欢群居，栖息于森林、沙漠、山地、草地等地区，经常追逐猎食，以食草动物和啮（niè）齿动物等为食。

始挛缩。段兴随即派人搜身，果然从这位妇人的衣服中发现了遗失的那枚玉佩。段兴很生气，将这个妇人送到了官府。

豺（chái）
集体行动的"狩猎者"

别名 印度野犬、亚洲野犬

分类 食肉目，犬科

习性 抗寒热，集体猎食

功用 补虚劳

在我国民间流传着这样一个说法，豺是一种"有翅能飞、专门吃虎"的"神狗"，它能驱逐甚至消灭老虎、狗熊、野猪等野兽，保护农民的庄稼，而且它经常护送山里的行人回家，让行人免遭猛兽伤害。

相传，有一个叫作杜衡的商人，他经常长途跋涉，去各个地方经商。有一次，他去附近县城收货款，走到一片深山老林时，不小心迷路了。杜衡在山林里走了好久，都找不到出去的路。渐渐地天黑了，杜衡之前听说山林有很多野兽，开始害怕起来。

就在杜衡进退两难之时，突然蹿出一只和狼长得非常像的动物。杜衡不知道它到底是什么动物，一心想要逃跑却没了力气，只能站在原地一动不动。只见这只动物慢慢凑近杜衡，然后用鼻子嗅了嗅。

杜衡仔细一看，原来这是一只豺。他听说豺虽然比狼小，但是异常凶猛，心想这次恐怕真的要丧生于此了。没想到的是，这只豺并没有吃掉杜衡的意思，反而向前走了几步，然后回头一直看着杜衡。

豺别名印度野犬、亚洲野犬，是食肉目犬科的一种动物。豺的体形和狼、狗相似，但是它比狼小；其额扁平而低，吻部较短，耳短而圆；四肢比较短，体毛厚密而粗糙，四肢外侧毛色为棕褐色，腹部和四肢内侧为黄色、浅棕色或淡白色，尾巴为棕黑色。

豺喜欢群居，栖息环境比较复杂，在热带森林、丛林、山林、高山林地等地方都能发现豺的踪迹，它们主要以鹿、麝、山羊等动物为食。

杜衡心想，这只豺莫不是在给我指路？抱着试一试的心态，杜衡跟在豺的身后，小心翼翼地向前走。不一会儿，杜衡果然走出了深山老林。杜衡高兴之余，打算感谢豺。然而，一眨眼的工夫，豺已经不见了踪影。

兔

毛茸茸的可爱动物

别名	明视、月精
分类	兔科、兔属
习性	胆小，性情温顺
功用	健脾补中，凉血解毒

传说，嫦娥仙子有一只兔子，它常年在广寒宫陪着嫦娥，和嫦娥一起捣药，因此人们又把兔子叫作"玉兔"。

传说中，兔子本来是凡间的一种普通动物，它和狐狸、猴子共同生活在一片森林里面。有一天，天上的三位神仙想要考验一下兔子、狐狸和猴子的心性，于是他们化成三个可怜的老人来到凡间。

他们三个对兔子、狐狸和猴子说，他们已经饿了好几天了，请求它们可以给点东西吃。狐狸听了，赶紧拿出自己前天捉的山鸡，给了第一位老人；猴子见状，赶紧从树上拿下一把香蕉给了第二位老人。

老人们感到非常欣慰，对狐狸和猴子频频点头。第三位老人问兔子："他们都给了食物，你能给我们一些什么呢？"

兔子拿不出可口的食物来，不知道该怎么办。它看着三位老人殷切的目光，突然坚定了信心，对他们说："我没有现成的食物，但我知道后山山崖上有

兔别名明视、月精，是兔形目兔科的一种动物。兔头部和老鼠相像，耳朵很长，上唇中间分裂，是典型的三瓣嘴，前肢比后肢短，善于跳跃，跑得很快，体色一般为白色、灰色、枯草色、棕红色、黑色和花色等。

兔性情温顺，人们经常把兔子当作宠物饲养。

116 | 《本草纲目》里的博物学：猛兽与家禽

片野果丛，我这就去为你们采来！"说完，兔子不顾暮色四合，飞速跃入山林。荆棘划破了它的脚掌，碎石割伤了它的皮毛，它忍着疼痛攀上陡峭的山崖，终于找到了那片野果丛。当兔子带着野果回来的时候，浑身的毛发已被鲜血染成斑驳的淡粉色，前爪的肉垫裂开深深的口子。三位老人被兔子感动了，于是将兔子送到了广寒宫，封为玉兔。后来，玉兔就在广寒宫和嫦娥相伴，一起捣制长生不老药。

水獭（tǎ）

会踩水站立的动物

别名	獭猫、鱼猫
分类	食肉目，鼬（yòu）科
习性	穴居，夜间活动
功用	治虚劳咳嗽，下血不止

李时珍根据研究发现，水獭可以治疗鬼疰（zhù）、寄生虫病。

相传，很久以前，有一种叫作鬼疰的鬼怪，它是五尸之一，经常挟持各种鬼邪为害人间。如果人们被鬼疰咬了，就会出现恶寒发热的症状。经年累月，被咬的人死去之后，就会将这种病传染给其他人。

有一个名为西丰村的村子，村中有一个叫作杨明远的人外出办事，路过深山之时，不小心被鬼疰咬了。明远刚开始没有在意，以为没有多大的危害。可是，回到家中，明远渐渐精神萎靡，说不出哪里不舒服，每天都感觉没有力气。

后来，明远就这样病死了。明远的家人为此伤心不已，想要为明远办葬礼。在葬礼当天，明远的妻子突然发现，他们的女儿好像也得了这种病。庆幸的是，一位医者恰巧路过此地。

医者看到明远女儿的症状，又观察了明远的尸

水獭别名獭猫、鱼猫，食肉目鼬科的一种。水獭躯体为扁圆形，头部宽而稍扁，眼睛圆而稍凸，耳朵小，鼻孔和耳道生有小圆瓣，下颏中央有数根短的硬须，前肢腕垫后面长有数根短的刚毛。

水獭主要栖息在河流、湖泊、沼泽地、低洼水地和池塘等地方，白天隐匿在洞中，夜间出来活动，主要以鱼类为食，也捕捉小鸟、小兽、青蛙等动物。

体，知道了他们中了鬼疰毒。于是，医者让明远的妻子去寻找一只水獭，然后取出它的肝捣碎，用水冲服。妻子照做，三天后，明远女儿的症状果然好转。

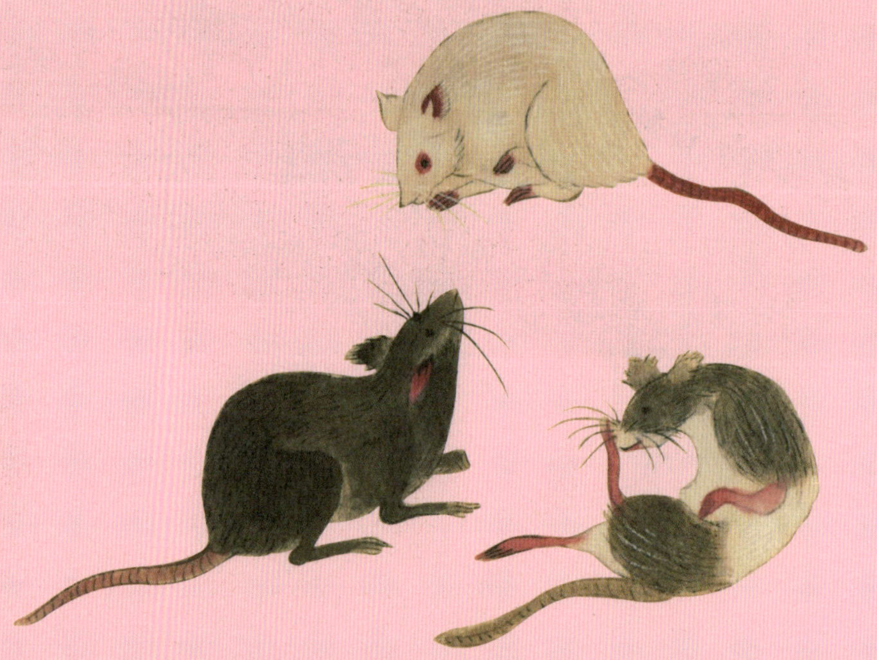

第七章

鼠类：多样化的鼠类动物

鼠

人人喊打的有害动物

别名 老鼠、耗子
分类 啮齿目，鼠科
习性 昼伏夜出，繁殖力强
功用 补虚消疳，解毒疗疮

传说中，老鼠本来是天上的神仙，本名为劳殊，后来因为犯错，被玉皇大帝贬下凡间，成为一只普通的老鼠。

相传，通过特殊关系，有神仙在玉帝那里给劳殊谋了一个差事。玉帝见劳殊身材高大，让他在储贡司管理贡品。

储贡司贡品众多，劳殊一个人管理不过来，于是他请玉帝指派两个人帮他。玉帝便派两个仙女筱（xiǎo）露和筱星协助劳殊。劳殊见两个仙女貌美，想占为己有，时不时地骚扰她们。筱露和筱星觉得劳殊猥琐至极，经常躲着他。

劳殊见她们不从，心中想出一个计谋。他故意将药库中存有菌药的药瓶打翻，导致凡间暴发瘟疫。然后，劳殊对她们说，是她们打翻的，如果她们不从，他就向玉帝告发她们。

谁知，筱露和筱星自幼在王母娘娘座下，听王母娘娘教导，并没有屈服于劳殊，而且抢先向玉帝告发

鼠别名老鼠、耗子，是啮齿目鼠科的一种动物。鼠的身体呈锥形，没有犬齿，门齿发达，行动迅速。它们的生命力旺盛，数量繁多，繁殖速度非常快，适应能力也很强，几乎什么食物都吃，在什么环境下都可以居住。

鼠会打洞、爬树，但是自身带有流行性出血热、钩端螺旋体病等病原，不能食用。

了劳殊的恶行。

  玉帝听闻后，便把劳殊变成老鼠，让它下凡。劳殊打翻药瓶的时候，不慎沾染了菌药。虽然吃过抗菌丹，但是他体内的细菌没有被清除，因此他的后代体内都含有病菌。

鼹（yǎn）鼠
爱挖土的动物

别名	地爬子、隐鼠
分类	劳亚食虫目、鼹科
习性	昼伏夜出，嗅觉灵敏
功用	解毒、杀虫

古代人们认为鼹鼠是由鳉（zhì）鱼变化而成的，它不仅可以治疗风热久积、血脉不通，还能治疗小儿蛔虫。

很久以前，河西有个名为盘溪的村庄，这个村庄的人们主要依靠种植庄稼为生。有一年，盘溪村闹鼠灾，很多鼹鼠在田间吃庄稼。鼹鼠的繁殖能力很强，人们想了很多办法都无济于事。

这天，盘溪村的村民张大伯五岁的儿子一直喊肚子疼。张大伯连忙带着儿子去大夫家看病。大夫诊治后，告诉张大伯孩子肚子疼是因为肚子里有蛔虫。大夫开了几服药，让张大伯拿回去给孩子服用。

服用了几天，孩子的病症还是不见好，张大伯十分心急。恰巧，这时村里一户人家宴请张大伯，张大伯放心不下儿子，便带着他一同前往。

到了村民家，张大伯发现村民在烤鼹鼠。张大伯问其缘故，村民回答说，鼹鼠整天糟蹋庄稼，实在可恨，不如把它烤了泄愤。正在他们说话之际，张大伯

鼹鼠别名地爬子、隐鼠，是劳亚食虫目鼹科的一种动物。鼹鼠的身体矮胖，毛为黑褐色，嘴尖，耳郭退化，眼小，前肢发达，脚掌向外翻，有利爪，善于用爪子掘土，后肢细小，尾巴又细又短。

鼹鼠常常栖息于山间盆地、河谷地、农耕地和菜地附近，在地下洞穴中生活，主要以地下昆虫为食。

的儿子被烤肉的香味吸引，禁不住尝了尝味道。

张大伯刚想阻止，儿子起身告诉他，肚子没有那么疼了。张大伯大喜，赶紧叫来大夫检查鼹鼠是否有治病的疗效。大夫过来后，仔细探究一番，果然寻得用鼹鼠治病的一些依据。

后来，盘溪村就经常用鼹鼠来入药，附近村庄的人知道后，也来盘溪村捉鼹鼠，拿回家入药。没多久，盘溪村的鼹鼠就被捉光了，人们再也不怕鼠灾了。

黄鼠
祸害庄稼的有害动物

别名 达乌尔黄鼠、蒙古黄鼠
分类 啮齿目，松鼠科
习性 独居，草食，警惕性高
功用 润肺生津，解毒止痛

古代传说中，黄鼠是一种非常讲究礼节的动物。它遇到人的时候，会直立起来然后向人类作揖，所以人们又把它称为礼鼠。

黄鼠非常聪明，经常躲在洞穴之中，秋天还会珍藏很多豆、粟（sù）、草木的果子，用来过冬。它们喜欢单独居住，每只黄鼠的洞穴都有一个小窖，用来储藏食物。人们听说黄鼠的味道十分鲜美，想要捕捉黄鼠，但是想了好久，都没有想到让黄鼠自己乖乖走出洞的办法。

有一次，一群小孩在黄鼠洞穴旁边玩耍。他们不知道那是黄鼠的洞穴，于是用水灌进洞里玩。过了一会儿，水漫了出来，一只黄鼠随着水流而出。孩子们不知道是什么动物，于是拿着黄鼠去问家人。

家人见了，便问孩子是如何捉到它的。孩子一五一十地告诉家人他们捕捉黄鼠的办法。人们听了惊讶不已，以后便一直用这种办法捕捉黄鼠。

黄鼠别名达乌尔黄鼠、蒙古黄鼠，是啮齿目松鼠科的一种动物。黄鼠和老鼠很像，头骨扁平，稍呈方形；颅呈椭圆形，体色为黄色，眼睛非常大，耳壳退化，爪子尖利呈黑色，短小脊状。

黄鼠主要生活在我国北部的干旱草原和半荒漠草原，喜欢散居，一般以草本植物的绿色部分为食，最喜欢吃植物的幼嫩部分。

后来，人们经常用羊乳饲养黄鼠，然后把黄鼠献给皇上。皇上吃了，觉得它的味道非常肥美，因此将其视为珍品。

黄鼠狼

能散发臭味的动物

别名	黄鼬、黄皮子
分类	鼬科，鼬属
习性	杂食，夜行
功用	主治遗尿，并可治淋病

民间传言，东北有九大神兽，分别为熊瞎子、傻狍子、兔崽子、猫驴子、黄皮子、大马猴子、白眼狼、土豹子和傻狍子。其中，黄皮子指的就是黄鼠狼。黄鼠狼不仅有灵气，还懂得报恩。

很久以前，在东北一个村里有个老头，这个老头的儿子嫌弃他老了，都离他而去，只剩老头自己在家种田。

一天，老头背着锄头准备去地里。途中，他看到不远处一群狗围着一口井狂叫不止。老头上前一看，原来石头缝里有一只黄鼠狼，它被狗围住了退路，没有办法逃生。老头心软，把狗赶走了，救出了黄鼠狼。

从那天之后，老头每天早上都能在自己家门口发现山鸡、野兔的尸体。老头本来孤苦一人，没有能力打猎，这样一来，他每天都过得很富足，很快就过了三年。

黄鼠狼别名黄鼬、黄皮子，是食肉目鼬科的一种动物。黄鼠狼体形中等，身体细长；头比较细，脖颈较长，耳朵短而宽，四肢比较短，尾巴长而蓬松；肛门两旁有一对黄豆形的臭腺，可以喷射臭不可闻的分泌物。

黄鼠狼栖息于山地和平原，经常在夜间出没于河谷、草丘、灌丛和村庄附近，通常单独行动。

一天晚上,老头半夜醒来小解,他打开房门,突然看见一只黄鼠狼正在往他家门口拖一只灰兔子。老头这才知道,原来门口的动物都是黄鼠狼用来报恩的。

刺猬（wèi）
全身长满刺的动物

别名 刺团、猬鼠

分类 猬形目，猬科

习性 会游泳，怕热，性格孤僻

功用 理胃气，增强食欲

相传，刺猬是天上的白仙。白仙一族自出现以来，世代最擅长治疗各类疾病。它们不仅可以治疗世间的疑难杂症，而且还可以救治仙家灵体。

从前，李村有一个叫李三的人，他天不怕地不怕，几乎没有什么东西可以吓倒他。

一天，李三去集市上买东西，看见一个老汉在卖刺猬。老汉说："都说你天不怕地不怕，那你敢吃刺猬的肉吗？"

李三笑着说："这有什么不敢的，就算它肚子上也长满刺，我也照样可以拔光它的刺，吃掉它。"说完，李三付了钱，买了一只刺猬。

回家的路上，李三越看刺猬越觉得它非常可怜。回到家中，李三实在不忍心吃它，便把它放了。街坊邻居知道后，笑李三胆子小，李三也不以为意。

不久，李三的妻子突然患病，一天之内竟然不能起身，李三绝望至极，不知道该如何救治妻子。

这时，一个身穿白衣的老太太来到他的家中。她

刺猬别名刺团、猬鼠，是猬形目猬科的一种动物。刺猬除肚子之外全身长有硬刺，遇到危险时会把自己卷成一团有刺的球；它的鼻子非常长，触觉和嗅觉很发达；尾巴短。

刺猬喜欢住在灌丛中，怕热，会游泳，主要以有害的昆虫为食，所以对于人类来说是益兽。

把李三等人请出卧房门外,单独给妻子疗伤。片刻后,门自动打开。李三进门后,发现妻子已经好了。等他寻找老太太之时,才发现老太太已经不见了。

后来,经过多方打听,李三才知道那位老太太是他当初放走的刺猬,原来,她是一位神仙。

松鼠
长着毛茸茸长尾巴的动物

别名	树鼠
分类	啮齿目，松鼠科
习性	独居，会筑巢
功用	理气调经

很久以前，华山仙岭脚下住着一个小伙子，名叫韩一松，他以采草药为生。

一天，韩一松去仙岭上采药。他挖草药的时候，不小心挖出一个洞，洞中堆满了松果，这些松果又大又饱满。韩一松想把这些松果带回家，这时两只松鼠突然在不远处蹦来蹦去，叫个不停。韩一松意识到，这些松果可能是松鼠过冬的食物，于是就把松果放回去了。

第二天，韩一松又去仙岭上采药。两只松鼠跑到他面前一直叫，他跟着小松鼠来到一处山坡，看到山坡上都是草药。韩一松很快采满了一篓子。走的时候，他把自己带的干粮留给了小松鼠。

后来，松鼠一直帮韩一松采药，韩一松就带各种好吃的给它们吃。日久天长，两只松鼠也想变成人，和韩一松一起生活。

这天，韩一松身绑绳索，在半山腰采药。中途绳索断了，松鼠姐姐情急之下，窜到山崖下面救韩一松。没想到，松鼠姐姐在半空中变成了人，把韩一松

松鼠别名树鼠，是啮齿目松鼠科的一种动物。松鼠体形细小，眼大而明亮，耳朵长，耳尖有一束毛，前后肢间无皮翼，四肢强健，趾有锐爪，爪端呈钩状。

松鼠大多栖息在寒温带的针叶林及针阔叶混交林，经常出没于山坡或河谷两岸的树林中，喜欢单独在树洞中居住，有的松鼠也会在树上搭窝。

救下来了，两人共同回了韩一松的家，幸福地生活在一起。

松鼠妹妹见姐姐变成了人，也想赶紧变成人，但是无论如何都变不成。它绝望地回到山上，坐在那儿，目不转睛地望着远处韩一松家的屋顶。就这样，它一动不动地坐着，最后变成了石头。

后来，这块石头成了华山仙岭的景点。很多人都被这只栩栩如生的石松鼠吸引，前来观看。

花栗（lì）鼠

爱偷粮食的小松鼠

别名	金花鼠
分类	啮齿目，松鼠科
习性	杂食，善爬树
功用	理气调经，消积止痛

相传，花栗鼠和松鼠本来是一种动物。它们每天勤奋地储存松子，为冬眠做准备。有一天，一只小松鼠觉得搬运松子太累了，于是在自己的洞穴中休息了几天。

几天之后，它跑出来，看到其他松鼠都储存了好多松子。它非常着急，但是一时又搬运不到那么多松子。这时，它突然想到，松鼠们白天都出去搬运松子了，洞穴里面没有松鼠，它可以趁机拿几个松子。

于是，它就偷偷摸摸跑到其他松鼠的洞穴中，搬运了好多其他松鼠的松子。久而久之，其他松鼠感觉自己的松子越来越少，起了疑心，决定一探究竟。

这天，偷松子的小松鼠看到太阳升起，知道其他松鼠已经去找松子了。它兴高采烈地走到其他松鼠的洞穴口，爬了进去。当它爬到里面才发现，原来松鼠为了捉住偷松子的贼，今天没有去搬松子。

这只松鼠被捉了一个现行，羞愧不已。其他松鼠知道后，纷纷跑到这只松鼠面前，用锋利的爪子

花栗鼠别名金花鼠，是啮齿目松鼠科的一种动物。花栗鼠的个头比松鼠小，体色通常有黑、白、橙色，头上有5条黑褐色和灰白、黄白色相间的条纹，正中一条为黑色，从头顶到尾基部，外2条为黑褐色，最外2条为白色，外面4条均起于肩部，止于臀部。

花栗鼠主要以豆类、麦类、谷类和瓜果为食，它们的生活环境比较广泛，平原、丘陵、山地、灌丛中都有它们的踪迹。

挠它。这只小松鼠的背上因此出现了很多深浅不一的伤痕，其中有五条伤痕特别深。

后来，这只松鼠所生的小松鼠背上也都有五道褐色的条纹，松鼠们都认为这是对偷盗行为的惩罚，久而久之，便有了花栗鼠。

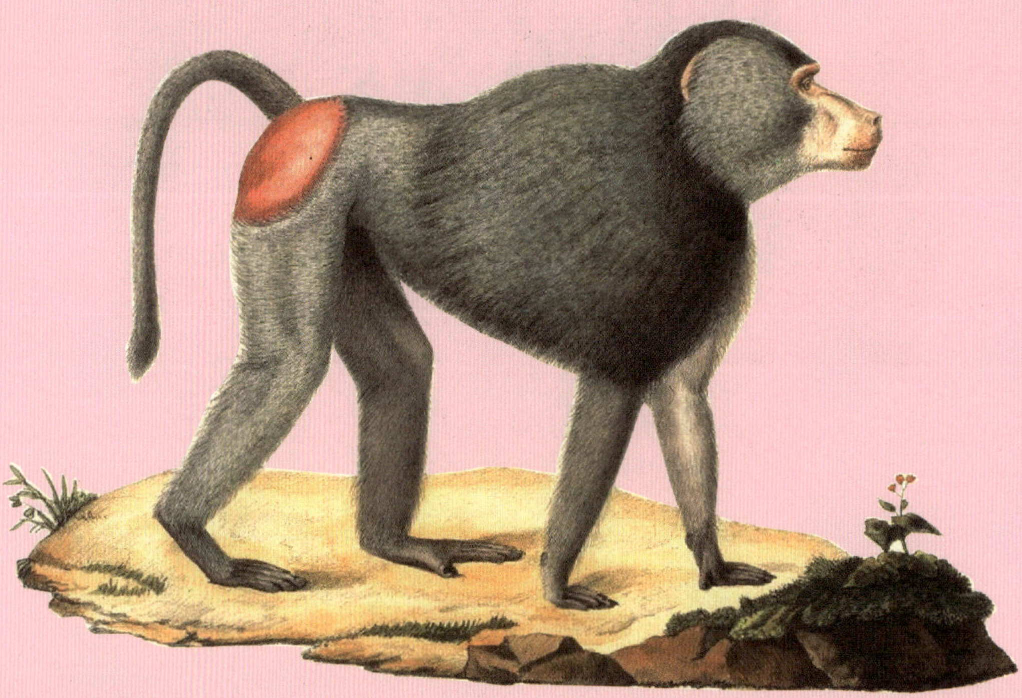

第八章

灵长类：聪明伶俐的猴子

狒（fèi）狒
喜欢聚堆交流的动物

别名 人熊
分类 灵长目，猴科
习性 杂食，善游泳
功用 辅助治疗癣疥

传说中，狒狒相貌蠢萌，毛发披散，喜欢鸣叫和跳跃。它们见到人就笑，笑的时候嘴唇会遮住眼睛，人们经常利用这一特点捕捉它们。

相传在宋朝的时候，安昌县的官员为了博得皇帝欢心，费尽心思捕捉了雌雄两只狒狒进献给皇帝。

皇帝见到狒狒，疑惑地问道："听说狒狒力大无穷，既然它的力气如此之大，你们又是怎么抓到它的呢？"

安昌县的县令回答说："虽然狒狒的力气很大，但是它有一个致命的缺点。每当它看到人的时候就会笑，而它的嘴唇比较大，一笑就把眼睛遮住了。这时，我们就可以利用这个空隙，将狒狒捉住。"

皇帝听了很高兴。县令又告诉皇帝："狒狒的用处很多，它能够像人一样说话，还会学鸟叫。"皇帝感到惊讶，立刻命人试了试，发现这些说法的确是真的，因而非常兴奋，派人好好养着这两只狒狒。

狒狒别名人熊，是灵长目猴科的一种动物。狒狒头部粗长，眉骨突出，眼睛漆黑深陷，棱角分明，鼻子深红，耳朵小，犬齿长而尖，四肢等长、短粗，臀部有色彩鲜艳的胼胝，体毛为黄色、黄褐色或褐色。

狒狒主要以树叶、草、树皮、果实等植物，昆虫、蜘蛛、小鸟等动物为食，常栖息于热带雨林、高原山地、半荒漠草原地区，多在较开阔多岩石的低山丘陵、峡谷峭壁中活动。

第八章 灵长类：聪明伶俐的猴子 | 139

猩猩

爱吃水果的动物

别名 人猿、红毛猩猩
分类 灵长目，人科
习性 单独生活，爱吃水果
功用 食之不昧不饥，令人善走

古代神话故事中，猩猩知晓人的过去和未来，是一种极具灵性的神兽。

很久以前，有一个地方叫作封溪县。这个县附近多山林，经常有野兽出没。

有一年，县里的村民去山林中采摘野菜、野果。走到半路时，从山林里面走出一只猩猩，身上长着黄毛，白色的耳朵和猪一样，脸、脚和人一样，头发很长，相貌端正。猩猩看到村民，发出婴儿般的啼哭声。

村民害怕猩猩，连忙转身想要逃走。猩猩见状，立刻对村民说："别走，我不是妖怪，你看我能说话，并且我还知道你的名字和你祖先的名字。"村民惊讶，问猩猩自己和祖先的名字是什么，猩猩一一回答，居然全部都是正确的。

村民心想，猩猩肯定是通晓命运的神兽，如果将它捕捉回去，交给县令，肯定会得到奖赏。于是，村民假意交好，将猩猩带进村庄，交给县令。

猩猩别名人猿、红毛猩猩，是灵长目人科的一种动物。猩猩体毛长而稀少，毛色为红色，面部为黑色；牙齿发达，手臂展开长达2米，可以在树林之间摆荡，能用手或者脚拿东西，没有尾巴。

猩猩经常在山林、沼泽、河谷附近活动，主要以榴梿（lián）、荔（lì）枝、杧（máng）果等果实，以及昆虫、树木、小型脊椎动物为食。

县令曾经听说猩猩的血是上好的颜料，于是便派人取猩猩的血。下人遵照命令，拿刀刺破猩猩的皮肤，发现取出来的血并不是鲜红色。下人感到惊讶，询问别人缘故。有一人告诉他，猩猩具有灵性，除非它心甘情愿献血，否则取出来的血都是暗红色的。

县令知道后，认为损伤神灵之物肯定会受到惩罚，因此便派人为猩猩包扎伤口，然后将它放回了山林。

后来，封溪县的村民再去山里采摘果实，总能见到一两只猩猩将采摘好的野果送给村民。村民们认为这是猩猩在谢他们的不杀之恩，所以村民们更加爱护山林里面的猩猩，还经常把自己做的食物送给它们。

狨（róng）
《山海经》中的"人面兽"

别名	猱（náo）
分类	灵长目，狨科
习性	善奔跑，善攀援
功用	解毒消肿

在名著《西游记》中，狨曾经与美猴王孙悟空、牛魔王、蛟魔王、鹏魔王、狮驼王、猕猴王结拜，各自称圣，并称为"七大圣"。其中，狨叫作禺（yú）狨王，被称为"驱神大圣"。

相传，美猴王孙悟空在花果山的时候遍访英豪，结识了六位兄弟。这六位兄弟分别为平天大圣牛魔王、覆海大圣蛟魔王、混天大圣鹏魔王、移山大圣狮驼王、通风大圣猕猴王、驱神大圣禺狨王。

七大圣结义不久，孙悟空跑到天宫大闹，被如来佛祖压在五指山下，最后随唐僧一起去西天取经，其他六大圣因此作鸟兽散。蛟魔王跑到北海，牛魔王跑到火焰山，狮驼王成了文殊菩萨的坐骑，鹏魔王建立了狮驼国，猕猴王投靠了如来佛，禺狨王则投靠了观音菩萨。

后来，观音菩萨将禺狨王封为禅师。禺狨王从此在浮屠山修禅定心。禺狨王虽然得到观音菩萨点化，无奈在浮屠山修行的日子非常苦，所以它一直怨恨孙悟空大闹天宫，进而害了自己。

狨别名猱，灵长目狨科动物。狨生长在南美洲的山谷中，体形像猴，但是比猴大，毛很长；善于攀爬树木、奔跑。

狨经常栖息于热带雨林或热带草原的树冠上，不喜欢在地面活动，主要以水果、坚果和其他植物性食物为食，也吃昆虫、蜘蛛、青蛙、小蜥蜴等动物。

孙悟空随唐僧西天取经途中，曾经路过浮屠山。禺狨王认出孙悟空之后，本来打算与孙悟空叙旧。但是，孙悟空却忘记了还有禺狨王这样的兄弟，因此，两个人一见面便各不相让。

图书在版编目（CIP）数据

《本草纲目》里的博物学. 猛兽与家禽 / 余军编著. --
贵阳 : 贵州科技出版社, 2025.3. -- ISBN 978-7-5532-
1240-1

Ⅰ. R281.3-49

中国国家版本馆 CIP 数据核字第 2025F4H776 号

《本草纲目》里的博物学：猛兽与家禽
《BENCAOGANGMU》LI DE BOWUXUE : MENGSHOU YU JIAQIN

出版发行	贵州科技出版社
地　　址	贵阳市观山湖区会展东路 SOHO 区 A 座（邮政编码：550081）
网　　址	https://www.gzstph.com
出 版 人	王立红
责任编辑	陈　晏
封面设计	仙　境
经　　销	全国各地新华书店
印　　刷	河北鑫玉鸿程印刷有限公司
版　　次	2025 年 3 月第 1 版
印　　次	2025 年 3 月第 1 次
字　　数	691 千字（全 6 册）135 千字（本册）
印　　张	48.5（全 6 册）
开　　本	787 mm×1092 mm　1/16
书　　号	ISBN 978-7-5532-1240-1
定　　价	198.00 元（全 6 册）

经验传承

建设前景

贺教育部

科技司向项目

成果出版

李政林

教育部哲学社会科学研究重大课题攻关项目
"十三五"国家重点出版物出版规划项目

高校财务管理创新与财务风险防范机制研究

RESEARCH ON THE INNOVATION OF FINANCIAL MANAGEMENT AND THE PREVENTION MECHANISM OF FINANCIAL RISK IN COLLEGES AND UNIVERSITIES

徐明稚 等著

中国财经出版传媒集团
经济科学出版社
Economic Science Press

图书在版编目（CIP）数据

高校财务管理创新与财务风险防范机制研究/徐明稚等著．
—北京：经济科学出版社，2020.12
教育部哲学社会科学研究重大课题攻关项目 "十三五"
国家重点出版物出版规划项目
ISBN 978 – 7 – 5218 – 2232 – 8

Ⅰ．①高… Ⅱ．①徐… Ⅲ．①高等学校 – 财务管理 – 风险管理 – 研究 – 中国 Ⅳ．①G647.5

中国版本图书馆 CIP 数据核字（2020）第 264048 号

责任编辑：何　宁
责任校对：隗立娜　齐　杰
责任印制：李　鹏　范　艳

高校财务管理创新与财务风险防范机制研究
徐明稚　等著
经济科学出版社出版、发行　新华书店经销
社址：北京市海淀区阜成路甲 28 号　邮编：100142
总编部电话：010 – 88191217　发行部电话：010 – 88191522
网址：www.esp.com.cn
电子邮箱：esp@esp.com.cn
天猫网店：经济科学出版社旗舰店
网址：http：//jjkxcbs.tmall.com
北京季蜂印刷有限公司印装
787×1092　16 开　34.25 印张　650000 字
2020 年 12 月第 1 版　2020 年 12 月第 1 次印刷
ISBN 978 – 7 – 5218 – 2232 – 8　定价：136.00 元
（图书出现印装问题，本社负责调换。电话：010 – 88191510）
（版权所有　侵权必究　打击盗版　举报热线：010 – 88191661
QQ：2242791300　营销中心电话：010 – 88191537
电子邮箱：dbts@esp.com.cn）

课题组主要成员

首 席 专 家：徐明稚
主 要 成 员：李建发　孙明贵　陈武元　张　丹
　　　　　　　　高长春　葛文雷　邬大光　丁永生

编审委员会成员

主　任　吕　萍
委　员　李洪波　柳　敏　陈迈利　刘来喜
　　　　　　樊曙华　孙怡虹　孙丽丽

总　序

哲学社会科学是人们认识世界、改造世界的重要工具，是推动历史发展和社会进步的重要力量，其发展水平反映了一个民族的思维能力、精神品格、文明素质，体现了一个国家的综合国力和国际竞争力。一个国家的发展水平，既取决于自然科学发展水平，也取决于哲学社会科学发展水平。

党和国家高度重视哲学社会科学。党的十八大提出要建设哲学社会科学创新体系，推进马克思主义中国化、时代化、大众化，坚持不懈用中国特色社会主义理论体系武装全党、教育人民。2016年5月17日，习近平总书记亲自主持召开哲学社会科学工作座谈会并发表重要讲话。讲话从坚持和发展中国特色社会主义事业全局的高度，深刻阐释了哲学社会科学的战略地位，全面分析了哲学社会科学面临的新形势，明确了加快构建中国特色哲学社会科学的新目标，对哲学社会科学工作者提出了新期待，体现了我们党对哲学社会科学发展规律的认识达到了一个新高度，是一篇新形势下繁荣发展我国哲学社会科学事业的纲领性文献，为哲学社会科学事业提供了强大精神动力，指明了前进方向。

高校是我国哲学社会科学事业的主力军。贯彻落实习近平总书记哲学社会科学座谈会重要讲话精神，加快构建中国特色哲学社会科学，高校应发挥重要作用：要坚持和巩固马克思主义的指导地位，用中国化的马克思主义指导哲学社会科学；要实施以育人育才为中心的哲学社会科学整体发展战略，构筑学生、学术、学科一体的综合发展体系；要以人为本，从人抓起，积极实施人才工程，构建种类齐全、梯队衔接的高校哲学社会科学人才体系；要深化科研管理体制改革，发挥高校人才、智力和学科优势，提升学术原创能力，激发创新创造活力，建设中国特色新型高校智库；要加强组织领导、做好统筹规划、营造良好学术生态，形成统筹推进高校哲学社会科学发展新格局。

哲学社会科学研究重大课题攻关项目计划是教育部贯彻落实党中央决策部署的一项重大举措，是实施"高校哲学社会科学繁荣计划"的重要内容。重大攻关项目采取招投标的组织方式，按照"公平竞争，择优立项，严格管理，铸造精品"的要求进行，每年评审立项约40个项目。项目研究实行首席专家负责制，鼓励跨学科、跨学校、跨地区的联合研究，协同创新。重大攻关项目以解决国家现代化建设过程中重大理论和实际问题为主攻方向，以提升为党和政府咨询决策服务能力和推动哲学社会科学发展为战略目标，集合优秀研究团队和顶尖人才联合攻关。自2003年以来，项目开展取得了丰硕成果，形成了特色品牌。一大批标志性成果纷纷涌现，一大批科研名家脱颖而出，高校哲学社会科学整体实力和社会影响力快速提升。国务院副总理刘延东同志做出重要批示，指出重大攻关项目有效调动各方面的积极性，产生了一批重要成果，影响广泛，成效显著；要总结经验，再接再厉，紧密服务国家需求，更好地优化资源，突出重点，多出精品，多出人才，为经济社会发展做出新的贡献。

作为教育部社科研究项目中的拳头产品，我们始终秉持以管理创新服务学术创新的理念，坚持科学管理、民主管理、依法管理，切实增强服务意识，不断创新管理模式，健全管理制度，加强对重大攻关项目的选题遴选、评审立项、组织开题、中期检查到最终成果鉴定的全过程管理，逐渐探索并形成一套成熟有效、符合学术研究规律的管理办法，努力将重大攻关项目打造成学术精品工程。我们将项目最终成果汇编成"教育部哲学社会科学研究重大课题攻关项目成果文库"统一组织出版。经济科学出版社倾全社之力，精心组织编辑力量，努力铸造出版精品。国学大师季羡林先生为本文库题词："经时济世　继往开来——贺教育部重大攻关项目成果出版"；欧阳中石先生题写了"教育部哲学社会科学研究重大课题攻关项目"的书名，充分体现了他们对繁荣发展高校哲学社会科学的深切勉励和由衷期望。

伟大的时代呼唤伟大的理论，伟大的理论推动伟大的实践。高校哲学社会科学将不忘初心，继续前进。深入贯彻落实习近平总书记系列重要讲话精神，坚持道路自信、理论自信、制度自信、文化自信，立足中国、借鉴国外，挖掘历史、把握当代，关怀人类、面向未来，立时代之潮头、发思想之先声，为加快构建中国特色哲学社会科学，实现中华民族伟大复兴的中国梦做出新的更大贡献！

教育部社会科学司

前　言

20世纪末21世纪初，我国高等教育完成了由精英教育发展阶段向大众化教育发展阶段的转变，实现了规模迅速扩张，办学水平逐步提高，经费投入大幅增长，办学条件得到改善。在我国高等教育大众化发展启动阶段的快速发展及扩张过程中，高校经费短缺一度成为关注的焦点。在当时特定的历史条件下，向银行贷款逐步演变成高校解决资金短缺问题的基本出路。高校贷款规模的不断扩大，最终导致了财务风险在全国高校范围内集中凸显，捉襟见肘的财务状况严重影响了学校的正常运行及发展。一时间，高校财务风险成为社会及高等教育自身高度关注的热点问题。因此，认真总结研究我国高等教育这一特定发展阶段高校财务风险的形成原因和演化机理，创新高校财务管理理念，探索市场经济条件下，我国高等教育大众化发展阶段的经费筹措机制、财政政策与拨款制度，创新高校财务管理的体制机制，以及财务管理的技术与方法，建立有效的高校财务风险预警系统及防范机制等成为具有重要的理论及实践意义的紧迫任务。

为此，东华大学和厦门大学的研究人员联合组成研究团队，申报了教育部哲学社会科学研究重大课题攻关项目《高校财务管理创新与财务风险防范机制研究》。本书的主要目标，一是通过广泛的调查研究，客观评价我国高校这一特定发展阶段财务风险显现的宏观背景、诱发因素、体制机制因素、演变机理、主要特征，以及对高校财务运行的影响程度，为构建高校财务风险管理的多层次分析框架提供实践基础和理论依据；二是研究高校财务风险的界定、类型及评判等基本问题，构建我国高校财务风险预警的基本理论与方法，提出高校财务风险防范的目标,为政府和高校提供财务风险识别与管理的实用方法和工具;三是研究我国高等教育大众化发展阶段的高校财务管理创新,包括高等教育经费筹措、公共财政投入机制、高校内部的财务治理理念、体制机制及管理方法的创新,从根本上构建高校财务风险防范机制,提供理论依据和对策措施。

本书确定了研究的总体框架及路径,如图 0-1 所示。

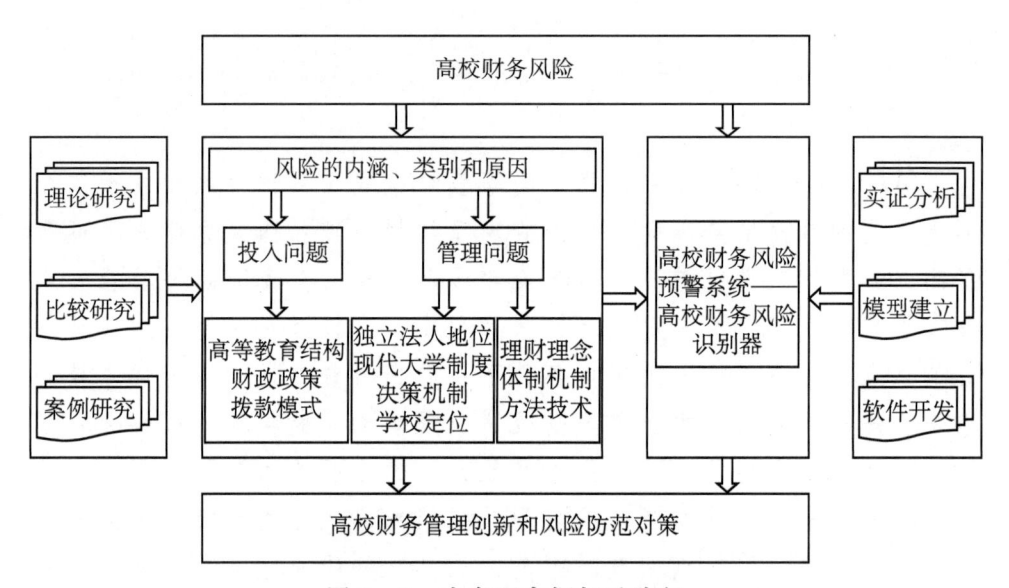

图 0-1 本书研究框架及路径

首先,根据风险识别的理论和方法,从我国高校财务风险的表征出发,依托基础理论研究、比较研究、案例研究等方法,分别从宏观、中观、微观三个层面,揭示我国特定发展阶段高校财务风险的长短期动因、制度因素与演变机理,并从理论和实践、国际和国内、政府和高校多维度地研究创新高等教育经费筹措机制、高等教育公共财政政策与拨款机制、现代大学制度下的高校财务治理以及高校财务管理的技术与方法,以此构建高校财务管理创新体系和财务风险防范机制。其次,运用风险系统分析的理论,从特定发展阶段高校财务运行的实际出发,通过实证分析、模型建立、软件开发等方法,研究高校财务风险的构成因子及权重、衡量指标、判别视角与方法,构建财务风险评价模型,形成黄色(风险因素集聚)、橙色(有相当财务风险)、红色(出现财务危机)三级财务风险预警系统,为各级政府和高校提供识别财务风险的有效工具。最后，在上述两个研究路径的基础上，聚焦政府和高校两个层面，从理念、思路、经费筹措、财政政策，以及高校财务治理的体制、运行机制、技术方法等方面，提出高校财务管理创新与财务风险防范机制的系统对策。

本书首席专家徐明稚。根据研究目标和总体研究框架，研究团队分六个子课题，分别为：大众化高等教育阶段的财政政策和拨款机制、现代大学制度与高校财务治理、现代财务学与高校财务管理创新、高校财务风险现状和实证分析、财务风险预警系统研究与开发、高校财务管理创新和风险防范对策研究，相应的子课题负责人分别为高长春、陈武元、李建发、葛文雷、张丹、孙明贵。课题组成员还有邬大光、丁永生、陈伟光、徐孝民、郭鹏、赵建军、刘玉光、金贞淑、顾晓敏、仓平、朱杏龙、曾月明、王千红、李霁友、李勇、王宏、王雷、周菁、刘长奎、林嘉永、卢宁文、许拯声、林莉、郑晓薇、姜晓璐、薄云、洪真裁等。

本书是课题研究的总结性成果，共分三编十章。第一编，我国特定发展阶段高校财务风险实证研究，包括：第一章，我国特定发展阶段的高校财务风险调研；第二章，我国特定发展阶段的教育部直属高校财务风险实证研究；第三章，我国特定发展阶段的高校财务风险成因及演化。第二编，高校经费筹措和管理的理论与国际实践比较借鉴，包括：第四章，影响高校经费筹措和管理的主要理论；第五章，美日两国高校经费筹措及与高校职能的关系；第六章，高等教育经费筹措模式与财政拨款机制的国际比较及启示。第三编，高校财务管理创新与财务风险防范，包括：第七章，高校财务管理创新的环境、理论及国际经验；第八章，高校财务管理的理念、体制及运行机制创新；第九章，高校预算管理与绩效管理的创新；第十章，高校现金流量表及财务风险预警系统。

摘　要

本书从我国高等教育大众化发展启动阶段高校财务风险的现实问题出发，对高校的经费筹措、财务管理创新与财务风险防范进行系统的对策性研究。

第一编，我国特定发展阶段高校财务风险实证研究。首先，在全国范围问卷调查分析、实务工作者和专家座谈，以及在高校决算报表的描述性统计分析、时序比较分析、因子分析和聚类分析的基础上，阐释了对这一特定发展阶段高校财务风险状况的分析评价，揭示了这一特定时期高校财务风险显现的基本特征为现金流短缺、举债风险突出、短期集中爆发和长期隐性存在。其次，从政治、经济、法律以及实施扩招政策等宏观背景，大规模校园建设和银校合作等直接诱发因素，体制机制上存在的"预算软约束"，基于"共生理论"的政府、高校、银行共同作用下高校贷款风险的演变机理，以及高校财务收支的配比性、内部治理结构及管理的不尽完善等多维度，全面剖析了导致这一特定发展阶段高校财务风险集中凸显所特有的原因和机理。

第二编，高校经费筹措和管理的理论与国际实践比较借鉴。首先，概述了人力资本理论、公共产品理论、成本分担与补偿理论、利益相关者理论和绩效管理理论对高校经费筹措和管理的影响。其次，介绍了美国和日本两国高校在精英教育阶段、大众化阶段以及普及化阶段，财政拨款、学费收入、科研收入、社会捐赠、社会服务、校产收入及学校贷款等不同渠道经费筹措结构的变迁，并揭示了人才培养、科学研究、社会服务三大职能与学校经费筹措能力的关系。最后，分析了世界各国高等教育经费的规模、渠道和结构、财政拨款和学费收入的状况，并围绕高等教育大众化阶段政府财政拨款的核心关注点，即如何兼顾公平与效率的问题，阐释了国际上普遍的对策和措施，并在理论研究和国际比较研究的基础上，就我国高等教育大众化发展阶段经费筹措渠道的拓展，提出了坚持政府主导、引入市场机制、服务经济社会发展、营造民办高校发展环境、培植捐赠文化和完善捐赠政策等对策措施。

第三编，高校财务管理创新与财务风险防范。首先，阐释了我国高校财务管理创新的宏观背景，分析了高校自身在理财理念、体制机制、管理技术等方面存在的不足，阐释了现代财务学及其发展，世界主要国家高校财务管理创新成功经验，以及对我国的启示。其次，围绕高校财务管理创新的理念、体制、机制等基础性和关键性课题，阐释了高校财务管理的目标任务以及依法管理、市场主体地位、经营及绩效、风险管理、民主管理等体现当今世界发展趋势的高校理财理念；构建了适合国情的高校财务管理领导体制和管理体制，以及总会计师在外部治理与内部治理结合、连接出资人财务管理与法人财务管理中的角色定位和权责关系；提出了机构设置、流程再造、责任中心建设等运行机制的创新；并从重视立法、完善绩效导向的财政拨款机制、尊重高校法人地位、完善高校财务治理体系和提升治理能力等方面，阐释了营造高校依法自主办学的财务治理环境。最后，在高校财务管理创新与财务风险防范的技术方法层面，阐释了新公共管理理论指导下的高校绩效预算和战略预算的理念，提出了绩效管理的目标与指标体系，绩效成本及其分类与核算的办法，绩效预算的编制和平衡计分卡的运用，预算执行控制以及绩效的评价和审计；提出从"现金流"视角界定和评价高校财务风险，设计了高校现金流量表的编制方法，并分析了相应的运用案例；探索了基于现金流量模型的高校财务风险预警系统的构建及软件化的实现，并对该系统的应用前景进行了展望。

Abstract

This book starts from the realistic problems of the university financial risk in the initial stage of mass of higher education in China, and makes a systematic countermeasures research on fundraising, financial management innovation and financial risk prevention system of colleges and universities.

Part one, Empirical study on university financial risk in the specific development stage of China. First, based on the nationwide questionnaire survey analysis, practitioner and expert discussion, and descriptive statistical analysis, time sequence comparative analysis, factor analysis and cluster analysis of annual statements of finance in the colleges and universities, this book explains the evaluation of university financial risk in this specific period, and reveals the basic features of university financial risk is cash flow shortage, accumulation of loan risk, short-term concentrated outbreak and long-term implicit existence. Secondly, from the political, economic, legal, and the implementation of enrollment expansion policy and other macro background, the direct inducing causes of large-scale campus construction and Bank University cooperation, the "soft budget constraint" existing in the institutional mechanisms, the evolution mechanism of university loan risk under the joint action of government, universities and banks based on the "symbiosis theory", and the matching situation between university financial revenue and expenditure, as well as the imperfection of university internal governance structure and management and other dimensions, it makes a comprehensive analysis of the specific causes and mechanisms leading to the centration of university financial risk in this particular stage of development.

Part two, Theories of fundraising and management with comparison and reference of international practice in colleges and universities. First, this book explains the impact of human capital theory, public goods theory, cost sharing and compensation theory, stakeholder theory and performance management theory on university fundraising and management. Secondly, it introduces the evolution of fundraising structure of different channels, such as financial allocation, tuition income, scientific research income, social donation, social service income, school property income, school loans in the elite education stage, mass stage and popularization stage of colleges and universities in the United States and Japan, and reveals the relationship between the three functions of talent cultivation, scientific research and social service in colleges and universities and the fundraising ability of school. Finally, it analyses the status of fund scale, channels and structures, as well as financial allocation and tuition income of higher education in the world. Around the core concern of financial allocation in the mass stage of higher education, namely how to balance between fairness and efficiency, it expounds the common countermeasures and measures in the world. Based on the theory research and international comparison study and in terms of the expansion of fundraising channels in the mass stage of higher education of China, it proposes the countermeasures and measures of adhering to government-led, introducing market mechanisms, serving economy and social development, establishing development environment for private colleges, cultivating donation culture and improving its policy.

Part three, Financial management innovation and financial risk prevention in colleges and universities. First, this book describes the macroscopic background of the innovation of university financial management in China, and analyses the shortcomings of university financial management concept, system mechanism and management technique, as well as expounds the modern finance and its development, the successful experience of financial management innovation of colleges and universities in the major countries of the world and its enlightenment to us. Secondly, around the basic and key issues in the idea, system and mechanism of the financial management innovation in colleges and universities, it explains the objectives and tasks of university financial management, as well as the ideas reflecting the trend of the world today, such as management by law, market dominant position, operation and performance, risk management, and democratic management. It sets up the leadership system and administration system of the university financial management which are suitable for our national conditions, and the role orientation and power responsibility relationship of chief accountant in the combination of external governance and internal governance, along with the connection between sponsors financial management and legal person financial management. It puts forward the innovation of operation mechanism of organization setting up, process reengineering, and responsibility center construction. From the aspects of emphasizing on legislation, perfecting performance oriented financial allocation mechanism, respecting legal person status of colleges and universities, improving university financial governance system and governance abilities, it expounds to create a financial governance environment for colleges and universities to run independently by law. Finally, in terms of the technical methods level of university financial management innovation and risk prevention, it explains the concepts of university performance budget and strategic budget under the guidance of the new public management theory and puts forward the objective and index system of performance management, performance cost and its classification and accounting methods, preparation of performance budget and application of balanced score card, execution control of budget, as well as evaluation and audit of performance. It proposes to define and evaluate university financial risk from the perspective of cash flow, designs preparation of university cash flow statement and analyses the corresponding application case. Furthermore, it explores to build the early warning system of university financial risk based on the cash flow model and its software realization, and looks forward to the application prospects of the early warning system.

目　录

第一编　我国特定发展阶段高校财务风险实证研究　1

第一章▶我国特定发展阶段的高校财务风险调研　3

第一节　高校财务风险及其分类　3
第二节　高校财务风险调研背景及概况　13
第三节　高等教育财政拨款模式与经费投入状况　18
第四节　高校财务风险状况的分析评价　28

第二章▶我国特定发展阶段的教育部直属高校财务风险实证研究　37

第一节　高校财务风险指标体系的构建　37
第二节　财务风险的描述性统计分析　43
第三节　财务风险的时序比较分析　68
第四节　财务风险的因子分析和聚类分析　80

第三章▶我国特定发展阶段的高校财务风险成因及演化　103

第一节　高校财务风险形成的宏观背景　103
第二节　高校财务风险形成的直接诱发因素　111
第三节　高校财务风险形成的演变机理　114
第四节　高校财务风险形成与财务收支的关系　124
第五节　高校财务风险形成与体制机制及财务治理的关系　134

第二编　高校经费筹措和管理的理论与国际实践比较借鉴　143

第四章 ▶ 影响高校经费筹措和管理的主要理论　145

第一节　人力资本理论　145

第二节　公共产品理论　149

第三节　成本分担与补偿理论　152

第四节　利益相关者理论　156

第五节　绩效管理理论　160

第五章 ▶ 美日两国高校经费筹措及与高校职能的关系　165

第一节　美国高校不同发展阶段的经费筹措　165

第二节　日本高校不同发展阶段的经费筹措　171

第三节　高校人才培养职能与经费筹措　178

第四节　高校科学研究职能与经费筹措　188

第五节　高校社会服务职能与经费筹措　203

第六节　美日两国高校的经费筹措模式及与三大职能的关系　211

第六章 ▶ 高等教育经费筹措模式与财政拨款机制的国际比较及启示　221

第一节　高等教育经费筹措模式的国际比较　221

第二节　高等教育财政拨款机制的国际比较　228

第三节　拓展我国高等教育大众化发展阶段的经费筹措渠道　241

第三编　高校财务管理创新与财务风险防范　251

第七章 ▶ 高校财务管理创新的环境、理论及国际经验　253

第一节　高校财务管理创新的制度环境　253

第二节　现代财务学及其发展　259

第三节　高校财务管理创新研究文献综述　266

第四节　高校财务管理创新的国际经验　276

第八章 ▶ 高校财务管理的理念、体制及运行机制创新　292

　　第一节　高校财务管理理念和观念的创新　292
　　第二节　高校财务管理体制和机制的创新　313
　　第三节　营造依法自主办学的财务治理环境　339

第九章 ▶ 高校预算管理与绩效管理的创新　346

　　第一节　高校预算管理创新　346
　　第二节　高校绩效管理与绩效预算　353
　　第三节　高校绩效管理目标及指标体系　364
　　第四节　高校绩效成本及其分类与核算　388
　　第五节　高校绩效预算编制　394
　　第六节　高校战略预算与控制机制　398
　　第七节　平衡计分卡方法　400
　　第八节　高校绩效评价及审计　403

第十章 ▶ 高校现金流量表及财务风险预警系统　406

　　第一节　高校财务风险与现金流　406
　　第二节　高校现金流量表的编制　408
　　第三节　高校现金流量表分析案例　418
　　第四节　建立高校财务风险预警系统的目的和原则　425
　　第五节　基于现金流量模型的高校财务风险预警系统的设计　430
　　第六节　基于现金流量模型的高校财务风险预警系统的应用　443
　　第七节　基于现金流量模型的高校财务风险预警系统的软件化实现　471

附录　"高校财务管理创新与财务风险防范机制研究"
　　　　调查问卷　483

参考文献　491

后记　513

Contents

Part 1 Empirical study on university financial risk in the specific development stage of China　1

Chapter 1　Survey and study on university financial risk in the specific development stage of China　3

    1.1　University financial risk and its classification　3
    1.2　Survey background and general situation of university financial risk　13
    1.3　Financial allocation mode and fund investment status of higher education　18
    1.4　Analysis and evaluation of university financial risk status　28

Chapter 2　Empirical study on financial risk of colleges and universities directly under MOE in the specific development stage of China　37

    2.1　Structuring of index system of university financial risk　37
    2.2　Descriptive statistical analysis of financial risk　43
    2.3　Time sequence comparative analysis of financial risk　68
    2.4　Factor analysis and cluster analysis of financial risk　80

Chapter 3　Causes and evolution of university financial risk in the specific development stage of China　103

    3.1　Macro background of university financial risk formation　103
    3.2　Direct inducing causes of university financial risk formation　111
    3.3　Evolution mechanism of university financial risk formation　114

3.4　Relation between university financial risk formation and financial revenue and expenditure　124

3.5　Relation between university financial risk formation with institutional mechanism and financial governance　134

Part 2　Theories of fundraising and management with comparison and reference of international practice in colleges and universities　143

Chapter 4　Main theories affecting university fundraising and management　145

    4.1　Human capital theory　145
    4.2　Public goods theory　149
    4.3　Cost sharing and compensation theory　152
    4.4　Stakeholder theory　156
    4.5　Performance management theory　160

Chapter 5　Fundraising and its relationship with functions of colleges and universities in the United States and Japan　165

    5.1　University fundraising of different development stages in the United States　165
    5.2　University fundraising of different development stages in Japan　171
    5.3　University talent cultivation function and fundraising　178
    5.4　University scientific research function and fundraising　188
    5.5　University social service function and fundraising　203
    5.6　Fundraising mode and its relationship with the three functions of colleges and universities in the United States and Japan　211

Chapter 6　International comparison and enlightenment of fundraising mode and financial allocation mechanism of higher education　221

    6.1　International comparison of fundraising mode of higher education　221
    6.2　International comparison of financial allocation mechanism of higher education　228
    6.3　Expand financing channels in the mass stage of higher education of China　241

Part 3 Financial management innovation and financial risk prevention in colleges and universities 251

Chapter 7 Environment, theory and international experience of university financial management innovation 253

7.1 Institutional environment of university financial management innovation 253

7.2 Modern finance and its development 259

7.3 Literature review on university financial management innovation 266

7.4 International experience of university financial management innovation 276

Chapter 8 Innovation of idea, system and operation mechanism of university financial management 292

8.1 Innovation of idea and concept of university financial management 292

8.2 Innovation of system and operation mechanism of university financial management 313

8.3 Create a financial governance environment for running schools independently by law 339

Chapter 9 Innovation of budget management and performance management in colleges and universities 346

9.1 University budget management Innovation 346

9.2 University performance management and performance budget 353

9.3 Objective and index system of university performance management 364

9.4 University performance cost and its classification and accounting 388

9.5 Preparation of university performance budget 394

9.6 University strategic budget and control mechanism 398

9.7 Balanced Score Card approach 400

9.8 Evaluation and audit of university performance 403

Chapter 10 Cash flow statement and early warning system of financial risk in colleges and universities 406

10.1 University financial risk and cash flow 406

10.2 Preparation of university cash flow statement　408

10.3 Case analysis of university cash flow statement　418

10.4 Purpose and principle of building early warning system of university financial risk　425

10.5 Design of early warning system of university financial risk based on cash flow model　430

10.6 Application of early warning system of university financial risk based on cash flow model　443

10.7 Software realization of early warning system of university financial risk based on cash flow model　471

Appendix Survey questionnaire of "Research on the Innovation of Financial Management and the Prevention Mechanism of Financial Risk in Colleges and Universities"　483

Reference　491

Postscript　513

第一编

我国特定发展阶段高校财务风险实证研究

第一章

我国特定发展阶段的高校财务风险调研

本书研究的基本思路是从我国高等教育大众化发展启动阶段（以下简称特定发展阶段）高校财务风险的现实问题出发，对高校的经费筹措、管理创新及风险防范进行系统的对策性研究。本章首先综述了高校财务风险含义及其分类的研究。其次概要阐释了本书对特定发展阶段高校财务风险进行调研的背景和概况，以及高等教育财政拨款模式与经费投入的状况。最后就这一特定发展阶段高校财务风险状况进行分析评价，揭示了这一特定时期高校财务风险显现的基本特征。

第一节 高校财务风险及其分类

一、风险及财务风险

（一）风险含义

风险的产生源于现实世界的不确定性及人类对其认识的有限性。人类认识风险是因为风险通常与损失相联系。从词源上看，风险（risk）一词来源于法文"risque"，意思是指航行于危崖间；而法文"risque"又是源自古意大利语的

"risicare"一词，意思是胆敢、害怕（to dare）。因此，人们习惯将不利事件发生的可能性称为风险。

关于风险，目前尚无统一定义（Stephen A. Ross, Randolph W. Westerfield, Jeffrey F. Jaffe, 2007）[①]。不同学者分别从可能性与不确定性、预期与实际、主观与客观等角度进行了描述，并提出了不同的定义和解释。韦伯字典将风险定义为："危险；危难；遭受损失和伤害"。其他有关风险的定义有："风险指出乎意料的可能性（Scott Besley, Eugene F. Brigham, 2003）[②]""风险是指人们对结果的期望值与客观实际结果发生差异的不确定性（汤谷良，2006[③]；荆新，王化成，1998[④]）""具有不确定性的损失就是风险（尹平，1998）[⑤]"。

彭邵兵、邢精平（2005）[⑥]根据现有的研究将风险归纳为三种观点，即"危险损失观""结果差异观"和"不确定性观"，并认为用"不确定性观"来归纳风险更具代表性。他们将风险定义为："风险是事件的不确定性所引起的，由于对未来结果予以期望所带来的无法实现期望结果的可能性。"简而言之，风险是结果差异引起的结果偏离，即期望结果的可能偏离。该定义指出对未来结果的期望是风险产生的根源，并揭示了风险的实质是结果偏离。

由于风险是以一定的发生概率的潜在危机形式存在和可能性，不是已经存在的客观结果或既定的事实，因此，研究和控制风险的目标应该是设法降低风险出现的概率值，阻止风险的潜在性转变为现实性，阻止可能的危机转化为现实的损失（刘格辉，2007）[⑦]。

（二）财务风险含义

研究财务风险首先要了解财务的本质。现有文献关于财务本质研究的主要代表性观点包括：货币关系论、资金运动论或资金关系论、价值分配论、本金投入与收益论等。其中，资金运动论在中国财务理论界主导了四十余年（刘贵生，1994）[⑧]。这一思想也直接影响着研究者对财务风险的界定。

[①] Stephen A. Ross, Randolph W. Westerfield, Jeffrey F. Jaffe. 公司理财 [M]. 吴世农，沈艺峰，王志强，等译. 机械工业出版社，2007：168.
[②] Scott Besley, Eugene F. Brigham. 财务管理精要（原书第12版）[M]. 刘爱娟，张燕，译. 机械工业出版社，2003：149.
[③] 汤谷良. 高级财务管理 [M]. 北京：中信出版社，2006：173.
[④] 荆新，王化成，等. 财务管理学 [M]. 北京：中国人民大学出版社，1998：55.
[⑤] 尹平. 经营风险与防范 [M]. 北京：经济科学出版社，1998：8.
[⑥] 彭邵兵，邢精平. 公司财务危机论 [M]. 北京：清华大学出版社，2005：25-27.
[⑦] 刘格辉. 基于现金流的财务风险预警研究 [D]. 长沙：湖南大学，2007：11.
[⑧] 刘贵生. 财务本质论 [J]. 财经理论与实践，1994（4）：51-56.

对于财务风险的含义，现有文献有三种代表性的观点：

第一，认为财务风险是企业资金运动（或财务活动）过程中存在的风险，包括投资风险、筹资风险、股利分配风险、资金运营风险、外汇风险等。众多研究财务风险计量、预警、控制和管理的文献都以此为基础。代表学者包括汤谷良（2006）①、陈新宁（1999）②、韩玲（2006）③、刘格辉（2007）④等。

第二，认为是与企业筹资相关的风险，尤其是指财务杠杆导致企业所有者收益变动的风险，甚至可能导致企业破产的风险。代表学者是荆新、王化成（1998）⑤等。经典的西方财务学理论，将财务风险视为筹资风险，它是具有负债筹资企业所特有的风险。在企业财务管理中，筹资和投资属于不同的两大领域，筹资领域的风险就是资本结构决策及其运作所产生的风险，而投资领域的风险则是投资决策及其运作所产生的风险。企业筹资决策的基本任务就是企业资本结构的设计与优化，主要就是在利用负债而获得的杠杆利益和防范负债可能产生的财务损失之间进行权衡。

第三，认为财务风险有狭义和广义之分。狭义的财务风险是由企业负债引起的，具体说就是指企业因借款而丧失偿债能力的可能性；广义的财务风险是把企业的财务活动过程作为一个完整的系统，包括筹资、投资、资金运作、收益分配四个有机联系的环节，在各活动环节中都有可能产生风险。代表学者包括郝忠焰（2006）⑥、龚茂全（2007）⑦等。此观点在我国学术界有比较广泛的代表性。而熊筱燕、孙萍（2005）则认为财务风险通常有两种理解：广义的财务风险是指经济实体各类风险的货币化表现；狭义的财务风险特指经济实体在开展各项经济活动中因资金筹措、投资和日常运营所面临的风险。⑧这种观点比较少见。

二、高校财务风险的含义

在现有研究高校财务风险的文献中，对高校财务风险含义的界定比对企业财务风险的界定更广，几乎涵盖了高校已经或可能出现的所有困境。概括如下：

---

① 汤谷良. 高级财务管理 [M]. 北京：中信出版社，2006：173.
② 陈新宁. 奥特曼模式在企业财务风险预警系统中应用的探讨 [J]. 郑州航空工业管理学院学报，1999（2）：33-35.
③ 韩玲. 企业财务风险征兆的识别及风险防范 [J]. 财会月刊（理论版），2006（26）：43-44.
④ 刘格辉. 基于现金流的财务风险预警研究 [D]. 长沙：湖南大学，2007：11.
⑤ 荆新，王化成，等. 财务管理学 [M]. 北京：中国人民大学出版社，1998：55.
⑥ 郝忠焰. 我国企业现阶段财务风险的识别及防范 [D]. 北京：对外经济贸易大学，2006：5.
⑦ 龚茂全. 基于杠杆理论的公司财务风险控制研究 [D]. 长沙：湖南大学，2007：13-14.
⑧ 熊筱燕，孙萍. 略论高校财务风险的界定 [J]. 江苏高教，2005（3）：133.

（一）高校财务风险是指高校在事业发展过程中因资金运动所导致的某种不利事件或损失发生的可能性及其后果

此观点有比较广泛的代表性，但学者们从不同侧面进行了研究，对高校财务风险内涵有以下表述：

第一，高校资金在营运过程中，主观愿望与客观现实相背离，现实的财务结果与理想的财务预测之间存在差异而造成的财产损失。代表学者包括肇洪斌（2006）[①]、薛红兵（2007）[②]，万宇洵、黄文雅（2006）[③]，刘艳华（2008）[④] 等。

第二，资金运动面临的风险包括资金筹措、投资和日常运营所面临的风险。代表学者包括王德春、张树庆（2003）[⑤]，李素红、黄耕、尹志军（2006）[⑥]，渠苏平（2007）[⑦] 等。

第三，高校资金运动面临的风险表现在预算收支不平衡、资本结构不合理等方面，认为资本结构不合理是财务风险产生的根源。高校不合理资本结构主要表现为资产负债表中累计结余赤字数额巨大，亏损吞噬了全部自有资金，甚至吃掉一部分负债，高校的财务风险已具有不可逆转性。代表学者是王漪（2006）[⑧]。

第四，财务状况总体失衡所产生的流动资金短缺和净资产亏损的风险。代表学者是陈琤（2006）[⑨]。

第五，因资金运动受难以预测的因素影响，而出现与初衷利益相悖的潜在损失。它反映了高校财务风险的三层管理属性：由资金运动而引起的风险，风险的货币化表现，受不确定因素影响而形成的财务收益偏离预期收益的潜在损失。代表学者是蒋业香、李存芳（2007）[⑩]。

[①] 肇洪斌. 高校财务风险初探 [J]. 辽宁教育行政学院学报，2006（7）：21-22.
[②] 薛红兵. 论高校财务风险防范 [J]. 福建金融管理干部学院学报，2007（4）：33-37.
[③] 万宇洵，黄文雅. 高校财务风险评价指标体系构建 [J]. 湖南经济管理干部学院学报，2006（3）：58-60.
[④] 刘艳华. 高校财务风险防范对策研究 [J]. 河北工业大学学报，2008（4）：44-47.
[⑤] 王德春，张树庆. 高校财务风险与防范对策 [J]. 山东农业大学学报（社会科学版），2003（6）：8-11.
[⑥] 李素红，黄耕，尹志军. 建立高校财务风险预警模型的判别分析 [J]. 河北工业大学学报，2006（2）：86-91.
[⑦] 渠苏平. 高校财务风险防范措施刍议 [J]. 财会通讯（理财版），2007（10）：89.
[⑧] 王漪. 关于高校财务风险控制的思考 [J]. 安徽教育学院学报，2006（5）：43-45.
[⑨] 陈琤. 高校财务风险评价指标体系研究 [J]. 云南财贸学院学报（社会科学版），2006（3）：124-126.
[⑩] 蒋业香，李存芳. 基于模糊集合理论的高校财务风险分析与评价 [J]. 高教发展与评估，2007（3）：58-65.

（二） 高校财务风险是高校运作所有方面的风险

柳志（2008）[①] 在运用层次分析法（AHP）计量高校财务风险评价指标权重时提出，高校财务风险不仅包括融资风险、投资风险，还包括扩招风险（如收费风险）、接受投资风险（如联合办学风险）、后勤社会化财务风险、财务管理失衡风险等。

（三） 高校财务风险指贷款风险

王诚、毛建荣（2004）[②] 提出由于公办高校的财务风险主要来自银行借款，因此对公办高校财务风险的研究就转化成对高校贷款的风险研究。赵荣宾（2007）[③] 运用预算软约束和产权等经济理论，对高校贷款风险的产生根源进行了理论分析，认为高校贷款风险体现在偿债风险、利率风险、政策法规风险、委托代理机制风险、管理风险、规模风险、担保风险及发展风险等方面。

（四） 财务风险和财务活动相伴而生

万艳丽（2008）[④] 的观点是只要有财务活动，就必然存在着财务风险。高等学校也是如此。

（五） 高校财务风险是指由于会计人员人为的工作失误带来损失的行为

肇洪斌（2006）[⑤] 认为会计人员人为的工作失误包括由于错报、漏报、多报会计信息，使财务报告失实或依据失实的信息误导监控行为而带来损失的行为属于财务风险。

（六） 高校财务风险是高校蒙受经济损失、引发财务不安全、陷入财务困境等的机会和可能

高校财务风险主要是指在高校的财务活动中，由于受各种不确定因素的影

[①] 柳志. 基于 AHP 的高校财务风险评价指标权重计量 [J]. 财会通讯（理财版），2008（5）：120 - 121.
[②] 王诚，毛建荣. 公办高校财务风险及其防范 [J]. 华东经济管理，2004（6）：220 - 222.
[③] 赵荣宾. 高等院校"贷款兴教"的风险分析及其调控 [D]. 济南：山东大学，2007：6 - 13.
[④] 万艳丽. 高校财务风险与内部会计控制 [J]. 事业财会，2008（2）：17 - 19.
[⑤] 肇洪斌. 高校财务风险初探 [J]. 辽宁教育行政学院学报，2006（7）：21 - 22.

响,进而出现高校蒙受经济损失、引发财务不安全、陷入财务困境等的机会和可能(丁玉苓、高岩,2006)[①],该观点将财务不安全和财务困境视同财务风险。

(七) 高校财务风险不能等同于筹资风险

熊筱燕、孙萍(2005)认为高校的财务风险不能等同于筹资风险[②]。筹资风险是目前我国高校扩招和建立大学城情况下最显著的风险,但并不代表高校全部的风险。

综观学术界对高校财务风险的界定,有些是将高校目前已经表现出来的方方面面的困境均视同财务风险,将高校财务风险的内涵无限扩大。郑鸣、黄光晓(2008)[③] 在《我国高校财务困境预测研究》一文中引入了高校财务困境、财务恶化、财务危机和财务风险的概念,但没有对它们进行区分和界定。肇洪斌(2006)[④] 则提出高校财务风险是在我国社会主义市场经济条件下,在高等教育迈向大众化道路的过程等双重因素下出现的衍生物。总体来看,现有文献对高校财务风险的界定,没有结合高校运行及其资金运动的特点揭示高校财务风险的基本特征,实质上是把对企业财务风险研究的那一套照搬到高校了(熊筱燕、孙萍,2005)[⑤]。

三、高校财务风险的分类

由于对高校财务风险的界定过于宽泛,在探讨高校财务风险类别时,既有从资金运动环节对高校财务风险进行的分类,也有从管理内容及其他方面进行的分类,现有文献对高校财务风险的分类概括如下:

(一) 举债风险

筹资环节所面临的风险表现为举债风险。在筹资方面,目前我国公办高校教育经费来源中,除了"债"是有偿使用,需要到期还本付息以外,其他教育经费筹资方式都属于无偿性的财力支持。所以筹资风险是指高校向银行等金融机构进行过度举债或不良举债后产生的,严重影响教学科研和人才稳定等不良后果的可

---

① 丁玉苓,高岩.试析高校财务风险的成因及对策[J].渤海大学学报(哲学社会科学版),2006 (4):99-100.
②⑤ 熊筱燕,孙萍.略论高校财务风险的界定[J].江苏高教,2005 (3):133.
③ 郑鸣,黄光晓.我国高校财务困境预测研究[J].经济纵横,2008 (5):79-81.
④ 肇洪斌.高校财务风险初探[J].辽宁教育行政学院学报,2006 (7):21-22.

能性。邬大光（2007）[1]也对高校大规模举债表示担心，提出应该注意公办高校贷款不断增加所蕴含着潜在的财务危机和金融风险。

（二）投资风险

投资环节的风险表现为到期难以收回本金的风险和校办产业的连带责任风险。我国高校的投资主要包括两个方面：一是对校办产业投资；二是其他对外投资，包括债券投资和其他投资。这两种投资都存在着投资期满本金难以收回的风险，校办产业还可能会给高校带来相关的连带责任。因此，现有文献对高校投资风险的分析包括两个方面的内容：一是到期难以收回本金的风险，二是校办产业的连带责任风险。

（三）运营风险

日常运营环节的风险表现为流动资金短缺、日常运转极度困难等财务状况失衡。这是从资金运动环节对财务风险所做的分类。研究者包括王德春、张树庆（2003）[2]、张正体（2004）[3]、胡信生、拓东玲、王希文（2004）[4]、舒敏芬（2005）[5]、朱一新（2005）[6]、万宇洵、黄文雅（2006）[7]、陈琤（2006）[8]、汪流明（2006）[9]、丁玉苓、高岩（2006）[10]、薛红兵（2007）[11]等。从资金运动环节研究高校财务风险的文献将高校的"运行""运转"视同于"运营"，是借用了企业管理中"运营"的概念，指出高校运营环节出现风险，则表现为流动资金的短缺、日常运转极度困难等财务状况失衡。

---

[1] 邬大光. 高校贷款的理性思考和解决方略 [J]. 教育研究，2007（4）：18-25.

[2] 王德春，张树庆. 高校财务风险与防范对策 [J]. 山东农业大学学报（社会科学版），2003（6）：8-11.

[3] 张正体. 高校财务风险探讨及对策 [J]. 经济研究参考，2004（85）：36-40.

[4] 胡信生，拓东玲，王希文. 高校财务风险的类型及其防范 [J]. 教育财会研究，2004（6）：27-30.

[5] 舒敏芬. 论高等学校财务风险及其防范 [J]. 宁波大学学报（教育科学版），2005（5）：85-87.

[6] 朱一新. 高校财务风险预警机制的建立 [J]. 南通大学学报（教育科学版），2005（4）：70-71.

[7] 万宇洵，黄文雅. 高校财务风险评价指标体系构建 [J]. 湖南经济管理干部学院学报，2006（5）：58-60.

[8] 陈琤. 高校财务风险评价指标体系研究 [J]. 云南财贸学院学报（社会科学版），2006（3）：124-126.

[9] 汪流明. 高等学校财务风险防范体系的构建 [J]. 决策探索，2006（4）：28-29.

[10] 丁玉苓，高岩. 试析高校财务风险的成因及对策 [J]. 渤海大学学报（哲学社会科学版），2006（4）：99-100.

[11] 薛红兵. 论高校财务风险防范 [J]. 福建金融管理干部学院学报，2007（4）：33-37.

（四）金融创新风险

金融创新风险属于微观的金融风险。由于高校对自身的资金运作拥有一定程度的自主权，但资金运作受政治、经济、文化、自然等因素的影响，这些因素千变万化，带有不确定性（王德春、张树庆，2003）[①]。

（五）财务信息失真风险

财务信息失真风险是指财务信息不能完全真实地反映实际情况，致使存在决策失误的风险。汪流明（2006）[②] 分析财务信息失真风险的原因：一是学校财务会计制度存在缺陷。如收付实现制不能反映那些当期已发生但尚未用现金支付的隐性债务，同时，由于学生欠费等原因造成的本期应确认的收入使同一期间的收支不匹配。二是财务管理体制存在缺陷。高校财务把教育经费与基本建设经费划分为两个会计主体分开核算。主要表现在国家对高校的基建投入不计入学校财务账，基建项目完工后，不能及时向财务提供有关资料，使得学校账面资产小于实际资产，造成账实不符的现象。同时，校办企业未能真正实现企业化管理，产权不明晰，高校与校办企业存在大量关联交易，资产重复计算，甚至可以成立"特殊"的校办企业来控制高校的负债。由于管理体制存在缺陷，高校事业、基建、校办企业分别编制独立报表且都通过各自的渠道上报。每一套报表都只是学校经济活动的一部分，不能反映整个高校经济活动的全貌。这样，根据某一套财务报告信息做出的高校财务资金管理、融资活动很可能出现重大决策失误，产生财务风险。

（六）其他风险

其他风险包括管理人员素质风险，教育教学类风险，法律法规缺陷等风险。管理人员素质风险，如"人治"现象、凭经验管理，缺乏科学的决策机制、严密的管理制度、专门的管理人才，管理存在随意性，可能招致诉讼、处罚等风险，给高校带来经济损失。教育教学类风险，如连续扩招导致生均校园面积下降、生均图书资料、教学仪器、实验设备下降、教师满负荷工作没有更新知识的机会，教学能力、科研能力降低，导致培养出来的学生就业能力低，使学校无形资产受

[①] 王德春，张树庆. 高校财务风险与防范对策 [J]. 山东农业大学学报（社会科学版），2003（6）：8－11.

[②] 汪流明. 高等学校财务风险防范体系的构建 [J]. 决策探索，2006（4）：28－29.

损,生源短缺,最终导致财务风险。法律法规缺陷等风险,包括学生为维护自身权益和学校产生的法律诉讼风险、学生伤亡事故风险、教师流失风险等(郑继辉,2003)[①]。

通过梳理高校财务风险类别相关文献发现,对高校财务风险类别的研究尚没有形成统一的范式,除了筹资、投资、日常运营是围绕资金运动环节所做的分类外,其他分类与高校的财务活动并没有直接的关联性,将本来不属于财务风险内容但在日常运作中出现的事故、责任、困难、问题均归类为财务风险,使高校财务风险的外延被过度夸大。

四、高校财务风险产生的原因

我国高校出现财务风险的时间并不长。20世纪90年代中期,不少校办企业出现的经营困难乃至倒闭,展现了高校财务风险的端倪。随后在高等教育大众化发展的启动阶段,高等教育的招生和校园建设采取了超常发展举措,在国家财政投入严重不足的情况下,高校巨额的银行贷款使财务状况陷入了高风险的境地。现有文献从多角度分析了高校财务风险产生的原因,可以归纳为主观和客观两个方面。

(一) 客观原因

第一,学校扩大办学规模,财政金融等体制未能制定完善的制度,财政拨款增加缓慢,贷款办学产生的巨额贷款利息使高校陷入高风险境地(戴传红,2006;肇洪斌,2006)。

第二,基建成本扩大,教育成本增加(肇洪斌,2006[②])。

第三,高校会计制度缺陷(汪流明,2006;薛红兵,2007;刘艳华,2008)[③]。

第四,高等教育市场国际竞争造成高校人才流失、学生就业率下降、面临兼并甚至倒闭的风险(戴传红,2006)。

[①] 郑继辉."高校财务风险"研讨综述[J].铜陵学院学报,2003 (3):37-40;戴传红.高校财务风险的成因及防范[J].安庆师范学院学报(社会科学版),2006 (1):101-103.

[②] 肇洪斌.高校财务风险初探[J].辽宁教育行政学院学报,2006 (7):21-22.

[③] 汪流明.高等学校财务风险防范体系的构建[J].决策探索,2006 (4):28-29;薛红兵.论高校财务风险防范[J].福建金融管理干部学院学报,2007 (4):33-37;刘艳华.高校财务风险防范对策研究[J].河北工业大学学报,2008 (4):44-47.

(二) 主观原因

第一，高校管理层对风险认识不足，融资渠道狭窄（王漪，2006；薛红兵，2007）[①]。

第二，决策不力、投资失误，形象工程，政绩工程诱发资金浪费（戴传红，2006；肇洪斌，2006；胡信生等，2004）[②]。

第三，资产结构不合理，债务比例过高，资产缺乏流动性（刘艳华，2008）[③]。

第四，内部控制不健全、财务管理和运行行为失范；预算管理约束不力、分配制度不合理和人事制度僵化；对支出控制不力、不注重固定资产的管理；会计人员素质不高，导致会计信息失真等（戴传红，2006；肇洪斌，2006；汪流明，2006；薛红兵，2007）[④]。

第五，校办企业管理混乱，事、企业不分，主体不明；对校办产业监管不力（肇洪斌，2006；丁玉苓、高岩，2006；蒋业香、李存芳，2007）[⑤]。

第六，学费催缴措施不力，学生欠费数额巨大（胡信生等，2004；蒋业香、李存芳，2007）[⑥]。

总体看，高校存在财务风险已是不争的事实。现有文献对财务风险产生的原因，基本是从高校管理层和内部控制制度方面做分析比较多，从财政投入和社会经费筹措等方面进行的分析欠全面和深入，对体制机制以及风险产生的内在机理的分析更显欠缺，对如何界定高校财务风险、如何对高校财务风险进行合理分类，以及如何防范财务风险等问题，仍有待进一步研究。

---

① 王漪. 关于高校财务风险控制的思考 [J]. 安徽教育学院学报，2006（5）：43-45；薛红兵. 论高校财务风险防范 [J]. 福建金融管理干部学院学报，2007（4）：33-37.

② 戴传红. 高校财务风险的成因及防范 [J]. 安庆师范学院学报（社会科学版），2006（1）：101-103；肇洪斌. 高校财务风险初探 [J]. 辽宁教育行政学院学报，2006（7）：21-22；胡信生，拓东玲，王希文. 高校财务风险的类型及其防范 [J]. 教育财会研究，2004（6）：7-30.

③ 刘艳华. 高校财务风险防范对策研究 [J]. 河北工业大学学报，2008（4）：44-47.

④ 戴传红. 高校财务风险的成因及防范 [J]. 安庆师范学院学报（社会科学版），2006（1）：101-103；肇洪斌. 高校财务风险初探 [J]. 辽宁教育行政学院学报，2006（7）：21-22；汪流明. 高等学校财务风险防范体系的构建 [J]. 决策探索，2006（4）：28-29；薛红兵. 论高校财务风险防范 [J]. 福建金融管理干部学院学报，2007（4）：33-37.

⑤ 肇洪斌. 高校财务风险初探 [J]. 辽宁教育行政学院学报，2006（7）：21-22；丁玉苓，高岩. 试析高校财务风险的成因及对策 [J]. 渤海大学学报（哲学社会科学版），2006（4）：99-100；蒋业香，李存芳. 风险防范——公办高校财务管理改革的新课题 [J]. 黑龙江教育（高教研究与评估），2007（12）：153-155.

⑥ 胡信生，拓东玲，王希文. 高校财务风险的类型及其防范 [J]. 教育财会研究，2004（6）：27-30；蒋业香，李存芳. 风险防范——公办高校财务管理改革的新课题 [J]. 黑龙江教育（高教研究与评估），2007（12）：153-155.

第二节 高校财务风险调研背景及概况

一、高校财务风险调研的背景

20世纪末至21世纪初的10年中，中国的高等教育取得了举世瞩目的成就。高等教育的规模取得了长足的发展，较快地完成了由精英教育发展阶段向大众化教育发展阶段的过渡，2007年高等教育的毛入学率已经超过23%；"985"建设和"211"工程建设使得我国一批重点院校的办学水平上了一个新台阶；高等教育的总体办学经费投入有了较快的增长，办学的条件和设施有了较大的改善；高等教育的成本分担机制日趋完善，各项改革正在扎实有序地推进。高等教育正在按照既定的方针健康、快速地发展。

同时，高等教育的快速发展和扩张也使得中国高等教育的管理面临诸多的挑战与课题。例如，始于20世纪末的高校扩招使得高校普遍存在办学条件和设施跟不上的问题，由此引发了新校区建设、学生公寓建设和实验室建设的高潮。由于政府在这方面的相应投入未能及时跟上，高校建设资金短缺的矛盾日益加剧。伴随着这种扩张，高校之间的竞争也在加剧，为了获取更多的资源，学校目标定位同质化的倾向突出，学校大多不断设定新的、更高的目标，向大规模、综合化、高层次发展；为了实现发展目标，各高校在专业建设、学科建设、师资队伍建设、教学设施建设、校园建设等方面都追求一流。在这个一流大学建设的热潮中，学校建设目标与学校实际经费收入能够支撑和承受的距离日益扩大。高等学校经费短缺的状况日益凸现，而且愈演愈烈。

与此同时，高等学校面向社会独立办学的法人地位也在逐步确立，学校在办学和资金筹措方面的自主权越来越大，包括自主向银行贷款。于是，向银行贷款逐步成为高校解决特定历史条件下资金短缺问题的基本出路。教育主管部门也认为这是特定历史条件下缓和扩招矛盾的"良方"。在此过程中，银行等金融机构则深谙我国高等教育的体制特点，不仅愿意给高校贷款，甚至还结成"银校合作"联盟，加剧了高校向银行贷款的力度。

然而，随着高校贷款规模的不断扩大，个别高校出现了因为支付巨额利息而影响高校日常运转的情况，也有部分银行因为个别高校贷款规模过大而拒绝继续提供贷款，一些银行甚至冻结了个别高校的运行经费和教师工资以催逼债务。高校曾经"隐蔽"的财务风险开始浮出水面。

2004年，审计署对杭州、南京、珠海、廊坊4城市"大学城"开发建设情况的审计调查结果表明，实际取得银行贷款已占到建设资金筹集的59.42%；有的高校贷款已高达10亿~20亿元，高校向银行贷款总量约在1 500亿~2 000亿元之间。2005年12月，中国社会科学院发布的《2006年：中国社会形势分析与预测》社会蓝皮书称，据不完全统计，全国已建和在建的大学城已有50多个，而且争先恐后做"大文章"。2007年5月，由时任全国政协副主席张梅颖率领的全国政协委员"高校贷款情况"视察团赴重庆市、湖北省进行视察。通过对全国30多所高校的调研，全国政协公布了一份高校负债问题的报告。报告中明确指出，部分高校已存在严重的财务风险，并有可能引发社会风险。

一时间，社会舆论和各级人民代表大会、政协等开始普遍关注高校的贷款和财务风险问题，对这一进程中高校的独立法人意识和管理状况、政府的政策及监管力度、银行贷款的制度等提出质疑。

因此，为了促进我国高等教育事业的健康持续发展，进行较为全面、客观的高校财务风险状况调研已是刻不容缓的任务。在调研的基础上，认真研究总结市场经济条件下，在高等教育大众化特定历史发展阶段，我国高校财务风险形成的动因和机理，创新高校财务管理理念，探索与此发展阶段相适应的经费筹措机制、财政政策和拨款制度，创新高校财务管理的体制机制，以及财务管理的技术与方法，建立高校财务风险的预警系统及防范机制等显得尤为迫切和必要。

二、调研方法和数据来源

（一）调研设计

高校财务风险是备受关注的社会热点课题。实证研究的调研设计如下：

1. 调研对象和样本

调研对象分为三类，即教育主管部门和高校、高校财务管理专业人员、高校中高层领导和专家。调研样本选择上突出典型性、代表性原则，优先选取目前财务运营困难和风险凸现的高校，同时兼顾高校类型的差异，分别选取综合类高校、理工类高校、文科类高校，以及新校区建设的高校为重点调研对象，在满足统计分析最低样本量要求的基础上进行分类比较和分析。

2. 调研内容

主要围绕高校办学经费来源、融资渠道、债务构成、支出结构、现金流量、财务治理模式、财务决策机制、办学效益以及校办产业和资金运作等方面收集各种情况和数据。调研内容分为综合类数据和专题类数据，前者主要用于理论研究部分，后者主要用于财务风险实证研究部分。

3. 调研方法

在数据收集阶段，主要采用抽样调查方法，借助的工具是问卷访问、二手资料收集法；在子课题研究阶段，主要采用典型调查方法，借助的工具是层次分析法、个案解剖法；在模型和系统分析阶段，主要采用专家意见法，借助的工具是量表法、德尔菲法等。

4. 调研步骤

一是设计调研问卷，对影响高校财务风险的非定量因素进行调研；二是对高校财务管理专家进行访谈，采用德尔菲法，汇总专家意见；三是对调研问卷和专家访谈意见进行分析，结合非定量因素，提出防范高校财务风险的对策。

（二）数据来源

为了客观、理性和真实地反映我国高校近年来总体财务走势以及财务风险的现状，课题组借助两个渠道收集信息和数据。

首先，课题组按照课题设计的思路和内容进行了问卷调查和专家访谈。课题组通过专家访谈的方式拟定了问卷，2008年10月17日教育部财务司发文《关于协助做好"高校财务管理创新与财务风险防范机制研究"调查问卷工作的通知》，安排教育部直属高校（以下简称"部属高校"）及部分地方所属高等学校（以下简称"地方高校"）主管财务的校领导、财务处处长、副处长、财务管理方面的资深专家等填写问卷。问卷涉及财政政策及拨款机制，人才培养成本，财务风险的定义、成因和特征，现金流量管理，财务风险的监控和防范，财务管理创新和对策，有关高校的财务状况七个方面的49个问题（详见附录）。问卷调研自2008年10月19日起至2008年11月21日止。各高校通过邮件形式共回复调查问卷571份，涉及231所高校，其中教育部直属高校49所。上述问卷大部分是各院校自主回复的，少部分问卷由省级教育主管机构汇总后统一发回。

其次，课题组在教育部财务司的大力支持下，获得了2003~2007年76所教育部直属高校的财务报表和有关财务数据。这些数据被用于部属高校财务风险指标计算和分析中，在财务风险指标描述分析的基础上，课题组又用该数据与1995~2000年间教育部直属高校相应数据资料进行对比，分析了不同发展阶段的高校财务风险。鉴于高校财务报表和数据的权威性，课题组以原始数据为基础，通过相关财务风险指标的因子分析和聚类分析，提炼出反映高校财务风险现状和影响的关键变量。

三、调查问卷回收情况

（一）问卷构成比例

此次调查共收回全国231所高校的问卷，其中部属高校49所，占21.21%，涵盖76所部属高校的64.47%，其余182所高校为地方高校。

从回收问卷上看，全部231所高校返回的有效问卷共计571份，平均每校填写2份。其中部属高校的有效问卷为129份，占回收问卷总数的22.59%。从地方高校回收有效问卷442份，占回收问卷的比例为77.41%。问卷构成如表1-1所示。

表1-1　　　　　　　　回收问卷样本总体情况

高校属性	收回问卷的高校（所）	所占收回问卷高校合计数的比例（%）	收回问卷（份）	所占收回问卷合计数的比例（%）
部属高校	49	20.21	129	22.59
地方高校	182	78.79	442	77.41
总计	231	100	571	100

（二）地方高校分布情况

从地方高校收到的442份问卷包括21个省、自治区、直辖市，回收问卷覆盖全国省、自治区、直辖市总数的61.76%（见表1-2）。

从地方高校回收问卷的区域构成来看，回收问卷的高校数量最多的前四名分别为山东省、福建省、上海市和浙江省，其次是吉林、四川、江西等省份（见图1-1）。高校所在地的问卷收回数最高的区域正是高校扩张较快的省份，因此，总体而言，问卷样本数及其构成具有较好的代表性。

表1-2　　　　　　　　地方高校的样本回收情况

地区	高校所在地	序号	编码规则	收回问卷的高校（所）	所占收回问卷高校合计数的比例（%）	收回问卷（份）	所占收回问卷合计数的比例（%）
东部地区	上海市	1	SH	18	17.31	36	14.00
	浙江省	2	ZJ	17	16.35	44	17.12
	福建省	3	FJ	30	28.85	70	27.24
	广东省	4	GD	3	2.88	3	1.17
	天津市	5	TJ	5	4.81	14	5.45
	山东省	6	SD	31	29.80	90	35.02
	合计			104	100.00	257	100.00
中部地区	湖南省	1	HuN	6	12.77	13	11.11
	湖北省	2	HuB	4	8.51	11	9.40
	山西省	3	SX	4	8.51	11	9.40
	吉林省	4	JL	15	31.91	44	37.61
	江西省	5	JX	10	21.28	18	15.38
	河北省	6	HB	8	17.02	20	17.10
	合计			47	100.00	117	100.00
西部地区	云南省	1	YN	1	3.23	3	4.41
	青海省	2	QH	2	6.45	2	2.94
	甘肃省	3	GS	6	19.35	17	25.00
	贵州省	4	GZ	3	9.68	7	10.29
	四川省	5	SC	11	35.48	22	32.35
	内蒙古自治区	6	NMG	2	6.45	4	5.88
	新疆维吾尔自治区	7	XJ	3	9.68	7	10.29
	宁夏回族自治区	8	NX	1	3.23	1	1.47
	重庆市	9	CQ	2	6.45	5	7.37
	合计			31	100.00	68	100.00
总计		21		182		442	

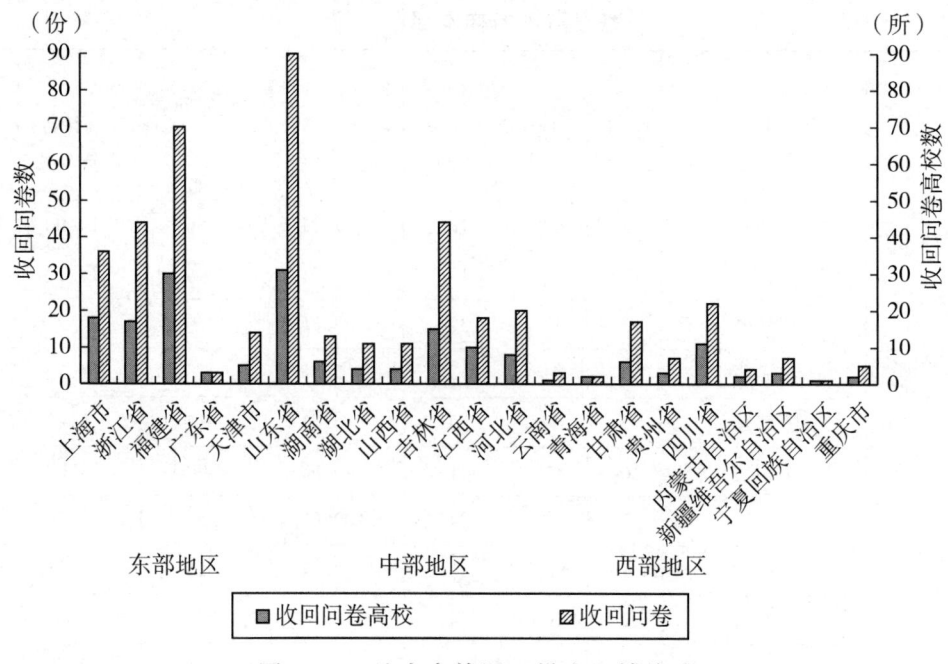

图 1-1　地方高校调研样本区域构成

第三节　高等教育财政拨款模式与经费投入状况

我国高校在迈入高等教育大众化发展启动阶段所面临的财务风险，与高等教育大众化进程中宏观层面的高等教育财政投入状况、相应的拨款政策等管理制度有着密切的关系。

一、我国高等教育财政投入机制的演变

我国高等教育的投入模式与国家财政体制相适应，经历了由单一的财政拨款到多元化筹资方式的演变。

第一阶段是 1949~1979 年。基本特点是高等教育经费单一来源于政府拨款。这一阶段国家实行中央统一财政、分级管理的财政体制。相应地，在高等教育的投入机制中表现为实行由政府包办、单一拨款的经费政策，拨款模式采用"基数+发展"的方法分配高等教育经费。在这种机制下，高等教育经费的 98% 来自国家财政，造成高校对教育经费的过分依赖，政府对高等教育经费的负担压力

较大，不利于发挥地方政府发展教育的积极性。

第二阶段是 1980~1992 年。基本特点是高等教育财政政策以政府拨款为主，实行并逐步加大学费收取的力度。1985 年，国家将学费收入纳入高等教育财政投入的范畴。1989 年，国家发布《关于普通高等学校收取学杂费和住宿费收费的规定》，从政策上肯定了高等教育应实施成本分担和成本补偿制度。当年，全国大部分高等学校开始收取每年 100~300 元的学费，告别了中国大学生不交学费上大学的历史。1992 年，我国高等教育开始大范围地推行招生收费制度改革，自费学生的比例逐步提高，学费水平逐年增加。在这一阶段，国家实行了中央宏观指导、地方负责、分级管理的财政体制。此时，教育投入推行"综合定额+专项补助"的拨款方法，以在校生数作为主要的政策参数，这种模式的特点在于"综合定额"较能体现"公平"的价值取向，"专项补助"则可以兼顾各个高校的特殊需求，其弊端则是助长高校盲目追求招生规模的扩张。

第三阶段是从 1993 年起。基本特点是政府拨款和学费成为高校经费的主要来源，同时出现了多元化筹资渠道。在这一阶段，国家实行分税制的财政体制，提出了要逐步建立以国家财政拨款为主，辅之以征收用于教育的税费、校办产业收入、社会捐（集）资和设立教育基金等多种渠道筹措教育经费的新体制。学费方面，1993 年启动招生"并轨"和收费改革，客观上推进了我国高等教育成本分担程度的提高。1996 年确定了最高学费标准不得超过年生均教育培养成本的 25%，并在 1998 年以法律的形式确定了高等学校的学费制度。高校收费制度的改革使我国高等教育经费筹措模式发生了深刻的变革，但是由于我国区域发展不平衡，城乡人均收入水平存在较大差异，决定了学校不可能按成本分担太高比例来收费，在办学成本逐步提高与区域人均收入不均衡的双重约束下，学费收入占投入比例提高的空间受到了制约。2002 年后，国家开始推行"基本支出预算+项目支出预算"的新拨款模式。

上述高等教育财政投入机制发展的历程表明，我国高等教育以财政投入为主，学生合理分担成本等多元化的筹资格局已逐渐形成。在此，尤其值得一提的是，在高等教育财政政策和投入模式改革的背景下，各种经济杠杆被高校利用的可能性也在逐步加大。随着我国高等教育扩张政策的实施，在政府拨款和学费收入远不能满足高校扩张需求的情况下，利用银行融资功能，为高等教育发展开辟新的投入渠道应运而生。许多高校通过向银行贷款筹得资金以弥补经费缺口。2009 年，时任教育部财务司司长陈伟光在 2009 年直属高校预算工作会议上指出，全国公办普通高校扩大规模后，为满足基本办学要求需安排基本建设投入约 10 385 亿元，而同期国家预算内基本建设投入（包括国债资金）仅 840 亿元，不到 10%。因此，高校贷款在支撑高等教育事业实现跨越式发展中起到了重要的历史性作用。

二、我国高等教育财政拨款模式分析

1949～1985年，我国采用的是"基数＋发展"模式，其特点是当年各校的经费分配额以其前一年所得总量为基础，适当考虑当年变化情况。从1985年起，我国实行的是"综合定额＋专项补助"的拨款方法，并执行"包干使用、超支不补、节余留用"的原则。这种拨款模式将高等教育财政拨款分成两部分：一部分是"综合定额"，通过政策参数（在校生数）乘以生均拨款额得出，为区别不同地区、不同类型的高校以及不同专业、不同层次的学生，综合定额确定了相应的定额系数；另一部分是"专项补助"，主要是考虑学校的特殊需要，由财政部门和教育主管部门另行单独安排给高校使用的专项经费。2002年之后，政府提出了"基本支出预算＋项目支出预算"的新拨款模式。前后两种模式不仅具有传承与发展的关系，而且具有相当的吻合度，如其中的基本支出预算主要还是依据综合定额来核定，项目支出预算就是专项经费，比如"211工程"和"985工程"的专项拨款。只是"基本支出预算＋项目支出预算"模式中，明确了"综合定额"是核定"基本支出预算"的方法，或者说"基本支出预算"是用国际上比较通行的"公式法"来核定和保障与高校基本支出相关的财政预算拨款，即保障高校基本支出的财政拨款是通过"综合定额"模式来确定的；而"项目支出预算"则是更多地引入了"绩效拨款"的理念和导向，扶强扶优扶特，将"专项补助"更改成"项目支出预算"。

与"基数＋发展"模式相比，"综合定额＋专项补助"模式在公正性方面有较大改进，操作方法简单，是世界各国较为普遍采用的拨款模式，该方法扩大了各院校使用经费的自主权，照顾了学校的特殊需要，还实行了"包干使用、超支不补、节余留用"的政策，在鼓励学校提高经费使用效益方面起到了积极的促进作用。但是，这一模式也存在一定的缺陷和不足，在实践中也受到了一些质疑和诟病：

第一，拨款模式比较粗放。"综合定额＋专项补助"模式，虽然考虑了学校的特殊情况，但定额拨款主要以学生人数等体现规模数量的参数为拨款依据，很难完全反映出高校实际成本客观存在的个性化差异。虽然，按学校类别确定的综合定额拨款标准，已经考虑了院校种类之间的差异，但仍是粗线条的，很难充分体现同类高校之间的成本差异。

第二，"综合定额"存在导向问题。一是由于综合定额把在校生数作为拨款的主要政策参数，受经济利益驱动，高校盲目扩大招生规模的取向在所难免；二是对国家经济社会持续发展具有重要战略意义的农、林、水、地、矿、油等专业，定额确定的支持力度尚显不足，没有充分发挥财政的宏观政策导向作用；三是生均综合定额拨款标准将人员经费和公用经费笼统归在一起，难以对高校合理的师生比起到保障和促进作用，也难以准确衡量公共财政履行职能的到位程度和保障水平。

第三，没有正常的定额调整机制。随着时间的推移，高校生均培养成本不断提高，但是财政拨款定额调整相对滞后，降低了国家财政对高等学校基本运转支出的保障度，这也是高校财务压力不断加大的重要原因。

"基本支出预算＋项目支出预算"模式对推进21世纪开启的"一流大学"[①]建设起到了积极的促进作用，其基本预算的思路也符合高等教育进入大众化发展阶段各国所普遍倡导的绩效导向的潮流。但是，这一模式在起始实行阶段也出现了不尽完善之处，集中表现为：

首先，专项拨款比重过高。在实行"基本支出预算＋项目支出预算"模式的起始阶段，拨款结构失衡的问题日趋严重。相当一段时间内，在一流大学建设的目标鼓动下，教育主管部门不断强化经费分配的导向作用，通过各种各样的评估以及专项建设经费和激励经费的设立，将政府投入增量的绝大部分都投入到专项经费。政府主管部门内部按职能各把一口，掌管部分专项的分配权。专项资金比重日趋加大，基本运行经费明显不足。从而产生了拨款上的基本支出经费与项目支出经费的结构性失衡，或者说是基本支出预算与项目支出预算的结构性失衡：一方面高校项目经费大量结余，另一方面日常运行经费严重短缺。高校在"基本支出预算"都没有保障的情况下，很难按专款专用的原则使用"项目支出预算"，挪用和挤占"项目支出预算"的情况普遍存在。调研显示，部属高校专项资金占财政拨款的比重平均为34%，部分高校专项经费所占比重甚至超过50%[②]，一段时期高校的增量经费几乎都是专项经费。

其次，高校统筹安排经费的自主权明显削弱。政府出于强调经费投入绩效导向的考虑，不断通过名目繁多的专项经费的设立，实质性地指挥和安排着高校内部的各项经费流向。由教育主管部门内部各把一口设定的专项经费，其导向往往不是直接针对办学终极目标，即办人民满意的教育，办出特色和争创一流，完成立德树人，提高质量，促进公平，对接需求、服务社会的根本任务，而是针对与各职能部门相关的工作任务，其中大部分指向办学的条件、基础、

[①] 1998年5月4日，江泽民同志在庆祝北京大学建校100周年大会上发出了"为了实现现代化，我国要有若干所具有世界先进水平的一流大学"的号召。作为教育发展的重大决策部署，我国以"985工程"建设为主要标志，致力于世界一流大学和高水平大学建设，目标是到21世纪中叶有一批大学屹立于世界一流大学行列，其中一些学校位于世界一流大学前列。

[②] 耿成兴. 地州高校办学经费筹措的困境与对策［J］. 财务与金融，2011（3）：31－36.

工作计划以及指标性的成果，如博士点、重点学科、各类基地、科研论文、各类奖项、人才计划、各类工程等。这种导向在推进高校发展的同时，也助长了高校重业内评价轻社会关切、重指标排名轻内涵提升、重科学研究轻人才培养、重数量轻质量的倾向，使得高校日益功利和浮躁，将支撑性、措施性和手段性目标视为终极目标，逐步淡化乃至迷失了办人民满意的教育和办出特色争创一流的基本追求。在这个过程中，学校统筹安排经费的自主权不仅被弱化，而且还要在本来就捉襟见肘的"基本支出预算"中安排"项目经费"的"配套经费"。

三、高等教育财政投入状况调查分析

（一）全国院校回收问卷分析

课题组围绕高等教育投入模式设计了几个相关问题进行问卷调查，基本情况汇总如表1-3所示。

表1-3　　　　　　　高教投入模式问题的问卷汇总

方面	题目	选项	比重（%）
对政府拨款所占比重的主观判断	高等教育经费来源中政府拨款所占比重应达到	30%以下	3.10
		30%~40%	2.33
		40%~50%	3.88
		50%~60%	11.63
		60%~70%	34.88
		70%以上	44.18
对"定额+专项"拨款机制的评价	不足之处	定额不足以保障基本要求	94.57
		专项的拨款机制透明度不够	65.12
		缺乏公共监督机制	72.09
	改进措施	计算更加科学合理定额拨款标准	93.80
		增加监督和审核机制	42.64
		改变拨款机制和模式	64.34
对民办教育的态度	民办教育在高等教育的学生规模比例应占	最大值	70.00
		最小值	0
		平均值	28.00

续表

方面	题目	选项	比重（%）
对民办教育的态度	政府是否应对民办高校实行财政拨款或补贴*	是	26.36
		否	70.54
	政府是否让民办教育的收费按成本来收取*	是	61.24
		否	37.21

注：*问卷中"您是否认为政府应该对民办高校实行财政拨款或补贴？""您认为政府对民办教育的收费是否应该让其按成本来收？"的设计选项分为"是""否""说不清楚""其他"，因此表中"是""否"两项合计百分比不为100%。

根据表1-3所反映的三个不同方面，可得出以下结论：

1. 高校对提高政府拨款比重的期望和依赖较高

在对政府拨款比重的主观判断中，认为比例应在70%以上的受访者最多，占所有问卷的44.18%；其次有34.88%的受访者认为在60%~70%的水平上；11.63%的受访者赞同在50%~60%的水平上。这三类受访者占全部的89.15%。说明虽然政府拨款已经占到高校经费收入构成中的50%左右，但高校感觉经费不足的情况依然严重。这一方面反映出高校对政府加大拨款比重的期望比较高；另一方面也反映出高校对政府拨款有较高的依赖心态。

2. 财政拨款的机制有待完善

从调查问卷的数据来看，受访者认为目前的财政拨款以"定额+专项"为主的模式存在的主要问题，一是定额不足以保障基本需求，二是专项拨款机制透明度不够，缺乏公共监督机制。问卷中针对财政拨款方式存在的问题和需改进的地方进行了调查，统计数据如表1-4和表1-5所示。

表1-4　公办高校"定额+专项"拨款机制的不足　　单位：%

样本分组	定额不足以保障基本要求	专项拨款机制透明度不够	缺乏公共监督机制
部属高校	94.57	65.12	72.09
东部地区	89.88	71.60	48.64
西部地区	94.12	83.82	55.88
中部地区	87.18	65.81	41.03
全部地方高校	90.27	72.17	47.96

表1-5　　　　　　　改进现行的财政拨款机制的措施　　　　　　单位：%

样本分组	计算更加科学合理的定额拨款标准	增加监督和审核机制	改变拨款机制和模式
部属高校	93.80	42.64	64.34
东部地区	85.99	54.09	50.97
西部地区	88.24	48.53	66.18
中部地区	87.18	50.43	56.41
全部地方高校	87.10	52.49	54.98

调查中部属高校94.57%的受访者认为财政拨款中的主要组成部分即定额拨款不足以保障基本要求，地方高校平均90%以上的受访者认为定额拨款不足以保障基本要求。具体来说，部属高校和西部地区高校定额拨款不足的现象最为普遍，东部地区和中部地区的情况则稍有缓和。定额拨款之所以不足以保障运行需要，除国家教育投入总量不足之外，与财政拨款结构中专项的比例不断提高有很大的关系。调查显示，高校对专项拨款机制透明度不够有较大的反映，在65%~84%之间，部属高校对拨款缺乏公共监督机制的反映远高于地方高校，达72.09%；与此同时，西部地区对专项拨款机制透明度不高的选择比例也是最高的。"定额+专项"的拨款模式把在校生数作为定额拨款的主要政策参数，导致了很多高校盲目扩大招生规模的现象。事实上，现有的拨款定额和学费收入不足以弥补办学成本，因此在招生人数增加导致定额拨款和学费收入增加的同时，学校实际支出有更大的增加，收支总额的缺口更大。

3. 对民办教育重视不够

在高等教育大众化进程中，积极适度地扩大民办高校的规模，不仅可以为更多的学生提供接受高等教育的机会，也有助于减轻国家财政的压力。从表1-6中可以看到，2004年民办高校在普通高校中的学生规模仅占7.16%，2006年的比例也只有9.16%。即使将独立学院招生数包括进来，两者2004年也仅占全国高校招生总数的14.09%，2006年为18.86%。

由于民办教育主要是依托学费收入维持运转和实现发展的，所以有61.24%的受访者认为应该让其按照成本来收费，以保障其办学成本得以补偿，否则就难以实现可持续的运转与发展。问卷显示，有70.54%的受访者拒绝对民办高校实行财政拨款或补贴，原因可能在于调研的对象主要是公办高校，在资源有限且公办高校本身存在财政拨款不足的情况下，它们更希望要优先保证优质教育资源较集中的公办高校。

表 1-6　　　　民办教育在普通高校中的学生规模

年份	全国普通高校招生数量（万人）	民办高等教育						民办教育在普通高校中的学生规模（%）
^	^	民办高校		民办高校在普通高校中的学生规模（%）	独立学院		独立学院在普通高校中的学生规模（%）	^
^	^	学校数量（所）	招生数量（万人）	^	学校数量（所）	招生数量（万人）	^	^
2004	447	226	32	7.16	249	31	6.94	14.09
2006	546	278	50	9.16	318	53	9.71	18.86

资料来源：《中国教育年鉴 2005》《中国教育年鉴 2007》。

4. 财政拨款缺乏有效的监督

在调查中，部属高校选择缺乏公共监督机制的比例最高，其中东部地区选择增加监督和审核机制的比例最高。这就意味着高校对加强财政拨款监督的呼声很高，特别是在定额不足程度稍轻的中东部地区，认为缺乏公共监督机制是高校财政拨款中的主要缺陷之一。我国的拨款定额与高校实际成本差距较大，拨款机制缺乏透明度。政府对高等教育发展宏观调控的功能缺乏相应的公共监督机制。由于各高校目前仍然以政府财政拨款为主要资金来源，因此在改革财政拨款机制的同时，加强监督以增加拨款的透明度和科学性，使得财政投入能够更加公平、合理。

5. 财政拨款有待改进的方向

针对现有体制的缺陷，地方高校和部属高校皆有 85% 以上的受访者认为应当确定更加合理的定额拨款标准；超过半数的受访者则希望改变现有的拨款机制和模式；近半数的受访者希望增加监督和审核机制。反映出高校希望制定能覆盖办学合理成本、更加科学的拨款定额，增加拨款的透明度和监督机制，扩大高校统筹安排拨款经费自主权的呼声。在这两个问题的选择中，都以部属高校和西部地区的比例最高。其中，部属高校偏向于改进定额拨款机制，而西部地区高校则更偏向于改变现有机制，以上结果与前述的定额拨款不足的调查结果相吻合。

（二）部属高校收入来源分析

我们以 76 所部属高校 2003~2007 年度的财务决算报表为数据来源，分析了高校各项收入及其比例结构的发展变化情况。我国高校的收入明细表由教育经费拨款、科研经费拨款、其他经费拨款、上级补助收入、教育事业收入、科研事业收入、其他收入等8项收入组成。为了便于反映高校收入结构，我们将高校收入表中的8项收入划分为限定性收入和非限定性收入。所谓限定性收入包括中央教育经费专项拨款、科研经费拨款、科研事业收入、其他专项经费拨款4项收入，这些收入一般是专项经费，学校不能自主安排，只能专款专用，专门用于指定项目支出；非限定性收入是指除了中央教育经费专项拨款、科研经费拨款、科研事业收入、其他专项经费拨款4项收入外的学校全部其他日常收入。这些收入高校可以自主安排，满足高校日常运营中的基本支出需要。收入划分和构成情况如表1－7和表1－8所示。

表1－7　　　　2003～2007年部属高校运营收支汇总情况

	项目	2003年	2004年	2005年	2006年	2007年
非限定性收入	教育经费拨款（亿元）	142.15	151.91	166.61	196.64	219.10
	教育事业收入（亿元）	141.41	176.07	202.71	215.24	236.94
	经营收入（亿元）	1.64	2.82	3.39	3.64	3.52
	其他收入（亿元）	44.87	57.21	55.58	52.89	68.28
	上级补助收入和附属单位缴款（亿元）	6.83	6.46	6.69	9.22	6.26
	合计（亿元）	336.90	394.47	434.97	477.64	534.09
	收入增长比例（％）	—	17.09	10.27	9.81	11.82
限定性收入	中央教育经费专项拨款（亿元）	55.34	54.95	47.72	64.59	87.30
	科研经费拨款和科研事业收入（亿元）	100.00	112.77	142.48	157.06	197.23
	其他专项经费拨款（亿元）	17.46	20.71	25.65	31.07	50.55
	合计（亿元）	172.79	188.42	215.85	252.72	335.07
	收入增长比例（％）	—	9.05	14.56	17.08	32.59
	运营收入合计（亿元）	509.70	582.90	650.83	730.36	869.17
	增长比例（％）	—	14.36	11.65	12.22	19.01
非限定性支出	基本支出（亿元）	359.55	399.52	463.99	545.33	507.92
	经营支出（亿元）	1.42	2.21	2.75	3.19	3.20
	上缴上级支出和对附属单位补助支出（亿元）	1.35	1.79	1.67	4.23	1.43
	合计（亿元）	362.32	403.52	468.41	552.76	512.54
	支出增长比例（％）	—	11.37	16.08	18.01	－7.28

续表

	项目	2003 年	2004 年	2005 年	2006 年	2007 年
限定性支出	科研项目支出（亿元）	2.54	3.08	4.67	6.31	139.76
	其他项目支出（亿元）	53.47	52.44	63.59	60.30	83.80
	合计（亿元）	56.01	55.52	68.26	66.62	223.56
	支出增长比例（%）	—	-0.87	22.94	-2.41	235.59
运营支出合计（亿元）		418.33	459.05	536.67	619.38	736.11
增长比例（%）		—	9.73	16.91	15.41	18.85

资料来源：76 所部属高校 2003～2007 年财务决算报表。

表 1-8　　　　2003～2007 年部属高校收支净额计算　　　单位：亿元

项目	2003 年	2004 年	2005 年	2006 年	2007 年
运营收支净额	91.37	123.85	114.16	110.98	133.06
非限定性收支净额	-25.41	-9.05	-33.43	-75.12	21.55
限定性收支净额	116.78	132.90	147.59	186.10	111.51

由表 1-7 和表 1-8 所反映的总体情况可以看出，部属高校的收入结构有以下三个特点：

第一，总体运营收入呈逐年上升的趋势，总体运营收支平衡，略有结余。由表 1-7 和表 1-8 所反映的总体情况可以看出，随着高校扩招对资金的巨大需求，部属高校 5 年来总体的运营收入和运营支出都呈上升趋势，其增长比例大多在 10% 以上。尽管 2005 和 2006 年增幅小于 2004 年的增长水平，若从各年收支的绝对数来看，各年收支均留有结余，年均结余约为 115 亿元。

第二，基本收入增长趋缓，不能满足高校日常基本支出的需求。基本收入主要是由各类非限定性收入构成。基本收入（即非限定性收入）是总体运营收入的主要组成部分，大约占总量的六七成。2003～2007 年，基本收入的总数虽然一直在增加，但是增长幅度放慢，特别是 2005～2007 年基本维持在 10% 左右。一方面，这是受高等教育总规模扩张增量趋缓的影响，按照国家"十一五"规划，2006～2010 年，高等教育在校生总规模增加 700 万人；相比而言，"十五"期间在校生规模则增加了 1 000 万人。在学费、住宿费等标准没有增长的情况下，基本收入中属于教育事业收入的学费收入增长也相应趋于平缓。另一方面，更为重要的原因是专项拨款（即限定性收入）的比重大幅提高，导致了基本收入占总收入的比重从 2003 年的 66.10% 降至 2007 年的 61.45%。对应于基本收入（即非限定性收入）的支出为基本支出（即非限定性支出），主要是满足日常运营的各项基本需求，包括事业编制内全部人员的工资、津贴、各类社保、离退休人员等人员经费支出及学校公用经费支出等。2003~2006年，基本支出逐年上升幅度均超过基本收入的增幅，其间，76所高校总体基本（非限定性）收支净额均为负值。2007年则因基本支出的大幅下降，才使基本收支略有结余。

第三，专项收入结余成为平衡总体运营收支的主要来源。与基本收入的平稳增长形成对比的是专项收入（即限定性收入）的大幅增长，增幅从2004年的9.05%，一路飙升至2007年的32.59%，其总量比2003年增长了93.92%，专项收入占总收入的比重从2003年的33.90%提高到2007年的38.55%。各类专项拨款水平均有显著增长，其中主要是科研经费拨款和科研事业收入大幅增长，显示了国家对部属高校的科研投入力度的不断增强。由表1-8可以看出，部属高校总体运营收支的平衡主要依赖于专项（限定性）收支的巨额顺差来弥补基本（非限定性）收支的亏空。但是限定性收入是专项资金，必须坚持专款专用的原则。从短时间看，高校可以通过专项资金的结余来周转使用，维持高校的运转；但从长期看，如果基本收支净额一直亏空，则将对高校持续稳定的发展产生负面的影响。这种状况充分揭示了部属高校财政拨款所存在的结构性问题。

第四节 高校财务风险状况的分析评价

一、高校财务风险的基本状况

（一）新校区建设引发高校贷款潮

根据部属高校2003~2007年财务报表统计可以看出，在2004~2007年间，无基本建设投入的高校只有3所（见表1-9），也就是说，几乎每年每所高校都存在着新校区建设或基建项目投入。在基本建设投入十分有限的条件下，校区建设和基建项目不少是利用银行贷款，无贷款的高校4年中只有35所。换言之，在76所部属高校中，每年有80%以上的高校都存在不同程度的贷款。

由表1-10可以看出，部属高校支出总额从2003年的494.94亿元增长至2007年的799.36亿元，增长61.51%，而贷款总额却从161.33亿元增长至640.99亿元，增长297.32%。银行贷款已成为部属高校日常运行支出的现金流保障的主要来源，贷款占支出的比重已从 2003 年的 32.60% 飙升到 2007 年的 80.19%。显然，高校的财务风险正在急剧积累。

表 1-9   2004~2007 年部属高校基建与贷款情况   单位：所

项目	2004 年	2005 年	2006 年	2007 年
无基建投入	1	0	0	2
无贷款	13	10	7	5

表 1-10   2003~2007 年部属高校贷款情况分析

项目	2003 年	2004 年	2005 年	2006 年	2007 年
支出总额（亿元）	494.94	562.01	645.97	683.74	799.36
贷款（亿元）	161.33	254.90	326.78	512.29	640.99
贷款增长率（%）	—	58.00	28.20	56.77	25.12
贷款占支出比重（%）	32.60	45.36	50.59	74.92	80.19
年末未偿还贷款本金（亿元）	141.44	236.72	300.46	368.25	413.61
未偿还贷款增长率（%）	—	67.36	26.93	22.56	12.32

从对部属高校和地方高校的贷款和资金缺口的预测上看，部属高校贷款的平均值在 5 亿元左右，地方高校贷款的平均值也在 3 亿元左右，发展资金的平均缺口分别为 10.41 亿元和近 4 亿元（见表 1-11、表 1-12）。

表 1-11   部属高校资金情况   单位：亿元

项目	历史贷款最高额度	目前实际贷款额度	目前发展资金缺口
最大值	27	26.95	100
最小值	0.38	0	0.2
平均值	5	5.33	10.41

表 1-12   地方高校资金情况   单位：亿元

项目	历史贷款最高额度	目前实际贷款额度	目前发展资金缺口
最大值	17	15	30
最小值	0	0	0
平均值	3.5	2.9	3.64

(二) 贷款利息支出逐步形成高校财务运行的巨大压力

表1-13列示了部属高校2003~2007年还本付息的情况。部属高校还本付息总额占高校总支出的比例急剧上升,从2003年的4.97%,一路飙升至2007年29.50%,提高了近5倍,占学校日常运营支出的近三成,高校的财务压力之大及对日常经费的挤占程度可见一斑。

表1-13　　　　　　　部属高校还本还息情况

项目	2003年	2004年	2005年	2006年	2007年
本年已还本金(亿元)	19.89	18.19	26.31	156.01	227.68
本年已还利息(亿元)	4.70	9.93	13.27	4.56	8.11
本年总支出(亿元)	494.94	562.01	645.97	683.74	799.36
还本付息占总支出比例(%)	4.97	5.00	6.13	23.48	29.50

表1-14为调查问卷反映的各高校还贷情况与还贷压力情况。各高校大多数都处于开始还本付息期和开始付息但尚未还本期。同时,我们也可以看到各高校的还贷压力总体都比较高,其中,有41.09%部属高校和46.61%地方高校在还贷方面已经出现问题。

表1-14　　　　　各高校还贷情况和还贷压力　　　　　　单位:%

各高校还贷情况	部属高校	地方高校	各高校还贷压力	部属高校	地方高校
尚未进入还贷期	7.75	9.73	没有压力	8.53	2.49
开始还本付息	34.11	46.38	基本可以偿还贷款	10.85	14.48
开始付息但尚未还本	33.33	21.72	目前尚可,但未来将出现困难	33.33	33.48
部分项目开始还本付息	14.73	18.10	已出现困难	41.09	46.61

(三) 基本建设投入挤占日常运营资金

新校区建设所需的大量基建资金除通过大规模贷款解决之外,还存在挤占日常运营资金的问题。根据1998年颁布的高校会计制度的规定,高校基本建设经费和日常运营经费分两个账户分别核算。高校自筹的基本建设经费投入,都是通过日常运营账户的"自筹基建支出"后,转入基本建设账户核算。当高校日常运营账户中自有资金余额不足时,转向基本建设账户的自筹基建投入,通常就挂在"应收及暂付款"上。因此,日常运营账户资产负债表中的应收及暂付款余额往往与基建项目挤占日常运营经费有着密切联系。表 1-15 显示，应收及暂付款余额呈逐年快速上升趋势，2007 年其总量已经占运营支出的 78.35%。这些应收及暂付款制约着当前正常的运营支出，以后年度自有资金余额一旦充足时就转化为自筹基建支出。

表 1-15　　2003~2007 年部属高校应收及暂付款与运营支出情况　　单位：亿元

项目	2003 年	2004 年	2005 年	2006 年	2007 年
应收与暂付款期末数	212.90	287.92	395.92	485.22	576.75
运营支出合计	418.33	459.05	536.67	619.38	736.11

从调查问卷归集的表 1-16 中可以看出高校自身对资金压力的感受。部属高校中，从未感觉资金紧张的学校仅占 18.60%，不到 20%，而地方高校仅占 7.47%，不到 10%。感觉资金紧张的高校在区域分布上没有表现出显著的差异性，总体分布结构非常相似（见图 1-2）。

表 1-16　　　　　　2008 年全国高校资金紧张发生的频率　　　　　单位：%

发生频率	部属高校	地方高校
一直发生	7.75	12.22
经常发生	24.03	36.20
小计	31.78	48.42
偶尔发生	46.51	43.67
从未发生	18.60	7.47
小计	65.11	51.14

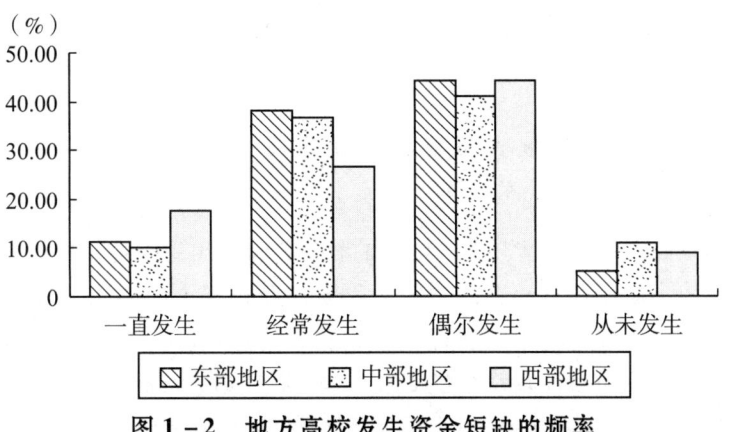

图 1-2　地方高校发生资金短缺的频率

（四）依靠贷款或挪用专项资金维持日常财务运行

调研显示（见表1-17），高校不仅运用贷款方式筹集校园建设等投资性的资金，还开始将贷款作为解决日常运营资金缺口的渠道。从对高校贷款使用情况的调查问卷看，2008年部属高校贷款用于日常支出的比例达23.25%，地方高校达到15.83%。

表1-17 　　　　　2008年各高校贷款使用情况　　　　　单位：%

使用情况		部属高校	地方高校
投资	新校区建设	57.36	77.60
	校办产业等对外投资	0	1.13
	合计	57.36	78.73
日常支出	教学设施的更新和维护	17.05	10.63
	后勤设施建设	6.20	2.71
	弥补运行经费不足	0	2.49
	合计	23.25	15.83
其他		13.95	3.85

同时，如前所述，由于高校基本支出预算的不足，挪用和挤占项目支出预算结余来解决日常运营基本支出需求的状况也普遍存在，高校称之为"内债"。显然，依靠贷款或挪用专项资金来保障日常财务运行的状况，进一步表征了高校财务风险的严重程度。

二、财政拨款对高校财务风险的影响

（一）财政对高等教育的拨款总额偏低

由于高等教育的准公共产品特性，教育投资需要政府财政承担，特别是在我国公办高等院校占主体的情况下，财政的教育经费支出更是各高校教育支出的承担主体。而为了保证教育经费的增长，我国曾颁布相关的法律文件。1993年中共中央、国务院颁布的《中国教育改革和发展纲要》（以下简称《纲要》）提出了"逐步提高国家财政性教育经费支出（包括各级财政对教育的拨款，城乡教育费附加，企业用于举办中小学的经费，校办产业减免税部分）占国民生产总值的比例，本世纪末达到百分之四"的战略发展目标。而《中共中央关于教育体制改革的决定》也规定"中央和地方政府的教育拨款的增长要高于财政经常性收入的增长，并使按在校学生人数平均的教育费用逐步增长"的原则，切实保证教师工资和生均公用经费逐年有所增长（以下简称"三个增长"）。这些文件精神也体现在 1995 年 9 月 1 日起施行的《中华人民共和国教育法》（以下简称《教育法》）中。虽然，随着《纲要》和《教育法》的实施，我国的教育经费开支有了大幅度上升，但在实际执行中并没有得到完全、有效地落实。

从财政性教育支出占 GDP 的比重看，我国的该项指标从 1993 年的 2.51% 增加到 2002 年的 3.41%，呈现逐年增长的趋势。但是，2003 年财政性教育经费占 GDP 的比重略有下降，为 3.19%。而 2004~2006 年该比例反而更低，远没有达到 4% 的目标，"三个增长"的要求也并没有全部落实，具体情况如表 1-18 所示。

表 1-18　　　　2004~2006 年财政性教育经费增长情况　　　　单位：%

年份	财政性教育经费占国内生产总值比例	普通高等学校生均预算内事业费增长率	普通高等学校生均预算内公用经费增长率	中央财政教育支出增长率	中央本级财政经常性收入增长率	中央财政教育支出增长高于本级财政经常性收入增长比例
2004	2.79	-3.81	-2.29	24.67	12.03	12.64
2005	2.82	-3.18	-2.65	16.83	15.42	1.41
2006	3.01	9.16	12.32	53.88	18	35.88

资料来源：根据教育部公布的各年全国教育经费执行情况统计公告整理而得。

若横向比较，我国的财政性教育经费开支比例与国际诸多国家的财政性教育开支有较大差距。主要市场经济国家公共教育支出占国民生产总值（GNP）比例年平均值大体在 4%~6% 之间。根据世界银行 2001 年的统计，在 1999~2000 年，澳大利亚、加拿大、法国、日本、英国和美国等高收入国家公共教育支出占 GDP 的均值为 4.8%，哥伦比亚、古巴、约旦、秘鲁、泰国和突尼斯等中低收入国家公共教育支出占 GDP 的均值为 5.6%。[1]

在财政拨款占绝对主体的情况下，由于财政性教育经费的投入偏低，许多高等院校的经费不足也就成为必然的结果。为了保证其正常的运行，部分高校寅吃卯粮，甚至依靠银行贷款也就成为其最后的选择。

---

[1] 东北财经大学课题组．对财政性教育经费投入 4% 目标的认识及政策建议［EB/OL］. http://academy.dufe.edu.cn/resources/yanjiucankao/25.pdf.

(二) 地方财政负担偏重

我国高等教育是中央和省两级管理体制,经过 1998~2002 年高等教育管理体制的改革,不少中央管理的高校下放地方。截至 2006 年,在全国 1 867 所普通高等学校中,中央部属的只有 111 所,只占全部高校总数的 5.95%;归地方政府管理的院校达 1 480 所,占 79.27%。[①] 2004 年发布的《2003~2007 年教育振兴行动计划》进一步明确"完善中央和省级人民政府两级管理、以省级人民政府管理为主的高等教育管理体制"。可以看出,随着高等教育体制改革的推进,地方财政将承担更大的教育投入,但是地方承担大部分教育经费的要求与地方财政收入比重很不相称。

1994 年分税制改革后,中央和地方的财政收入比例发生了根本性变化,中央财政占全国财政收入的大部分。据统计,1994~2005 年,中央财政收入占全国财政收入的比重由 1993 年的 22% 提高到 2005 年的 53.1%。[②] 2004 年,我国普通高校财政预算内事业性经费支出 75 116 亿元,其中,中央财政所占比重为 38.60%,比 2001 年下降了 6 个百分点。[③] 数据表明,中央财政收入占财政收入显著提升,并占据了大部分,但教育经费支出比重却在下降。这就直接导致地方政府在高等教育上产生责任与资金供应能力之间的矛盾,一些地方政府在支撑所辖高校的可持续发展中遇到很大的困难。特别是中西部地区,由于地方财政相对薄弱,其对所辖高校的财政拨款显得力不从心。

(三) 各地区高校财政投入差距较大

按照"分灶吃饭"的原则,中央财政负责中央部委所属高校(以下简称"中央高校")的经费,地方财政负责地方高校的经费。但是在分税制后,我国各区域的地方财力差距明显拉大。据统计,按照总人口计算,1994 年我国东部地区、中部地区、西部地区人均财政收入比为 2.302∶1.29∶1,到 2005 年扩大为 2.54∶1.40∶1;1994 年我国东部地区、中部地区、西部地区人均财政支出比为 1.64∶1.13∶1,到 2005 年扩大为 1.56∶0.85∶1。[④]

由于地方的财力差异,各省份对所辖的地方高校的教育投入也存在很大差别。沿海等经济发达地区对地方高校支持力度较大,而中西部地区由于财力的相

[①] 中国统计年鉴 2007 [EB/OL]. http://www.stats.gov.cn/tjsj/ndsj/2007/indexch.htm.
[②] 李萍,许宏才. 中国政府间财政关系图解 [M]. 北京:中国财政经济出版社,2006:35.
[③④] 邵学峰,王国兵. 我国高等教育财政拨款机制改革研究 [J]. 经济体制改革,2010 (1):127-130.

对薄弱,其对地方高校发展的教育经费投入却非常紧张。特别是中西部地区,由于地方财政的相对薄弱,其对所辖高校的财政拨款也显得非常有限,东部地区、中西部地区间地方高校的生均事业经费差距也非常明显。据统计,2004年北京地方普通高校生均预算内教育事业性经费支出是四川的8.1倍。① 一些省份的地方高校与中央高校的教育经费差距不断加大。2004年,安徽省地方高校生均预算内事业性经费支出仅为在安徽中央高校的15.78%,四川、湖北、陕西等省份也都在1/3左右,这种财政性教育经费支出结构造成了高校间发展的不平等。

1998年高校毕业生分配制度改革以后,中西部地区一些大学毕业生前往经济较为发达的省份就业,欠发达地区的高等教育投入随着大学毕业生的就业去向而无偿转移到发达省份。所有这些现象都呼唤进一步完善更为有效的财政转移支付制度,以改变地区间的财力差异,缓解欠发达地区高等教育投入的困难,降低高校因财政投入不足而产生的财务风险,实现教育的公平。

(四) 拨款标准与办学成本有较大差距

首先是日常运营经费拨款的不足。从1985年实施"综合定额+专项拨款"的财政拨款模式后,随着经济社会的发展和高校办学成本的上升,"综合定额"没有一个正常的调整提高机制。在本次被调查的高校中,部属高校认为综合定额不足以保障基本要求的占94.57%,地方高校占90.27%(见表1-4)。

其次是基本建设拨款严重滞后。1999年我国高校扩招后学生规模大幅度上升,而政府的基本建设拨款不仅没有随之跟上,而且还出现了基本建设拨款占高校总收入比例下降的现象。1998年,我国高等教育的基建拨款占高校总收入的11.9%,而2004年该比例只为4.5%。2009年,时任教育部财务司司长陈伟光在2009年直属高校预算工作会议上指出,全国公办普通高校扩大规模后,为满足基本办学要求需安排基本建设投入约10 385亿元,而同期国家预算内基本建设投入(包括国债资金)仅840亿元,不到10%。在高校规模扩大、校舍等基础设施建设需求日益上升状况下,基建经费缺口增大对高校财务管理形成了巨大的压力,这是近年高校向银行巨额举债的一个主要原因。

(五) 拨款结构和导向尚需进一步完善

如前所述,在国家财政对高等教育投入总量偏低的情况下,出现了两个投入结构的失调。一是基本建设投入与日常运营投入结构的失调,在高校办学规模迅速扩展阶段,校园基本设施的不足成为突出的办学制约"瓶颈",但是国家财政

---

① 教育部财务司. 中国教育经费统计年鉴(2005)[M]. 北京:中国统计出版社,2006:14-16.

对基本建设投入却不升反降。二是日常运营投入中的基本支出预算与项目支出预算的结构失调，表现为普遍存在基本支出预算不能保障基本支出的同时，项目支出预算大量结余。这两项结构的失调，促使高校的基本建设迫不得已地挤占和挪用日常运营经费，高校的基本支出也迫不得已地挤占和挪用项目支出预算。由此加剧了高校内部财务管理和账户处理的紊乱，使得本已紧绷的高校财务压力雪上加霜。

同时，在引入绩效拨款理念的起步阶段，绩效导向的力度和精准度都存在一定的偏差。一是起始的加速度过大，项目拨款在没有充分论证的情况下，名目骤增、占比飙升、总量膨胀，相应的管理难以跟上，造成项目拨款结余逐年增加，财政资金的使用效益反受影响。二是如前所述，项目拨款的导向往往不是直接针对办学终极目标，而是针对与政府各职能部门相关的工作任务，这种导向在推进高校发展的同时，也助长了重业内评价轻社会关切、重指标排名轻内涵提升、重科学研究轻人才培养、重数量轻质量的倾向，使得高校日益功利和浮躁，将支撑性、措施性和手段性目标视为终极目标，逐步淡化乃至迷失了办人民满意的教育和办出特色争创一流的基本追求。这样的绩效也受到了一些诟病。

三、我国特定发展阶段高校财务风险的基本特征

综合上述调研和分析，我国特定发展阶段高校财务风险的基本特征可以概括为：

第一，现金流短缺。我国高等教育在大众化发展启动阶段，教育规模迅速扩张和经费投入不相适应的情况，其基本特征集中表现为现金流的短缺，甚至出现现金流的断流，学校正常运行发生困难。

第二，举债风险突出。为了解决高等教育规模迅速扩张和财政投入短缺的矛盾，在政府的支持倡导下的"银校合作"，形成了高校大规模的举债办学，银行贷款不仅用于基本建设和投资性的支出，还用于日常运营性的支出。

第三，短期集中爆发。从社会舆论的关注，到本书的调查分析都表明，我国高等教育在特定发展阶段出现的高校大规模贷款，最终导致现金流拮据和短缺的问题不是局部的，而是整体的。在还本付息期逐步到来时，高校短期内集中出现崩塌式的现金流障碍，乃至威胁到学校正常的运行，财务风险凸显爆发式特点。

第四，长期隐性存在。通过分析研判我国高校长期财务收支及管理状况表明，我国高校在资金投入总量和目标任务的匹配性、财政投入的模式和结构、高校财务收支的配比、预算管理的严肃性、科学性和有效性等方面存在的问题，也是导致高校财务风险长期累积的隐性原因。

第二章

我国特定发展阶段的教育部直属高校财务风险实证研究

本章首先阐释了高校财务风险的指标体系。然后依据高校财务风险的指标体系，对部属高校 2003~2007 年的决算报表数据进行描述性统计分析，揭示这一特定时期部属高校财务状况的基本特征。其次将部属高校 1995~2000 年与 2003~2007 年两个不同发展阶段的财务状况进行时序比较分析，揭示高校财务状况的变化趋势。最后用统计分析中的降维法，通过因子分析揭示导致高校财务风险的主要因素，并以聚类分析划分高校财务风险的不同等级，揭示各高校的具体风险等级。

第一节 高校财务风险指标体系的构建

根据第一章揭示的我国高等教育大众化启动阶段高校财务风险的基本特征，我们从举债风险和财务运行失衡风险两个方面来构建高校财务风险的评价指标体系，借以研究分析高校总体的财务风险状况，如图 2-1 所示。

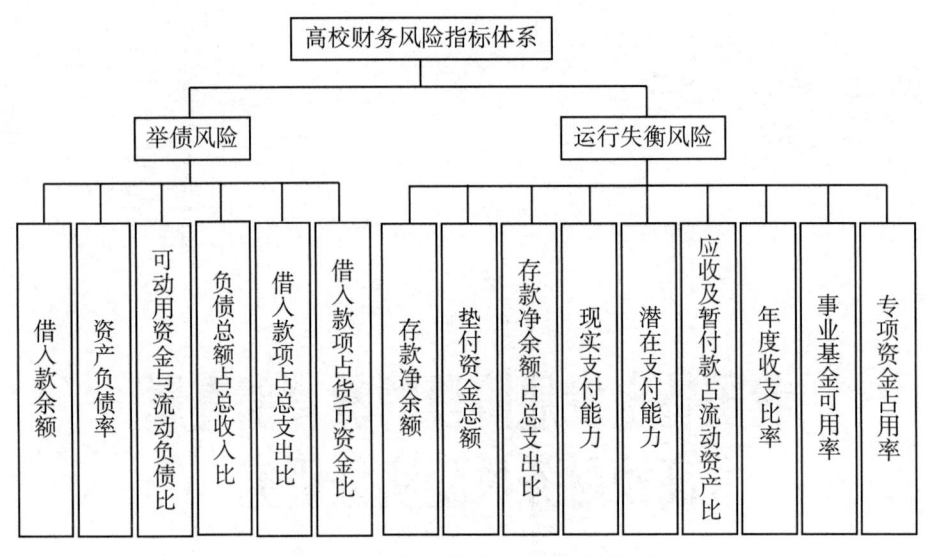

图 2-1 高校财务风险指标体系

```
                    高校财务风险指标体系
                   /                    \
              举债风险                  运行失衡风险
         /  /  |  |  |  \         /  /  |  |  |  |  \
      借  资  可  负  借  借     存  垫  存  现  潜  应  年  事  专
      入  产  动  债  入  入     款  付  款  实  在  收  度  业  项
      款  负  用  总  款  款     净  资  净  支  支  及  收  基  资
      余  债  资  额  项  项     余  金  余  付  付  暂  支  金  金
      额  率  金  占  占  占     额  总  额  能  能  付  比  可  占
              与  总  总  货         额  占  力  力  款  率  用  用
              流  收  支  币               总              占         率  率
              动  入  出  资               支              流
              负  比  比  金               出              动
              债                           比              资
              比                                           产
                                                          比
```

图 2-1　高校财务风险指标体系

一、高校举债风险评价指标

举债风险是指高校举债办学所导致的不能偿还到期债务的风险，建立举债风险评价指标的目的在于衡量高校偿付到期债务与利息的能力。举债风险评价指标共有六项，它们分别是借入款余额、资产负债率、可动用资金与流动负债比、负债总额占总收入比、借入款项占总支出比和借入款项占货币资金比。

（一）借入款余额

借入款余额是高校从校外以借入方式获得的货币资金的年末余额数。借入款通常用于基本建设以及日常运营的周转，其用途包括日常运营和基本建设等。这是一个绝对值指标，指标值的大小，反映了高校举债的规模。指标值越大，举债规模越大，高校的举债风险就越大。由于该指标属于绝对值指标，不同高校资金活动的规模对借入款余额大小的影响是客观存在的，因此使用时一般更多的是对同一高校不同时期做纵向的时序比较，以揭示特定高校风险变化的趋势。

（二）资产负债率

资产负债率是指学校负债总额与全部资产的比率。该指标揭示了高校年末总资产的资金来源中有多少是通过负债获得的。该指标属于相对值指标，适于在校际做横向的对比分析。指标值越高，说明负债水平越高，举债风险也就越大。计算公式为：

$$资产负债率 = 负债总额/资产总额 \times 100\%$$

（三）可动用资金与流动负债比

可动用资金与流动负债比揭示了高校偿还短期债务的能力。"可动用资金"是指高校年末货币资金（含现金、银行存款）加债券投资的总额，它反映高校在新财政年度较为容易变现的资产总额。可动用资金与流动负债比率的指标值越大，说明学校偿还短期债务的能力越强，举债风险就越小；指标值越小，高校偿还短期债务的能力越弱，可能出现现金流周转困难，举债风险相对较大。计算公式为：

$$可动用资金与流动负债比 = (货币资金总额 + 债券投资总额)/流动负债总额$$

（四）负债总额占总收入比

负债总额占总收入比揭示了基于高校收入的偿债能力。高校借款的偿还需要依赖于未来的收入，考察负债总额占学校收入总额的比重，可以更好地预测学校基于收入的偿债能力，它反映了学校年收入承受财务风险的程度。该指标值越小，表明高校收入对偿还负债的保障度越高，举债风险就越小；反之，举债风险就越大。计算公式为：

$$负债总额占总收入比 = 负债总额/年收入总额$$

（五）借入款项占总支出比

借入款项占总支出比揭示了年度高校财务支出对举债的依赖程度。该指标值越高，表明高校支出对债务的依赖程度越大，举债风险就越大；反之，举债风险就越小。计算公式为：

$$借入款项占总支出比 = 借入款项总额/年支出总额$$

（六）借入款项占货币资金比

借入款项占货币资金比揭示了基于货币资金的高校偿还债务的能力。指标中的"货币资金"是指现金、银行存款和债券投资的总额。该指标反映了高校偿还借款的货币资金储备率，指标值越大，说明高校货币资金的相对偿债能力越弱，到期还款的压力越大，举债风险也越大；反之，举债风险就越小。实际分析时还应具体考察借款还款期限的分布。计算公式为：

$$借入款项占货币资金比 = 借入款项总额/货币资金总额$$

二、高校财务运行失衡风险评价指标

高校财务运行失衡风险是指高校在运营过程中，由于内部管理不善或外部环境的影响，使高校出现日常财务运行失衡的风险。反映高校财务运行失衡风险共有9个指标，它们分别是存款净余额、垫付资金总额、存款净余额占总支出比、现实支付能力、潜在支付能力、应收及暂付款占流动资产比、年度收支比率、事业基金可用率和专项资金占用率。

（一）存款净余额

存款净余额是年末货币资金（含现金、银行存款）加债券投资减去借入款后的总额。它揭示了高校在新财政年度可变现资产较为稳健的估计值，是高校现金流充裕与否的重要考量指标。该指标值越大，说明高校可支配和周转的现金流越大，财务运行失衡的风险就越小；反之，高校可支配和周转的现金流就越小，有可能出现现金流周转的困难，运行失衡的风险就越大。这是一个绝对值指标，指标受到特定高校资金活动规模的影响，指标使用时适宜做同一高校纵向的时序比较。计算公式为：

存款净余额 = 年末货币资金余额 + 债券投资余额 − 借入款余额

（二）垫付资金总额

垫付资金总额是年末各项应收及暂付款和借出款项之和，它揭示了高校处于"人欠"结算过程状态的资产总额，体现了财务结算的效率和资金使用的效率，也是高校财务管理状况的重要考量指标。该指标值越大，说明处于"人欠"结算状态的资金额越大，财务周转的效率就越低，运行失衡的风险就越大；反之，财务周转的效率就越高，运行失衡的风险就越小。该项指标也是绝对值指标，指标受到规模因素影响，指标使用时适宜做特定高校纵向的时序比较。计算公式为：

垫付资金总额 = 年末应收及暂付款余额 + 借出款余额

（三）存款净余额占总支出比

存款净余额占总支出比揭示了年末存款净余额对年度支出的保障程度。"存款净余额"是高校年末货币资金（含现金、银行存款）加债券投资减去高校借入款后的总额，是高校在新财政年度可变现资产较为稳健的估计值。年末存款净余额与年度经费支出总额数对比，体现高校可变现资产储备与年度财务支出的对比状况。该指标值越大，说明学校现金流相对充裕，财务运行失衡的风险小；反之，说明高校现金流相对不足，财务运行失衡的风险大。计算公式为：

$$存款净余额占总支出比 = 年末存款净余额/年支出总额$$

（四）现实支付能力

现实支付能力又称"货币资金支付率"，是指高校年末货币资金结存额与月均支出额的比值，反映高校货币资金可供正常运行的月份数，它用来揭示高校近期在正常运行情况下的支付能力。该指标值越大，说明高校保障正常运行支出的能力越强，财务运行失衡的风险就越小；反之，高校保障正常运行支出的能力越弱，财务运行失衡的风险就越大。该指标值过低时，现金断流的风险就增大，高校应给予充分重视。该指标既可以做横向的校际比较，也可以做本校纵向的时序比较。计算公式为：

$$现实支付能力 = 货币资金总额/月均支出额$$

（五）潜在支付能力

潜在支付能力揭示了高校货币资金与所有短期可变现资产扣除短期应付款后能保障正常运行支出的月份数。该指标是用年末全部货币资金的结存额加上可变现的应收票据、债券投资、借出款，减去借入款、应缴财政专户和应缴税金的总额，与全年月均支出额相比。指标值越大，表明高校潜在的支付能力就越强，财务运行失衡的风险就越小；反之，高校潜在的支付能力就越弱，财务运行失衡的风险就越大。该指标值过低时，现金断流的风险就增大，高校应给予充分重视。分析使用该指标时还应深入分析"人欠"资产（应收票据、借出款、债券投资）和"欠人"资金（借入款、应缴财政专户、应缴税金）的对比状况及具体的变现能力，"人欠"资产大于"欠人"资金时，运行失衡的风险相对小些；反之，运行失衡的风险就相对大些。该指标既可以做横向的校际比较，也可以做本校纵向的时序比较。计算公式为：

$$潜在支付能力 = (货币资金 + 应收票据 + 借出款 + 债券投资 - 借入款 - 应缴财政专户 - 应缴税金)/月均支出额$$

（六）应收及暂付款占流动资产比

应收及暂付款占流动资产比揭示了高校处于结算状态的流动资产占全部流动资产的比重。其中流动资产是指高校的资产总额扣除固定资产、无形资产、长期投资后的余额。该指标数值越大，说明高校处于结算和垫付状态的资金占总体流动资金的份额越大，缩短结算周期、加速资金运行效率的潜力有可能也越大；反之亦然。当该指标超常的增大时，需要进一步分析是否存在大额垫付挪用资金的状况出现，例如，挪用日常运行经费投入到"自筹基建"后挂在"应收及暂付款"的状况，这是我国特定时期高校财务风险显现中较为普遍的现象，最终导致了日常财务运行的严重失衡。该指标既可以做横向的校际比较，也可以做本校纵向的时序比较。其计算公式为：

应收及暂付款占流动资产比＝应收及暂付款总额/流动资产总额

（七）年度收支比率

年度收支比率是指高校年度财务总支出与总收入的比率，揭示了高校总体的收支配比状况。该指标值大于1，说明高校当年收不抵支，需动用历年收支结余或贷款维持日常运营，应该拉响高校财务运行失衡的警报；指标值若小于1，说明当年总支出小于总收入，高校财务运行基本处于可控的状态。计算公式为：

年度收支比率＝年度事业总支出/年度事业总收入

（八）事业基金可用率

事业基金可用率是指年末高校可动用的事业基金占事业基金总额的比重，揭示高校事业基金的可动用程度。"可用事业基金"是指高校事业基金扣除高校借出款及对外投资后的余额。指标值越低，说明高校可动用的自有资金的余地越小，出现财务运行失衡风险的可能性就越大；反之，高校可动用的自有资金的余地就越大，出现财务运行失衡风险的可能性就越小。计算公式为：

事业基金可用率＝（事业基金总额－借出款总额－对外投资总额）/事业基金总额

（九）专项资金占用率

专项资金占用率是将专项资金占用部分与全部专项资金对比，揭示了专项资金被占用程度。这里的专项资金是指非高校自有，且有专门用途的资金，该项资金原则上应该按指定的用途使用，不应被挤占和挪用。"专项资金总额"等于高校资产总额扣除事业基金、固定基金后的余额。"专项资金占用额"是指高校借出款、投资基金、应收及暂付款中用作周转性垫支部分三者之和，然后再扣除事业基金后的差额，它反映了高校超过自有的事业基金规模，用于借出、投资和周转性垫支的资金总额。该指标值越大，说明专项资金占用程度越高，财务运行失衡风险越大；反之，专项资金占用程度就越低，财务运行失衡

风险就越小。该指标使用时既可以做横向的校际比较,也可以做本校纵向的时序比较。计算公式为:

专项资金占用率 =(借出款 + 投资基金 + 应收及暂付款中做周转性垫支款 − 事业基金)/(资产总额 − 事业基金 − 固定基金)

第二节 财务风险的描述性统计分析

本节主要依据教育部直属76所高校2003~2007年财务决算数据,借助上述学校举债风险和财务运行失衡风险的15项指标进行描述性统计分析,揭示该时期教育部直属高校财务风险的基本状况。为便于表述,本书对教育部直属高校的每个高校设定代码,其中"JYB"代表"教育部直属高校",后缀的阿拉伯数字仅仅是本书给高校设定的"代码",排序先后没有特定含义。

一、举债风险的描述性统计分析

(一)借入款余额

借入款余额是绝对值指标,反映了高校举债的规模,是评价高校举债风险的重要参数。表2-1~表2-3给出了2003~2007年部属高校借入款余额的描述性统计数据,以及该指标值最高值的5所高校代码和指标值为零的高校代码。

表2-1   2003~2007年部属高校借入款余额描述性统计指标

单位:亿元

年份	最大值	最小值	平均值	标准差
2003	20.87	0(13所)	1.93	2.87
2004	23.79	0(8所)	3.20	3.75
2005	26.31	0(7所)	4.09	4.80
2006	26.41	0(7所)	5.01	5.26
2007	27.71	0(4所)	5.50	5.11

表2-2　　2003～2007年借入款余额最多的前5所部属高校

排序	2003年	2004年	2005年	2006年	2007年
1	JYB-13	JYB-13	JYB-13	JYB-13	JYB-13
2	JYB-17	JYB-17	JYB-18	JYB-18	JYB-18
3	JYB-19	JYB-19	JYB-16	JYB-16	JYB-67
4	JYB-26	JYB-3	JYB-3	JYB-3	JYB-8
5	JYB-1	JYB-16	JYB-8	JYB-8	JYB-4

表2-3　　　　2003～2007年借入款余额为零的部属高校

2003年	JYB-6	JYB-31	JYB-33	JYB-43	JYB-44	JYB-46	—	—
	JYB-52	JYB-53	JYB-55	JYB-56	JYB-61	JYB-63	JYB-74	—
2004年	JYB-43	JYB-44	JYB-52	JYB-53	JYB-55	JYB-56	JYB-61	JYB-63
2005年	JYB-15	JYB-43	JYB-46	JYB-53	JYB-55	JYB-56	JYB-61	—
2006年	JYB-15	JYB-33	JYB-42	JYB-43	JYB-46	JYB-53	JYB-56	—
2007年	JYB-11	JYB-33	JYB-42	JYB-46	—	—	—	—

表2-1显示，在参加评价的76所部属高校中，年末借款额为"零"的高校数，从2003年的13所减少到2007年的4所，呈现出逐年减少的趋势，说明越来越多的高校开始利用借款渠道筹措资金。同时也可以发现部属高校每年平均的年末借款额和单个高校最高借款额，都呈现出逐年升高的趋势，2003～2007年，平均年末借款数额从1.93亿元上升至5.50亿元，上升了1.85倍。单个高校年末最高借款额从2003年的20.87亿元上升至2007年的27.71亿元，上升了6.84亿元；2007年有10所高校年末借款余额超过了10亿元。出现这种趋势，在很大程度上是由于近几年高校迅速扩张所致，表明部属高校整体对外举债数额在较快增长，举债风险在逐年累积，潜在的债务风险在增大。

表2-2显示，JYB-13这所高校年末举债额始终较为突出，5年中借款余额均位于76所部属高校首位，4所高校在3个年度均位于前5名。表2-3则显示，3所高校在4个年度、4所高校在3个年度均表现为借入款余额都为"零"的状态。由此看出，各高校的负债规模表现出相当的稳定性。

（二）资产负债率

资产负债率表明了高校年末总资产的资金来源中负债所占的比率，这是对高校进行财务分析时了解举债风险的一项重要指标。高校的资产负债率低，说明学校的净资产占比高，偿债的压力较小，举债风险相对较低。表2-4~表2-6给出了2003~2007年部属高校资产负债率的描述性统计数据，以及该指标值最高与最低的5所高校代码。

表2-4　　　　2003~2007年部属高校资产负债率描述性统计指标

年份	最大值	最小值	平均值	标准差	超过40%的数目（所）
2003	0.5778	0.0201	0.1692	0.1029	2
2004	0.5952	0.0181	0.2002	0.1145	3
2005	0.5651	0.0271	0.2102	0.1253	6
2006	0.5512	0.0211	0.2268	0.1277	9
2007	0.5101	0.0097	0.2249	0.1216	8

表2-5　　　　2003~2007年资产负债率最高的前5所部属高校

排序	2003年	2004年	2005年	2006年	2007年
1	JYB-13	JYB-19	JYB-19	JYB-13	JYB-9
2	JYB-19	JYB-13	JYB-13	JYB-19	JYB-13
3	JYB-50	JYB-72	JYB-9	JYB-9	JYB-63
4	JYB-60	JYB-60	JYB-18	JYB-18	JYB-19
5	JYB-41	JYB-41	JYB-70	JYB-58	JYB-70

表2-6　　　　2003~2007年资产负债率最低的前5所部属高校

排序	2003年	2004年	2005年	2006年	2007年
1	JYB-31	JYB-43	JYB-43	JYB-43	JYB-33
2	JYB-43	JYB-23	JYB-32	JYB-33	JYB-48
3	JYB-33	JYB-32	JYB-56	JYB-32	JYB-32
4	JYB-32	JYB-33	JYB-23	JYB-56	JYB-11
5	JYB-56	JYB-15	JYB-15	JYB-10	JYB-54

表2-4显示，在2003~2007年，虽然部属高校资产负债率的最大值变化在51%~60%之间，趋势不甚明显；但是平均资产负债率却有上升的趋势，从16.92%上升至22.49%，表明部属高校负债程度普遍在上升。资料同时显示，资

产负债率超过40%的学校数在不断增加,从2所上升至8所,资产负债率不到10%的高校从20所下降到12所,也表明了部属高校总体的举债风险在上升。

表2-5和2-6显示,5年中2所高校全部年度、1所高校3个年度均位于5所最高值高校,债务风险较大;而1所高校全部年度、2所高校4个年度均位于5所最低值高校,债务风险较小。这些数据表明,各高校资产负债率在部属高校中的排序分布也有一定的稳定性。

(三) 可动用资金与流动负债比

可动用资金是高校年末货币资金加债券投资的总额,它与流动负债的比率反映了高校偿还短期债务的能力,比率越大,偿还短期债务的能力越强,举债风险越小。表2-7~表2-9给出了2003~2007年部属高校年末可动用资金与流动负债比的描述性统计数据,以及该指标最高与最低的5所高校代码。

表2-7　　　　2003~2007年部属高校可动用资金
与流动负债比描述性统计指标

年份	最大值	最小值	平均值	标准差	比率小于1的学校数目(所)
2003	12.5879	0.1201	2.8164	2.7109	17
2004	13.6867	0.1574	2.3125	2.3039	23
2005	14.0098	0.1312	2.3933	2.6032	25
2006	10.6486	0.1455	1.9703	2.1116	32
2007	23.9809	0.2019	2.2365	3.1370	34

表2-8　　　　2003~2007年可动用资金与流动负债比
最高的前5所部属高校

排序	2003年	2004年	2005年	2006年	2007年
1	JYB-33	JYB-43	JYB-56	JYB-32	JYB-33
2	JYB-43	JYB-33	JYB-33	JYB-30	JYB-32
3	JYB-56	JYB-32	JYB-32	JYB-56	JYB-30
4	JYB-31	JYB-31	JYB-47	JYB-33	JYB-3
5	JYB-32	JYB-53	JYB-43	JYB-74	JYB-10

表2-9 2003~2007年可动用资金与流动负债比最低的前5所部属高校

排序	2003年	2004年	2005年	2006年	2007年
1	JYB-41	JYB-41	JYB-41	JYB-9	JYB-41
2	JYB-9	JYB-9	JYB-9	JYB-41	JYB-70
3	JYB-25	JYB-38	JYB-13	JYB-70	JYB-9
4	JYB-19	JYB-72	JYB-76	JYB-7	JYB-38
5	JYB-23	JYB-70	JYB-70	JYB-17	JYB-34

表2-7显示，除了2006年可动用资金与流动负债比平均值接近2以外，其余年份的平均值均大于2，说明部属高校的短期债务的平均偿还能力基本可以。但是应该充分注意到该指标的标准差较大，指标的最高值在10~24之间，而最小值仅在0.12~0.20之间，差距约100倍，且比率小于1的高校数目较多，每年还在持续增加，2006年与2007年均高达30所以上，说明约四成高校偿还短期债务的压力较大，债务风险凸显，现金流可能会出现问题。

表2-8和2-9显示，5年中2所高校全部年度、1所高校3个年度均位于5所最高值高校，偿还流动负债能力较强；而5年中2所高校全部年度、1所高校4个年度均位于5所最低值高校，偿还流动负债能力较弱。说明各高校偿还短期债务能力的排序在部属高校间也有相对的稳定性。

（四）负债总额占总收入比

负债总额占总收入比揭示了高校基于收入的偿债能力。高校借款的偿还必然依赖于未来的收入，考察负债总额占学校收入总额的比重，可以更好地预测高校的偿债能力，该比率越大，不能偿还债务的风险就越大，举债风险也就越大。表2-10~表2-12给出了2003~2007年部属高校各年负债总额占总收入比的描述性统计数据，以及该指标最高与最低的5所高校代码。

表2-10显示，2003~2007年，76所部属高校基于收入的债务偿还能力呈现快速下降的趋势，表现为高校负债总额占总收入比的平均值从不到50%增加到超过了70%，说明高校债务偿还的压力在逐年增加。尤其是2005~2006年中，债务总额超过收入总额的高校数从7所快速增加到20所左右，占部属高校总数的1/4左右，远比1995~2000年的数据高[①]。值得注意的是，2007年该指标的

[①] 杨周复，施建军. 大学财务综合评价研究［M］. 北京：中国人民大学出版社，2002：188.

所有统计数据都呈现出回落的迹象，或许表明高校基于收入的债务偿还风险在2006年已达到了顶部。

表2-10　　　　　2003~2007年部属高校负债总额占总收入比描述性统计指标

年份	最大值	最小值	平均值	标准差	超过100%的数目（所）
2003	1.8585	0.0470	0.4810	0.3451	7
2004	2.6817	0.0419	0.6347	0.4795	14
2005	2.2770	0.0548	0.6877	0.5013	19
2006	2.1928	0.0493	0.7770	0.5469	22
2007	1.9164	0.0212	0.7129	0.4672	18

表2-11　　　2003~2007年负债总额占总收入比最高的前5所部属高校

排序	2003年	2004年	2005年	2006年	2007年
1	JYB-13	JYB-19	JYB-9	JYB-9	JYB-9
2	JYB-19	JYB-13	JYB-19	JYB-58	JYB-70
3	JYB-50	JYB-72	JYB-13	JYB-19	JYB-67
4	JYB-51	JYB-57	JYB-18	JYB-13	JYB-13
5	JYB-1	JYB-1	JYB-70	JYB-63	JYB-63

表2-12　　　2003~2007年负债总额占总收入比最低的前5所部属高校

排序	2003年	2004年	2005年	2006年	2007年
1	JYB-31	JYB-23	JYB-56	JYB-56	JYB-33
2	JYB-56	JYB-43	JYB-32	JYB-33	JYB-48
3	JYB-33	JYB-32	JYB-55	JYB-43	JYB-32
4	JYB-32	JYB-33	JYB-43	JYB-32	JYB-54
5	JYB-43	JYB-53	JYB-23	JYB-10	JYB-31

表2-11和表2-12显示，5年中各有1所高校分别在全部年度、4个年度和3个年度位于5所最高值高校，表明这3所高校基于收入的偿债能力持续处于较弱的状态；而5年中也各有1所高校分别在全部年度、4个年度和3个年度位于5所最低值高校，表明这3所高校基于收入的偿债能力持续处于较强的状态。此数据也说

明各高校基于收入偿债能力的排序在部属高校间也是有相对的稳定性。

(五) 借入款项占总支出比

借入款项占总支出比揭示了年度财务支出对举债的依赖程度，指标值越高，说明支出依赖债务的程度越高，高校举债的风险也就越高。表2-13～表2-15给出了2003～2007年部属高校借入款项占总支出比的描述性统计数据，以及该指标最高与最低的5所高校代码。

表2-13　2003～2007年部属高校借入款项占总支出比描述性统计指标

年份	最大值	最小值	平均值	标准差	大于1的学校数目（所）
2003	1.6496	0（13所）	0.3047	0.3432	4
2004	2.3396	0（8所）	0.4514	0.4564	11
2005	2.0064	0（7所）	0.5045	0.4833	12
2006	1.9719	0（7所）	0.5960	0.5131	15
2007	2.0638	0（4所）	0.5706	0.4741	12

表2-14　2003～2007年借入款项占总支出比最高的前5所部属高校

排序	2003年	2004年	2005年	2006年	2007年
1	JYB-19	JYB-19	JYB-9	JYB-9	JYB-9
2	JYB-50	JYB-13	JYB-19	JYB-63	JYB-70
3	JYB-13	JYB-72	JYB-18	JYB-18	JYB-67
4	JYB-51	JYB-51	JYB-70	JYB-19	JYB-19
5	JYB-60	JYB-68	JYB-13	JYB-13	JYB-18

表2-15　2003～2007年借入款项占总支出比最低的前5所部属高校

排序	2003年	2004年	2005年	2006年	2007年
1	JYB-31	JYB-43	JYB-56	JYB-56	JYB-33
2	JYB-56	JYB-53	JYB-55	JYB-33	JYB-11
3	JYB-33	JYB-56	JYB-43	JYB-43	JYB-42
4	JYB-43	JYB-55	JYB-53	JYB-53	JYB-46
5	JYB-55	JYB-44	JYB-15	JYB-15	JYB-32

表 2-13 显示，在 76 所部属高校中，该比率的平均值从 2003 年的 30.47% 上升至 2007 年的 57.06%，上升了近 27 个百分点，反映了部属高校整体上总支出对借款的依赖程度明显增高。2004~2007 年，该比例大于 1 的学校都有 10 所以上，比 2003 年至少翻番，说明有一至二成高校的借入款数额已持平或超过高校的年度财务支出额，这些高校的举债风险是不言而喻的。表 2-13 中借入款项占总支出比为零的高校数，也就是年末没有借款的高校，从 2003 年的 13 所降至 2007 年的 4 所，呈现逐年减少的趋势，这也说明越来越多的高校开始依赖借款，举债风险也在上升。

表 2-14 和表 2-15 显示，5 年中 1 所高校全部年度、1 所高校 4 个年度、2 所高校 3 个年度位于比率最高的高校，支出对借入款的依赖度较高；而 2 所高校 4 个年度、3 所高校 3 个年度位于比率最低的高校，支出对借入款的依赖度较低。这些高校在部属高校中"支出对借入款依赖度"的排序位置相对稳定。

（六）借入款项占货币资金比

借入款项占货币资金比揭示了高校的还款能力，这一比例越高，说明高校不能偿还债务的风险越大，也就是举债的风险越大。因高校借入款项分不同渠道与不同还款期限，具体分析时应进一步准确测算其近期或年度的偿还额，以准确估算到期的还款压力。表 2-16~表 2-18 给出了 2003~2007 年部属高校借入款项占货币资金比的描述性统计数据，以及该指标最高与最低的 5 所高校代码。

表 2-16　2003~2007 年部属高校借入款项占货币资金比描述性统计指标

年份	最大值	最小值	平均值	标准差	大于 1 的学校数目（所）
2003	9.0727	0	0.6480	1.1782	13
2004	8.8564	0	0.9327	1.2835	25
2005	12.9611	0	1.2704	1.8697	33
2006	19.4690	0	1.6132	2.5956	36
2007	13.8869	0	1.4979	1.9839	40

表 2-17　2003~2007 年借入款项占货币资金比最高的前 5 所部属高校

排序	2003 年	2004 年	2005 年	2006 年	2007 年
1	JYB-41	JYB-41	JYB-41	JYB-9	JYB-9
2	JYB-13	JYB-9	JYB-18	JYB-41	JYB-18

续表

排序	2003 年	2004 年	2005 年	2006 年	2007 年
3	JYB – 50	JYB – 13	JYB – 13	JYB – 70	JYB – 41
4	JYB – 17	JYB – 38	JYB – 9	JYB – 13	JYB – 70
5	JYB – 19	JYB – 17	JYB – 59	JYB – 18	JYB – 69

表 2 – 18　　2003~2007 年借入款项占货币资金比最低的前 5 所部属高校

排序	2003 年	2004 年	2005 年	2006 年	2007 年
1	JYB – 31	JYB – 43	JYB – 56	JYB – 56	JYB – 33
2	JYB – 56	JYB – 53	JYB – 55	JYB – 33	JYB – 11
3	JYB – 33	JYB – 56	JYB – 43	JYB – 43	JYB – 42
4	JYB – 43	JYB – 55	JYB – 53	JYB – 53	JYB – 46
5	JYB – 55	JYB – 44	JYB – 15	JYB – 15	JYB – 32

表 2 – 16 显示，部属高校这一指标的平均值在 2003~2007 年不断上升，表明高校还款的货币储备率明显下降，高校还款的压力越来越大，债务风险在明显增大。5 年中，该指标大于 1 的高校数从 13 所上升至 40 所，是原来的 3 倍多。该指标大于 1，表明高校借入款的数额已经超越货币资金的结存额，高校偿债的风险是不言而喻的。2007 年处于这种状态之下的部属高校已达一半以上，举债风险陡增的迹象明显。需要特别注意的是，2006 年该指标的最大值为 19.4690，表明该高校借入款余额已是货币资金余额的 19 倍多，而 2003 年的最大值还仅仅是 9.0727。

表 2 – 17 和表 2 – 18 显示，5 年中 1 所高校全部年度、2 所高校 4 个年度、1 所高校 3 个年度位于该比率最高的高校，基于货币资金的还款能力较弱；而 3 所高校 3 个年度位于该比率最低的高校，基于货币资金的还款能力较强。这些高校在部属高校中"基于货币资金的还款能力"的排序位置相对稳定。

以上对部属高校 2003~2007 年举债风险的 6 项指标描述性统计分析表明：第一，举债风险普遍、快速的上升，高校依靠自身的收入及资产的偿债能力明显不足，表现为 5 年内部属高校的举债规模（借入款项余额）、资产负债率、可动用资金偿还短期债务的能力（可动用资金与流动负债比）、基于货币资金的偿债能力（借入款项占货币资金比）、基于收入的偿债能力（负债总额占总收入比）、财务支出对借入款的依赖程度（借入款项占总支出比）等各项指标的平均值总体呈较大幅度的恶化，风险较大学校的比例成倍增加；第二，6 项指标间显示出较强的关联性，表现为 JYB – 9、JYB – 13、JYB – 19 等高校 6 项中一半以上的指标值都持续显现出风险较大的状态，而 JYB－32、JYB－33、JYB－43、JYB－53、JYB－56 等高校 6 项中一半以上的指标值都持续显现出风险较小的状态；第三，各校举债风险的各项指标在部属高校的排序具有相对的持续性和稳定性，表现为一些高校在不同年度某项指标在 5 所最大值和最小值高校出现的频率具有相对的稳定性；第四，举债风险或许在 2006 年到达顶端状态，表现为 2006 年多项指标均到达峰值，2007 年表现出相应的回落。

二、财务运行失衡风险的描述性统计

（一）存款净余额

存款净余额是货币资金加上债券投资扣除借入款后的总额，揭示了可变现资产较为稳健的估计值，是高校持有现金规模的重要参考指标。高校存款净余额越大，说明高校可支配现金流规模越大，财务运行的失衡风险就越小。表 2－19～表 2－21 给出了 2003～2007 年部属高校存款净余额的描述性统计数据，以及该指标最高与最低的 5 所高校代码。

表 2－19　　2003～2007 年部属高校存款净余额描述性统计指标

年份	最大值（亿元）	最小值（亿元）	平均值（亿元）	标准差（亿元）	余额为负数的学校数目（所）
2003	25.15	－15.06	2.75	5.15	12
2004	25.36	－16.79	1.85	5.48	25
2005	22.79	－21.70	0.80	6.07	32
2006	37.34	－21.61	0.39	7.44	36
2007	50.35	－21.51	1.12	9.11	40

表 2－20　　　　2003～2007 年存款净余额最多的前 5 所部属高校

排序	2003 年	2004 年	2005 年	2006 年	2007 年
1	JYB－10	JYB－10	JYB－29	JYB－29	JYB－29
2	JYB－29	JYB－29	JYB－10	JYB－10	JYB－10
3	JYB－5	JYB－24	JYB－24	JYB－32	JYB－3
4	JYB－24	JYB－5	JYB－32	JYB－24	JYB－26
5	JYB－3	JYB－32	JYB－20	JYB－26	JYB－32

表2-21　　　　2003~2007年存款净余额最少的前5所部属高校

排序	2003 年	2004 年	2005 年	2006 年	2007 年
1	JYB – 13	JYB – 13	JYB – 13	JYB – 13	JYB – 13
2	JYB – 17	JYB – 17	JYB – 18	JYB – 18	JYB – 18
3	JYB – 19	JYB – 19	JYB – 16	JYB – 16	JYB – 9
4	JYB – 41	JYB – 16	JYB – 9	JYB – 9	JYB – 70
5	JYB – 50	JYB – 41	JYB – 8	JYB – 8	JYB – 8

表2-19显示，2003~2007年部属高校存款净余额这一指标的平均值并没有显示一定的趋势规律，但最大值显示了增大的趋势，最小值则越来越小，同时高校之间该指标的差距较大，表现为最大值与最小值间的差距巨大，标准差也较大。2007年存款净余额最多的高校是JYB-29，达50.35亿元，而存款净余额最少的JYB-13，其负值竟达21.51亿元，反映了在JYB-29存在巨额存款净余额的同时，JYB-13却出现巨额存款净余额的负值。实际上，通过查看高校代码所对应的高校，可以看出，具有最大值和最小值的高校均为规模很大的学校。值得关注的是，余额为负数的学校数在此期间逐年增加，从12所增加至40所，增长了两倍多，总数占部属高校数的一半以上，说明具有潜在财务运行失衡风险的高校数在逐年增加。

表2-20和表2-21显示，5年中2所高校全部年度、1所高校4个年度位于净余额最多的高校中，同时各有1所高校分别在全部年度和3个年度位于净余额最少的高校中，表明这些高校的存款净余额在部属高校5年中的排序具有相对的稳定性。尤其是JYB-13既是规模较大的学校，又是5年中存款净余额负值持续在76所高校中排名第一的高校，财务运行失衡的风险显而易见。

（二）垫付资金总额

垫付资金总额是学校年末各项应收及暂付款和借出款项之和，揭示了学校处于"人欠"结算过程状态的资产总额，反映了财务结算和现金流转的效率。垫付资金规模越大，货币资金规模就会相对变小，学校财务运行失衡的风险就会变大。表2-22~表2-24给出了2003~2007年部属高校垫付资金总额的描述性统计数据，以及该指标最高与最低的5所高校代码。

表2-22显示，2003~2007年，部属高校的平均值和最大值均在逐年上升，且上升的幅度较大：平均值从3.27亿元上升至8.09亿元，上升幅度达147.40%；最大值从17.48亿元上升至39.18亿元，上升幅度达124.14%。但是

最小值的变化不是很大。通过查看高校代码所对应的高校，5年中各年垫付资金总额最多的高校均是一些规模较大的综合类高校，而各年垫付资金总额最小的高校均是一些规模较小的特色类高校，反映出了垫付规模受高校类型影响较大的特征。

表 2-22　　　2003~2007 年部属高校垫付资金总额描述性统计指标

单位：亿元

年份	最大值	最小值	平均值	标准差
2003	17.48	0.05	3.27	3.62
2004	20.29	0.03	4.18	3.77
2005	21.57	0.07	5.62	4.92
2006	22.49	0.06	6.84	5.89
2007	39.18	0.02	8.09	7.21

表 2-23　　　2003~2007 年垫付资金总额最多的前 5 所部属高校

排序	2003 年	2004 年	2005 年	2006 年	2007 年
1	JYB-29	JYB-29	JYB-18	JYB-26	JYB-26
2	JYB-26	JYB-17	JYB-29	JYB-18	JYB-5
3	JYB-17	JYB-10	JYB-17	JYB-20	JYB-20
4	JYB-1	JYB-20	JYB-5	JYB-17	JYB-18
5	JYB-10	JYB-8	JYB-20	JYB-5	JYB-29

表 2-24　　　2003~2007 年垫付资金总额最少的前 5 所部属高校

排序	2003 年	2004 年	2005 年	2006 年	2007 年
1	JYB-56	JYB-56	JYB-56	JYB-54	JYB-54
2	JYB-33	JYB-53	JYB-53	JYB-53	JYB-42
3	JYB-43	JYB-55	JYB-54	JYB-44	JYB-46
4	JYB-55	JYB-33	JYB-44	JYB-42	JYB-44
5	JYB-54	JYB-44	JYB-52	JYB-56	JYB-33

表 2-23 和表 2-24 显示，5 年中 3 所高校 4 个年度、1 所高校 3 个年度处于"人欠"结算资金最多的高校中，而各有 2 所高校分别在 4 个和 3 个年度处于"人欠"结算资金最少的高校中，表明这些高校各年度在部属高校"人欠"结算资金的排序中具有相对的稳定性。

（三）存款净余额占总支出比

如前所述，存款净余额是年末学校可变现资产较为稳健的估计值。存款净余额占总支出比则揭示了可变现资产较为稳健的估计值对年度支出的保障程度，比率越高，对支出的保障程度越高，财务运行失衡的风险就越低。表 2-25~表 2-27 给出了 2003~2007 年部属高校存款净余额占总支出比的描述性统计数据，以及该指标最高与最低的 5 所高校代码。

表 2-25　　　　2003~2007 年部属高校存款净余额占总支出比描述性统计指标

年份	最大值	最小值	平均值	标准差	比率超过 100% 的学校数目（所）	比率为负值的学校数目（所）
2003	1.9097	-0.9758	0.4299	0.5233	10	12
2004	1.7863	-1.2732	0.2544	0.5924	8	25
2005	1.1312	-1.5765	0.0820	0.5724	4	32
2006	1.0935	-1.8706	-0.0311	0.6166	2	36
2007	1.1346	-1.9152	-0.0058	0.5894	3	40

表 2-26　　2003~2007 年存款净余额占总支出比最高的前 5 所部属高校

排序	2003 年	2004 年	2005 年	2006 年	2007 年
1	JYB-52	JYB-52	JYB-67	JYB-44	JYB-29
2	JYB-74	JYB-67	JYB-46	JYB-32	JYB-3
3	JYB-44	JYB-44	JYB-52	JYB-46	JYB-32
4	JYB-43	JYB-43	JYB-32	JYB-29	JYB-46
5	JYB-10	JYB-10	JYB-44	JYB-10	JYB-44

表 2-27　　2003~2007 年存款净余额占总支出比最低的前 5 所部属高校

排序	2003 年	2004 年	2005 年	2006 年	2007 年
1	JYB-50	JYB-19	JYB-9	JYB-9	JYB-9
2	JYB-13	JYB-13	JYB-18	JYB-18	JYB-70
3	JYB-19	JYB-9	JYB-13	JYB-63	JYB-18
4	JYB-41	JYB-72	JYB-19	JYB-13	JYB-69
5	JYB-17	JYB-41	JYB-70	JYB-70	JYB-13

表2-25显示部属高校这一指标的平均值在2003~2007年持续急速下降,且从2006年起降为负值,同时该比率的最大值和最小值都出现了明显的下降趋势。部属高校中该比率超过1的高校数逐年减少,而达到负值的学校却在快速增加,2007年已达40所之多,占部属高校数的一半以上。这些都表明部属高校可变现资产对运行支出的保障度在持续急速下降,高校财务运行失衡的风险在持续急速上升。

表2-26和表2-27显示,5年中1所高校全部年度、2所高校3个年度处于比率最高的高校中,存款净余额对支出的保障度较强;而各有1所高校分别在全部年度和4个年度、3所高校3个年度则处于比率最低的高校中,存款净余额对支出的保障度较弱。表明这些高校可变现资产对支出的保障度在部属高校中的排序具有相对的稳定性。

(四) 现实支付能力

现实支付能力揭示的是年末货币资金能支付学校正常运行支出的月份数,该指标值越大,说明高校应对正常运行的能力越强,财务运行失衡的风险就越小。表2-28~表2-30给出了2003~2007年部属高校现实支付能力的描述性统计数据,以及该指标最高与最低的5所高校代码。

表2-28　　2003~2007年部属高校现实支付能力描述性统计指标

年份	最大值(个月)	最小值(个月)	平均值(个月)	标准差(个月)	大于10的学校数目(所)	小于1的学校数目(包括负值)(所)
2003	21.9311	0.9125	8.6544	3.9212	25	1
2004	21.4234	1.0456	8.3979	4.1600	26	0
2005	17.6957	0.8375	6.9498	3.3709	15	1
2006	23.0974	1.0884	6.7412	3.5077	11	0
2007	24.2815	1.4873	6.7468	3.8854	13	0

表2-29　　2003~2007年现实支付能力最高的前5所部属高校

排序	2003年	2004年	2005年	2006年	2007年
1	JYB-52	JYB-52	JYB-67	JYB-67	JYB-67
2	JYB-74	JYB-67	JYB-52	JYB-3	JYB-3
3	JYB-58	JYB-1	JYB-1	JYB-44	JYB-29
4	JYB-44	JYB-74	JYB-46	JYB-1	JYB-74
5	JYB-43	JYB-44	JYB-74	JYB-29	JYB-32

表 2-30   2003~2007 年现实支付能力最低的前 5 所部属高校

排序	2003 年	2004 年	2005 年	2006 年	2007 年
1	JYB-41	JYB-41	JYB-41	JYB-41	JYB-41
2	JYB-23	JYB-38	JYB-7	JYB-9	JYB-34
3	JYB-64	JYB-59	JYB-34	JYB-23	JYB-9
4	JYB-38	JYB-34	JYB-59	JYB-17	JYB-38
5	JYB-36	JYB-9	JYB-76	JYB-34	JYB-36

表 2-28 显示，在 2003~2007 年，虽然部属高校现实支付能力的最大值和最小值都有小幅增强趋势，但是部属高校整体的该项能力在逐年减弱，表现为平均值由 8.6544 个月下降到 6.7468 个月。同时该指标的标准差也比较大，支付能力强的高校可以达 20 个月左右，支付能力弱的高校还不到 1 个月。大于 10 个月的高校数由 25 所减少到 13 所，减少了近一半，表明支付能力强的高校数在逐渐减少。部属高校整体的运行失衡风险在增加。

表 2-29 和 2-30 显示，5 年中各有 2 所高校分别在全部年度和 4 个年度处于现实支付能力最强的高校中，而各有 1 所高校在全部年度、4 个年度和 3 个年度中处于现实支付能力最弱的高校中，表明这些高校在部属高校各年度现实支付能力的排序亦有相对的稳定性。

（五）潜在支付能力

潜在支付能力是年末货币资金与所有短期可变现资产扣除短期应付款后能保障高校正常运行支出的月份数，该指标值越大，表明高校的潜在支付能力越强，财务运行失衡的风险也就越小。表 2-31~表 2-33 给出了 2003~2007 年部属高校潜在支付能力的描述性统计数据，以及该指标最高与最低的 5 所高校代码。

表 2-31 显示，2003~2007 年，部属高校这一指标的平均值在迅速下降，从 5.7457 个月下降到 0.2454 个月，同时最大值和最小值都在不断下降，比率小于 1 的高校数从 17 所上升至 44 所，且最小值均为负值，表明各部属高校整体的潜在支付能力不仅在快速下降，而且部分学校支付能力的矛盾相当突出，财务运行失衡的风险相当严峻。同时，与现实支付能力相比，本指标的标准差更大，潜在支付能力的最大值与最小值的差距从正的约 20 个月到负的约 20 个月，表明各高校支付能力相当不均衡，各高校财务运行失衡的风险状况差别较大。该指标为负值时，隐示着这些高校短期应付款项的数额已经超过了货币资金和短期可变现资

产的总和,日常财务运行的困难不言而喻。

表2-31　　2003~2007年部属高校潜在支付能力描述性统计指标

年份	最大值（个月）	最小值（个月）	平均值（个月）	标准差（个月）	小于1的学校数目（包括负值）（所）
2003	22.2835	-12.0541	5.7457	6.0764	17
2004	20.9796	-16.7502	3.3377	7.1428	26
2005	13.2857	-18.9783	1.3468	6.9415	35
2006	12.9860	-23.1971	0.0024	7.6856	39
2007	17.9240	-23.5788	0.2454	7.3892	44

表2-32　　2003~2007年潜在支付能力最高的前5所部属高校

排序	2003年	2004年	2005年	2006年	2007年
1	JYB-52	JYB-52	JYB-46	JYB-32	JYB-3
2	JYB-1	JYB-67	JYB-52	JYB-44	JYB-29
3	JYB-74	JYB-10	JYB-67	JYB-46	JYB-32
4	JYB-43	JYB-43	JYB-32	JYB-15	JYB-46
5	JYB-44	JYB-44	JYB-10	JYB-29	JYB-44

表2-33　　2003~2007年潜在支付能力最低的前5所部属高校

排序	2003年	2004年	2005年	2006年	2007年
1	JYB-13	JYB-19	JYB-9	JYB-9	JYB-9
2	JYB-19	JYB-13	JYB-18	JYB-18	JYB-70
3	JYB-41	JYB-72	JYB-13	JYB-63	JYB-18
4	JYB-17	JYB-9	JYB-19	JYB-13	JYB-69
5	JYB-51	JYB-57	JYB-70	JYB-70	JYB-13

表2-32和表2-33显示,5年中1所高校4个年度、2所高校3个年度处于潜在支付能力最强的高校排名中,而各有1所高校分别在全部年度和4个年度、2所高校在3个年度处于潜在支付能力最弱的高校排名中,表明这些高校在部属高校各年度潜在支付能力的排序中具有相对的稳定性。

（六）应收及暂付款占流动资产比

根据1998年颁布的高校会计制度框架，高校挪用非自有的日常运行经费用于自筹基建，或从银行获取贷款用于自筹基建，在拨付基建部门使用时，通常是挂在日常运行账户的"应收及暂付款"上。因此，当应收及暂付款占流动资产比超出正常值范围时，就提示了这种状况出现的可能性。所以，该指标值大，不仅表明了学校处于"人欠"状态的结算资金占用量偏大，而且也隐含着挪用非自有日常运行经费或以银行贷款投入自筹基建的可能性，这也表明了高校财务运行的风险相应较大。表2-34~表2-36给出了2003~2007年部属高校应收及暂付款占流动资产比的描述性统计数据，以及该指标最高与最低的5所高校代码。

表2-34　2003~2007年部属高校应收及暂付款占流动资产比描述性统计指标

年份	最大值	最小值	平均值	标准差	大于70%的学校数目（所）	小于10%的学校数目（所）
2003	0.8214	0.0041	0.3382	0.2026	4	9
2004	0.8929	0.0244	0.3899	0.2247	6	9
2005	0.9138	0.0313	0.4594	0.2348	12	11
2006	0.9508	0.0106	0.4842	0.2421	14	7
2007	0.9371	0.0143	0.4949	0.2402	14	6

表2-35　2003~2007年应收及暂付款占流动资产比最高的前5所部属高校

排序	2003年	2004年	2005年	2006年	2007年
1	JYB-9	JYB-9	JYB-7	JYB-9	JYB-9
2	JYB-23	JYB-59	JYB-18	JYB-7	JYB-18
3	JYB-17	JYB-34	JYB-59	JYB-70	JYB-70
4	JYB-64	JYB-7	JYB-34	JYB-59	JYB-59
5	JYB-18	JYB-8	JYB-9	JYB-17	JYB-34

表 2-36　　2003~2007 年应收及暂付款占流动资产比
最低的前 5 所部属高校

排序	2003 年	2004 年	2005 年	2006 年	2007 年
1	JYB-43	JYB-53	JYB-53	JYB-43	JYB-46
2	JYB-50	JYB-56	JYB-44	JYB-53	JYB-42
3	JYB-33	JYB-50	JYB-52	JYB-75	JYB-54
4	JYB-44	JYB-42	JYB-42	JYB-50	JYB-50
5	JYB-55	JYB-44	JYB-24	JYB-44	JYB-45

表 2-34 显示，2003~2007 年，部属高校该项指标的平均值在不断上升，由 33.82% 上升至 49.49%，说明处于"人欠"结算状态的资金在流动资产中的占比不断攀升。5 年中，该指标值大于 70% 的高校数在不断上升，从 4 所上升至 14 所；同时，比例小于 10% 的学校数也在逐步减少。这些都表明部属高校这类财务日常运行的隐患在增加。

表 2-35 和表 2-36 显示，5 年中各有 1 所高校分别在全部年度和 4 个年度、2 所高校在 3 个年度处于该比率最高的高校中，隐含的财务运行风险较大；而 2 所高校 4 个年度、2 所高校 3 个年度处于该比率最低的高校中，隐含的财务运行风险较小。这些高校在部属高校各年度该项指标的排序中呈现出相对的稳定性。

（七）年度收支比率

年度收支比率表明了学校日常运行收支的配比性，该指标是揭示高校日常财务运行健康与否的关键性指标。指标值超过 1 时，表明学校收不抵支，需动用历年结余和贷款维持日常运营，比率越大，日常财务运行失衡的风险越大。表 2-37 ~ 表 2-39 给出了 2003~2007 年部属高校年度收支比率的描述性统计数据，以及该指标最高与最低的 5 所高校代码。

表 2-37　　2003~2007 年部属高校年度收支比率描述性统计指标

年份	最大值	最小值	平均值	标准差	大于 1 的学校数目（所）
2003	1.3239	0.6987	0.9407	0.1202	16
2004	1.1898	0.7046	0.9587	0.1129	22
2005	1.4935	0.7313	0.9906	0.1148	33
2006	1.2833	0.7319	0.9519	0.1051	19
2007	1.0938	0.7376	0.9306	0.0742	12

表 2-38　　　　2003~2007 年度收支比率最高的前 5 所部属高校

排序	2003 年	2004 年	2005 年	2006 年	2007 年
1	JYB-29	JYB-41	JYB-24	JYB-24	JYB-53
2	JYB-41	JYB-37	JYB-8	JYB-66	JYB-55
3	JYB-6	JYB-5	JYB-21	JYB-58	JYB-52
4	JYB-5	JYB-72	JYB-66	JYB-73	JYB-13
5	JYB-13	JYB-70	JYB-22	JYB-70	JYB-76

表 2-39　　　　2003~2007 年度收支比率最低的前 5 所部属高校

排序	2003 年	2004 年	2005 年	2006 年	2007 年
1	JYB-36	JYB-11	JYB-20	JYB-26	JYB-20
2	JYB-56	JYB-1	JYB-59	JYB-59	JYB-39
3	JYB-74	JYB-67	JYB-1	JYB-60	JYB-3
4	JYB-35	JYB-36	JYB-26	JYB-55	JYB-5
5	JYB-67	JYB-45	JYB-46	JYB-10	JYB-33

表 2-37 显示，2003~2007 年部属高校的这一指标，平均值均在 93.06%~99.06% 之间徘徊，说明部属高校的平均年度经费总支出与经费总收入接近平衡，略有剩余。标准差从 2003 年的 0.1202 降低至 2007 年的 0.0742，表明各高校的差距在逐步缩小。5 年中入不敷出（指标大于 1）的高校数展现了快速升高后又快速回落的态势，最多的 2005 年达 33 所，占部属高校总数的 43.42%，2007 年则下降到 12 所。需要特别指出，由于高校年度支出数中不含以银行贷款转拨高校基建财务的自筹基建数额，也不含高校挪用非自有的资金垫付自筹基建的数额，年度实际支出数可能有虚假缩小的隐患。这些数额通常挂在日常运行账户中的应收及暂付款内。所以，该指标的数据只是表明撇开银行贷款等非自有资金投资于基建支出的因素，大部分指标值小于 1 的部属高校，日常运行的总体失衡风险不大，但这并不排除这些高校存在着举债风险；而指标值大于 1 的高校则可能不仅存在着显性的日常运行风险，同时也可能存在着隐性的债务风险。

表 2-38 和表 2-39 显示，5 年中处于该比率最高的 5 所高校具有较大的不稳定性，只是 6 所高校 2 个年度出现重复，这些高校日常财务运行难度较大；同时，处于该比率最低的 5 所高校也显示出很大的不稳定性，只有 3 所高校 2 个年

度出现重复,这些高校日常财务运行处于较好的控制状态。这种状态表明了高校该指标在部属高校中的排序具有一定的不稳定性。

(八) 事业基金可用率

可动用的事业基金是指事业基金总额扣除借出款和对外投资后的差额。事业基金可用率表明了高校自有的事业基金未占用的程度,该指标值越大,表明事业基金可动用的程度越大,平衡日常运行失衡风险的余地越大,相应的财务运行失衡的风险就越小。

需要说明的是,由于个别高校年末事业基金余额为负值,调剂弥补预算缺口的可能性为"零",因此没有参与该指标描述性统计的计算和排序。这些高校的代码是2003年的JYB-13、JYB-41、JYB-65、JYB-4;2004年的JYB-13、JYB-41、JYB-2,以及2005年、2006年和2007年的JYB-13、JYB-41、JYB-2和JYB-12,总计为19所次,占总计380所次的5%。表2-40~表2-42给出了扣除上述高校后2003~2007年部属高校事业基金可用率的描述性统计数据,以及该指标最高与最低的5所高校代码。

表2-40　　　2003~2007年部属高校事业基金可用率描述性统计指标

年份	最大值	最小值	平均值	标准差	小于0的学校数目(所)
2003	1.0000	-1.6946	0.4957	0.5236	10
2004	1.0000	-61.5864	-0.4168	7.2879	12
2005	1.0000	-3.4766	0.4592	0.6583	11
2006	1.0000	-4.2773	0.4003	0.7604	11
2007	1.0000	-3.3672	0.5045	0.6710	7

表2-41　　　2003~2007年事业基金可用率最高的前5所部属高校

排序	2003年	2004年	2005年	2006年	2007年
1	JYB-56	JYB-56	JYB-56	JYB-56	JYB-56
2	JYB-55	JYB-55	JYB-55	JYB-55	JYB-55
3	JYB-44	JYB-33	JYB-57	JYB-33	JYB-33
4	JYB-33	JYB-76	JYB-54	JYB-57	JYB-51
5	JYB-53	JYB-57	JYB-33	JYB-54	JYB-63

表 2-42　　　2003~2007 年事业基金可用率最低的前 5 所部属高校

排序	2003 年	2004 年	2005 年	2006 年	2007 年
1	JYB-50	JYB-46	JYB-75	JYB-75	JYB-6
2	JYB-28	JYB-38	JYB-72	JYB-45	JYB-45
3	JYB-1	JYB-12	JYB-45	JYB-72	JYB-49
4	JYB-12	JYB-75	JYB-50	JYB-64	JYB-28
5	JYB-49	JYB-50	JYB-49	JYB-38	JYB-38

表 2-40 显示，扣除事业基金余额为"负值"的 19 所次的高校之后，该指标除 2004 年外，其余 4 年的平均数在 40.03%~50.45% 之间波动，显示所剩高校的事业基金可动用程度处于较正常区间。通过查看高校代码所对应的高校，可以看出 2004 年异常负值是代码为 JYB-46 的高校异常数据所致。事业基金可用率出现的负值，说明这些高校年末事业基金虽然有余额，但扣除借入款和对外投资后出现了负余额，最终导致了指标值呈现为负值。事业基金可用率为负值的高校 5 年总计为 51 所次，加上年末事业基金余额为负值的高校 5 年中 19 所次，总计达 70 所次，占总计 380 所次的 18.42%，总体风险还是不小的。如果再考虑到有关高校将应结转自筹基建的资金，都由"应收及暂付款"转为事业基金列支，则绝大部分高校的事业基金可用率为"零"或负值，该指标的描述性统计数据会从相对"正面"骤然转为"负面"为主，自有资金入不敷出和难以弥补日常运行缺口的风险就会从"隐含"转为"显现"。

表 2-41 和 2-42 显示，5 年中 3 所高校全部年度、1 所高校 3 个年度处于该比率最高的高校排名中，事业基金可动用程度较高；而 5 所高校 3 个年度处于该比率最低的高校排名中，事业基金可动用程度较低。这些高校在部属高校该指标的排序中呈现相对的稳定性。

（九）专项资金占用率

专项资金占用率中的专项资金是指资产总额扣除事业基金和固定基金后的余额，专项资金占用是指借出款、对外投资和应收及暂付款中用作周转垫支部分 3 项之和扣除事业基金后的余额。专项资金占用率的指标值越大，表明专项资金占用越多，日常运行失衡的财务风险越大。表 2-43~表 2-45 给出了 2003~2007 年部属高校专项资金占用率的描述性统计数据，以及该指标最高与最低的 5 所高校代码。

需要说明的是，表 2-43 中描述性统计数据指标中涉及"应收及暂付款中用作周转性垫支"的数额，因为该数额不能从各校决算资料中直接获取，所以暂且以应收及暂付款总额减学校收入总额20%的经验估计值方式测算①。该指标为正值时，表明年末事业基金余额小于借出款等3项资金余额之和，高校专项资金已处于被占用的状态；指标为负值时，表明年末事业基金余额大于借出款等3项资金余额之和，专项资金尚未处于被占用的状态。在2003~2007年，部属高校这一指标的平均值从-9.30%上升至12.14%，说明部属高校整体占用专项资金的程度在上升，而且占用专项资金的学校数从38所上升至56所，表明部属高校整体专项占用的风险在加剧上升。

表2-43　　　　2003~2007年部属高校专项资金占用率描述性统计指标

年份	最大值	最小值	平均值	标准差	大于0的学校数目（所）
2003	0.7218	-1.8318	-0.0930	0.5146	38
2004	0.7679	-1.9732	-0.0154	0.5124	43
2005	0.8104	-2.1756	0.0557	0.5552	51
2006	0.8409	-1.9382	0.1230	0.5159	53
2007	0.8248	-2.6968	0.1214	0.5477	56

表2-44　　　　2003~2007年专项资金占用率最高的前5所部属高校

排序	2003年	2004年	2005年	2006年	2007年
1	JYB-41	JYB-41	JYB-41	JYB-9	JYB-9
2	JYB-13	JYB-13	JYB-18	JYB-70	JYB-18
3	JYB-50	JYB-9	JYB-13	JYB-41	JYB-70
4	JYB-23	JYB-34	JYB-9	JYB-13	JYB-13
5	JYB-17	JYB-72	JYB-34	JYB-18	JYB-69

表2-45　　　　2003~2007年专项资金占用率最低的前5所部属高校

排序	2003年	2004年	2005年	2006年	2007年
1	JYB-43	JYB-43	JYB-56	JYB-42	JYB-42
2	JYB-53	JYB-42	JYB-42	JYB-44	JYB-44
3	JYB-42	JYB-53	JYB-43	JYB-56	JYB-33
4	JYB-56	JYB-44	JYB-44	JYB-43	JYB-74
5	JYB-74	JYB-56	JYB-53	JYB-53	JYB-11

---

① 杨周复，施建军. 大学财务综合评价研究 [M]. 北京：中国人民大学出版社，2002：200.

表2-44和表2-45显示，5年中1所高校全部年度、2所高校4个年度、1所高校3个年度处于该指标的最高值的高校中，专项资金占用程度高，运行风险较大；而1所高校全部年度、4所高校4个年度处于该指标最低值的高校中，专项资金占用程度低，运行风险较小。这些高校在部属高校该指标2003~2007年度的排序中显示相对的稳定性。

以上对教育部直属高校2003~2007年运行失衡风险的9项指标描述性统计分析表明：第一，日常财务运行失衡风险在普遍、快速的上升，表现为2003~2007年部属高校存款净余额、垫付资金总额、存款净余额占总支出比、现实支付能力、潜在支付能力、应收及暂付款占流动资产比、年度收支比率、事业基金可用率、专项资金占用率等各项指标的平均值总体呈较大幅度的恶化，风险较大学校的比例也较大幅度地增加；第二，9项指标间显示出一定的关联性，表现为JYB-13和JYB-18两所高校的5项指标、JYB-9的4项指标和JYB-19的3项指标都持续处在风险较高的高校之中，而JYB-44的5项指标、JYB-52、JYB-53、JYB-56这3所高校的3项指标都持续处在风险较小的高校之中；第三，各部属高校运行失衡风险的各项指标在高校中的排序具有相对的持续性和稳定性，表现为一些高校在不同年度某项指标出现在5所最大值和最小值高校排名中的频率具有相对的稳定性。

比较部属高校2003~2007年举债风险和财务运行失衡风险描述性统计分析结果表明：第一，举债风险指标间的关联性要强于运行失衡风险指标间的关联性，表现在举债风险指标对个体高校的聚焦度明显强于运行失衡风险指标的聚焦度；第二，两类风险之间呈现一定的关联性，如JYB-9、JYB-13、JYB-19 3所高校的两类风险都较高，而JYB-53、JYB-56两所高校的两类风险都较低。

三、2007年各项指标最高和最低的5所部属高校

表2-46、表2-47给出了15项指标最高和最低的前5所高校的排序。在15项指标中，可动用资金与流动负债比、存款净余额、存款净余额占总支出比、现实支付能力、潜在支付能力和事业基金可用率指标是正向指标，其余指标是反向指标。

表2-46　　　　2007年各项指标最高的5所部属高校排列

指标名称	指标性质	排序				
		1	2	3	4	5
借入款余额	反向指标	JYB-13	JYB-18	JYB-67	JYB-8	JYB-4
资产负债率	反向指标	JYB-9	JYB-13	JYB-63	JYB-19	JYB-70

续表

指标名称	指标性质	排序 1	2	3	4	5
可动用资金与流动负债比	正向指标	JYB-33	JYB-32	JYB-30	JYB-3	JYB-10
负债总额占总收入比	反向指标	JYB-9	JYB-70	JYB-67	JYB-13	JYB-63
借入款项占总支出比	反向指标	JYB-9	JYB-70	JYB-67	JYB-19	JYB-18
借入款项占货币资金比	反向指标	JYB-9	JYB-18	JYB-41	JYB-70	JYB-69
存款净余额	正向指标	JYB-29	JYB-10	JYB-3	JYB-26	JYB-32
垫付资金总额	反向指标	JYB-26	JYB-5	JYB-20	JYB-18	JYB-29
存款净余额占总支出比	正向指标	JYB-29	JYB-3	JYB-32	JYB-46	JYB-44
现实支付能力	正向指标	JYB-67	JYB-3	JYB-29	JYB-74	JYB-32
潜在支付能力	正向指标	JYB-3	JYB-29	JYB-32	JYB-46	JYB-44
应收及暂付款占流动资产比	反向指标	JYB-9	JYB-18	JYB-70	JYB-59	JYB-34
年度收支比率	反向指标	JYB-53	JYB-55	JYB-52	JYB-13	JYB-76
事业基金可用率	正向指标	JYB-56	JYB-55	JYB-33	JYB-51	JYB-63
专项资金占用率	反向指标	JYB-9	JYB-18	JYB-70	JYB-13	JYB-69

表2-47　　2007年各项指标最低的5所部属高校排列

指标名称	指标性质	排序 1	2	3	4	5
借入款余额	反向指标	JYB-11	JYB-33	JYB-42	JYB-46	JYB-54
资产负债率	反向指标	JYB-33	JYB-48	JYB-32	JYB-11	JYB-54
可动用资金与流动负债比	正向指标	JYB-41	JYB-70	JYB-9	JYB-38	JYB-34
负债总额占总收入比	反向指标	JYB-33	JYB-48	JYB-32	JYB-54	JYB-31
借入款项占总支出比	反向指标	JYB-33	JYB-11	JYB-42	JYB-46	JYB-32
借入款项占货币资金比	反向指标	JYB-33	JYB-11	JYB-42	JYB-46	JYB-32
存款净余额	正向指标	JYB-13	JYB-18	JYB-9	JYB-70	JYB-8
垫付资金总额	反向指标	JYB-54	JYB-42	JYB-46	JYB-44	JYB-33
存款净余额占总支出比	正向指标	JYB-9	JYB-70	JYB-18	JYB-69	JYB-13
现实支付能力	正向指标	JYB-41	JYB-34	JYB-9	JYB-38	JYB-36

续表

指标名称	指标性质	排序 1	2	3	4	5
潜在支付能力	正向指标	JYB-9	JYB-70	JYB-18	JYB-69	JYB-13
应收及暂付款占流动资产比	反向指标	JYB-46	JYB-42	JYB-54	JYB-50	JYB-45
年度收支比率	反向指标	JYB-20	JYB-39	JYB-3	JYB-5	JYB-33
事业基金可用率	正向指标	JYB-6	JYB-45	JYB-49	JYB-28	JYB-38
专项资金占用率	反向指标	JYB-42	JYB-44	JYB-33	JYB-74	JYB-11

我们将进入正向指标值最大和反向指标值最小的高校列为财务风险最小的高校，将进入正向指标值最小和反向指标值最大的高校列为财务风险最大的高校，如表2-48所示。

表2-48　　2007年部属高校进入财务风险最大和最小前5位的次数排列

单位：次

学校编号	进入风险最小前5位的次数	进入风险最大前5位的次数	学校编号	进入风险最小前5位的次数	进入风险最大前5位的次数
JYB-33	10		JYB-55	1	1
JYB-32	9		JYB-36		1
JYB-46	7		JYB-53		1
JYB-42	6		JYB-52		1
JYB-3	6		JYB-76		1
JYB-11	5		JYB-6		1
JYB-54	5		JYB-49		1
JYB-44	4		JYB-28		1
JYB-29	4	1	JYB-4		1
JYB-10	2		JYB-59		1
JYB-74	2		JYB-63	1	2
JYB-48	2		JYB-19		2
JYB-31	1		JYB-8		2
JYB-50	1		JYB-67	1	3
JYB-39	1		JYB-41		3
JYB-51	1		JYB-38		3
JYB-56	1		JYB-34		3

续表

学校编号	进入风险最小前5位的次数	进入风险最大前5位的次数	学校编号	进入风险最小前5位的次数	进入风险最大前5位的次数
JYB-30	1		JYB-69		4
JYB-45	1	1	JYB-13		8
JYB-26	1	1	JYB-18		9
JYB-5	1	1	JYB-70		10
JYB-20	1	1	JYB-9		11

表2-48表明，第一，JYB-9、JYB-70、JYB-18、JYB-13这4所高校风险最大的指标均在8个及以上，超过15项指标的一半以上，说明这些高校2007年整体的财务风险在部属高校中明显处于较高的状态；第二，JYB-33、JYB-32、JYB-46、JYB-42、JYB-3这5所高校风险最小的指标均在6个及以上，占15项指标的1/3以上，说明这些高校2007年整体的财务风险在部属高校中处于较低的状态；第三，高校风险最大指标值相对风险最小指标值对具体高校的聚焦度更高一些；第四，27所高校以不同的频次进入风险最大的前5位，25所高校以不同的频次进入风险最小的前5位，5所高校各有1项指标进入风险最大和最小的前5位，还有3所高校也有数项指标分别进入风险最大和最小的前5位，说明15项指标总体上对风险有一定的表征作用。

在运用财务风险指标体系对高校财务风险做评价时，不能简单就指标论指标，一叶障目，知其然不知其所以然，而是要在清晰了解每项指标内涵的前提下，做全面、系统、深入的分析。如JYB-67有3项指标显示风险最大，但也有1项指标显示风险最小，为该校在2007年的"现实支付能力"指标。通过分析发现，该指标显示出风险小的原因在于该校在2007年末货币资金高达18.6亿元，看上去应对学校正常运行的能力较强，但进一步对其资金来源分析后可知，JYB-67的货币资金主要由借入款构成，年末借入款高达17.6亿元，举债风险较高。

第三节 财务风险的时序比较分析

1999年我国高等教育开始实施扩张政策，标志着我国高等教育向大众化发展阶段迈进的开始。为此，我们以杨周复和施建军等对1995～2000年教育部直属34所高校的财务风险研究资料（2002年出版的《大学财务综合评价研究》），与2003～2007年教育部直属76所高校财务决算资料为基础，进行时序比较分析研究①,以此揭示我国高等教育大众化发展启动阶段前后高校财务风险的客观状态及变化趋势。

一、比较指标与数据的选择

为了保持对比口径的一致性,我们选择本书界定的15项高校财务风险指标中与《大学财务综合评价研究》中相一致的10项指标进行比较分析。这10项指标包括:借入款余额(《大学财务综合评价研究》中的"学校年末借款总额"指标,以下括号内含义相同)、负债总额占总收入比(学校年末借款总额占学校总经费收入比重)、存款净余额(学校年末存款净余额)、存款净余额占总支出比(学校年末净存款占学校总支出的比重)、年度收支比率(学校年度总支出与总收入之比)、事业基金可用率(1-自有资金动用程度)②、专项资金占用率(其他资金占用程度)、垫付资金总额(年末垫付资金总额)、应收及暂付款占流动资产比(应收及暂付款占年末流动资产的比重)、资产负债率(学校资产负债率)。

在比较数据的选择上,1995~2000年的时段数据主要引用了《大学财务综合评价研究》中34所部属高校的相关数据③,而2003~2007年的时段数据直接取自76所部属高校的决算报表,经整理分析所得。

二、两阶段高校财务风险状况的对比分析

(一)借入款余额

借入款余额是学校从校外以借入方式获得的货币资金的年末余额数,其用途

---

① 1992年以后,为适应社会主义市场经济体制的要求,我国高等教育管理体制进行了重大改革,国务院部委所属高校得到调整,教育部直属高校数量持续增长并趋于稳定。其中,1995年,国家教委(原教育部)直属高校为34所;1998年教育部直属高校增至44所,2000年增至73所(对于两地办学的高校分别单独统计),2001年增至75所,2003年增至76所。资料来源:中央教育科学研究所高等教育研究中心. 国家调控政策下教育部直属高校的历史变迁(上)[J]. 大学:学术版,2011(9):15-19;中央教育科学研究所高等教育研究中心. 国家调控政策下教育部直属高校的历史变迁(下)[J]. 大学:学术版,2011(11):17-29;中央教育科学研究所高等教育研究中心. 76所教育部直属高校的由来,教育部高校的归属演变![EB/OL]. http://www.chengdumingxiao.com/articleDtil?articleId=4436.

② 在《大学财务综合评价研究》一书中,使用的是"自有资金动用程度"指标,指学校在累计结余的可支配的事业基金中,动用资金进行对外投资和向外借款,占全部事业基金的比例。本书选取的是"事业基金可用率"指标,关注的是"自有资金可用程度",在数值上有如下关系:自有资金可用程度=1-自有资金动用程度。

③ 在《大学财务综合评价研究》一书中,并未列示34所部属高校在1995~2000年所有指标的计算值,部分指标仅对平均值、区间范围、最值情况等做了文字描述,存在比较数据缺失的情况。

包括教学、科研、行政、基建等各方面。这一指标的大小，在绝对量上反映了学校举债风险的高低。

根据《大学财务综合评价研究》，1995~2000 年，部属高校该指标的平均值从 1995 年的 999.59 万元下降至 1996 年的 827.61 万元，然后上升至 1999 年的 1 849.18 万元，2000 年上升至 5 852.14 万元。单个高校最大借款额从 1995 年的 6 719.6 万元下降至 1996 年的 3 775.9 万元，然后上升至 1999 年的 11 460 万元，2000 年更是上升至 40 496.7 万元。无借入款的学校数则从 1995 年的 10 所减少到 2000 年的 4 所[1]，部属高校整体的举债风险已经有明显上升。

在 76 所部属高校决算资料的基础上，我们的研究显示（见表 2-49），2003~2007 年，部属高校该指标的平均值从 2003 年的 19 267 万元上升至 2007 年的 54 961 万元；单个高校最大借款额从 2003 年的 20 682 万元上升至 2007 年的 277 068 万元，增长了约 12 倍；无借入款的学校数从 2003 年的 13 所减少到 2007 年的 4 所，表明部属高校整体的举债风险在进一步快速上升。

表 2-49　　　　2003~2007 年部属高校借入款余额的情况

年份	最大值（万元）	无借入款的高校数（所）	平均值（万元）
2003	20 682	13	19 267
2004	237 888	8	31 996
2005	263 148	7	40 872
2006	264 078	7	50 064
2007	277 068	4	54 961

对比 1995~2000 年和 2003~2007 年两个阶段，虽然整体举债规模都呈上升的趋势，但后一阶段上升的力度更强，举债风险更突出。

（二）负债总额占总收入比

高校借款的偿还必然依赖于未来的收入，考察负债总额占学校收入总额的比重，可以预测学校基于收入的偿债能力，该比率越高，债务风险越大。

根据《大学财务综合评价研究》，1995~2000 年，单个高校该指标最大值在 1995 年为 88.30%，1999 年达到了"破天荒"的 99.41%。如此高的借款比例，将给学校的正常运作带来巨大的风险，而这种风险并不仅仅存在于个别学校。

---

[1] 杨周复，施建军. 大学财务综合评价研究 [M]. 北京：中国人民大学出版社，2002：187-188.

2000 年，部属高校的平均值为 11.90%，其中 41.18%（14 所）的学校比例在 10% 以上。①

我们的研究表明（见表 2-50），2003~2007 年，部属高校的状况更令人担忧，该指标的平均值成倍上升，2006 年和 2007 年均超过了 50%；指标值大于 100% 的学校数逐年增加；单个高校该指标的最大值在 5 年中均超过 100%，2007 年甚至达到 279.69%，充分表明部属高校整体的债务风险在累积和形成过程中。

表 2-50　　2003~2007 年部属高校负债总额占总收入比的情况

年份	最大值（%）	平均值（%）	比重大于 100% 的学校数目（所）
2003	155.37	28.86	3
2004	232.15	43.47	7
2005	216.17	49.37	11
2006	202.07	57.43	15
2007	279.69	53.37	12

对比 1995~2000 年和 2003~2007 年两个阶段，后一阶段部属高校整体基于收入的偿债能力明显恶化，一些高校已不可能通过自身的收入来偿还相应的债务，债务违约风险凸显。

(三) 存款净余额

存款净余额是学校年末货币资金加债券投资减去学校借入款后的总额。它反映了学校在新财政年度可变现资产较为稳健的估计数，存款净余额越大，说明学校可支配和周转的现金流越充裕，支付能力也越强。该指标为负值时，说明扣除借入款后，学校的货币资金就为负数，实际就没有支付能力了。

根据《大学财务综合评价研究》，1995~2000 年，部属高校在该指标上呈现出明显的差异，而且差距在不断增大。有些高校不仅存款绝对额很大，且在不断增长。如某高校，1995~1999 年每年都名列第一，存款额也不断增长，1999 年达 117 167 万元。而有些高校的存款净余额却是负值，1995 年有 3 所，1996 年有 1 所，2000 年有 2 所。1995 年，单个高校该指标最小值为 -3 405.9 万元，2000 年为 -13 026.8 万元，高校之间的差距在不断拉大。②

---

①② 杨周复，施建军. 大学财务综合评价研究 [M]. 北京：中国人民大学出版社, 2002：188.

我们的研究表明（见表2-51），2003~2007年，部属高校这一指标的平均值经历了前4年逐年降低，2007年有较大回升的态势；该指标出现负值的学校数迅速上升，2007年超过一半的高校为负值；同时负值的数额急剧上升，2005~2007年最小值均在-215 000万元以下；各高校之间的差距也在拉大，2007年最大值达503 515万元，最小值为-215 104万元。

表2-51　　　　2003~2007年部属高校存款净余额的情况

年份	最大值（万元）	最小值（万元）	平均值（万元）	余额为负数的数目（所）
2003	251 501	-150 598	27 548	12
2004	253 589	-167 896	18 499	25
2005	227 880	-216 980	7 992	32
2006	373 386	-216 116	3 945	36
2007	503 515	-215 104	11 177	40

对比1995~2000年和2003~2007年两个阶段，明显呈现出后一阶段部属高校间存款净余额的校际差距在持续扩大，支付能力较弱高校的境况在迅速恶化，现金流风险凸显。

（四）存款净余额占总支出比

学校年末存款净余额与当年学校经费支出总额数对比，体现学校净存款储备与年度财务支出的对比状况。这一比率高，说明可变现资产相对充裕，运行风险小；反之，说明可变现资产相对不足，运行风险大。

根据《大学财务综合评价研究》，1995~2000年，部属高校这一指标的平均值不断上升（2000年有所下降），呈现出较好的势头。1999年，部属高校平均值达74.88%，是1995年的两倍多，显示出较强的财务潜力。有些高校该指标甚至超过了100%，这样的高校2000年达到7所。单个高校该指标的最低值也呈现出一定的上升趋势，1997年首次摆脱了负值（2000年再次出现负值，与并校有关）。[①]

我们的研究表明（见表2-52），2003~2007年，部属高校这一指标的平均值明显低于1999年的74.88%，呈现快速下降的趋势，2006年起开始出

[①] 杨周复，施建军. 大学财务综合评价研究[M]. 北京：中国人民大学出版社，2002：188.

现负值,说明部属高校整体支付能力已经相当弱;同时该指标最大值和最小值都出现了明显的下降趋势;指标值超过100%的高校逐年减少,从2003年的10所减少至2007年的3所;而指标为负值的高校却在逐年增加,2007年达到40所。

表2－52　　2003～2007年部属高校存款净余额占总支出比的情况

年份	最大值（%）	最小值（%）	平均值（%）	超过100%的数目（所）	负值的数目（所）
2003	190.97	-97.58	42.99	10	12
2004	178.63	-127.32	25.44	8	25
2005	113.12	-157.65	8.20	4	32
2006	109.35	-187.06	-3.11	2	36
2007	113.46	-191.52	-0.58	3	40

对比1995～2000年和2003～2007年两个阶段,后一阶段可变现资产相对学校支出需求的保障能力明显恶化,财务运行风险陡增。

(五) 年度收支比率

年度收支比率揭示了学校总的收支配比状况,比值越大,收入对支出的保障能力越弱,运行风险越高,当比值大于1时,表明学校当年收不抵支,需动用历年结余或贷款维持日常运营,财务运行风险显而易见。

根据《大学财务综合评价研究》,1995～2000年,部属高校这一指标值的平均值在71%～91%之间波动,表明部属高校整体收入对支出还是有保障的;但高校间的差距在不断拉大,该指标最大值和最小值的差距,从1995年的36.66%上升到2000年的84.93%。这一期间,除1995年外,每年都有一些高校比值超过1,出现了赤字,2000年这样的学校达到6所。[1]

我们的研究表明（见表2－53）,2003～2007年,部属高校这一指标的平均值均上升到93.06%～99.06%之间,总体年度收支接近平衡,略有剩余;指标值大于1的学校数明显增加,尤其是2005年达到了33家。

对比1995～2000年和2003～2007年两个阶段,后一阶段收入对支出的保障程度明显下降,年度内收不抵支的高校数成倍增加,财务运行风险明显上升。

---

[1] 杨周复,施建军. 大学财务综合评价研究 [M]. 北京:中国人民大学出版社,2002:189.

表 2-53　　　　2003~2007 年部属高校年度收支比率的情况

年份	最大值（%）	最小值（%）	平均值（%）	大于 1 的学校数目（所）
2003	132.39	69.87	94.07	16
2004	118.98	70.46	95.87	22
2005	149.35	73.13	99.06	33
2006	128.33	73.19	95.19	19
2007	109.38	73.76	93.06	12

（六）事业基金可用率

事业基金可用率是指年末高校可动用的事业基金占事业基金总额的比重，揭示高校事业基金的可动用程度。"可用事业基金"是指高校事业基金扣除高校借出款及对外投资后的余额。指标值越低，说明高校可动用的自有资金的余地越小，出现财务运行失衡风险的可能性就越大。

根据《大学财务综合评价研究》，1995~2000 年，部属高校自有资金动用程度的平均值在 42%~72% 间波动，部属高校整体上未呈现超额动用自有资金的风险；但学校间呈现出较大的差异，其中最好的学校（该指标的最低值），比例不超过 5%，甚至小于零，而最差的学校（该指标的最高值）比例则超过 100%，如 1995 年，某高校就达到了 317.37%。[①] 可见，自有资金可用程度（即 1－自有资金动用程度）的平均值在 28%~58% 间波动，而上述提及 1995 年某高校的自有资金可用程度更为直观地显示为负值，达 -217.37%。

我们的研究表明（见表 2-54），2003~2007 年，部属高校这一指标的平均值均超过了 1，2007 年甚至达到 2.32，表明部属高校整体上已呈现超额动用自有资金的风险；一些高校的该项指标甚至出现了负值，表明这些高校的年末自有资金已经为负值。

表 2-54　　　　2003~2007 年部属高校事业基金可用率的情况

年份	大于 1 的学校数目（所）	为负值的学校数目（所）	平均值
2003	40	3	1.14
2004	49	2	1.92
2005	51	4	1.83*

---

① 杨周复，施建军. 大学财务综合评价研究［M］. 北京：中国人民大学出版社，2002：189.

续表

年份	大于1的学校数目（所）	为负值的学校数目（所）	平均值
2006	57	4	2.10
2007	56	4	2.32

注：* 2005年由于1所大学事业基金与专用基金数值出现异常，在计算平均值时没有将其计算在内。

对比1995~2000年和2003~2007年两个阶段，后一阶段部属高校整体可支配的自有资金余地大幅下降，相应的财务运行风险大幅上升。

（七）专项资金占用率

"专项资金"就是有专门用途的资金，原则上应按指定的用途使用，核算方法是资产总额扣除事业基金和固定基金后的余额。"占用"表现为借出款、对外投资、应收及暂付款中周转性垫支款的三者之和扣除事业基金后的差额。该指标越大，占用程度就越大，运行风险也就越大。当该指标为负值时，表明借出款、对外投资、周转性垫付资金等占用的是学校自有的事业基金的余额，尚未占用其他资金。

根据《大学财务综合评价研究》，1995~2000年，部属高校在这一指标上的表现有明显改善，其平均值从1995年的167.66%下降至2000年的6.97%，而且这种下降是一种普遍的现象。在这一指标上表现最好的学校，1995年的比例是44.09%，到2000年，已经有50%（17所）高校此比例降到零。表现最差的学校1995年的比例为577.36%，到2000年降至39.98%。[①]

我们的研究表明（见表2-55），2003~2007年，部属高校在该指标的平均值从2003年的-9.30%上升至2007年的12.14%；未占用专项资金学校的比例逐年下降；占用比率的最大值在不断上升，表明该期间部属高校总体的专项资金占用程度在上升，相应的运行风险在上升。

表2-55　　2003~2007年部属高校专项资金占用率的情况　　单位：%

年份	最大值	平均值	负值学校数所占百分比
2003	72.18	-9.30	50.00
2004	76.79	-1.54	43.42
2005	81.04	5.57	32.89

---

① 杨周复，施建军. 大学财务综合评价研究 [M]. 北京：中国人民大学出版社，2002：189.

续表

年份	最大值	平均值	负值学校数所占百分比
2006	84.09	12.30	30.26
2007	82.48	12.14	26.32

对比1995～2000年和2003～2007年两个阶段，该指标呈V形走势，前一阶段由高走低，后一阶段则由低走高，相应的风险也呈相同的态势。

(八) 垫付资金总额

垫付资金总额是应收及暂付款和借出款余额之和，反映了学校年末处于"人欠"结算状态的资产总额。垫付资金越大，学校实际可用于支付的货币资金相对就越小，支付能力就越弱。

根据《大学财务综合评价研究》，1995～2000年，部属高校该指标的平均值以及最大最小值都在不断上升，这在很大程度上是受到大规模并校的影响。平均值从1995年的4 357.57万元上升至2000年的15 764.09万元，单个高校最大垫付资金额从13 034.3万元上升至99 540.68万元，最小额从244.8万元上升到1 139.79万元[①]，现金流不足的风险在增加。

我们的研究表明（见表2-56），2003～2007年，部属高校该指标的平均值进一步快速上升，由2003年的32 698万元上升到2007年的80 917万元；最小值呈现了由升到降的走势，最高峰在2005年达714万元；最大值则不断上升，2007年高达391 759万元，呈现出两极分化的走势，最大值已到了近40亿元的规模，属于超正常的垫付规模。

表2-56　　2003～2007年部属高校垫付资金总额的情况　　单位：万元

年份	最大值	最小值	平均值
2003	174 826	461	32 698
2004	202 921	305	41 801
2005	215 706	714	56 174
2006	224 903	557	68 397
2007	391 759	189	80 917

① 杨周复，施建军. 大学财务综合评价研究[M]. 北京：中国人民大学出版社，2002：189.

对比 1995~2000 年和 2003~2007 年两个阶段，后一阶段部属高校整体垫付资金规模有了成倍地增加，支付能力及现金流不足的风险明显增加。

（九）应收及暂付款占流动资产比

应收及暂付款占流动资产比是年末处于"人欠"结算状态的资产占全部流动资产的比率，指标数值越大，处于"人欠"结算状态的资产占流动资产的比重越大，现金流不足的风险也越大。

根据《大学财务综合评价研究》，1995~2000 年，部属高校该指标上的平均值不断下降，由 1995 年的 30.12% 降至 1999 年的 18.50%，说明此期间高校总体的财务风险有所下降。2000 年由于受到大规模并校的影响，这一指标值又有所上升。但是总体状况的好转并不能掩盖学校之间的差异。在这一期间，除 1999 年外，每年都有一些学校此比例大于 50%，呈现出较大的风险。而同时，比例小于 10% 的学校数在不断上升，2000 年达到 8 所[①]，说明此期间部属高校该项风险有所下降。

我们的研究表明（见表 2-57），2003~2007 年，部属高校该项指标的平均值在不断上升，由 2003 年的 35.95% 升至 2007 年的 49.49%，大于 70% 的学校数也在不断上升，说明此期间部属高校该项风险有所上升。

表 2-57　2003~2007 年部属高校应收及暂付款占流动资产比的情况

年份	最大值（%）	最小值（%）	平均值（%）	大于 70% 的数目（所）	小于 10% 的数目（所）
2003	233.68	0.41	35.95	4	9
2004	89.29	2.44	38.99	6	9
2005	91.38	3.13	45.94	12	11
2006	95.08	1.06	48.42	14	7
2007	93.71	1.43	49.49	14	6

对比 1995~2000 年和 2003~2007 年两个阶段，部属高校相应的风险也呈现 V 形态势，即前一阶段呈下降的态势，而后一阶段则呈上升的态势。

（十）资产负债率

资产负债率是指学校负债总额与全部资产的比率，也是财务分析中最常用的

---

① 杨周复，施建军. 大学财务综合评价研究 [M]. 北京：中国人民大学出版社，2002：190.

举债风险指标，指标值越大，举债风险就越大。

根据《大学财务综合评价研究》，从 1997 年开始统计该项指标，在 1997～2000 年，部属高校的平均资产负债率在 8%～12% 间波动，但个别学校的资产负债率有明显上升的趋势，最高负债率从 1997 年的 16.09% 上升至 2000 年的 27.09%；指标值超过 20% 的学校数也在不断上升，2000 年达到 4 所，呈现出较大的财务风险。[①]

我们的研究表明（见表 2-58），2003～2007 年，部属高校该指标的平均值从 16.92% 上升至 22.49%；指标值超过 40% 的学校数在不断上升，从 2003 年的 2 所上升到 2007 年的 8 所。

表 2-58　　　　2003～2007 年部属高校资产负债率的情况

年份	最大值（%）	最小值（%）	平均值（%）	超过 40% 的数目（所）
2003	57.78	2.01	16.92	2
2004	59.52	1.81	20.02	3
2005	56.51	2.71	21.02	6
2006	55.12	2.11	22.68	9
2007	51.01	0.97	22.49	8

对比 1997～2000 年和 2003～2007 年两个阶段，后一阶段部属高校的负债程度总体在提高，举债风险进一步积累走高。

三、总体评价

部属高校财务风险时序比较使用的评价指标，有些是绝对值指标，有些是相对值指标，我们分别从这两个方面对风险指标表征的财务风险进行分析和评价。

（一）绝对值指标的分析

在上述 10 项指标中有 3 项是绝对值指标，它们分别是借入款余额、存款净余额和垫付资金总额。在两个时间序列的比较中，3 项绝对值指标在 2003～2007 期间均有较大幅度的上升。第一，从借入款余额看，2007 年部属高校的平均值约为 5.5 亿元，最高值约达 27.71 亿元，有 10 所高校超过了 10 亿元，仅有 4 所

[①] 杨周复，施建军. 大学财务综合评价研究 [M]. 北京：中国人民大学出版社，2002：190.

高校没有贷款，表明负债的规模及影响面已经相当可观；第二，从存款净余额看，余额为负数的学校数迅速增加，2007年达40所，占部属高校的一半以上，说明越来越多的学校扣除借入款后可变现资产已经为负值，应对日常运行的现金流困境显而易见；第三，从垫付资金总额看，2007年平均值比2000年增加了4倍多，约达8.09亿元，最大值约达39.18亿元，最小值则有所下降，显示出两极分化的态势，整体的垫付风险在成倍地增加，这其中包含着自筹基建支出在会计核算时挂在暂付款内核算的因素。这3项指标值的迅速上升，表明伴随高校不断扩张，2003~2007年的高校财务风险在快速的积聚。

（二）相对值指标的分析

相对值指标一般来说不受高校规模的影响，可以更有效地对不同高校进行横向校际的对比分析。我们从举债风险与财务运行风险两个方面进行分析。

首先是举债风险。反映学校举债风险的有资产负债率和负债总额占总收入比2项指标。第一，从资产负债率指标看，2003~2007年，部属高校该指标平均值从16.92%上升至22.49%，明显高于1997~2000年的8%~12%的平均水平；2007年有8所学校的资产负债率超过40%。部属高校资产负债水平显著上升。第二，从负债总额占总收入比的指标看，2000年该指标的平均值为11.90%，而2003~2007年呈现快速上升，尤其是2005~2007年平均的比率都接近或超过50%，债务总额超过收入总额（该比率>1）的高校数达到两位数，收入对偿还债务的保障度显著下降。2项指标均揭示了后一时期部属高校举债的风险在快速积聚。

其次是财务运行风险。反映学校财务运行风险的指标有5项，分别是存款净余额占总支出比、年度收支比率、事业基金可用率、专项资金占用率和应收及暂付款占流动资产比。第一，从存款净余额占总支出比指标看，与1995~2000年情况相反，部属高校该指标平均值在2003~2007年不断下降，从2006年起出现了负值，表明扣除借入款后部属高校整体的支付能力实际已经为负数；该指标为负值的学校数也在逐年增加，2007年达40所，净存款对学校支出的保障度明显下降。第二，从年度收支比率指标看，部属高校在2003~2007年的平均值均在93.06%~99.06%之间徘徊，如果不考虑通过银行贷款的自筹基建支出挂在暂付款账上的因素，则部属高校的平均年度经费总支出与经费总收入接近平衡，略有剩余，但是比1995~2000年同口径的71%~91%则明显下降；2003~2007年中入不敷出的高校数在15.79%以上，2005年达33所，占部属高校总数的43.42%，部属高校收入对支出的保障度也在明显下降。第三，从事业基金可用率、专项资金占用率、应收及暂付款占流动资产比3项指标来看，2003~2007年与1995~2000年相比，学校内部对自有资金和专项经费的占用程度日益严重，揭示了部属高校收入总量不足和收入结构失衡的矛盾均在加剧,资金相互挤占或挪用的状况也在加剧。因此,5项指标的时序比较表明,后一时期部属高校财务运行的风险也在增加。

上述两个时期的时序对比分析表明,我国高等教育在特定的历史条件下,通过扩招迅速进入大众化发展阶段后,由于政府财政拨款未能及时跟上,教育部直属高校发展中建设和运行资金短缺的矛盾在加大,大规模的校园基本建设和银行贷款使得高校面临的财务风险在不断积聚,校际财务状况两极分化的状况在扩大,不仅财务运行困难的学校数在增加,而且财务风险的状况也在加剧恶化,需要引起政府管理部门和高校自身的高度关注。

第四节 财务风险的因子分析和聚类分析

在实证分析中,运用因子分析的目的是运用统计上的降维技术,在相关性较强的指标间提取公因子,以减少分析的变量,找出影响高校财务风险的主要因素;运用聚类分析的目的则是根据统计上的一些特征,对被分析高校的财务风险状况进行聚类,并划分相应的风险等级。

本书中,高校总体财务风险状况的评价指标体系的15个指标中有3个是绝对值指标,即借入款余额、存款净余额和垫付资金总额。由于绝对值指标受到学校规模的影响,所以在因子分析和聚类分析中我们只选取剩余的12个相对值指标,分别为 X_1(资产负债率)、X_2(可动用资金与流动负债比)、X_3(负债总额占总收入比)、X_4(借入款项占总支出比)、X_5(借入款项占货币资金比)、X_6(存款净余额占总支出比)、X_7(现实支付能力)、X_8(潜在支付能力)、X_9(应收及暂付款占流动资产比)、X_{10}(年度收支比率)、X_{11}(事业基金可用率)、X_{12}(专项资金占用率)。

下面,我们根据所得数据资料,利用 SPSS16.0 统计分析软件,对 2003~2007 年教育部直属的 76 所高校 380 个样本的相关数据,进行高校财务风险的因子分析和聚类分析。

一、因子分析

表 2-59 给出了 2003~2007 年原始变量的相关系数矩阵和相关系数显著性检验的 p 值。可以看到,矩阵中存在许多比较高的相关系数,表 2-59 的下半部分是相关系数显著性检验的 p 值,其中存在大量的小于 0.05 的值,这些都说明

原始变量之间存在较强的相关性,具有进行因子分析的可行性。

表 2-59　　　　原始变量的相关系数矩阵和显著性检验

项目		X_1	X_2	X_3	X_4	X_5	X_6	X_7	X_8	X_9	X_{10}	X_{11}	X_{12}
相关系数	X_1	1.000	-0.500	0.951	0.914	0.621	-0.786	-0.135	-0.770	0.407	0.147	0.034	0.563
	X_2	-0.500	1.000	-0.444	-0.400	-0.333	0.511	0.361	0.483	-0.476	-0.133	0.048	-0.621
	X_3	0.951	-0.444	1.000	0.956	0.608	-0.778	-0.059	-0.762	0.415	0.147	0.018	0.552
	X_4	0.914	-0.400	0.956	1.000	0.639	-0.845	-0.118	-0.809	0.446	0.032	0.052	0.564
	X_5	0.621	-0.333	0.608	0.639	1.000	-0.730	-0.431	-0.710	0.445	0.177	0.029	0.491
	X_6	-0.786	0.511	-0.778	-0.845	-0.730	1.000	0.629	0.954	-0.631	-0.189	-0.027	-0.685
	X_7	-0.135	0.361	-0.059	-0.118	-0.431	0.629	1.000	0.596	-0.526	-0.308	0.024	-0.461
	X_8	-0.770	0.483	-0.762	-0.809	-0.710	0.954	0.596	1.000	-0.700	-0.218	-0.034	-0.642
	X_9	0.407	-0.476	0.415	0.446	0.445	-0.631	-0.526	-0.700	1.000	-0.014	0.051	0.677
	X_{10}	0.147	-0.133	0.147	0.032	0.177	-0.189	-0.308	-0.218	-0.014	1.000	-0.064	0.124
	X_{11}	0.034	0.048	0.018	0.052	0.029	-0.027	0.024	-0.034	0.051	-0.064	1.000	-0.055
	X_{12}	0.563	-0.621	0.552	0.564	0.491	-0.685	-0.461	-0.642	0.677	0.124	-0.055	1.000
Sig.（单侧检验）	X_1		0.000	0.000	0.000	0.000	0.000	0.004	0.000	0.000	0.002	0.257	0.000
	X_2	0.000		0.000	0.000	0.000	0.000	0.000	0.000	0.000	0.005	0.173	0.000
	X_3	0.000	0.000		0.000	0.000	0.000	0.128	0.000	0.000	0.002	0.360	0.000
	X_4	0.000	0.000	0.000		0.000	0.000	0.011	0.000	0.000	0.265	0.157	0.000
	X_5	0.000	0.000	0.000	0.000		0.000	0.000	0.000	0.000	0.000	0.288	0.000
	X_6	0.000	0.000	0.000	0.000	0.000		0.000	0.000	0.000	0.000	0.298	0.000
	X_7	0.004	0.000	0.128	0.011	0.000	0.000		0.000	0.000	0.000	0.319	0.000
	X_8	0.000	0.000	0.000	0.000	0.000	0.000	0.000		0.000	0.000	0.253	0.000
	X_9	0.000	0.000	0.000	0.000	0.000	0.000	0.000	0.000		0.396	0.162	0.000
	X_{10}	0.002	0.005	0.002	0.265	0.000	0.000	0.000	0.000	0.396		0.108	0.008
	X_{11}	0.257	0.173	0.360	0.157	0.288	0.298	0.319	0.253	0.162	0.108		0.144
	X_{12}	0.000	0.000	0.000	0.000	0.000	0.000	0.000	0.000	0.000	0.008	0.144	

表 2-60 给出了 KMO 检验统计量与 Bartlett 球形检验结果。KMO 统计量等于 0.779,Barlett 球形检验的 p 值为 0.000,这些也都说明数据比较适合进行因子分析。

表 2-61 给出了 12 个原始变量的变量共同度。变量共同度反映每个变量对所提取出的所有公共因子的依赖程度。从表 2-61 中可以看出,除了 X_2（可动用资金与流动负债比）和 X_5（借入款项占货币资金比）以外,其余变量的共同度都高于 0.7,说明提取的公因子已经充分反映各原始变量 70% 以上的信息,因

子分析效果较好。

表2-60　　　　　　　　KMO 检验与 Bartlett 球形检验

取样足够度的 Kaiser – Meyer – Olkin 度量		0.779
Bartlett 球形度检验	近似卡方	6.524×10^3
	df	66
	Sig.	0.000

表2-61　　　　　　　　　　变量共同度

变量	初始	共同度
X_1 资产负债率	1.000	0.933
X_2 可动用资金与流动负债比	1.000	0.534
X_3 负债总额占总收入比	1.000	0.971
X_4 借入款项占总支出比	1.000	0.964
X_5 借入款项占货币资金比	1.000	0.623
X_6 存款净余额占总支出比	1.000	0.929
X_7 现实支付能力	1.000	0.887
X_8 潜在支付能力	1.000	0.908
X_9 应收及暂付款占流动资产比	1.000	0.784
X_{10} 年度收支比率	1.000	0.869
X_{11} 事业基金可用率	1.000	0.914
X_{12} 专项资金占用率	1.000	0.735

按照特征值大于1的原则，选入了4个公共因子，其累计方差贡献率为83.741%，说明前4个主成分已经包含了大部分的信息。各主因子对应特征根及方差贡献率如表2-62所示。

图2-2给出了因子的碎石图，其中横坐标为因子的序号，纵坐标为相应特征根的值。从图2-2中可以看到，第4个因子以前的特征根普遍较高，连接成了陡峭的折线，而第4个因子之后的特征根普遍较低，连接成了平缓的折线，这进一步说明提取4个因子是比较适当的。

对提取的4个因子建立原始因子载荷矩阵（见表2-63），可以看出每个因子在不同变量上的载荷没有明显的差别，导致各公因子在原始变量上的载荷值不太好解释。为了更好地对因子进行命名和解释，选取方差极大正交旋转方法，使系数向0和1两极分化，旋转后的因子载荷矩阵如表2-64所示。

表2-62　　　　　　　　　　　　总方差解释

因子	初始特征根			旋转前			旋转后		
	特征值	方差贡献率（%）	累计方差贡献率（%）	特征值	方差贡献率（%）	累计方差贡献率（%）	特征值	方差贡献率（%）	累计方差贡献率（%）
1	6.426	53.551	53.551	6.426	53.551	53.551	4.536	37.802	37.802
2	1.544	12.865	66.417	1.544	12.865	66.417	3.256	27.136	64.938
3	1.078	8.984	75.401	1.078	8.984	75.401	1.226	10.219	75.157
4	1.001	8.340	83.741	1.001	8.340	83.741	1.030	8.584	83.741

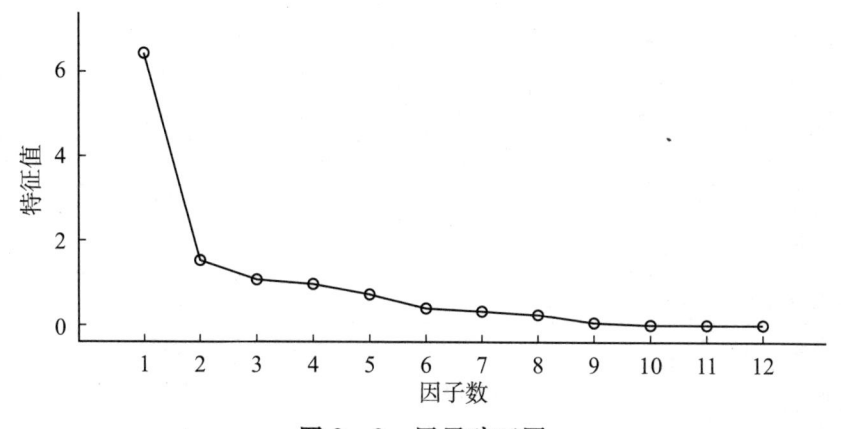

图2-2　因子碎石图

表2-63　　　　　　　　　旋转前的因子载荷矩阵

变量	因子			
	1	2	3	4
X_1 资产负债率	0.866	0.408	0.128	0.000
X_2 可动用资金与流动负债比	-0.625	0.210	0.064	0.309
X_3 负债总额占总收入比	0.856	0.467	0.141	-0.010
X_4 借入款项占总支出比	0.873	0.448	0.027	-0.002
X_5 借入款项占货币资金比	0.764	-0.001	0.075	0.183
X_6 存款净余额占总支出比	-0.958	0.065	0.001	-0.083
X_7 现实支付能力	-0.512	0.773	0.038	-0.161
X_8 潜在支付能力	-0.944	0.079	0.009	-0.103

续表

变量	因子 1	因子 2	因子 3	因子 4
X_9 应收及暂付款占流动资产比	0.699	−0.338	−0.399	−0.149
X_{10} 年度收支比率	0.208	−0.342	0.724	0.430
X_{11} 事业基金可用率	0.020	0.160	−0.574	0.747
X_{12} 专项资金占用率	0.776	−0.225	−0.134	−0.251

表 2 – 64　　　　旋转后的因子载荷矩阵

变量	因子 1	因子 2	因子 3	因子 4
X_1 资产负债率	0.944	−0.200	0.035	−0.031
X_2 可动用资金与流动负债比	−0.340	0.603	0.045	0.230
X_3 负债总额占总收入比	0.973	−0.151	0.013	−0.040
X_4 借入款项占总支出比	0.956	−0.214	−0.055	0.029
X_5 借入款项占货币资金比	0.620	−0.403	0.252	0.114
X_6 存款净余额占总支出比	−0.716	0.610	−0.196	−0.071
X_7 现实支付能力	0.057	0.822	−0.447	−0.091
X_8 潜在支付能力	−0.697	0.610	−0.205	−0.090
X_9 应收及暂付款占流动资产比	0.274	−0.827	−0.136	0.080
X_{10} 年度收支比率	0.101	−0.016	0.922	−0.086
X_{11} 事业基金可用率	0.048	0.026	−0.073	0.951
X_{12} 专项资金占用率	0.441	−0.720	−0.038	−0.143

利用旋转后的因子载荷矩阵，可以考察各主因子的经济含义及其与内部主要指标之间的数量关系。

第一个因子主要与 X_1 资产负债率、X_3 负债总额占总收入比、X_4 借入款项占总支出比、X_5 借入款项占货币资金比有较强的正相关，相关系数分别为 0.944、0.973、0.956、0.620，和 X_6 存款净余额占总支出比、X_8 潜在支付能力有较强的负相关，相关系数分别为 −0.716 和 −0.697，因子 1 主要反映这几个变量的信息，因此可以命名为举债风险因子，记为 F_1。该因子数值越大，风险越大，它解释了原变量 37.802% 的信息。

第二个因子主要与 X_2 可动用资金与流动负债比、X_6 存款净余额占总支出比、X_7现实支付能力、X_8潜在支付能力有较强的正相关,相关系数分别为 0.603、0.610、0.822、0.610,与 X_9 应收及暂付款占流动资产比、X_{12} 专项资金占用率有较强的负相关,因子 2 主要反映这几个变量的信息,因此可以命名为支付能力因子,记为 F_2。该因子数值越大,风险越小,它解释了原变量 27.136% 的信息。

第三个因子主要与 X_{10} 年度收支比率有很强的正相关,相关系数为 0.922,可以命名为支出收入比因子,记为 F_3。该因子数值越大,风险越大,它解释了原变量的 10.219% 的信息。

第四个因子主要与 X_{11} 事业基金可用率有很强的正相关,相关系数为 0.951,可以命名为事业基金可用率因子,记为 F_4。该因子数值越大,风险越小,它解释了原变量的 8.584% 的信息。

根据各个因子的方差贡献率 W_i($W_i = \lambda_i / \sum_{i=1}^{4} \lambda_i$,其中 λ_i 为第 i 个因子所对应的特征根)以及各因子得分,可以构造高校总体财务风险状况的综合评价模型为:

$$F_j = W_1 F_{1j} - W_2 F_{2j} + W_3 F_{3j} - W_4 F_{4j}$$
$$= 0.45142 F_{1j} - 0.32405 F_{2j} + 0.12203 F_{3j} - 0.10251 F_{4j}$$

式中,F_j(j = 1, 2, …, 76) 为 76 所教育部直属的第 j 所高校的财务风险状况综合得分;W_i(i = 1, 2, 3, 4) 为第 i 个因子得分的权数;F_{ij} 即 $F_{1j} \sim F_{4j}$ 是教育部直属第 j 所高校第 1~第 4 个因子得分,该得分是根据旋转以后得到的因子得分系数矩阵(见表 2 - 65),得到 4 个因子得分公式计算得出的。

表 2 - 65　　　　　　　　　因子得分系数矩阵

变量	因子			
	1	2	3	4
X_1 资产负债率	0.283	0.142	- 0.007	- 0.044
X_2 可动用资金与流动负债比	0.029	0.231	0.140	0.230
X_3 负债总额占总收入比	0.306	0.171	- 0.020	- 0.055
X_4 借入款项占总支出比	0.283	0.124	- 0.086	0.010
X_5 借入款项占货币资金比	0.113	- 0.013	0.164	0.111
X_6 存款净余额占总支出比	- 0.095	0.104	- 0.082	- 0.066
X_7 现实支付能力	0.234	0.373	- 0.280	- 0.109
X_8 潜在支付能力	- 0.088	0.108	- 0.090	- 0.085

续表

变量	因子 1	因子 2	因子 3	因子 4
X_9 应收及暂付款占流动资产比	-0.114	-0.378	-0.241	0.069
X_{10} 年度收支比率	0.026	0.153	0.812	-0.047
X_{11} 事业基金可用率	0.008	0.013	-0.022	0.922
X_{12} 专项资金占用率	-0.024	-0.265	-0.149	-0.147

利用 SPSS 软件，按照高校总体财务风险状况的综合评价模型可以计算出 2003～2007 年教育部直属 76 所高校的财务风险状况综合得分并按降序排列（见表 2-66）。综合得分越高的高校名次越靠前，说明高校的财务风险相对其他高校越大，排名越靠后则说明高校的财务风险相对越小，抗风险能力越强。

表 2-66　　　　2003～2007 年部属高校财务风险状况综合得分及排名

高校代码	年份	举债风险因子得分	支付能力因子得分	支出收入比因子得分	事业基金可用率因子得分	综合得分	排名
JYB-9	2006	3.679	-1.400	1.980	1.178	2.235	1
JYB-9	2007	3.221	-1.587	0.322	0.946	1.911	2
JYB-9	2005	3.051	-0.432	0.866	0.028	1.620	3
JYB-46	2004	-0.805	-0.029	1.134	-17.826	1.612	4
JYB-18	2005	2.150	-1.090	1.070	0.172	1.437	5
JYB-70	2007	2.617	-1.166	-0.672	0.501	1.426	6
JYB-13	2005	2.514	-0.528	1.152	0.321	1.414	7
JYB-19	2004	4.099	1.320	-0.281	-0.063	1.395	8
JYB-70	2006	2.032	-1.008	1.418	0.320	1.384	9
JYB-13	2006	2.511	-0.574	0.810	0.337	1.384	10
JYB-13	2004	2.800	0.234	1.337	0.047	1.347	11
JYB-18	2006	2.375	-0.822	0.016	0.107	1.330	12
JYB-13	2003	2.413	0.034	1.701	0.074	1.278	13
JYB-18	2007	1.768	-1.248	0.840	0.283	1.276	14
JYB-41	2005	1.461	-1.216	2.215	0.807	1.241	15
JYB-63	2006	2.257	-0.629	0.065	0.375	1.192	16
JYB-13	2007	2.047	-0.458	1.108	0.232	1.184	17

续表

高校代码	年份	举债风险因子得分	支付能力因子得分	支出收入比因子得分	事业基金可用率因子得分	综合得分	排名
JYB-72	2004	2.104	0.241	1.409	-0.562	1.101	18
JYB-19	2005	3.198	1.126	0.111	-0.013	1.094	19
JYB-41	2006	1.300	-0.955	1.971	0.540	1.081	20
JYB-41	2004	1.081	-0.819	2.715	0.469	1.036	21
JYB-19	2006	2.887	0.893	0.180	0.046	1.031	22
JYB-69	2007	1.370	-1.201	0.364	0.246	1.027	23
JYB-70	2005	1.941	-0.530	-0.225	0.015	1.019	24
JYB-41	2003	0.890	-0.709	3.282	0.483	0.983	25
JYB-19	2003	2.381	0.142	-0.946	0.040	0.909	26
JYB-58	2006	1.800	0.411	1.496	-0.410	0.904	27
JYB-72	2006	1.990	0.152	0.020	-0.450	0.898	28
JYB-16	2005	1.554	-0.587	-0.019	0.067	0.883	29
JYB-72	2007	1.713	-0.192	0.323	-0.060	0.881	30
JYB-16	2006	1.704	-0.164	0.369	0.242	0.843	31
JYB-51	2006	1.479	-0.326	0.586	0.133	0.831	32
JYB-69	2006	1.572	-0.387	-0.550	-0.045	0.772	33
JYB-73	2006	1.501	0.168	1.097	-0.033	0.760	34
JYB-9	2004	0.554	-1.704	-0.317	0.288	0.734	35
JYB-19	2007	2.282	0.918	0.069	0.089	0.732	36
JYB-72	2005	1.165	-0.403	0.124	-0.510	0.724	37
JYB-47	2006	1.369	-0.556	-0.590	0.112	0.715	38
JYB-73	2007	1.179	-0.528	0.093	0.015	0.713	39
JYB-8	2005	0.738	-0.225	2.206	-0.183	0.694	40
JYB-41	2007	0.382	-1.516	0.661	0.493	0.694	41
JYB-47	2004	1.087	-0.479	0.359	0.015	0.688	42
JYB-51	2007	1.016	-1.093	-0.696	0.399	0.687	43
JYB-47	2007	0.929	-0.837	-0.204	0.084	0.657	44
JYB-8	2006	0.814	-0.599	0.757	0.041	0.650	45
JYB-51	2005	1.684	0.151	-0.657	0.070	0.624	46

续表

高校代码	年份	举债风险因子得分	支付能力因子得分	支出收入比因子得分	事业基金可用率因子得分	综合得分	排名
JYB-57	2007	0.828	-0.546	0.842	0.313	0.622	47
JYB-70	2004	0.592	-0.423	1.467	-0.298	0.614	48
JYB-57	2004	1.277	-0.037	0.302	0.116	0.613	49
JYB-63	2007	1.956	0.750	-0.375	-0.186	0.613	50
JYB-50	2003	1.631	0.531	-0.468	-0.818	0.591	51
JYB-16	2004	0.710	-0.430	0.937	-0.039	0.578	52
JYB-12	2006	0.669	-0.643	1.094	0.647	0.577	53
JYB-25	2004	0.980	-0.643	-0.629	0.042	0.570	54
JYB-52	2007	0.664	-0.529	0.779	0.024	0.564	55
JYB-60	2005	1.139	-0.076	0.055	-0.056	0.552	56
JYB-57	2006	0.944	-0.058	1.199	0.446	0.546	57
JYB-73	2005	1.069	0.002	0.462	0.016	0.537	58
JYB-37	2005	0.584	-0.448	0.915	-0.054	0.526	59
JYB-38	2007	-0.038	-1.346	0.661	-0.172	0.518	60
JYB-60	2006	0.555	-1.420	-1.417	0.233	0.514	61
JYB-37	2006	0.549	-0.791	0.118	0.058	0.513	62
JYB-8	2007	0.744	-0.499	0.142	0.221	0.492	63
JYB-17	2004	0.411	-1.081	-0.323	0.222	0.474	64
JYB-49	2007	0.200	-0.729	0.753	-0.534	0.473	65
JYB-38	2004	-0.499	-1.316	1.774	-0.535	0.473	66
JYB-17	2006	-0.263	-1.561	0.748	0.163	0.462	67
JYB-59	2005	0.101	-1.844	-1.045	0.556	0.459	68
JYB-37	2007	0.885	-0.275	-0.317	-0.080	0.458	69
JYB-57	2005	0.943	-0.359	-0.373	0.441	0.451	70
JYB-34	2005	-0.476	-1.818	0.723	0.201	0.442	71
JYB-58	2007	0.779	-0.242	0.005	-0.094	0.441	72
JYB-47	2005	1.837	0.907	-0.330	0.610	0.433	73
JYB-22	2007	0.654	-0.452	-0.262	-0.160	0.426	74
JYB-12	2007	0.928	-0.186	-0.010	0.518	0.425	75

续表

高校代码	年份	举债风险因子得分	支付能力因子得分	支出收入比因子得分	事业基金可用率因子得分	综合得分	排名
JYB-60	2007	0.203	-1.150	-0.210	0.199	0.418	76
JYB-17	2003	0.158	-1.249	-0.342	0.169	0.417	77
JYB-65	2006	0.803	-0.283	-0.607	-0.319	0.413	78
JYB-59	2007	0.299	-1.349	-1.048	0.383	0.405	79
JYB-68	2007	0.450	-0.600	0.080	0.101	0.397	80
JYB-59	2006	0.213	-1.693	-1.634	0.486	0.396	81
JYB-68	2006	1.203	0.287	-0.545	-0.098	0.393	82
JYB-25	2006	0.550	-0.679	-0.382	0.276	0.393	83
JYB-34	2007	-0.511	-1.837	0.314	0.110	0.392	84
JYB-60	2004	1.379	0.550	-0.703	-0.227	0.382	85
JYB-12	2005	0.572	-0.395	0.880	1.099	0.381	86
JYB-76	2005	-0.239	-1.024	1.431	0.198	0.378	87
JYB-9	2003	-1.382	-3.847	-1.567	0.526	0.378	88
JYB-67	2007	3.009	2.226	-2.562	-0.465	0.372	89
JYB-51	2003	1.133	0.152	-0.810	-0.065	0.370	90
JYB-65	2004	0.737	-0.408	-1.201	-0.417	0.361	91
JYB-51	2004	1.457	0.408	-1.323	0.122	0.351	92
JYB-4	2006	0.635	-0.237	-0.380	-0.299	0.348	93
JYB-39	2006	0.159	-0.918	-0.277	-0.084	0.344	94
JYB-68	2004	1.105	-0.172	-1.803	-0.071	0.342	95
JYB-8	2004	-0.133	-1.316	-0.164	0.069	0.339	96
JYB-69	2004	0.965	0.186	-0.393	-0.072	0.335	97
JYB-34	2004	-0.531	-1.581	0.415	-0.040	0.327	98
JYB-50	2004	0.797	0.287	-0.093	-0.645	0.322	99
JYB-58	2005	1.190	0.272	-1.285	-0.202	0.313	100
JYB-64	2006	-0.346	-1.240	0.078	-0.354	0.292	101
JYB-12	2004	0.309	-0.125	0.343	-0.593	0.283	102
JYB-18	2004	0.141	-0.753	-0.268	-0.013	0.276	103
JYB-4	2005	0.807	0.362	-0.009	-0.268	0.273	104

续表

高校代码	年份	举债风险因子得分	支付能力因子得分	支出收入比因子得分	事业基金可用率因子得分	综合得分	排名
JYB-60	2003	0.842	-0.096	-1.232	-0.063	0.267	105
JYB-68	2005	0.943	0.032	-1.334	-0.090	0.262	106
JYB-69	2003	0.766	0.735	1.178	-0.059	0.257	107
JYB-69	2005	0.266	-0.421	-0.015	-0.021	0.257	108
JYB-47	2003	0.343	-0.384	-0.193	-0.002	0.256	109
JYB-76	2006	-0.217	-0.986	0.423	0.251	0.247	110
JYB-65	2005	0.488	-0.351	-0.804	-0.112	0.247	111
JYB-64	2004	-0.292	-1.107	0.241	0.116	0.245	112
JYB-17	2005	-0.410	-1.480	-0.261	0.194	0.243	113
JYB-50	2005	0.594	0.325	0.160	-0.503	0.234	114
JYB-49	2005	-0.356	-0.766	0.926	-0.288	0.230	115
JYB-22	2006	0.070	-0.099	1.004	-0.398	0.227	116
JYB-64	2005	-0.205	-1.043	-0.209	0.008	0.219	117
JYB-7	2006	-0.679	-2.121	-1.009	0.382	0.218	118
JYB-57	2003	0.128	-0.619	-0.254	0.107	0.216	119
JYB-34	2006	-0.708	-1.896	-0.555	0.203	0.206	120
JYB-4	2007	0.533	-0.051	-0.532	-0.128	0.206	121
JYB-1	2006	1.160	0.655	-1.130	-0.303	0.204	122
JYB-76	2007	-0.188	-0.568	0.939	0.134	0.200	123
JYB-49	2006	0.073	-0.637	-0.597	-0.243	0.191	124
JYB-25	2003	-0.170	-0.687	0.230	-0.138	0.188	125
JYB-73	2004	0.348	-0.047	0.130	0.030	0.185	126
JYB-36	2007	-0.677	-1.407	0.478	0.240	0.184	127
JYB-28	2007	0.079	-0.299	0.121	-0.348	0.183	128
JYB-50	2006	0.353	0.318	0.630	-0.468	0.181	129
JYB-72	2003	-0.125	-0.243	1.161	-0.144	0.179	130
JYB-49	2004	-0.238	-0.284	1.078	-0.555	0.173	131
JYB-39	2005	-0.387	-0.891	0.444	-0.033	0.172	132
JYB-2	2007	0.138	-0.428	-0.080	0.203	0.171	133

续表

高校代码	年份	举债风险因子得分	支付能力因子得分	支出收入比因子得分	事业基金可用率因子得分	综合得分	排名
JYB-25	2007	-0.187	-1.100	-0.423	0.506	0.168	134
JYB-37	2004	0.306	0.719	1.942	-0.209	0.163	135
JYB-17	2007	-0.293	-1.086	-0.388	0.089	0.163	136
JYB-64	2003	-0.828	-1.579	0.258	0.090	0.160	137
JYB-2	2004	0.300	0.002	0.395	0.228	0.160	138
JYB-75	2007	0.253	-0.532	-0.850	0.256	0.157	139
JYB-71	2006	0.573	0.101	-0.755	-0.131	0.147	140
JYB-66	2005	-0.644	-0.620	1.543	-0.383	0.138	141
JYB-39	2007	0.129	-0.823	-1.562	-0.030	0.137	142
JYB-4	2004	0.670	0.321	-0.784	-0.255	0.129	143
JYB-7	2007	-0.623	-1.754	-1.074	0.279	0.128	144
JYB-2	2006	0.176	-0.446	-0.698	0.202	0.118	145
JYB-7	2005	-1.267	-2.101	0.298	0.289	0.116	146
JYB-45	2005	0.116	0.409	1.040	-0.645	0.113	147
JYB-68	2003	0.383	-0.254	-1.263	-0.067	0.108	148
JYB-65	2007	0.438	0.035	-0.904	-0.288	0.106	149
JYB-2	2005	-0.056	-0.404	0.130	0.181	0.103	150
JYB-28	2006	-0.055	-0.090	0.642	-0.157	0.099	151
JYB-75	2006	-0.381	-0.268	0.290	-1.411	0.095	152
JYB-5	2005	-0.950	-1.228	0.987	-0.016	0.091	153
JYB-1	2007	0.577	0.380	-0.598	-0.238	0.089	154
JYB-73	2003	0.192	0.302	0.787	-0.023	0.087	155
JYB-38	2005	-0.653	-1.290	-0.275	0.054	0.084	156
JYB-14	2007	0.337	0.120	-0.243	0.015	0.082	157
JYB-64	2007	-0.369	-1.102	-0.896	0.092	0.072	158
JYB-25	2005	-0.139	-0.628	-0.210	0.424	0.072	159
JYB-71	2007	0.418	0.102	-0.756	-0.057	0.069	160
JYB-62	2005	-0.234	-0.394	0.148	-0.259	0.067	161
JYB-23	2006	-1.272	-1.808	0.558	0.137	0.066	162

续表

高校代码	年份	举债风险因子得分	支付能力因子得分	支出收入比因子得分	事业基金可用率因子得分	综合得分	排名
JYB-6	2007	-0.823	-1.254	-0.718	-1.131	0.063	163
JYB-36	2006	-0.490	-1.052	-0.343	0.217	0.056	164
JYB-50	2007	0.033	0.194	0.450	-0.390	0.047	165
JYB-14	2006	0.030	-0.281	-0.375	0.116	0.047	166
JYB-29	2003	-0.168	0.720	2.398	-0.601	0.045	167
JYB-66	2004	-0.706	-0.804	0.577	-0.251	0.038	168
JYB-21	2005	-0.269	0.211	1.928	0.085	0.037	169
JYB-38	2006	-0.870	-0.878	0.950	-0.276	0.036	170
JYB-55	2007	-1.044	-1.216	1.031	0.140	0.034	171
JYB-52	2006	0.184	-0.186	-0.918	-0.028	0.034	172
JYB-38	2003	-0.777	-0.505	1.931	0.150	0.033	173
JYB-45	2006	0.292	0.447	-0.359	-0.758	0.021	174
JYB-30	2007	0.352	0.407	0.425	0.571	0.020	175
JYB-23	2003	-1.179	-2.016	-0.710	0.147	0.019	176
JYB-7	2004	-0.723	-1.289	-0.452	0.173	0.019	177
JYB-5	2006	-0.543	-1.033	-0.614	-0.032	0.018	178
JYB-18	2003	-0.822	-1.259	-0.087	0.130	0.013	179
JYB-4	2003	-0.020	0.067	0.357	0.001	0.013	180
JYB-58	2004	1.043	1.082	-1.217	-0.391	0.012	181
JYB-3	2004	0.524	0.755	0.214	0.092	0.009	182
JYB-1	2005	1.196	1.076	-1.905	-0.481	0.008	183
JYB-28	2005	-0.241	-0.275	0.134	-0.055	0.002	184
JYB-59	2004	-1.168	-2.044	-0.928	0.276	-0.006	185
JYB-21	2006	-0.242	-0.320	-0.106	-0.098	-0.009	186
JYB-22	2005	-0.195	0.607	1.821	-0.401	-0.021	187
JYB-43	2007	-0.456	-0.080	1.059	-0.261	-0.024	188
JYB-30	2005	0.293	0.538	0.077	-0.053	-0.027	189
JYB-3	2005	1.038	1.251	-0.547	0.242	-0.029	190
JYB-3	2006	1.353	1.688	-0.824	-0.006	-0.036	191

续表

高校代码	年份	举债风险因子得分	支付能力因子得分	支出收入比因子得分	事业基金可用率因子得分	综合得分	排名
JYB-75	2005	-0.505	-0.120	0.355	-1.033	-0.040	192
JYB-61	2007	-1.183	-1.578	-0.176	0.010	-0.045	193
JYB-48	2006	-0.341	-0.733	-0.992	0.092	-0.047	194
JYB-66	2006	-0.731	0.054	2.267	-0.198	-0.051	195
JYB-1	2004	1.345	1.218	-2.516	-0.368	-0.057	196
JYB-16	2007	-0.200	-0.010	0.404	0.257	-0.064	197
JYB-37	2003	0.209	1.047	1.406	-0.080	-0.065	198
JYB-36	2005	-0.980	-1.163	0.283	0.342	-0.066	199
JYB-75	2004	-0.770	-0.546	0.236	-0.691	-0.071	200
JYB-39	2003	-0.266	-0.119	-0.393	-0.546	-0.074	201
JYB-23	2007	-1.340	-1.821	-0.295	0.250	-0.076	202
JYB-53	2007	0.546	1.383	1.045	0.044	-0.079	203
JYB-61	2006	-1.301	-1.564	-0.030	-0.035	-0.081	204
JYB-48	2004	-0.415	-0.384	-0.248	-0.101	-0.083	205
JYB-8	2003	-0.513	-0.621	-0.438	-0.013	-0.083	206
JYB-20	2006	-0.445	-0.722	-1.173	-0.211	-0.088	207
JYB-1	2003	0.728	0.925	-1.883	-1.064	-0.091	208
JYB-63	2005	-0.662	-0.979	-0.761	0.193	-0.094	209
JYB-56	2007	-1.012	-1.153	0.215	0.381	-0.096	210
JYB-48	2005	-0.620	-0.502	0.125	-0.028	-0.099	211
JYB-14	2005	-0.157	0.099	0.096	0.078	-0.099	212
JYB-24	2005	-0.609	1.230	4.396	-0.357	-0.101	213
JYB-12	2003	-0.619	-0.412	0.165	-0.239	-0.101	214
JYB-45	2007	-0.056	0.491	0.228	-0.531	-0.102	215
JYB-39	2004	-0.816	-0.164	1.649	-0.042	-0.110	216
JYB-62	2003	-0.062	0.388	0.122	-0.270	-0.111	217
JYB-70	2003	-0.522	-0.094	0.571	-0.181	-0.117	218
JYB-28	2004	-0.239	0.213	0.223	-0.232	-0.126	219
JYB-62	2006	-0.803	-0.967	-0.740	-0.103	-0.129	220

续表

高校代码	年份	举债风险因子得分	支付能力因子得分	支出收入比因子得分	事业基金可用率因子得分	综合得分	排名
JYB-62	2004	0.038	0.185	-0.849	-0.164	-0.130	221
JYB-21	2007	-0.890	-1.070	-0.529	0.103	-0.130	222
JYB-5	2007	-0.672	-1.102	-1.492	0.024	-0.131	223
JYB-65	2003	-0.190	-0.586	-0.635	1.596	-0.137	224
JYB-20	2003	-0.613	-0.278	0.063	-0.388	-0.139	225
JYB-55	2006	-0.298	-0.549	-1.380	0.142	-0.139	226
JYB-67	2006	1.501	1.666	-2.797	-0.617	-0.140	227
JYB-45	2004	0.454	0.623	-1.601	-0.502	-0.141	228
JYB-26	2007	-0.666	-0.739	-0.655	-0.005	-0.141	229
JYB-61	2005	-1.243	-1.016	0.662	-0.016	-0.149	230
JYB-20	2004	-0.314	-0.247	-0.996	-0.324	-0.150	231
JYB-23	2005	-1.424	-1.400	0.345	0.164	-0.164	232
JYB-62	2007	-0.844	-0.702	-0.171	-0.072	-0.167	233
JYB-34	2003	-1.195	-0.831	0.739	-0.124	-0.167	234
JYB-27	2007	-0.460	-0.282	-0.608	-0.045	-0.186	235
JYB-11	2003	-0.187	0.423	0.237	-0.054	-0.187	236
JYB-24	2006	-0.563	0.938	2.663	-0.433	-0.189	237
JYB-21	2004	-0.066	0.449	-0.310	-0.220	-0.191	238
JYB-76	2004	-1.119	-1.344	-0.765	0.302	-0.194	239
JYB-49	2003	-0.498	-0.111	-0.474	-0.516	-0.194	240
JYB-71	2005	-0.246	0.004	-0.776	-0.117	-0.195	241
JYB-30	2006	0.248	0.617	-0.308	0.710	-0.198	242
JYB-40	2003	-0.152	0.375	-0.123	-0.055	-0.199	243
JYB-59	2003	-0.861	-1.140	-1.374	0.150	-0.202	244
JYB-58	2003	0.876	1.319	-1.729	-0.389	-0.203	245
JYB-29	2005	-0.563	0.194	0.679	-0.289	-0.204	246
JYB-26	2006	-0.429	-0.699	-1.888	0.108	-0.209	247
JYB-27	2006	-0.656	-0.137	0.115	-0.256	-0.211	248
JYB-30	2004	-0.065	0.572	-0.230	-0.270	-0.215	249

续表

高校代码	年份	举债风险因子得分	支付能力因子得分	支出收入比因子得分	事业基金可用率因子得分	综合得分	排名
JYB-75	2003	-0.945	-0.360	0.649	-0.041	-0.226	250
JYB-28	2003	-0.703	-0.076	0.142	-0.463	-0.228	251
JYB-76	2003	-0.741	-0.267	0.274	0.182	-0.233	252
JYB-61	2004	-1.192	-0.675	0.729	0.028	-0.234	253
JYB-2	2003	-0.321	-0.024	-0.860	-0.079	-0.234	254
JYB-11	2005	-1.194	-0.994	0.049	0.258	-0.237	255
JYB-5	2004	-0.593	0.737	1.962	-0.234	-0.243	256
JYB-20	2005	-0.753	-0.941	-1.875	-0.185	-0.245	257
JYB-20	2007	-0.340	-0.442	-2.131	-0.246	-0.245	258
JYB-66	2007	-0.447	0.128	-0.005	0.016	-0.245	259
JYB-7	2003	-0.222	-0.102	-1.733	-0.044	-0.274	260
JYB-40	2004	-0.513	0.070	-0.336	-0.017	-0.294	261
JYB-66	2003	0.004	0.773	-0.716	-0.404	-0.295	262
JYB-36	2003	-1.141	-1.418	-1.734	0.285	-0.296	263
JYB-48	2007	-1.519	-1.383	-0.204	0.363	-0.300	264
JYB-29	2004	-0.450	0.185	-0.704	-0.374	-0.311	265
JYB-16	2003	-0.808	-0.435	-0.838	-0.088	-0.317	266
JYB-6	2005	-0.990	-0.125	0.490	-0.283	-0.317	267
JYB-63	2004	-0.951	-0.005	0.907	0.038	-0.321	268
JYB-46	2003	-1.180	-0.660	-0.112	-0.104	-0.322	269
JYB-26	2003	-0.469	-0.037	-0.708	0.369	-0.324	270
JYB-15	2007	-0.544	0.038	-0.816	-0.297	-0.327	271
JYB-74	2006	-0.244	1.008	1.298	0.475	-0.327	272
JYB-14	2004	0.055	0.969	-0.369	-0.035	-0.331	273
JYB-6	2004	-0.893	-0.141	-0.030	-0.262	-0.334	274
JYB-22	2003	-0.421	0.614	0.274	-0.183	-0.337	275
JYB-6	2006	-1.183	-0.560	-0.096	-0.247	-0.339	276
JYB-31	2005	-0.961	-0.336	0.251	0.455	-0.341	277
JYB-26	2005	-0.687	-0.361	-0.988	0.321	-0.347	278

续表

高校代码	年份	举债风险因子得分	支付能力因子得分	支出收入比因子得分	事业基金可用率因子得分	综合得分	排名
JYB-22	2004	-0.503	0.189	-0.655	-0.103	-0.358	279
JYB-45	2003	-0.258	0.573	-0.830	-0.434	-0.359	280
JYB-27	2005	-0.570	0.382	-0.103	-0.220	-0.371	281
JYB-61	2003	-1.150	-0.234	0.667	0.093	-0.371	282
JYB-6	2003	-0.864	0.512	1.341	-0.136	-0.378	283
JYB-36	2004	-1.311	-1.277	-1.239	0.485	-0.379	284
JYB-30	2003	-0.028	1.222	-0.109	-0.367	-0.384	285
JYB-71	2004	-0.961	0.537	1.803	0.010	-0.389	286
JYB-35	2005	-0.966	-0.002	0.438	0.084	-0.391	287
JYB-14	2003	-0.347	0.726	-0.013	0.042	-0.398	288
JYB-26	2004	-0.538	0.319	-0.150	0.331	-0.398	289
JYB-31	2006	-0.861	0.009	0.037	0.201	-0.408	290
JYB-11	2006	-1.070	-0.437	-0.424	0.338	-0.428	291
JYB-31	2004	-0.871	-0.069	-0.028	0.545	-0.430	292
JYB-67	2005	0.070	0.922	-1.813	-0.451	-0.442	293
JYB-54	2006	-0.686	0.916	1.412	0.087	-0.443	294
JYB-74	2005	-0.036	0.951	-0.827	0.220	-0.448	295
JYB-40	2005	-0.752	0.155	-0.383	0.138	-0.450	296
JYB-15	2003	-0.663	0.841	0.915	-0.056	-0.454	297
JYB-11	2004	-0.429	-0.044	-2.240	0.047	-0.457	298
JYB-24	2004	-0.417	1.383	1.299	-0.180	-0.459	299
JYB-5	2003	-0.478	1.386	1.408	-0.320	-0.461	300
JYB-15	2004	-0.786	0.498	0.275	-0.202	-0.462	301
JYB-46	2006	-0.535	0.896	0.076	-0.521	-0.469	302
JYB-54	2005	-0.839	0.909	1.756	0.117	-0.471	303
JYB-29	2006	-0.350	0.902	-0.456	-0.216	-0.484	304
JYB-31	2007	-0.903	0.190	0.106	0.284	-0.485	305
JYB-71	2003	-0.406	0.854	-0.403	-0.178	-0.491	306
JYB-35	2004	-1.011	0.224	0.471	0.241	-0.496	307

续表

高校代码	年份	举债风险因子得分	支付能力因子得分	支出收入比因子得分	事业基金可用率因子得分	综合得分	排名
JYB-15	2005	-1.117	0.131	0.206	-0.129	-0.508	308
JYB-35	2007	-0.997	0.207	0.025	0.177	-0.532	309
JYB-52	2005	-0.123	1.732	0.271	-0.338	-0.549	310
JYB-42	2003	-0.606	1.022	0.787	0.404	-0.550	311
JYB-48	2003	-0.458	0.511	-1.680	-0.259	-0.551	312
JYB-15	2006	-1.053	-0.037	-0.899	-0.203	-0.553	313
JYB-42	2004	-0.337	1.345	0.393	0.123	-0.553	314
JYB-54	2004	-0.801	0.907	0.846	0.038	-0.556	315
JYB-67	2003	-0.572	0.210	-1.985	-0.105	-0.558	316
JYB-10	2005	-0.674	0.983	0.474	-0.017	-0.563	317
JYB-43	2006	-1.296	0.360	1.211	0.192	-0.574	318
JYB-24	2007	-0.511	0.746	-0.877	-0.041	-0.575	319
JYB-55	2005	-1.165	0.291	0.804	0.603	-0.584	320
JYB-23	2004	-1.291	0.131	0.902	0.718	-0.589	321
JYB-42	2005	-0.660	1.375	1.555	0.443	-0.599	322
JYB-46	2007	-0.606	1.000	-0.248	-0.208	-0.607	323
JYB-53	2006	-0.653	1.355	1.167	0.153	-0.607	324
JYB-3	2003	-0.755	0.762	0.037	0.246	-0.609	325
JYB-40	2007	-0.857	0.758	0.471	0.343	-0.610	326
JYB-10	2007	-0.627	0.763	-0.584	0.125	-0.614	327
JYB-35	2006	-0.953	0.521	0.044	0.305	-0.625	328
JYB-63	2003	-0.920	0.598	0.006	0.193	-0.628	329
JYB-27	2004	-0.507	0.963	-0.951	-0.237	-0.633	330
JYB-24	2003	-0.399	1.481	0.077	-0.109	-0.640	331
JYB-54	2003	-0.650	1.421	0.860	-0.043	-0.645	332
JYB-29	2007	-0.231	1.305	-1.222	-0.304	-0.645	333
JYB-44	2005	-0.558	1.718	1.382	0.146	-0.655	334
JYB-27	2003	-0.909	0.591	-0.418	0.022	-0.655	335
JYB-40	2006	-0.689	0.628	-1.061	0.128	-0.657	336

续表

高校代码	年份	举债风险因子得分	支付能力因子得分	支出收入比因子得分	事业基金可用率因子得分	综合得分	排名
JYB-74	2007	-0.250	1.285	-0.767	0.341	-0.658	337
JYB-46	2005	-0.475	1.052	-1.211	-0.400	-0.662	338
JYB-54	2007	-0.964	0.844	0.742	0.472	-0.666	339
JYB-33	2006	-1.213	0.375	0.627	0.759	-0.670	340
JYB-74	2004	-0.093	1.797	-0.390	0.084	-0.681	341
JYB-21	2003	-0.950	0.765	0.040	0.208	-0.693	342
JYB-35	2003	-0.819	0.375	-1.526	0.214	-0.699	343
JYB-11	2007	-1.107	0.192	-0.918	0.467	-0.722	344
JYB-31	2003	-1.173	0.666	0.824	0.888	-0.736	345
JYB-53	2005	-0.707	1.359	0.467	0.326	-0.736	346
JYB-10	2003	-0.553	1.445	-0.184	-0.027	-0.738	347
JYB-42	2006	-0.489	1.675	0.486	0.439	-0.749	348
JYB-44	2007	-0.455	1.740	0.396	0.296	-0.751	349
JYB-3	2007	0.233	2.106	-1.681	-0.219	-0.760	350
JYB-10	2006	-1.011	0.378	-1.342	0.177	-0.761	351
JYB-10	2004	-0.675	1.296	-0.372	-0.090	-0.761	352
JYB-53	2004	-0.657	1.965	1.691	0.389	-0.767	353
JYB-43	2005	-0.979	1.689	2.431	0.770	-0.772	354
JYB-33	2005	-0.685	1.405	0.680	0.921	-0.776	355
JYB-32	2004	-1.085	0.927	0.445	0.521	-0.790	356
JYB-67	2004	-0.310	1.111	-2.764	-0.433	-0.793	357
JYB-33	2004	-0.721	1.390	0.274	0.673	-0.812	358
JYB-56	2006	-1.303	0.205	-0.574	1.096	-0.837	359
JYB-52	2004	0.066	2.547	-1.031	-0.639	-0.856	360
JYB-55	2004	-0.633	1.622	-0.212	0.195	-0.858	361
JYB-32	2003	-1.006	1.092	-0.065	0.526	-0.870	362
JYB-42	2007	-0.691	1.990	1.027	0.743	-0.908	363
JYB-56	2004	-0.564	1.668	-0.839	0.234	-0.921	364
JYB-52	2003	-0.179	2.069	-2.139	-0.674	-0.943	365

续表

高校代码	年份	举债风险因子得分	支付能力因子得分	支出收入比因子得分	事业基金可用率因子得分	综合得分	排名
JYB-32	2005	-1.031	1.280	-0.035	0.657	-0.952	366
JYB-32	2007	-0.965	1.276	-0.406	0.531	-0.953	367
JYB-44	2004	-0.523	1.891	-0.854	0.172	-0.971	368
JYB-32	2006	-0.964	1.454	-0.065	0.609	-0.977	369
JYB-44	2006	-0.592	1.930	-0.489	0.419	-0.995	370
JYB-44	2003	-0.522	1.775	-1.460	0.080	-0.997	371
JYB-53	2003	-0.729	1.817	-0.173	0.614	-1.002	372
JYB-33	2003	-0.895	1.608	0.075	0.961	-1.014	373
JYB-55	2003	-0.736	1.873	-0.920	0.570	-1.110	374
JYB-74	2003	-0.565	2.133	-1.638	0.173	-1.164	375
JYB-56	2003	-0.887	1.703	-0.799	1.154	-1.168	376
JYB-56	2005	-0.819	2.571	1.547	1.558	-1.174	377
JYB-43	2003	-0.640	2.939	0.348	0.923	-1.293	378
JYB-33	2007	-0.998	2.220	0.621	2.307	-1.331	379
JYB-43	2004	-0.743	2.798	-0.468	1.266	-1.429	380

从表2-66可以看到，排名在76所高校2003~2007年380个样本前20%的高校数，2003年有4所，2004年有13所，2005年有17所，2006年有20所，2007年有22所，呈逐年增加的态势，由此说明步入较高风险程度的高校数量逐年增多，高校财务风险在逐年加剧。

二、聚类分析

利用SPSS软件16.0的系统聚类法，对2003~2007年教育部直属76所高校的12项相对指标共380个样本进行聚类分析。

运用聚类树型图将76所高校分为6类，各类包含的高校如表2-67所示。将此聚类的结果与因子分析综合得分及排名进行比较，我们发现基于因子分析构建的综合评价结果和聚类分析的结果基本保持一致。我们将聚类分析所得的第一类和第二类的3所高校的风险程度划分为高风险，第三类的24所高校的风险程度划分为较高风险，第四类和第五类的348所高校的风险程度划分为中等风险，而第六类的 5 所高校的风险程度划分为低风险。

表 2–67　　2003~2007 年部属高校财务风险聚类分析结果

类别 （高校出现个数）	包含高校及 所属年份	因子分析 综合得分	因子分析综 合得分排名	风险程度
第一类（2）	JYB–9 2006	2.235	1	高风险
	JYB–9 2007	1.911	2	
第二类（1）	JYB–46 2004	1.612	4	
第三类（24）	JYB–9 2005	1.620	3	较高风险
	JYB–18 2005	1.437	5	
	JYB–70 2007	1.426	6	
	JYB–13 2005	1.414	7	
	JYB–19 2004	1.395	8	
	JYB–70 2006	1.384	9	
	JYB–13 2006	1.384	10	
	JYB–13 2004	1.347	11	
	JYB–18 2006	1.330	12	
	JYB–13 2003	1.278	13	
	JYB–18 2007	1.276	14	
	JYB–41 2005	1.241	15	
	JYB–63 2006	1.192	16	
	JYB–13 2007	1.184	17	
	JYB–72 2004	1.101	18	
	JYB–19 2005	1.094	19	
	JYB–41 2006	1.081	20	
	JYB–41 2004	1.036	21	
	JYB–19 2006	1.031	22	
	JYB–41 2003	0.983	25	
	JYB–19 2003	0.909	26	
	JYB–58 2006	0.904	27	
	JYB–19 2007	0.732	36	
	JYB–63 2007	0.613	50	

续表

类别 （高校出现个数）	包含高校及 所属年份	因子分析 综合得分	因子分析综 合得分排名	风险程度
第四类（347）	其余 347 个高校	—	—	中等风险
第五类（1）	JYB - 9 2003	0.378	88	
第六类（5）	JYB - 56 2003	-1.168	376	低风险
	JYB - 56 2005	-1.174	377	
	JYB - 43 2003	-1.293	378	
	JYB - 33 2007	-1.331	379	
	JYB - 43 2004	-1.429	380	

三、结论

我们利用2003～2007年教育部直属的76所高校的财务数据，通过构建的高校总体财务风险状况评价指标体系，采用因子分析对高校的财务风险状况进行了综合评价，并用聚类分析方法对各高校进行聚类，区分风险程度不同的几类高校。研究结果表明：

第一，因子分析通过相关性分析的降维技术，将高校财务风险指标体系15个指标中的12个相对值指标归纳聚焦为举债风险、支付能力、支出收入比和事业基金可用率4个因子，表明高校财务风险状况主要受上述四个方面的影响，其中举债风险因子和支付能力因子对风险评价的影响度最大，分别达到37.802%和27.136%。举债风险因子分别与4项指标较强正相关和2项指标较强负相关，分别反映了负债与学校资产、收入、支出、货币资金、净存款以及潜在支付能力较强的相关性。支付能力因子也分别与4项指标较强正相关和2项指标较强负相关，分别反映了支付能力与可动用资金、净存款、现实支付能力、潜在支付能力、应收及暂付款占流动资产比以及专项资金占用率有较强的相关性。而支出收入比因子仅与年度收支比率指标较强正相关，对高校财务风险评价的影响度为10.219%；事业基金可用率因子仅与事业基金可用率指标较强正相关，对高校财务风险评价的影响度为8.584%。

第二，因子分析综合得分的结果表明，在2003～2007年的76所部属高校共计380个样本中，风险排名较高的前20%样本呈逐年增加的态势，说明步入较高风险程度的高校数量逐年增多，高校财务风险在逐年加剧。此结果与描述性统计分析显示的风险变化态势相一致。

第三，通过聚类分析，高校财务风险等级区分为高风险、较高风险、中等风险、低风险四类，风险等级的分布呈两头小中间大的"橄榄型"状态，其中高风险和较高风险的样本占比为7.1%。因子分析综合得分和聚类分析聚焦的JYB-9、JYB-13、JYB-19等高风险或较高风险的高校与描述性统计分析的结果也相吻合。

如果我们将4个因子再归纳聚焦，举债风险因子主要揭示高校的举债风险，支付能力因子、支出收入比因子和事业基金可用率因子主要反映高校日常的财务运行风险。如果再进一步归纳聚焦后可以看到，一是举债风险因子揭示的是高校偿债的支付能力风险；二是支出收入比因子揭示的是基于收入的高校支出风险，反映的也是高校基于收入的日常支出能力风险；三是事业基金可用率因子则是揭示高校自有的事业基金可动用程度，反映的是事业基金可用于支出的风险；四是支付能力因子则是更直接地揭示了高校现金流应对日常财务运行支付的风险。所以，4个因子共同的特征就是揭示高校财务的支付能力风险，即现金流短缺的风险。

因此，因子分析通过逐级归纳聚焦，揭示出高校的财务支付能力，即现金流状况是高校财务风险分析应聚焦的起始性切入点。这也印证了第一章中，我们阐述的现金流短缺是高校财务风险最基本特征的观点。同时，这也提示我们，构筑高校财务风险防范机制的起始着眼点也应该是现金流的控制与管理。

同时我们可以发现，因子分析中4个因子对高校财务风险评价的影响度是与高校财务风险指标体系的设计密切关联的。因为该体系中反映举债风险和支付能力风险的指标较多，所以相应因子的权重系数也就比较大，对高校财务风险评价的影响程度也就比较大。由此可以看出，指标体系设计在一定程度上决定了财务风险定量分析评价的结果。因此，我们在运用这些评价结果考察具体高校的实际财务风险状况时，需要实事求是地全面、系统、深入的分析。

第三章

我国特定发展阶段的高校财务风险成因及演化

在前两章实证研究的基础上,本章进一步从政治、经济、法律以及实施扩招政策等宏观背景出发,运用"共生理论"对高校贷款风险的成因和演化机理进行分析,从高校财务收支的配比性、内部治理结构及管理的不尽完善等多维度视角,全面剖析导致这一特定发展阶段高校财务风险集中凸显的原因和机理。

第一节 高校财务风险形成的宏观背景

"铁链通常是在其最脆弱的一环开始断裂的,然而若将它的断裂全部归咎于那个极为特别的环节显然过于勉强,至少我们也应该考虑是什么因素导致铁链受到了外在的张力以及那力量有多大。若能够在铁链突然断裂之前及时找到那些最为脆弱的一环并加固它,则确实可以暂时避免断裂的出现。但是当施加在链子上的外力也随之加大,并达到一定程度的时候,我们仍然无法避免链条的断裂,因为那些相对脆弱的瑕疵总还是存在的"[1]。这是国外两位学者加文和豪斯曼(Gavin and Hausmann)在讨论金融危机根源问题时的陈述。"铁链"的借喻向我

---

[1] Gavin, M, Hausmann R. The Roots of Banking Crises: The Macroeconomic Context [J]. Social Science Electronic Publishing, 1996 (4026): 27-63.

们提示了高校财务风险预警研究中的一个重要的事实：财务风险的产生不仅与个别高校自身每个链条的柔韧坚固程度密切相关，而且也受到外在张力的影响，尤其作为影响高等教育的宏观因素，这种外在的张力对高等教育整个体系有着至关重要的全局影响。

可以说，21世纪初以来的高校群体性负债是内部脆弱性与外在张力共同作用的结果。施加在高等教育体系的"张力"包含了经济、政治、科技发展等各种外在因素，当外部宏观因素的变化要求高等教育与其相适应的时候，高等教育体系所受的外在张力随之变大。这种外部环境可能会使那些"瑕疵"的高校出现财务问题。这种影响高等教育发展的外部因素，主要有国际教育环境，国内的政治、经济、法律等改革，高等教育体制改革，经济发展和招生政策变化等。

一、知识经济给各国高等教育带来的机遇与挑战

20世纪后期以知识为基础的经济取代了以物质为基础的经济，知识和技术进步成为推动经济增长的内生因素。无论是发展中国家还是发达国家都需要把越来越多的年轻人培养到一个更高的规格，大学毕业已经成为许多高技能工作的基本门槛；由高等教育以及社会各种相关力量所创造的知识，以及这些知识在经济中的应用性，对一国竞争力的影响日益加深。知识化、智能化的人力资本，成为一个国家国力强弱和经济发达与否的标志，高等教育因此被推到了促进经济发展和社会进步的重要位置上。

高等教育的发展，离不开社会各方面资金的投入。世界各国在高等教育发展过程中都面临资金的压力。2002~2003年，经济合作与发展组织（OECD）高等教育管理项目办公室与英格兰高等教育拨款委员会（HEFCE）共同开展了一个有关高校财务管理与治理的研究项目，发现尽管各国的教育体制不同，教育财政政策调整也从未间断，但OECD多数国家的高等学校财务状况都不同程度地显露出每况愈下的窘境。其诱发因素归结有三：高校规模的扩大、社会责任的增加、政府补贴的减少。

面对入学规模的扩大，作为准公共物品的高等教育不仅没有得到更多来自政府的关照，多国政府对高校的资助反而相对减少。20世纪70年代末，在世界性经济紧缩的冲击下，在新保守主义思潮和新公共管理运动的影响下，OECD国家的高等教育开始告别曾经有过的"黄金期"。虽然政府依然是高等教育的核心拨款者，但政府拨款占高等教育经费的比例已有所下降，具体到每位学生的绝对经费也在减少。1990年，澳大利亚联邦政府拨款占高等教育经费的69%，而1999年该比例降至47%，2001年再降至43%。在美国，政府拨款在高等教育经费中

的比例从 1989~1990 学年的 42% 降至 1995~1996 学年的 38%，此后下降更快；与此相反，近 20 年来美国大学的学费则一直在攀升。根据美国劳工统计局的调查，过去 20 年来，美国的物价大约上涨了 84%，而美国公立大学和私立大学的学费及生活费却上涨了 3 倍多。

相对于发达国家，除了质量问题和资源不足外，自 20 世纪 60 年代以来，发展中国家高等教育普遍面临着扩展（expansion）、多样化（differentiation）和知识革命（knowledge revolution）三大挑战。这些挑战改变了高等教育及其生存环境，面对既要扩大教育规模，又要提高教育质量的双重任务，发展中国家的高等教育几乎都经历了持续性的资金短缺状况。

在这样的大背景下，中国开启了走向高等教育大国和强国的征程。1993 年，党中央、国务院正式发布《中国教育改革和发展纲要》（以下简称《纲要》），提出国家财政性教育经费支出占国民生产总值的比例到 2000 年末达到 4%，以及集中力量办好 100 所左右重点大学和一批重点学科、专业的目标（即"211 工程"）。《中华人民共和国教育法》（以下简称《教育法》）规定了"三个增长"的法定要求，即政府教育财政拨款的增长高于财政经常性收入的增长，并使在校学生人数平均的教育费用逐步增长，以保证教师工资和学生人均公用经费逐步增长。1996 年，第八届全国人民代表大会第四次会议在"九五"计划和 2010 年愿景目标中，将"科教兴国"确定为基本国策。1999 年 1 月，国务院在批转教育部《面向 21 世纪教育振兴行动计划》中提出，到 2010 年实现高等教育毛入学率接近 15%，若干所高校和一批重点学科进入世界一流水平（即"985 工程"）。

二、我国高等教育发展的政治和法律背景

自 1977 年恢复高考制度开始，我国高等教育走上了复兴之路。40 多年来，我国积极探索中国特色的社会主义道路，形成了中国特色社会主义理论体系，确立了以经济建设为中心的政治战略，树立了发展就是硬道理的政治价值观，制定了改革开放的基本国策，初步调整了政府和企业、事业单位之间的关系。这些改革深刻影响着我国的高等教育，并对高等教育体制及其运行机制变革产生了直接的影响。

在改革的推动下，我国高等教育在体制改革、机制创新和关系调整方面都发生了重大变化。在体制改革方面，改变了单纯依靠公共财政办学的格局，发展了民办高等教育；在机制创新方面，突破了传统政府高度集权的管理模式，出台了《中华人民共和国高等教育法》（以下简称《高等教育法》），确立了高校法人地

位,从法律上明确了高校办学自主权,改革了高等教育投资方式,构建了多渠道筹资体系,建立了新的学生资助制度;在关系调整方面,全面调整和进一步明确了政府与高校、中央与地方、政府教育主管部门与其他业务部门之间的关系。随着高等学校法人地位的基本确立,学校在事业发展中有了较大的自主权,国家从直接管理逐渐转向间接的宏观调控和监督管理,使高校财务管理的地位和作用显得越来越重要。

在法律和行政法规上,1995年9月1日起施行的《教育法》第六十二条规定,国家鼓励运用金融、信贷手段,支持教育事业的发展。1997年6月颁布的《高等学校财务制度》,虽然规定高校预算编制"应当遵循'量入为出、收支平衡'的原则",不允许学校搞赤字预算,但是从其第九章"负债管理"的内容来看,已经为高校负债运行预留了空间。1998年8月颁布的《高等教育法》明确了高等学校的法人地位,高等学校面向社会自主办学有了法律的依据。这些法律法规都为高校大规模校园建设中对外举债预留了"制度的空间"。

三、我国高等教育发展的经济背景

高等教育的发展受制于经济的发展水平。国内外大量实证研究表明,高等教育规模与经济发展规模具有相关性。研究者多采用人均 GDP、GDP 年均增长率等作为经济规模衡量指标,采用在校生人数增长率、高等教育毛入学率等作为高等教育发展指标。1991~1998 年,我国普通高等教育招生规模与人均 GDP 的相关系数为 0.89,呈显性相关关系;1999~2003 年,两者的相关系数高达 0.996,表现出非常强的相关关系(李亚勃,2006)。[①]

图 3-1 与图 3-2 给出了中国 1978~2006 年经济发展(人均 GDP 增长率)与高等教育发展(高等教育招生增长率)的走势。通过分析,两者都呈现出阶段性特征,而且两者的演进阶段基本上也是对应的,中国高等教育发展在总体上与经济发展存在稳定的线性相关关系(蔡俊兰,2008)[②]。

1978~1991 年,我国经济在改革开放后实现了波动性增长,其间 1984 年和 1985 年人均 GDP 增长率分别达 13.70% 和 11.90%,出现阶段性峰值,我国高等教育招生数也在这两年中分别以 21.48% 和 30.32% 的速度增长。随后人均 GDP 增速有所下降,高等教育增长幅度也在国家政策作用下开始降低。招生数和在校

---

① 李亚勃.我国普通高等教育招生规模研究——基于中美比较的视角 [J].教育发展研究,2006 (1):81-85.

② 蔡俊兰.中国高等教育规模与经济发展相关的实证分析 [J].高教探索,2008 (3):49-52.

生数的绝对数指标基本符合先升后降。1989年以后的高等教育招生增长率收缩同样与当时治理整顿对应。1992年，中国经济开始了新一轮全面启动，到1997年，最为突出的特征是中国开始告别短缺经济进入过剩经济时期。1992~1997年，高等教育招生增长率除1994年为-2.61%外，其余年份均为正增长，6年增长率的算术平均值为8.72%。这个阶段，高等教育规模的演进与经济增长几乎重合。

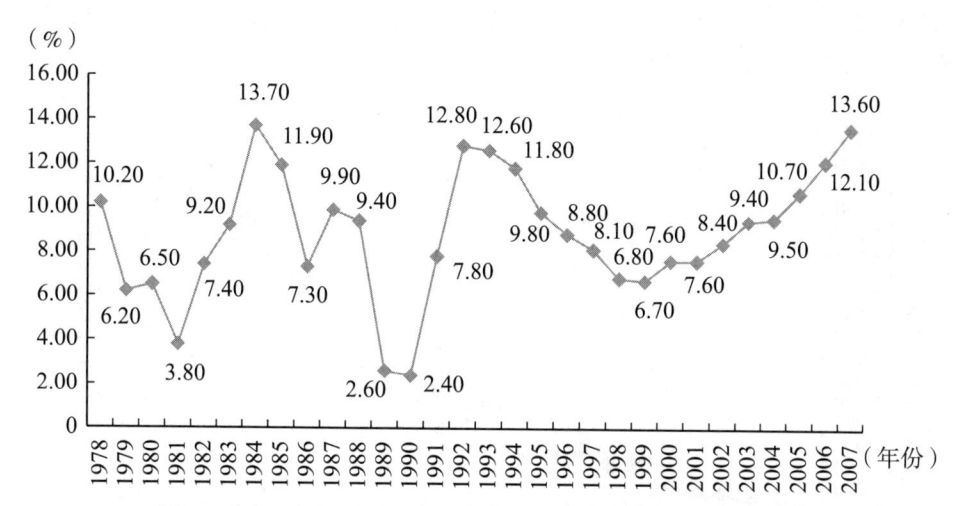

图 3-1　1978~2007年中国人均GDP增长率波动曲线

资料来源：《中国统计年鉴》，作者根据 Wind 数据库连接国家统计局网站数据做了修正。

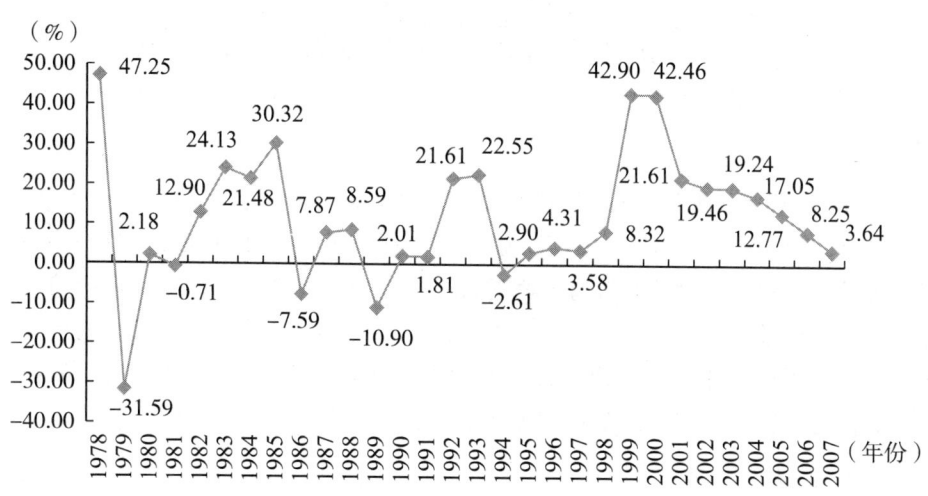

图 3-2　1978~2007年中国普通高校招生增长率波动曲线

资料来源：历年中国教育经费统计公告，作者根据 Wind 数据库连接国家统计局网站数据做了修正。

我国国内居民收入及储蓄的不断增长，也为高等教育的发展奠定了基础。1990~2001年居民储蓄率年平均值为19.02%，比1978~1989年的10.11%上涨了8.91个百分点。如图3-3所示，1978~2001年的23年间，居民储蓄除个别年份有所波动外，基本上随着收入的增加而增加，且在1999年达到近几年的最大值3 927亿元。在此背景下，通过有效的宏观调控政策，大力发展高等教育，拉动民间投资需求和消费需求，成为促进经济保持适度高速增长的重要途径之一。为此，中央政府从1999年开始将高等教育发展纳入国民经济发展的重要组成部分。

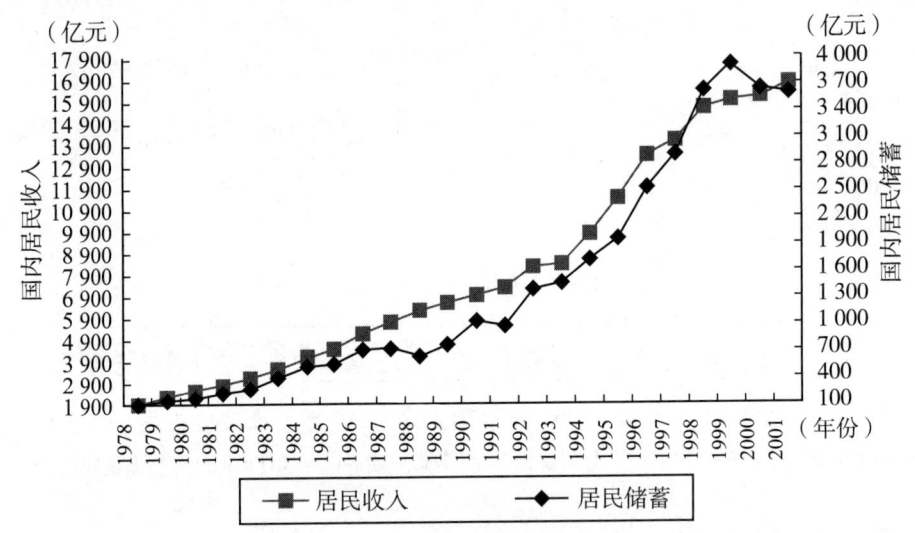

图3-3 1978~2001年我国居民储蓄随收入的变化趋势

资料来源：李武好. 中国经济发展中财政政策与货币政策[M]. 北京：经济科学出版社，2001.

图3-4显示了改革开放30年间我国GDP总额持续增长态势以及进入20世纪90年代后GDP增长率处于放缓态势。但在1999年前后出现拐点，这与积极发展高等教育下的积极财政政策有着密切关系。在招生管理依然维持着集中统一的体制下，高等教育规模的扩张和收缩受经济波动的影响显著，其波动周期也与经济增长波动周期大体相同。而且高等教育规模增长速度的波动幅度比经济波动大，震荡更为剧烈，表现出某种"波动放大器效应"。[①]

---

① 叶平. 关于进行高等教育规模增长速度预警研究的探讨[J]. 高等教育研究，1996（6）：47-52.

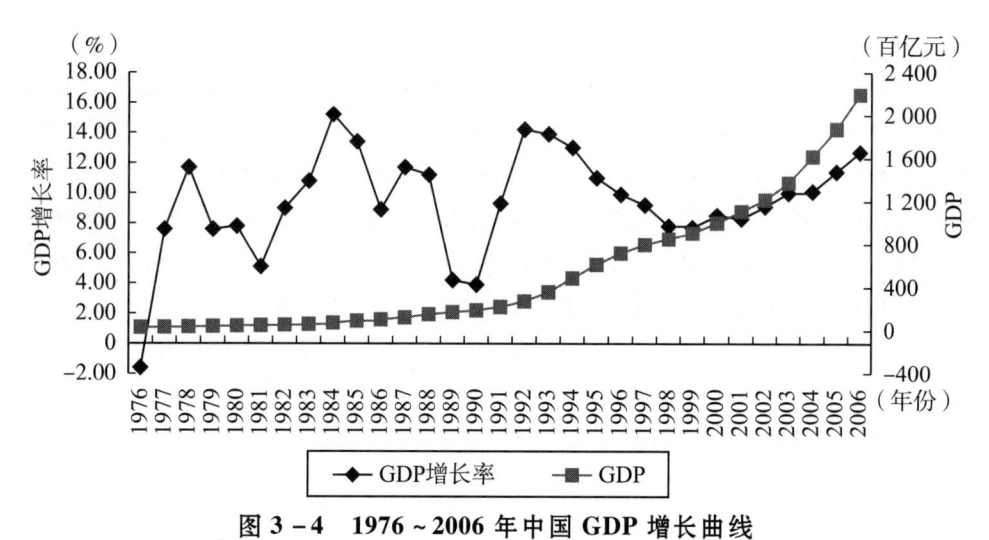

图 3-4　1976~2006 年中国 GDP 增长曲线

资料来源：根据 Wind 数据库连接国家统计局网站数据整理。

四、我国大众化高等教育的扩招政策

1999 年 1 月，国务院批转实施的《面向 21 世纪教育振兴行动计划》提出，到 2010 年高等教育毛入学率达到 15% 的发展目标，这成为我国高等教育大众化发展启动的标志。1999 年 6 月，中共中央、国务院公布的《关于深化教育改革全面推进素质教育的决定》提出，通过多种形式积极发展高等教育，到 2010 年，我国同龄人口的高等教育入学率要从现在的 9% 提高到 15% 左右。同月，时任国务院总理朱镕基总理宣布了高校招生扩招的决定。这些都为中国高等教育迅速扩张奠定了政策与观念基础。

扩招政策的出台是面对全球化竞争、科教兴国、民众对高等教育的需求、人口结构的变化等诸多内外因素共同作用的结果。正如时任国务院副总理的李岚清所言，当年做出这个决定主要缘于四个方面的考虑：一是我国持续快速发展的经济需要更多的高素质人才；二是广大群众普遍渴望子女能受到高等教育，政府有责任尽量满足他们的这种愿望；三是扩招可以推迟学生就业，增加教育消费，是拉动内需、带动相关产业发展的重要举措；四是由于过去招生比例低，录取人数少，迫使基础教育集中力量应付高难度的考试，因此影响了素质教育的全面推行。

如图 3-5 和图 3-6 所示，在 1999 年《面向 21 世纪教育振兴行动计划》颁行的当年，我国普通高校本专科招生总数达 154.86 万人，比上年增加 46.5 万人，增长比率达 42.91%，成为新中国成立以来高校招生数量最多、增额最大、发展最快的一年。

同时，图 3-5 和图 3-6 反映了我国 1999 年之后全国普通高校招生规模和高等教育毛入学率的快速攀升。我国仅用 4 年时间就将高等教育毛入学率从 1998 年的 9.8% 升至 2002 年的 15%，提前实现了《面向 21 世纪教育振兴行动计划》提出的目标任务。与美国、日本、英国、法国等国相比，高等教育大众化实现的时间极大缩短。随后，2003 年和 2004 年，高等教育毛入学率分别为 17% 和 19%，2005 年后有所放缓，但仍以每年 1 个百分点上升。由此可见，我国高等教育在面对人口基数大、起点较低、办学条件不足、财政投入跟不上等多重困难情况下，以令世界惊叹的速度迈入了大众化发展的阶段。正是在这样的大背景下，一些中国高校逐渐显现了财务风险。

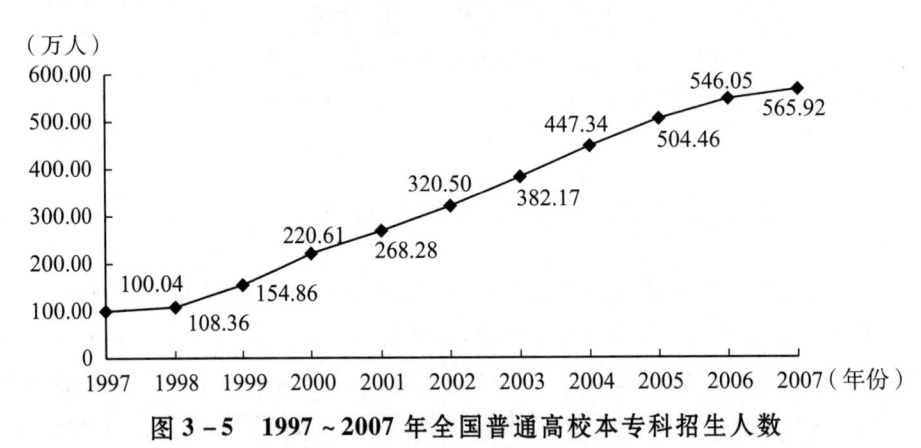

图 3-5　1997~2007 年全国普通高校本专科招生人数

资料来源：根据 Wind 数据库连接国家统计局网站数据整理。

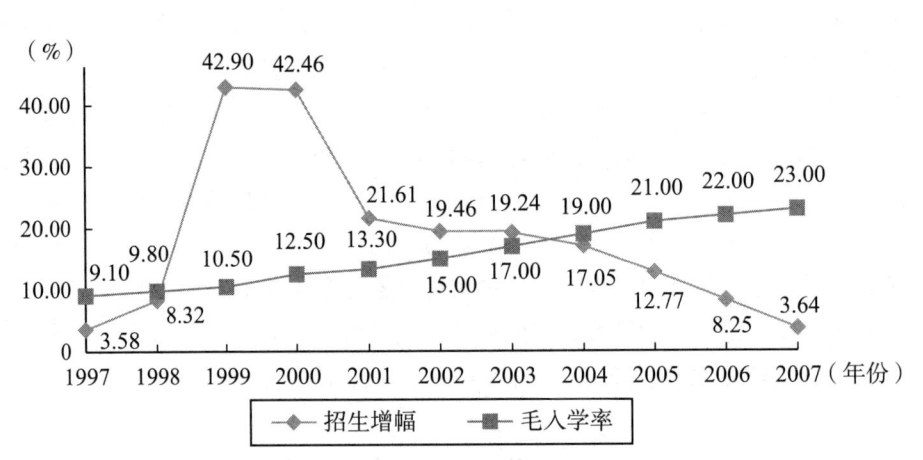

图 3-6　1997~2007 年全国普通高校招生增幅及高等教育毛入学率

资料来源：根据 Wind 数据库连接国家统计局网站数据整理。

第二节 高校财务风险形成的直接诱发因素

在高等教育大众化发展启动阶段的扩招政策影响下，高校大规模的基本建设是导致高校资金短缺、促成高校集体性负债的主要和直接的诱发原因，这一点在高等教育业界基本形成共识。扩招引发的全局性基本建设具有历史性特点，属于特定国情特殊时期的产物。对高校而言，由大规模校园基本建设引起的巨额银行贷款是高校财务风险形成的直接诱发因素。

一、大规模校园基本建设

大幅度扩大招生规模导致高校原已捉襟见肘的校园基础设施更加难以负担和承载。图3-7显示，1999年开始全国普通高校在校生规模快速上升，1998~2007年由341万人增加至1885万人，2007年是1998年的5.53倍。根据北京大学高等教育科学研究所调查，2001年时大多数高校的各类物质资源已经处于不足状态，校舍方面更是历史欠账严重，很多高校已经低于教育部有关办学条件的最低标准。

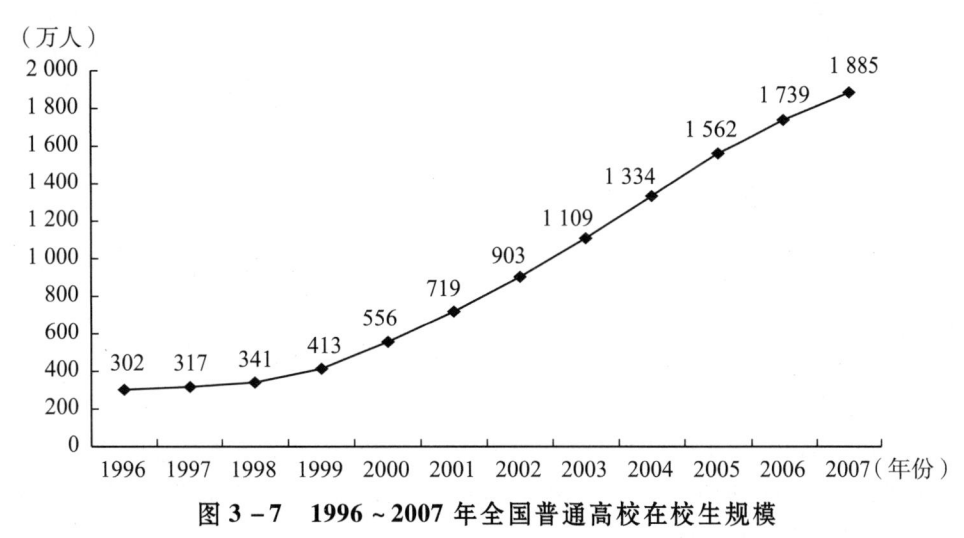

图3-7 1996~2007年全国普通高校在校生规模

资料来源：根据历年《全国教育事业发展统计公报》整理。

根据教育部2004年8月修订的《普通高等学校本科教学工作水平评估方

案》，以综合院校为例，高校的办学基本条件应该达到的基本指标为：生师比18∶1，生均教学行政用房14平方米，生均教学科研仪器设备值5000元，生均图书100册，生均占地面积54平方米，生均宿舍面积6.5平方米，百名学生配教学用计算机10台等，对生均体育场地、生均食堂面积等指标也都有具体要求。

表3-1列示的是1998年和2007年相比较的全国普通高校本专科招生人数、在校生数量、毛入学率、占地亩数、校舍面积、固定资产规模及变化。在此期间，我国高校在办学规模迅速扩大的情况下，致力于扩充校园和改善办学条件。2007年全国普通高校占地14.13亿平方米，比1998年增加10.23亿平方米，是1998年的3.62倍；学校拥有产权的校舍面积5.8亿平方米，比1998年增加4.2亿平方米，是1998年的3.63倍；固定资产8147亿元，比1998年增加7201亿元，是1998年的8.61倍。显然，高校占地面积和校舍面积扩张的倍数明显低于在校生人数扩张的倍数；如果考虑物价指数的因素，高校实际办学条件扩容的倍数也应明显低于固定资产原值扩张的倍数。总之，大规模校园建设的速度仍跟不上在校生人数扩张的速度。

表3-1   1998年和2007年全国普通高校招生及办学规模变化

年份	招生人数（万人）	在校学生（万人）	毛入学率（%）	占地亩数（亿平方米）	校舍面积（亿平方米）	固定资产（亿元）
1998	108	340.9	9.8	3.91	1.6	946
2007	566	1 884.9	23	14.13	5.8	8 147
增长率（倍）	4.00	4.53	1.35	2.61	2.63	7.61

资料来源：时任教育部财务司司长陈伟光在2009年直属高校预算工作会议上的讲话（节选）。

二、政府基建投入缺口巨大

在高等教育规模数倍扩张的过程中，国家基本建设投入和日常运行的生均定额经费拨款均没有相应地跟进。

如表3-2所示，为满足办学规模扩张后的基本办学需求，应该安排的基本建设投入约为10 385亿元，实际国家对高校基本建设投入（包括国债资金）仅840亿元，国家投入仅占实际需求额的8.09%。《2007年中国教育蓝皮书》披露了相似的结论：到2006年底，全国高校建设形成固定资产5 000亿元，其中财政拨款500多亿元，仅占1/10。

同时，保障高校日常运行支出的生均拨款定额仅为6 878元，仅为标准定额26 700元的25.76%，占2005~2007年生均实际支出19 100元的36.01%。这与本书对部属和地方公立高校问卷调查中,有 94.57% 的调查对象认为国家"定额不足以保障基本要求"的结论相吻合。

表 3-2　国家对高校的基本建设投入和生均定额拨款与实际需求对比

基本建设投入			生均水平			
扩招需要的投入(亿元)	国家预算投入(亿元)	国家投入占实际需要百分比(%)	拨款定额(元)	标准定额(元)	拨款定额占标准定额百分比(%)	2005~2007年平均支出(元)	拨款定额占平均支出百分比(%)
10 385	840	8.09	6 878	26 700	25.76	19 100	36.01

资料来源:时任教育部财务司司长陈伟光在 2009 年直属高校预算工作会议上的讲话(节选)。

三、政府推动"银校合作"

扩招后办学条件的"瓶颈"迅速转变成了资金"瓶颈"。在政府财政资源尚不充裕,高等教育财政拨款严重不足,大幅度提高学费标准也不可能的情况下,发端于 1999 年的高等教育大众化发展进程中遇到的基建资金短缺问题,只能通过举债来解决燃眉之急。

正是在此背景下,政府发起推动了"银校合作"。政府在迫切需要高等教育带来准公共产品供应扩张的同时,无力提供相应的基本建设等资金支持,因而只能在政策上,通过大力支持高校利用银行贷款来自行解决。在政府鼓励下,向银行借款几乎成为高校唯一的出路。这也可以看成是高校代替政府向银行的一种"求助",高校成为政府向银行借贷的"替身"。

值得一提的是,地方政府在这场信贷中发挥了特殊的作用。一方面,"大学城"建设能带动城市周边房地产发展,从而拉升地方 GDP 的增长;另一方面,高校的发展成就,对地方政府而言也是重要的政绩。由于地方政府的财力也不足以支持高校的这种扩张扩招,于是就积极贯彻落实中央政府的精神,在鼓励高校通过信贷实现扩招和扩张发展的同时,鼓励银行加大对高校的信贷支持。如上海市教育委员会就明确规定,高校基本建设资金实行多渠道筹集和投融资体制改革,通过政府投资、学校自筹、银行贷款和社会企业投资教育等多渠道筹集建设资金。

就银行而言,市场化运营的商业银行需要为大量沉淀的储蓄寻找增值途径。高校良好的资产质量和社会信誉,加上地方政府的信用与行政支持,都成为高校获得长期贷款的重要因素。由于商业银行多为国有企业转制,与同为国有的高校之间在某种程度上可以更容易地达成默契。

在政府的倡导和支持下，商业银行可以通过放贷实现资金增值，却不必担心坏账风险，高校可以通过借款持续获得资金，却不必担心破产风险。银行与高校的默契加上政府的无所不在，使得高校可以大胆借贷，银行可以放心放贷，高校的巨额债务由此而生。据中国社会科学院调查显示，2005 年以前，高校贷款总额就已达 1 500 亿～2 000 亿元，几乎所有高校都有贷款。在高校日常运行收入不变的条件下，巨额利息支出的形成，加上偿还本金的压力，必然导致高校日常人员经费与其他公用经费支出的困难，从而形成高校财务运行的风险。

第三节 高校财务风险形成的演变机理

本节运用生态学的共生理论，从高校、银行及政府三者共生模式的视角，剖析我国特定发展阶段公办高校群发性财务风险形成的演变机理，揭示这一特定阶段高校财务风险演变过程所经历的风险集聚、发生、化解的内在逻辑及规律。

一、共生理论

共生理论源于生态学，其生态学的本质在于"共同生存"，是生物体适应环境的动态过程与最终结果。从 20 世纪 50 年代以后，一些国外文献在社会、人文、法律等方面的研究中都借鉴和使用了共生理论的概念。

在共生理论中，各个参与共生的主体称之为"共生单元"。共生单元作为独立的个体，因彼此之间同类资源的共享或异类资源的互补能够产生新能量，即共生收益。共生组织形成是个体追逐共生收益的过程，在有多方主体参与形成的共生组织中，多方主体参与产生的共生利益会比单一主体或两个主体参与形成的共生组织内合谋产生的利益更多，由此会推动多方积极向同一目标努力。"共生"并不能实现利益的完全统一，其核心在于求同存异、共同发展。共生收益也并不同于共享收益。由于共生组织内各个主体的地位不一样，相互作用的影响程度也就不同，即共生体内各共生单元相互间的"共生系数"是不同的，由此决定了不同的主体对于共生组织不同的依赖程度。

根据共生理论，共生组织具有放大性特点。共生组织稳定时，共生收益在组织之间的合理分配可以导致共生主体配置资源效率改进和可持续发展能力的增强；而当共生组织内的平衡打破时，处于劣势地位的主体会遭到更为严重的打击。

共生组织是否能够达到稳定取决于其内部结构。共生收益的再分配能否达到最优激励兼容状态，会影响到整个共生组织的稳定性，如果收益分配不均，出现互相侵害利益的情况，共生平衡就会被打破。此外，当共生组织内的信息与能量的产生、交换受阻时，共生组织内的平衡也会被打破，共生关系就会消退甚至消失。共生组织的非稳定性，需要共生组织在"共生"过程中不断地调整，以形成新的动态平衡。

二、高校、银行和政府的共生模式

高校、银行和政府能够在"银校合作"中形成一个共生组织是因为它们三者的利益具有一致性的基础，即都是为了自身的发展，由此积极促成了这一共生组织的形成。但是从利益的具体表现形式来看，三者的利益取向并不完全一致：政府是在财政资源有限的情况下，为了实现《面向21世纪教育振兴行动计划》提出的目标任务，鼓励"银校合作"，解决高校资金短缺问题，推动高等教育的发展；高校是通过"银校合作"，取得贷款，解决资金短缺"瓶颈"，完成扩招后的校园基本建设，保障学校的正常运行和发展；而银行则是通过"银校合作"，向高校贷款，在实现稳定收入的同时，满足了政府的要求，支持了高等教育事业的发展。

高校、银行和政府三者的共生模式如图3-8所示。在图3-8中，高校、银行和政府是三个独立的主体。矩形区域所涵盖的部分代表了三者形成共生平衡的活动范围。过程1、过程2、过程3代表了共生建立阶段，共生单元间发生的行为表现为：过程1是政府支持高校向银行举债、过程2是政府鼓励银行放贷、过程3是"银校合作"的实现、过程4是在共生组织之外，没有政府参与的情况下，仅受市场支配，高校和银行之间的业务关系，虚线表示这种业务往来数量较少。

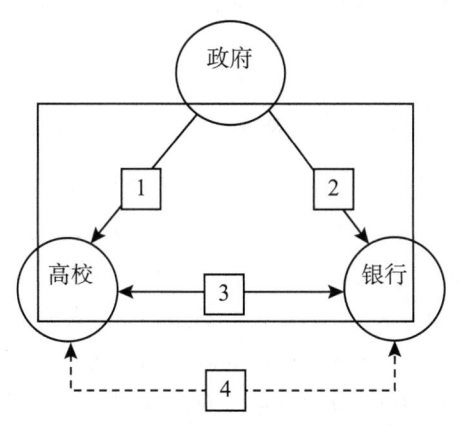

图3-8 政府、高校、银行三者共生模式

从共生组织内信息传递的角度看，高校、银行和政府三者共生的过程实质上是信息裸露与交换的过程。显然高校、银行和政府所处的状态是不对称的，政府无疑在信息掌握方面具有绝对优势。由于各个主体对信息掌握程度不同，各主体对共生组织的依赖程度也不同。这种依赖程度由大到小的顺序为高校、银行、政府，表现为图3-8中"圆圈"与"矩形"重合部分的大小不同。由此，我们可以分析和预测不同的共生单元随着信息丰度的变化会做出退出、滞留和进入等不同的选择。

随着高校财务风险的逐渐显现，相应的信息丰度变大，共生组织的"矩形"面积在逐渐缩小，共生组织的活动范围也在慢慢缩小。当缩小到一定程度时，原来的过程1、过程2、过程3已经对各个主体不再适用，随后会产生新的过程1′、过程2′和过程3′，表示为新的不同的行为选择。在原有的共生平衡逐步打破后，显示出代表某共生单元的"圆圈"与共生组织的"矩形"不再重合，表明该主体已选择了退出原有的共生组织。共生单元退出共生组织的时序与共生单元的共生系数相关，共生系数越大，共生单元对共生组织的依赖度越大，退出的时序越晚。所以，当高校财务风险逐渐显现时，随着政府和银行先后退出原有的共生组织，最后滞留其中的高校便陷于困境之中。

三、共生理论下高校财务风险的演变机理

由于共生组织的生命周期分形成、消退、新的平衡等阶段，因此我们的分析研究也分阶段进行，以此揭示各阶段的共生特点及其演变的内在原因。我们将共生理论下的高校财务风险演变分为三个阶段。1999～2002年是高校财务风险的集聚阶段，也是共生形成并达到相对稳定的阶段；2003～2008年是高校财务风险发生的阶段，也是共生逐渐打破的阶段；2009年以后是高校财务风险化解的阶段，可以看作是寻求新的共生平衡的阶段。以下运用共生理论分别对三个阶段的演变逐一进行阐述。

（一）共生形成——风险集聚的过程（1999～2002年）

表面上看，高校的贷款行为是高校与银行之间简单的信贷合作关系，通过银校合作的方式可以达到双赢的效果，即高校利用银行提供的金融信贷服务促进学校发展建设，银行则依靠提供金融信贷服务获得稳定收益。但是进一步来看，实现双赢的前提是基于高等教育的准公共产品属性，这使得高校在贷款时具有一个连带责任的关键特征，即银行将高校视为政府的代理人。因为高校资产具有国家属性和政府担保的特点，由此激励着银行对高校的主动放贷。而政府在迫切需要高等教育带来准公共产品外部性的同时，却无力支付相应的价格，只能在政策上

大力支持高校利用银行信贷来弥补财政资金的不足。所以，高校过度贷款不是高校与银行二者之间的简单行为，而是在政府的主导推动下，通过"银校合作"的形式，高校、银行和政府三方利益互惠的基础上，共同推动所达到的结果。

从政府方面看，积极推动高校和银行的合作。在 1999~2002 年，政府出台了一系列促成"银校合作"方面的政策（见表3-3）。这些政策一方面暗示了高校解决资金"瓶颈"可以通过银行贷款这一渠道；另一方面也令银行低估了对高校放贷所带来的风险，积极参与进来并主动放贷。我们注意到，为高校进行贷款的基本上是国有商业银行，它们"国有"的身份，使其在发放高校贷款的那一天起就获得了政府的担保。1999 年，中央政府还通过其独资组建的四大资产管理公司以账面价值收购了四大专业银行近 1.4 万亿元的不良资产。此后，国家再次拿出 3 000 亿元，第二次为建设银行和中国银行剥离不良资产，这也为银行敢于放贷提供了坚实的基础。

表 3-3　1999~2002 年政府积极促成"银校合作"的相关政策

年份	相关政策
1999	国家信贷政策中明确指出要支持教育投资，由单纯的贷款投入发展到银校合作，努力推进信贷创新，鼓励商业银行与大中学校签订银校合作协议。11月，第一次高校后勤社会化改革会议上，李岚清提道，后勤设施建设"如需贷款，金融机构应给予积极的支持，还可以区别情况，由政府财政部门给予适当贴息"
2000	1月，国务院转发了教育部、国家计委、财政部、建设部、人民银行、税务总局的《关于进一步加快高等学校后勤社会化改革的意见》，指出"对高等学校后勤社会化改革项目所需的银行贷款，金融部门应予积极支持，省、市人民政府及其有关部门可区别情况，适当贴息"。同年，教育部工作重点中指出要加快学生生活后勤改革和学生公寓建设，加快高校必需的教学基础设施、必要的体育设施、计算机网络和图书馆现代化建设
2001	教育部工作重点指出，要以学生公寓建设为突破口，广泛吸纳社会各方面资源和资金参与高校后勤服务设施的建设。7月，教育部印发的《全国教育事业第十个五年计划》中明确提出："适当运用财政、金融、信贷手段发展教育事业，合理利用银行贷款，继续争取世界银行贷款项目。"12月，第三次全国高校后勤社会化改革工作会议强调，当前改革要抓好学生公寓和食堂等后勤服务设施的建设和改造
2002	7月，国务院批准的《中国人民银行、教育部关于进一步解决学生公寓等高等学校后勤服务设施建设资金问题的若干意见》，要求各商业银行加大对学生公寓等高等学校后勤服务设施的信贷支持力度

从高校方面看，积极响应政府《面向 21 世纪教育振兴行动计划》提出的实现从精英化教育向大众化教育转变的号召。在这个过程中，连续大规模的扩招使得高校得以快速扩张，在校人数有了明显的增长（见图 3 - 7）。人数的激增同时给学校的硬件设施和软件设施均提出了严峻的挑战。根据《中国教育年鉴 2003》，自 1999 ~ 2002 年，全国新建学生公寓 3 800 万平方米，改造 1 000 万平方米；新建学生食堂 500 万平方米，改造 130 万平方米。1999 ~ 2002 年新建的学生公寓和食堂超过 1999 年前 50 年建设的总量。如前所述，由于国家对高校基本建设的投入仅占需求的 8.09%，资金成为限制高校发展的"瓶颈"，使高校在探索资金来源的过程中，自然选择聚集了大量金融剩余的国有商业银行。

从银行方面看，国有银行处于商业化改革进程中的银行，由于快速增加的巨量存款造成其经营负担，于是银行产生了扩大贷款对象，减少闲置资金的强烈渴求（林莉，2006）[①]。在选择放贷对象的时候，考虑到高校有稳定的财政投入和学费收入做保证，与易受经济环境影响且改革步履维艰的企业相比，银行更愿意放贷给安全且具有长远成长预期的高校。高校负债融资依赖于银行贷款的行为，是我国金融制度所具有的特殊的聚集金融剩余能力的体现；而银行对于高校贷款预期收益的期望实际上是用银行可以从政府取得一个期望补偿来代替的。因为政府对规划发展中公立高校的扶植使得银行得到隐形担保而产生乐观预期（张万朋，2008）[②]。

正是采取这种以国家政策鼓励的"银校合作"方式，并有政府在做强大的担保，导致了高校过度贷款的风险。这就使我们很容易理解，在银行与学校签订的贷款协议中，一些协议额度动辄就是几十亿元以及银行频繁为高校放贷的现象。如 1999 年 8 月 26 日，中国银行率先与清华大学签订 10 亿元信贷额度的银校合作协议；1999 年 12 月，中国农业银行效仿中国银行，提供 5 亿元资金与中国人民大学合作；2000 年 9 月，中国建设银行与北京大学签订高达 30 亿元的合作书，不到两周时间，中国农业银行再贷给北京大学总计 30 亿元的合作款；2000 年 11 月 2 日，中国银行又与复旦大学达成 10 亿元信贷额度的银校合作协议；2000 年 11 月 8 日，中国银行与北京大学签订当时最大额度 50 亿元人民币的银校合作协议。直至 2000 年底，"银校合作"已呈现星火燎原之态，仅中国工商银行就与 23 所高校合作签订总计达 100 亿元的信贷额度。

在这个阶段中，高校、银行和政府之间基于资金的关系建立了一个互惠的共生组织。由于共生收益的产生具有放大效应，使得三方有了潜在的默契："雪球"

[①] 林莉. 高校贷款的代价 [J]. 教育发展研究，2006 (15)：26 - 30.
[②] 张万朋. 美国如何防范高校债务风险 [J]. 陕西教育（行政版），2008 (11)：85.

只要滚的越大，就会产生越多的共生收益，每一方就能更多地从这个共生组织中获得自身发展所需要的能量，这就激发了高校不断扩张的贷款行为，不停地"滚雪球"，以满足各自快速发展的需求。然而，与此同时，高校的债务风险也在悄悄地快速集聚。

（二）共生平衡打破——风险发生的过程（2003~2008年）

共生理论表明，信息丰度的变化会影响共生组织的稳定性，一旦这种变化使平衡建立的条件发生改变，并且这种改变使共生组织产生的能量不再为各个主体带来新收益，则共生关系就会逐渐消退直至消失，共生组织最终也会瓦解。

高校、银行和政府共生平衡是在高校扩招政策的前提和政府投入不足的制约下建立的，这也是"滚雪球"所隐含的一个前提条件。但是在2002年，1999年国务院颁发的《面向21世纪教育振兴行动计划》确定的高等教育毛入学率达到15%的目标就提前实现，政府掌控的扩招的脚步开始放缓，扩招增幅从1999年高峰的42.90%逐步降至2002年的19.46%，再降至2006年的8.25%，恢复到了1998年之前的水平。受此影响，2005年后的在校生规模增幅和校舍面积增幅也都在趋缓（见表3-4）。此时，共生平衡的条件实际上已经悄然发生变化，如果任由高校还像扩招初期那样放开贷款，必然会加速出现由于无法偿贷而引发的一系列财务风险。

表3-4　　　　2003~2007年全国普通高校在校人数及校舍面积

项目	2002年	2003年	2004年	2005年	2006年	2007年
人数（万人）	903.36	1 108.56	1 334.46	1 561.78	1 738.84	1 884.90
增长率（%）	—	22.72	20.38	17.03	11.34	8.40
校舍面积（亿平方米）	3.03	3.82	4.55	5.13	5.74	5.77
增长率（%）	—	26.07	19.11	12.75	11.89	0.52

资料来源：根据历年《中国教育统计年鉴》整理。

事实上，从2004年开始，审计署、社科院、全国政协等陆续就高校贷款及其风险发布相关信息。据中国社会科学院发布的《2006年：中国社会形势与预测》的信息，从全国高校的情况来看，2005年我国公办高校的银行贷款总额已达1 500亿~2 000亿元，几乎所有的高校都有贷款，而这一数字仅仅是保守估计。

此时，高校的还贷危机已经开始显现，风险正在发生。以教育部直属的76所高校为例，2002年底贷款总额已经达88亿元，但部属高校贷款扩张势头依然不减。此时高校还必须筹措之前短期贷款的还本付息的资金来源。从表3-5可以看到，部属高校贷款总额占收入总额比例还在逐年提高，充分揭示了高校财务风险的急速聚集，并预示个别过度依赖贷款的高校将不可避免地出现支付风险。

表3-5　　　　76所部属高校2003～2007年的贷款状况

项目	2003年	2004年	2005年	2006年	2007年
贷款合计（亿元）	161.33	254.90	326.78	512.29	640.99
贷款学校数（所）	60	64	66	69	71
平均每校贷款额（亿元）	2.12	3.35	4.30	6.74	8.43
收入总额（亿元）	515.53	587.61	656.67	735.75	879.56
贷款总额占收入的百分比（%）	31.29	43.38	49.76	69.63	72.88

资料来源：根据76所部属高校2003～2007年部门决算报表整理。

各种信息和迹象开始引起国家对高校资金使用安全问题的警觉。于是，政府率先在共生组织的条件发生变化后做出反应。早在2002年1月，教育部、财政部联合下发的《教育部、财政部关于清理检查直属高校资金往来情况，加强资金管理确保资金安全的通知》就强调高校要加强资金安全管理。尽管这时候还没有相应保障措施的出台，但这却是政府发现高校贷款将要带来财务风险的一个明确信号。此后，政府对高校资金的使用不断加大管理力度，如表3-6所示。

表3-6　　　2003～2007年政府加大高校资金使用安全管理相关政策

年份	相关政策
2003	12月，财政部、教育部联合发出《关于严禁截留和挪用学校收费收入加强学校收费资金管理的通知》，明确严禁挤占、截留、平调、统筹、挪用学校收费资金，确保学校收费资金全部用于发展教育事业
2004	下半年，政府开始对高校贷款和高校资金管理进行治理整顿。7月，《教育部财政部关于进一步完善高等学校经济责任制，加强银行贷款管理，切实防范财务风险的意见》指出，"部分高校对贷款的风险认识不够，还贷的责任意识不强；个别高校贷款论证不充分，贷款规模大大超出高校的经济承受能力"。再次强调了高校作为贷款主体对还贷负有不可推卸的责任。该文件同时公布了"高等学校银行贷款额度控制与风险评价模型"，为各高校控制贷款规模提供了依据。10月，《教育部　财政部关于进一步加强直属高校资金安全管理的若干意见》，针对高校资金管理安全和债务危机问题，要求高校进一步加强资金安全管理。12月，教育部下发《教育部关于建立直属高校银行贷款审批制度的通知》，提出从2005年1月1日起，建立直属高校银行贷款审批制度

续表

年份	相关政策
2005	山东省财政厅、省教育厅联合下发《关于进一步加强高校贷款管理防范财务风险的通知》，对无视财务风险、继续盲目扩大贷款规模的高校，省财政厅将会同省教育厅，通过扣减专项资金拨款、暂停财政专项资金申请资格等方式对其实施处罚
2006	年初，教育部筹划建立高校大额资金流动监控系统，全面实施对直属高校资金流动的即时动态监控，其目标直接指向控制贷款规模，防范贷款风险和加强高校资金安全管理
2007	年初，教育部下发通知，要求各省（自治区、直辖市）高校上报截止到2006年底的现有贷款情况和计划贷款情况

从政府提出要加强高校的资金安全管理的要求，到不断出台一系列的通知和意见来限制高校过度贷款，动作之迅速，升级力度之大，可见高校财务风险的严峻程度。表3-6列举的一系列通知和意见与表3-3形成了鲜明的对比，由此可以看出政府对高校贷款态度的变化，从开始的积极、鼓励到后来的警示、限制。这种变化使得对共生组织依赖度最大的高校有些措手不及。政府同时也向银行表明了拒绝为高校买单的信号，提出要警惕高校的盲目贷款，以防高校作为贷款主体在即将到来的还贷高峰到来之时，没有到期按时偿还本息的能力。由此看出，政府率先从大量高校贷款信息的汇集、分析入手，看到了高校巨额贷款所隐含的财务风险，然后率先转变了对高校贷款的态度，高校、银行和政府的共生平衡开始打破。

值得注意的是，教育部早在1999年4月《关于部属高校"银校合作"问题有关意见的通知》中就明确，各校必须本着"谁贷款谁负责"的原则开展"银校合作"，这实际上已经明确了高校贷款的主体责任。在1999年末，教育部又通过中国人民银行给商业银行下发了《关于部属高校"银校合作"问题有关意见的通知》，告诫各商业银行自行承担风险，"我部不承担此类贷款的还款责任"。但是，鉴于我国高校体制的特殊性，这并没有起到应有的警示作用。而随后政府发布的一系列政策文件及有关领导人的讲话，对高校贷款所持的积极鼓励态度，却都给了高校和银行更多的胆略和勇气，相信政府最终将成为高校贷款的担保者。

在银行看来，高校贷款最终将由政府"买单"。高校在进行贷款时，并不是完全独立的主体，而是实现政府高等教育发展目标的载体，与政府的利益紧紧联系在一起，成为由政府作为强大后盾的优质客户，因此不必受《中华人民共和国担保法》和《贷款通则》等法规的限制。而且高校重大项目贷款也都是经过政府有关部门进行备案或者审批的，因而即便出现了问题，也理所当然由政府承担责任。这种"政府买单"的意识使银行期望中的债权关系与现实的债权关系出现偏差，这种贷款主体异化其实早在1999年政府推动"银校合作"时就埋下了隐患。事实上，高校作为非营利组织，其资金的投入不具有增值性，高校自身并不具备贷款风险的承受能力。在审计署向社会公布的对中国农业银行2004年度资产负债损益情况的审计结果中显示，中国农业银行部分信贷业务存在潜在风险，其中之一就是高校贷款。

就高校而言，对政府鼓励的银行贷款的性质，还存在模糊认识，或者是存在侥幸的心理，认为自己使用的贷款是由政府投入不到位引起的，实质上是由政府背书的，所以还依然故我地大胆贷。依照共生理论，由于信息不对称和信息交换受阻，掩饰了"银校合作"的实质与风险，形成了以高校、银行和政府为主体的共生系统的不稳定平衡。随着15%毛入学率的提前实现，高校扩招势头趋缓，政府不再积极鼓励"银校合作"，这时银行开始对于贷款主体身份的界定逐渐清晰，银行已经由当初无所畏惧地过度放贷转变为掂量着高校的财务风险而拒绝贷款。正如我们所看到的，2004年以后由于高校还贷出现困难，有的高校被银行冻结了账户，有的高校卖地卖房还贷，还有很多高校不得不采取继续贷款，以贷还贷的方式维持学校运转，在"过度贷款"的泥潭里越陷越深。至此，原本由高校、银行和政府三方组成的互惠共生组织被彻底打破，彼此之间同类资源的共享已经不能带来新收益。由于共生关系的打破，导致高校贷款所引发的一系列财务风险短期内集中爆发。

在这个阶段中，我们可以看到高校财务风险的信息丰度在逐渐变大。随着信息在三者之间的传递，对信息占有量最多的是政府，银行次之，高校则最少；而三者对共生组织的依赖度，即共生系数则正好相反，高校最大，银行次之，政府最小。在获得信息后，政府对信息做出的反应最为灵敏；银行次之，但损失不小；高校则最为缓慢，并承担着由于共生组织打破后所带来的放大的冲击力。这种放大后的冲击力对高校的损害程度是难以估量的，考虑到新、旧还贷问题的交织影响，这种损害和影响还将持续一定的时间。

（三）寻求新的共生平衡——风险化解的过程（2009年以后）

在高校背负巨大还贷压力的同时，政府与银行开始对自身的行为进行审视，毕竟高校财务风险的形成与爆发也是它们共同推动和参与的结果。于是，在化解高校财务风险的过程中，高校、银行、政府又具有了利益的一致性，即与高校共同努力，化解还贷危机。按照共生理论，多方参与产生的共生收益具有放大性的特点,三者共同化解危机比起高校自身单个的努力也会更有成效,能够帮助高校尽早从债台高筑的泥泞中走向和谐稳定的发展。从高校财务管理的实践看,也很好地体现了三者共同化解危机的放大性成效,这也为三者构建新的平衡创造了条件。

从政府方面看,加强中央及地方财政支持大众化高等教育阶段的政府投入力度和责任。时任国家主席胡锦涛同志分别在2006年和2007年提出了"必须坚定不移地实施科教兴国战略和人才强国战略,切实把教育摆在优先发展的战略地位"和"三个优先"的重要思想[1],即经济社会发展规划要优先安排教育发展,财政资金要优先保障教育投入,公共资源要优先满足教育和人力资源开发需要,以更大的决心、更多的财力支持教育事业。政府对高校化债给予高度重视和适度的支持,中央财政安排专项资金化解中央高校债务,地方财政则对地方高校化解债务风险提供资金补助。2009~2013年中央财政共安排了290亿元化债资金,占到中央高校(含教育部直属高校)偿还银行贷款本金520亿元的56%[2]。与此同时,政府也为实现《中国教育改革和发展纲要》提出的财政性教育经费占国民生产总值比例4%的目标,进行了冲刺性的努力,加大了财政对教育事业的投入力度,教育部从2011年起大幅度提高了部属高校"基本支出预算"中的生均拨款定额。

从高校方面看,已经清晰了贷款主体的责任归属,积极筹措还贷资金,包括在政府允许下,通过土地置换的方式筹措部分还贷资金。2009~2013年,中央高校自筹资金偿还银行贷款本金230亿元,占贷款本金总额的44%。截至2012年底,教育部直属高校银行贷款本金余额降至70多亿元,比2008年底减少了八成,有银行贷款的学校从70所降至35所[3]。同时,高校加强财务管理,建立绩效评价机制,提高资金使用效益。贷款的利息支出也作为一项重要支出内容,从以往的行政管理支出中分离出来,在高校的收入支出报表中单独列示。

从银行方面看,已对高校贷款列入正常贷款评估与管理的范畴中。在2008年,报批由财政部和教育部共同制订的化解高校债务的方案中,明确提出了坚决制止以新债为化债的前提,高校应积极通过土地置换、增收节支等方法统筹学校资源,积极偿还贷款。同时,银行对高校到期贷款的协商给予一定的展期,或将短期贷款转换为政策性银行或商业银行的长期贷款,延缓高校偿债压力,消除学校"短贷长用"的风险隐患。

总之,我们运用"共生理论"阐述了高校、银行和政府在"银校合作"形

---

[1] 改革开放30年中国教育改革与发展课题组. 教育大国的崛起1978—2008 [M]. 北京:教育科学出版社,2008:44.

[2][3] 时任教育部副部长杜玉波在2013年教育部直属高校财务工作会议上的讲话。

式下的共生组织形成、打破和寻求新的平衡的过程，清晰地展现了高校财务风险集聚、发生和化解的过程，由此也阐明了高校债务风险的演变机理。

第四节 高校财务风险形成与财务收支的关系

从表面上看，高校借贷与高等教育规模扩张存在着时间的承继性和明显相关关系，但并不表明高校贷款与高等教育规模扩张存在必然的直接联系，更不能断言高校贷款是高等教育大众化的结果（邬大光，2007）[1]。事实上，我国高校资金短缺状况是长期存在的。由于财政拨款长期不足，早在规模扩张之前，我国高校经费短缺的问题就已经存在。同时，高校自筹资金能力有限，财务管理上也存在不少的问题，这些都是高校财务风险得以形成的长期影响因素。因此，21世纪初出现集体性负债和大面积资金窘困，是短期直接诱发因素和长期影响因素共同作用下所产生的叠加效应。

一、财政性日常运行投入不到位

作为稳定和无偿的资金来源，政府财政投入是我国高校事业运行和发展的重要基础。改革开放前，公立高校几乎是我国高等教育的唯一形态，而公立高校的日常运行经费中，政府拨款是主要资金来源，拨款是否充裕直接影响到高校资金的供给水平。政府财政性日常运行投入的长期不到位，主要体现在总量不足和结构失衡两个方面。

（一）财政拨款总量不足

联合国教科文组织曾呼吁世界各国2000年实现教育支出占GDP总量6%的目标。1993年《纲要》提出到20世纪末，我国年度财政性教育经费支出占国民生产总值的比例要达到4%的"一个比例"，以及1995年《教育法》提出各级人民政府教育财政拨款的增长要高于同级财政经常性收入的增长，并使按在校生人数平均教育费用逐步增长，保证教师工资和学生人均公用经费逐步增长的"三个增长"，就是要确保教育事业发展有切实的财政投入保障。但实际结果，虽然国家财政性教育经费占GDP的比例正逐年增长，但距离4%仍有较大距离，20世

---

[1] 邬大光. 高校贷款的理性思考和解决方略 [J]. 教育研究，2007（4）：18-25.

纪末仅为 2.58%，2010 年也仅达 3.66%[①]，明显低于大部分发达国家的 5%，也远低于 OECD 国家的平均水平，如表 3-7 所示。

表 3-7　2007 年中国及 OECD 部分国家教育经费占 GDP 比例　　单位：%

国家	教育总投入占 GDP 比例	公共财政教育经费占 GDP 比例	社会与私人教育经费占 GDP 比例
美国	7.4	5	2.4
加拿大	6.5	4.8	1.7
法国	5.9	5.5	0.4
英国	5.9	5.2	0.7
德国	4.8	4.1	0.7
日本	5	3.3	1.7
韩国	7.3	4.5	2.8
印度	4.8	3.4	1.4
泰国	6.8	5	1.8
中国	4.7	3.22	1.48

资料来源：OECD 官方网站，改编自：马志远.中国财政性教育经费占 GDP 4% 的可行性分析——国际比较的视角 [J].教育研究，2011（3）：24．

从总量上看，国家财政性教育经费连年上升，2007 年的国家财政性教育经费投入总额是 1999 年的 3.61 倍。但从人均角度看，中国不仅与美日等发达国家有很大差距，即使在"金砖四国"中，中国的教育投入也排在末位。以 2009 年的统计数字为例，中国人均公共教育支出为 42 美元，美国为 2 684 美元，是中国的 63.9 倍。如果考虑到人口的因素，我们以人均 GDP 来比较，中国人均公共教育支出仅为人均 GDP 收入的 0.82%，美国为 6.10%，是中国的 7.44 倍；日本为 4.28%，是中国的 5.22 倍；俄罗斯为 1.87%，是中国的 2.28 倍；巴西为 2.29%，是中国的 2.79 倍。[②] 时任全国政协委员、经济学家厉以宁指出，当人均 GDP 达到 800～1 000 美元时，公共教育支出占 GDP 的比重要达到 4.07%～

---

① 2010 年，全国财政性教育经费支出占国内生产总值的比例为 3.66%，同比提高了 0.07 个百分点。国务院印发了《关于进一步加大财政教育投入的意见》，将全面部署落实 2012 年实现国家财政性教育经费支出占国内生产总值比例达到 4% 工作．资料来自：2010 年全国财政性教育经费支出占 GDP 3.66% [EB/OL].2011-12-28. http://finance.sina.com.cn/g/20111228/195211086288.shtml.

② 赵炳坤.经济学视角的中国高等教育发展方式研究 [D].武汉：武汉理工大学，2011．

4.25%,才能实现教育与经济的良性发展。① 当时,我国人均 GDP 已经突破 3 000 美元,而公共教育投资占 GDP 的比例始终处于偏低水平,这势必对于教育发展和整个经济社会的健康、持续发展造成不利影响。

就高等教育而言,政府财政性拨款虽然仍是高等教育经费的主要来源,但其比例呈逐年递减趋势。图 3-9 显示,从实施扩招政策的 1999 年起,全国普通高校的经费总投入几乎与在校生规模同步增长。但是,国家财政性投入的增速明显跟不上在校生规模的扩张,2007 年与 1999 年相比,在校生人数达 4.56 倍,而财政性投入仅为 3.61 倍。普通高校财政性投入占总投入的比重逐年下降,1999 年国家财政性投入占总投入的 62.48%,而到了 2007 年仅占 43.97%。

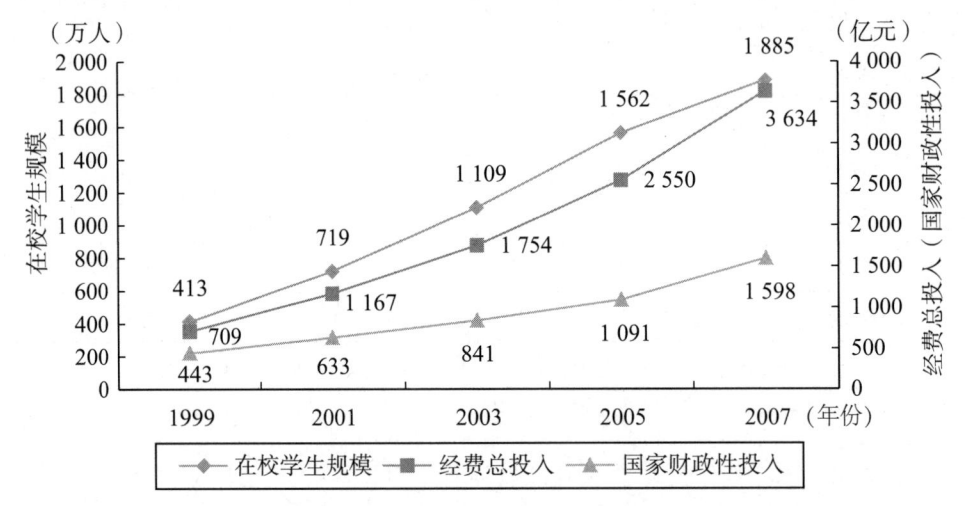

图 3-9　1999~2007 奇数年全国普通高校经费投入与在校生规模对比

资料来源:根据 Wind 数据库连接国家统计局网站数据整理。

20 世纪末,我国高等教育开始了新一轮体制改革,全面调整了政府与高校、中央与地方、政府教育主管部门与其他业务部门之间的关系。除"部分关系国家经济、社会发展全局并在高等教育中起示范作用的骨干学校和少数行业性强、地方不便管理的学校"仍由中央直接管理外,大多数高校下放由地方(省级)管理,一些重点学校由中央和地方共建。这一改革举措也给地方财政带来了空前压力。1994 年国家实行分税制改革后,在地方政府财政收入没有明显大幅增长的情况下,高校短时间内大量下放和共建,要求地方额外大幅增加财政性教育经费投入,有些地方出现了执行难的问题,尤其是对高等教育办学大省,资金矛盾更

---

① "中国教育经费支出"占 GDP 比例首次达到国际标准 [EB/OL]. 2013-3-6. http://cen.ce.cn/wxf/zixun/201303/06/t20130306_24173079.shtml.

为突出。有关统计显示，1998~2001年中央对划转地方的184所高校，4年划拨经费仅45亿元，安排专项资金14亿元，合计每年校均经费800万元；截至2001年底，教育部已为共建学校安排资金44.92亿元，地方政府落实共建资金30.15亿元，其他中央有关部门落实资金6.31亿元。[①]

从全国总量上看，财政性教育经费连年增长，但还是有部分省（自治区、直辖市）教育财政拨款低于本级财政经常性收入增长，没有实现预定目标，个别地方政府投入欠费严重，有的甚至出现预算内教育经费占财政支出的比例下降的情况。由于发展的不平衡，一些地方高校生均经费拨款，乃至经费拨款总量还有不同程度的下降。这些省（自治区、直辖市）基本上集中在中西部地区，也有东部发达地区的个别省份。这固然与地方政府对教育重视程度有关，同时也与地方政府实际财力有关。

（二）财政拨款结构失衡

从1985年起，我国高等教育日常运行经费拨款实行"综合定额+专项补助"的拨款模式，并执行"包干使用、超支不补、节余留用"的原则。"综合定额"拨款通过政策参数（在校生数）乘以生均拨款额得出，区别各类层次高校、各系科和专业，定额有所不同，体现公平原则；"专项补助"拨款，主要考虑学校的特殊需要。2002年起拨款模式改为"基本支出预算+项目支出预算"，基本支出预算主要还是沿用"综合定额"的预算核定办法，体现公平的原则；"项目支出预算"则体现效率原则，政府基于体现绩效理念的"扶强"思路，先后启动了"211"和"985"工程等，财政部门和教育主管部门单独安排专项经费拨给列入建设计划的这些高校。根据改革开放30年中国教育改革与发展课题组著《教育大国的崛起1978-2008》的数据[②]，截至"十五"规划期末，"211工程"共安排建设资金292.94亿元，其中中央专项87.74亿元；"985工程"自1998年实施起，一期建设仅中央专项资金就投入140多亿元，截至2006年底，财政部已安排二期建设资金108亿元。这些专项资金在促进高水平大学建设的同时，进一步强化了教育资源配置中的马太效应，加剧了高校之间的竞争与分化。在政府财政投入总体不足的情况下，致使那些本来在市场竞争中办学条件就相对薄弱、总体竞争力不强的弱势高校更感到生存和发展的困难。

由于实践中，在把握"保基本"与"促绩效"的关系时，过度强调保障重

---

① 两会特稿：这五年，教育投入增长最快［EB/OL］.2003-03-05. http://www.edu.cn/zhong_guo_jiao_yu/zong_he/zhuan_ti/liang_hui_zhuan_ti/200603/t20060323_69423.shtml.
② 改革开放30年中国教育改革与发展课题组. 教育大国的崛起1978-2008 [M].北京：教育科学出版社，2008：206，212.

点建设的倾向，导致项目经费占总预算的比重日趋膨胀。以教育部直属高校为例，部属高校专项资金占财政拨款的比重平均为34%，部分高校专项经费所占比重甚至超过50%，一段时期内高校的增量经费几乎都是专项经费。这种过度导向的结果，一方面，高校基本支出预算不能维持学校正常运转的需要，日常运行挤占和挪用专项资金的状况普遍存在；另一方面，高校项目经费普遍存在较多结余，产生高校年终财政性经费结余过多的假象。这就使得各级人民代表大会和审计部门检查时，得到了高校一方面在呼吁财政拨款不够，另一方面却经费大量结余，而且挤占和挪用专项经费严重的印象和结论。

二、办学成本压力剧增

美国高等教育成本委员会（National Commission on the Cost of Higher Education，NCCHE）将高校办学成本定义为"机构为学生提供教育和相关教育服务的货币支出"。在我国，官方更多采用的是"教育培养成本"的概念。在国家发展改革委2005年6月颁布的《高等学校教育培养成本监审办法（试行）》中，明确规定了高校教育培养成本由人员支出、公用支出、对个人和家庭的补助支出及固定资产折旧四部分构成。但在当时高校实际会计核算中，尚未包含房屋建筑物和设备等固定资产折旧的内容。

（一）物价对成本的压力剧增

图3-9及图3-10显示，2007年普通高校教育经费的总投入是1999年的5.13倍，2007年在校生规模是1999年的4.56倍，因此期间的名义生均投入基本没变。

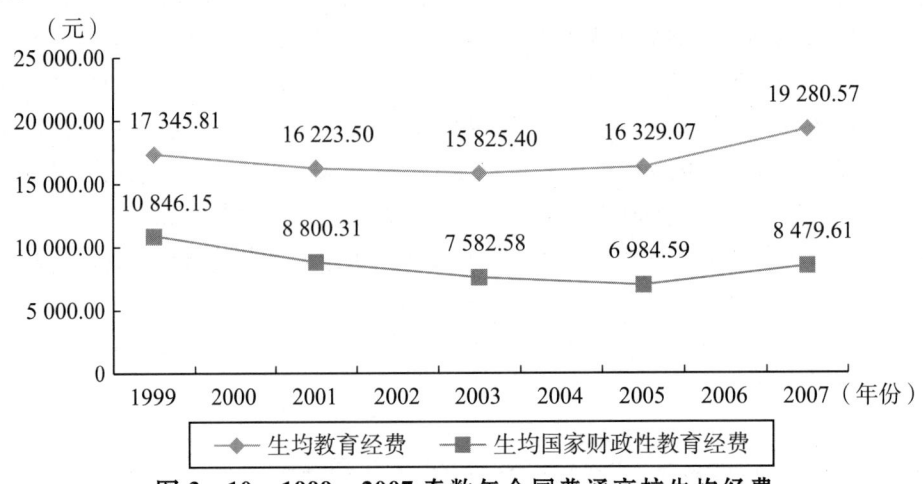

图3-10 1999~2007奇数年全国普通高校生均经费

资料来源：根据Wind数据库连接国家统计局网站数据整理。

如果考虑物价因素，全国普通高校实际生均投入是下降的。图 3-11 显示，1999～2009 年，我国消费者物价指数（CPI）基本一直处于上涨过程。根据 Wind 数据库连接国家统计局网站数据，CPI 2007 年是 1999 年的 1.13 倍，生均教育经费同期是 1.11 倍，CPI 增长率超过同期生均经费增长率。在实际生均投入下降的情况下，办学成本承受的压力不断增加。根据塔尔博伊斯（Talboys, 1995）对美国高校 20 世纪 60～90 年代相关数据进行统计研究的结论[1]，高等教育价格指数要远高于 CPI 指数，由此他建议使用单独的高等教育价格指数（HEPI）衡量高校资金购买力和效益。

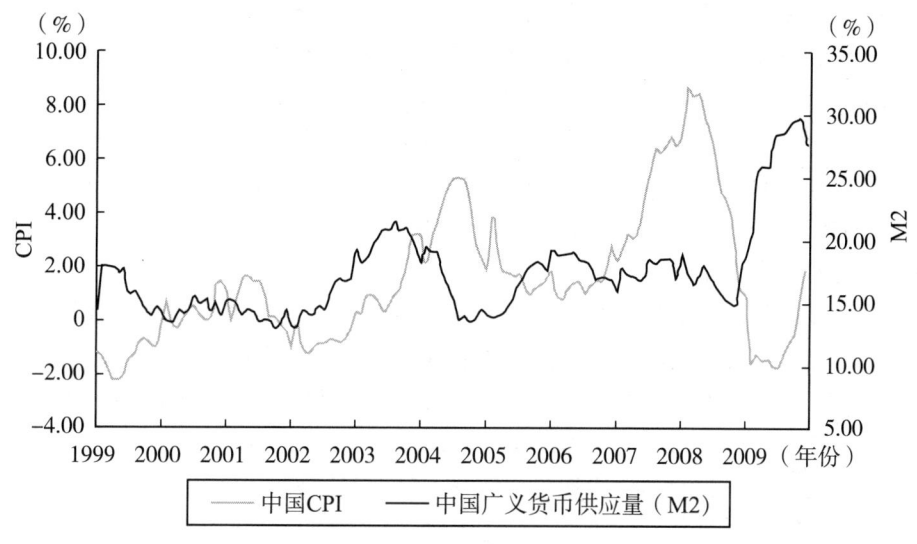

图 3-11　我国 1999～2009 年 CPI 和 M2 走势

资料来源：根据 Wind 数据库连接国家统计局网站及中国人民银行网站数据整理。

特别需要指出的是，教职工的用人成本是学校开支的大项，2000～2010 年人均用人成本增长了许多（徐明稚，2009）[2]。新华社报道，据对教育部直属高校的统计，"从 1998 年到 2001 年，教职工平均年工资收入由 1.2 万多元增加到 2.4 万多元，平均每年增长 25.5%"[3]。同时，随着科技的进步，校园的数字化、智能化需求，多媒体网络技术日益成为新的、不可或缺的教学技术手段，新学科的不断出现，传统学科需要改造，国际交流日益频繁等，都给办学成本带来巨

---

[1] Talboys W M. Using Financial Ratios in the Analysis of Four Private Universities in the Southwest U. S.：A Case Study [D]. Reprint of the Author's Thesis (Ph. D.), Colorado State University, 1995.
[2] 徐明稚. 对我国高等教育投入的思考与建议 [J]. 教育发展研究，2009（7）：40-43.
[3] 高校教职工工资收入每年增长四分之一 [EB/OL]. http：//www. hpe. sh. cn/ShowNews. asp? ArticleID = 16330.

大的压力。

(二) 高等教育体制改革下的多校区运行

1998年,高等教育管理体制改革按照"共建、调整、合并、合作"的八字方针全面推进,经过8年多的努力,取得了重大进展。在参与改革的900多所高校中,有597所高等学校合并组建为267所高等学校,原来由国务院有关部门直接管理的367所普通高校,改革后有近250所高校实行了省级政府管理、地方与中央共建的体制。

扩招和合并都使高校的办学规模迅速扩大,学校发展空间有限的矛盾随之而来。高校纷纷开辟新校区,从而形成多校区办学的格局。据中国教育统计网数据,截至2006年4月,我国共有"211工程"高校107所,其中多校区高校72所,占67.29%,在这72所高校中,参与合并的有52所,参与合并的高校占多校区高校数目的72.2%;而在38所"985工程"高校中,多校区高校有29所,占76.31%,在这29所高校中,参与合并的有22所,参与合并的高校占多校区高校数目的75.9%。

一校多区的办学格局虽有其历史沿革的承继性,但客观上存在复杂性增加、管理跨度加大、资源共享困难、信息沟通难度增大等一系列问题,由此也给办学成本带来巨大的压力。具体表现在五个方面:教学设施的重复建设,师资力量的额外引进或跨校区工作补贴增加,交通与通信成本增加,管理跨度加大、成本提高,资源共享困难、基础设施利用率低(秦红,2008)[①]。

(三) 高校目标定位的不断拔高

20世纪末21世纪初,在以"211工程"和"985工程"为主要标志的一流大学和高水平大学建设热潮中,各层次高校之间围绕政府财政投入资源的争取,在生源、师资、声誉、社会影响、管理制度等方面展开了激烈竞争。一些基础比较薄弱及偏远地区的地方性高校,在此次的发展热潮的激烈竞争中,更是感受到巨大的生存危机。所有高校都希望在自己原有的基础上有所提高和进步,都希望在与同等水平高校的竞争中占据有利地位,从而能获取更多的发展优势和资源条件。

在此背景下,高校中盛行跨越式发展观念。这一方面反映出高校主动抓机遇,加快发展,积极追求本校教育规模、发展速度及质量提升的发展热情;另一方面也带来了某些高校脱离学校实际,盲目地追求大而全、高大上的发展目标。

---

① 秦红. 降低多校区大学办学成本的探讨与思考 [J]. 中国高教研究,2008 (9): 68-69.

一时间，中国高等教育领域出现了极其火热的"升格潮"，中专升大专、大专升本科、本科学院升大学、单科性高校转综合性高校。高校间相互攀比、求量不求质、贪大求全、追求时髦、急功近利、舍本取末等。① 高校一方面追求诸如国家首批批准的重点大学、国家重点大学、省属重点大学、"211 工程"建设大学、"985 工程"建设大学、世界一流大学建设等"标签"和"帽子"的外部影响；另一方面千方百计增强"内涵建设"，没有本科专业的千方百计地争取本科专业，有了本科专业的又千方百计地争取硕士点，有了硕士点的又千方百计地争取博士点，有了博士点的又千方百计地争取博士后流动站等，既大力投资于学科建设，又花巨资延揽高级人才。高校所有这些追求都需要投入大量的资金，从而也进一步加剧了办学成本的压力。

三、高校自筹资金能力有限

长期以来，我国高等教育试图构建政府财政拨款为主，多渠道筹措办学经费的格局，但多渠道筹措办学经费之路仍任重道远。

（一）财政拨款与学费收入占七成以上

改革开放以来，我国开始从计划经济向市场经济转型，努力增强市场"看不见的手"在资源配置中的基础性作用。社会的转型也逐步改变了高等教育资源的配置方式，使其由政府单一拨款的供给机制转变为以财政拨款为主的多渠道筹资方式。转型后的普通高校的经费来源主要包括：政府拨款、教育费附加、学杂费、校办产业和社会服务收益用于教育的经费、个人和社会组织的捐赠、教育基金、承接科研课题或与企事业单位进行科研合作所取得的收入、学校贷款和从资本市场上取得的利息收入等，简称为"财、税、费、产、社、基、科、贷、息"九项。

表 3-8 表明，高校资金来源中，国家财政性教育经费和学杂费收入占主导地位的基本格局不变，除了 2005 年两者之和占总经费来源的 73.82% 外，其余年份均在 3/4 以上。10 年间，一个明显的变化是国家财政性经费的比例逐步下降，由 78.30% 降至 43.98%，而学杂费收入的比例则逐步上升，由 14.82% 提高至 33.66%。其他经费收入比例由 5.38% 提高至 21.61%。其他经费收入中包括教学、科研等服务收入以及社会团体及公民个人投入等。

---

① 刘道玉. 高校学风亟待整肃 [J]. 高等教育研究，2004（1）：12-15.

表 3-8 1999~2009 奇数年全国普通高校教育经费来源结构

年份	普通高等学校教育经费总额（亿元）	国家财政性教育经费 金额（亿元）	所占比例（%）	学杂费 金额（亿元）	所占比例（%）	社会捐资经费 金额（亿元）	所占比例（%）	其他经费 金额（亿元）	所占比例（%）
1997	390.48	305.75	78.30	57.89	14.82	5.84	1.50	21.00	5.38
1999	708.73	443.16	62.53	120.78	17.04	16.17	2.28	128.62	18.15
2001	1 166.58	632.80	54.25	282.44	24.21	17.28	1.48	234.06	20.06
2003	1 754.35	840.58	47.91	505.73	28.83	25.64	1.46	382.40	21.80
2005	2 550.24	1 090.84	42.77	791.92	31.05	21.08	0.83	646.40	25.35
2007	3 634.19	1 598.32	43.98	1 223.19	33.66	27.18	0.75	785.50	21.61

资料来源：根据 Wind 数据库连接国家统计局网站数据整理。

（二）学费水平难以再提高

从生均高等教育经费来源的视角考察，自 1997 年高等教育实行全面收费以来，国家财政拨款占比持续下降，学杂费收入逐渐上升。当高等教育规模快速增长（每年近 20%）时，我国教育财政资金的增长速度远不足以保障高等教育经费同步增长的需要，于是就主要依赖个人学杂费的快速增长来予以弥补。表 3-9

表 3-9 全国普通高校经费主要来源人均指标和增长率

年份	在校学生数（万人）	生均学杂费（元）	生均国家财政性教育经费（元）	生均教育经费（元）	生均学杂费增长率（%）	生均国家财政性教育经费增长率（%）	生均教育经费增长率（%）
1997	317.44	1 823.54	9 631.71	12 301.19	—	—	—
1998	340.88	2 144.87	10 465.78	16 115.50	17.62	8.66	31.01
1999	413.42	2 921.57	10 719.37	17 143.05	36.21	2.42	6.38
2000	556.09	3 463.66	9 552.15	16 424.51	17.17	-11.93	-5.31
2001	719.07	3 927.90	8 800.31	16 223.50	13.40	-7.87	-1.22
2002	903.36	4 324.43	8 326.07	16 470.22	10.1	-5.39	1.52

资料来源：根据 Wind 数据库连接国家统计局网站数据整理。

显示，1999年实施扩招政策后，普通高校生均教育经费基本维持在一个不变的水平，但在生均国家财政性经费逐年下降的同时，生均学杂费水平逐年升高，从2 921.57元提高至4 324.43元。

此时，国家核定的学费标准在人均5 000元/年左右，占人均GDP的40% ~ 50%，已远超经济发达国家年均学费占人均GDP 20%的比例。这已给部分家庭比较困难的学生，尤其是对来自农村、边远地区以及少数民族地区的广大学生造成了沉重负担，我国相当一部分家庭实际上已经无力购买高等教育服务[①]。在学杂费水平已经较高的情况下，继续靠提高个人交纳的学杂费水平来补充高等教育经费的缺口已不现实，并开始受到社会普遍的批评和抵制。北京大学课题组一项研究表明，我国居民对普通高等教育需求具有价格弹性，学费水平越高，弹性越大，"当学费增加10%时，约有11%的学生会因负担不起学费而放弃接受高等教育的机会"[②]。于是，政府有关部门开始限制或冻结学杂费的进一步上涨。2001年起，教育部、国家发展改革委、财政部多次联合发文，强调"高校学费和住宿费标准要稳定在2000年的水平上，不得提高"。

（三）其他自筹收入能力较弱

以校办产业、社会服务为主要标志的高校自筹收入（也称"创收"）虽然是补充教育经费不足的重要渠道，但事实上，真正可以用于补贴学校教育经费的"净收入"远非人们想象的那么"丰盛"[③]。自筹收入一部分要用于"创收"活动的直接开支；另一部分用于教师额外劳动的报酬；还有部分用于非教师的各类人员的劳务报酬。此外，高校还可以收取住宿费等其他费用，但这些费用多数都有特定用途，而且高校后勤服务社会化之后，高校对此类收费的支配权也很有限。尽管社会捐赠和各种发展基金收益可以为高校提供一定的资金支持，但是我国高校从这两个方面获得的资金数量仍然十分有限。社会捐赠、校办产业、社会服务用于补贴教育经费的部分仅占高校全部收入的1%左右。[④]

（四）高校独立法人地位不完善

高等教育改革的过程，是高校产权不断清晰的过程。《高等教育法》第三十条明确规定，"高等学校自批准设立之日起取得法人资格。""高等学校在民事活

[①] 贾永堂. 试析我国弱势高校的生源困境及出路 [J]. 现代大学教育，2010 (5)：32 - 38.
[②] 北京大学课题组. 关于扩大高等教育规模对短期经济增长作用的研究报告 [EB/OL]. http://www.edu.cn/zong_he_311/20060323/t20060323_12479_5.shtml.
[③] 徐明稚. 对我国高等教育投入的思考与建议 [J]. 教育发展研究，2009 (7)：40 - 43.
[④] 何树红，李凯敏. 我国高校投融资现状研究 [J]. 学理论，2014 (2)：67 - 70.

动中依法享有民事权利，承担民事责任"。这些规定将高校作为独立法人，并使高校有参与经济活动的能力，实现了高校民事权利能力和民事行为能力的统一。独立法人地位将高校作为一个独立的经济运行体，与计划经济时代的全额拨款不同，高校成为差额预算的事业单位，需要自主的筹集资金和使用资金，独立承担在筹集资金和使用资金过程中的风险。这是现代大学制度在赋予高等学校权利的同时要求高等学校承担的相应的责任。

虽然《高等教育法》赋予了高校独立法人地位，但实际上公办高校尚难真正做到享有完全的民事权利和民事责任。《中华人民共和国民法通则》规定的民事权利包括"财产所有权和与财产所有权有关的财产权"。其中"财产所有权是指所有人依法对自己的财产享有占有、使用、收益和处分的权利"。我国公办高校的资产属国有资产，高校法人离依法享有高校资产的所有权、支配权、使用权、处置权以及收益权尚有一定的差距。《高等教育法》第三十八条规定："高等学校对举办者提供的财产、国家财政性资助、受捐赠财产依法自主管理和使用。高等学校不得将用于教学和科学研究活动的财产挪作他用。"这表明，公办高校并没有独立的财产，只能依法自主使用举办者提供的财产，更没有权利处分这些财产，不可能独立承担完全民事责任。同时，高校的招生权、收费权、收费处置权、人事权，甚至专业设置权都仍然不同程度地掌握在政府手中。

总之，在高等教育大众化发展的启动阶段，高等教育规模迅速扩张的情况下，国家财政性日常运行经费投入的不到位、高校办学成本压力的剧增，以及学校自筹能力的有限等因素，都加剧了高校面临的财务风险压力。

第五节　高校财务风险形成与体制机制及财务治理的关系

一、预算软约束

软预算约束（soft budget constraint）理论由科尔奈（Kornai）在其著作《短缺经济学》（1980）中提出。他认为社会主义社会的国有企业一旦面临破产或亏损时，政府通常都要通过拨款、减免税收或其他形式帮助企业解困，而国有企业的经营管理者往往也会预期能够得到国家援助，这种现象称为"预算软约束"，核心观点是政府难以承诺不对陷入困境的企业施以救助。

为什么会有高校的集体负债？高校的行为动机是什么？政府为什么要主动事

后救助？高校扩招与国家投入不足只是我国高校集体性负债的表面原因，深层次的原因也可用政府和高校之间存在严重的"预算软约束"来解释（曹淑江，2004，2005；俞建海，2007；黄卫挺等，2008；罗序斌等，2009；刘淑华等，2010）[①]。我国高校预算软约束的形成有其特殊的背景与原因。

（一）高等教育的正外部性和功能垄断是高校预算软约束形成的内因

经济学家对"正外部性"的界定是指某个经济行为个体的活动使他人或社会受益，而受益者无须花费代价。高等教育正好满足了正外部性的特点。高等教育的正外部性是高校社会功能延伸出来的，是高等教育对经济、社会的影响，也是高等教育的各种职能的现实展开过程。高校具有人才培养、科学研究、社会服务和文化传承等功能，高校的举办和运行涉及千万学生及其家庭的利益，关系社会的和谐、稳定与发展。如果高校因资金链断裂，出现难以持续运行，或是大幅度削减开支，招致服务对象的不满乃至投诉等，这将有碍于社会安定团结和政府的施政。因此，当这种状况出现时，政府为了社会的和谐、稳定与发展，就会对高校进行救助。

前面的研究表明，高校贷款与扩招规模存在一定联系，但当我们深入地观察和分析现实，就会发现一种似是而非的悖论：真正扩招规模增幅较大的是地方的本科院校和高职高专院校，中央高校和重点大学的扩招规模并不是很大；而实际贷款的成功率是本科扩招规模不大的中央院校和重点大学更多，他们又几乎都是国家重点支持建设的[②]。这是因为"正外部性"的大小受办学规模、影响力和办学结构层次等因素影响，这些都可以成为高校与政府讨价还价的筹码。

同时，在社会构成体系中，高等教育在人才培养、科学研究、社会服务和文化传承等功能方面具有难以替代的优势和地位，这也使得作为高等教育承载者的高校具有了独特的"功能垄断"地位，从而具有了一定的不可替代性。根据塞格尔（Segal）的研究，当某一机构垄断性提供某种具有正外部性物品时，预算软约束就会发生。高校正好满足了这两项条件。正是"垄断"和"正外部性"的存在，使得高校具有了要求政府事后救助的讨价还价筹码。

---

① 曹淑江. 教育制度和教育组织的经济学分析 [M]. 北京：北京师范大学出版社，2004：88；曹淑江. 高等学校的软预算约束与财务自主权 [J]. 高等教育研究，2005（10）：48-52；俞建海. 政策性负担，逆向选择与高校软预算约束 [J]. 高等教育研究，2007（9）：37-42；黄卫挺，史晋川，郑红亮. 预算软约束与高等学校财务困境 [C]//中国经济改革与发展（论文集）. 北京：经济科学出版社，2008：159-166；罗序斌，郑克强. 化解地方高校债务风险的"2+1"模式——基于国企债务重组经验的启示 [J]. 教育学术月刊，2009（12）：72-74；刘淑华，王福友. 预算软约束：高校群体性负债的深度分析 [J]. 教育发展研究，2010（5）：12-16.

② 邬大光. 高校贷款热的冷思考 [J]. 南风窗，2007（4）：33-36.

（二）公有产权、政策性负担为预算软约束的形成创造了制度环境

预算软约束的形成还有赖于所有权制度和责权利边界划分等制度条件。

首先，公立高校的国家所有决定了高校与政府不对等的从属关系，这也为政府对高校行政指令式的管制提供了先行条件。《教育法》规定："学校及其他教育机构中的国有资产属于国家所有。"《高等教育法》规定："高等学校自批准设立之日起取得法人资格。"一方面，政府享有高校全部所有权；另一方面，除了归国家所有以外，公立高校的法人所有权、支配权、使用权、处置权、收益权没有明确的相应主体承担。按照经济学产权理论，法人财产权不过是出资人所有权的派生权利，当出资人只有一个主体的时候，就很难制约这个出资人不去任意干预法人财产权。

其次，政策性负担。正如经济合作与发展组织调查表明的那样，与世界各国一样，中国高校也承担着越来越多的社会责任（这里称之为"负担"），各国政府越来越强调高等学校在落实国家政策、实现社会与经济发展目标等方面的重要性。其中包括：提高民众技能，促进终身学习；扩大社会参与，培养公民意识与素质；促进经济发展；落实区域发展政策；促进文化的发展及革新；推动知识经济的深化；提高基础研究和应用开发的水平等。总体而言，我国高校肩负着战略性政策和社会性政策两方面的责任，前者是指在赶超战略的影响下，高校超脱其内在发展规律和超越我国高等教育发展现状所形成的负担；后者是指赋予高校超出高等教育本身之外的社会性职能而形成的负担。高等教育大众化发展战略下的"扩招"和重点扶植战略下形成的"985 工程"及"211 工程"建设均可以视为政策性负担，高校作为政府决策的执行者，必须按照主管部门的政策意图制定招生指标、教学规模和上水平的目标任务。

最后，信息不对称引起高校事后保护。林毅夫等（2004）[1] 提出，信息不对称和政策性负担会诱使管理者出现道德风险和逆向选择，从而导致组织运营低效。信息不对称容易使高校将不利因素归咎于政府。阿根蒂（Argenti，1976）[2]认为，会计信息不足或会计信息系统存在缺陷是导致企业陷入财务风险的第二大因素。我国高校的财务会计信息系统也存在着一些缺失和不足，例如，成本核算制度缺失，至今没有清晰、规范、统一和可操作实施的人才培养成本核算口径与数据；高校基本建设经费和日常运行经费在两套独立的会计核算体系中分别核算，校园基本建设经费投入和支出缺乏清晰、规范、统一的反映；预算控制系统

---

[1] 林毅夫，李志赟. 政策性负担，道德风险与预算软约束 [J]. 经济研究，2004（2）：17-27.
[2] Argenti J. Corporate Collapse [M]. Hoboken：Wiley，1976.

不健全，预算控制信息缺失或不完整规范；缺乏现金流管理的意识以及财务管理上可实际运用的办法，不能预测和管控现金流短缺的危机等问题。由此，政府无法确知高校政策性负担所需的确切经费额度，也很难分清高校负债是由政策性负担造成的，还是由于高校自身管理不当，或是管理者的道德风险造成的。于是，高校就容易将各种开支，包括政策性负担形成的债务和道德风险、管理不当等造成的不必要花费等都归咎于政策性负担。在信息不对称，会计信息系统难以提供必要可靠数据时，政府在既无法分清债务形成的确实原因，又不能推托政策性负担造成的债务责任的情况下，不得不把高校的所有债务都确认下来，于是就形成了"预算软约束"的局面。由于存在政府事后救助的可能性，这还会反过来纵容和刺激高校的事前道德风险。

（三）法律和金融环境为预算软约束形成提供了便利条件

法律上，1995年起施行的《教育法》规定，国家鼓励运用金融、信贷手段，支持教育事业的发展。1999年6月颁布《中共中央国务院关于深化教育改革全面推进素质教育的决定》中提出，积极利用财政金融、税收政策，继续鼓励社会、个人和企业投资办学捐（集）资办学，不断完善多渠道筹措教育经费的体制。2001年7月教育部印发的《全国教育事业第十个五年计划》提出，建立健全符合社会主义市场经济体制和政府公共财政体制的教育拨款政策和成本分担机制，适当运用财政、金融、信贷手段发展教育事业，合理利用银行贷款，继续争取世界银行贷款项目。这些法规和政策为高校利用银行贷款和以负债方式融资提供了法律依据。

金融上，20世纪90年代末，我国国有银行处于市场化改制的时期，国有商业银行预期公立高校可以成为其资金增值的有益出路。此后，政府又要求银行对参与高校信贷要采取积极态度，如《中国人民银行、教育部关于进一步解决学生公寓等高等学校后勤服务设施建设资金问题的若干意见》中明确要求各商业银行"加大对学生公寓等高等学校后勤服务设施的信贷支持力度"，于是资金供求双方以政府为后盾展开了"银校合作"，形成了数千亿元的信贷规模。

（四）经营者激励目标错位成为预算软约束的行为动力

预算软约束还必须存在行为动机才能发生，经营者目标激励错位是导致预算软约束形成的行为动力。《高等教育法》明确：国家举办的高等学校实行中国共产党高等学校基层委员会领导下的校长负责制；中国共产党高等学校基层委员会按照中国共产党章程和有关规定，统一领导学校工作；高等学校的校长为高等学校的法定代表人；高等学校的校长、副校长按照国家有关规定任免。1980年12月，中央组织部和原教育部党组在《关于加强高等学校领导班子建设的意见》中提出:"今后任命专业人员担任正副校院长时,实行任期制。"1987年,《高等学校校长任期制试行办法》指出,我国高等学校的校长、副校长任期一般为4年或5年,任期届满,经上级任免机关批准,可以连任。

公立高校的校级管理人员由政府任命,政府是最终的、也是最权威的绩效评判者,管理人员的行为目标容易停留在仅仅谋求上级政府的满意上。根据委托代理理论,短期任职容易诱使经营者关注短期见效的政绩工程,如新校区的建设、校园环境改善、教学评估优秀、办学层次提升等。如果靠负债就能够争取更多资源,且任期内又不必担负还款责任,还能充分完成上级下达的各项任务指标,得到上级的肯定、嘉奖乃至提拔,则何乐而不为?当权责对等原则仅仅停留在理念层面,没有切实落到制度规范上,责任追究不能界定到具体管理人员时,高校管理人员就容易对商业性贷款产生"不贷白不贷,贷了不白贷"的想法,在预算资金捉襟见肘的情况下,不断突破预算约束,毫无顾忌地巨额举债,不惜代价大兴土木,建造豪华大学城也就不足为怪了。

由此看到,"预算软约束"理论为我们深入剖析我国公立高校在高等教育大众化启动阶段出现财务风险的深层次体制性原因提供了有益的视角。

二、财务治理结构的缺陷

从财务学的角度看,财务治理是通过财权在利益相关者之间的不同配置,调整利益相关者在财务体制中的地位,建立一个财权配置合理、权责对等、激励和约束有效的财务治理结构,为提高治理效率而做出的一系列动态制度安排。

首先,从高校实际地位的视角看,我国高校还尚未完全实现由政府附属机构向依法自主办学主体的转变。在实际工作中,以教育部直属高校为例,"部属高校普遍反映主管部门远在北京,所属单位众多,管理链条长,对当地情况并不了解,请示审批事项得不到及时答复,政府新政策得不到及时传达"[①]。虽然财政部、教育部协同对部属高校进行预算管理,并设置了专员办制度,中央基层预算单位的监管职能得到不断充实,涵盖预决算审批、国库集中支付、银行账户管理等绝大多数事项,但由于整体的管理思路和操作机制没有跟上,导致基层预算单位日常财务管理存在着"管得着的看不见,看得见的管不着""该管的没管好,不该管的管了不少"的状况。

其次,从现代大学制度的视角看,财务治理是现代大学治理的重要内容。按照现代大学制度中的"利益相关者"理论,教职员工、学生及其家长、社会公众

[①] 叶加洪,张凡. 论我国地方政府问责的特点及完善路径[J]. 法制与社会,2010 (30):143-144.

等都是高等教育的利益相关者,他们都应该有大学财务治理的知情权、参与权与监督权,但在当时高校财务治理结构中尚未有相应的体制性安排与体现。"财务管理工作往往是由校长或分管副校长负责,重大财务事项由学校党委常委会或校务委员会或财经领导小组等研究确定。而这些机构的成员往往都是由政府任命的学校管理者,缺少教职员工、学生及其家长、银行机构、捐款人等其他利益相关者的代表"[1]。高校校级层面的管理决策团队都由政府任免,财务监督主要由纪委、监察、审计等校内二级部门负责,难以做到独立监督。工会作为教职工代表机构应发挥的民主监督作用往往也不尽到位。在外部第三方审计和银行、学生、校友等利益相关者参与的约束机制缺失或不到位的情况下,容易导致"内部人控制"。由于缺乏强有效的监管以及信息的不对称,高校存在着财务决策盲目性和随意性较大的现象。如有些调查描述的那样,高校大部分贷款都是自主行为;再如,按《中华人民共和国担保法》规定,学校不能以自身财产抵押贷款,但一些高校则用未来可以收取的学费(收费权)做抵押向银行贷款;还如,当学校贷款过多后,银行不再向其发放贷款时,个别高校甚至高息向教师借款融资等。

最后,从财务治理中权责对等原则的视角看,高校内部财务决策权与责任承担尚不完全对等。公立高校实行党委领导下的校长负责制,按规定高校的预算和决算等重大事项的决策权在校党委,但是却没有界定参与决策人员的责任及责任追究机制,经济责任审计的对象也仅为法人代表。这就形成了实际上的权责不对等。在权责不对等的治理结构下,处在社会扩张热潮中的高校,普遍存在只讲发展,不考虑财力约束;只讲眼前政绩,不考虑长远可持续性;只讲财权层层下放,不考虑相应责任层层落实。这也是导致高校贷款无限膨胀的重要原因。

在这种财务治理结构不尽完善的体制下,产生战略性决策偏差,包括过度扩张、过度贷款,以致财务风险的累积、集聚、爆发也就可以理解了。

三、财务管理存在的问题

在资金来源相对不足的同时,高校还普遍存在着日常资金管理薄弱的问题,有限的资金得不到合理运用,甚至出现浪费乃至流失及贪污现象,加重了资金短缺局面的形成。据国家审计机关、教育内审机构和社会审计组织对高校审计结果通报[2],我国高等院校无论校级财务、还是二级财务,无论预算资金、还是基建

---

[1] 赵建军. 我国高等学校财务治理问题研究 [J]. 教育财会研究, 2008 (5): 9-13.
[2] 早在2001年,教育部财务司就组编了《高校经济活动案例选编》一书,选择了当时国家审计机关、教育内审机构和社会审计组织对高校审计的真实案例,涉及预算管理、财务收支、投融资等多个方面。

经费，无论是校财务处、设备处、基建处、后勤管理处等职能部门，还是附属的校办产业、附属医院、附中、附小等，诸如赤字预算、固定资产账实不符、违规投资融资、挪用公款、乱收费、私设"小金库"、截留收入、偷税漏税、票据管理混乱等违规违纪现象较为普遍，加强和完善财务管理已是高校面临的刻不容缓的任务。这些管理方面存在的问题可以归纳为以下几个方面：

（一）财务管理体制

《高等学校财务制度》规定："高等学校实行'统一领导、集中管理'的财务管理体制；规模较大的学校可以实行'统一领导、分级管理'的财务管理体制。"随着高校规模的不断扩大，学校内部财务管理的重心整体下移，部分学校统一调度资金的能力有所削弱，不利于高校现金流的畅通运行和资金效益的充分发挥。

（二）预算管理

"预则立，不预则废"。预算管理制度有助于合理利用资源，提高资金的使用效率，减少由于盲目、违规所造成的财务风险。虽然《高等学校财务制度》把预算管理作为高校财务制度改革的核心内容，但相当多的高校尚未建立健全全面预算管理制度。有的高校虽然有了预算制度，但预算没有成为日常资金管理的法定依据，有章不循，随意更改，使预算成为摆设。资金的收支缺乏统一的筹划和控制，随意性大；有的高校预算不切实际，指标不科学，缺乏考核依据；有的高校应收款项长期挂账，库存物资占用不尽合理，资金周转缓慢。

（三）内控制度

健全的内部控制机制是保障高校财务安全、提高风险管理水平的重要举措。内部控制机制的建立需要高校依据国家相关的法律、法规，结合自身的具体状况制定合理的财务规章制度，并且真正付诸实施。内控制度主要内容应该包括：会计核算制度、财务管理制度、实物资产管理制度、相关的责任制度等。在高校资金安全方面，教育部等主管部门历来都非常重视，多次发文要求加强资金管理，提出建立包括银行对账单"双签"制度、规范常规性资金支付的授权审批制度、大额资金流动的集体决策制度，以及严格对外投资管理、加强校办产业管理和学校担保活动管理，但仍有部分高校资金内部控制制度建设不够完善，未形成一个完整的制度体系，使高校资产安全保障存在较大隐患。

(四) 会计核算体系

按照 1998 年财政部颁布的《高等学校会计制度（试行）》，高校的基建经费与日常运行经费分属两套相对独立的核算体系，年终高校财务报告中的收入支出表和资产负债表仅反映日常运行经费的信息，没有将两种经费的信息进行合并后综合反映。高校在规模扩张的过程中，部分高校通过向商业银行贷款获取建设资金，没能在学校的资产负债表上予以反映，大部分高校虽然将银行贷款反映在资产负债表的负债方，但结转自筹基建的支出流向则反映在资产方的暂付款中，造成学校资产、负债信息的不清晰和不完整，掩盖了潜在的风险。

(五) 成本意识及核算

高等教育规模的扩张与成本分担机制的建立，将高校办学成本的问题带入公众视野。过去长期受计划经济体制下高校经费全部由财政保障的影响，公办高校办学成本意识淡薄、成本核算口径模糊不清等问题，已无法回避，亟待研究解决。一般认为，办学成本与学生培养密切相关，在生均培养成本一定的前提下，学生数量越多，办学成本自然也越高。然而，高等教育步入 21 世纪以来的实践表明，高等教育体制改革下的多校区运行以及高校不断拔高自身目标定位等，也是导致高校办学成本大幅上升的重要原因，由此加剧了财务收支缺口和风险的累积。

(六) 勤俭办学意识

"开源"与"节流"是高校财务管理中不可偏废的两项基本任务。但是，高校普遍存在重开源轻节流的倾向，存在着勤俭办学意识弱化和支出不合理的现象。从学校的基本建设投资，到专项维修和一般性日常维修；从后勤水、电、房产资源的管理，到各种实验仪器设备的购置和使用以及各类物资材料的采购、使用和管理等，诸多方面的浪费现象屡见不鲜。部分高校在新校区建设过程中，不顾自身财力，相互攀比、盲目扩张、贪大求洋、追求豪华，搞形象工程、面子工程，教育资金不是首先用于教学和科研，而是投资建设标志性建筑等。例如，某学校仅一个校门就投资 8 000 万元，在网络上被称为高校最大、造价最高的大门。2005 年审计署审计报告中指出，一些高教园区建设不从实际出发，过于追求美化和景观效应，造成土地占用和资金使用的浪费。一些高校忽视资金效益，缺乏资金成本意识和资金增值观念，对资金使用效益缺乏分析。在高校资金相当紧张的情况下，还存在着用钱不够精打细算、待结算报销的暂付款数额大、资金使用效益低等现象。

（七）监督机制

没有完善的学校治理体系和健全的监督机制，权力就容易被滥用，也容易滋生腐败。对高校的财务审计检查情况进行分析，高校普遍存在"小金库"现象，大量资金游离于学校财务监控之外，主要有对外有偿服务收入、培训办班收入、罚没赔偿款、租金收入、补办证件收入、考试报名费、计算机上机费、复印费收入、采购回扣收入、各类捐赠收入等。上述各项"小金库"数额较大，涉及部门较多，分散了学校的资金，扰乱了校内的经济秩序，也容易引发个别教职工的经济犯罪。自1999年高校扩招后，高校职务犯罪案件频发，凸显财务监管漏洞。监管制约机制的缺位，让不少高校各级领导和干部倒在基建、教材集中采购、招生、后勤服务等环节的权力寻租中。

（八）高校管理人员的培训

财务风险是客观存在的，只要有财务活动，就必然存在财务风险。对风险认识不足、风险控制弱化是高校财务管理过程中存在的最大潜在风险。高校各级管理人员普遍缺乏风险意识，财务决策中凭经验和主观意愿的现象占相当大的比例。财务管理是一项专业化比较强的工作，需要专业化人才进行专业管理，而我国高校重学术轻管理的现象比较严重，各级领导中有财务专业背景的更是凤毛麟角。因此，高校管理人员财务管理知识的培训与普及也是刻不容缓的任务。

总之，我们在深入剖析特定发展阶段我国高校财务风险形成的动因和机理后，得到的基本认识：第一，知识经济给各国高等教育既带来了严峻的挑战，也带来了发展的机遇，国内政治、经济、法律等层面的改革推进了我国高等教育大众化发展阶段的启动和进程；第二，高等教育大规模扩招带来的高校大规模校园基本建设，以及政府在基本建设投入严重匮乏情形下推动的"银校合作"，是高校债务剧增、财务风险短期内集中爆发的直接诱发因素；第三，"共生理论"阐释了高校财务风险在政府推动的"银校合作"下，形成、发生以及化解的演变机理；第四，"预算软约束"阐释了高校财务风险发生的深层次体制性因素；第五，高校日常运行中，政府财政性投入的不足，高校办学成本压力的剧增，以及自筹经费能力的有限，是高校财务风险发生的长期性隐含因素；第六，高校内部财务治理体系和管理的不完善是形成财务风险的重要原因。

第二编

高校经费筹措和管理的理论与国际实践比较借鉴

第四章

影响高校经费筹措和管理的主要理论

本章简要概述了影响高校经费筹措和管理的主要理论，即人力资本理论、公共产品理论、成本分担与补偿理论、利益相关者理论以及绩效管理理论等。这些理论是为解决高等教育发展需要稳定的财政支持与市场经济发展的周期性规律之间的矛盾，以及高校所需经费与政府提供的财政支持不足之间的矛盾而应运产生的。这些理论目前仍深刻影响着高校经费筹措方式的变化。

第一节 人力资本理论

人力资本理论是西方经济学关于人力资本的形成、作用和收益的理论，是现代西方经济理论的一个重要流派，是西方教育经济学的理论基石。它是美国著名经济学家西奥多·W. 舒尔茨（Theodore W. Schnltz）于20世纪60年代在前人研究成果的基础上发展起来的新理论。人力资本理论在肯定教育消费性的基础上，改变了教育纯消费性的传统观点，视教育投资为生产性投资，认为教育投资所形成的人力资本无论对于受教育者个人还是整个国家和社会都有非同寻常的经济和非经济意义。由于教育投资是人力资本投资的主要部分，因此，以人力资本投资为研究对象的人力资本理论便成为制定包括高等教育在内的教育财政政策的理论基础。

一、人力资本的定义与特征

人力资本是指体现在劳动者身上并以其数量和质量表示的资本，劳动者质量必须通过投资才能形成。舒尔茨认为，人力资本（human capital）主要指凝集在劳动者本身的知识、技能及其所表现出来的劳动能力，这是现代经济增长的主要因素，是一种有效率的经济。他认为人力是社会进步的决定性因素，但人力的取得不是无代价的，需要耗费稀缺资源。人力包括知识和技能的形成，是投资的结果，掌握了知识和技能的人力资源是一切生产资源中最重要的资源。综合现有的人力资本理论的研究，我们可以归纳出人力资本主要具有以下特征：

（一）人力资本具有生产性

人力资源是一切生产资源中最重要的资源，经济增长必须依赖于物质资本和人力资本的增加，人力资本能使国民收入增加，说明人力资本与物质资本一样具有生产性。

（二）人力资本的形成需要投资

舒尔茨在《人力资本投资：教育与研究的作用》（1971）和《人力投资：人口质量经济学》（1981）两本专著中认为，劳动、人力资本具有异质性。在对提供未来服务的资本分类时，最好是从两分法（即人力资本和非人力资本）入手。这两类资本都不是同质性的；实际上两者都由多种不同的资本形态构成，因而都是非常异质性的。同时他还认为，人力资本包括量与质两个方面，量的方面指一个社会中从事有用工作的人数及百分比、劳动时间，一定程度上代表着该社会人力资本的多少；质的方面指人的技艺、知识、熟练程度与其他类似可以影响人从事生产性工作能力的东西。在这些方面，每个劳动者也是不一样的，就是同一个劳动者在受到一定教育和训练前后，他的劳动的质量或工作能力、技艺水平和熟练程度，也是有差别的。[1] 由此可见，投资在人力资本的形成中有重要作用。

（三）人力资本对于经济发展的推动作用大于物质资本

经济学家在比较了美国1957年和1929年国民收入增长情况后却发现，增长

---

[1] 江涛.舒尔茨人力资本理论的核心思想及其启示［J］.扬州大学学报（人文社会科学版），2008（6）：85.

的 1 520 亿美元中，竟有 710 亿美元是增加的资本和劳动力数量所不能解释的"余数"。舒尔茨通过研究分析，认为"国民产量的增长比较土地和按人时计算的劳动量以及能再生产的物质资本的增长更大，这种情况已经普遍可见。对人力资本的投资大概就是这个差额的主要说明。"他进一步说，"总的来说，我们在作出这些估价时，过于重视了非人力资本。我相信，我们误入歧途的原因是我们脑子里没有全部资本这一概念，因而未能考虑到人力资本及其在现代经济生产中所起的重要作用。"[1] 由此可见，人力资本对于经济发展的推动作用大于物质资本，这也是人力资本与物质资本的显著区别所在。

（四）人力资本的所有权不能被继承或转让

人的健康、体力、经验、生产知识、技能和其他精神存量的所有权只能不可分地属于其载体；这个载体不但必须是人，而且必须是活生生的个人。由于人力资本存在于人体中，并与其承载者不可分离，换句话说，人力资本与其所有者天然融为一体，不可分离。因此它不能被继承或转让。众所周知，非人力资本与其所有者是可以分离的，非人力资本可以在不同的所有者之间相对容易地转移，而人力资本却做不到这一点。周其仁的研究表明，不管在什么样的社会中，人力资本与其所有者不可分离的状况都是无法改变的。[2] 这是人力资本与物质资本的又一显著区别。

二、人力资本理论与教育投资

20 世纪 50 年代末以来，以美国著名经济学家舒尔茨为首的西方经济学家提出的人力资本理论，使教育投资有了理论上的强力支持，成为教育投资和教育改革的经济学基础。人力资本理论关于教育投资的阐述如下[3]：

第一，对经济发展的作用，人口质量重于人口数量。人口质量主要是人在后天获得的能力。它包括知识、技能、文化水平等。人们为了获得或者增强后天技能所花的费用、所用的时间、所做的牺牲，都是人力投资或人力资本。决定人类前途的并不是空间、土地和自然资源，而是人口的素质、技能和知识水平。

---

[1] 江涛. 舒尔茨人力资本理论的核心思想及其启示 [J]. 扬州大学学报（人文社会科学版），2008(6)：85.

[2] 周其仁. 市场里的企业：一个人力资本与非人力资本的特别合约 [J]. 经济研究，1996 (6)：73-74.

[3] 马娴. 人力资本理论与教育投资问题新探 [J]. 云南师范大学学报（哲学社会科学版），2004(2)：72-73.

第二，教育投资是人力资本投资的主要部分，也是推动经济发展的重要因素。教育投资是一种生产性投资，教育活动是使隐藏在人体内部的能力得以增长的一种生产性活动。作为一种投资，教育显然增加了无形的积累，它隐藏在人的体内，会对将来作出贡献。

第三，应确立人力资本投资与物质投资的最佳比例。在经济发展中，人力资本投资的作用大于物质投资的作用，应当确立二者的最佳比例。如果没有人力资本投资，物质资本再多也不能发挥作用。

第四，人力资本增长的速度比一般物质资本增长的速度快得多，从长期看，教育投资比物质投资赚得更多的利润，进而持续推动经济的发展。

第五，资本积累的重点应当从物质资本转向人力资本。物质资本的边际效益是递减的，只有人力资本的边际效益是递增的，教育投资比物质投资收益率高的情况将持续下去。当前的情况是，发展中国家普遍对人力资本的投资重视不够。

由于人力资本理论把人力资本视为由投资形成的，因此，考虑人力投资的效益，就要计算不同程度不同种类人力投资的收益，并与物质资本投资相比较。根据舒尔茨的测算，美国各级教育的收益率分别为初等教育35%、中等教育10%、高等教育11%，整个教育的平均收益率为17.3%，可见教育投资具有很高的收益率。有学者认为，舒尔茨对高等教育乃至整个教育的经济价值的研究，无论在深度还是在广度上，可谓前无古人。世界高等教育在20世纪60~70年代的大发展，除了经济、政治、文化及人口等因素的影响外，人力资本理论深入人心，无疑地起到了推波助澜的作用。[1]

从人力资本理论提出以来，许多经济学家运用各种方法对教育的经济作用进行了实证分析。迄今，国内外许多学者都认为，教育尤其是高等教育对于中长期经济增长有促进作用。20世纪80年代以来，美国经济学家罗默、卢卡斯等（Paul Romer, Robert Lucas et al.）提出了"新增长理论"，将知识和技术看作是经济增长的内生变量，并且认为通过教育和培训获得特殊知识和专业化的人力资本是经济增长的主要因素，它们不仅可以使自身获得收益，而且能够促进其他要素收益的增长，从而保证了长期的经济增长。罗默的经济增长模型说明，拥有大量人力资本的国家会取得较快的经济增长速度，人力资本水平低下是欠发达国家经济增长速度较慢的原因。[2]

---

[1] 朱国仁. 高等学校职能论[M]. 哈尔滨：黑龙江教育出版社，1999：198.
[2] 许琳. 高等教育投资的国际比较研究[D]. 厦门：厦门大学，2007：12.

第二节 公共产品理论

公共产品理论是西方现代经济学的一项基本理论,也是正确处理政府与市场关系、政府职能转变、构建公共财政收支、公共服务市场化的基础理论。政府职能的理论基础是公共产品理论,原则上公共支出的目的在于为社会提供公共产品,发展教育事业是政府的社会职能之一,因此公共产品理论是教育财政的基础。

一、公共产品的定义与特征

美国著名经济学家萨缪尔森(Paul A. Samuelson)在《公共支出的纯粹理论》(1954)一文中将公共产品定义为这样一种产品:每个人对这种产品的消费并不减少任何他人也对这种产品的消费。这一描述成为经济学关于纯粹的公共产品的经典定义。[1] 我国有学者将这一定义描述为,"公共产品(public goods),是指为一个人所用的,也可以在没有任何额外成本的情况下同时为他人所用的物品或服务。公共产品不论个人是否愿意购买,都能使整个社会每一成员获益;公共产品每增加一单位的消费,其边际成本为零,也就是说,每增加一个单位公共产品的供给,不需要增加额外的成本"[2]。

萨缪尔森在1954年提出的公共产品理论中,把全部社会产品划分为公共产品、私人产品、准公共产品三类,并以公共产品为基准来划分其他两类产品。由于公共产品的需要或消费是公共的或集合的,即使是混合型公共产品,它也存在一定程度的利益不可分割性,它的需要或消费也存在一定程度上的公共性或集合性,即一定程度的非竞争性,所以萨缪尔森认为公共产品通常具有区别于私人产品的两个特征:一是消费上的非竞争性,即某个人或群体对某公共产品的消费不会妨碍或减少其他人或群体对这种产品的消费;二是受益的非排他性,即某个人或群体在消费某公共产品的同时,无法将另外一些人或群体排除在该公共产品的受益范围之外。因此,根据萨缪尔森的公共产品理论,确定一种产品是否公共产品,关键看它是否具有非竞争性和非排他性。如果二者都具备,则是公共产品,

---

[1] 赵艳芹,宁丽新,朱翠兰. 西方公共产品理论评述 [J]. 商业时代, 2008 (28): 70.
[2] 刘天佐. 高校经费筹措与管理新论 [M]. 长沙: 湖南人民出版社, 2007: 4.

如国防、公共秩序等；如果二者都不具备，则是私人产品，如食品、衣物等生活用品；只具备二者之一的，则是准公共产品，如教育、保健、公园、道路等。

在现实生活中，公共产品并不普遍存在（实行计划经济体制的国家除外），而准公共产品却大量存在。"拥挤性的公共产品"就属于准公共产品的范畴，它是指虽然某种产品的效用可为全社会所享用，但由于消费者数量的增加会导致拥挤，使得每个消费者从中所获得的效益下降，即消费上具有一定的竞争性。另外，"价格排他的公共产品"也属于准公共产品的范畴，它是指某种产品的效用虽然可以被全社会享用，但产品却可以定价，在技术上能够实现排他，那些不愿意支付费用的消费者会被排除在消费范围之外，即消费上具有一定的排他性。准公共产品所提供的一些利益对个人来说是可分的，这一点具有私人产品的特征；而准公共产品提供的另一部分利益对社会来说却是不可分的，因此准公共产品具有明显的外部效应。①

外部性有两种表现形式：一种是正的外部性，又被称为外部经济；另一种是负的外部性，又被称为外部不经济。正外部效应是指某活动给他人带来了利益；负外部效应是指某活动给他人强加了成本。高等教育是具有正外部效应的产品，人们投资高等教育可以获得个人的直接收益，如社会地位的提升、工资收入的提高与工作选择机会的扩大等；与此同时，受过良好高等教育的公民也能给全社会带来广泛的利益。

二、公共产品理论与政府公共教育经费投入

公共产品理论是公共财政框架最基本的核心理论，同时也是构建教育财政框架的基本理论。公共产品理论认为，"公共经济和政府介入应限制在市场失效的范围内"，而"提供公共产品正是政府主要的活动范围之一"；人力资本理论和经济增长理论突出了教育发展与人力资本积累对经济增长的贡献，为各国政府增加和优化教育投资、加快国民教育发展，提供了理论基础。有关教育外部性、公平性与市场不完善性的分析表明，教育这种产品的消费与分配存在着市场缺陷，这为政府介入教育领域提供了理论依据，也为政府教育支出确立了两个目标：一是提高效率，二是增进公平。

根据准公共产品的特性，政府公共财政对教育投资就成为必然。公共教育经费应该是教育经费来源主渠道的理由主要有三个②：

---

① 刘天佐. 高校经费筹措与管理新论 [M]. 长沙：湖南人民出版社，2007：5-6.
② 刘天佐. 高校经费筹措与管理新论 [M]. 长沙：湖南人民出版社，2007：13-15.

第一，根据人力资本理论，教育通过授予劳动者知识和技能，使人们提高了生产能力，并由此获得更多的收益，因而接受教育有助于创造未来所得，这意味着教育的分配影响着未来收益的分配，因此，教育投资的公平内涵具有极其重要的意义。在20世纪60年代初，教育主要被看成是与消费有关的一种"基本人权"；现在，教育作为一种能够提高未来生产能力的投资所具有的作用已经得到了广泛的承认。教育投资的社会效益不仅体现在教育对国家经济增长和个人收入的贡献上，还应包括相当程度的外溢收益，教育的外溢收益包括犯罪率的下降、社会凝聚力的增强、技术创新和代际收益（即父母从自身教育获得的收益和他们传递给自己子女的收益），等等。因此，既然教育投资不仅可以获得较高的社会收益，而且具有较为显著的外部效应，那么，政府就应该对教育进行投资。

第二，从教育公平和机会均等的观点来看，如果教育是根据市场情况来提供的，那么，只有那些能付得起学费的人才能上学。这样，不仅会出现教育投入的不足，而且由于教育会在很大程度上影响着个人的终身收入和收入分配，因此，由于受教育机会不均等而带来的收入分配不公平就会世代延续下去。如果付不起学费的人可以通过贷款支付学费，那么，只有当教育投资的私人收益率高于借贷资本时，依赖贷款支付学费才算得上是有利的私人投资。

第三，教育受到规模经济的影响，所以由公共经费来资助教育，其效率会更高。由于人力资本市场是一个不完善的资本市场，在这个市场中投资对象是没有担保的，学生一般很难拿出可以接受的担保品；同时由于高等教育作为一项长期投资，其收益率大小受个人性格、机遇、健康等不确定因素的影响很大，对人力资本进行投资的回报也是很不确定的，私人信贷机构一般不愿意冒风险为他们提供贷款，因此，现实的选择是由政府出面通过免费教育、教育补贴和教育贷款的方式，来资助学生完成学业。

但是，必须指出的是，尽管教育具有外部正效应，但是由于社会资源的稀缺性和政府财政能力的限制，决定了教育资源合理配置的必要性。如果教育服务完全依靠国家财政，而享受任何类型教育服务的个人并不支付费用，并不进行成本分担，那么不仅有限的财政资源难以支撑教育的庞大支出，而且还会导致明显的公共资源的过度投资。为了避免公共资源的消费过度，将稀缺的资源合理有效地使用，政府必须在有限的资源范围内，有选择地对不同类型的教育给予不同程度的财政支持。[①] 在原则上，一般国家都是根据不同类型的教育所具有的公共产品性质的程度来决定财政的负担程度：即某种教育类型所具有的公共产品性质越

---

① 刘天佐. 高校经费筹措与管理新论 [M]. 长沙：湖南人民出版社，2007：15–16.

强，拥有的积极外部效应越大，财政支持的力度越大；某种教育类型所具有的私人产品性质越强，财政支持的力度越弱。欧洲一些福利国家由于深受文化传统的影响，政府一直负担教育财政的全部或大部分，如 20 世纪 80 年代以前，英国、法国、瑞典等欧洲福利国家，政府特别是中央政府负担了高校的大部分或绝大部分投资，个人只承担极少成本。因此，国家财政究竟应该负担什么类型的教育，在理论上属于规范性问题，在实践中各国的做法也不尽相同，它既受到国家财政承担能力的制约，也是各国对不同价值偏好的公共选择。[①]

第三节　成本分担与补偿理论

人力资本理论诞生后受到世界各国政府的推崇，成为许多国家尤其是发展中国家大力推行扩大高等教育投资、促进高等教育大发展的理论依据。但随着高等教育规模的扩大和政府财政危机的出现，各国政府逐渐认识到，世界上没有一个国家能够靠政府财政完全满足高等教育的经费需求，由多方主体共同承担高等教育投资责任的改革势在必行。美国经济学家约翰斯通（D. B. Johnstone）于 1986 年出版了《高等教育的成本分担：英国、联邦德国、法国、瑞典和美国的学生财政资助》一书，正式提出了著名的高等教育成本分担理论，成本分担理论逐渐成为世界各国制定高等教育学费政策的重要理论依据。

一、教育成本的定义与成本分担的客观依据

"成本"是经济学的概念，是指从事一项投资计划所消耗的全部实有资源的总和，在商品经济条件下，成本也是商品价值的一部分，是生产商品所消耗的物化劳动和活劳动。随着社会经济体制的转变，人们对教育观念的改变，在研究教育投资经济效益时开始考虑教育成本，于是把经济学中的成本引入教育领域，使用"教育成本"这一概念。

教育成本，是指培养学生所耗费的社会劳动，包括物化劳动和活劳动，其货币表现为培养学生由国家、社会和受教育者个人直接和间接支付的全部费用，它包括政府教育总成本、社会教育总成本与个人教育总成本。政府教育总成本，是指国家每年在教育上的投入量，包括各级政府通过财政支付教育费用；教育免除

[①] 袁连生. 论教育的产品属性、学校的市场化运作及教育市场化 [J]. 教育与经济，2003 (1)：15.

的税收;达到法定劳动年龄的学生因上学而未就业让国家可能丧失的税收;教育使用的土地、建筑物、设备等如不用于教育而用于其他方面可能获得的利息、租金收入。在我国,2006 年,政府收支分类改革以前的口径,主要指教育事业费和教育基建费;政府收入分类改革以后的口径,是指政府投入教育行政部门及学校的教育支出。①

教育经济学的一般意义上的教育成本,包括个人教育成本与社会成本。教育的个人直接成本,指学生本人、家庭、亲友为学生受教育直接支付的学费、杂费、书籍文具费、文体费、交通费、住宿费、生活费等;个人间接成本指达到法定劳动年龄段的学生因上学而未就业可能放弃的就业收入。社会教育成本,主要是指企事业单位、慈善机构以及其他社会团体或个人对教育的捐款、捐赠等,包括社会直接成本与社会间接成本两个部分。从以上的论述中,我们可以看到,教育成本的计算是相当复杂的。

虽然教育成本的计算是复杂的,但是,如果受教育者不分担部分教育成本,仅由政府一方承担,就会阻碍教育的发展,以及教育公平的实现。有学者通过研究认为,成本分担意义上的教育成本必须是对教育支付的实际费用,是可以用货币进行计量的教育支出;在个人及其家庭所承担的直接教育成本中,应区分"约束性的家庭教育成本"(学杂费)和"沉落性的家庭教育成本"(如交通费、食宿费等),而真正计入成本分担意义上的教育成本只能是"约束性的家庭教育成本"②。并据此提出以下三条成本分担的客观依据③:

一是高等教育支出。高等教育支出是指高等教育管理者与举办者在人才培养过程中发生的直接或间接支出,包括教职工人员支出、学生事务支出、教学支出、图书资料支出、行政管理支出、基本建设支出、后勤服务支出与社会保障支出等。高等学校为了培养能够适应社会发展需要、并能推动社会经济技术进步的高级人才,需要不断地更新教学内容和方法,配置先进的现代化教学仪器设备;同时,高等学校也应为教师提供必要的生活条件与经费保障。同时,伴随着科学技术的迅猛发展,教学科研所需要的高新技术设备经费与人员支出经费不断增加,从而导致生均高等教育支出的增加。这是教育成本分担时必须坚持收益结构原则的客观依据。

二是高等教育收益。根据人力资本理论,高等教育支出是一种人力资本投资。这种人力资本在经济学上具有同物质资本的基本特性相类似的性质,即它是带来一定经济收入(或其他收益)的源泉。一般来说,高等教育投资的收益可大致分为两个方面:其一,社会收益。它是指受高等教育者比未受高等教育者为社

---

①②③ 刘天佐. 高校经费筹措与管理新论 [M]. 长沙:湖南人民出版社,2007:22 - 25.

会多创造的财富。其二,私人收益。它是指一个人如果受到更多更好的教育,就能获得更多的知识和技能从而能提高劳动生产率,获得更多的经济收入;同时,受教育者还会在思想品德、社会声望、文化修养、审美情趣等方面获得精神性收益。这是教育成本分担时必须坚持收益结构原则的客观依据。

三是居民收入水平及增长率。教育可带来社会、政治、经济、文化、伦理等多方面的效益,教育成本分担就不能仅依据各投资主体在经济收益中获利的多寡来确定。它涉及教育公平和如何处理好个人教育需求与社会教育需求矛盾的问题;同时,居民收入水平及增长率决定着个人对高等教育的支付能力。因此,分担教育成本必须考虑到居民的经济状况即个人负担的教育直接成本总量不能超过社会大多数人的经济承受能力。这是教育成本分担必须坚持能力结构原则的客观依据。

二、成本分担的理论依据与高等教育成本分担的原则

人力资本理论告诉我们,教育作为一种重要的人力资本投资,会给个人和社会经济发展带来巨大的经济收益和非经济收益。有关教育收益率的大量实证研究显示,教育的私人收益率高于社会收益率。因此,按照"受益者付费"的市场原则,个人应当承担部分教育成本。在高等教育阶段,实施个人教育成本补偿的另一个重要的理论依据,是成本补偿的社会公平性效果。成本补偿的社会公平性效果主要体现在两个方面:一是个人成本补偿会使教育资源在初等、中等、高等三级教育阶段的配置和不同收入水平的人群中的配置更加公平;二是会使收入分配更加公平。这是因为把高等教育成本部分地从国家转移给个人或其家庭,更有利于公平和效率等社会目标的实现。[1]

教育既是对人的智力、综合素质、综合能力提高的培养过程,教育产品的创造与生产过程,教育产业的运行过程,也是教育资源的供给与分配过程,教育成本的形成过程,社会物化劳动和活劳动的消耗过程。根据教育成本的定义,需要由政府、社会和受教育者个人分担的成本是指直接成本中的公共教育成本。因此,教育成本分担也就是指直接成本中的公共教育成本由各投资主体分别进行负担的教育财政政策。约翰斯通认为,高等教育成本负担的原则可以借用西方税收制度理论的两个基本原则,即"利益获得原则"与"能力支付原则"。[2]

一是利益获得原则。利益获得原则即根据社会和个人收益的大小来确定各自

---

[1] 刘天佐. 高校经费筹措与管理新论 [M]. 长沙:湖南人民出版社,2007:25-26.
[2] 刘天佐. 高校经费筹措与管理新论 [M]. 长沙:湖南人民出版社,2007:28-29.

分担的成本份额。高等教育作为一种准公共产品,兼有社会收益和个人收益。因此,在确定高等教育成本分担标准时,以投入与收入相对应,社会必须承担一部分,受教育者个人也必须承担一部分。从总体上而言,高等教育是一种"纯度"相对较低的准公共产品,按利益获得原则就要求受教育者分担教育成本的主要部分,社会只需分担较少部分。就具体的高等教育而言,其"纯度"存在着较大差异。由于高等院校的级别、类型和专业不同,因而社会和受教育者个人获得的收益也不相同,这要求在确定具体的成本分担份额时要区别对待。

二是能力结构原则。能力结构原则即以分担能力作为确定高等教育成本分担标准的依据。在一定的经济发展水平下,教育成本分担的能力结构取决于财力分配格局,即财力在政府与个人之间的集中与分散程度。所以,财力分配结构决定了社会和个人对教育成本分担的能力结构,从而也决定了各自的成本分担份额。财力分配的集中与分散程度,是由一个国家的分配政策所决定的,主要表现在财力分配中财政集中率的高低。在一定的财力分配格局下,教育成本分担的能力结构还取决于各自的支出水平和支出结构。所以,准公共产品成本的社会分担份额取决于纯公共产品公共提供后的剩余能力。就个人而言,在一定的收入水平下,其分担能力取决于家庭的支出水平与支出结构。有研究表明,大学收费政策对高等教育的机会分布会产生不公平的影响。因此,在实施收学费政策时,必须考虑居民个人及其家庭教育成本补偿的负担能力,并辅之以学生资助政策,使每个社会成员有公平的受教育的机会。教育发展与经济发展的良性循环,是一个教育与经济两大系统互动的机制,哪一个系统出了毛病,都不利于良性循环。

三、高等教育成本个人补偿的必要性

20世纪60年代以来,由于高等教育个人收益率高于社会收益率的结论一再被证实,以及各国教育财政状况的普遍危机,使成本补偿——受教育者通过缴纳一定的学杂费承担一定比例的教育成本,已经成为多渠道筹措高等教育经费的一个重要手段。实施高等教育成本个人补偿的必要性有以下三点理由[①]:

一是有利于体现"谁受益谁负担"的市场经济原则。世界银行专家自20世纪60年代以来对教育收益率的研究表明,高等教育的个人收益率高于社会收益率,而且即使随着规模的扩大、经济的发展,高等教育个人收益率的下降在三级教育中也是最缓慢的。当然,除了直接收入效益以外,高等教育还为个人带来社会地位、健康状况、寿命、子女教育、生活情趣等多方面无法精确度

---

① 刘天佐. 高校经费筹措与管理新论 [M]. 长沙:湖南人民出版社,2007:30-31.

量的收益。

二是有利于促进教育机会的均等。从世界各国的经验来看,低收入阶层子女在高等教育中不占人数优势。因此,人们通常凭直觉认为收费对贫困学生的受教育机会造成巨大的冲击,不利于机会均等。但是,在政府等其他经费来源总量不变的情况下,高补贴或者免费的高等教育财政,将产生一种"劫贫济富"的效应即低收入阶层通过税收为高收入阶层学生支付教育成本,从而影响政府举办高等教育的能力。因此,学费收入适度增加可以扩大高等教育规模,从长远看这能促进高等教育由精英化向大众化过渡,有利于促进高等教育机会均等。

三是有利于缓解政府财政的压力。我国是发展中国家,是"穷国办大教育",因此办教育仅靠政府的投入是不够的。在非义务教育阶段实施收学费的政策,发展私立学校以吸纳社会团体和个人办学资金,实行教育贷款政策等已被普遍认为是教育成本补偿的可行途径,其中,学费是教育成本补偿的主要途径。根据国际货币基金组织提供的各国政府财政统计数据,中央财政收入占 GDP 的比重一般在 18% ~40% 之间,而我国的财政收入仅占 GDP 的 15% 左右。如此低下的财政收入大大削弱了政府的宏观调控能力,在首先必须解决 13 亿人口基本生活问题的前提下,政府要想大幅度增加教育投入显然有些力不从心。高校培养一个大学生每年约需要 1 万 ~2 万元经费投入,在政府财力日益弱化的情况下,如果教育不能走出国家包揽经费的误区,那么我国教育经费总量严重短缺的现状将会较长时间地维持下去,成为制约教育事业发展的"瓶颈"。

第四节 利益相关者理论

利益相关者理论起源于企业管理领域,尽管大多数有关利益相关者概念的讨论都是针对私人机构的,但是,导致利益相关概念出现的那些问题同样存在于公共机构中。20 世纪 80 年代以来,利益相关者理论大有进一步扩展之势,已经或正在成为经济、政治和社会发展的一种原则框架、组织模式。例如,当前高等教育领域正在出现大学问责制、与社会各界建立合作伙伴关系等一些新的变化。可见,大学已经越来越受到来自其利益相关者的影响,利益相关者模式正在成为高等教育发展的战略模式。[①] 虽然利益相关者理论与高等教育财政政策的制定没有直接关系,但是,如果大学没有处理好利益相关者问题,就会使大学筹资计划的

---

① 胡赤弟. 教育产权与现代大学制度构建 [M]. 广州:广东高等教育出版社,2008:154 – 155.

实施受阻，进而影响到大学的长远发展。

一、利益相关者的定义与特征

利益相关者一词最早出现于 1708 年，但是西方学者真正给利益相关者下定义则是 20 世纪 60 年代的事。1963 年，斯坦福大学研究所这样定义利益相关者：对企业来说存在这样一些利益群体，如果没有他们的支持，企业就无法生存。安索夫（H. Igor Ansoff）是最早使用"利益相关者"一词的经济学家，他在所著的《公司战略》一书中认为，"要制定理想的企业目标，必须综合平衡考虑企业的诸多利益相关者之间的相互冲突的索取权，他们可能包括管理人员、股东、供应商以及顾客"。后来弗瑞曼（Freeman）出版了《战略管理——利益相关者方式》一书，"利益相关者""利益相关者管理""利益相关者理论"等术语在很多地方得到广泛应用。20 世纪 70 年代，利益相关者理论又有了新的发展，其对企业管理的影响越来越深远，正如经济学家蒂尔（Dill）所言，"我们原本只是认为利益相关者的观点会作为外因影响公司的战略决策和管理过程，但变化已经表明我们今天正从利益相关者影响迈向利益相关者参与"[①]。

可见，所谓利益相关者是指通过利益（害）关系维系在一起的一群人。从广义上讲，任何组织都是由利益相关者群体构成的，企业只是利益相关者组织中的一个特例。就企业而言，利益相关者包括投资人、顾客、雇员、政府、议会、社区等。显然，大学也是由众多利益相关者群体构成的，其中包括教师、校长、行政人员、学生/家长、投资人/出资人、政府、校友、企业、社区等。如此看来，利益相关者是一个范围广泛、成分复杂、性质各异的群体。

由于利益相关者概念模糊、边界不清晰，目前学术界关于这一概念的界定可谓见仁见智。美国学者米切尔（Mitchell）把 1963～1995 年出现的利益相关者定义做了整理和归纳，一共有 27 种，从中我们可以看到，人们对利益相关者的认识各不相同。我国学者杨瑞龙把各种利益相关者的定义归纳为三种类型，即最宽泛的定义、中间状态定义和最窄的定义。他认为，最宽泛的定义是，凡是能够影响企业活动或被企业活动所影响的人或团体都是利益相关者，包括股东、债权人、雇员、供应商、消费者、政府部门、相关的社会组织和社会团体、周边的社会成员等全部纳入此范畴；中间状态的定义是，凡是与企业有直接关系的人或团体才是利益相关者，该定义排除了政府部门、社会组织及社会团体、社会成员等；最窄的定义是，只有在企业中下了"赌注"的人或团体

---

① 胡赤弟. 教育产权与现代大学制度构建［M］. 广州：广东高等教育出版社，2008：154.

才是利益相关者。①

利益相关者不仅"成分"复杂,而且"利益"也十分复杂,没有一个利益相关者的利益与另一个利益相关者的利益是相同的。无论利益相关者的"成分"和"利益"多么复杂,利益相关者定义的"宽"与"窄"都不是问题的关键,关键是利益相关者影响组织或受组织影响的程度。换句话说,无论从多大范围上理解利益相关者,都无法回避他们之间存在的差异性,然而利益相关者之间的种种差异,都不是本质上的差异,而不过是"程度"不同而已。

既然利益相关者是这么一个复杂的群体,那么它是否就没有特征。有学者从利益相关者与其组织之间的"关联度"入手,对利益相关者进行了分类。笔者认为,这种分类体现了利益相关者的特征。米切尔以组织的管理层作为参照系,通过比较利益相关者与管理层之间的关系,指出利益相关者的三个属性,并根据三个属性对利益相关者进行分类,其所采用的标准和方法具有一定的代表性,值得我们参考。② 米切尔认为,利益相关者的三个基本属性:合法性,即某一群体是否具有法律和道义上的或者特定的对于企业的索取权;权力性,即某一群体是否拥有影响企业决策的地位、能力和相应的手段;紧迫性,即某一群体的要求能否立即引起企业管理层的关注。米切尔认为,要成为一个利益相关者,至少要符合以上一条属性。根据拥有上述三个属性的情况不同,利益相关者可以细分为三类:第一类是权威利益相关者,他们同时拥有对组织问题的合法性、权力性和紧迫性。第二类是预期利益相关者,他们同时拥有上述三个属性中的两个。第三类是潜在的利益相关者,他们拥有合法性、权力性和紧迫性三个属性中的一个。米切尔对利益相关者的分类方法具有普遍性,完全适用于大学利益相关者的确定。

二、利益相关者理论与大学经费筹措

在企业中,利益相关者是与股东相对应的一个概念,指除股东以外其他与企业有利益(害)关系的人和团体。高等教育引入利益相关者概念,与企业利益相关者理论强调股东与利益相关者和谐相处一样,大学的利益相关者理论也有利于其与社会各界建立合作伙伴关系,争取社会各方面对大学的广泛支持。利益相关者理论研究表明,企业除了为股东服务之外,还要为利益相关者服务,是利益相关者之间的"契约网"。由于大学是非营利性组织,所以,本质上它更是利益相

---

① 杨瑞龙,周业安. 利益相关者理论及其应用 [M]. 北京:经济科学出版社,2002:129.
② 贾生华,陈宏辉. 利益相关者的界定方法述评 [J]. 外国经济与管理,2002 (5):13 – 18.

关者之间的一张"契约网",是利益相关者共同治理的组织机构。利益相关者理论为大学资源主体之间的合作提供了一个有意义的框架。

(一) 大学责任与大学经费筹措

在现代一般人看来,大学责任应包括学术责任和社会责任。但是,在"象牙塔"时代,大学通常把自己的责任限制在学术领域。也就是说,传统的大学责任即学术责任,是指大学从事教学和科研所要承担的责任。到了现代,随着大学职能、规模的不断扩大,维持与发展需要大量的资金,而且走出"象牙塔"的现代大学,日益成为社会的"轴心机构",成为社会政治文明、经济发展、科技进步的动力之源,因此,政府和社会各界都希望大学的活动原则必须符合国家需要和为人们所广泛接受的社会标准,即大学不仅要承担学术责任,还要承担起更多的社会责任。从大学的学术责任到社会责任的扩展,反映出社会对大学提出了更高、更多的要求。诚然,学术责任是大学合法性存在的理由,大学的社会责任是大学发挥重要作用的必然结果。所以,社会责任是对于大学学术责任的补充和完善。大学社会责任的产生既是大学从"社会边缘"走向"社会中心"的标志,也是利益相关者群体不断扩大的表现。

不管大学利益相关者群体如何扩大,作为公共财政代表的政府和作为消费者的学生都是大学最重要的利益相关者,都是大学最应该服务好的对象。这是因为:从大学与政府的关系来讲,政府的财政拨款是大学收入的主要来源,甚至在可预见的将来,政府拨款的地位和作用仍是其他经费财源渠道无法企及的。在"花钱买效果"和"物有所值"的观念深入人心、政府的财政支出要被问责的时代,大学唯有履行好自己的学术责任和社会责任,才能持续获得政府的财政支持。从大学与学生的关系来讲,大学向学生收取学费后,就与学生形成一种法律关系,就民事法律关系而言,学生与大学是一种建立在自愿和平等基础上的服务契约关系。具体地说,学生不仅是受教育者,也是教育的消费者,作为消费者有权要求得到优质服务,大学即收费者有义务向消费者提供优质的服务。这是市场经济的基本规则。那种光涨学费不提高教育质量的大学将被市场所淘汰。

(二) 建立合作伙伴关系与大学经费筹措

大学曾经经历过"教授治校"、政府行政管理、董事会托管等模式,现在正开始走向利益相关者合作模式。伙伴关系是利益相关者模式的又一基本特征。正因如此,1998年联合国教科文组织在巴黎召开的世界高等教育会议指出,"高等教育本身正面临着巨大的挑战,而且必须进行从未要求它实行过的最彻底的变革和革新"。为了适应这一变革和解决所面临的问题,高等教育被要求与社会、政府、企业界、学生等建立广泛的合作伙伴关系。该组织在《21世纪的高等教育：展望和行动世界宣言》中指出，高等教育不仅需要各国政府和高等院校的积极参与，而且需要所有有关人士，包括大学生及其家庭、教师、商业界和企业界、公共和私营的经济部门、议会、传播媒介、社区、专业协会和社会的积极参与。

所谓伙伴关系，首先，以独立利益为前提。伙伴关系是在充分尊重各方利益基础上的合作。其次，伙伴关系力求发现伙伴关系赖以存在的基础——共同利益。"求同存异"是伙伴关系比较确切的内涵。《世界高等教育大会宣言》第17条指出，以共同利益、相互尊重和相互信任为基础的合作伙伴关系，应成为改革高等教育的主要方式。在高等教育的发展模式中，除上述与政府、学生之间建立伙伴关系之外，与产业界建立伙伴关系也被认为是重中之重。

在知识经济时代，有高科技含量的知识成为生产的关键性因素。为使大学增强针对性、提高质量，人们希望大学与生产部门保持更加密切的合作。《世界高等教育大会宣言》特别指出，学术界与经济界伙伴的积极配合已越来越被看作是高等教育的任务中不可分割的一部分。正因为如此，产业界已经成为大学重要的利益相关者之一。传统意义上的产学研合作已经向产学研"一体化"方向发展。大学要与职业界建立更加密切的合作伙伴关系，是当今各国和国际社会关于高等教育发展的重要政策导向。

社会捐赠者和传播媒介等也是大学十分重要的利益相关者。欧美国家的著名大学大多拥有巨额的捐赠基金，捐赠基金在大学发展中的重要地位日益凸显。当今时代是信息网络的时代，是传媒发挥巨大影响力的时代，大学正在摒弃"酒好不怕巷子深"的旧有观念，积极与媒体合作，借助强大的信息网络，展示自己良好的社会形象。

综上所述，利益相关者理论能使大学更加理解自己的学术责任和社会责任的深刻含义，也能进一步拓宽自身筹措经费的视野。因为在当今时代，一所大学资源的多寡，既是自身履行责任的经济基础，也是衡量自身履行责任效果的表现。

第五节　绩效管理理论

绩效管理起源于企业人力资源管理的评估，后来逐渐被引入政府部门和第三部门管理，是一种高效的资源配置手段和管理方式。绩效评估是绩效管理的核心内容和核心环节。自20世纪90年代以来，绩效评估作为政府绩效管理的重要环节，为50多个国家所采用，并成功地应用于高等教育评估上。

一、绩效管理的内涵与绩效评估

随着社会经济的发展和对经济效益与效率的追求，绩效管理逐渐成为一种流行的管理模式。20世纪90年代以来，欧美发达国家在其高等教育面临政府财政支出严重不足等背景下，开发出了特别适用于测量办学效率和效益的绩效指标体系，成为政府拨款、大学评估、大学排名和大学招生等重要活动的评价标准。[①]

美国国家绩效评估小组曾给绩效管理下了一个经典性的定义，认为绩效管理是"利用绩效信息协助设定统一的绩效目标，进行资源配置与优先顺序的安排，以告知管理者维持或者改变既定目标计划，并且报告成功符合目标的管理过程"[②]。

就形式而言，绩效管理包含静态领域和动态过程两个完整统一的概念。静态领域包括作为个人绩效和组织绩效两个方面；动态过程包括绩效计划、绩效考核与评估、绩效反馈和改良三个相辅相成的动态循环过程。个人绩效是指员工在某一时期内的工作结果、工作行为和工作态度的总和；组织绩效是指组织在某一时期内组织任务完成的数量、质量、效率及盈利状况。[③]

就本质而言，绩效管理是一个多维要素的系统，是"新公共管理"的核心内容，通常包括经济（economy，指尽可能地降低成本同时又能维持生产的数量和质量）、效率（efficiency，指投入与产出的比例关系）、效果（effectiveness，指实现目标的程度），即所谓的"3E"原则。随着新公共管理运动的发展和公共部门改革的深入，质量、公平和责任等要素也日渐进入绩效管理的主流范畴。正是这种转变，源于企业的绩效管理在高等教育领域开始被广泛推行。

绩效管理一般包含绩效计划、绩效评估和绩效反馈三个方面的内容，其中绩效评估是绩效管理的核心内容和核心环节。绩效评估是评估主体参照一定的目标、运用一定的指标体系和评估方式对评估客体的运行和目标实现情况的一种测评。

绩效评估从不同的角度可以分成不同的评估类型，有内部绩效评估和外部绩效评估、个人绩效评估和组织绩效评估、管理和改进绩效评估、责任与控制绩效评估等评估方式。包含评估目标、评估途径和制度安排等要素。公共部门绩效评估具有重要意义，是公共管理的必要手段，是提高公共部门绩效的动力机制，有

---

① 张民选.绩效指标体系为何盛行欧美澳［J］.高等教育研究，1996（3）：86.
② 刘国永.关于高等教育绩效评价的几个问题［J］.大学·研究与评价，2008（6）：57.
③ 杜映梅.绩效管理［M］.北京：对外经济贸易大学出版社，2003：3.

利于提高公共部门的信誉和形象,是一种有效的管理工具。[1]

二、绩效管理理论与政府的大学拨款

绩效管理既是一种理论,又是一种实践。它起源于企业管理,旨在通过对企业行为的合理评价,减少成本而增加企业效益。这个理论在20世纪70年代末在西方兴起的"新公共管理"运动中被运用于政府管理改革中,作为公共支出的预算管理理念,在实践中主要通过以政府绩效为导向的预算管理模式表现出来。它的运用是政府公共管理领域的重大变革。随着政府成本意识的强化和公民监督意识的加强,当代西方各国都致力于建立以绩效为导向的公共管理体制,其主要理念在于强调市场导向的激励机制在政府管理中的运用,即削减成本,注重效益。

众所周知,政府提供的公共服务不但包括高等教育、其他层次的教育特别是义务教育,而且还包括社会保障、公共卫生、福利、国防、基础设施建设,等等,高等教育需要与这些部门竞争公共经费。政府为了增强其合法性就要尽可能大规模地提供公共服务,这就要求扩大公共支出,而过于庞大的公共支出会超出政府的征税能力,从而导致普遍性的政府财政危机。西方有学者认为,当政府预算紧缩,纳税人抱怨大学学费不断增加但教育质量却不见提升时,大学管理是否要讲求绩效管理引起关注。[2] 因此,高等教育规模扩张和资金短缺被广泛认为是绩效管理(绩效评估)得以渗透到高等教育领域的最直接动因。这是因为世界各国高等教育从20世纪60年代以后普遍经历了一个大众化和普及化过程,而这个扩张过程是与公共资金不断加大对高等教育的投入、公共资金在大学收入中所占比例不断增加相伴随的。在这个过程中,大学逐渐形成了对公共资金的严重依赖。但是,70年代中后期,西方发达国家的经济发展陷入了滞胀,财政收入增长率几乎处于停滞状态,政府处于前所未有的财政压力之下。在高等教育领域,公共资金的紧缺状态尤为紧迫,一方面是大众化带来了对公共资金的巨大需求,另一方面是财政收入减少带来了资金供给不足。在这样的背景下,公共资金的使用效率受到公众及政府的关注,人们呼吁公共资金的使用要物有所值。从这个意义上说,经济因素是西方各国推行绩效评估的最直接动因,市场本位是各项改革措施的基本取向,加强政府的监控力度、贯彻政府的质量意图是绩效评估的实质。

---

[1] 陈振明. 公共管理学——一种不同于传统行政学的研究途径[M]. 北京:中国人民大学出版社,2003:273-302.

[2] 王占军. 高等教育绩效评价历史考察[J]. 教育理论与实践,2011(5):26.

正如上面所述，绩效评估是绩效管理的核心内容和核心环节，而绩效指标是绩效评估的重要内容。绩效指标不仅是衡量绩效或分配资金的技术工具，而且是期望带来一系列特定成果的政策工具，它反映了政府对高等教育关注的问题。政府正是通过将其意图（目的或价值）渗入指标的选择和构建中，从而促使大学将注意力置于规定范围内的绩效，关注政府为大学选择的优先发展战略目标。绩效拨款是政府的方案，而绩效指标是绩效拨款的关键，因此加夫、汉内和柯冈（Cave，Hanney and Kogan）认为绩效指标毫无疑问地与政治问责和财政资助重点相关。[1]

从现有的研究成果和政府公布的统计数据显示，政府对高等教育的投入虽然增加，但财政拨款占高等教育总经费的比重却普遍下降，进一步细分来看，高等教育基数拨款增加很少（有的国家不增甚至减少），而专项拨款增加较多，突显了政府绩效管理的决心。由此可见，追求"卓越"和"绩效"已然成为政府的价值取向。在这种情况下，大学要想获得政府更多的财政拨款，唯有按照政府确定的发展战略目标、追求"卓越"和"绩效"才有可能。

以上梳理了20世纪影响高校经费筹措的主要理论，这些理论现在还在影响着高等教育的发展，仍是各国政府制定高等教育财政政策的理论基础。

人力资本理论揭示了人力资本比物质资本对经济增长的作用更大，使得国家（政府）对教育投资的热情被激发出来，是国家教育财政拨款持续增长（或增加）的重要促进因素，为世界高等教育大众化乃至普及化奠定了最重要的理论基础。

高等教育是非义务教育。公共产品理论科学地将社会产品划分为公共产品、私人产品和准公共产品三类，并将高等教育定位为准公共产品。该理论通过对公共产品的特征和准公共产品的正外部效应的剖析，增强了人们对准公共产品特性的理解，不仅对政府公共教育经费投入提供了理论依据，而且有助于促进政府职能转变，公共服务市场化。

成本分担与补偿理论是由人力资本理论延伸出来的理论。随着高等教育规模的扩大和政府财政供给不足的矛盾的出现，由受益者分担教育经费的改革势在必行。"谁受益谁负担"的原则体现了成本分担与补偿理论的精神，成为各国政府教育拨款和制定学生学费负担政策的理论依据。

利益相关者理论虽然起源于企业管理领域，但随着高等教育规模的持续扩大、对社会资源需求的不断增大，大学也越来越受到来自利益相关者的影响，呈现出与企业相似的特征。利益相关者理论能使大学更加理解自己的学术责任和社

---

[1] 王占军. 高等教育绩效评价历史考察［J］. 教育理论与实践，2011（5）：24.

会责任的深刻含义，也能进一步拓宽自身筹措经费的视野。

　　绩效管理源于企业管理，是一种高效的资源配置手段和管理方式。绩效管理理论被引入高等教育领域，是政府行政改革的结果。公共服务需求的不断扩大与政府财政供给不足，迫使政府高度关注资源的优化配置问题。大学要想获得政府更多的财政拨款，唯有按照政府确定的发展战略目标、追求"卓越"和"绩效"才有可能。

第五章

美日两国高校经费筹措及与高校职能的关系

本章运用美国著名教育社会学家马丁·特罗（Martin Trow）的高等教育发展阶段理论作为分析框架，从历史和国际比较两个视角，研究了作为市场主导型的美国高校和作为政府主导型的日本高校在精英教育阶段、大众化阶段以及普及化阶段，政府财政拨款、学费收入、科研收入、社会捐赠收入、社会服务收入、校产收入及学校贷款等不同渠道经费筹措结构的变迁，并揭示了人才培养、科学研究、社会服务三大职能与学校经费筹措能力的关系。

第一节 美国高校不同发展阶段的经费筹措

美国是世界高等教育大国，也是世界高等教育强国。美国是拥有最多世界一流大学的国家，也是世界上最早进入高等教育大众化阶段的国家。从办学形式上看，美国是公、私立高教并举发展，层次、类型多样的复杂的高等教育系统，私立部门承担精英教育，而公立部门则承担大众化教育乃至普及化教育。这是美国根据自身经济、政治、文化等国情进行选择的结果，具有鲜明的特征。

美国在经济体制上实行资本主义市场经济，在政治体制上实行三权分立。由于美国是由移民和他们的后裔建设并发展起来的国家，同时也是一个彻底实行了资产阶级革命的国家，因而形成了一个以个人主义为特征的具有多元文化的市民社会。在美国，个人与国家政府之间存在着众多的自愿结合的社会组织，构成了一个巨大的网络结构，成为国家与个人相联系的中介。各种社会组织将单个公民动员起来，结成利益共同体，既阻止国家权力的过分扩张和对个人权利的侵犯，又在政府功能薄弱的公共领域起到补充和协调作用。"小政府、大社会"和"越小的政府是越好的政府"的主张，是美国市民社会观念的精髓。美国社会公众普遍认为由政府独家经营高等教育事业并不利于美国社会的发展，而公立高等教育与私立高等教育相互竞争、相互依存，不仅可以提高财政使用效益、节省政府开支，更重要的是可以满足社会公众对高等教育的多样化需求。倡导自由竞争的目的是尽量合理地利用有限的资源同时减少社会代价，而效率为先便成为竞争的标准。政府管理的目的在于建立、完善和维护社会保障和法律体系，规范市场。政府的作用归根结底表现在如何充分刺激和调动人和组织的积极性和创造性上。此外，美国的建国历史，还形成了颇具特色的捐赠文化，这为美国高等教育捐资办学传统的形成奠定了坚实基础。

正是在这样的背景下，在建国后的长达200多年的高等教育发展过程中，美国政府颁布的一系列教育法规或政策，都是对高等教育发展的一种政策引导，而不是直接插手；尤其在财政支持方面，越来越显示出公立高校与私立高校同等的待遇。正是在这样的背景下，美国高校在精英阶段就呈现出多渠道筹措经费的局面，随着社会经济的发展，在大众化阶段乃至普及化阶段，市场化对高校经费筹措的作用更加显著，各渠道的经费来源更加平衡，使得高校对政府的依赖不断减弱，发展的态势更加健康。

一、精英阶段的高校经费筹措

美国高等教育精英阶段经历了殖民地时期、建国时期和大学转型时期。高校经费筹措具有以下特征：

在殖民地时期，美国只有私立高校。私立高校是由教会利用社会捐赠创办的，因此社会捐赠是这一时期美国私立高校经费来源的主渠道，同时私立高校大多能得到殖民地政府的部分资助，政府资助也是私立高校经费来源的主渠道之一。但是，这一时期受经济发展水平和科技水平的限制，学校规模小、学费水平低，学费收入只能是高校办学经费的补充，是经费来源的辅助渠道。科学研究尚未成为这一时期私立高校的职能，只是个别学者的"闲逸好奇"，社会服务也尚未形成私立高校的自觉行动，因而科研经费收入和社会服务收入都是私立高校经费来源的辅助渠道。

建国后，伴随着1791年《美利坚合众国宪法》第十条修正案（以下简称"美国宪法第十条修正案"）的实施，尤其是1862年《莫雷尔法案》的颁布，既明确了州政府在高等教育方面的责任,又掀起了州政府创办公立高校的热潮,并为第二次世界大战后美国高等教育大众化的顺利推进奠定了重要的制度基础。这一时期,公立高校因为"州立"的属性,使得政府财政拨款成为其经费来源的主渠道。尽管社会服务职能已逐渐成为公立高校的一项新职能,开展社会服务是公立高校的应尽职责,但是由于社会服务成为公立高校职能的时日尚短,因此社会服务收入只能是公立高校经费来源的辅助渠道。其他渠道如学费收入、科研经费收入和社会捐赠收入,或因经济发展水平所限、或因科学研究职能尚未确立、或因州立属性等原因,均为公立高校经费来源的辅助渠道。私立高校在 1819 年达特茅斯诉讼案以原告方胜诉后,确立了其财产的"神圣不可侵犯",在美国高等教育发展史上具有里程碑意义。自此以后,私立高校除了免税这种持续性的院校补贴形式外,尽管仍能获得来自州政府的资助,但是政府财政拨款已逐渐由主渠道降为主渠道之一。社会捐赠收入因其"私立"的属性,继续成为其经费来源的主渠道。在政府财政拨款减少的情况下,学费收入逐渐由辅助渠道变为主渠道之一。其他经费来源与公立高校一样,均为辅助渠道。

在大学转型时期,由于领土扩张、西部大开发、外国移民暴增以及工业化等因素的作用,美国联邦政府先后颁布第二个《莫雷尔法案》《史密斯-利弗法案》《史密斯-休斯法案》等法案,加大对高校的专项资助力度,使得政府财政拨款继续成为公立高校经费来源的主渠道。尽管科学研究职能已经在高校确立,但这一时期公立高校的主要任务是人才培养,因此科研经费收入是其经费来源的辅助渠道。其他经费来源渠道在强大的政府财政拨款下,依然是公立高校经费来源的辅助渠道。私立高校因政府颁布的法规政策对其同样有效[①],因此政府财政拨款依然是其经费来源的主渠道之一。这一时期私立高校因社会需求旺盛而不断扩张规模,其财政收入一多半来自学费,学费收入由主渠道之一变为主渠道。而科学研究职能在高校的确立虽以霍普金斯大学的建立为标志,但是能够介入两次世界大战武器研制的仅是部分现为顶级私立大学的麻省理工学院和斯坦福大学等,因此科研经费收入仍是私立高校的辅助渠道。其他经费来源渠道没有发生质的变化,依然是私立高校经费来源的辅助渠道。

二、大众化阶段的高校经费筹措

美国高等教育大众化阶段是美国高等教育发展的黄金时期。高校经费筹措具

---

① 陈武元. 论私立高等教育发展的制度环境——兼论中国民办高等教育发展的制度环境选择 [J]. 教育发展研究,2008 (5-6):2.

有以下特征：

这个时期，美国面临着一系列国内外的重大问题，要解决这些问题，迫切要求高等教育规模扩大，联邦政府先后颁布了《退伍军人权利法案》《国防教育法》《高等教育法》《教育修正案》等一系列法案，不断加大对高等教育的财政投入力度，因此政府财政拨款继续成为公立高校经费来源的主渠道。在学费收入方面，由于高等教育均等理念已深入人心，公立高校的学费收入不升反降，继续成为其经费来源的辅助渠道。在科研经费收入方面，由于美苏两个超级大国形成对峙，爆发"冷战"，联邦政府投入大笔资金研制新武器，并对大学科学研究提出更高的要求，但是能够参与其中的仅限于部分研究实力强的公立研究型大学，如加州大学系统、密西根大学等，因此科研经费收入仍是公立高校经费来源的辅助渠道。在社会服务收入方面，由于以产学研为中心的社会服务广泛开展，因此社会服务收入逐渐成为公立高校经费来源的主渠道之一。

私立高校同样受到上述背景和法规利好的影响，尤其是在联邦政府高度重视基础研究和研制新武器的推动下，使具有强大实力的私立高校获得大笔研究基金，科研经费收入成为私立高校经费来源的主渠道，从而也提高了政府财政拨款在其经费总收入的比重（联邦政府对私立高校的拨款主要体现在科研项目的经费拨款上）。与此同时，由于政府助学金和学生贷款增长使得私立高校因此大幅度提高学费，学费收入更成为私立高校经费来源的主渠道。在税制制度不断完善的激发下，校友、基金会、其他个人、企业（公司）、宗教团体等的捐赠数额持续增长，使社会捐赠收入依然是私立高校经费来源的主渠道。在社会服务收入方面，与公立高校一样，逐渐成为私立高校经费来源的主渠道之一。

三、普及化阶段的高校经费筹措

美国高等教育普及化阶段经历了巩固期和私营化与问责时期。高校经费筹措具有以下特征：

在巩固期，美国同样面临着一系列新的国内外重大问题，一方面尽管"冷战"结束和苏联解体，但由于"冷战"时期军事开支过大，使得政府债务利息持续增长；另一方面人们上大学的需求更加旺盛，但与此同时，人口老龄化和20世纪80年代开始实施的税率缩减政策，使得政府财政状况"雪上加霜"。尽管政府财政在高等教育方面的支出仍在增加，但政府财政拨款占公立高校总收入的比例却在下降，不过，政府财政拨款仍是公立高校经费来源的主渠道。随着政府拨款逐步减少，公立高校不得不通过提高学费以抵消政府拨款减少带来的收入缺口，因此学费收入逐渐成为公立高校经费来源的主渠道之一。与此同时，加大其他渠道的经费筹措力度,其中社会捐赠是公立高校越来越重视的渠道,尽管占经费总收入的比例有不少提升,但这一时期仍是公立高校经费来源的辅助渠道。科研经费收入囿于绝大多数公立高校的定位,也仍是其经费来源的辅助渠道。而社会服务收入依然是公立高校经费来源的主渠道之一。在私立高校方面,由于同样的原因,在政府财政拨款逐步减少的情况下,对体现为政府财政拨款的科研经费收入有相当程度的影响,因此私立高校科研经费收入由主渠道转为主渠道之一。这一时期,提高学费成为私立高校的必然选择,因此学费收入继续成为私立高校经费来源的主渠道。与此同时,由于国家出台政策降低了富人的税收,使得社会捐赠收入仍是私立高校经费来源的主渠道。而社会服务收入与公立高校一样依然是私立高校经费来源的主渠道之一。

在私营化与问责时期,尽管18岁人口数量稳步增长,国家经济状况急转直下,但是政府财政拨款仍是公立高校经费来源的主渠道。不过,这个时期是美国高等教育私营化的狂热时期,美国公立高校既要应对政府财政拨款占比下降的困境,也要面对更加苛刻的绩效考核。学费收入不断增长是公立高校不得不通过私营化来增加收入的结果,与巩固期一样,仍是其经费来源的主渠道之一。科研经费收入和社会服务收入继续巩固期的状态,因此依然分别成为公立高校经费来源的辅助渠道和主渠道之一。但是,在社会捐赠收入方面,由于公立高校的高度重视和多年的努力,使得其正在由辅助渠道转为主渠道之一。在私立高校方面,虽然受政府财政支出减少的影响,但是私立高校的科研经费收入仍是其经费来源的主渠道之一。学费收入因私立高校的学费水平持续提高,继续成为私立高校经费来源的主渠道。曾经作为私立大学发展另一引擎的社会捐赠,因全球金融危机的影响而缩水,由主渠道转为主渠道之一。而社会服务收入依然是私立高校经费来源的主渠道之一。

美国高等教育不同发展阶段的高校经费筹措特征如表5-1所示。

从上面的论述中我们可以归纳出美国高校经费筹措具有以下特点:(1)政府财政拨款不论是在精英教育阶段,还是在大众化阶段乃至普及化阶段,都是公立高校经费来源的主渠道,这是由公立高校的"公立"属性所决定的。但是,随着经济社会发展和人们对高等教育需求的不断提高,高等教育属性发生了变化,逐渐由公共产品向公共产品、准公共产品和私人产品并存发展的方向转变,因此政府财政拨款占公立高校经费总收入的比例下降是必然的趋势。而私立高校主要提供的是私人产品,但同时也提供公共产品或准公共产品,因此政府给予财政拨款是理所当然的。但是,由于"私立"属性的决定性原因,使得政府财政拨款只能是辅助渠道。殖民地时期的美国私立高校,政府财政拨款是其经费来源的主渠道之一,或许是一种特例。(2)学费不论是在精英教育阶段,还是在大众化阶段乃

表5—1　美国高等教育不同发展阶段的高校经费筹措特征之比较

经费来源	精英阶段	大众化阶段	普及化阶段	主要法规政策
政府财政拨款	公立高校：主渠道 私立高校：主渠道之一	公立高校：主渠道 私立高校：辅助渠道	公立高校：主渠道 私立高校：辅助渠道	1.《美利坚合众国宪法》第十条修正案（1791） 2.《莫雷尔法案》（1862） 3.《哈奇法案》（1887） 4. 第二个《莫雷尔法案》（1890） 5.《史密斯-利弗法案》（1914） 6.《史密斯-休斯法案》（1917） 7.《退伍军人权利法案》（1944） 8.《国防教育法》（1958） 9.《高等教育法》（1965） 10.《高等教育机会法案》（2008）
学费收入	公立高校：辅助渠道 私立高校：由主渠道之一转为主渠道	公立高校：辅助渠道 私立高校：主渠道	公立高校：由辅助渠道转为主渠道之一 私立高校：主渠道	
科研经费收入	公立高校：辅助渠道 私立高校：辅助渠道	公立高校：辅助渠道 私立高校：主渠道	公立高校：辅助渠道 私立高校：由主渠道转为主渠道之一	
社会捐赠收入	公立高校：辅助渠道 私立高校：主渠道	公立高校：辅助渠道 私立高校：主渠道	公立高校：由辅助渠道转为主渠道之一 私立高校：由主渠道转为主渠道之一	
社会服务收入	公立高校：辅助渠道 私立高校：辅助渠道	公立高校：辅助渠道 私立高校：辅助渠道	公立高校：主渠道 私立高校：主渠道之一	

注：主渠道是指在高校经费来源结构中占比最大的经费来源渠道；主渠道之一是指在高校经费来源结构中占比较大的经费来源渠道；辅助渠道是指在高校经费来源结构中占比较小的经费来源渠道。

资料来源：作者根据美国国家教育统计中心统计数据和史料编制而成的。

至普及化阶段，都是私立高校经费来源的主渠道，这是由私立高校主要提供私人产品的性质决定的。而学费收入长期是公立高校经费来源的辅助渠道，这是由公立高校提供公共产品或准公共产品的性质决定的。但是，由于高等教育规模不断扩张，公立高校的公共性程度降低了，因此公立高校学费水平不断提高乃至学费收入占公立高校经费总收入的比例不断攀升是必然的发展趋势。从高等教育普及化阶段开始，学费收入便成为公立高校经费来源的主渠道之一。(3) 科研经费收入的多寡是由高校的职能定位或科研职能的强弱决定的，也与政府的制度安排有密切关系。由于公立高校绝大多数属于教学型（科研职能较弱），因此科研经费收入只能是公立高校经费来源的辅助渠道。而多数私立高校由于属于研究型（科研职能较强），因此科研经费收入是私立高校经费来源的主渠道或主渠道之一。(4) 社会捐赠办学是美国独特的捐赠文化的体现，后来加上税收制度的积极鼓励，因此社会捐赠收入一直是私立高校经费来源的主渠道。但是，由于公立高校主渠道收入（政府财政拨款）的不断减少，与私立高校竞争社会捐赠就成为公立高校的努力方向，因此社会捐赠收入逐渐成为公立高校的主渠道之一。(5) 社会服务收入能成为公、私立高校经费来源的主渠道之一，与社会服务职能率先在美国高校确立有着密切关系，也与政府的制度安排有关。这是美国高校不论公立还是私立，具有相同之处的唯一一条渠道。

第二节　日本高校不同发展阶段的经费筹措

　　日本是世界高等教育大国，也是世界高等教育强国。日本是亚洲国家中拥有最多世界一流大学的国家，也是紧随美国之后较早进入高等教育大众化阶段的国家。从办学形式上看，日本也是公、私立高等教育并举发展，层次、类型多样的复杂的高等教育系统。日本高等教育系统的公立部门承担精英教育，而私立部门则承担大众化教育乃至普及化教育。这是日本根据自身经济、政治、文化等国情进行选择的结果，也具有鲜明的特征。

　　日本在经济体制上也实行资本主义市场经济，在政治体制上也实行三权分立。但是，由于日本是由单一民族组成的国家，是一个没有经过彻底资产阶级革命的国家，更由于明治维新之前一直深受中国儒教文化的影响，有着长达1 000多年的中央集权统治的封建社会发展史，因而形成了日本社会特有的等级文化，"大一统"思想、"官尊民卑"思想根深蒂固，国家意志强。这种等级文化，尽管近100多年来受到西方文化的熏染，但其本质依然不变，并且对其经济体制、政治体制和高等教育体制的建构产生了深刻影响。但是，20世纪90年代以来，由于日本经济发展长期处于低迷状态，加上受到国际"新自由主义"思潮的影响，日本高等教育体制改革正在面临着前所未有的挑战。

正是在这样的背景下，在100多年的近现代高等教育发展过程中，日本政府颁布的一系列教育法规或政策，都是国立中心主义政策，使得国立高校与私立高校处于不平等的发展关系上。正是在这样的背景下，日本高校在精英阶段、大众化阶段乃至普及化阶段的经费筹措渠道略显单一，国立高校主要依靠政府财政拨款，私立高校主要依赖学费维持，政府财政政策对私立高校经费筹措的重视程度不够；市场化对国立高校经费筹措的作用不彰；高校多渠道筹措经费的能力不强。针对这些问题，日本政府和学者已认识到政府主导型模式的弊端，放松行政管制，更多发挥市场机制的作用，是目前日本国立大学法人化改革的主要方向。但是，由于政府主导型的日本高等教育体制的形成有着深刻的历史基础，其彻底转向新自由主义的可能性很小，最有可能的是在政府主导型与"新自由主义"之间走出一条中间道路。

一、精英阶段的高校经费筹措

日本高等教育精英阶段经历了明治时期、大正时期和昭和时期。高校经费筹措具有以下特征：

在近代，日本被迫打开国门，通过明治维新，走上了近代化的发展道路。其中一项重要的举措就是发展近代高等教育。由于受近代德国强调国家参与大学建构思想的影响，日本政府十分重视国立大学建设，颁布《帝国大学令》、将东京大学改为"帝国大学"就是例证。其目的是为国家培养有知识、有文化的精英阶层。因此，政府财政拨款便成为国立高校经费来源的主渠道。或许是向美国高校学习借鉴的缘故，日本政府在1888年颁布的《文部省直属学校收入金规则》和1947年颁布的《学校教育法》等教育法规中均明确规定，除义务教育以外，国立学校均可收取学费，但政府出于对国立大学是为适应国家需要培养人才的考虑，一直实行统一学费标准和低学费政策，因此，学费收入是国立高校经费来源的辅助渠道。科学研究作为高校的一项职能在日本移植德国柏林大学模式创建东京大学时就已确立，《帝国大学令》第一条明确规定"帝国大学以教授国家需要之学术技艺并探究其蕴奥为目的"，由此表明大学既要培养人才（教学）又要从事科学研究。在帝国大学引入"讲座制"和设立研究机构，既是政府的制度安排，也是强化大学研究职能的具体举措。因此，包含在中央政府财政拨款中的科研经费以及1918年为推进大学学术研究而设立的"科学奖励金"，使得科研经费收入成为国立大学经费来源的主渠道之一。校产收入是日本国立大学尤其是旧制帝国大学的一项经费来源渠道。众所周知,西方传统大学的学科设置一般只有文、理、法、医四科,但是日本在移植西方(德国)传统大学模式时结合自己的国情,创造性增加了工学和农学,使得为农学教学科研服务的演习林和为医学教学科研服务的附属医院均有一定的收入(但这些收入优先分配给创造这些财源的事业)[1],而且大学附属医院不是通过政府拨款建设的,而是通过融投资(贷款)建设的,因而校产收入及学校贷款是国立高校经费来源的辅助渠道。这一时期,社会服务尚未形成国立高校的自觉行动,而儒教文化中先天就缺乏慈善的要素(尽管某个时期有民间富豪和财阀的大笔捐赠,但不具有可持续性),因而都是国立高校经费来源的辅助渠道。

与此同时,一些近代启蒙思想家(如福泽谕吉)和失落的政治家(如大隈重信)怀抱着传播西方文明、培养掌握西方科学知识的专门人才的理念而创办了私立专门学校,但政府并不重视私立高等教育的发展。[2] 即使1918年政府颁布《大学令》正式承认私立大学的法律地位,第二次世界大战后受美国教育机会均等和教育民主化思想的影响而先后于1947年和1949年制定并颁布了《教育基本法》《学校教育法》《私立学校法》,但由于政府长期奉行"国家办大学"的方针,使得私立高校无法得到政府的资金支持。私立高校在举办者满足创办学校时的一次性投入后,其办学资源主要依靠学费来维持,因此学费收入成为私立高校经费来源的主要渠道。在科研经费收入方面,由于私立高校绝大多数属于教学型,即使有部分私立综合性大学(如庆应义塾大学、早稻田大学等)具有一定的研究实力,但是它们与国立高校不同,没有来自中央政府的财政拨款,也没有获得科学研究补助金,只有接受来自民间等委托的部分科研经费,因此科研经费收入是私立高校经费来源的辅助渠道。在校产收入及学校贷款方面,《大学令》颁布后,私立大学财团法人"须拥有大学所需的设备或其资金至少要有足以维持大学的收入之基本财产",即基本财产至少须有50万日元的委托代管金,据文部省调查,这项基本财产每年产生的利息收入仅占全部收入的6%左右,同期政府以10年分期付款形式给私立学校每校25万日元的补助金[3],由此可见,校产收入只是私立高校经费来源的辅助渠道。在社会服务收入方面,私立高校在这一时期主要是通过举办非学历教育(如夜校教育)方式,在筹措更多办学经费的同时提供社会服务,但由于这类非正规教育的人数远远超过正规教育的学生数,因此社

---

[1] 天野郁夫. 日本国立大学的财政制度:历史性展望[J]. 大学教育科学,2012(6):77-91.

[2] 陈武元. 论私立高等教育发展的制度环境——兼论中国民办高等教育发展的制度环境选择[J]. 教育发展研究,2008(5-6):3.

[3] 天野郁夫. 高等教育的日本模式[M]. 陈武元,译. 北京:教育科学出版社,2006:68-70.

会服务收入也就成为私立高校经费来源的主渠道之一。在社会捐赠收入方面，虽然社会捐赠是私立高校办学经费的主要来源之一，但严格意义上说，是私立高校创办时的一次性投入。私立高校一旦设立后，由于日本社会先天缺乏慈善要素，加上私立高校社会声望普遍较低等原因，使得其能够获得的社会捐赠极其有限，因而社会捐赠收入只能是私立高校经费来源的辅助渠道。

二、大众化阶段的高校经费筹措

日本高等教育大众化阶段经历了经济高速发展时期和二次人口高峰时期，是日本高等教育大发展的黄金岁月。高校经费筹措具有以下特征：

进入大众化阶段的初期，正值日本经济高速发展和第一次人口高峰期的到来，政府对国立高校的财政拨款呈现出跨越式增长，即使在大众化阶段的中后期，受20世纪80年代以后的"财政重建"和1992年以后的泡沫经济的影响，政府对国立高校的财政拨款占国立高校经费总收入的比例始终保持在50%以上，履行了《学校教育法》中政府对国立高校财政拨款的承诺，因此政府财政拨款继续成为国立高校经费来源的主渠道。1971年之前，国立高校的学费政策一直延续精英教育阶段的低学费政策，但是，从1972年开始，政府为了缩小国立高校与私立高校的学费差距，提高了国立高校的学费标准，而且提高的幅度也比较大，使得国立高校的学费收入由辅助渠道转变为主渠道之一。在科研经费收入方面，除随着政府财政拨款的增加而相应增加以外，政府还多渠道增加了科研经费投入，例如，为提升基础研究创新能力，科学研究费补助金预算逐年增长；1995年《科学技术基本法》的颁布，使研发经费飞跃式增长，等等。与此同时，国立高校还与民间企业进行合作研究、或接受企业和中央其他政府部门委托进行研究。由此继续彰显国立高校科研职能的强大，并使科研经费收入继续成为国立高校经费来源的主渠道之一。在校产收入及学校贷款方面，国立大学附属医院收入是其校产收入的最主要部分，从1970年以来一直持续上升，逐步成为仅次于政府财政拨款之后的第二大经费来源渠道，同时大学附属医院也是国立大学贷款经营的事业，因而该项收入在国立高校经费来源中的重要性由辅助渠道转变为主渠道之一。在社会服务收入方面，由于国立高校深受德国大学模式的影响，重视学术研究，而且政府管理国立高校的方式也抑制了国立高校开展社会服务的积极性，因此，社会服务收入仍是国立高校经费来源的辅助渠道。在社会捐赠收入方面，由于政府管理国立高校的方式未有较大的变化，因此社会捐赠收入与精英教育阶段一样，仍是国立高校经费来源的辅助渠道。

私立高校同样受到上述背景的利好影响，尤其是政府对国立高校采取抑制政策，使私立高校长期处于"卖方市场"，与此同时，政府出于维持私立高校的稳健经营和减轻学生家庭负担的考虑，于1970年开始对私立高校实行补助金制度，并于1975年颁布了《私立学校振兴助成法》，从而使政府资助私立高校法制化。但是，政府财政资助只是私立高校经费来源的辅助渠道。在学费收入方面，由于经济高速发展，国民收入水平提高，尤其是国民对高等教育的需求特别旺盛，使私立高校得以顺利提高学费水平，因此，学费收入继续成为私立高校经费来源的主渠道。在科研经费收入方面，私立高校主要是与企业进行合作研究或接受企业委托，从20世纪90年代开始，一些私立高校，尤其是私立研究型大学凭借自己的科研实力，积极参与科学研究费补助金的竞争，并获得了一定的经费。但是，绝大多数私立高校说到底是教学型的，科研实力整体偏弱，因此，科研经费收入仍是私立高校经费来源的辅助渠道。在校产收入及学校贷款方面，私立高校中有部分学校与国立高校一样，附属医院收入是其校产收入的主要部分，但多数私立高校是利用不动产经营，以及进行一些政府允许的其他类型的收益性事业来获得收入。学校贷款是从20世纪70年代开始的，政府为了抑制私立高校过快的学费增长而向私立高校提供低息贷款，此后私立高校利用该项政策进行贷款成为私立高校筹措经费的主渠道之一。在社会服务收入方面，私立高校除了继续延续传统的举办非学历教育方式为社会提供服务外，也加强其他形式的社会服务能力，经过长期的努力，现在在与企业等的共同研究或接受企业委托研究方面也具备了一定的实力，社会服务收入继续成为私立高校经费来源的主渠道之一。在社会捐赠收入方面，尽管社会捐赠制度有一定程度的改善，但是捐赠文化尚未在日本社会形成，社会捐赠收入仍是私立高校经费来源的辅助渠道。

三、普及化阶段的高校经费筹措

日本高等教育普及化阶段正在经历着经济持续低迷和人口生育率不断下滑的时期。高校经费筹措具有以下特征：

进入普及化阶段，由于全面实施国立大学法人化改革，原有的政府对国立高校的财政拨款模式发生了重大变革。虽然政府对国立高校的财政投入未必会减少，但是国立高校运营费交付金每年减少，同时增加竞争性资金的教育研究特别经费，以及以6年为一个周期的绩效评估结果与下一期的运营费交付金拨款直接挂钩，使得在国立高校之间的原有政府财政拨款平衡被打破。尽管原有的政府财政拨款模式改变了，但是，政府财政拨款仍是国立高校经费来源的主渠道。在学费收入方面，由于政府财政拨款的减少以及学费政策的变化（政府允许国立大学法人在其确定的学费标准范围内上下浮动一定的比例征收学费），使得国立高校提高学费有了现实依据和可能性，因而学费收入继续成为国立高校经费来源的主渠道之一。在科研经费收入方面，由于《科学技术基本法》及其科技计划的持续实施，政府和企业的研发经费投入不断增加，以及"21 世纪 COE 计划"的推进实施，使得科研经费收入继续成为国立高校经费来源的主渠道之一。在校产收入及学校贷款方面，大学附属医院是一项高投入高收入的事业，有附属医院的国立高校占国立高校总数一半左右，国立大学法人化改革后，国立高校自主性增强，可以根据自身发展的需要向金融机构直接进行贷款融资，因此校产收入及学校贷款继续成为国立高校经费来源的主渠道之一。在社会服务收入方面，尽管国立大学法人化改革后，国立高校具有独立的法人资格，受政府制度的约束比以前少了许多，还有政府相关政策的鼓励，但是由于国立高校长期偏好基础研究的惯性还将持续一段时间，所以社会服务收入目前依然是国立高校经费来源的辅助渠道。在社会捐赠收入方面，随着法人化改革后，作为国立大学主要经费来源的运行费交付金年年下降，同时政府管理国立高校的方式也发生了重大变化（国立大学特别会计制度被废止，国立大学法人不必像以往那样将社会捐赠上缴国库，可以将这部分收入作为自己创收的收入按照捐赠者的意愿自主使用），国立高校争取社会捐赠的积极性提高了，但是从目前来看，社会捐赠收入仍是国立高校经费来源的辅助渠道。

私立高校在接受政府财政资助方面受国立大学法人化改革的影响不会太大，但是由于"私立"属性的原因，政府财政资助仍是其经费来源的辅助渠道。在学费收入方面，受国立高校提高学费以及少子化等因素的影响，私立高校也与国立高校一样同步提高学费，使得学费收入继续成为私立高校经费来源的主渠道。在科研经费收入方面，由于绝大多数私立高校继续承担普及高等教育的人才培养职责，仅有极少一部分私立研究型大学有能力与国立高校竞争，因此科研经费收入仍是私立高校经费来源的辅助渠道。在校产收入及学校贷款方面，由于政府对私立高校的相关政策没有变化，校产收入及学校贷款仍是私立高校经费来源的主渠道之一。在社会服务收入方面，在政府各项利好政策的激励下，私立高校与企业等的合作研究或接受委托研究的业绩更加显著，因而社会服务收入继续成为私立高校经费来源的主渠道之一。在社会捐赠收入方面，由于私立高校的内外部环境条件没有发生根本性变化（就内部而言，私立高校的社会声望仍然不高；就外部而言，社会捐赠文化仍未形成），因此社会捐赠收入仍是私立高校经费来源的辅助渠道。

日本高等教育不同发展阶段的高校经费筹措特征如表 5 - 2 所示。

表 5-2　日本高等教育不同发展阶段的高校经费筹措特征之比较

经费来源渠道	精英阶段	大众化阶段	普及化阶段	主要法规政策
政府财政拨款	国立高校：主渠道 私立高校：无	国立高校：主渠道 私立高校：辅助渠道	国立高校：主渠道 私立高校：辅助渠道	1.《学制》(1872) 2.《教育令》(1880) 3.《帝国大学令》(1886)
学费收入	国立高校：辅助渠道 私立高校：主渠道	国立高校：由辅助渠道转为主渠道之一 私立高校：主渠道	国立高校：主渠道之一 私立高校：主渠道	4.《文部省直属学校收入金规则》(1888) 5.《官立学校及图书馆会计法》(1890)
科研经费收入	国立高校：主渠道之一 私立高校：辅助渠道	国立高校：主渠道之一 私立高校：辅助渠道	国立高校：主渠道之一 私立高校：辅助渠道	6.《专门学校令》(1903) 7.《帝国大学特别会计法》(1907) 8.《大学令》(1918)
校产收入及学校贷款	国立高校：辅助渠道 私立高校：辅助渠道	国立高校：由辅助渠道转为主渠道之一 私立高校：由辅助渠道转为主渠道之一	国立高校：主渠道之一 私立高校：主渠道之一	9.《大日本育英会法》(1944) 10.《教育基本法》(1947) 11.《学校教育法》(1947) 12.《教育公务员特例法》(1949) 13.《私立学校法》(1949)
社会服务收入	国立高校：辅助渠道 私立高校：主渠道之一	国立高校：辅助渠道 私立高校：主渠道之一	国立高校：辅助渠道 私立高校：主渠道之一	14.《理科教育振兴法》(1953) 15.《国立学校特别会计法》(1964)
社会捐赠收入	国立高校：辅助渠道 私立高校：辅助渠道	国立高校：辅助渠道 私立高校：辅助渠道	国立高校：辅助渠道 私立高校：辅助渠道	16.《私立学校振兴助成法》(1975) 17.《国立大学法人法》(2003)

注：主渠道是指在高校经费来源结构中占比最大的经费来源渠道；主渠道之一是指在高校经费来源结构中占比较大的经费来源渠道；辅助渠道是指在高校经费来源结构中占比较小的经费来源渠道。

资料来源：作者根据日本《文部科学统计要览》统计数据和史料编制而成的。

从上面的论述中我们可以归纳出日本高校经费筹措具有以下特点：(1) 政府财政拨款不论是在精英教育阶段，还是在大众化阶段乃至普及化阶段，都是国立高校经费来源的主渠道，这是由国立高校的"国立"属性所决定的。但是，随着经济社会发展和人们对高等教育需求的不断提高，高等教育属性发生了变化，逐渐由公共产品向公共产品、准公共产品和私人产品并存发展的方向转变，因此政府财政拨款占国立高校经费总收入的比例下降是必然的趋势。而私立高校主要提供的是私人产品，但同时也提供公共产品或准公共产品，所以政府给予财政拨款是理所当然的。但是，由于"私立"属性的决定性原因，使得政府财政拨款只能是私立高校经费来源的辅助渠道。(2) 学费不论是在精英教育阶段，还是在大众化阶段乃至普及化阶段，都是私立高校经费来源的主要渠道，这是由私立高校主要提供私人产品的性质决定的。而学费收入长期是国立高校经费来源的辅助渠道，这是由国立高校提供公共产品或准公共产品的性质决定的。但是，由于高等教育规模不断扩张，国立高校的公共性程度降低了，因此国立高校学费水平不断提高乃至学费收入占国立高校经费总收入的比例不断攀升是必然的发展趋势。从高等教育后大众化阶段开始，学费收入便成为国立高校经费来源的主渠道之一。(3) 科研经费收入的多寡是由高校的职能定位或科研职能的强弱决定的，也与政府的制度安排有密切关系。由于国立高校的绝大多数属于科研教学并重型的（科研职能较强），因此科研经费收入是国立高校经费来源的主渠道之一。而多数私立高校由于属于教学型的（科研职能较弱），因此科研经费收入是私立高校经费来源的辅助渠道。(4) 校产收入及学校贷款能成为国立、私立高校经费来源的主渠道之一，与日本政府的特定制度安排有着密切关系。(5) 社会服务收入是国立高校经费来源的辅助渠道，与政府管理国立大学方式（是政府的附属机构而且实施国立大学特别会计制度）有着密切关系，也与国立大学的办学理念有关。而社会服务收入一直能成为私立高校经费来源的主渠道之一，与其没有或很少获得政府财政拨款、必须多渠道争取办学经费的努力有着密切关系。(6) 社会捐赠收入在国立、私立高校经费总收入占比小，主要与儒教文化中先天缺乏慈善要素有关，国立高校还与政府管理国立大学方式导致国立高校积极性不高有关，而私立高校与其社会声望普遍不高有关，因而社会捐赠收入均为国立、私立高校经费来源的辅助渠道。

第三节 高校人才培养职能与经费筹措

人才培养职能是高校的本体职能，是高校自诞生之日起就被社会所赋予的，也是高校这一社会组织赖以存在的充分必要条件。高校与企业不同，它几乎不能通过生产和销售产品来获得其生存和发展的资源。高校履行其人才培养职能所需的校舍、设施设备、图书资料、教职员工资以及日常运行经费等必须由政府和社会提供。因此，政府财政拨款、学生缴纳学费、社会捐赠等就成了高校筹措经费的渠道。

高校经费筹措的能力与其人才培养职能的发挥程度和政府、社会对人才培养的需求大小密切相关。高校通过其人才培养职能的发挥程度来筹措经费，一是会因提供高等教育的公共性的程度不同而异，也就是说，高等教育公共性程度越高，其获得政府财政拨款的数额或占比就高；二是会因高校办学规模的不同而异，也就是说，高校办学规模越大，其获得学生缴纳学费的数额或占比就高；三是会因人才培养质量的不同而异，也就是说，人才培养质量越高，其获得学生缴纳学费的数额或占比可能越高；四是会因社会捐赠文化的浓淡而异，也就是说，社会捐赠文化浓厚的国家，其高校获得社会捐赠的数额或占比就高。

一、美国高校人才培养职能与经费筹措

美国高校由公立高校和私立高校构成。公立高校提供的是公共产品或准公共产品，因此支撑其人才培养职能的经费主要由政府来负担；而私立高校提供的是私人产品，因此支撑其人才培养职能的经费主要由学生及其家庭来分担。同时，美国是一个捐赠文化十分浓厚的国家，因此社会捐赠也在一定程度上支撑着公立、私立高校履行人才培养职能所需的部分资金，但公立、私立高校获得社会捐赠的能力存在着一定的差异性。下面从高等教育不同发展阶段切入来探讨美国高校经费筹措与人才培养职能发挥作用的关系问题。

（一）高等教育精英阶段

如前所述，美国高等教育精英阶段经历了殖民地时期、建国时期和大学转型时期。在殖民地时期，由于人口少（1700 年为 25 万人，1789 年才增至 380 万人）、经济社会发展迟缓、科技水平低、社会对高等教育的需求极小（1700 年高等教育注册生数 150 人，1789 年为 1 000 人），因此，当时美国高校不仅数量少（仅有 9 所学院），而且校均规模也很小。例如，当时规模最大的哈佛学院，1771 年的毕业生仅有 64 人。① 尽管这些学院都是由教会创办的，按照"谁举办、谁

---

① 亚瑟·M. 科恩，卡丽·B. 基斯克. 美国高等教育的历程：第 2 版 [M]. 梁燕玲，译. 北京：教育科学出版社，2012：10.

出资"的原则,教会团体捐赠确实是这些学院经费筹措的主要渠道,但是由于办学规模偏低,仅仅依靠教会捐赠是不够的。与此同时,当时的高校还担负着为殖民地政府和社会培养政府官员和律师等专门人才的职责。因此,这些学院还可以从学生学费和殖民地议会拨款的渠道筹措办学经费。这种状况在客观上促进了美国独特的捐赠办学文化的形成,并对后来社会捐赠收入成为美国高校经费筹措的重要渠道奠定了基础。

建国时期,有两大事件对高校通过人才培养职能的发挥程度来筹措经费产生了重大影响:一是1791年"美国宪法第十条修正案"明确了教育权力为州的"保留权",二是1819年达特茅斯诉讼案以原告方的胜诉而告终,促进了公立、私立高校的分野。"美国宪法第十条修正案"以及1862年颁布的《莫雷尔法案》,既掀起了州政府创办州立学院的热潮,也成为美国高等教育发展的一大引擎;达特茅斯诉讼案的判决,既重申了法人自治原则的不可侵犯性,也明确了高等教育的属性边界。这一时期,美国院校数由1790年的11所增至1869年的240所,同期高等教育注册学生数由1 050人增至61 000人,[①] 由此可见,美国高校在数量规模和校均规模上都有了很大的扩张,而高校数量规模和校均规模的扩张,既反映了美国政府和社会对人才培养的需求扩大,也表明了高校人才培养职能发挥的作用在变大。

大学转型时期,德国洪堡倡导的"教学与科研相统一"的办学理念被一批赴德留学的美国学者带回到美国,由此开创了学院向大学的转型。他们借助富豪的巨额捐赠建立起现代大学,如约翰·霍普金斯大学、克拉克大学、芝加哥大学和斯坦福大学等;同时也促进了包括哈佛、耶鲁、普林斯顿在内的传统学院向现代大学转型。一大批学院和大学的建立,使得美国社会发生了重大变化:一是观念的变化,越来越多的年轻人上大学追求的是个人财富和社会升迁,上大学是很好的个人投资的观念逐步取代了学院是社会投资的观念;二是高等教育作为职业教育的必要组成部分发展起来了。有资料显示,在大学转型时期的75年当中,美国院校数由1870年的250所增至1944年的1 768所,同期高等教育注册人数由6.3万人增至167.7万人;年财政收入(以现值计算)由1 400万美元增至11.69394亿美元。[②] 可见,高校财政收入增长速度远远高于高等教育人口增长速度(高等教育人口在此期间增长25.62倍,而高校财政收入增长82.52倍)。与此同时,大学通过建立研究生院和授予更高级学位,把高等教育学习年限从4年

---

① 亚瑟·M. 科恩,卡丽·B. 基斯克. 美国高等教育的历程:第2版[M]. 梁燕玲,译. 北京:教育科学出版社,2012:32.

② 亚瑟·M. 科恩,卡丽·B. 基斯克. 美国高等教育的历程:第2版[M]. 梁燕玲,译. 北京:教育科学出版社,2012:64.

延伸至更长的时间,研究生入学人数开始迅猛增长。在大学转型初期,全国只有约 200 名研究生,20 年后,大约有 2 400 名,再过 20 年,接近 10 000 名,到 1930 年,研究生注册人数约 50 000 人。① 研究生院的建立使美国高校培养专业人才职能在横向扩展的同时,也迅速地向纵向高层次发展。由此表明,高校在满足社会对人才培养需求的同时,其自身层次也在发生变化,并借此提升通过人才培养职能筹措经费的能力。

激发这种巨大扩张的是全国人口和财富的快速增长,大学的发展如此迅速,在于它们吸引了大笔资助。《莫雷尔法案》给予的公共资助与内战前后从富豪那里获得的私人捐赠,成为大学发展的双引擎。1862 年的《莫雷尔法案》规定按各州国会议员人数来划拨土地,各州把划拨土地所得的资金用来建设大学。20 世纪 20 年代,社会经济的 10 年繁荣兴旺期,院校得到的基金会和私人捐赠额都增加了。大学获得捐赠的总额从 1920 年的 6 500 万美元增加至 1930 年的 1.48 亿美元,增长了 1 倍还多。②

与此同时,院校间的竞争也成为院校发展的动力。为了赢得声望,大学千方百计增大规模。规模大意味着学生交的学费更多,私立大学财政收入的一多半来自学费。19 世纪、20 世纪之交,知名院校与普通院校之间的收入差距拉大了。不光新建的斯坦福大学和芝加哥大学从一开始就可以支配超出绝大多数院校想象的资金,那些成功转型为大学的老院校也越来越富有了。这个时期,国家财富在快速增长,这些大学也搭乘经济扩张的列车,和其他产业一样迅速增长,并有机会获得更高比例的资金回报。③ 一流公立大学的发展趋势与知名私立大学旗鼓相当。因为国家经济繁荣税收增加,州立法机构开始划拨经常性资金支持院校扩招。20 世纪初,绝大多数州立大学出现了基建热,特别是兴建实验室和图书馆。……在绝大部分州,政府应该对大学永久负责的观念很盛行,政府一般会按照其他州政府机关的资助方式给大学拨款。在 20 世纪 20~40 年代,在公立院校占绝对多数的密西西比西部地区,高等教育经费的近 50% 都来自州政府拨款。④ 这个时期,联邦政府在《莫雷尔法案》的捐赠基础上,也开始提供专项资助,如 1914 年颁布的《史密斯-利弗法案》和 1917 年颁布的《史密斯-休斯法案》,这两个法案提供的资金从此一直是院校的收入来源。20 世纪 30 年代初,公私立高等教育的入学人数大致持平,这种状况维持了 10 多年,但是,第二次世界大

---

① 亚瑟·M. 科恩,卡丽·B. 基斯克. 美国高等教育的历程:第 2 版 [M]. 梁燕玲,译. 北京:教育科学出版社,2012:69.
②③ 亚瑟·M. 科恩,卡丽·B. 基斯克. 美国高等教育的历程:第 2 版 [M]. 梁燕玲,译. 北京:教育科学出版社,2012:107.
④ 亚瑟·M. 科恩,卡丽·B. 基斯克. 美国高等教育的历程:第 2 版 [M]. 梁燕玲,译. 北京:教育科学出版社,2012:108.

战后不久,公私立高等教育的入学比例就出现了转折。战争一结束,由于州立院校得到了大笔可自由支配的资金,促进了战后第一个10年间,公立院校校园扩建经费比私立院校至少高出50%。这个时期,院校一直朝世俗化方向稳步前进。公立院校所占比例由35%上升为44%,入学人数由49%上升为79%。[①]

综上所述,在精英教育阶段,殖民地时期因人口少,社会对人才的需求也低,高校人才培养职能的发挥作用也就小,因此高校经费筹措能力弱;建国时期,在《莫雷尔法案》颁布的促进下,高校因各州经济社会的发展而扩张规模,获得政府财政拨款迅速增长;到了大学转型时期,由于人口和财富的快速增长,加上人们对上大学的追求,公立高校履行人才培养职能所需的经费主要由州政府财政来支撑,因此校均规模普遍比私立高校校均规模大。而私立高校履行人才培养职能所需的经费则主要由社会捐赠收入和学费收入来支撑,虽然学校数量规模较大,但校均规模普遍较小。

(二)高等教育大众化阶段

大学转型期过后,美国高等教育系统的结构已经基本成型,高等教育乃至整个国家都开始收获大学转型期的成果。1944年颁布的《退伍军人权利法案》(GI法案)把千百万退伍军人送进大学,开创了美国高等教育大众化的新篇章。GI法案的实施,不仅使联邦和州政府的大量资金源源不断流入美国各类高校,而且更重要的是,任何人都能上大学的观念已经在美国深入人心。大学不再是培养少数精英的场所。

大众化30年是美国高等教育的黄金岁月,入学人数激增是高等教育大众化时期的重要标志。1945~1975年的30年间,入学人数从200万人增加到1100万人,增幅超过450%。其中,公立院校入学人数增幅最大,从这个时期开始,公立院校和私立院校入学人数大致持平,但是到这个时期末,前者就超出后者4倍之多。[②] 大众化30年也是美国大学的财政表现最为出色的时期。1945年,高等教育所有来源的收入共计10亿美元,到1975年增长为350亿美元。捐赠收入也呈现出同样的增幅。尽管公立、私立院校在经费筹措渠道上大致相同,但在各个渠道的表现上却差异很大。这个时期初,各级政府资助占私立院校总收入的16%,占公立院校的69%;这个时期末,私立院校的政府资助比例是29%,公立院校则上升为79%。同期,礼品和捐赠占私立院校收入的23%,到这个时期

---

① 亚瑟·M.科恩,卡丽·B.基斯克.美国高等教育的历程:第2版[M].梁燕玲,译.北京:教育科学出版社,2012:126.

② 亚瑟·M.科恩,卡丽·B.基斯克.美国高等教育的历程:第2版[M].梁燕玲,译.北京:教育科学出版社,2012:131-132.

末下跌为19%；而公立院校一直保持在3%。这个时期初，私立大学经费收入中约1/3来自学费，而公立大学的学费比重只占12%。到1974年，学费在私立院校经费收入中的比重下跌至7%，而公立院校的学费比重仍保持在12%。[①] 高等教育大众化时期也是社区学院的繁荣时期，社区学院虽然是美国高等教育系统中最晚建立的一类高等教育机构，但是它有力地推动了美国高等教育实现大众化的进程。1976年社区学院入学人数达到高等教育总人数的34%，1993年增长至37%。作为美国高等教育系统的必要组成部分，社区学院以其低廉的学习成本和优越的地理位置，吸引着越来越多的学生就读。

进入高等教育后大众化阶段，随着政府经费逐步缩减，学费从1976年占总收入的21%增至1993年的27%，成了高等教育机构的主要收入来源。[②] 1992年，学费在学校财政收入中的比重，在私立大学是45%，其他私立四年制学院是69%。学费占公立院校总收入的22%。[③] 公立院校学费增长抵销了州政府资助削减带来的收入缺口。私立院校学费增长则抵销了联邦政府经费减少带来的收入缺口。总而言之，从20世纪80年代后期到90年代初期，学费年均增幅最大。[④] 值得一提的是，1965年的《高等教育法》生效之后，政府为不同院校各类学生提供了奖学金、助学金、贷款，学生资助出现数倍增长，成了联邦拨款的一大典型特征。1993年，公立四年制院校全日制本科生获得的奖学金占大学平均学杂费的30%，这比大众化之前学生获得的各种资助金额仅占学杂费的10%高出了许多。

综上所述，在大众化阶段，在《退伍军人权利法案》颁布的大力推动下，高等教育人口急剧增长，高校通过人才培养职能筹措经费的能力显著增强。但是，由于高等教育规模的不断扩张，使得公立高等教育的"公共"属性发生了变化，因此公立高校除了政府财政拨款依然占主体外，学费收入和社会捐赠收入成了支撑其人才培养职能所需经费的补充。与此同时，《高等教育法》颁布后，政府为学生提供的"奖""助""贷"显著增长，从而为高校提高学费水平奠定了制度基础。

（三）高等教育普及化阶段

1994年以来，美国高等教育增速趋缓，但学生的录取率却提高了，这是因

---

① 亚瑟·M. 科恩，卡丽·B. 基斯克. 美国高等教育的历程：第2版［M］. 梁燕玲，译. 北京：教育科学出版社，2012：168.
② 亚瑟·M. 科恩，卡丽·B. 基斯克. 美国高等教育的历程：第2版［M］. 梁燕玲，译. 北京：教育科学出版社，2012：253.
③ 亚瑟·M. 科恩，卡丽·B. 基斯克. 美国高等教育的历程：第2版［M］. 梁燕玲，译. 北京：教育科学出版社，2012：258.
④ 亚瑟·M. 科恩，卡丽·B. 基斯克. 美国高等教育的历程：第2版［M］. 梁燕玲，译. 北京：教育科学出版社，2012：263.

为一方面各种财政资助增加，另一方面《康复法案》（1973年）、《年龄歧视法案》（1975年）和《美国残疾人法案》（1990年）等一系列法律的颁布和法庭判决的推动，不断扩大前期的平等入学范围。截至2005年，通过认证可以授予副学士和学士学位的美国非营利性学院和大学共4 300所，每年有近1 800万学生进入高等教育机构。教育成本高达3 350亿美元。①

研究型大学为了生源展开了非常激烈的竞争。生源争夺战，虽然在一些精英院校持续上演——它们有充足的财力保障来修建昂贵的基础设施、减免学生的学杂费、聘用优秀教师——但这类举动显然超出了大多数美国院校的能力范围。②有博士学位授予权的大学是高等教育机构中的精英，研究生教育主要集中在大型研究生院，2006年，60所一流大学授予了50%的博士学位。199所研究型大学注册生人数占高校在校生总数的1/4。这些院校集社会声望和市场份额于一身。③

由于学生在意的是上大学的经济收益，所以很多人对大学学杂费一再上涨表示接受。正如科里和纽森（Cory and Newsom）所指出的，"人们不断鼓励学生把大学学位当成达到一定收入水平的机会，因此应该相信学费上涨是对个人未来财政安全的投资，乃至社会公平的保障"。④但是，在学费上涨的同时，联邦政府、州政府提供的学生资助也大幅增长，尽管生均资助还远远赶不上学费的水平。学费上涨也意味着院校可以拿出更多的钱为需要的学生提供奖学金。近年来，对于很多中等和低收入家庭来说，就读私立精英院校的净成本其实比公立院校要低。2007年，私立院校89%的学生接受了某种类型的经济资助。⑤

随着学费增长以及联邦资助形式从助学金向贷款转变，院校财政收入也逐渐从公共和政府渠道转入私人渠道（包括学生）。按定值美元计算，在1970~2005年，全日制在校生的生均联邦政府助学金从1 654美元上升为2 112美元，增加了28%。而学生贷款则从1 039美元上升为4 816美元，更是出现了363%的增长。⑥州政府经费占公立院校财政收入的比重多年来一直在下降，从1976年的

---

① 亚瑟·M. 科恩，卡丽·B. 基斯克. 美国高等教育的历程：第2版 [M]. 梁燕玲，译. 北京：教育科学出版社，2012：286.
② 亚瑟·M. 科恩，卡丽·B. 基斯克. 美国高等教育的历程：第2版 [M]. 梁燕玲，译. 北京：教育科学出版社，2012：288.
③ 亚瑟·M. 科恩，卡丽·B. 基斯克. 美国高等教育的历程：第2版 [M]. 梁燕玲，译. 北京：教育科学出版社，2012：294.
④ 亚瑟·M. 科恩，卡丽·B. 基斯克. 美国高等教育的历程：第2版 [M]. 梁燕玲，译. 北京：教育科学出版社，2012：312.
⑤ 亚瑟·M. 科恩，卡丽·B. 基斯克. 美国高等教育的历程：第2版 [M]. 梁燕玲，译. 北京：教育科学出版社，2012：293.
⑥ 亚瑟·M. 科恩，卡丽·B. 基斯克. 美国高等教育的历程：第2版 [M]. 梁燕玲，译. 北京：教育科学出版社，2012：352.

61%跌至1981年的46%、1994年的36%、2005年的27%。[①] 要在政府拨款减少和期望值升高的夹缝中求生存,公立大学只有努力争取私人捐赠,从而和私立大学展开了直接竞争。到2005年,公立院校得到的私人捐赠和助学金共计78亿美元,而私立院校共计167亿美元。公立研究型大学的表现特别出色。密歇根大学、明尼苏达大学和加利福尼亚大学,还有俄亥俄州立大学和宾夕法尼亚州立大学在筹款上都成绩斐然。仅加利福尼亚大学在2007~2008年就接受了差不多12亿美元的私人捐赠。[②]

综上所述,在普及化阶段,随着公立高等教育的"公共"属性进一步降低,政府财政支撑公立高校履行人才培养职能所需经费的比重显著下降,而学费收入所占比重却显著提高。联邦政府资助形式从助学金向贷款转变的趋势已成必然,从而为高校提高学费水平创造了重要条件。与此同时,公立高校努力争取社会捐赠,并与私立高校展开激烈竞争,一些公立研究型大学在筹措社会捐赠方面的表现出色,彰显了其通过人才培养职能筹措经费的能力。

二、日本高校人才培养职能与经费筹措

日本高校由国立、公立高校和私立高校构成。国立、公立高校提供的是公共产品或准公共产品,因此支撑其人才培养职能的经费分别由中央政府和地方政府来负担;而私立高校提供的是私人产品,因此支撑其人才培养职能的经费主要由学生及其家庭来分担。但是,与美国不同,日本是一个缺乏捐赠文化的国家,支撑国立、公立、私立高校履行人才培养职能所需的资金极少或无法来自社会捐赠。下面与美国高校一样从高等教育不同发展阶段切入,来探讨日本高校经费筹措与人才培养职能发挥作用的关系问题。

(一) 高等教育精英阶段

第二次世界大战以前,被迫进行近代化的明治维新政府,由于政府财力十分拮据,使得能够投入高等教育的资源极其有限。在这种条件制约下,政府采取资源倾斜配置和官学(国立)本位主义的政策方针,即把资源投入的重点放在以人才需求为主,以满足"国家需要"为目的的"官学"特别是"帝国大学"上。

[①] 亚瑟·M.科恩,卡丽·B.基斯克.美国高等教育的历程:第2版[M].梁燕玲,译.北京:教育科学出版社,2012:350.

[②] 亚瑟·M.科恩,卡丽·B.基斯克.美国高等教育的历程:第2版[M].梁燕玲,译.北京:教育科学出版社,2012:354.

因此,《官立学校及图书馆会计法》(1890 年)、《帝国大学特别会计法》(1907年)和《学校特别会计法》(1944 年)等法律制度,都是为了官立学校尤其是帝国大学能够获得稳定的政府财政拨款而制定的。以 1908 年东京帝国大学的预算为例,岁入总额为 170 万日元,其中政府定额支出金 130 万日元,占 76%,[①] 因为帝国大学及其"11 所旧制官立大学"主要是培养政府官僚和产业社会精英,政府高比例的财政拨款彰显了高等教育的公共性。与此同时,随着产业社会的发展,社会强烈要求高等教育机构培养更多的专门人才,于是一批私立高校应运而生。这些私立高校在举办者一次性捐赠建立后,在没有得到政府和社会慈善资金支持的情况下,不得不主要依赖学生缴纳的学费来维持生存。由于私立高校培养的人才几乎被输送到产业部门,而且接受过高等教育的学生能够从劳动力市场中获得更多的就业机会和更高的报酬,使得私立高校的教育彰显的是高等教育的私人性,因此社会也愿意向私立高校提供资金支持(通过学生及其家庭支付学费)。而且,私立高校为了获取社会的资金支持,必须围绕学生资源展开激烈的竞争,扩大学生规模以争取获得更多的学费收入成为私立高校发展的重要动力。

日本高等教育在学习西方先进国家的成功经验的同时,也在特定的历史环境下形成了自身的特点,那就是始终围绕国家利益发展教育并以发展应用学科为主。例如,摒弃了西方轻视工学的倾向,将工学放在与理学同等重要的位置,在培养学生时十分重视学生的社会服务能力,为国家的文化、经济、军事的发展提供了大量人才。明治政府排除种种困难,围绕国家目标不惜血本地发展教育是颇有远见的。

综上所述,在精英教育阶段,日本高等教育从一开始就分化为国立、公立和私立。国立、公立高校人才培养职能主要在高等教育的公共性方面发挥作用,体现的是政府财政拨款成为其经费筹措的主要渠道。而私立高校人才培养职能主要在高等教育的私人性方面发挥作用,体现的是学费收入成为其经费筹措的主要渠道。儒教文化中先天缺乏慈善要素,因此社会捐赠无论对于国立、公立高校还是对于私立高校而言,都不能成为经费筹措的主要来源。换句话说,社会捐赠与高校人才培养职能的发挥程度几乎没有相关关系或弱相关关系。

(二) 高等教育大众化阶段

20 世纪 50 年代末之前,由于第二次世界大战战败、国力凋敝,日本政府对国立、公立高校的财政投入暂时处于停滞状态。但是,从 60 年代开始,日本政

---

① 天野郁夫. 日本高等教育改革:现实与课题 [M]. 陈武元,等译. 厦门:厦门大学出版社,2014:175.

府以经济高速发展为背景，在风靡世界的"人力资本理论"的影响下，对国立、公立高校的投入呈现出跨越式增长，此时来自中央政府的财政拨款占国立高校总收入的比例均保持在 70%~80% 之间。同时受美国"高等教育机会均等"理念的影响，在 1971 年之前一直实施"低学费"政策。20 世纪 80 年代以后，受"财政重建"即控制财政支出的影响，中央政府财政拨款所占的比例下降至 60% 左右。同时受约翰斯通"成本分担与补偿理论"的影响，日本国立、公立高校放弃长期实施的"低学费"政策，向学生征收的学费水平不断提高。1992 年以后受日本经济不景气（泡沫经济）的影响，中央政府财政拨款所占的比例进一步下降，在国立大学法人化改革之前一般稳定在 50% 多。与此相对，在政府对国立、公立高校采取抑制政策，第二次世界大战后第一次人口高峰期以及经济高速发展急需大量中高级专门人才等多种因素叠加的情况下，政府将私立高等教育的发展问题纳入《国民收入倍增计划》。鉴于私立高校在日本高等教育大众化发展过程中所作出的巨大贡献，以及出于维持私立高校的稳健经营和减轻学生家庭负担的考虑，日本政府于 1970 年开始对私立高校实行补助金制度，并于 1975 年颁布了《私学振兴助成法》。有数据显示，1975 年，来自政府资助的经费占私立高校总收入的比例达 20.6%，1980 年达到最高峰的 29.5%，此后逐步下降，现在一般维持在 10% 左右。[①]

综上所述，在高等教育大众化阶段，日本国立、公立高校人才培养职能在高等教育的公共性方面所发挥的作用逐渐减弱，尽管政府财政拨款仍然是其经费筹措的主要渠道，但是学费收入逐渐成为其经费筹措的主要渠道之一。而私立高校人才培养职能在高等教育的公共性方面所发挥的作用开始受到政府的关注，尽管学费收入仍然是其经费筹措的主要渠道，但是政府根据法律规定对私立高校实施财政拨款，既抑制了私立高校的超定员招生，也抑制了私立高校学费的过快增长，在某种程度上确保了人才培养的质量。社会捐赠与高校人才培养职能的发挥程度依然没有相关关系或弱相关关系。

（三）高等教育普及化阶段

进入高等教育普及化阶段，正是日本国立大学法人化改革全面实施之时，也是国立学校特别会计被废止之时。法人化改革的宗旨原本是要确保政府对高等教育的财政支出，以维持高水平的教学及科研。但是，在日本经济发展持续受阻、税收收入停滞不前、国债发行数额快速增加的背景下，日本各项财政预算大幅缩减。这使得国立大学运营费交付金每年持续减少，特别是在日本政府发布的

---

① 陈武元. 日本研究型大学经费筹措研究［J］. 江苏高教，2007（2）：96.

《2006 年经济财政改革的基本方针》里明确指出,"国立大学法人运营费交付金逐年减少 1%"。这一政策虽然在实施三年后被废除,但日本政府并没有改变减少国立大学运营费交付金的做法。由于政府拨付的事业运行费按每年削减 1% 以提高效率,而且允许国立大学法人在政府确定的学费标准额上下浮动 10%,有数据显示,目前私立高校的平均学费是国立高校的 1.6 倍,而在过去 20 年(与 1985 年比较),私立高校的学费提高了 4.42 倍,国立高校的学费却提高了 14.47 倍。① 因此,随着法人化的深入推进,国立大学法人提高学费是必然的趋势。与此相对,私立高校在高等教育普及化阶段,面临的最大挑战是少子化问题的进一步加剧,这使得私立高校在招生方面普遍遇到招生不足的问题,因此在通过人才培养职能筹措办学经费的问题上存在以下两个方面的问题:一是政府财政拨款无法增加;二是学费收入在私立高校处于"买方市场"的背景下,是难以提高的,其生存面临很大的困境。

综上所述,在高等教育普及化阶段,日本国立、公立高校人才培养职能在高等教育的公共性方面所发挥的作用更进一步减弱,尽管政府财政拨款仍然是其经费筹措的主要渠道,但是学费收入继续成为其经费筹措的主要渠道之一。而私立高校人才培养职能在高等教育的公共性方面所发挥的作用,主要体现在其一直扮演担当高校培养人才主体的角色,尽管学费收入仍然是其经费筹措的主要渠道,但是政府基于其在高等教育人才培养方面的贡献而继续给予财政拨款。社会捐赠在政府积极的政策引导,以及一些主要高校(主要是著名大学)的努力下有明显的成效,说明高校人才培养职能所发挥的作用正在为社会所承认。

第四节　高校科学研究职能与经费筹措

科学研究职能是高校的附属职能,是由高校属性决定的。高校科学研究职能作为附属职能,虽然不具有不可替代性,但它既由高校属性决定,是高校自身发展的必要条件,更主要的还取决于社会对高校的需要。尽管各国科研体制不同,但高校都不同程度地承担了相当部分的科研任务。②

从大学发展史来看,18 世纪末以前,"更有利于科学获得自主性的环境是在

---

① 広島大学高等教育研究開発センター. 高等教育統計データ集(総合データ編)[EB/OL].(2017-12-31)[2018-09-10]. 広島大学高等教育研究開発センター. センターデータ. https://rihe.hiroshima-u.ac.jp/center-data/statistics/.

② 朱国仁. 高等学校职能论[M]. 哈尔滨:黑龙江教育出版社,1999:56.

大学之外",所以,科学研究对当时的高校来说,只是其功能,而不是其职能。①进入19世纪,随着社会进步对科学技术发展的需要日益迫切,而高校以其人才、学科、学术氛围及研究条件的独特优越性(一般研究机构难以具备),已具备了承担这一职责的可能性,因此社会便把发展科学的职责赋予了高校。但是,如前所述,高校几乎不能通过生产和销售产品来获得其生存和发展的资源,其履行科学研究职能所需的实验室、研究人员工资以及研发经费等也必须由政府和社会提供。因此,政府财政拨款、基金会、私人捐赠、非政府部门的出资等就成了高校筹措经费的渠道。

高校经费筹措的能力既与其科学研究职能的发挥程度密切相关,也与科研体制、研究类型有关。高校通过其科学研究职能来筹措经费,会因其研究人员能力的不同而异,也就是说,高校研究人员的能力越强,其获得科研经费的数额就越大;国家科学院系统的作用越不显著,高校科学研究职能的发挥程度就越大。基础研究一般被认为研究成果的公共性程度高,因此更多的是由政府提供研究经费,应用研究的经费一般是由政府和企业共同提供的,而研究开发由于更接近于产品研制,因此研发经费主要是由企业提供的。

一、美国高校科学研究职能与经费筹措

在美国,无论是私立大学,还是州立大学,大学的科研经费基本上是由政府财政拨款、基金会、私人捐赠、非政府部门的出资等构成的。但是,这几种来源渠道的科研经费对高校科研的促进作用在高等教育发展的不同阶段,却呈现出不同的特征。以下从高等教育不同发展阶段切入,来探讨美国高校经费筹措与科学研究职能发挥作用的关系问题。

(一) 高等教育精英阶段

美国高等教育精英阶段历时309年,在19世纪70年代大学转型期之前,高校不仅专任教师规模小②,而且既没有学术职称的区分,也没有成立学系和学术团体,更谈不上学术自由和学术自治。因此,科学研究尚未成为美国高校的一项职能,只是个别学者的"闲逸好奇"而已。

---

① 朱国仁. 高等学校职能论 [M]. 哈尔滨:黑龙江教育出版社,1999:103.
② 在大学转型期之初,全美只有约250所学院,校均教师数量不足24人,其中近一半是专职教师。引自亚瑟·M. 科恩,卡丽·B. 基斯克. 美国高等教育的历程:第2版 [M]. 梁燕玲,译. 北京:教育科学出版社,2012:82.

科学研究职能在美国高校的确立是从大学转型期开始的。学界普遍认为，注重科学研究是美国大学开端的最显著标志。当然，这首先应归功于《莫雷尔法案》的资助和推动。在《莫雷尔法案》的推动下，联邦政府资助的农业实验站在赠地学院和州立大学遍地开花。更为重要的是在大学蓬勃发展之后不到半个世纪的时间内，大学的发展和作为一个专业群体的大学教师的发展紧密联系在了一起。① 1880 年，哈佛大学开始实行教师学术休假制度，这个做法很快为其他研究型大学所效仿。这项制度的初衷是为了让教授们能有充分的时间进行深入的研究，使其始终处于自己学科领域的前沿。很明显，从事科学研究提升了大学教师的专业化水平。教授们的学术研究领域不断分化，他们也变得越来越专业化了。到 19 世纪 90 年代，大学教师根据各自的专业兴趣，组成了以不同学科划分的学系。② 与此同时，随着学术研究日益精专，学科发展也进一步促进了教师的专业化进程，很多学科专业协会纷纷成立。1915 年，美国大学教授联合会（AAUP）成立。特别值得一提的是，约翰·霍普金斯、克拉克和芝加哥大学的出现，不经意地改变了政府科学机构的原来相对显著地位，表明了"大学能够以更可靠、更连续的方式生产更多的知识，它们可以传播知识，因而为知识进步的持久性做好了准备"。③

1900 年以后，随着一批研究型大学的成长，大学主要从事基础研究的做法开始体制化。但是，在第二次世界大战之前，大学所从事的研究工作数量并不大，有研究计划的大学也不多。……来自公共或私人财源的科研资助也很少。大学的科研经费有两个来源：一是卡耐基（Andrew Carnegie）、洛克菲勒（John D. Rockefeller）等富豪组织的私人基金会的投入；二是来源于社会中上层人士、校友、与大学官员或系主任关系密切者以及大学内部职员的社会捐赠（仍然是捐赠）。捐赠是大学科研的主要经费来源，大学的科学研究被当作一种慈善事业和满足人类求知欲望的活动。④ 而在奉行"管得最少的政府就是最好的政府"的"有限政府"时代，政府对科学研究工作者的一个最大的贡献在于专利法案的设立通过，确保作者和发明人分别对其著作和发现在有限时间内的独占权。⑤

---

① 专业群体主要具有以下特征：服务于特定客户群、具备独立判断能力、恪守职业道德标准、拥有执业资格证或符合正式的准入要求，为此还成立了专业协会，负责对上述各个方面进行监管。引自亚瑟·M. 科恩，卡丽·B. 基斯克. 美国高等教育的历程：第 2 版 [M]. 梁燕玲，译. 北京：教育科学出版社，2012：83.

② 亚瑟·M. 科恩，卡丽·B. 基斯克. 美国高等教育的历程：第 2 版 [M]. 梁燕玲，译. 北京：教育科学出版社，2012：85.

③ 爱德华·希斯. 学术的秩序——当代大学论文集 [M]. 李家永，译. 北京：商务印书馆，2007：28.

④ 张东海. 美国联邦科学政策与世界一流大学发展 [M]. 上海：上海教育出版社，2010：42-43.

⑤ 张先恩. 科技创新与强国之路 [M]. 北京：化学工业出版社，2010：181.

众所周知,基础研究是一切技术进步的源泉,而基础研究是需要投入大量资金的。这是因为现代的基础研究需要昂贵的仪器设备,而基础研究的成果通常不能直接转化为产品,自身造血功能缺乏,因此必须对它进行输血。另外,随着现代科技的复杂性日益提高,研究成本也以几何级数增长,单纯依靠私人捐助已经很难承担昂贵的基础研究了。尤其是1929年,美国经济进入了大萧条时期,私人捐助大大减少,无法保证大学科研的发展,大学只能寻找更强有力的资助者。在这种情况下,由政府充当大学科研主要支持者的角色就成为历史的必然。①

两次世界大战,由于大学全面介入与战争有关的研究(研制雷达和原子弹等),使大学在为美国赢得战争的最后胜利作出重大贡献的同时,也让美国联邦政府和公众认识到大学科学研究于国家利益的重要性,从而促使联邦政府加大对大学科学研究的投入力度。不少公立和私立大学凭借庞大的研究经费之力,规模变大,声誉日隆。到第二次世界大战结束时,大学里聚集了大批优秀的研究人员,落成了诸多科学技术实验室,研究生教育也得到了极大发展。有关资料显示,这段时期是美国世界一流大学发展的黄金时期,并奠定了当今美国世界一流大学的基本格局。② 这段时期也是美国大学尤其是私立大学科学研究职能发挥重大作用的时期,更是高校通过科学研究职能筹措办学经费的跨越式发展时期。

(二) 高等教育大众化阶段

为国家利益而发展科学技术,为国家利益而资助大学科研活动,是美国政府根深蒂固的观念。尽管如此,美国联邦政府对大学科研的介入却有一个时间上的相对延滞。早期的美国大学直接承续了殖民地学院,坚持自由教育传统,自然科学和工程方面的教育和研究发展缓慢。《莫雷尔法案》《哈奇法案》的颁布使联邦政府开始资助大学科研,虽然其资助领域当时仅限于农业研究和教育,但联邦政府已经开始以出资人的身份资助大学的科学研究,而大学利用政府的资金,不但提供了国家发展所需要的知识与人才,也使自身的科研能力得以提高。这种双方得利的"双赢"局面证明,联邦政府资助大学科研,可以同时实现国家的利益和大学的组织目标。③

经过两次世界大战的洗礼,美国大学的科研能力得到了快速提高,也使联邦政府增强了依赖大学的信心。第二次世界大战后,布什接受罗斯福总统委托起草

---

① 张东海. 美国联邦科学政策与世界一流大学发展 [M]. 上海:上海教育出版社,2010:6.
② 张东海. 美国联邦科学政策与世界一流大学发展 [M]. 上海:上海教育出版社,2010:76.
③ 张东海. 美国联邦科学政策与世界一流大学发展 [M]. 上海:上海教育出版社,2010:146.

的《科学——无止境的前沿》报告推动《国家科学基金会法案》于 1950 年 5 月 10 日被批准,并建立了以资助全国的基础研究作为自己宗旨的国家科学基金会。①

1957 年苏联人造卫星的成功发射再次引发了美国科学政策的一系列变化。1960 年,由总统科学委员会成员、加州大学伯克利分校校长西伯格(Glenn Seaborg)为首的研究小组提交了名为《科学进步、大学和联邦政府》的报告(又称《西伯格报告》),进一步阐明了联邦政府在科学研究中应该担当什么样的角色。② 由于它对大学科研和基础研究的强调,《西伯格报告》也被视为联邦政府重视基础研究的纲领性文件。报告指出,"大学与国家政府之间的伙伴关系是一流的大学科学工作不可或缺的基础",要建立这样一种伙伴关系,联邦就应该向大学所有的科研工作提供资助。该报告实质上也成为 20 世纪 60 年代联邦政府更大规模地资助大学科研的蓝图。③

特别是通过以《国防教育法》为代表的一系列法案的颁布,联邦政府开始把大学基础研究作为一个重要的投资领域。联邦政府用于科学研究的经费从 1958 年的 4.56 亿美元迅速攀升至 1964 的 12.75 亿美元,占国民生产总值的比例从 0.1% 上升至 0.2%,6 年之内翻了一番,全国基础研究经费占科研总经费的比例则从 62% 上升至 79%,其中 89% 来自联邦政府。④

联邦政府加大对大学科研的资助力度,使大学的科研能力大大增强。有数据显示,联邦政府对科研事业的投入加大,对大学科研资助的力度加大,对大学基础研究的资助力度也加大。在《国防教育法》通过之后,这种变化趋势愈加明显。⑤ 其结果是,大学科研在国家科研体系中的地位有了明显的变化,大学成为基础研究的主力军。有研究表明,1958~1968 年既是基础研究的黄金时期,又是大学科研的黄金时期。⑥

到 1970 年,全美 60% 的基础研究和 10%~15% 的应用研究都在大学及其附

---

① 美国科学界有最高水平的四大学术机构,即美国国家科学院(1863 年成立)、美国国家工程学院(1964 年成立)、美国国家医学院(1970 年成立)和美国国家科学基金会(1950 年成立)。其中,前三者的组织使命是,为取得杰出科学成就的科学家颁发学术荣誉(院士),或为政府提供科学方面的决策咨询服务,并不从事具体的科学研究工作。而美国国家科学基金会的主要任务是资助大学的基础研究,1968 年以后,每年要通过国家科学委员会向总统(并转国会)提交一份关于美国科学及其各学科发展情况的报告。

② 《西伯格报告》强调了四个问题:(1)科学研究应被视作一种投资;(2)基础研究和研究生教育应该紧密结合;(3)加强学术科学对于国家的福利十分重要,并且是联邦政府不可逃避的责任;(4)大学自身缺乏支持科学的手段,需要联邦政府对其进行科研资助。

③ 张东海. 美国联邦科学政策与世界一流大学发展 [M]. 上海:上海教育出版社,2010:77.

④ 张东海. 美国联邦科学政策与世界一流大学发展 [M]. 上海:上海教育出版社,2010:74 – 75.

⑤ 张东海. 美国联邦科学政策与世界一流大学发展 [M]. 上海:上海教育出版社,2010:78 – 79.

⑥ 张东海. 美国联邦科学政策与世界一流大学发展 [M]. 上海:上海教育出版社,2010:74.

属研究中心进行。自然科学领域教师的收入通常要比其他领域的教师高，该领域的学生也能拿到奖学金，因此大学吸引了一批最优秀的教师和学生。大学科研的多项指标均达到历史峰值，相当一批美国大学跻身世界一流大学行列。

随着大学科研规模的不断扩大，大学科研对联邦经费的依赖不断加强。尽管联邦政府提供了大部分的研究经费，大学也还从其他渠道筹集资金，其中包括大学获得的捐赠资金、州政府和地方政府的资助经费，还有企业的赞助经费和基金会提供的经费。[①]

总之，高等教育大众化阶段，既是联邦政府的科研资助对美国高校科研，尤其是大学的基础研究起着决定性作用的重要时期，也是美国高校尤其是研究型大学科学研究职能显著增强的重要时期。

（三）高等教育普及化阶段

20世纪70年代前期，经济发展的停滞导致联邦政府大幅削减科技研发投入，自1968~1977年的10年，投入的研发经费尽管从总金额来看是呈逐年上升的趋势，但如果扣除了通货膨胀因素，按照1972年不变价格计算，1969~1975年投入的经费都低于1968年的298亿美元，徘徊在270亿~290亿美元之间。[②] 但是，20世纪70年代中期美国国会通过了《国家科技政策、组织和优先重点法案》，继续加强了对基础研究的资助。1977年，联邦研发经费为215.94亿美元，1981年增至334.05亿美元，扣除通货膨胀因素，实际增长了11%。到1983年，全国的科研总经费达860亿美元，这个数字占全世界科研总费用的一半，比日本和欧洲工业化国家加起来还要多，占美国当年国民生产总值的2.7%（6年前只占2.2%）。[③] 1988年初，联邦政府宣布实施"国家科学基金会预算倍增计划"，要在5年内大幅度增加经费，以强化基础研究。[④]

20世纪80年代后期，随着美苏关系趋于缓和以及"冷战"结束，美国国防科研开支下降，同时联邦政府为消除赤字而全面地削减支出，使得联邦政府投入的科研经费在名义上维持低速增长的同时，实际上呈下降趋势（即扣除通货膨胀因素）。1985~1995年，联邦政府实际投入的研发支出平均每年下降大约1%。在这样的背景下，大学必须多渠道筹措研究经费，而不能一味依赖联邦政府。虽然高等教育大众化时期，企业的产品研发更多在自己内部进行，但是20世纪80

---

① 亚瑟·M.科恩，卡丽·B.基斯克.美国高等教育的历程：第2版 [M].梁燕玲，译.北京：教育科学出版社，2012：175.
② 张先恩.科技创新与强国之路 [M].北京：化学工业出版社，2010：154.
③ 张东海.美国联邦科学政策与世界一流大学发展 [M].上海：上海教育出版社，2010：82.
④ 张东海.美国联邦科学政策与世界一流大学发展 [M].上海：上海教育出版社，2010：83.

年代，工业界对大学研究的认识改变了，工业企业对大学基础研究的经费投入出现显著增长。以前联邦政府大量资助大学的科学研究，大学根本不用和企业联姻。但是 20 世纪 70 年代，联邦政府削减了经费，企业再一次成了大学眼里的赞助人。许多一流大学甚至专门建立管理部门以寻求与企业的合作。①

高等教育因注重科学研究而改变。大学集本科教学、科学研究、专业培训于一身，增强了自身实力和独立性。……科学研究已经成为一流大学不可或缺的组成部分，而且其花费相当高，所以那些在科学研究方面处于领先地位的大学以及希望跨入一流大学行列的大学都不得不寻求更多资助。科学研究的一个结果就是在研究型大学和工业企业之间形成了一种共生关系。②

20 世纪 90 年代后，由于"新经济"③给美国社会带来的实际经济利益和其他福利越来越明显，使得社会各界对科技重要性的共识加强，联邦政府明显加大了科技研发投入。1994~2000 年，是美国有科技统计数据以来研发费用增长最快的一段时期，扣除通货膨胀因素，平均真实年增长率达 6%，远远超出同期国内生产总值的增长率。④

全美大学科研经费中超过半数来自联邦政府，而在世界一流大学中，联邦政府科研资助的比例更高。据美国国家科学基金会统计，在 2007 年财年，全美大学研究与产品开发总经费为 494.31 亿美元，其中来自联邦政府的经费为 304.41 亿美元，占 61.6%；来自州政府的科研拨款额为 31.45 亿美元，占大学科研总收入的 6.4%；来自企业界的科研资金占总科研收入的 5.4%，19.5% 由大学自筹；其他收入来源占科研总收入的 7.1%。在这一年，约翰·霍普金斯大学的科研总经费中有 87.7% 来自联邦政府，哥伦比亚大学为 84.2%，哈佛大学为 86.9%。可以说，联邦政府经费已经成为美国世界一流大学科研经费的主要来源。⑤

大学科研资助是美国联邦政府高等教育投入的主渠道，尤其是 20 世纪 80 年代以来，这一部分增长最快。根据美国教育统计中心的统计，1980 财年，美国联邦政府为高校提供的科研资助为 123 亿美元，学生资助与贷款等为 235 亿美元，其他形式的拨款为 33 亿美元。到 2003 年，科研资助上升为 292 亿美元，增长了 137.4%；学生资助与贷款等为 293 亿美元，增长了 24.7%；科研资助占联

---

① 亚瑟·M. 科恩，卡丽·B. 基斯克. 美国高等教育的历程：第 2 版 [M]. 梁燕玲，译. 北京：教育科学出版社，2012：268-269.
② 亚瑟·M. 科恩，卡丽·B. 基斯克. 美国高等教育的历程：第 2 版 [M]. 梁燕玲，译. 北京：教育科学出版社，2012：190.
③ 所谓"新经济"，实质上就是知识经济，而知识经济是指区别于以前的以传统工业为支柱产业、以自然资源为主要依托的新型经济。这种新型经济以高技术产业为支柱，以智力资源为主要依托.
④ 张先恩. 科技创新与强国之路 [M]. 北京：化学工业出版社，2010：155.
⑤ 张东海. 美国联邦科学政策与世界一流大学发展 [M]. 上海：上海教育出版社，2010：99.

邦高等教育资助总额的 44.9%。

科研资助在联邦高等教育投入中的份额不断扩大的趋势表明,它越来越成为联邦政府支持大学发展的重要手段,而联邦政府的慷慨资助也为美国一大批世界一流大学的科研发展提供了充裕的经费保障。[①] 美国那些著名的研究型大学的数量虽然还不足整个大学数量的 4%,但是它们对美国经济和创新发展乃至人类社会的文明与进步作出了巨大的贡献。[②]

此外,非营利组织也是一支重要力量,尤其是宗旨各异、数目繁多的私人基金会,在支持新知识的发现和科学教育等方面,起到了其他部门不可替代的作用。美国科学体制的私人基金会系非政府的非营利组织,兴起于 20 世纪初,以传播知识,促进教育、科学、文化、卫生事业的发展为基本宗旨,对美国的教育、科学、文化的发展作出了重要的贡献。大名鼎鼎的比尔和梅琳达·盖茨基金会是由比尔·盖茨与梅琳达·盖茨夫妇资助的、全球最大的慈善基金会。该基金会现有资金约 270 亿美元,而每年必须捐赠其全部财产的 5%,也就是多于 10 亿美元。在生物和医学领域,历史更久而且更著名的是霍华德·休斯医学研究所(Howard Hughes Medical Institute,HHMI)。该基金会是全球规模最大的非营利性私立医学基金会,拥资 120 亿美元,为美国第二大的慈善机构。据美国的基金会中心统计,2000 年全美发放项目拨款的各类私人基金会有近 56 600 个,开展资助活动的所有私人基金会的总资产达 4 861 亿美元,发放资金总额共计 276 亿美元。在受资助者中,大学得到的资助额最多。支持具有高风险的科学前沿研究和跨学科研究,是美国私人基金会资助科学研究较具普遍意义的主要特点。[③]

二、日本高校科学研究职能与经费筹措

在日本,无论是国立高校、公立高校,还是私立高校,大学教师的科研费基本上是由三个部分构成,即人均经常费中的科研费、科学研究费补助金、来自民间的科研费捐助。这也是日本高校通过其科学研究职能筹措办学经费的来源渠道。但是,大学教师人均经常费中的科研费从高校诞生之日便有,而科学研究费补助金和来自民间的科研费捐助则是高校发展到一定历史阶段后才有的。以下从高等教育不同发展阶段切入,来探讨日本高校经费筹措与科学研究职能发挥作用的关系问题。

[①] 张东海. 美国联邦科学政策与世界一流大学发展 [M]. 上海:上海教育出版社,2010:100.
[②] 张先恩. 科技创新与强国之路 [M]. 北京:化学工业出版社,2010:194.
[③] 张先恩. 科技创新与强国之路 [M]. 北京:化学工业出版社,2010:188-189.

（一）高等教育精英阶段

日本近代意义的高等教育以 1877 年建立的东京大学为开端，其精英教育阶段到 1963 年为止，历时近 90 年。最早建立的东京大学（1886 年更名为"帝国大学"，1896 年设立"京都帝国大学"后，再次更名为"东京帝国大学"，第二次世界大战后恢复最初成立时的校名）是以倡导"教学与科研相统一"的德国柏林大学为模式设立的，因此，科学研究作为高校的一项职能在创建东京大学时就已确立，《帝国大学令》的第一条规定（"帝国大学以教授国家需要之学术技艺并探究其蕴奥为目的"）就是例证。由此表明大学既要培养人才（教学）又要从事科学研究。

尽管日本的大学制度是从欧美引进的，大学是作为履行教学和科研两大职能的机构而设置的，但是，日本的科研对大学的依赖性从开始就比欧美大得多。东京帝国大学之后建立的其他 6 所帝国大学和"十一所官立大学"按照"同型繁殖"的方式设立，1893 年在帝国大学引入"讲座制"和设立研究机构，是政府强化大学科学研究职能的制度安排。讲座是大学教学科研的基层组织单位，也是财政预算的基本单位。由于日本没有设立国家科学院制度[①]，也极少在大学外设置研究所（1891 年通信部设置的电气研究所是唯一的例外），因此，奉行"官学中心主义"政策的日本政府，正是通过这样的制度安排，使日本的基础研究全面倚重国立大学（第二次世界大战结束前称为"官立大学"）尤其是帝国大学，并为国立大学科学研究职能日益发挥重要作用奠定了财力和制度基础。

两次世界大战也对日本的科研体制产生了影响，以战时科学、技术自主为目标，在大学外设立了研究所，如临时理化学研究所（1915 年）、盐见理化学研究所（1916 年）、理化学研究所（1917 年）等，但是这些研究所却与大学有着密切的联系。临时理化学研究所设于东北帝国大学内，盐见理化学研究所对大阪帝国大学理学部的成立起了重要作用。[②] 战争一方面使大学卷入军事研究，沦为战争工具；另一方面也使大学的科学研究职能得到加强，并引发了日本政府于 1918 年设立旨在推进大学学术研究的"科学奖励金"（后来发展成为科学研究费补助金制度）。有关资料显示，在两次世界大战期间，众多研究所从大学的学部不断独立出来改为直接附属大学，其地位与学部相等，如东京帝国大学的传染病研究所、航空研究所、地震研究所、天文台，京都帝国大学的化学研究所，东北帝国

---

① 仅有日本学士院，该机构主要从事对本国研究成果进行评价，对学术上取得显著业绩的学者颁发荣誉奖，如"日本学士院恩赐奖""日本学士院奖""爱丁堡公爵奖"，与中国科学院的性质不同。

② 宫原将平. 日本大学的科学研究 [J]. 辽宁高教研究, 1985（3-4）: 83-88.

大学的金属材料研究所等，不仅地位获得了极大的提高，而且也得到了巨额的投入。1942年，日本科学研究的投入已达3.5亿日元，为1935年的两倍多。[①] 正如日本著名高等教育学家天野郁夫所指出的那样，这7所帝国大学一直享受着国家的优厚待遇，甚至可以说，研究职能全面集中在这7所大学。只有这7所帝国大学采用讲座制，在所有学部之上设立大学院研究科，附属研究所也为其所垄断。[②]

由此可见，在第二次世界大战结束之前，日本的科学研究主要在帝国大学进行，其中作为帝国大学科学研究基本组织的"讲座"和研究所发挥了至关重要的作用，同时"讲座"和大学研究所也为帝国大学获得了政府的巨额投入。正是这样的制度安排和财力支持，使日本科学研究水平迅速缩短了与欧美的差距，其标志是，日本在第二次世界大战后不久便收获了两项诺贝尔物理学奖（汤川秀树和朝永振一郎分别于1949年和1965年获得诺贝尔物理学奖，他们的重大发现时间分别是1935年和1941～1948年）。但是，这里不得不指出的是，高校通过科学研究职能筹措经费，是国立大学的"专利"，而私立高校则与此无缘。

第二次世界大战结束后不久，日本政府在美国占领当局的强制主导下，按照美国州立大学的模式实施学制改革，将战前各类型的高等教育机构整编升格成单一型的四年制新制大学。但是，正如天野郁夫指出的那样，第二次世界大战后新制大学的建立，是在与从前资源倾斜投入中产生的各学校类型之间的"资产"再分配，或缩小差距无缘的状态下进行的。新大学是在原封不动地继承前身校之人力、物力或有形、无形的资产下建立的，此后的资源分配也是基本沿袭以前的倾斜模式进行的。[③] 具体而言，旧制的大学（帝国大学及官立大学）向新制大学过渡后仍采用讲座制，而前身为旧制高等学校、专门学校、实业专门学校和师范学校在整编升格成新制大学后则采用学科目制，而且，讲座制被定位为教学和科研的组织，而学科目制则被定位为教学的组织，继续沿袭第二次世界大战结束前已经建立起来的高校"等级结构"。正是这样的不同定位，使得"讲座制大学"与"学科目制大学"在教师人均校费方面产生了差异。有关数据显示，1963年当年，讲座制大学教师人均校费是学科目制大学的近3倍，而且随着时间的推移，这种差异还在进一步扩大。[④]

---

① 宫原将平. 日本大学的科学研究 [J]. 辽宁高教研究，1985（3-4）：83-88；张先恩. 科技创新与强国之路 [M]. 北京：化学工业出版社，2010：214-215.
② 天野郁夫. 日本高等教育改革：现实与课题 [M]. 陈武元，等译. 厦门：厦门大学出版社，2014：116.
③ 天野郁夫. 高等教育的日本模式 [M]. 陈武元，译. 北京：教育科学出版社，2006：153.
④ 天野郁夫. 日本高等教育改革：现实与课题 [M]. 陈武元，等译. 厦门：厦门大学出版社，2014：185.

这里需要特别指出的是，由于国立大学与私立大学的经费来源不同，办学方针也不同，国立大学更加重视科研职能，而私立大学则以教学职能为主，因此在国立大学与私立大学的教师人均校费中包含的科研费数额是存在着明显差异的。

（二）高等教育大众化阶段

由于朝鲜战争爆发所带来的"特需景气"，使日本经济发展很快，并于1955年恢复到第二次世界大战结束前的最高水平。从1955年至1973年的19年时间里，日本经济持续保持了高速增长态势，整个20世纪60年代是高速增长时期的具有决定性意义的10年，在世界经济发展史上创下了"日本奇迹"。1968年，日本国民生产总值超过西德，成为发达国家中仅次于美国的第二经济大国。

在日本经济由战败时国力凋敝到发展成（并长期保持着）世界第二经济大国地位的近半个世纪期间，由于经济发展的周期性特点、欧美对日技术限制以及世界新技术革命等原因，使得日本高校通过科学研究职能筹措办学经费呈现出不同的阶段性特征。

在日本经济高速增长的20世纪60年代，由于构成国立大学运行费主体部分的教师人均校费以及设施设备预算的增长都很显著，因此其大幅度的增加可以说是国立大学的"整体性扩张"。尽管70年代日本政府对国立大学的财政拨款仍在继续扩张，但是这个扩张只是对医学部、医科大学以及培养教师类型大学的建设等特定部分的扩张；而教师人均校费虽在名义上与60年代一样显示增长，但实质额（在考虑物价后）却持续减少。80年代特别是后半期即所谓"泡沫经济"的时期，虽然日本经济状况良好，但是国立大学却日益贫困化。贫困化的直接原因是，始于80年代初的行政财政改革，以及因财政重建导致的财政紧缩。具体而言，在国立大学运行费方面，教师人均校费总额尽管名义上从1980年的821亿日元增至1990年的1 101亿日元，但实质额（2000年价格）从1980年的1 066亿日元增至1990年的1 169亿日元，10年间增加不到10%。[①] 在这个过程中，国立大学运行费中的特别教学科研经费一直在扩大。特别教学科研经费由"特别研究经费"和"教学方法改善经费"等构成，由于用途很少限制，因而与教师人均校费一样，但却是根据目的和将来性等在选拔基础上进行分配的。其总额在20世纪80年代仅为46亿日元，但90年代却达到了350亿日元，从而扩大到相当于教师人均校费的约1/3的规模。[②] 不过，特别教学科研经费属于竞争性经费。

[①②] 阿曾沼明裕. 国立大学ファンディングー1990年代以降の変化の位置づけ [R]. 国立大学财务·経営センター研究報告，2009（11）：89–91.

与此相对，在20世纪80年代前半期以前，虽然科学研究费补助金长期持续增长，但是由于60年代的教师人均校费的大幅度增长，使得科学研究费补助金总额占教师人均校费总额的比例却持续下降，60年代中期减至0.2以下。因此，国立大学的科研经费的大部分由教师人均校费支撑的这种结构在1970年前后变得十分显著。但是，由于科学研究费补助金增额进展顺利，其占教师人均校费总额的比例，在70年代呈现逆向持续增长，1970年为0.2，但1980年已增加至0.4。此后，随着"科学技术立国"战略的深入推进，科学研究费补助金增额进一步提升，其预算额从1980年的325亿日元增长至1990年的558亿日元，几乎翻了一番，即使实质额也增长了40%。科学研究费总额占教师人均校费总额的比例80年代初为0.4左右，但到了80年代末却增加至0.5左右。①

　　另外，对增强日本高校科学研究职能起促进作用的还有从20世纪80年代开始的来自民间资金的真正扩大。70年代以前民间资金很少进入高校，但是，80年代奖学捐赠和委托研究费却急剧增加。具体而言，奖学捐赠和委托研究费合计额，1980年为89亿日元，但是1990年则增至570亿日元，10年间增长了5.4倍，这是超过教师人均校费总额1/2的规模，并扩大到与上述科学研究费补助金同等规模。科学研究费补助金与民间资金（奖学捐赠和委托研究费）之和是相当于教师人均校费总额的规模。这个变化既有政府奖励产学合作的一面，也是大学为应对严峻的财政紧缩局面向民间寻求财源的结果。因此，80年代是科学研究费补助金、奖学捐赠、委托研究费等对教师人均校费等相对扩大的时期。到1992年，教师人均校费的水平是教师科研经费需要额的40%～50%②，以致有学者指出，"科学研究费补助金与其说是实施特别的研究项目，毋宁说是为填补经常性的研究费所需"③。

　　20世纪90年代，随着世界经济一体化趋势的不断深化和知识经济时代的到来，日本政府为应对本国经济发展的困境以及国际新形势的压力与挑战，发展并丰富了"科学技术立国"战略，提出"科学技术创造立国"的新口号，强调要更加注重基础研究和基础技术的研究开发，用具有创造性的科学技术持续推动经济发展，1995年11月颁布《科学技术基本法》并制定了《第一期科学技术基本计划》（1996～2000年）。《科学技术基本法》标志着日本科技政策进入重视基础研究和强调创新的新阶段，因而也成为日本实施21世纪科技战略的纲领。《第一期科学技术基本计划》实施期间，日本政府实际投入了17.6万亿日元，大幅度增加博士后奖学金名额，加大对年轻研究人员的支持，提高研究人员的流动性，

---

①② 阿曽沼明裕. 国立大学ファンディングー1990年代以降の変化の位置づけ［R］. 国立大学財務・経営センター研究報告，2009（11）：91.
③ 金子元久、小川正人. 国立大学財政における教官の意識［R］. 国大協. 国立大学財政基盤の現状と改善，1992：114.

增加竞争性研究资金。2001年3月,在总结《第一期科学技术基本计划》经验教训的基础上,日本又制定了《第二期科学技术基本计划》(2001~2005年),为此政府实际共投入了25万亿日元,超出第一期的17.6万亿日元。而且,《第二期科学技术基本计划》还提出了在未来50年内诺贝尔奖获得者达到30人的具体目标。正是在《科学技术基本法》的推动下,日本政府加大对科学研究费补助金的投入力度,使科学研究费补助金的预算额在政府制定的第一期和第二期科学技术基本计划实施期间作为竞争性资金有了较大的增长,从1995年的924亿日元增至2005年的1 880亿日元,10年间增长了103.46%。①

(三) 高等教育普及化阶段

2004年是日本高等教育进入普及化阶段的起始年,同年日本全面实施国立大学法人化改革,这是第二次世界大战后日本新制大学建立以来最大的制度改革。在国立大学法人化改革之前,为了更有效地推动《第二期科学技术基本计划》,日本已于2001年进行了一系列的体制改革,将文部省和科学技术厅合并为文部科学省,新成立的文部科学省的科学政策旨在改善大学的科研环境与条件,促进国立大学和国立研究所之间更紧密的合作,克服原来存在的两者之间的竞争和由此导致的国立大学和国立研究所之间的分离而造成的对基础研究的有害影响;2002年,日本学术振兴会也改制为独立行政法人,改制的目的是促进日本基础研究的竞争性经费能够得到更好地利用。

国立大学法人化改革后,国立大学法人运行费拨款因效率化系数而逐年被削减,运行费拨款总数由2004年的12 415.7亿日元减至2015年的10 945.46亿日元,11年共减少了1 470.24亿日元,即每年削减了约1%的拨款。但是,日本政府通过第二期、第三期和第四期科学技术基本计划加大了对竞争性资金的投入力度,科学研究费补助金从2005年的1 880亿日元增长至2015年的2 318亿日元,增长了约23.3%。② 除了科学研究费补助金之外,科学技术振兴调整费、未来开拓学术研究推进事业、战略性创造研究推进事业、产学官相关技术创新事业等文部科学省的竞争性资金,以及其他部委的竞争性资金均有大幅增加。尤其是作为竞争性研究资金的代表——21世纪COE计划(研究据点形成资助金)从2002年度启动。2002年度的拨款额是167亿日元,2003年度为158亿日元,2004年度为307亿日元,2005年度为351亿日元,2006年度为349亿日元,2007年度为218亿日元。总额虽远远不及科学研究费补助金(2007年度预算额为1 913亿日

---

①② 文部科学省,日本学術振興会. 科学研究費助成事業2015 [EB/OL]. http://www.jsps.go.jp/j-grantsinaid/index.html.

元),但是这笔资金是为创建世界水平的 30 所大学而重点投入的。[①]

此外,政府认识到为了更有效果、更有效率地使用竞争性资金,伴随着研究的实施有必要给研究机构的管理等予以一定的必要经费,从 2001 年度开始,正式启动间接经费补偿制度。据此,在一部分科学研究费补助金中,一律增加相当于直接经费 30% 的间接经费。

表 5-3 显示国立、公立、私立大学立项数占科学研究费补助金立项总数的比例的变化情况。从表 5-3 中的数据可以看到:(1)大学是科学研究费补助金的最大承担者,占立项总数的 90% 左右;(2)国立大学始终占据着主体地位,占比一直在 55% 以上,显示国立大学强大的科研实力;(3)私立大学的科研能力在逐步增强,占比均在 20% 以上。

表 5-3　国立、公立、私立大学立项数占科学研究费补助金立项总数的比例之变化(2002~2014 年偶数年)　单位:%

大学类别	2002 年	2004 年	2006 年	2008 年	2010 年	2012 年	2014 年
国立大学	64.2	61.9	61.3	58.9	57.8	56.9	55.4
公立大学	6.5	6.7	6.7	7.0	7.2	7.4	7.4
私立大学	21.3	21.7	21.3	22.8	24.0	25.0	26.1
合计	92	90.3	89.3	88.7	89	89.3	88.9

注:科学研究费补助金立项,除大学外还有政府研究机构和独立研究机构承担项目的情形。
资料来源:文部科学省,日本学術振興会. 科学研究費助成事業 2015 [EB/OL]. http://www.jsps.go.jp/j-grantsinaid/index.html.

表 5-4 显示国立、公立、私立大学 2014 年度科学研究费补助金项目申报数、立项数及拨款额情况。从表 5-4 中的数据可以看到,国立大学的申报数和立项数均占一半以上,在拨款额上优势更加显著,体现了其承担基础研究的强大实力。

表 5-5 显示 2014 年度科学研究费补助金项目立项数排名前十五位的机构,从表中的数据可以看到,排名前十五位的这些机构,除了庆应义塾大学和早稻田大学两所私立大学外,均为国立大学,其中前十位大学获得的直接经费分别占国立大学拨款总额的 64.27% 和所有机构拨款总额的 41.57%,一方面显示了国立大学尤其是旧制 7 所帝国大学的科研实力;另一方面也显示了国立大学之间的科研实力存在着显著差异。

[①] 阿曽沼明裕. 国立大学ファンディング―1990 年代以降の変化の位置づけ [R]. 国立大学財務・経営センター研究報告,2009(11):95.

表 5-4　2014 年度科学研究费补助金项目申报数、立项数及拨款额（新立项+续拨款）情况

大学类别	申报数 数量（项）	申报数 占比（%）	立项数 数量（项）	立项数 占比（%）	直接经费（a）拨款额（千日元）	直接经费（a）占比（%）	间接经费（b）拨款额（千日元）	间接经费（b）占比（%）	合计（a+b）拨款额（千日元）	合计（a+b）占比（%）
国立大学	73 816	51.7	40 065	55.4	106 090 800	64.7	31 827 240	64.7	137 918 040	64.7
公立大学	10 815	7.6	5 321	7.4	8 674 511	5.3	2 602 353	5.3	11 276 864	5.3
私立大学	41 569	29.1	18 839	26.1	29 262 577	17.8	8 778 773	17.8	38 041 350	17.8

注：科学研究费补助金立项，除大学外还有政府研究机构和独立研究机构承担项目的情形，因此此项比例合计不为 100%。

资料来源：文部科学省、日本学術振興会.科学研究费助成事业 2015 ［EB/OL］. http://www.jsps.go.jp/j-grantsinaid/index.html.

表 5-5　2014 年度科学研究费补助金项目立项数排名前十五位的机构

排序	机构名称	新立项+续拨款 立项数（项）	新立项+续拨款 直接经费（千日元）	新立项+续拨款 间接经费（千日元）	新立项+续拨款 合计（千日元）
1	东京大学	3 690	16 831 488	5 049 446	21 880 934
2	京都大学	2 961	11 016 351	3 304 905	14 321 256
3	大阪大学	2 644	8 814 198	2 644 260	11 458 458
4	东北大学	2 534	8 060 990	2 418 297	10 479 287
5	九州大学	1 962	5 714 260	1 714 278	7 428 538
6	北海道大学	1 724	4 650 120	1 395 036	6 045 156
7	名古屋大学	1 720	5 662 760	1 698 828	7 361 588
8	筑波大学	1 214	2 890 140	867 042	3 757 182
9	广岛大学	1 134	2 259 200	677 760	2 936 960
10	神户大学	1 081	2 286 721	686 016	2 972 738
11	庆应义塾大学	994	2 725 139	817 542	3 542 681
12	早稻田大学	929	2 039 850	611 955	2 651 805
13	东京工业大学	923	3 661 300	1 098 390	4 759 690
14	千叶大学	849	1 874 687	562 406	2 437 093
15	冈山大学	821	1 743 880	523 164	2 267 044

资料来源：文部科学省，日本学術振興会.科学研究费助成事业 2015 ［EB/OL］. http://www.jsps.go.jp/j-grantsinaid/index.html.

综上所述，科学研究费补助金作为日本政府对大学教师开展的科研活动进行有选择性资助的一项代表性制度，业已成为日本大学教师科研经费的主要来源之一，随着学术研究的发展，科研所需的研究设备更趋高、精、尖化，要不断地完善与充实研究设备，仅靠经常费中所包含的科研经费，已不能跟上时代的要求。由此产生的对科学研究费补助金的需求更加高涨，科学研究费补助金在大学教师科研经费中所占的比重也越来越大。数据显示，国立大学教师获得研究费的65%是来自科学研究费补助金等政府机构的竞争性经费，来自大学的研究费即教师人均校费中的研究费仅有19%。[1] 正如日本大学教师们所说，大学的研究活动，在人均经常费中的科研费的基础上，如果没有科学研究费补助金、民间科学费捐助，是很难维持的。[2]

第五节 高校社会服务职能与经费筹措

社会服务职能是高校的三大职能之一，与其本体职能和附属职能具有一定的派生关系（即高校教学科研职能的延伸），也是由高校本身的学术性特点决定的。这项职能在高校的确立以《莫里尔法案》的颁布（1862年）为契机，以威斯康星大学等一批赠地学院的卓越实践为标志。

社会服务作为高校的一项职能，是高等教育发展到一定历史阶段的产物，是高校适应外界变化不断调适自己的结果。高校履行其社会服务职能所需的人力资源、产品制作、设施设备维护以及运行经费等必须由政府和社会提供补偿。因此，教育培训、科技咨询及推广、科研成果转化、合作研究等也就成了高校筹措经费的渠道。

高校经费筹措的能力既与其社会服务职能的发挥程度密切相关，也与办学体制、学校类型等有关。高校通过其社会服务职能来筹措经费，首先会因办学体制的不同而异，也就是说，与私立高校相比，公立高校更容易受政府的法规政策影响；其次会因学校类型的不同而异，也就是说，研究型大学凭借其科研实力，更易于在产学研合作中发挥更大的作用，从而提升其筹措经费的能力。

---

[1] 阿曾沼明裕. 国立大学ファンディングー1990年代以降の変化の位置づけ[R]. 国立大学財務·経営センター研究報告, 2009 (11): 86-104.

[2] 李春生. 日本大学的科学研究费补助金制度[J]. 辽宁高等教育研究, 1996 (5): 83-85.

一、美国高校社会服务职能与经费筹措

社会服务职能由美国提出并确立,迄今为止已历经一个半世纪,在其发展过程中,不仅推动了美国经济社会发展走向繁荣,成为世界经济、科技和军事的头号强国,而且也极大地促进美国高校的快速发展,催生了一批大学成为世界一流大学。正如奥利维尔·如恩斯(Olivier Zunz)在《为什么20世纪是美国世纪》一书中所言:"……在这种由公司企业、研究型大学和科研机构、政府机构以及各种基金会共同组成的崭新的科研体系下,知识的创造者、推进者和应用者三方有史以来第一次可以进行充分的交流,共同发展出一系列认知策略……这一科研体系是'美国世纪'的先决条件,因为正是知识的重新组合,而不仅仅是资本积累的力量,赋予美国在创造国内繁荣的同时在全球扩大影响的资力。"[①] 以下从高等教育不同发展阶段切入,来探讨美国高校经费筹措与社会服务职能发挥作用的关系问题。

(一)高等教育精英阶段

殖民地时期,美国仿照英国的牛津、剑桥大学模式建立起了哈佛、耶鲁等9所学院,这些学院虽然深受欧洲特别是英国大学的影响,仅有人才培养一项职能,但是美国特定的自然环境和社会文化价值观却在客观上促成殖民地学院在重视宗教教育的同时,兼顾了高校的世俗服务职能。美国独立战争之后,一些州立大学和专业学院相继创办,这些大学和学院结合社会发展需求,坚持面向现实、学以致用的办学方针,在注重培养政治人才的同时,还面向社会实际,积极与各州的实际生活相联系,利用自身的优势向社会提供相应的生产技术,在一定意义上起到了各州智囊团和人才策源地的作用,为美国高校社会服务职能的确立奠定了坚实的基础。[②]

1862年《莫雷尔法案》的颁布,为美国高校社会服务职能的确立提供了法律基础,并直接推动了赠地学院运动的蓬勃发展。法案颁布和实施以及赠地学院的建立(20世纪后,赠地学院演变为州立大学),在美国高等教育发展史上具有划时代的里程碑意义。这些州立大学明确提出"学校的边界就是州的边界"等思想,强调"州立大学的生命力存在于它和州的紧密关系中,州需要大学的服务,

---

① 奥利维尔·如恩斯.为什么20世纪是美国世纪[M].闫循华,等译.北京:新华出版社,2002.
② 陈时见,甄丽娜.美国高校社会服务的历史发展、主要形式与基本特征[J].比较教育研究,2006(12):7-11.

大学对于州负有特殊的责任"。其典型代表是成立于 1848 年的威斯康星大学。威斯康星大学进入 20 世纪以后，在查尔斯·范海斯（Charles Richard Van Hise）出任该大学校长的 15 年间，把大学直接为社会服务的理念发扬光大，并使威斯康星大学办学模式的影响扩展到全国甚至海外。范海斯认为大学不应把自己局限在围墙之内，而应发挥其在社会经济中的作用，甚至教学和科研也要充分考虑社会的需要，从而确立了威斯康星思想的基本内容。[1] 威斯康星思想也因此成为社会服务职能在高校确立的显著标志。与此同时，私立高校也积极鼓励教授利用知识参与企业的咨询活动，并通过咨询活动获取收入。麻省理工学院（MIT）创办者、首任校长罗杰斯（William Barton Rogers）在创办该大学时就设想建立一所以科学为基础、为所在地区的企业发展服务的大学，他的这个理念得到了波士顿地区很多企业家的认同，最终，罗杰斯利用私人和公立基金以及政府的赠地于 1861 年创建了 MIT。因此，MIT 从创立开始就与企业建立了非常紧密的关系。但是，罗杰斯这种以科学为基础、与企业相联系的技术大学理念，直到康普顿（Karl Taylor Compton）任校长并在第二次世界大战结束后才得以完全实现。

总之，在高等教育精英阶段，无论是公立高校还是私立高校，大多都以服务所在州的发展为主，提供诸如教育培训、农业科技咨询以及企业咨询等服务，以求得政府和企业的支持。但是，政府的支持主要体现于赠地和法律规定的财政拨款上。

（二）高等教育大众化阶段

第二次世界大战结束后不久，美国高等教育进入了大众化阶段。20 世纪 50 年代，随着高新技术的兴起和发展，美国高校社会服务职能获得了长足的发展，并在其内涵和外延上取得了新突破。这种突破性以产学研的美国模式为标志。这一时期的产学研模式主要包括：科技工业园区模式、企业孵化器模式、工业—大学合作研究中心及工程研究中心模式等。

科技工业园区模式是美国产学研模式中的最早形态，其主要代表有，以斯坦福和附近的伯克利和加州理工等大学为依托建立起来的"硅谷"，以哈佛大学和 MIT 为轴心形成的"波士顿—坎布奇科学工业综合体"，以杜克大学、北卡罗来纳大学和北卡罗来纳州立大学为依托建立起来的"三角研究园区"。这三个科技工业园区分别代表三种不同类型的组建主体，"硅谷"由大学组建，

---

[1] 陈波，陈廷柱. 美国高等学校社会服务职能的形成与动因探析 [J]. 大学（学术版），2013（11）：71-75.

"波士顿—坎布奇科学工业综合体"由企业组建,"三角研究园区"由州政府主持组建。此外,还有其他一些有影响的科技工业园区,如"田纳西技术走廊""亚特兰大高技术园""奥斯汀高科技中心"等。这些科技工业园区的共同特点是,将科研力量雄厚的大学和高新技术企业联合起来,发挥各自的优势,促使最新科技成果转化。它们的成功因素,用三角园区基金会总顾问的话来概括,即"以大学的研究力量为依托,以政府的支持为坚强后盾,剩下就是坚持不懈的努力了"[①]。

企业孵化器模式是一种为新产品和小企业诞生与成长提供帮助的产学研合作的组织模式。20世纪70年代以来,为了更好地促进产学研的密切合作,满足发展高新技术和小企业的需要,同时也为了弥补科技工业园区模式的不足,美国进行了新的尝试——创建企业孵化器。据美国企业孵化器协会统计,凡未经孵化器孵化的小企业,50%在创办的前5年内垮台,而经过孵化的小企业80%都在激烈的竞争中生存下来并得到发展,成功率大大提高。在企业孵化器诞生前的20年中,美国年平均新增9 000家企业,在企业孵化器诞生之后的5年中,年平均新增7.4万家企业。事实表明,这些企业孵化器在推动产学研合作、促进科研成果转化、发展高新技术产业、培育创新能力强的小企业、造就企业家队伍、振兴地区经济和国家经济等方面都获得了显著的社会经济效益。[②]

工业—大学合作研究中心及工程研究中心模式于20世纪70年代提出,其实施路径是,先期由国家科学基金提供种子基金资助,以培育产学研协同创新的领域和能力;后期由大学、产业、州或非政府组织提供完全资助。这类研究中心虽附属于大学,但与政府和产业界联系紧密,经常根据国家和企业需求进行研究。主要有两种形式:一种最为常见的是一所大学与一个或多个企业联合形成中心。另一种形式是多所大学与多个企业合作,且在现实中越来越常见。这种模式的主要代表是,MIT的"生物技术加工工程中心"、华盛顿大学的"生物材料工程研究中心"和迈阿密大学的"大学与产业生物涂表中心"等。

总之,在高等教育大众化阶段,美国高校与企业建立的"伙伴关系"迅猛发展,许多著名大学都与周边的企业尤其是新科技企业建立"产学合作"关系,助推美国高技术工业的建立和飞速发展。与此同时,美国高校通过其社会服务职能的发挥,既增加了办学经费,又促进了自身办学实力的提高。

(三) 高等教育普及化阶段

进入高等教育普及化阶段后,随着社会发展越来越依靠新知识和新技术,尤

---

①② 刘力. 美国产学研合作模式及成功经验[J]. 教育发展研究, 2006 (4): 16 – 22.

其是知识经济时代的到来，美国政府对高校社会服务工作给予了更高度的重视，从 1980 年开始密集出台了一系列促进科技创新和技术转移的法律制度，如《斯蒂文森—怀德勒技术创新法》（1980 年）、《专利商标法修订案》（也称《拜杜法案》）（1980 年）、《小企业创新发展法》（1982 年）、《国家合作研究法》（1984 年）、《联邦技术转移法》（1986 年）、《国家竞争力技术转移法》（1989 年）、《美国技术优先法》（1991 年）、《小企业技术转移法》（1992 年）、《国家技术转移与促进法》（1995 年）、《技术转移商业化法》（2000 年）等。这一系列法律的颁布，不仅催生了专利许可和技术转让模式和高技术企业发展模式，也丰富和发展了美国产学研模式。

通过立法，美国确立了政府、大学、研究机构及企业产学研合作的职责和利益。《斯蒂文森－怀德勒技术创新法》明确了联邦政府有关部门和机构的技术转移职能，使技术转移成为国家实验室的重要职责，将技术转移作为考核国家实验室雇员业绩的一项重要指标。《拜杜法案》明确了大学、非营利研究机构和中小企业拥有政府资助的研究成果的知识产权，鼓励大学、研究机构和企业的交流合作，允许大学、政府经营和拥有的国家实验室向企业转移研究成果。《斯蒂文森－怀德勒技术创新法》和《拜杜法案》是美国产学研合作史上最具有里程碑意义的两项立法。美国早期的大学很多是靠政府"赠地"建设起来的。《拜杜法案》可以说相当于第二次的"赠地"，它把联邦政府资助的研究中获得的知识产权转化成为大学的巨大无形资产。

如今美国高校普遍建立起产学研合作制度，高校与政府、企业等以合作创新为目的，以共同利益为基础，以优势互补为前提，结成了研发共同体，以提高产业竞争力。美国的大学之所以能够在 20 世纪内赶上并超过欧洲的传统精英大学，很大程度上应该归功于其在产学研合作方面的不断创新和有效的推进上。美国产学研合作的成功，既与美国企业界特别是实力雄厚的大企业重视与大学在技术创新方面的合作有关，也与美国政府法律制度的引导有关。

哈佛大学前校长德里克·博克（Derek Bok）认为，"服务社会虽然只是大学职能中的一种，但却是其中最重要的之一，所以，当国家面临困难的时候，对大学而言，问题并不在于要不要去关心这些社会问题，而是如何尽其所能地履行自己的职责"[①]。美国高校正是通过社会服务职能的发挥实现了自身的发展，不仅争取到了企业和社会的大力资助，增加了办学经费，而且还促进了高校科研的发展和人才培养质量的提高。

---

① Derek Bok. Universities and the Future of America [M]. Duke University Press, 1990: 11. 转引自朱国仁. 高等学校职能论 [M]. 哈尔滨：黑龙江教育出版社, 1999: 127.

二、日本高校社会服务职能与经费筹措

社会服务职能在日本高校的实践，迄今为止也历经了100多年，在其发展过程中，不仅推动了日本经济社会发展走向繁荣，成为世界经济与科技的强国，而且也极大地促进了日本高校的快速发展，催生了一批大学成为世界一流大学。以下从高等教育不同发展阶段切入，来探讨日本高校经费筹措与社会服务职能发挥作用的关系问题。

（一）高等教育精英阶段

日本政府在创建近代大学时并没有明确将社会服务职能作为高校的三大职能之一来对待，1886年颁布的《帝国大学令》提出"帝国大学以传授适应国家需要之学术技艺并研究其蕴奥为目的"便是例证。但是，明治政府为了快速实现近代化，在移植欧美大学模式时，却在世界综合性大学发展史上开创创办工学、农学之先河，从而创造性地构建起以实学（实用科学）为中心的产学官合作系统（通过培养工科和农科人才为日本工农业发展提供人力资源支撑）。当时欧美各国认为工学、农学比法学、理学、医学低一等，而明治政府却把工学、农学放在了与理学、医学同等的地位，这在制度和组织上为国立大学移植西方科学技术奠定了基础。

这一时期，大学发挥技术移植的功能主要体现在大学成为国外先进技术供给和本土企业需求之间的中介，教师成为科学技术交流的载体，发挥着技术理解、技术筛选、技术应用、技术本土化的"二次创新"功能，产学合作的主要形式是教师在大学与企业之间共同研究、相互兼职以及职业流动等。[①] 日本政府正是通过把大学作为吸收欧美先进技术并向民间进行技术转移的组织，把学术作为产业振兴的手段，使得日本国立大学形成了在国家领导下的"国家化大学"传统。与此同时，以依靠学费收入来维持营运的私立大学则主要通过举办非学历教育（如夜校教育）方式，在筹措更多办学经费的同时，向民间提供大量的技术人员。

由此可见，由于政府的不同制度安排，使得国立大学与私立大学在社会服务职能的表现上呈现出显著的差异性。这种差异性不仅体现在服务方式和服务内容的不同，也体现在大学通过社会服务职能筹措经费的来源渠道不同，就国立大学而言，其经费筹措已包含在政府的财政拨款中，受国家和政府政策的影响大；而

---

① 丁建洋．从知识本位走向能力本位：大学本质的回归——基于政策的视角看日本大学在产学合作中的特征 [J]．中国高教研究，2011（8）：72-76．

私立大学则是通过挖掘自身的潜力来满足社会的需求，通过市场机制来补充办学经费的不足。不过，这种制度安排在客观上还是促进了第二次世界大战前日本产业的快速发展，实现了国家的崛起，而且为战后日本经济社会的快速复兴乃至经济高速发展奠定了雄厚基础。

（二）高等教育大众化阶段

日本高等教育大众化阶段的40年经历了国家实现第二次崛起的经济高速增长期和泡沫经济崩溃后的经济增长低速期。在这个波澜起伏的国内社会经济变动期以及在世界科技革命和国际竞争日趋激烈的外部挑战下，日本高校社会服务职能的制度理念也随之发生了变化，即从固守"传统"走向变革，从封闭走向开放。

在20世纪90年代之前，日本高校社会服务职能仍然沿袭第二次世界大战前的"传统"，在产学官合作方面继续发挥着技术理解、技术筛选、技术应用、技术本土化的"二次创新"功能，其间经历了两个不同时期，即六七十年代的"蜜月时期"和80年代的"暗淡时期"[①]（80年代，由于大型企业的研究实力不断增强，开发研究主要由大企业进行），并形成了分工明确的显著特点：国立大学从事基础研究，企业从事应用开发研究，政府主要是政策引导、资金支持和制度设计者。例如，在日本的整个研究与试验发展（R&D）经费投入中，民间的投入比重基本保持在70%以上，政府部门则不到30%。而研发经费的使用也呈现各自为政的显著特征，企业经费主要集中于企业内部研发，政府资金则主要投向大学和政府研究机构。[②]

但是，为适应新科技革命的要求，日本政府还是对传统的科研体制进行了改革。例如，文部省于1983年建立了大学与民间企业的共同研究制度，其目的是促进大学与民间企业开展合作研究，促进优秀成果的产生。此外，还先后建立了委托研究制度（企业委托大学进行研究）、委托研究员制度、奖学捐赠制度等。1986年《研究交流促进法》颁布后，一些大学也相继建起了与产业合作的"共同研究中心"。尽管如此，由于在产学研合作目标、研发经费使用、国立大学教师身份限制以及专利权处理方式上仍存在着一些制度性障碍，使得在日本大学内部，反对产学研合作以及对产学研合作表现消极的教师仍占绝大多数，热心于推进产学研合作的教师只是少数派。

进入20世纪90年代后，一方面，日本在经济发展水平上已经赶上欧美，这

[①] 王幡. 日本大学产学合作的现状[J]. 世界教育信息，2007（5）：60-64.
[②] 张先恩. 科技创新与强国之路[M]. 北京：化学工业出版社，2010：232.

意味着技术引进时代的结束，日本必须依靠自己开展原创性研究，提高自主创新能力；另一方面，高速增长的经济衰退后，产业界再次将技术创新的希望寄托于大学。因此，日本的产学官合作出现了新的战略模式、特点和相应的政策制度体系。在制度供给方面，日本加快制定并颁布了《科学技术基本法》（1995 年）、《大学技术转移促进法》（1998 年）、《产业活力再生特别措施法》（1999 年）、《知识产权战略大纲》（2002 年）、《知识产权基本法》（2002 年）等各项法律法规，从法律角度鼓励产学研合作，保障了产学研合作各方的合法利益。在资金供给方面，通过实施两期的《科学技术基本计划》（第一期投入 17.6 万亿日元、第二期投入 25 万亿日元的巨资），极大地改善了研究资金短缺的状况。但是，这些改革举措所取得的成效并不乐观。有统计数据显示，1999 年日本大学的研发经费总额为 32 091 亿日元，其中产业界向大学提供的研发经费为 716 亿日元，仅占 2.2% 左右，日本大学约一半的研发经费依然来自政府。[①] 由此可见，真正从根本上促使日本高校尤其是国立大学对社会服务职能做出重大变革，不得不等到国立大学法人化改革了。

（三）高等教育普及化阶段

2004 年，日本高等教育进入普及化阶段，同年也是国立大学法人化改革全面实施的起始年。通过国立大学法人化改革，进一步理顺了政府、大学和社会三者的关系，彻底破除了长期制约高校为社会服务的各种体制机制障碍。首先，机构属性发生了根本性变化，国立大学由文部科学省的直属机构转变为面向社会自主办学的独立法人实体，在经费预算、校内机构设置、管理运营等方面拥有更多的办学自主权。例如，国立大学由校内外人士组成的理事会和经营协议会直接负责管理运营；国立大学实行有弹性的"非公务员型"的人事制度，教职员不再属于国家公务员等。其次，政府根据独立于政府和大学的第三方评价机构对大学的教育研究绩效进行评价，并依据评价结果确定政府对国立大学的资金投入。最后，国立大学必须遵循"以服务求支持、以贡献求发展"的原则，积极回应社会需求，谋求自身发展。

众所周知，国立大学法人化改革，直接影响国立大学的是政府减少运行经费拨款，这个资金缺口迫使国立大学要通过自筹资金的方式来解决。高校自筹资金的方式通常包括提高学费、争取竞争性科研基金、争取社会捐赠等。但是，在学费上调幅度受限、争取竞争性科研基金和社会捐赠存在不确定因素的情况下，国

---

① 王玲，张义芳，武夷山. 日本官产学研合作经验之探究 [J]. 世界科技研究与发展，2006 (4)：91-95.

立大学只能通过调动自身服务国家经济社会发展、服务区域创新发展的积极性和主动性来筹集办学经费。围绕自筹资金，高校社会服务职能发生了深刻变化。高校与外界的合作更加紧密，成为自身生存与发展的重要选项，高校通过社会服务职能筹措办学经费的能力明显增强了。根据文部科学省统计，日本高校与企业等进行的共同研究和委托研究项目近十年来大幅增加，共同研究项目由 2005 年的 13 020 项增至 2013 年的 21 336 项，投入经费由 2005 年的 390 亿日元增至 2013 年的 517 亿日元，分别增长了 63.87% 和 32.56%；委托研究项目由 2005 年的 16 960 项增至 2013 年的 22 212 项，投入经费由 2005 年的 1 265 亿日元增至 2013 年的 1 691 亿日元，分别增长了 30.97% 和 33.68%，均达到历史最高水平。与此同时，2013 年日本大学创办风险企业达 2 246 家。这些风险企业不仅将自己的技术商品化，还与大中小企业建立合作网络，形成了以大学为核心的创新集群。[①] 另外，由于私立大学的生存与发展主要依靠与市场的各种联系，也即通过开展各种形式的社会服务来获取资源，面对激烈的市场竞争，它们更加愿意与企业和社会形成正式或非正式的长期合作关系，以确保资源的稳定获取。[②]

现在，国家和社会对大学的诉求越来越多，大学的责任范围越来越大，办学资源的有限性与社会需求的不断扩大的矛盾十分突出，大学筹资任务十分艰巨。日本高校通过社会服务职能筹集办学经费的能力越来越受到关注和重视。

第六节　美日两国高校的经费筹措模式及与三大职能的关系

从高校自身来看，培养专业人才是高校的本体职能，是高校本质的直接反映；科学研究是高校的附属职能，是由高校属性决定的；社会服务是高校的派生职能，是由高校本身的特点决定的，与本体职能和附属职能有着一定的派生关系。[③]

高校从事各种活动的特点、自身的构成及特点，决定了其与社会各方面联系的直接性、切近性。社会不仅需要高校通过专业教育和科学研究满足其长远需求，而且还要求高校直接参与社会，满足社会的现实需求。对社会而言，前一种

---

① 科学技術振興機構. 産学官連携データ集 2014 - 2015 [EB/OL]. https：//sangakukan.jp/.
② 刘晓光, 郭霞, 董维春. 日本高校社会服务：形式、特点及启示 [J]. 现代教育管理, 2011 (10)：122 - 125.
③ 朱国仁. 高等学校职能论 [M]. 哈尔滨：黑龙江教育出版社, 1999：56.

需求的满足是高校的一种长远和间接的服务，而后一种需求的满足则是高校的切近服务或直接服务。后一种服务对高校来说是可能的，对社会来说是必要的，因此也是高校应当而且必须做的。①

一、美国高校经费筹措与三大职能的关系

美国之所以能够长期雄踞世界经济与科技的霸主地位，完全得益于高等教育的发达和实力强大的基础研究。而高等教育的发达和实力强大的基础研究，既得益于美国政府充分的制度供给和持续高强度的财政支持，也得益于美国特有的捐赠文化，更得益于美国人的高等教育观念。这些观念、制度和财力等为美国高校职能的充分发挥提供了坚实的基础。美国人的开拓创新精神也为美国高校职能的充分发挥提供了不竭的动力。研究生院制度的发明和社会服务职能的创立，正是这种创新精神的体现。

在美国高等教育发展史上，联邦政府的制度供给为高校三大职能的充分发挥提供了制度保障，1787年9月制定的《美利坚合众国宪法》规定的"版权与专利条款"，以及由此形成的专利规范体系，使美国在众多科技领域取得了领先地位；1791年"美国宪法第十条修正案"明确了教育权力为州的"保留权"，促进了州立学院的创办；1862年联邦政府颁布的《莫雷尔法案》（1890年又颁布一次，史称第二个《莫雷尔法案》），成为美国高等教育发展的一大引擎；1944年颁布的《退伍军人权利法案》更是直接将高等教育送入了大众化时代；此后政府还颁布了《国防教育法》（1958年）、《高等教育法》（1965年）和《教育修正案》（1972年）等一系列法案，进一步促进高等教育的繁荣与发展，等等。

政府的财政拨款为高校三大职能的充分发挥提供了财力保障，美国颁布的与教育有关的法律，既是对高校办学方向的引导，又是政府对高校提供财政拨款的依据。美国特有的捐赠文化，既哺育了私立高校，又为高校捍卫大学自治和学术自由的办学理念提供了保护，从而为高校三大职能的充分发挥营造了良好环境。美国人认为"上大学是最好的投资""高等教育机会均等"等观念则为高校三大职能的充分发挥提供了必要条件。美国高等教育不同发展阶段的高校经费筹措能力与三大职能的关系如表5-6所示。

从表5-6我们可以看到，支撑美国高校三大职能的经费，换句话说，高校通过其三大职能筹措经费的能力在高等教育不同发展阶段具有不同的特征。

---

① 朱国仁. 高等学校职能论［M］. 哈尔滨：黑龙江教育出版社，1999：55.

表 5-6　　　　　　美国高校经费筹措能力与三大职能的关系

高校职能	经费来源渠道	精英阶段	大众化阶段	普及化阶段
人才培养职能	政府拨款	公立高校：强 私立高校：较强	公立高校：强 私立高校：弱	公立高校：强 私立高校：弱
	学费	公立高校：弱 私立高校：强	公立高校：弱 私立高校：强	公立高校：较强 私立高校：强
	社会捐赠	公立高校：弱 私立高校：强	公立高校：弱 私立高校：强	公立高校：较强 私立高校：较强
科学研究职能	政府拨款	公立高校：弱 私立高校：弱	公立高校：弱 私立高校：强	公立高校：弱 私立高校：强
	私人基金会、社会捐赠	公立高校：弱 私立高校：弱	公立高校：弱 私立高校：较强	公立高校：弱 私立高校：较强
	非政府拨款	公立高校：弱 私立高校：弱	公立高校：弱 私立高校：较强	公立高校：弱 私立高校：较强
社会服务职能	教育培训	公立高校：弱 私立高校：弱	公立高校：较强 私立高校：较强	公立高校：较强 私立高校：较强
	科研成果转化	公立高校：弱 私立高校：弱	公立高校：弱 私立高校：较强	公立高校：弱 私立高校：较强
	合作研究	公立高校：弱 私立高校：弱	公立高校：弱 私立高校：较强	公立高校：弱 私立高校：较强

注：强＝经费筹措的主渠道；较强＝经费筹措的主渠道之一；弱＝经费筹措的辅助渠道。
资料来源：作者根据美国国家教育统计中心统计数据和史料编制而成。

（一）高校经费筹措与人才培养

就支撑高校人才培养职能的经费而言，由于高校培养的人才（教育产品）具有公共性和私人性或者两者兼有的混合型，因此，支撑高校人才培养职能的经费便主要由政府、社会和受教育者及其家庭来提供，经费来源渠道表现为政府财政拨款、学费以及社会捐赠等。

在美国，高校的属性因举办者的不同而异。公立高校由州政府举办，并以其"公立"的属性，使得政府财政拨款始终是支撑公立高校人才培养职能的主要来源渠道；私立高校由法人举办，并以其"私立"的属性，使得其人才培养职能极少能够直接获得来自政府财政拨款的支撑。但是，随着高等教育规模的不断扩张，公立高等教育的"公共"属性发生了变化，逐渐由公共产品向公共产品、准公共产品和私人产品并存发展的方向转变，因此政府减少对公立高校的财政拨款是必然的趋势；私立高校在殖民地时期，也能得到殖民地政府的一半资助。

学费收入是支撑私立高校人才培养职能的主要来源渠道之一，随着高等教育规模的不断扩张，其对私立高校人才培养职能的支撑作用越来越大，体现了高等教育的"私立"属性；而学费收入对公立高校而言只是其财政收入的补充，体现了高等教育的"公立"属性，但是，随着高等教育规模的不断扩张，高等教育的"公共"属性发生了变化，特别是在公共产品理论和成本分担与补偿理论提出后，学费收入日益成为支撑公立高校人才培养职能的重要渠道。

社会捐赠始终是支撑美国高校尤其是私立高校人才培养职能的主要渠道，这与美国的建国历史和特有的捐赠文化紧密相关。

总之，美国高校人才培养职能之所以能够充分发挥作用，是因为政府的财政拨款能够充分注意到人才培养的需要，教育经费充分发挥了对高校人才培养职能的支撑作用。这主要体现在，一方面对公立高校而言，美国是较早实行公式拨款的国家，各州都有出台法律提供保障；另一方面，美国联邦政府为学生提供广泛的奖贷学金，通过竞争机制，激励高校不断提高人才培养质量，即在人才培养方面通过市场机制来配置政府的财政资金。

（二）高校经费筹措与科学研究

就支撑高校科学研究职能的经费而言，由于高校从事的科学研究主要是基础研究和应用研究，极少从事开发研究，基础研究的公共性程度高，决定了支撑高校科学研究职能的经费主要由政府提供，同时由于应用研究兼有私人性，因而研究经费主要由政府和企业共同提供。另外，美国特有的捐赠文化，使得基金会和私人捐赠也为高校科学研究职能提供了经费支撑，经费来源渠道表现为政府财政拨款、非政府财政拨款、基金会和私人捐赠等。

"教学与科研相结合"是高校这一组织的特点，因而决定了高校的科研特点是基础研究的主要承担者。在美国联邦政府大规模介入高校科研之前，支撑高校科学研究职能的资金来源是基金会和私人捐赠。第二次世界大战后，随着政府对高校科学研究重要性认识的不断提高，政府财政拨款逐渐成为支撑高校尤其是研究型大学科学研究职能的主渠道或主渠道之一，20世纪70年代后，联邦政府削减了经费，同时企业对高校科研创新的依赖不断增强，因此支撑高校科学研究职能的资金也越来越多地来自企业等非政府财政拨款。美国的科研体系也在客观上促进了高校基础研究的不断发展，这主要体现在，一方面，美国虽然设有国家科学院，但国家科学院的主要功能是给有突出贡献的学者颁发荣誉证书或授予荣誉称号，并不是承担具体科学研究的研究机构；另一方面，美国政府与企业历来高度重视科技创新引领，美国科技能够长期处于世界领先地位，与政府和企业对科技创新的重视密切相关。

总之，美国高校尤其是研究型大学（既有私立也有公立）科学研究职能之所以能够充分发挥作用，是因为其从事基础研究的公共性程度高、政府的制度安排、企业对高校科研创新的重视，使得政府、企业、基金会和私人捐赠都成为支撑高校科学研究职能的重要经费来源渠道。

（三）高校经费筹措与社会服务

就支撑美国高校社会服务职能的经费而言，由于高校社会服务职能与人才培养职能和科学研究职能具有一定的派生关系，是由高校本身的学术性特点决定的，学术性规定了社会服务的形式、内容和范围，经费由需要服务的对象来提供，经费来源渠道表现为教育培训、科研成果转化以及合作研究等。

教育培训始终是美国高校发挥社会服务职能的主要形式，这与社会服务职能率先在美国高校确立有密切关系，也与政府的制度安排有关。科研成果转化成为美国高校社会服务职能的主要内容，与美国较早实行专利制度，以及专利制度的完善有着密切关系，随着美国高校科研实力的不断增强，高校社会服务职能越来越强。产学研合作成为美国高校社会服务职能的主要内容，与美国政府对高校科研投入的减少有关。随着美国政府对科研投入的减少，越来越多的高校将目光投向企业，而企业的科技创新也日益依赖高校科研的支撑，因此合作研究成为高校与企业之间相互支持的需要。

总之，高校社会服务职能由美国提出并确立，是与美国特定的自然环境和社会文化价值观密切相关的，因此，无论是公立高校还是私立高校，无不将服务所在地方作为自己的办学使命。但是，社会服务职能在美国不同历史时期的高校，或在同一历史时期不同类型的高校之间，其在发挥程度上还是有很大差异的。在精英教育阶段，高校以提供教育培训、农业科技咨询或推广等服务为主，但到了大众化阶段乃至普及化阶段，高校的科研实力决定了其社会服务职能的形式、内容和范围，研究型大学以其雄厚的学术积淀，彰显了其履行社会服务职能的能力和水平，科研成果转化和合作研究是它们表达这种能力的主要方式。

二、日本高校经费筹措与三大职能的关系

日本之所以能够从自然资源匮乏、经济科技落后的岛国发展成为当今世界的经济与科技强国，完全得益于高等教育的普及和扎扎实实的基础研究。而高等教育的普及和扎扎实实的基础研究，既得益于包括日本政府和国民在内的全社会的

大力支持，也得益于日本高校职能的充分发挥。

第二次世界大战结束前，日本通过19世纪中叶的明治维新，大力发展教育与科技，使国家走上了现代化发展道路。第二次世界大战战败后，日本凭借保留下来的大批科技人才和工业基础，加上赶超时期所采取的"技术引进—技术改进—技术普及"策略，使经济得到快速复苏，国内生产总值（GDP）在战后30年内增长了近10倍，创造了战后国家迅速崛起的"奇迹"。20世纪90年代后，为应对泡沫经济崩溃导致的经济发展低迷和世界科技革命的新挑战，日本政府于1995年颁布了《科学技术基本法》，通过法律保障"科学技术创新立国"。2001年，日本政府甚至提出轰动一时的"诺贝尔奖计划"，要在今后50年内力争获得30个诺贝尔奖。2002年又提出"知识产权立国"，并通过了《知识产权基本法》，将知识产权作为提高国家产业竞争能力和振兴日本经济的国家战略。目前，日本研发投入占GDP的3%以上，专利数全球第二，科学论文数全球第五，21世纪以来日本科学家共有15人获得诺贝尔奖。这些数据既表明了日本对科技的重视，也彰显了日本高校职能的发挥程度。日本高等教育不同发展阶段的高校经费筹措能力与三大职能的关系如表5-7所示。

表5-7　　　　日本高校经费筹措能力与三大职能之关系

高校职能	经费来源渠道	精英阶段	大众化阶段	普及化阶段
人才培养职能	政府拨款	国立高校：强 私立高校：弱	国立高校：强 私立高校：弱	国立高校：强 私立高校：弱
	学费	国立高校：弱 私立高校：强	国立高校：较强 私立高校：强	国立高校：较强 私立高校：强
	社会捐赠	国立高校：弱 私立高校：弱	国立高校：弱 私立高校：弱	国立高校：弱 私立高校：弱
科学研究职能	政府拨款	国立高校：较强 私立高校：弱	国立高校：较强 私立高校：弱	国立高校：较强 私立高校：弱
	非政府拨款	国立高校：弱 私立高校：弱	国立高校：弱 私立高校：弱	国立高校：较强 私立高校：弱
	基金会、私人捐赠	国立高校：弱 私立高校：弱	国立高校：弱 私立高校：弱	国立高校：弱 私立高校：弱

续表

高校职能	经费来源渠道	精英阶段	大众化阶段	普及化阶段
社会服务职能	教育培训	国立高校：弱 私立高校：较强	国立高校：弱 私立高校：较强	国立高校：弱 私立高校：较强
	科研成果转化	国立高校：弱 私立高校：弱	国立高校：弱 私立高校：弱	国立高校：弱 私立高校：弱
	合作研究	国立高校：弱 私立高校：弱	国立高校：弱 私立高校：弱	国立高校：较强 私立高校：较强

注：强＝经费筹措的主渠道；较强＝经费筹措的主渠道之一；弱＝经费筹措的辅助渠道。
资料来源：作者根据日本《文部科学统计要览》统计数据和史料编制而成。

从表 5-7 我们可以看到，支撑高校三大职能的经费，换句话说，高校通过其三大职能筹措经费的能力在高等教育不同发展阶段具有不同的特征。

（一）高校经费筹措与人才培养

就支撑高校人才培养职能的经费而言，由于高校培养的人才（教育产品）具有公共性和私人性或者两者兼有的混合型，因此，支撑高校人才培养职能的经费便主要由政府、社会和受教育者及其家庭来提供，经费来源渠道表现为政府财政拨款、学费以及社会捐赠等。

在日本，法律规定高校"谁举办谁负责"的原则，由此区分了国立、公立高校和私立高校的不同属性。国立高校由中央政府举办、公立高校由地方政府举办，并以其"公共"的属性，使得政府财政拨款始终是支撑国立、公立高校人才培养职能的主渠道；私立高校由学校法人举办，并以其"私立"的属性，使得其人才培养职能长期得不到来自政府财政拨款的支撑。但是，随着高等教育规模的不断扩张，国立、公立高等教育的"公共"属性发生了变化，逐渐由公共产品向公共产品、准公共产品和私人产品并存发展的方向转变，因此政府减少对国立、公立高校的财政拨款是必然的趋势；而私立高校除主要提供私人产品外，也提供公共产品或准公共产品，因而也获得了来自政府的部分财政资助（1970 年日本政府开始对私立高校实施财政资助，可以说是为其提供公共产品或准公共产品的一种补偿）。

学费收入事实上是支撑日本私立高校人才培养职能的唯一或主要经费来源渠道，这是由私立高校主要提供私人产品的性质决定的。而学费收入对国立、公立高校而言只是其财政收入的补充，这是由国立、公立高校提供公共产品或准公共产品的性质决定的。尽管随着高等教育规模的不断扩张，高等教育"公共"属性发生了变化，但是学费收入无论是在大众化阶段乃至普及化阶段都无法成为支撑国立、公立高校人才培养职能的主渠道。

社会捐赠无论是对国立、公立高校还是对私立高校，始终都只是支撑其人才培养职能的辅助渠道，这与儒教文化中先天缺乏慈善要素有关，也与政府管理国、公立高校的方式和私立高校社会声望不高有关。

总之，日本国立、公立高校人才培养职能之所以能够充分发挥作用，是因为其提供高等教育的公共性程度高，政府通过"官（国）立本位主义"政策对其人才培养职能提供了财政支撑，经费多且稳定。而私立高校因主要提供私人产品，因而支撑其人才培养职能的经费则主要依赖学费收入。但是在学费水平受到抑制的情况下（因为国立、公立高校长期实行低学费政策，且教育质量高），私立高校只能通过扩张办学规模来增加学费收入，这就是为什么私立高校对扩大高等教育规模天然具有敏感性，无法通过提高人才培养质量来增加学费收入，只能是大众教育乃至普及教育的主要承担者的原因所在。

（二）高校经费筹措与科学研究

就支撑高校科学研究职能的经费而言，由于高校从事的科学研究主要是基础研究和应用研究，极少从事开发研究，基础研究的公共性程度高，决定了支撑高校科学研究职能的经费主要由政府提供，同时由于应用研究兼有私人性，因而研究经费主要由政府和企业共同提供，经费来源渠道表现为政府财政拨款和企业等非政府财政拨款等。

作为后发外生型国家的日本，在建构近代大学时从一开始就将科学研究职能赋予了国立大学尤其是旧制帝国大学，这使得政府财政拨款始终是支撑国立大学科学研究职能的主渠道。日本虽然设有学士院，但是却凸显了高校作为基础研究的主要承担者，因此政府支撑其科学研究职能的经费由教师人均校费和科学研究费补助金（包括后来实施"21世纪 COE 计划"的重点投入等）构成。教师人均校费因国立高校与私立高校的不同而异，而国立高校之间的教师人均校费也因有无讲座或讲座数的多寡而异；科学研究费补助金因大学类型的不同而异，研究型大学因其科学研究职能强而获得更多的科学研究费补助金，因此支撑高校科学研究职能的经费依照"中央国立大学"（前身校为 7 所旧制帝国大学，实施讲座制）、地方国立大学（前身校为专门学校、高等师范学校等，实施学科目制）、私立大学的排序而逐渐减少。

另外，日本企业是研究开发的主体，企业长期自成系统地开展研究开发工作。但是，20 世纪 80 年代后由于欧美发达国家对日本的专利技术进口采取限制，90 年代后日本经济长期处于低迷状态以及面对世界科技革命的新挑战，使得政府和企业对高校科研创新的依赖不断增强，企业与高校的共同研究、企业委托高校进行研究的需求不断增多，支撑高校科学研究职能的经费也越来越多地来自企业等非政府部门。

基金会、私人捐赠无论是对国立、公立高校还是对私立高校，到目前为止还难以成为支撑其科学研究职能的经费来源渠道，其原因同样是与儒教文化中先天缺乏慈善要素有关。

总之，日本国立大学尤其是研究型大学科学研究职能之所以能够充分发挥作用，是因为其从事基础研究的公共性程度高、政府对国立高校的职能定位（导致国立高校的科研实力强），因此政府通过教师人均校费和科学研究费补助金支撑了其科学研究职能。而私立高校的职能定位是人才培养，科学研究职能长期得不到经费支撑，因此，除了极少数的私立研究型大学（如庆应义塾大学、早稻田大学等）外，私立高校无法与国立高校相抗衡。

（三）高校经费筹措与社会服务

就支撑日本高校社会服务职能的经费而言，由于高校社会服务职能与人才培养职能和科学研究职能具有一定的派生关系，是由高校本身的学术性特点决定的，学术性规定了社会服务的形式、内容和范围，经费由需要服务的对象来提供，经费来源渠道表现为教育培训、科研成果转化以及合作研究等。

教育培训（非学历教育）始终是日本私立高校发挥社会服务职能的主要形式，这与私立高校长期得不到政府财政资助的制度安排有关。科研成果转化逐渐成为日本高校社会服务职能的主要内容，既与政府的政策鼓励有着密切关系，也与日本高校科研实力的不断增强有关。合作研究成为日本高校社会服务职能的主要内容，既与政府的政策鼓励有关，也与政府对高校科研投入的增长缓慢有关。由于日本政府对科研投入的增长缓慢，越来越多的高校将目光投向企业，而企业的科技创新也日益依赖高校科研的支撑，因此合作研究成为高校与企业之间相互支持的需要。

总之，日本国立、公立高校与私立高校因办学理念、政府的制度安排不同，使得各自在社会服务职能的发挥上存在着一定的差异，但相对而言，国立、公立高校社会服务职能的作用尚未充分发挥出来。随着国立、公立大学法人化改革的深入推进（现在，政府财政对国立大学经常性经费的资助措施已经统一成国立大学运行费拨款。与此同时，中期目标期间的业务绩效的评价结果将反映到下一期的运行费拨款），尤其在国立大学运行费拨款持续削减的背景下，国立、公立高校社会服务职能的作用将会得到进一步释放。

综上所述，一部高校职能演变史，也就是一部高校变迁史或高等教育改革与发展史。不明确高校职能,就等于不明确高等教育改革与发展的方向。在世界高等教育发展史上,每一次大的改革都是由社会的变革所引起的,是为适应新的社会需要所进行的,而高等教育改革首先表现为高校职能上的变化要求。高校职能的变化,最直接、最客观、最现实的影响就是社会对其资源投入的变化。高校正是通过其职能的发挥来赢得社会的支持,并由此获得发展的条件。此外,对高校职能的正确理解和认识又是使高等教育中的资源得以合理配置的前提,是高校职能有效发挥的保证。为此,英国著名数学家、哲学家怀德海(Alfred North Whitehead)指出,"如果缺乏对大学主要职能即大学对国家所应当发挥的作用的全面理解,大学的发展(包括机构的数量、规模和复杂的内部组织)就会招致这种有用资源被糟蹋的危险"。[①] 如果说高校在很长一段时间与社会直接的联系是被动的,那么,当今高校已形成了与社会直接联系的互动机制。面向社会与主动适应社会的需要已成为当今高校占主导地位的办学原则。

[①] Whitehead, A. N. The Aims of Education and Other Essays [M]. The Macmillan Company, 1929:126. 转引自朱国仁. 高等学校职能论 [M]. 哈尔滨:黑龙江教育出版社, 1999:7.

第六章

高等教育经费筹措模式与财政拨款机制的国际比较及启示

本章首先对世界各国高等教育经费的规模、渠道和结构、财政拨款和学费收入的状况进行了国际比较研究。然后围绕政府财政拨款的核心关注点,即如何兼顾公平与效率的问题,阐释了国际上普遍的对策和措施。最后在理论研究和国际比较研究的基础上,对如何拓展我国高等教育大众化发展阶段的经费筹措提出了对策建议。

第一节 高等教育经费筹措模式的国际比较

国际比较研究中,各国高等教育经费筹措渠道一般分为四项:公共部门、私人部门、国际渠道和高等院校服务收入。来自公共部门的经费主要是政府的财政投入,来自私人部门的经费包括学杂费和公司、企业、慈善基金和其他社会组织的捐赠和资助,国际渠道则是指国际政府和非政府组织的贷款、资助和援助,最后一个渠道是高等院校自身经营产业和提供服务的收入。

一、高等教育经费的规模、渠道与结构

本章的国际比较研究选取中等收入国家和发达国家两个样本组。中等收入国

家选取了联合国教科文组织（UNESCO）世界教育指标项目[①]国家（WEI）的样本数据，发达国家选取了经济与合作发展组织（OECD）国家的样本数据。中国是 WEI 国家[②]之一，为清晰地比较中国与其他 WEI 国家及 OECD 国家之间的差异，我们将中国的相关数据进行了单独列示。本章各表中上述两组国家未加特别说明的平均值，均为引用原始资料全体样本的平均值。各组的平均值是本书的主要依据，鉴于一些国家数据缺失及本书篇幅等考虑，我们仅列示两组样本中若干国家数据为辅助参考。样本组中一些国家数据缺失时，我们在引用其他资料来源数据时均予注明。本章各表所取资料均为 2007 年本项目开题时可获得的最新年度资料。各国高等学校的财年有些是按自然年度，有些是按学年。

资源投入是决定高等教育规模和质量的关键因素。一般而言，衡量一国对高等教育资源投入的一个主要指标是高等教育总经费占 GDP 的比重。[③] 而这一指标的国际差异非常显著，从中等收入国家约 0.1% ~ 0.2% 到发达国家的 2.5% ~ 3%。[④] 从这些国家高等教育的经费规模、来源渠道与结构来看（见表 6 - 1），2005 财年，OECD 国家高等教育投入的平均规模为 GDP 的 1.5%，美国的投入规模最大，为 GDP 的 2.9%；意大利最小，为 GDP 的 0.9%。在 WEI 国家中，除泰国以外的 6 国高等教育总经费占 GDP 的平均水平为 1.0%，变动区间为 0.5% ~ 2.0%，而 2006 年中国高等教育投入总规模为 GDP 的 1.4%，接近 2005 财年 OECD 国家平均水平。

表 6 - 1　　部分国家高等教育经费规模、来源渠道与结构　　单位：%

国家		财年	占 GDP 比重			占高等教育总经费比重		
			总经费	公共部门经费	私人部门经费	公共部门经费	私人部门经费*	
							总比重	其中家庭支出
WEI 国家	阿根廷	2004	0.8	0.6	0.2	80.4	26.5	19.6
	智利	2005	2.0	0.3	1.7	15.5	84.5	83.7
	印度	2003 ~ 2004	1.2	1.0	0.2	86.1	13.9	13.9

---

① 顾昕，周适. 中国教育总费用的水平、构成和流向 [J]. 河南社会科学, 2010 (4): 183 - 188, 219.

② WEI 19 个中等收入国家：中国、阿根廷、巴西、智利、埃及、印度、印度尼西亚、牙买加、约旦、马来西亚、巴拉圭、秘鲁、菲律宾、俄罗斯、斯里兰卡、泰国、突尼斯、乌拉圭和津巴布韦。

③ D. B. 约翰斯通. 高等教育财政的问题与出路 [M]. 沈红，李红桃，译. 北京：人民教育出版社, 2004: 30.

④ Arthur M. Hauptman. Higher Education Finance: Trends and Issues. James Forest & Philips Altbach (Eds.). International Handbook of Higher Education [M]. Dordrecht, the Netherlands: Springer, 2007: 83 - 106.

续表

国家		财年	占GDP比重			占高等教育总经费比重		
			总经费	公共部门经费	私人部门经费	公共部门经费	私人部门经费*	
							总比重	其中家庭支出
WEI国家	印度尼西亚	2003	0.5	0.2	0.3	43.8	56.2	49.4
	巴拉圭	2003	1.4	0.7	0.7	51.4	48.6	48.6
	秘鲁	2005	0.7	0.3	0.4	41.5	58.5	58.5
	泰国	2004~2005	—	0.6	—	67.5	32.5	32.5
	上述WEI国家平均值	2004	—	0.5	—	55.2	44.8	43.7
OECD国家	澳大利亚	2005	1.6	0.8	0.8	47.8	52.2	36.3
	法国	2005	1.3	1.1	0.2	83.6	16.4	10.3
	德国	2005	1.1	0.9	0.2	85.3	14.7	—
	意大利	2005	0.9	0.6	0.3	69.6	30.4	18.0
	日本	2005	1.4	0.5	0.9	33.7	66.3	53.4
	墨西哥	2005	1.3	0.9	0.4	69.0	31.0	30.6
	韩国	2005	2.4	0.6	1.8	24.3	75.7	52.1
	土耳其	2004	1.0	0.9	0.1	90.0	10.0	10.0
	英国	2005	1.3	0.9	0.4	66.9	33.1	24.6
	美国	2005	2.9	1.0	1.9	34.7	65.3	36.1
	OECD国家平均值	2005	1.5	1.1	0.4	73.1	26.9	—
中国		2006	1.4	0.6	0.8	42.6	57.4	29.6

注："私人部门经费中家庭支出"包含了政府对学生的生活补贴，统计上难以将公共部门经费与私人部门经费完全分离，由此会出现二者占高等教育总经费的比重相加大于100%的情况。土耳其因2005财年数据缺失取UNESCO研究中该国2004财年数据做参考。"—"表示无法获得的数据。

资料来源：中国的数据来自教育部财务司，国家统计局社会和科技统计司．中国教育经费统计年鉴2007［M］．北京：中国统计出版社，2008：4－5．其他国家数据来自UNESCO Institute for Statistics. Education Counts：Benchmarking Progress in 19 WEI Countries（World Education Indicators－2007）［EB/OL］．www. uis. unesco. org. OECD. Education at a Glance：OECD Indicators 2008［EB/OL］．www. oecd. org.

各国的高等教育经费主要来源于公共部门和私人部门两个渠道。尽管各国的具体情形差异很大,但一个基本特征是,公共部门依然是高等教育经费来源的主渠道,政府依然是高等教育的主要投资者。2005 财年,OECD 国家的平均水平是,公共部门经费和私人部门经费分别占 GDP 的 1.1% 和 0.4%,两部门经费投入结构为 2.75∶1。其中,法国这一比例达 5.5∶1(土耳其在 2004 财年更是高达 9∶1),但韩国和美国则分别低至 1∶3 和 1∶1.9。在 WEI 国家中,印度和阿根廷分别为 5∶1 和 3∶1,智利则为 1∶5.7。在中国,公共部门对高等教育的投入也低于私人部门,2006 年这一结构为 1∶1.3。

二、高等教育经费与政府财政拨款

衡量政府对高等教育投入程度的另两个指标是高等教育财政分别占政府总财政和教育财政的比重,即高等教育预算在政府总预算和教育预算中的地位。比较 2004 财年各国高等教育财政经费的投入情况来看(表 6-2),在高等教育财政经费占政府财政总经费的比重方面,OECD 国家的平均水平为 3.1%,其中挪威高达 5.3%,而意大利仅为 1.6%。WEI 国家的平均水平为 3.3%,其中马来西亚高达 8.4%,秘鲁则为 1.7%。中国的水平与两类国家的平均水平较为接近,为 3.2%。在高等教育财政经费占教育财政总经费的比重方面,OECD 国家的平均水平为 23.1%,芬兰占比最高,达 32%;韩国占比最低,仅为 12.7%。WEI 国家的平均水平与 OECD 国家接近,为 21.2%,波动区间为 10.8%~33.3%,中国的水平略低于上述两类国家的平均水平,为 20.5%。

表 6-2　　　　　　　政府财政中的高等教育经费支出　　　　　　单位:%

国家		财年	高等教育财政经费/政府财政总经费	高等教育财政经费/教育财政总经费
WEI 国家	阿根廷	2004	2.2	17.1
	巴西	2004	2.3	18.7
	俄罗斯	2004	2.4	18.6
	泰国	2004~2005	5.4	21.6
	菲律宾	2004	2.2	13.4
	牙买加	2004~2005	1.9	21.6
	马来西亚	2004	8.4	33.3
	巴拉圭	2003	1.8	16.7
	秘鲁	2005	1.7	10.8

续表

国家		财年	高等教育财政经费/政府财政总经费	高等教育财政经费/教育财政总经费
WEI国家	突尼斯	2005	5.0	24.0
	乌拉圭	2004	2.7	24.3
	上述WEI国家平均值	2004	3.3	21.2
OECD国家	法国	2004	2.3	21.1
	德国	2004	2.5	25.5
	意大利	2004	1.6	16.7
	日本	2003~2004	1.8	18.4
	墨西哥	2004	4.0	17.3
	韩国	2004	2.1	12.7
	新西兰	2004~2005	4.9	23.3
	英国	2003~2004	2.3	19.7
	美国	2003~2004	3.5	24.3
	挪威	2004	5.3	31.9
	芬兰	2004	4.1	32.0
	希腊	2004	2.9	34.1
	OECD国家平均值	2004	3.1	23.1
中国		2006	3.2	20.5

资料来源：中国数据来自教育部财务司，国家统计局社会和科技统计司．中国教育经费统计年鉴2007［M］．北京：中国统计出版社，2008：4．其他国家数据来自 UNESCO Institute for Statistics. Education Counts：Benchmarking Progress in 19 WEI Countries（World Education Indicators－2007）［EB/OL］. www.uis.unesco.org.

三、高等教育经费与学费收入

尽管在绝大多数国家，公共（或政府）部门依然是高等教育经费来源的主渠道，但随着平均成本和入学率的增长，政府的财政压力不断增长。因此，高等教育成本逐渐呈现向私人部门（尤其是学生及其家庭）转移的趋势，即成本分担。

1995~2003年，OECD国家私人部门的高等教育支出剔除通货膨胀因素后，实际平均增幅为100%，而同期高等教育公共财政的实际平均增幅仅为50%。[①] 其中，除丹麦、芬兰、冰岛、挪威、瑞典、捷克、爱尔兰和波兰的公立院校不收学费外，这些国家的私立院校和其他 OECD 国家的公立、私立院校均实行有偿教育。

中等收入国家的情形以两个人口大国中国和印度为例，中国的私人部门高等教育经费占高等教育总经费比重从 20 世纪 90 年代初的 1% 上升到 2006 年的 57.4%（见表 6-1），尽管印度 2003~2004 财年这一指标仅为 13.9%，但 1983~2003 年，印度人均私人教育支出比重由 1.2% 上升到 4.4%，其中约 50% 的私人支出用于高等教育[②]。

表 6-1 中各国的私人部门高等教育支出中，家庭支出占了主要份额，其中，学费又是最主要的组成部分。因此，学费实质上已成为各国高校收入的主要来源之一，如 2004~2005 年度，美国高等院校学费总收入占总经费的 28%，[③] 印度则高达 50%（其中公立院校为 19%）。[④]

作为高等教育经费私人部门来源的主渠道，各国学费征收体制一般由以下几方面构成。

（一）政策制定

各国高等教育学费政策的制定一般有三种情形：一是完全由政府主管当局负责，如日本、西班牙等国；二是完全由高等院校自主决定，如韩国、智利、美国、俄罗斯等国；三是政府监管下的自主决策，如澳大利亚、新西兰等国，而政府监管的主要形式是规定收费的上限，如表 6-3 所示。

（二）学费水平

尽管各国的学费水平因经济发展水平、教育资源稀缺程度和政府投入的不同而不同，但各国制定学费标准的主要参考指标是生均成本、人均 GDP 或平均收入。在 OECD 国家，公共高等院校全日制学费水平最高的 5 个国家依次为美国、日本、韩国、澳大利亚和加拿大，学费与人均 GDP 比在 9.9%~18.2% 之间（见表 6-3），而这 5 国恰恰是 OECD 国家中私人部门投入占高等教育总投入比重最

[①] OECD. Education at a Glance：OECD Indicators 2006 [EB/OL]. www.oecd.org.

[②] Pawan Agarwal. Higher Education in India：the Need for Change, ICRIER Working Paper No. 180, January 2006 [EB/OL]. www.icrier.org：26.

[③] 根据 US Education Department. Digest of Education Statistics 2007 [EB/OL]. www.ed.gov 计算。

[④] Pawan Agarwal. Higher Education in India：the Need for Change, ICRIER Working Paper No. 180, January 2006 [EB/OL]. www.icrier.org.

高的国家（见表 6-1）。以生均成本衡量，一般而言，当公立院校学费与生均成本比低于 10% 时，属于学费水平较低的国家，而当前在许多国家这一指标已超过 20%。[①]

表 6-3　部分国家公立高等院校全日制平均学费水平及学费政策制定主体（2004~2005 学年）

国家	公立院校学生比重（%）	学费（美元）	学费/人均GDP（%）	学费政策制定主体
澳大利亚	98	3 855	11.3	在政策规定的上下限内高校自主决策
加拿大	—	3 464	9.9	—
日本	25	3 920	12.9	国立大学政府设定学费标准及 110% 的上限，其他高校中央政府无限制
韩国	22	3 883	18.2	高校自主决策
新西兰	98	1 764	7.1	在政府规定的上限和最大年增长率（5%）下，高校自主决策
西班牙	91	795	2.9	高等教育主管当局
智利	39	4 863	38.4	高校自主决策
美国	68	5 027	12.1	—
俄罗斯	91	—	—	高校自主决策
印度	36	106~199		政府监管下的高校自主决策
中国	74	5 000	31.1	政府规定上限，高校自主申报，政府核准

注："学费"一列中，除中国外按购买力平价（PPP_s）折算，中国以人民币标价；新西兰"公立院校学生比重"和"学费"水平为整个高等教育的加权平均值；印度"学费"为 2001~2002 年数据。

资料来源：印度：International Comparative Higher Education Finance and accessibility Project（ICHETAP）数据库 [EB/OL]. www.gse.buffalo.edu. Pawan Agarwal. Higher Education in India：the Need for Change [R/OL]. ICRIER Working Paper No.180，January 2006，www.icrier.org. 教育部财务司，国家统计局社会科技和文化产业统计司. 中国教育统计年鉴 2006 [M]. 北京：人民教育出版社，2007：32-33. 其他国家：OECD. Education at a Glance：OECD Indicators 2007 [EB/OL]. www.oecd.org. 表 B5.1；OECD. Education at a Glance：OECD Indicators 2008 [EB/OL]. www.oecd.org. 表 B5.1a，表 B5.1d，表 X2.1.

---

① Arthur M. Hauptman. Higher Education Finance：Trends and Issues. James Forest & Philips Altbach（Eds.）. International Handbook of Higher Education [M]. Dordrecht, the Netherlands：Springer, 2007：83-106.

（三）收费类型

各国高等教育的收费方式大致可分为以下三种。

一是传统型收费。此类收费直接由校方向学生实时收取，且对所有学生标准统一，或对不同专业大类、不同学历教育制定不同标准，绝大多数国家采取此类收费方式。

二是政府资助型收费。这是一种延期收费方式，学费先由政府预付，学生则向政府申请学生贷款，待完成学业后，通过税收体系归还，偿还水平视收入而定，澳大利亚自1989年实施高等教育贡献计划（Higher Education Contribution Scheme，HECS）后，开始采用这种方式，英国随后也开始尝试此类收费方式。

三是差异型收费。此类收费的差异性表现在两个方面：第一，政府补贴下的低标准收费与市场定价的高标准学费并存；第二，不同学校和专业根据质量、声誉和需求差别定价。尽管这种模式近年才开始在各国高等教育中普及，但实际上在美国、加拿大、韩国、菲律宾、日本等国已实施多年，澳大利亚和中国从1997年开始实施，后来，英国也开始引入此类收入模式。从OECD国家情况看，10%缴纳高学费学生的平均学费水平与10%缴纳低学费学生的平均学费水平之比在2∶1~4∶1之间。[①]

第二节　高等教育财政拨款机制的国际比较

各国高等教育财政拨款机制主要涉及拨款的目标与原则、主体与机构、对象与范围，拨款的分类、结构以及拨款的依据与运行模式等方面。

一、目标与原则

建立兼顾公平与效率的教育（含高等教育）体制是世界各国政府追求的目标，也是各国大众化高等教育阶段所面临的共同难题。高等教育公平指的是社会成员在占有高等教育资源上的公正与平等，即通过资源配置的公平，实现社会成员在高等教育的入学、过程（即接受各种教育服务）和结果（即就业）三方面的机会均等，而公平的教育资源配置应同时具备以下三个内涵：一是横向公平，

---

① OECD. Education at a Glance：OECD Indicators 2008 [EB/OL]. www.oecd.org.

即均等分配教育资源以保证辖区内所有学校和学生享受基本相同的教育设施和服务；二是纵向公平，即依据"谁受益，谁付款"原则，要求接受高等教育的社会成员直接承担一定的成本；三是实质公平，即通过资源配置中的调整和转移，对特殊社会群体，如少数民族、贫困和残疾学生予以适当支持。其中，横向公平和实质公平由政府的高等教育投入和财政政策决定，而纵向公平则是成本分担和成本补偿问题，与私人部门（主要是受教育者及其家庭）的投入有关。因此，高等教育的公平问题通常归结为公共部门和私人部门投入的总量和结构，以及公共部门投入的分配问题。高等教育总投入越多、公共部门投入的分配越均等、公共部门投入对特殊群体的扶植力度越大，实现公平的可能性越大；同时，无偿教育并不意味着公平。

高等教育效率是从产出角度衡量资源投入的收益。一般而言，高等教育的产出主要包括以下三个方面：人才培养的数量和质量、科研成果的数量和质量、社会服务，这三个方面的产出又给个人和社会带来直接（货币）和间接（非货币）收益。从静态看，一国不同地区、不同高等教育机构单位投入的产出数量和质量，以及由此产生的社会和私人收益肯定存在差异，因此，若以既有的效率决定当期的公共和私人投入，虽然可以实现短期社会和私人收益的最大化，但必定导致资源配置的不公平，这种不公平又会反过来将扩大效率的差异，从而形成恶性循环，这便是效率与公平的冲突性。但从动态看，一国不同地区、不同高等教育机构当前投入—产出效率的差异正是过去资源配置不公平的结果，因此，要实现未来长期的社会收益最大化，应该在不降低高效率院校投入的前提下，增加对低效率院校的投入，一旦此类高校效率相对提升，私人投入就会增加，从而形成良性互动，这便是公平与效率的共存性。

因此，如果从动态角度理解一国高等教育的公平和效率，政府在培育高等教育效率中的作用和地位不可替代，高等教育公共财政的增长及其向资源匮乏地区和高校倾斜、向弱势社会群体倾斜是增进长期效率和实现实质公平的关键所在。但是，在各国有限的教育财政预算约束下，政府对高等教育投入的增量有限，因此，各国兼顾短期效率和长期效率的主要策略是改进拨款机制，采用绩效拨款，在提升高等院校投入效率的同时，使增量部分兼顾公平。

总之，当前各国高等教育财政拨款机制主要体现以下两个原则：成本分担下的学生资助以实现公平，预算约束下的绩效拨款以增进效率。

二、主体与机构

政府是各国高等教育财政投入的主体。在不同国家，各级政府在高等教育财政责任分担和资源配置决策中的地位和作用并不相同,主要受制于以下两个因素:一是国内政治治理结构,二是各级政府高等教育财政责任分担的调整趋势。各国国内政治治理结构一般分为三级:中央/联邦政府、省/州政府和市/地方政府。在联邦型和准联邦型国家,高等教育财政责任和资源配置由中央/联邦政府和省/州政府分担(见表6-4)。其中,德国宪法明确规定,高等教育为各州自治事务,因此,财政责任和资源配置基本上完全由州政府承担,仅在涉及基建和大型科学仪器投资时,联邦政府才分担50%(而且今后的趋势是这部分投入也将逐步由州政府承担)。在中央集权型国家,中央政府则是财政责任的主要承担者,如马来西亚、巴拉圭、突尼斯等国,中央政府直接负责高等教育的财政投入,省/州和市/地方政府仅承担附属服务和提供少量拨款。

表6-4　　部分国家高等教育公共财政责任分担的政府主体类型

治理类型	国家	中央/联邦政府	省/州政府	市/地方政府
联邦型	阿根廷	√	√	
	巴西	√	√	√
	印度	√	√	
	俄罗斯	√	√	
	美国	√	√	
	德国		√	
准联邦型	中国	√	√	
	印度尼西亚	√	√	
	菲律宾	√		
中央集权型	智利	√		
	牙买加	√		
	约旦	√		
	马来西亚	√		
	巴拉圭	√		
	秘鲁	√		
	泰国	√		
	突尼斯	√		
	乌拉圭	√		
	津巴布韦	√		

资料来源:UNESCO Institute for Statistics. Financing Education - Investments and Returns:Analysis of the World Education Indicators,2002 Edition [EB/OL]. www.uis.unesco.org. OECD. Funding Systems and Their Effects on Higher Education System - International Report [R]. Education Working Paper No.6,2007,3(20):34.

在既有的决策结构下,20世纪80年代以来,各国高等教育财政责任分担格局总体上呈现分权化趋势,尤其对于准联邦型和中央集权型国家,各级地方政府在高等教育财政责任和资源配置中的地位有所提高,如中国各级地方政府在2002～2006年对高等教育财政拨款的份额由57%上升为61%,如表6-5所示。

表6-5　　　　中国高等教育财政拨款的政府主体结构　　　　单位:%

财年	中央政府	地方政府
2002	43	57
2003	44	56
2004	40	60
2005	38	62
2006	39	61

资料来源:根据2003～2007各年《中国教育经费统计年鉴》计算整理。

另外,对于已高度分权的联邦型国家,则呈现出两种不同的趋势,如印度和美国,在总体上维持地方政府主导的情形下,中央/联邦政府的财政拨款份额近年有所上升(见表6-6),而在德国,联邦政府的高等教育固定资产投入财政责任却进一步下放到州政府。

表6-6　　　　印度和美国高等教育财政拨款的政府主体结构　　　　单位:%

国家	财年	中央/联邦政府	省/州政府	市/地方政府
印度	1981	20	80	
	1986	20	80	
	1991	21	79	
	1996	18	82	
	2001	25	75	
	2005	27	73	
美国	1981	21	73	6
	1986	18	76	6
	1991	19	74	7
	1996	22	70	8

续表

国家	财年	中央/联邦政府	省/州政府	市/地方政府
美国	2001	22	70	8
	2005	31	56	13

资料来源：美国数据：根据 US Education Department. Digest of Education Statistics 2007 [EB/OL]. www. ed. gov. 计算。印度数据：Pawan Agarwal. Higher Education in India: the Need for Change [R/OL]. ICRIER Working Paper No. 180, January 2006, www. icrier. org. Prem Chand Patanjali. Development of Higher Education in India [M]. New Delhi: Shree Publishers & Distributors, 2005: 109 – 110.

无论是中央/联邦政府还是省/州政府，高等教育财政拨款机构的主要职责是预算制定、经费拨付和使用监管。预算制定一般是由高等教育的政府主管部门，如教育部会同财政部及其相关政府部门（如科学技术研究、医疗卫生、农业等主管部门）进行，最后交由立法机构审议。而管理经费拨付的机构可以有两种情形：一是由高等教育主管当局兼任，二是在拨款主体（政府）与客体（高等院校）间建立一个独立或半独立的缓冲机构，如英国的英格兰高等教育拨款委员会（Higher Education Funding Council for England, HEFCE）、印度的大学拨款委员会（University Grants Commission, UGC）等。

三、对象与范围

各国政府高等教育财政拨款的对象主要有三个：公立院校、私立院校和学生及其家庭。

对公立和私立院校的拨款称之为"直接拨款"，即政府直接将经费拨付给学校；而面向学生及其家庭的拨款则称之为"间接拨款"，即政府通过中间机构（如金融机构、高等院校）以奖学金、助学金和学生贷款等形式将经费拨付给学生及其家庭，后者再以学费形式支付给学校。

各国政府对三类对象的财政拨款有以下特点：

第一，公立院校是主要受益者，无论在中等收入国家，还是发达国家，政府高等教育拨款的对象主要是公立院校，绝大多数国家政府对公立院校的直接拨款占高等教育总拨款的 70% 以上，部分国家甚至高达 100%（见表 6 – 7）。

第二，中等收入国家公立院校政府拨款的相对水平高于发达国家。根据 UNESCO 对阿根廷等 14 个 WEI 国家的统计表明，2004 财年这些国家政府对公立院校直接拨款平均占政府高等教育总拨款的 87.2%，而 OECD 国家在 2005 财年这一指标为 73.8%（见表 6 – 7）。

第三，无论是发达国家还是中等收入国家，政府对学生及其家庭的间接拨款规模高于对私立院校的拨款。以政府对学生的补贴支出和对私立院校的直接拨款分别占政府高等教育总拨款的比重衡量，2004 财年，阿根廷等 14 个 WEI 国家的平均水平分别为 10.6% 和 2.2%，而 OECD 国家 2005 财年的平均水平则为 17.8% 和 8.4%（见表 6-7）。而且，在上述国家中，有相当一部分国家尤其是中等收入国家政府对私立院校不提供任何直接拨款，而有部分国家，尤其是发达国家，对学生的间接拨款则超过 20%。

表 6-7　　　　部分国家高等教育政府拨款客体的比重　　　　单位：%

国家		财年	对公立高等院校的直接拨款	对私立院校的直接拨款	对学生及其家庭的转移支付		
					总额	奖/助学金	贷款
WEI 国家	阿根廷	2004	94.4	4.9	0.7	—	—
	巴西	2004	87.9	0	12.1	—	—
	智利	2006	32.4	27.5	40.1	—	—
	印度	2003~2004	87.2	12.7	0.1	—	—
	印度尼西亚	2003	100	0	0	—	—
	牙买加	2004~2005	99.0	0	1.0	—	—
	马来西亚	2004	79.6	0	20.4	—	—
	菲律宾	2004	100	0	0	—	—
	突尼斯	2005	100	0	0	—	—
	乌拉圭	2004	100	0	0	—	—
	14 个 WEI 国家平均值	2004	87.2	2.2	10.6	—	—
OECD 国家	澳大利亚	2005	67.7	0	32.3	14.6	17.7
	丹麦	2005	69.2	0	30.8	25.8	5.0
	法国	2005	86.7	5.4	7.9	7.9	0
	德国	2005	79.8	1.1	19.1	14.1	5.0
	意大利	2005	81.3	1.9	16.8	16.8	0
	日本	2005	65.0	13.4	21.6	0.7	20.9
	墨西哥	2005	93.6	0	6.4	3.7	2.7
	挪威	2005	54.7	2.7	42.6	10.9	31.7

续表

国家		财年	对公立高等院校的直接拨款	对私立院校的直接拨款	对学生及其家庭的转移支付		
					总额	奖/助学金	贷款
OECD国家	新西兰	2005	56.8	1.7	41.5	11.5	30.0
	韩国	2005	75.4	21.9	2.7	1.5	1.2
	土耳其	2004	80.7	0	19.3	—	—
	英国	2005	0	74.2	25.8	6.7	19.1
	美国	2005	68.3	8.2	23.5	14.9	8.6
	OECD国家平均值	2005	73.8	8.4	17.8	10.4	7.4

注：14个WEI国家，除表中所列10国外，还包括巴拉圭、秘鲁、菲律宾和泰国，由于数据缺失或数据包含在总量中无法拆分等原因，未将上述4国数据列示。

资料来源：UNESCO Institute for Statistics. Education Counts：Benchmarking Progress in 19 WEI Countries（World Education Indicators – 2007）［EB/OL］. www. uis. unesco. org. OECD. Education at a Glance：OECD Indicators 2008 ［EB/OL］. www. oecd. org.

四、直接拨款的经费结构

政府向高等院校的直接拨款可分为三部分：教学经费、科研经费和基建与设备经费。

从资金的用途看，高等教育的支出可分为经常支出（current expenditure）和资本支出（capital expenditure）两大类，前者主要包括教学、科研、管理和后勤工作人员的工资和其他（包括教辅材料、水电煤、校舍维护租赁、运输和餐饮服务）支出，后者则主要指校舍的建造、翻新和大修。

从表6-8看OECD国家高等教育经费支出结构，经常支出与资本支出平均值的比例大约为9.5∶1，而我国的比例为6.09∶1，资本支出相对比重较大，一个主要原因是招生规模扩大所导致的校舍扩建。各国高等教育经常支出的主要用途是对教学、科研、管理和后勤等工作人员的工资补偿，这部分支出占经常支出的65%~70%左右，如表6-8所示。

需要说明的是，上述支出结构分析中的经费来源包含了政府拨款和私人部门投入，因此，尚不足以真实反映政府拨款中的经费结构。由于这方面的横截面数据较难获取，我们仅以英、美两国的时间序列数据为例。

表 6-8　　2005 财年主要国家高等教育经费支出结构　　单位：%

国家	占高等教育总支出比重		占高等教育经常支出比重	
	经常支出	资本（基建）支出	教辅人员工资	其他
澳大利亚	90.2	9.8	60.4	39.6
加拿大	92.3	7.7	58.3	41.7
法国	88.4	11.6	76.6	23.4
德国	91.5	8.5	81.2	18.8
希腊	65.8	34.2	70.2	29.8
意大利	89.4	10.6	66.7	33.3
日本	87.4	12.6	61.7	38.3
韩国	85.7	14.3	50.9	49.1
墨西哥	95.5	4.5	71.7	28.3
波兰	87.8	12.2	60.5	39.5
西班牙	83.2	16.8	80.8	19.2
英国	95.2	4.8	—	—
美国	87.3	12.7	65.4	34.6
OECD 国家平均值	90.5	9.5	68.0	32.0
巴西	94.8	5.2	77.9	22.1
智利	92.1	7.9	64.5	35.5
中国	85.9	14.1	46.3	53.7

注：支出主体包括公立和私立院校，经费来源包括公共和私人部门。上表中"其他"包括教辅材料、水电煤、校舍维护和租赁、运输和餐饮服务等方面支出。

资料来源：中国数据来自教育部财务司，国家统计局社会和科技统计司．中国教育统计年鉴 2006 ［M］．北京：人民教育出版社，2007：14-15．其他国家数据来源：OECD, Education at a Glance: OECD Indicators 2008 ［EB/OL］. www.oecd.org. 表 B6.2b．

　　从英格兰高等教育拨款委员会（HEFCE）1999~2000 学年至 2008~2009 学年的拨款情况看，教学、科研、基本建设和其他四大类经费的结构大致为 6∶2∶1∶1（见表 6-9），即作为英格兰最主要的准官方高等教育拨款机构，其拨款的重点同样是教学和科研，但基本建设拨款明显呈逐年上升趋势。尽管如此，政府拨款并不构成英国高等院校资本支出的主体。从全英国（包括英格兰、苏格兰、威尔士和北爱尔兰）高等院校资本支出的经费结构看，2000~2001 至 2004~2005 五个学年政府总的资本项目拨款平均仅占 27%，英国高等教育资本支出的主要来源是高校自身经费（其主要来源应该是学费）和其他外部资金，如表 6-10 所示。

表6-9　　　英格兰高等教育拨款委员会年度拨款经费结构

学年	拨款总额 金额（百万英镑）	比重（%）	教学经费 金额（百万英镑）	比重（%）	科研经费 金额（百万英镑）	比重（%）	基本建设经费 金额（百万英镑）	比重（%）	其他 金额（百万英镑）	比重（%）
1999~2000	4 230	100	2 930	69	855	20	160	4	285	7
2000~2001	4 382	100	3 022	69	867	20	150	3	343	8
2001~2002	4 757	100	3 162	66	888	19	240	5	467	10
2002~2003	5 076	100	3 271	64	940	19	302	6	563	11
2003~2004	5 481	100	3 399	62	1 042	19	364	7	676	12
2004~2005	5 993	100	3 826	64	1 081	18	584	10	502	8
2005~2006	6 332	100	4 004	63	1 251	20	649	10	428	7
2006~2007	6 706	100	4 228	63	1 342	20	704	10	432	7
2007~2008	7 137	100	4 510	63	1 415	20	738	10	474	7
2008~2009	7 476	100	4 632	62	1 460	20	902	12	482	6

资料来源：HEFCE. Funding Higher Education in England：How HEFCE allocate its funds, 1999-2009 [EB/OL]. www.hefce.ac.uk.

表6-10　　　英国高等院校资本支出的经费来源结构

学年	拨款总额 金额（百万英镑）	比重（%）	政府拨款 金额（百万英镑）	比重（%）	销售收入 金额（百万英镑）	比重（%）	自有资金 金额（百万英镑）	比重（%）	贷款 金额（百万英镑）	比重（%）	其他外部资金 金额（百万英镑）	比重（%）
2000~2001	1 267.28	100.00	241.55	19.06	42.95	3.39	575.87	45.44	67.92	5.36	339.00	26.75
2001~2002	1 478.36	100.00	342.82	23.19	31.46	2.13	627.14	42.42	113.09	7.65	363.84	24.61
2002~2003	1 945.46	100.00	566.63	29.12	37.31	1.92	694.47	35.70	145.10	7.46	501.95	25.80
2003~2004	1 929.52	100.00	570.28	29.56	79.70	4.13	724.79	37.56	128.24	6.65	426.51	22.10
2004~2005	2 093.11	100.00	679.12	32.45	93.18	4.45	772.71	36.92	172.36	8.23	375.74	17.95
五年平均	1 742.74	100.00	480.08	27.55	56.92	3.27	679.00	38.96	125.34	7.19	401.41	23.03

资料来源：JM Consulting Ltd. Future Needs for Capital Funding in Higher Education：A Review of the Future of SRIF and Learning and Teaching Capital [EB/OL]. www.hefce.ac.uk.

美国的情况基本相似。2004~2005学年，政府的资本拨款（capital appropriation）仅占政府高等教育总拨款的4%。① 从各州情况看，公立高等学校资本支出经费的首要来源是发行学费收入债券（tuition revenue bonds）和收入债券（revenue bonds），然后才依靠联邦、州和地方政府的各类支持高校基本建设的基金。以得克萨斯州2005～2010财政年度预算为例，发行债券和政府投入两者分别占计划用于高等教育基本建设经费的48%和15%。②

五、直接拨款的模式、方法与依据

对于高等教育的教学、科研、基本建设三类经费，各国政府的拨付机制一般采用三种模式下的四种方法。

高等教育的三种拨款模式是：总额拨款模式（global budget、lump sum budget 或 block grant）、专项拨款模式（targeted/categorical funding）和逐条列记拨款模式（line-item budgeting）。总额拨款指的是不设附带条件的一次性大金额拨款，是政府高等教育拨款的主要模式；专项拨款是面向特定院校或针对特定目标（包括设施、设备、课程等）的拨款；逐条列记拨款则是严格按照预算条目拨付和支出的款项。

在这三种模式中，决定拨款金额大小的具体方法主要有四种：协商法、历史趋势法、公式法和竞标法。前两种是较传统的方法，运用这两种方法，政府拨款金额分别取决于拨款部门与不同院校的协商和往年对不同院校的拨款量，因此，这两种方法往往是投入导向型的。后两种则是较为新型的方法。公式法采用事先建立的拨款公式来决定拨款金额，纳入公式的变量（即拨款依据）成为拨款量的决定因素。各国公式法拨款的主要依据有：投入、产出、质量、政策和成本等。其中，投入和产出是主要变量，而基于后一变量的拨款即称为"绩效拨款"。③ 质量和政策变量可以对公式进行调整，以反映各国不同的学科发展、区域发展和人才培养的政策目标。竞标法则基于院校申报、公平竞争、同行评议来决定拨款的对象和金额，由于此类拨款方式以项目为中心，因而通常是产出导向型的。

当前，各国高等教育教学经费拨款普遍采用总额和专项两种拨款模式，只有少数国家单独或混合采用逐条列记拨款模式，而且公式法是总额和逐条列记拨款模式的主要方法，竞标法则主要适用于专项拨款（见表6-11）。在公式法教学拨款中，投入依据依然是各国政府考虑的主要因素，这些因素包括：入学学生

---

① 根据 US Education Department. Digest of Education Statistics 2007 [EB/OL]. www.ed.gov 计算。
② Texas Council of Public University Presidents and Chancellors. Public Higher Education Capital Funding：A Survey of 37 States [EB/OL]. www.cpupc.org.
③ OECD. Education at a Glance：OECD Indicators 2008 [EB/OL]. www.oecd.org.

数、学生总数、职工数和教学科研人员数。但同时，将产出或绩效因素纳入公式已成为各国政府高等教育拨款的一大趋势。目前，各国主要将以下产出因素纳入公式：授予的学位数、毕业生数、总学分数和升级率等。在质量、政策依据方面，学科、师资力量、对残疾学生、少数民族、边远地区的拨款倾斜政策则是调整公式权重的主要因素（见表6-12）。

表6-11　　主要国家高等教育教学经费的拨款模式与方法（2004~2005学年）

国家	总额拨款	专项拨款	逐条列记拨款
澳大利亚	公式法；历史趋势法	竞标法；公式法	—
芬兰	公式法	竞标法	
希腊	—	—	公式法
日本	公式法	竞标法	
韩国	—	竞标法	公式法
墨西哥	—	竞标法	历史趋势法
荷兰	公式法；历史趋势法	竞标法	
新西兰	公式法；协商法	竞标法；公式法	
挪威	公式法；历史趋势法	—	
瑞士	公式法；协商法	协商法；公式法；竞标法	协商法；公式法
英国	公式法	竞标法	
智利	公式法（5%）；历史趋势法（95%）	竞标法	
俄罗斯	—	竞标法	历史趋势法；公式法

资料来源：OECD. Education at a Glance；OECD Indicators 2008 [EB/OL]. www.oecd.org.

表6-12　　部分国家公式法教学拨款的主要依据（2004~2005学年）

国家	投入依据		产出依据		质量和政策依据				成本依据
	学生数量	职工数量	学生成果/行为	授予学位数/毕业生数	公平	学科	师资	其他	
澳大利亚	学生数	全职员工数	升级率；完成学业学生占入学学生比重		是			学生对教学满意度	

续表

国家	投入依据		产出依据		质量和政策依据				成本依据
	学生数量	职工数量	学生成果/行为	授予学位数/毕业生数	公平	学科	师资	其他	
比利时	入学学生数		总学分数		是	是	是		
希腊	入学学生数	职工数				是	是		生均成本；基建投资
日本	入学学生数	职工数和教学科研员工数			是	重点学科		质量评价；区域作用	生均成本；私人部门投入
韩国	是	职工数				是		创新程度	
荷兰	入学学生数		毕/肄业学生数	授予学位数					
新西兰	全日制学生数 国际交流生数		总学分数		是	是			生均成本；固定成本；高校类型
西班牙	入学学生数 学生总数		升级率	毕业生数		是	是		生均成本；私人部门投入；平均在校时间
瑞典	学生总数		总学分数			是			
瑞士	学生总数		总学分数			重点学科			生均成本
英国	学生数					是			
俄罗斯	师生比					是	是		
智利	学生数	全职员工数					是	被检索论文数；科研项目数	课程数量

注：表中"是"表示该项因素是公式法教学拨款的依据。

资料来源：OECD. Education at a Glance：OECD Indicators 2008 [EB/OL]. www.oecd.org.

各国高等教育科研经费的拨款机制通常有两种：一种是与教学经费一起采用总额拨款方式拨付；另一种则是基于专项拨款方式单独拨付。采用前一种模式的主要理由是高等院校的人才培养职能与科研职能的界限并不清晰，因此，两方面的经费也不宜区分得太明确。但是，当前大多数国家采用的是后一种机制，在该机制下，拨款方式主要有公式法和竞标法两种，如英国高等教育的科研经费采用的是基于高等院校整体质量和研究能力评估的公式拨款，而美国则主要采用基于项目导向、同行评议的竞标法。而且，从OECD国家总体情况看，与教学拨款相比，科研拨款的产出导向性更加明显。[1]

对于固定资本（基本建设等）支出，尽管上面的分析表明，政府拨款并非主要渠道，而且，政府对此类支出的拨款远低于对教学和科研的拨款，但拨款的机制依然大致可分为两种：一种是采用与教学、科研相同的模式与方法，共同拨付；另一种是与两者分离单独拨付。目前，多数国家采用的是后一种机制。另外，在高等教育资本支出主要筹资渠道的债券融资中，政府扮演着重要角色，如在美国大多数州，如果公立院校采用学费收入债券和收入债券募集基本建设资金，政府承担着支付全部或部分债务的义务。[2]

六、间接拨款的类型、结构与运行模式

各国政府对高校学生及其家庭公共财政资助的间接拨款（学生资助）主要有两大类：一类是无偿资助，主要形式是对低收入学生及其家庭的助学金和对高能力学生的奖学金；另一类是有偿资助，主要形式是学生贷款。[3]

从这两类资助占政府高等教育财政拨款的比重看，OECD国家的平均水平是无偿资助和有偿资助分别为10.4%和7.4%（见表6-7）。尽管如此，在两者的运用组合和趋势上，国与国之间的差异很大，大体有以下三种情形：一是两种资助形式历来并存，此类国家主要有澳大利亚、奥地利、比利时、加拿大、日本、墨西哥、美国、土耳其、荷兰等；二是自20世纪90年代从无到有开始引入学生贷款，此类国家有匈牙利（2001年）、新西兰（1992年）、波兰（1998年）、英国（1991年）、法国（1991年）、印度（2001年）、南非（1994年）、中国（1999年）等；三是无论是上述哪类国家，近年的趋势是有偿资助的增幅快于无偿资助，即倾向于用前者逐步取代后者，此类情形在澳大利亚、日本、英国、挪威、新西兰等国尤为明显（见表6-7）。

---

[1] Hans Vossensteyn. Fiscal Stress: Worldwide Trends in Higher Education Finance [J]. Journal of Student Financial Aid, 2004, 34 (1): 39-55.

[2] Texas Council of Public University Presidents and Chancellors. Public Higher Education Capital Funding: A Survey of 37 States [EB/OL]. www.cpupc.org.

[3] 一般而言，各国高等院校学生获取贷款的渠道主要有三个：政府、商业银行和学校。

高等教育学生贷款需要政府（即贷款管理部门）与市场（即金融中介机构）的共同参与。但各国政府的介入程度不同，从而导致学生贷款运行模式有差异。如美国的斯太福德联邦家庭教育贷款（Stafford loan）采用政府—市场互动模式，政府的职责仅限于以下六个方面：一是制定法规、建立贷款计划；二是提供政府补贴、担保和保险；三是向国会申请贷款运行经费；四是与担保机构和委托机构签订委托代理合同；五是建立贷款学生数据库；六是监督担保机构和资助机构的业务运行。具体业务由政府委托的贷款机构操作，贷款机构可以是银行也可以是其他非银行金融机构。而且，美国还有发达的学生贷款二级市场，贷款机构可以将其所持有的债权出售给经营学生贷款的金融机构，此类机构再以证券形式出售给投资者。联邦家庭教育贷款由政府提供担保，所以此类证券对投资者有较大吸引力。学生贷款的证券化不仅分散了贷款机构的风险，增加了贷款机构的资金流动性，也丰富了学生贷款的资金来源。当然，这种模式运行的前提是存在成熟的金融市场和有效的金融监管。

加拿大的高校学生贷款则采用政府主导模式，政府不仅承担制定和调整法规政策、审查学生贷款资格和学校教育资格、建立和管理学生贷款数据库等职责，而且还直接提供贷款经费。当然，贷款支付、账户管理和贷款回收等具体业务仍然由受政府委托的民间金融服务机构负责。①

第三节　拓展我国高等教育大众化发展阶段的经费筹措渠道

资源投入是决定高等教育规模和质量的关键因素。随着全球范围内中等教育的普及和知识经济的兴起，高等教育呈现出由精英教育向大众化乃至普及化方向发展的势头，人们对高等教育的需求急剧扩张②。2015年，我国高等教育毛入学率已经达到40%，可以预计高等教育的规模将会随着经济社会发展进一步的扩大，高等教育毛入学率也将进一步攀升，由大众化向普及化发展。发达国家较早地进入了大众化教育阶段，通过国际比较研究，发达国家高校经费筹措的渠道和结构，以及财政经费分配的方式和方法，为我国保障高等教育事业的经费供给提

---

① 李文利. 美国、加拿大高校学生贷款研究 [J]. 比较教育研究, 2004 (10): 44-49.
② 一般认为，毛入学率（gross enrollment ratio, GREs）低于15%的高等教育为精英教育，15%~50%为大众化教育，50%以上则为普及化教育。根据《国际统计年鉴2008》（中国统计出版社2008年2月出版），2005年各国大学毛入学率基本情况是，高收入国家67%，中等收入国家27%，低收入国家9%。中国在2002年毛入学率达15%，2006年为22%，2015年已达40%。

供了有益的启示及借鉴。

一、坚持政府主导，保障经费投入

国际比较研究表明，以 OECD 国家为代表的发达国家在高等教育大众化阶段，公共部门投入的经费占高等教育总经费的平均比重为 73.1%（见表 6-1），即政府财政投入是大众化发展阶段高等教育经费来源的主要渠道。这种状态可以说是由高等教育准公共产品的属性所决定的。我国政府通过实施"科教兴国战略"，在实现 4% 目标[①]的大背景下，各级政府做出了很大努力，财政对教育的投入力度不断增强，取得了显著的成绩。2013 年全国高校财政性教育经费占总投入的比例（即表 6-1 中"公共部门经费占高等教育总经费比率"）达 58%，五年提高了 12 个百分点，部属高校财政性教育经费占比超过了 60%，五年提高了 10 个百分点，显示了政府在高等教育经费供给中起到了主导保障作用。[②] 这一水平高于表 6-1 显示的 7 个 WEI 国家的平均值（55.2%），但其中的印度（2003~2004 财年）、阿根廷（2004 财年）、泰国（2004~2005 财年）均超过 60%，而与 30 个 OECD 国家（2005 财年）的平均值（73.1%）相比尚有明显的差距。

2015 年 11 月，经国务院同意，财政部、教育部两部门印发的《关于改革完善中央高校预算拨款制度的通知》中明确，我国将完善多元筹资机制，进一步提高管理水平，高等教育实行以举办者投入为主、受教育者合理分担培养成本、学校设立基金接受社会捐赠等多渠道筹措经费的投入机制，再次确认了财政对公办高校经费投入的主导保障作用。

国家财政在确保对高等教育主体投入责任的同时，还面临如何用好宝贵而有限的财政资金的挑战。高等学校承担着实现教育公平这一社会责任，教育公平和教育资源分配公平密不可分。教育资源是有限的，且在地区、学校、时间分布上具有不平衡性，特别是以国家政策、社会意识形态、经济水平和教育人口变化等为主要影响因素。较为公认的教育资源分配的公平原则有以下五项：一是资源分配均等原则，这是一项起始性、横向性公平的原则，主要是保证同一地区、同一国家内对所有学校和学生实施基础教育财政公平。二是财政中立原则，指每个学生的公共教育经费开支上的差异不能与本学区的富裕程度相关。这项原则保证上一级政府能够通过对下级政府、学校不均等的财政拨款，克服所辖学区间、城乡

[①] 《国家中长期教育改革和发展规划纲要（2010~2020 年）》明确提出，2012 年要实现国家财政性教育经费支出占国内生产总值比例达到 4% 的目标，简称 4% 目标。

[②] 时任教育部副部长杜玉波在 2013 年教育部直属高校财务工作会议上的讲话（2013 年 12 月 8 日）。

间的教育经费差异，保证学生获得均等机会。三是调整特殊需要原则，对少数民族（种族）学生、非母语学生、偏远地区及居住地分散的学生、贫困学生、身心发育有障碍的学生和女童，给予更多的关注和财政拨款。四是成本分担和成本补偿原则，遵循成本应该由所有获益者分担的原则，要求在非义务教育阶段，对学生收取一定的教育费用，并对部分学生采取推迟付费的办法，这是一种纵向性公平。五是公共资源从富裕流向贫困的原则，是现阶段各国学者判断教育资源分配是否公平的最终标准，也是教育财政公平的最高目标和实现教育机会均等最根本的财政要求。

二、完善学费制度和助学贷款机制

各国政府在高等教育大众化阶段扩大教育供给时，涉及最大利益相关者——学生的财政政策主要有两项，一是成本分担及补偿政策，将部分高等教育成本转向高等教育的需求者；二是成本分担下的学生资助。高等教育属于准公共产品，其产出主要包括人才培养的数量和质量，科研成果的数量和质量，社会服务等，这些产出给个人和社会同时带来直接（货币）和间接（非货币）收益。研究表明，教育的私人收益要高于社会收益。根据成本分担理论，无偿的高等教育并不意味着公平，高等教育的个人补偿和成本分担体现了"谁受益谁负担"的市场经济原则，在缓解政府财政压力的同时，也促进了教育机会均等，具有社会公平性效果。高等教育实施成本分担时需要坚持的原则包括"利益获得"和"支付能力"两项。支付能力由能力结构决定，即国家财力分配结构的取向，也就是分配政策在政府与个人之间的集中与分散程度的取向。

高等教育进入大众化阶段之后，随着入学率上升和教育规模的迅速扩大，以及高等教育平均成本的增长，政府的财政压力不断增长，高等教育经费来源很难完全依靠政府财政来提供和满足，必须充分发挥市场的力量来补充和拓展。各国高等教育成本呈现了逐渐向私人部门，尤其是学生及其家庭转移的趋势。学费实质上已成为各国高校收入的主要来源之一（见表6-1）。

我国高等教育自20世纪90年代中期开始实施投资体制改革，采用成本分担机制，并取得了一定成效，学费收入已经成为高校经费主要来源之一。根据马陆亭的研究，2012年全国公办普通本科高校总投入中学费收入占比为17%[①]，与表6-1中大部分国家"家庭支出"占高等教育总经费的比重比较尚有一定的空间。但是，出于对社会公平、区域发展不平衡、国民收入分配格局及家庭经济承

---

① 高等院校学费标准调查[N]. 中国教育报，2016-08-16.

受能力等方面存在的诸多考虑，我国从 2001 年起高校学费水平基本保持不变至今已经 15～16 年。其间社会经济发展水平和物价水平均已发生了很大的变化。

通常各国制定学费标准的主要参考指标是生均成本、人均 GDP 或平均收入。按目前我国实际的生均成本测算，根据华南理工大学相关领导引述广东省发改委、财政厅、教育厅三部门联合调查的结果，2012 年广东省高校生均培养成本为 32 000 元，2015 年为 36 000 元[①]，若以生均成本在 30 000 元上下估算，当时规定的 5 000 元收费标准显然已低于 25% 的红线。2015 年，我国在经历了十多年学费水平保持不变之后，国务院出台的《统筹推进世界一流大学和一流学科建设总体方案》中提出，"按照平稳有序、逐步推进的原则，合理调整高校学费标准，进一步健全成本分担机制"，由此明确了继续推进成本分担政策合理调整学费标准的方向。

美国、日本两国都走过了高等教育的精英化、大众化和普及化的发展阶段，高等教育的质量和水平是世界公认的。前述的研究表明，虽然两国分别为世界第一和第三大经济体，经济实力雄厚，但在这个发展过程中，两国即便是公办高校的学费收入也都是从总体经费收入的辅助渠道上升到主渠道之一的重要地位。两国在发展过程中，都十分重视发挥市场机制在高等教育资源配置中的基础性作用。美国政府通过奖学金、助学金和贷款等方式资助学生，让学生自主选择想上的大学，即让学生用"脚"投票方式，激发高校之间展开竞争，从而达到高等教育资源的优化配置。而日本则采用"受益者负担主义"原则，大规模发展私立高等教育，让私立高校之间通过围绕生源展开竞争而获取经费资源。同时，发达国家为了更有效地扩大大众化及普及化高等教育阶段的经费来源，在"成本分担"操作中进一步引入收益付费、优质优"价"的市场机制原则，也是值得我们思考和借鉴的。

在完善学费制度的同时，政府解决经济困难学生教育机会公平的政策选项，主要还是要依靠奖贷学金和助学金政策，这是各国用于克服收费机制对机会公平产生负面影响的通行做法。前述研究表明，学费收入之所以能够成为美日两国高校经费来源的主要渠道或主要渠道之一，与两国较为完善的学生资助政策有着密切关系。我国的学生资助制度体系建设已日趋健全，主要表现为：一是学生资助项目多，在国家层面不仅有助学金还有奖学金；不仅有励志奖学金还有学业奖学金；不仅有学费贷款还有学费补偿和贷款代偿。加上地方和高校设立的项目，不仅可以解决学费，还可以解决（学生的）基本生活费问题；二是政策覆盖范围广，从入学新生到高年级在校生，再到毕业生，从专科生到本科生，再到研究

---

① 高等院校学费标准调查 [N]. 中国教育报，2016 - 08 - 16.

生，覆盖面非常广，所有研究生和 20% 的本专科生享受国家助学金，近 10 万本专科生和研究生享受国家奖学金，40% 硕士生和 70% 的博士生享受国家学业奖学金，3% 的本专科生享受国家励志奖学金；三是财政投入力度大，用于资助大学生的经费占学生资助总额近一半，其中有一半来源于财政，从 2006 年的 25 亿元增长到 2012 年的 340 亿元，增加了 10 多倍。[①]

今后，随着学费水平的动态调整，我国的助学贷款机制还需要按照拓宽渠道、加大力度、精准扶贫的方向继续努力。进一步完善和落实学生资助体系可供的选择包括：一是利用金融手段完善我国普通高校资助政策体系，改革国家助学贷款资金运作主体，拓宽资金来源，可以由政策性银行如国家开发银行取代商业银行作为国家助学贷款的经办银行，同时可以通过募集社会捐赠、发行教育投资基金等方式多渠道筹集资金，并吸引保险机构参与，分担违约风险；二是加强对大学生的诚信教育和相应的机制建设，完善个人信用体系建设，充分发挥个人信用信息数据库的作用，通过制度的约束提高贷款人失信的成本；三是切实减轻助学贷款的负担和压力，可以采用国际通行的政策，延长还款期，并实行优惠利率，减轻学生经济压力。总之，应该通过更为完善和精准的奖贷学金和助学金机制，平衡和抵消市场机制对实现教育机会公平的负面作用及影响。

三、为民办高校发展营造环境

2015 年我国高等教育的毛入学率已经达 40%，在校生人数为世界第一。回顾西方发达国家所走过的高等教育大众化及普及化的发展道路，没有一个国家是单独依靠国家财政、举办清一色的公立大学来完成的。发达国家的高等教育都是由公共部门与民间部门共同提供。"准公共产品"的属性也决定了高等教育没有全部由公共部门提供的必然性要求。

各国发展历程表明了民办大学及民办官助这条道路的可行性及广阔前景。随着知识经济时代的到来，知识已经被公认为资本，现实社会中人们日益清晰地意识到个人缴费接受高等教育的收益明显高于投入的成本，愿意缴纳较高的学费接受更为优质的高等教育的意愿不断增强。同时，随着社会对"知识"的重新定义，专业分工日趋细化，实用主义思潮和就业导向强化等，高等教育领域同样显示出"生物多样性"法则的适用性，分层、分类的高等教育展现了强大的生命力。民办高等教育有着满足市场不同需求的天然敏感性和灵活性，也有着与市场紧密结合的体制机制方面的天然优势，可以成为市场在高等教育资源配置上发挥

---

① 时任教育部副部长杜玉波在 2013 年教育部直属高校财务工作会议上的讲话（2013 年 12 月 18 日）。

重要作用的载体。发达国家的经验表明，发展民办高等教育不仅可以在一定程度上解决政府财政投入不足的问题，而且更为重要的是可以促进公办高等教育不断提高办学效益，促进整体高等教育更加关注市场需求，更好服务和支撑经济社会发展。

在我国，虽然高等教育毛入学率已达 40%，但人民群众接受高等教育以及接受优质高等教育的愿望和热情有增无减。解决供求矛盾的出路，依然在加大高等教育的经费投入，提供规模更大、质量更优的高等教育。可供选择的路径，一是加大政府投入；二是提高学费标准；三是提升高校自身的经费筹措能力及经费使用的效益；四是政策引导下的社会捐赠；五是大力发展民办教育。我国经济已进入"新常态"，财政增长的潜力有限，试图再依靠较大幅度提高财政性投入比例的可能性也有限。因此，适度提高学费标准和大力发展民办高等教育是进一步增强高等教育经费投入、扩大高等教育规模、提高高等教育质量的比较可行的主要出路。由此产生的教育公平问题，应该靠精准扶贫的政策、措施和机制，尽管这方面投入不少，但是管理较为粗放，精准不够。

美国是世界上私立高等教育最发达的国家之一，私立高等教育机构占美国高校总数的 59.4%，学生数占美国高校学生总数的 23.5%。代表美国高等教育最高水平的学校，绝大多数是私立大学。学费是私立学校经费的基本来源，学费占学校总经费的比例，不同学校的差距非常大，或低于 20% 或接近 100%，总体约占学校经常性收入的 49%。州政府、联邦政府的补助金也是私立高校的收入来源，主要通过学生补助金的形式，全国范围内大约 50% 的学生接受财政补助。

私立高校在日本教育体系中也有着重要的地位，在高等教育的普及化、大众化阶段中发挥了重要的作用。1999 年日本私立大学（包括本科大学、短期大学与高等专门学校）的学校数与在校生数分别占总数的 75.9% 和 75.1%。这个比例甚至超过了美国，并拥有代表了日本高等教育水平的世界著名的早稻田等私立高等院校。日本私立高等学校的经费来源基本上是以学费为主，约占其总经费的 70%，政府的资助约占 16%。

总之，美国、日本两国都是公立高等教育与私立高等教育并举发展的，尽管两国由于制度安排的不同，私立高等教育发展的主要目标任务和路径不同，各自在本国高等教育系统中的地位也不同，但是两国私立高等教育均十分发达。可以说，如果美国没有私立高校，就不可能拥有那么多世界一流大学，而日本没有私立高校，就不可能那么快实现高等教育大众化乃至普及化。表 6-1 表明，这两国私人部门投入经费（注：家庭支出中含政府对学生的生活补助）约占高等教育经费总投入的 2/3，而政府投入经费约占 1/3。

我国民办高校发展的历史不长，但目前民办普通本专科在校生已占全国在校生数的 23.3%[①]。在不同的发展时期，我国民办高校融资渠道呈现出不同的特点。举办之初，一般是由热心于高等教育事业的企业或个体股东将投资用于学校基础设施建设，学校经常性运行开支主要靠学费收入；在形成一定规模进入持续发展阶段后，衍生出教育股份公司和教育集团，直接或间接参与投资民办高校，形成了一种新的民办高等教育融资方式。研究表明，民办高校发展中资金筹措存在的主要问题：一是经费渠道较为单一且不稳定，经过近 30 年的发展，80% 以上的民办高校，80% 以上的办学经费靠学费收入，不足部分靠银行或个人贷款；二是银行贷款渠道不畅且手续费昂贵，目前主要是流动资金贷款，大多是一年的短期商业性融资，缺乏西方发达国家私立高校惯用的或我国企业界惯用的其他融资手段，如信用贷款、发行债券、发行股票、资产证券化、投资实业、融资租赁以及投资基金的设立与运作，等等；三是社会捐赠制度不完善；四是如何妥善把握和处理教育公益性与资本寻利性之间的关系，是进一步拓宽学校融资渠道，影响民办高校今后可持续发展的关键。

我们的国家政策明确支持民办教育发展，鼓励社会力量和民间资本提供多样化教育服务。按照《中共中央关于全面深化改革若干重大问题的决定》提出的使市场在资源配置中起决定性作用的要求，我们可以借鉴发达国家的经验，加快改善民办高等教育发展的制度环境，政府应给予民办高等教育相应的财政支持，促进公办高等教育与民办高等教育并举发展格局的更趋完善。我们可借鉴美国、日本等发达国家的做法，以有限的财政投入民办高等教育，撬动高等教育规模较大的扩张和发展。这一举措既符合当今世界高等教育的发展潮流，也符合现阶段我国的国情，还可以促进当前我国社会经济发展动力的转型。总之，民办高校可以成为支撑和承载我国大众化乃至普及化高等教育阶段的重要力量。

国外私立高校经费筹措模式给我国民办教育发展的启示和借鉴。第一，建立健全对民办高校扶持的法规体系，国家应对民办高校的扶持政策法律化，允许民办高校为改善办学条件而开展营利事业，从法律上明确产权界定，建立和完善监督与评估制度，规范民办高等教育市场。第二，加大支持民办高校资金筹措的力度，要引导公众投资民办高等教育事业，积极鼓励社会捐资办学，通过发行教育彩票等筹集资助民办高校贫困学生的基金。第三，政府对民办高校的教育性事业和其他经营活动的收入实施免税或减税，以及财政给予适当的支持和补助。第四，发挥民办高校体制灵活、自主经营、高效决策等优势，支持民办高校扩大办学规模和为企业培养各种急需人才，以及为企业提供技术支持和决策咨询服务等社会服务功能，将建设—经营—转让（BOT）或融资租赁等引入民办高校

---

① 我国高等教育在校生达 3 647 万 [N]. 中国教育报，2016 – 08 – 31.

后勤建设中，积极开拓海外融资渠道，吸引国外教育资金以及寻求与国外企业的联合等。

四、服务求支持，贡献求发展

当高等教育步入大众化及普及化阶段之后，随着高等教育与经济社会发展紧密度的不断增强，高等学校的发展目标定位已经不再是精英教育阶段单一的学术导向，而是学术和社会责任并重的双重导向，高等学校逐步走出"象牙塔"，更多地担起社会责任，从"社会中的高等教育"逐渐转化为"社会的高等教育"，并在这一过程中不断拓展赖以生存和发展的经费筹措渠道，这已成为世界各国高等教育发展和社会发展的潮流。

在这个高等教育办学规模迅速扩张的阶段，学生成为高等教育最大的利益攸关者，学费收入无论在民办高校和公办高校都成为经费收入的主渠道或主渠道之一。不可逆转的就业导向和不可抗拒的学生"用脚投票"的力量，使得人才培养的核心地位不断得到强化，学生培养目标从单纯获取学术知识，逐步转换为更加注重培养具有历史使命感和社会责任心，富有创新精神和实践能力的各类满足社会和市场需求的专业人才。实用主义的价值取向已经不以人们的意志为转移，深刻地影响着高等教育。

在这个时代，世界高等教育的发展正在经历着市场化的洗礼，已经成为一个庞大而繁荣的竞争性行业。社会及市场对高等教育质量评判的主体地位正在确立，高等教育封闭式"自拉自唱"式的自我评价、自我陶醉、自我欣赏的时代正在成为历史。高等教育自身已不再是质量标准的最终决定者和评判者，而是必须接受社会外部评价乃至问责，并由此直接影响到办学经费的筹措，个体的高校甚至还会感受到生存的危机。作为高等教育承载者的高等学校，必须兼顾学术标准和社会各方对质量的要求，包括支撑社会发展战略、服务社会经济发展等的社会责任。

世界各国高等教育发展的实践表明，高等教育只有坚持为社会及经济发展服务，才能取得社会更多的认同，获得更多经费来源和支持。在多元筹措经费的格局中，科学研究、社会服务和产学研合作已逐步成为高等学校筹措经费的重要渠道之一。

从高校科研经费收入渠道看，经费筹措能力通常由高校的职能定位以及科研职能的强弱决定，也与政府的制度安排有密切关系。在美国，公立高校的绝大多数偏向于教学型，科研职能较弱，因而科研经费收入只能是经费来源的辅助渠道；而多数私立高校则偏向于研究型，科研职能较强，因而科研经费收入是经费来源的主渠道或主渠道之一。日本的情形恰好相反,国立高校绝大多数属于科研教学并重型,因而科研经费收入是经费来源的主渠道之一;而多数私立高校由于属于教学型,因而科研经费收入只是辅助渠道。

从高校社会服务收入渠道看,经费筹措能力由制度安排、办学理念和生存状况决定。美国高校由于率先确立了"社会服务"是大学的基本职能之一的办学理念,加之政府制度的相应安排,在大众化和普及化阶段,这项收入无论在公立还是私立高校都是经费来源的主渠道之一。而在日本,由于长期以来国立大学是政府的附属机构,并实施国立大学特别会计制度,加之长期形成的办学理念和文化,该项收入一直是经费来源的辅助渠道;私立高校由于没有或很少获得政府财政拨款,必须多渠道争取办学经费,该项收入则一直是经费来源的主渠道之一。

前述的研究表明,我国高等教育3/4的经费来自政府财政拨款和学费收入,其他自筹收入总计约为1/4。国际实践表明,高等教育在大众化和普及化的发展阶段,要确保进一步发展的经费供给,除了需要依靠政府持续不断的支持外,各级各类高校都需要克服"等、靠、要"和传统的、封闭式办学的思维惯性,夯实服务国家战略和社会发展的观念,以服务求支持,以贡献求发展,在服务经济社会发展中进一步拓宽经费筹措的渠道,扩大社会合作,积极吸引社会捐赠,健全和完善社会支持的长效机制,多渠道汇聚资源,增强自我发展能力。高校经费筹措渠道的"单一化"与"多元化"就如同"输血"与"造血"的关系。高校单纯"等、靠、要"依赖财政拨款的经费筹措模式,就如同人体"单一化"依靠"输血"生存那样,而"多元化"则如同人体具有的自身"造血"功能那样。单一靠"输血"的大学,对外界环境的依赖要求高,需要政府不断地输血才能生存,一旦输血不足或减少,大学就会出现生存危机;而有强大自身"造血"功能的大学则显示出旺盛的生命力,能够适应外部环境条件的各种变化。高校自筹经费的能力已经逐渐被社会和业内公认为评价高校能力和水平的重要指标之一。

五、培植捐赠文化,完善捐赠政策

丰厚的捐赠收入是美国高等教育经费筹措的一大特色,也是美国世界一流大学最重要的经费来源渠道之一。美国私立高校的捐赠收入在精英教育和大众化教育阶段都是经费来源的主渠道,普及化阶段则由于公立大学开始加入竞争行列,逐渐降为主渠道之一;公立高校则随着政府拨款的减少,从精英教育和大众化教育阶段的辅助渠道逐渐上升到普及化阶段的主渠道之一。研究表明,美国高校之所以能够比较成功地将捐赠收入做实为高校经费筹措的主要渠道或主要渠道之一,不仅与相应税收政策及制度安排有密切的关系,而且也离不开长期形成的捐赠文化。相比之下,日本由于捐赠文化的相对缺失,无论公立还是私立高校,也无论处于高等教育发展的哪个阶段,捐赠收入都只是高校经费筹措的辅助渠道。

我国高校从一流大学建设开始,逐步重视捐赠渠道的作用,积极探索和开拓。政府积极完善捐赠制度,鼓励高校增加社会捐赠并建立基金,例如,教育部直属高校获得的社会捐赠,政府可以按照1:1比例配套支持。资料显示,截至 2013 年 12 月,我国有 405 所高校成立基金会,净资产总量达 158 亿元[①]。2015 年,经国务院同意,财政部和教育部印发的《关于改革完善中央高校预算拨款制度的通知》,明确"积极争取社会捐赠以及相关部门、行业企业、地方政府支持中央高校改革发展,健全多元投入机制"。要将社会捐赠建设成为高校经费筹措的重要渠道,我们尚需进一步研究和借鉴美国高校较为成功的经验,努力培植捐赠文化,不断完善捐赠政策和相应的制度安排。

---

① 我国有 405 所高校成立基金会 净资产达 158 亿元 [EB/OL]. 2013 - 12 - 27. 人民网, http://edu.people.com.cn/n/2013/1227/c1053 - 23955323. html.

第三编

高校财务管理创新与财务风险防范

第七章

高校财务管理创新的环境、理论及国际经验

本章首先阐释了我国高校财务管理创新的宏观背景以及高校自身在理财理念、体制机制、管理技术等方面存在的问题。然后分别阐释了现代财务学及其发展、高校财务管理创新的文献综述,以及世界主要国家高校财务管理创新的成功经验,以期开拓和启迪我国高校财务管理创新的思路。

第一节 高校财务管理创新的制度环境

一、高等教育发展对财务管理创新提出新的要求

在经济全球化、高等教育国际化背景下,高等学校的财务工作与人才培养、科学研究、社会服务、文化传承与创新等各项中心工作一样,其地位和作用越来越重要,并从高等教育管理的边缘逐渐走向高等教育管理的核心。特别是自1999年我国高等教育陆续扩招之后,高等教育毛入学率已从1998年的9.76%上升至2012年的30%和2015年的40%[①],使我国高等教育从精英教育阶段进入了大众

---

① 付八军.高等教育变革的三大趋势 [N].中国教育报,2014-01-06;2012年全国教育事业发展统计公报 [EB/OL].http://www.moe.gov.cn/srcsite/A03/s180/moe_633/201308/t20130816_155798.html;2015年全国教育事业发展统计公报 [EB/OL].http://www.moe.gov.cn/srcsite/A03/s180/moe_633/201607/t20160706_270976.html.

化阶段，基本适应了国民经济快速发展对各类人才的需求，满足了广大人民群众接受高等教育的愿望，为实现从人力资源大国向人力资源强国发展奠定了坚实基础。与此同时，政府和社会对高等教育经费投入也随之增加，2012年财政性教育经费投入达到了GDP的4%①，从一定程度上缓解了高等学校因扩招而带来的巨大财务压力。但是，与办学规模相比，财政投入仍然远远不足，高等学校办学经费紧张的状况依然没有彻底改变。这其中有政府和社会投入不足的原因，也有办学资源没有充分有效利用和经费支出结构不合理、支出控制不严而造成损失浪费的问题。如何进一步拓宽办学经费来源渠道、科学配置各种办学资源、合理调整支出结构、有效控制办学支出、提高办学资金使用效益，以解决办学资金紧张的问题，也越来越成为高等学校财务工作的重要任务。

《国家中长期教育改革和发展规划纲要（2010～2020年）》（以下简称《教育改革和发展规划纲要》）不仅提出高等教育要从数量扩张向质量提升转变，走内涵式发展道路，而且明确提出要建立和改进具有我国特色的现代大学制度，完善治理结构，加大教育投入，完善投入机制，同时要求遵守财政资金管理法律制度，严守财经纪律，依法理财，强化经费管理；建立科学化预算管理机制，合理编制并提高预算执行效率；加强高校财会制度建设，不断改善内部稽核和内部控制制度；在教育监管职能上，高校可设置总会计师职务，有效提高资产管理专业化水平；加大经费使用监管，对重大项目和经费使用实行全程审计，确保其使用规范、安全；建立教育经费基本信息库，提升其管理信息化水平，建立绩效评估制度，加大对重大项目的考核；加大高校国有资产管理，建立健全其国有资产配置、使用、处置管理机制，谨防资产流失，提高使用效益；改进高校收费管理方法，规范其行为和资金使用管理；加强防范高校财务风险；严禁铺张浪费，坚持建设节约型高校。这使得财务管理的目标更加明确，财务管理的任务更加繁重，必须进一步拓宽高校理财思路，转变传统的理财观念，改进理财方法。

二、财政预算管理制度改革，要求高校创新财务管理

为建立与社会主义市场经济相适应的公共财政体系，自2000年以来，我国财政预算管理制度进行了从政府采购、国库集中支付、部门预算、政府收支分类、非税收入到资产管理与财务预算管理相结合、实施预算绩效管理等一系列改革，并推进财政预算公开，推行科学化、精细化管理等改革举措。中共十八大以来，为建立依法治国，建设社会主义法治国家，对我国财税管理体制进行了全面

---

① 资料来源：中央政府门户网站。

深化改革；特别是中共十八届三中全会通过的《中共中央关于全面深化改革若干重大问题的决定》将财税改革视为国家治理体系和治理能力现代化的基础和支柱，并指出科学的财税体制是优化资源配置、维护市场统一、促进社会公平、实现国家长治久安的制度保障。这充分说明依法理财、依法治财在依法治国中的重要地位。依法理财、依法治财首先应当把财政管理纳入法制化轨道，构建财政法治体系，在法律框架下，依法确立财政预算管理体制，正确处理各级财政部门与行政事业单位的财务关系，规范公共财政收支和行政事业单位的财务管理活动。

高等学校作为教育事业单位或教育公共部门，其财务活动和财务管理行为必须纳入公共财政预算管理范畴，按照财政预算管理体制改革和依法治财、依法理财的要求，不断创新高校财务管理理论和方法，改革与现行财政预算管理、高等教育事业发展不相适应的财务管理体制，理顺高校与政府、高校与社会以及高校内部的财务关系，合理配置财权，激活财务运行机制，积极开源节流、增收节支，为促进高等教育内涵式发展提供强有力的财务支持。

2014年修订的《中华人民共和国预算法》（以下简称《预算法》）既是财政预算管理改革的深化和延续，也是推进全面依法治国、依法理财的重要举措。素有"经济宪法"之称的《预算法》，不仅在全面深化财政体制改革和规范预算管理行为、推进依法理财方面具有重要作用，而且在增强国家宏观调控能力、促进经济社会全面协调可持续发展方面也具有重要作用；不仅对政府的经济行为尤其是财政预算管理行为进行了全面规范，而且对于作为政府预算单位的高等学校的财务预算管理行为也具有全面规范的作用，在观念理念层面，要求高校应当全面树立预算法律观念和懂法守法意识；强化刚性预算、硬化预算约束，实施全程预算管理；树立成本效益观念，强化预算绩效管理。在操作层面，要求高校按照《预算法》和现行的《事业单位财务规则》《高等学校财务制度》规定，进一步理顺财务管理体制，激活运行机制；全面、完整、精细地编制预算，严格地执行预算；财务预算与事业计划结合，建立滚动预算和跨年度预算平衡机制；加强会计核算、成本管理，采用绩效评估；加强资产管理，准确反映资金利用情况，提高资金利用率，防止财产流失；加强风险防范意识，加大财务监督，建立完善防范财务风险的机制；强化财务综合管理，努力实现综合预算管理目标；建立健全财务报告制度，全面公开财务预算信息。

三、高校存在一系列问题迫切需要推动财务管理创新

近年来，随着审计监督、财务检查力度的加大，高校财务管理中存在的各种各样问题都逐渐暴露出来。这些问题归纳起来，主要有以下几个方面：一是重大

经济决策不科学规范，部分高校对重大经济决策论证不充分，决策效果不明显，对外投资、银行贷款、基本建设、资产购置等重大事项和大额资金使用未经集体决策。二是预算编制不完整、执行不到位，部分高校部门预算与校内预算"两张皮"现象依然存在，预算不全面、不完整，部分收支游离在预算控制之外，预算执行不到位。三是财务收支管理不严、控制不力，部分高校存在超标准、超范围收费，不执行财务收支两条线管理规定，存在公款私存甚至私设小金库现象，有的高校存在超预算、无预算、超标准办理支出，"三公"支出膨胀。四是违规从事投融资活动、投资效益低下，有的高校未按规定用途使用贷款，违规提供贷款担保，违规进行风险性投资造成潜在损失，校企产权不清、责任不明，对外投资管理不规范。五是资产管理不规范、使用效率不高，相当部分的高校资产管理与财务预算管理脱节，导致资产重复购置而出现闲置，有的高校不执行政府采购有关规定，存在超标准购置固定资产等现象，有的高校非经营性资产转经营性资产不规范，对经营性资产缺乏必要的监管。六是建设项目管理混乱，有的高校建设项目可行性分析论证不充分，投资概算、预算与决算相差悬殊，项目变更频繁致使不断追加投资，建设项目管理与财务管理严重脱节。七是违规使用科研经费、管理责任落实不到位，部分高校科研经费管理中学校、学院和课题组的管理职责不清、管理责任落实不到位，外拨经费缺乏必要的手续和监督，存在利用不合规票据虚列支出、套取资金等违法违纪现象。八是大量举借内外债、财务风险巨大，有的高校不顾学校财务实力和还本付息能力，未经主管部门批准违规贷款搞基本建设，导致学校财务状况恶化，财务风险加大，财务运行困难。九是财务管理体制不顺，财务运行绩效不高，有的高校没有建立校院两级财务管理体制，学校与院系之间权责利不清、财务责任不明，出现相互推诿扯皮，导致财务运行不畅，严重影响财务运行绩效。

上述种种问题严重扰乱了高校财务秩序，造成资金的浪费损失和流失，从而导致办学经费使用效益低下。必须通过财务管理创新，进一步理顺财务管理体制和运行机制，通过加强财务制度建设，改进财务管理流程，规范财务行为，以提高财务运行绩效。

四、高校财务管理理念落后、管理方法陈旧，不能适应市场化、国际化的高等教育环境

长期以来，教育被视为非生产性领域，教育活动的资源耗费被视为消费性而非生产性；同时，高等学校作为公共部门、政府预算单位，公共性、公益性和非营利性是高等学校的基本特征。所以，尽管改革开放40多年、建立社会主义市

场经济体制20多年了，高等学校的许多财务管理理念、观念和管理技术方法等依然停留在高度集中的计划经济年代，与市场化、国际化的制度环境不相适应。这主要体现在以下几个方面：

（一）在财务管理理念与观念方面

1. "等、靠、要"思想观念仍然严重

尽管我国社会主义市场经济体制已确立20多年了，但是有些高校在遇到经费困难时，首先不是利用高校的优势，主动为经济社会发展服务争取资源，而是向上级主管部门、财政部门伸手争取财政拨款，"等、靠、要"思想观念依然严重。

2. 普遍缺乏成本效益意识

高校作为独立的事业法人主体地位虽然已确立多时，但由于非营利性质，在办学和运营管理过程中不讲求成本效益，办学资源投入和重大决策不进行投入产出分析，从而存在重复投资建设、资产利用率低下，资源浪费熟视无睹，使高校办学支出不断膨胀。

3. 普遍缺乏风险意识

一些高校在办学过程中，没有充分考虑办学的现实需要与财力可能，一味贪大求全摆阔气，通过大量举借债务（包括外债和内债），大搞新校区建设和超规模、超标准基建。由于没有可靠的资金来源，银行贷款还本付息只能拆东墙补西墙，导致财务周转困难，财务风险巨大，有的高校还造成工资发不出、正常的经费开支报销不了，严重威胁学校财务的可持续发展。

4. 重会计核算轻财务管理

重会计核算轻财务管理，这一方面是由于高校领导层和财务人员观念陈旧落后的原因，认为高校的中心工作是人才培养、科学研究和社会服务，包括财务在内的行政工作都是为中心工作服务的，财务能够把账记清楚、核算搞明白就行了；另一方面是由于高校作为政府预算单位，国家财政预算制度和财务制度对高校财务工作具有硬约束的作用，从而导致高校财务部门在日常工作中过于注重合法性和合规性，很难根据高校办学特点、办学规律和管理需要，创造性地开展财务管理工作。

（二）在财务管理体制与运行机制方面

1. 财务管理体制不顺

财务管理体制是划分财务管理权责利关系的一种制度，是财务关系的具体表现形式，它具体包括财经工作管理体制、领导体制、会计机构设置和财会人员管理体制等。高校财务管理体制的核心问题是明确高校内部各层级财务权限、责任和利益，科学配置财务管理权限。可以说，大部分高校能够按照《高等学校财务制度》的规定，建立符合高校财务管理实际的财务管理体制。但是，仍然有一些高校没有充分考虑高校财务运行特点和规律、财务管理实际需要建立财务管理体制。例如，不恰当地采用财务集中管理或分级管理，各层级的财务管理权限设置不合理，权责关系不清，领导体制不顺、分工重叠、外行领导内行瞎指挥，财务机构设置不合理、财力分散，财务人员管理体制不顺，等等。

2. 财务运行机制不畅

目前各高校多采用"集中管理与分级管理相结合"的财务管理模式，这在一定程度上是符合高校财务管理需要的。但同时也存在诸多弊端。在"科层制"的行政体制下，高校既层级分明，又存在条块分割、业务分离的状况。行政管理上，校级与处级既上下对应，又存在条块分割，通常分管财务的校领导对应着财务处，而分管资产、基建、校办企业的校领导对应着资产管理处、基建处、资产经营公司，财务管理作为资金和价值管理，与学校各个部门和院系单位都有直接或间接的联系，但由于这些工作分属不同校领导和不同部门，既分工又分家，"铁路警察各管一段"，造成财务预算与基建计划、财务管理与资产管理相互脱节。在校院之间，学院的人才培养、科学研究和社会服务分别对应着学校的不同部门，各部门为了各自的"政绩"，使业务管理与财务管理契合度不高甚至相互冲突，再加上校院两级的权责利配置不合理，财务管理往往很难到边、到底。近年来，高校科研经费出现的各种违规违法现象和问题，就是财务运行机制不畅、财务管理不能到底的最好例证。

（三）高校财务管理技术方法方面

高校作为政府预算单位和公益性事业单位，由于受传统计划经济思想的影响，不仅存在财务管理意识不强、观念陈旧，财务管理体制不顺、机制不畅等问题，还存在财务管理技术粗糙、方法简单的弊端。首先，国家财政预算管理制度和财务制度对高校财务管理技术方法做了硬性规定，如专款专用规定、部门预算规定、禁止性投融资规定、收付实现制会计基础、等等，既规范了高校财务管理行为，也抑制了高校财务管理技术方法的创新；其次，随着我国社会主义市场经济的发展，企业已完全成为市场经济主体，必须熟悉市场规律和市场规则，主动应对市场竞争，特别是要时刻面对瞬息万变的国内外市场，需要采用最新的财务管理技术方法，才能寻找成本低廉的资金和回报高的市场投资，并及时化解来自经营和市场等方面的财务风险，实现企业最大效益。高校作为公益性事业单位，尽管办学过程或多或少地要按照市场规则、市场需求开展人才培养、科学研究和社会服务等活动，但由于高等教育的公益性，高校的办学活动市场化程度低、参与度不高，一般不需要到市场上寻找资源，其所需的基本办学经费由政府财政拨付或政府批准的办学收费筹集，所以，也就没有创新财务管理技术方法的外部压力。最后，尽管科技进步推动着高校会计核算电算化和财务管理信息化的发展，但高校不像集团性企业或跨国公司那样，生产经营网点和子公司遍布全国乃至世界各地，为了能够及时了解和掌握所属生产经营网点和子公司的生产经营情况及财务状况、实时资金流向和收入费用情况，财务管理工作要时时创新，与跨国、跨行业经营的发展相一致。高校办学地点比较单一且固定，尽管会计核算电算化和财务管理网络化发展迅猛，但其管理程序简单、网络化管理模式固定，而且创新需求不足。

伴随高等教育管理体制改革发展，高校财务管理工作也将面临许多新情况、新问题。特别是我国事业单位改革力度在加大，高等学校尽管是公益类事业单位，但高等教育并不是纯公益性，国家财政不是全额给予高等学校拨款，仅仅是财政补助拨款。为此，高等学校必须转变角色，直接面向经济建设和社会发展的主战场，由市场的参与者变为市场主体，主动适应经济建设和社会发展对高等教育的需要，主动贴近市场，服务市场经济发展。这就要求高校财务管理工作不能再墨守成规，而应该主动了解和掌握市场经济规律和市场规则，想方设法为学校筹集能够支撑高等教育发展所需要的办学资金，加强办学成本核算和财务运作管理，降低办学资源耗费和办学成本，提高办学绩效，这就需要应用现代财务管理理论，创新高校财务管理技术方法，才能不断提高高校的财务管理水平。

第二节 现代财务学及其发展

一、现代财务学理论与方法

财务管理理论和实践的发展是基于市场经济的发展基础，与企业特别是现代企业制度的建立和发展密切相关。一般认为，现代财务学产生于 20 世纪 50 年代。此前的财务学对企业财务行为的研究主要是建立在经验判断的基础上进行规范性的描述，缺乏科学的分析框架和研究方法，尚无形成完整的理论体系。20世纪 50 年代，诺贝尔经济学奖获得者莫迪格莱尼和米勒共同提出了资本结构与企业价值无关理论，标志着现代财务学的诞生。从此，财务学步入了实证科学的领域。经过半个多世纪的发展，现代财务学的学术研究日益科学，理论体系也日臻成熟。现代投资组合理论、现代资本结构理论、资本资产定价模型、有效资本市场理论、期权定价理论等理论构成了现代财务学的核心内容。现代财务学的发展对金融市场和企业财务实践的发展产生了重大而深远的影响。

现代财务学的方法论是现代财务学的核心内容，它是对现代财务学的方法进行理论探讨的一门学说，是现代财务学理论形成和发展的基础。现代财务学的学科性质、分析框架和发展规律都属于现代财务学的方法论问题。明确这些问题，不仅有助于理解现代财务学的概念和理论体系，正确地把握现代财务学发展的脉络和趋势，而且更重要的是有助于系统地学习和掌握现代财务学提出问题、研究问题和解决问题的方法。

现代财务管理是以现代企业制度下的股份公司为主体，以市场竞争日益激烈和经济全球化发展为背景发展起来的。财务管理理论和方法基本上是围绕着现代企业制度下，企业如何适应市场经济和经济全球化发展而逐步改进的。

（一）现代企业制度与产权理论

现代企业制度指以市场经济为基础，以企业法人制度为主体，以有限责任制度为保障，以公司企业为主要形式，以产权清晰、权责明确、政企分开、管理科学为条件的新型企业制度。一般地说，它具有五个方面的基本特征：一是产权关系清晰，明确区分企业法人财产权与出资者（股东）产权，企业拥有包括企业所有者产权在内的全部法人财产权；二是企业用全部法人资产，依法经营、自负盈亏、照章纳税，并承担资产保值增值责任；三是出资人按投入资本份额享有权益，并享有企业剩余资产索取权；四是企业以营利为目的，根据市场的供求关系自主组织生产经营活动，出资者不参与、不干预企业的生产经营活动；五是规范经营管理体制，保证所有者、经营管理者、职工、政府与社会之间的相互关系，打造权责分明、约束与激励结合的经营管理体制。

（二）委托代理理论

委托代理理论作为现代企业制度的核心，主要用于解决现代企业改革中的所有权与经营权分离问题，突出问题表现在如何签订代理合同和分摊成本。该理论认为，若代理人能完全为委托人利益行事，便不会有额外成本，也不存在代理问题。然而，委托人与代理人之间却发生着两方面的不对称：一是利益的不对称，委托人与代理人的利益不是完全相同的，当代理人利用委托人的授权来增加自身利益而侵占或损害委托人的利益时，代理问题由之产生；二是信息不对称，在代理关系中，委托人了解代理人的信息有限，如代理人的努力程度和才能等，而代理人则拥有信息上的优势，代理人为了自身利益会想方设法在达成契约前，利用信息优势诱导委托人签订有利于自己的契约，或在达成契约后利用信息优势不履约或不尽责，从而损害委托人的利益。代理问题的产生是因为代理人为了追求自身利益最大化，不让自己成为"搭便车"的战利品，非常有可能不完全按照委托人的利益目标行事，严重时凭借某些特定权利牺牲委托人的利益来增加自身效益。代理成本的产生通常是委托人为防止自身利益受损，通过严密的契约关系、对代理人的严格监督来保证代理人行为得当。代理成本包括四部分：一为激励成本，委托人激励代理人认真工作需支付工资、奖金、职位消费等费用；二为监督成本，委托人为限制和监督代理人行为支付的费用；三为约束成本，因代理人的行为受限或约束其不能及时做出决策导致企业受损的金额；四为剩余损失，委托人监督失效，且代理人自律较差导致企业受损。通常，委托人想零成本下让代理人做出实现其效用最大化的决策是不现实的。虽然委托人授权提升了代理人拥有有效咨询，提高交易效率并使交易成本降到最低，但是授权并不意味是零成本，相关成本可能是双方利益不相容造成的。

（三）财务决策理论

财务决策主要包括筹资决策、投资决策和收益分配决策这三个方面。筹资决策理论主要研究资本结构，权益资本与负债资本的比例关系是传统资本结构所研究的问题。随着筹资决策理论的成熟，广义资本结构研究对象延伸到权益资本和负债资本的内部结构。资本结构理论绝大多数针对企业而言，但该理论内容颇为丰富。类似于企业的资本结构，非营利组织中关于基金的相关论述，主要解决资本成本的问题。投资决策理论主要研究资金的投放和运用问题，固定资产和证券投资问题是传统投资理论的核心。随着进一步发展，投资决策理论研究的内容扩展到无形资产和人力资本，其主要解决如何正确处理风险与收益的关系。收益分配理论主要研究出资者、劳动提供者、生产成果的分配等问题，目的是为了实现财务管理利益最大化的目标。

（四）治理理论

治理可以看作是财务管理的一种延伸，尤其是现代大学治理。尽管各国的大学治理机制风格迥异，但总体上有三种主要代表形式：公司化管理、学术联盟化管理和共同治理。

因西方大学在内部治理上借鉴公司管理战略，使学校在筹资方面表现突出，因此公司管理在大学治理中占据一定市场。事实上，从学校董事会的设置、校长的聘用解聘以及在内部治理中使用诸如利益相关者、附加值、全面质量管理、问责制等都体现了公司管理的思路。再者大学机构面临较为现实的经济环境，例如，科研经费不断增高，科研与教学的评估与绩效保持一致，以上问题的解决都要求大学在内部治理过程中借鉴公司管理模式来更好地筹集资金。但不容忽视的现实是，采取公司管理模式对大学推崇的学术自由、学术自治和其特有的文化传统相违背。

学术联盟化管理是指在大学治理机制中教员以集体谈判的形式参与类似工会组织的学术团体的治理。其试图让教员投身于学校的长期发展规划和对学校的财务状况有更多的发言权与知情权。该方式若从教员角度来看，通常认为是他们参与大学治理并为自身谋取权益的手段。但就经济学家和研究高等教育组织行为的学者来看，此方法并不可取。理由是教员们缺乏专门的管理技能，并没有时间参与到实际的治理工作中。但学术联盟化在美国公立高校的趋势日渐明显。

共同治理属于标准的学术治理，由美国大学教授协会与美国教育委员会及美国高校治理董事会协会合作，于1966年颁布"学院和大学治理声明"。共同治理在理论上表现为一系列的纲领性文件，在实践中表现为各个学校设立的教授评议会。其作为大学治理的一种兼容并蓄的合作模式，与教师工会的集团谈判模式相映成趣。其强调教员的专业职责，某种程度上说明学术自由是高等教育领域的核心理念。但共同治理存在一定的缺陷，集中表现在过多的决策机构分散了决策效率。尽管如此，该理念仍不失为是一种对传统学术自治的发展，与当前的大学治理的分权化进程相呼应，并正日益成为各国大学内部治理的主流模式之一。

二、现代企业财务管理

（一）现代企业财务管理的特点

现代企业财务管理是企业管理的重要组成成分，因企业再生产过程中客观存在的财务活动和关系而产生，是组织资金活动、处理各方面财务关系的经济管理工作，是对企业再生产过程中价值运动进行的价值管理。它具有以下主要特点：

第一，综合性。企业财务管理信息量大、覆盖面广，综合性较强。因其以价值为基础，这就需要以货币作为计量尺度，不论是对人、财、物，还是对日常经营活动"供、产、销"的各个环节，只要以货币计量和显现，企业财务管理都会扮演最佳角色。货币作为一般等价物，可以加总计算并据之获取成本费用、收入利润等价值指标，而企业财务管理是通过对资金活动的掌控做出合理的判断和选择，并据之形成科学的预测和决策，从而在决策实施过程中能针对具体问题及时采取对应的措施，调节有关行为来有效地改善生产经营，提高经济效益。

第二,开放性。企业并非孤立存在于以金融市场为主导的市场经济中,其日常经营活动是在宏观经济环境中运行的,并且金融市场对企业财务行为的社会化影响显著。金融市场的迅速发展为企业的财务活动提供了广阔的空间,其作为资金融通场所较为完美的联合了资金供求双方,使企业的财务活动从企业内部扩展到企业外部,并融汇到开放性的金融市场体系中,成为连接企业和市场的桥梁和纽带。它们之间相互交融的辩证关系,本质上确立了企业财务管理在企业管理中的主导地位。

第三,广泛性。企业财务管理与企业日常经营活动关系较为密切。企业内任何一个部门开展业务活动都必须涉及资金的收支活动,这样其触角也随之深入到企业生产经营各方面。实际上每个部门、每个人员涉及资金收支活动的开展都要与财务部门打交道,并在资金开支的合理性、效益性等方面接受财务部门的指导和相关财务制度的约束,这一定程度上为企业经济效益的提高奠定了基础。

财务管理随社会经济的发展、企业组织形式和财务环境的变化而不断发展变化,财务活动和财务关系也越来越错综复杂。在商品经济发展初期,企业组织主要采用合伙制,其财务活动和财务关系比较简单,其主要的财务活动就是商品买卖产生的资金筹集及往来结算,商品买卖活动结束,合伙企业随时可以解散清算,并处理合伙人之间投资、撤资、利润分配及买卖之间的债权债务关系。当资本原始积累到一定程度,合伙经营规模的扩大,商业活动也跨出区域地界,并推动着银行业(早期为钱庄)的兴起和发展。17、18世纪以后,西方资本主义的发展和工业革命,不仅推动着企业规模的迅速扩大、制造业的迅猛崛起,而且由于企业生产经营需要的资金越来越多,股份公司逐渐取代了原来的合伙企业,并成为一种主要的企业组织形式。金融业的发展和股份公司的产生,企业财务活动的范围越来越广,财务关系越来越复杂,财务的筹资、运用、分配等职能作用越来越重要,财务管理也由一种附带的活动逐渐发展成为一种专业化的重要管理活动。而随着市场经济的发展、金融市场的成熟,企业不仅可以利用金融市场提供的多元化金融产品,拓宽企业的筹资渠道,而且还可以通过金融市场从事投资活动,为企业创造比生产经营更丰厚的利润。这样,财务管理的观念不断更新,职能作用日益重要,内容和技术方法不断发展,财务管理也从企业管理的边缘逐渐走向企业管理的核心,传统的财务管理逐渐与现代财务管理靠近,随之产生一套完整、系统的财务管理理论与方法体系。

(二)现代企业财务管理的基本原则

在长期的实践中,企业财务管理形成了以下几条可资高校借鉴的财务管理基本原则。

第一，以财务管理为核心。企业财务管理的目标是保证资产保值增值，为确保各项活动顺利开展，企业要严格控制资金流动，建立以财务管理为核心的新型管理体制，让企业管理围绕财务管理展开，加强内部控制及外部监督，并通过完善的财务管理制度来提高企业管理水平和经济效益。

第二，重视对资金流动的监控。资金对企业发展意义重大，财务管理的重要原则是加强对资金流动的监管。企业一方面要重视投资效益机制，深入研究各种市场信息，保证投资的科学性和有效性，从根源上提高对资金的管理；另一方面要优化资金结构，保证企业资金产生效益最大。企业财务部门要根据现金流量表对现金结构监控，当出现资金流动不合理时必须及时调整。

第三，广泛应用信息科学技术。企业要不断改进财务管理方法，在信息时代要充分利用信息科学技术。通过信息技术的广泛应用，企业能够及时处理内部的各种财务相关事宜，实现业务与财务的处理节奏一致。以互联网为基础，将网络财务融入企业财务管理系统。这一方面能提高企业的工作效率，另一方面也能整合企业财务资源，使企业对市场环境做出快速反应，从而有效增强市场竞争力。

第四，强化财务预算工作。时代的不断发展和飞速进步，已经使得传统的企业财务管理理念很难适应现代企业财务管理工作的需要，这就要求企业要改进财务管理的理念，强化预算管理工作，不断提升企业价值。如此在具体实施过程中，企业要有明确的利润目标，进而编制销售及生产经营目标，在充分考虑企业筹资、投资和偿还债务等因素的基础上，做出资金流量的财务预算，以确保利润目标的实现。

第五，重视财务分析，企业财务分析通过对各种财务信息和财务活动的结果进行分析和评价。通过财务分析，企业能够及时掌握财务活动情况，以便采取有效措施，科学调度资金和财务运作，据此不断改进企业财务管理方法，确保企业财务健康高效运行，从而提高财务管理水平。

（三）现代企业财务管理职能与管理流程

企业是营利性组织，财务管理对于增强企业实力、促进企业健康发展至关重要。企业财务管理包括财务决策、财务计划和财务控制等基本职能，它们组成了企业财务管理循环，并构成了日常工作流程。其主要环节包括：制定财务决策，即针对企业的各种财务问题制订相应行动方案，通俗的说是制订项目计划；制定预算和标准，即针对计划期的各项生产经营活动采用具体数字表示的计划和标准；记录实际数据，即对企业实际的资金循环和周转进行记录，它通常是会计的职能；计算应达标准，即根据变化了的实际情况计算出应该达到的实际水平；对比标准与实际，即对上述两项数额进行比较，确定其差额，发现例外情况；差异分析与调查，即对足够大的差异进行调查，以发现产生差异的具体原因；采取行动，即根据产生问题的原因采取行动，纠正偏差，使活动按既定目标发展；评价与考核，即根据差异及其产生原因，对执行人的业绩进行评价与考核；激励，即根据评价与考核的结果对执行人进行奖惩，以激励其工作热情；预测，即在激励和采取行动之后，经济活动如若发生变化，要根据新的状况重新进行预测，以便开展下一步决策。

（四）现代企业财务管理的观念

在市场经济环境下，企业为了在激烈的市场竞争中立于不败之地，财务管理形成了以下一些高校所不具有的观念或意识：

第一，市场。长期的财务管理实践，使企业财务管理人员对市场的波动特别敏感，他们善于根据市场提供的信息捕抓商机。

第二，货币时间价值。货币时间价值是资金所有者让渡资金使用权而参与社会财富分配的一种形式。把货币时间价值引入财务管理，使企业财务管理者在资金筹集、运用和分配等方面都要考虑货币时间价值因素，这是做好筹资、投资、分配决策的重要保证。

第三，风险。企业在激烈的市场竞争环境中，时时刻刻都面临着来自经营、投资、筹资等方面的风险，必须对企业经营活动的多种方案进行风险比较分析，并采取规避风险、转移风险、分散风险或降低风险等措施，确保经营目标的实现。

第四，成本效益。企业的生产经营活动都需要垫支资金，才能够取得一定的收益，由于垫支资金在前、取得收益在后，所以企业在作出经营决策之前，特别注重成本效益分析。在作出决策之后，采取各种措施，千方百计控制成本费用，以提高经营效益。

第五，投入产出。企业对任何一项投资活动都需要对投资项目进行投入产出分析。这通常要对投资项目做出若干个备选方案，逐个比较分析其投入与产出情况，从中选择投入少产出多，或同样的投入产出更多、同样的产出投入更少的方案。

三、高校财务管理创新引入现代企业财务管理的可行性

第一，从经济学分析高校引入现代企业财务管理的可行性。教育是按一定的社会目标来促进人身心发展的社会活动，以提高人的知识和能力、思想和道德水平为结果，基本性质是精神性、社会服务性的，但标准无法划一。教育虽不可像

企业那样完全被市场接纳，但仍可借鉴或部分采用企业的运行机制，从而提高运行效率。主要是因为其具有准公共产品的属性，需要政府积极参与，不能完全靠市场机制提供。

第二，从企业财务管理目标与实践看引入现代企业财务管理的可行性。企业与高校财务管理在财务预测、财务决策、财务预算、财务控制和财务分析等环节大致一样。前者财务管理的目标是实现企业价值最大化，后者的目标则是促进高校事业顺利发展，在规范财务行为的基础上实现财务资源最大化。在实践方面，前者财务管理的手段是注重资金的时间价值、侧重风险分析与财务控制等，而后者的手段是规范财务规章制度、多渠道筹集资金、强化预算管理与控制等。高校引入企业财务管理理念的困难与重点在于其手段。

第三，高等教育的非营利性并不排斥理财精神。非营利性组织的目标是完成组织使命。为了实现这一目标，非营利组织应保持较好的财务状况和强大的筹资能力。因此，非营利组织的运行管理同样需要足够的资金来保障，同样不排斥理财行为，而且有效的组织管理，恰恰需要理财精神和商业行为。

第四，高校财务管理与现代企业财务管理接轨的趋势。今后高校财务管理将借鉴企业财务管理的成熟经验，呈现以下成长趋向：管理制度更加健全、灵活，逐步靠近企业财务管理制度；市场经济观念加强，对成本分担理论的认识较为深刻，不是仅凭计划经济时期的"等、靠、要"的政府财政拨款模式，而是靠主动为社会提供优质的教育服务，通过高效的经营策略增强自我的竞争力来获得更多的资金支持等。

第三节 高校财务管理创新研究文献综述

国内外学者和高校财务管理人士对高等学校财务管理创新进行了大量的研究探讨，取得较为丰硕的研究成果。本节从高校财务管理创新的理论基础（现代财务学）、内容（理念与观念、体制与机制、技术与方法）和环境几个方面对相关文献进行梳理。

一、现代财务学与高校财务管理创新

施小蕾、徐晓鹏（2008）通过引入市场机制挖掘资金增长点，提出建立成本核算机制树立效益观念、推行预算控制分类管理提高资金配置效益、加强财产物

资管理、防止国有资产流失四项措施深化高校财务管理制度改革。[1]

郑晓薇（2008）认为，我国正处于由计划经济向市场经济转轨期，国际、国内环境迫切要求中国高校财务更新旧的管理体制、观念、内容和运行模式，以促进高等教育事业的可持续发展。宏观和微观的制度环境决定着高校财务管理创新的基本边界和路径选择。[2]

于红梅（2009）从现行高校财务管理出现的问题入手，借鉴企业财务管理理念，对准确定位高校财务管理工作职能、科学规范高校财务管理日常管理流程、建立多元化筹资渠道和盘活资产四个方面进行了探讨，提出高校财务管理模式的创新问题。[3]

帅毅（2012）在分析目前中国高校财务管理存在的主要问题的基础上，阐明了引入企业财务管理手段的价值，分析了引入过程中面临的困境，提出了基于企业财务管理手段视角下的高校财务管理创新路径。[4]

么立华（2013）立足于公司财务治理的基本理论——委托代理理论、利益相关者理论、公司财务理论，结合这些理论的基本内涵，从公司治理推导出大学治理，由此引申出大学财务治理的基本概念及本质属性，系统探讨了大学财务治理模式和基本机理。[5]

张训婷（2014）从高等学校的财务问题出发，参考现代企业的财务管理方式，对基于现代企业财务管理的高校财务管理进行创新性研究和探讨。[6]

二、高校财务管理理念与观念创新

张依群（2004）从预算原则、预算方法、预算参与和过程控制四个方面探讨了高校财务预算管理的理念创新。[7]

杨庆英（2004）从树立新观念、改进财会核算体系、改进财务管理体制等方面对我国高校财务管理创新提出了建议。[8]

景琪荣（2007）认为，高校财务管理人员需树立新的财务管理观念：经济效

---

[1] 施小蕾，徐晓鹏．新制度经济学视角下高校财务管理制度创新探索［J］．牡丹江教育学院学报，2008（4）：156－157．
[2] 郑晓薇．高校财务管理创新三论［J］．经济管理，2008（7）：80－82．
[3] 于红梅．引入企业财务管理理念创新高校财务管理模式［J］．财会研究，2009（9）：47－48．
[4] 帅毅．企业财务管理视角下的高校财务管理创新研究［J］．会计之友，2012（5）：107－108．
[5] 么立华．中国公立大学财务治理模式创新研究［D］．长春：东北师范大学，2013．
[6] 张训婷．基于现代企业财务管理的高校财务管理创新研究［J］．现代经济信息，2014（19）：283．
[7] 张依群．试论高校财务预算管理的理念创新［J］．教育财会研究，2004（1）：44－46．
[8] 杨庆英．我国高校财务管理改革与创新的思考［J］．经济与管理研究，2004（2）：50－53．

益观念、可持续发展观念、以人为本观念、竞争观念、时间价值观念、责任观念等。高校财务管理需要财务管理工作人员与时俱进，服务于高校改革发展的实际，这样才能保证财务管理创新的顺利实施。①

秦秋菊等（2008）认为，陕西省高校在激烈的生源、师资、设备等各类办学资源的竞争中，逐步处于劣势。陕西高校财务管理人员必须树立新的财务管理观念，促使陕西高校可持续发展。②

尹亚男（2008）提出，高校从追求外延扩张转向注重内涵发展，其财务管理也处于特殊时期，高校财务部门只要审时度势，主动转型，创新工作理念，完善管理机制，就能在新时期更好地解决困扰高校财务管理中的诸多问题。③

杨鸿燕（2008）认为，高校为了更好地生存和发展，应以绩效为导向，实现社会效益、经济效益、办学绩效最大化的目标和财务管理观念和机制的创新。④

孙红丽（2009）结合我国高校目前财务管理面临的问题，提出从观念创新、内容创新、制度创新、技术创新、人员创新、服务创新六个方面入手实现高校财务管理的全方位创新，以使高校的财务管理理论与方法逐步适应新的理财环境变化及高校自身发展的客观要求。⑤

万琳琳、王晓东（2011）认为，社会主义市场经济体制的建立和完善迫切要求高等教育改变原有的财务管理体制、管理观念、管理内容和运行模式，以促进我国高等教育事业的发展。⑥

康智云（2011）指出，高校为了提高效益、减少浪费和损失，更好地生存和发展，其财务管理必须以绩效为导向，以效益最大化为目标进行财务管理观念和机制创新。⑦

陈淑芬（2011）对当前高校预算管理、财务分析方面存在的问题进行剖析，提出了加强全面预算管理、严格控制经费支出和加强财务分析等财务管理创新思路。⑧

王秦湘（2011）基于经营理念提出高校在新的财务管理模式下，对院系的管理应从原来的过程管理改为目标管理。⑨

梁文军、彭晓东（2012）认为，我国高校存在财务管理观念落后、筹资渠道

---

① 景琪荣．试论如何创新高校财务管理观念［J］．经济师，2007（9）：110 – 120．
② 秦秋菊，余秀丽，魏梦琳．陕西高校财务管理观念的创新［J］．中国科技信息，2008（12）：169 – 171．
③ 尹亚男．创新高校财务管理理念［J］．理论界，2008（8）：235 – 236．
④ 杨鸿燕．试论当代高校财务管理理念及制度创新［J］．经济研究导刊，2008（11）：96 – 97．
⑤ 孙红丽．高校财务管理创新的若干思路［J］．会计之友，2009（6）：48 – 49．
⑥ 万琳琳，王晓东．对当前高校财务管理的创新探究［J］．经济研究导刊，2011（14）：135 – 136．
⑦ 康智云．新时期财务管理面临的挑战与理念创新［J］．财会研究，2011（15）：41 – 43．
⑧ 陈淑芬．对创新高校财务管理若干问题的探讨［J］．现代经济信息，2011（19）：197 – 198．
⑨ 王秦湘．试论基于经营理念的高校财务分级管理创新模式［J］．现代营销，2011（1）：24．

狭窄、资产管理不规范、投资决策不力、债务负担重和财务风险大等问题，必须进行财务管理观念创新、财务制度创新和财务管理方式创新。①

肖薇、王义（2012）提出高校应当基于科学化和精细化的要求，创新财务管理观念。②

刘戎（2012）通过对高校财务管理本质的探讨，分析了当前高校财务管理工作存在的一系列问题，建议采取企业财务管理的理念来开创高校财务管理工作新局面的建议。③

毛国育、李孟玫（2013）认为，高校财务管理应适应环境变化，不断更新和创新理念。高校财务思维方式也要积极转变，逐步树立全面核算与理财理念、成本控制与收益理念、战略目标与绩效管理理念、以人为本与监督服务理念、系统集成与网络财务理念等财务运作的观点，以促进高校新一轮跨越式发展。④

三、高校财务管理体制与机制创新

阳晓晖（2004）提出，高校财务管理技术创新是为了更好地适应知识经济、信息和科学技术三大环境，改善高校财务管理活动，提高财务管理能力，唯有适应环境、创造条件，建立创新型复合人才培养机制，制定有利的政策和法规，才是高校进行财务管理技术创新的最佳途径。⑤

朱一新（2004）认为，高校为了生存和发展，应以绩效为导向，实现社会效益、经济效益、办学绩效最大化的目标，并进行财务管理观念、制度、内容、结构和方式的创新。⑥

田靖鹏（2006）提出了高校财务管理体制的创新途径：创建目标任务与经费全面挂钩的运行机制；推行以工作目标责任为基础的预算模式创新预算体系、资金计算标准与拨款机制；细化经济责任，明晰校、院（系）预算分级授权审批权限和责任，建立校、院（系）预算管理监督体系等。⑦

龙斌（2006）指出，由于长期受计划经济的影响，目前高校财务预测、控制、监督等职能未能很好地发挥。针对这种情况，他提出了高校财务管理应创新

---

① 梁文军，彭晓东. 对高校财务管理创新的思考 [J]. 会计师，2012（5）：53-54.
② 肖薇，王义. 公立高校财务管理科学化、精细化的研究 [J]. 教育财会研究，2012（4）：10-14.
③ 刘戎. 创新高校财务管理模式 [J]. 财政监督，2012（23）：44-45.
④ 毛国育，李孟玫. 对高校财务理念重构与创新的思考 [J]. 创新论坛，2013（6）：4，10.
⑤ 阳晓晖. 对高校财务管理技术创新的思考 [J]. 山西财政税务专科学校学报，2004（4）：58-60.
⑥ 朱一新. 高校财务管理创新刍议 [J]. 教育发展研究，2004（9）：109-111.
⑦ 田靖鹏. 浅议高校财务管理体制创新——基于建立校、院（系）两级预算体系角度的研究 [J]. 教育财会研究，2006（2）：28-31.

思想观念、加强内部审计监督、防范财务风险、强化绩效评价等观点。[①]

钟洁颖（2007）提出，高校应基于价值链管理的财务创新。[②]

敬采云（2007）认为，高校财务管理制度体系因长期基本不变而日渐示弱。改进这种示弱状态需要在财务管理制度、核算、监管等方面进行管理创新。[③]

李美端（2008）提出高校财务管理创新途径：培植财源，推进事业发展；以人为本，全员参与管理；合理融资、控制负债规模；强化内控，预防财务风险。[④]

赵莉萍（2009）分析了高校财务集权与分权的各自利弊，提出高校财务二级管理体制改革及创新的主要思路是：实行全面预算制度，增加学校对发展方向的宏观调控能力；建立相对独立的会计核算中心，统一办理各二级单位会计事务；建立资金结算中心，整合学校的财务资源。[⑤]

崔凤彩（2009）构建了高校财务管理统一领导，统一开户，集中核算，两级预算，分级管理的新模式，并提出一系列保障性措施保证其顺利运行：建立高效的财务管理组织结构，引入绩效管理机制，加强预算管理，建立资金风险预警系统，降低财务风险，加强对财务评价指标体系和财务状况的分析，并最终实现财务管理信息化，使得高校财务管理工作更具效率、更透明。[⑥]

程志（2009）探讨了高校财务管理模式所应遵循的基本原则，指出了高校财务管理模式创新的基本思路，并阐述了高校财务管理模式需创建可持续的财务管理目标、全面预算体系、财务预警体系和财务报告体系等创新内容。[⑦]

范晓军（2009）提出了基于经营理念的高校财务分级管理模式创新。对规模较大处于发展成熟期的且管理规范的高校应如何建立高效合理的财务管理模式进行了有益的探讨。他提出在经营理念指导下将定性分析和定量分析结合起来构建我国高校财务分级管理模式。[⑧]

陈剑（2009）对电子政务下高校财务管理方式创新进行了探讨，提出全面构筑具有前瞻性的财务信息化管理平台，采用现代决策体制、原则与方法改进高校财务决策，运用现代化的电子信息技术全面实施高校财务管理一体化，完善信息

---

① 龙斌. 高校财务创新管理探析 [J]. 怀化学院学报，2006（3）：156 – 157.
② 钟洁颖. 基于价值链管理的高校财务创新 [D]. 厦门：厦门大学，2007：7.
③ 敬采云. 负债条件下高校财务管理的创新 [J]. 西南科技大学学报（哲学社会科学版），2007（5）：88 – 91.
④ 李美端. 创新高校财务管理途径 [J]. 中国农业会计，2008（3）：18 – 19.
⑤ 赵莉萍. 高校财务二级管理体制改革及创新 [J]. 新西部，2009（2）：98，101.
⑥ 崔凤彩. 我国高等院校财务管理模式合理化研究 [D]. 保定：河北大学，2009；21 – 43.
⑦ 程志. 浅议高校财务管理模式的改革与创新 [J]. 长春理工大学学报：高教版，2009（11）：18 – 19.
⑧ 范晓军. 基于经营理念的高校财务分级管理创新模式的研究 [D]. 北京：华北电力大学，2009：5.

风险控制制度的观点。[①]

廖卫玲、汪晶（2010）认为，电子信息技术的普及和成熟，给高校财务管理带来了新的发展机遇和挑战，有利推动了高校财务的组织和运行创新，为加快财务核算、支付、服务等流程的改造和创新提供了技术支撑，高校财务电子信息化创新将越来越趋重于财务信息的公开共享和信息数据的绩效评价。[②]

沈洪涛（2010）针对越来越激烈的教育市场资源竞争和越来越复杂的财务关系，指出中国高校需要树立财务管理新观念，加大财务管理力度，不断创新财务管理的方法，才能充分发挥财务管理的核心作用。基于高校的事业单位性质，对我国高校财务管理的创新机制进行了初步研究。[③]

吴晓玲（2010）在深入分析我国高校财务管理存在问题的原因和湖南省某高校在财务管理方面的做法和经验，以此提出我国高校在财务管理方面创新的具体对策。[④]

周轲（2010）指出，高校财务管理制度受到多方面因素的影响，其存在的问题复杂，经费资源很难优化配置，多元化筹集经费的渠道很难建立，必须转变观念，采取切实有效的措施为财务管理制度创新实现突破，更好地为高校发展提供经费支持。[⑤]

赵丹（2010）认为，各高校在资产管理制度创新方面，应建立国有资产管理制度；财务制度创新方面，应建立切合大学实际情况的财务管理机制，明确定位目标，划分经济责任，实行分级管理，提高资源利用率，从而为大学进一步发展奠定基础；在预算管理制度创新方面，应统筹安排各项财力资源，全面反映学校的财务收支和总体规模，确保学校事业的可持续性发展。[⑥]

黄向东（2011）阐述了当前我国高职院校在财务管理模式方面所存在的主要问题和成因，结合我国高职教育改革的发展方向和高等职业教育人才培养模式的特点，并以漳州职业技术学院为例，提出了构建与高职院校人才培养模式相适应的财务管理新模式。[⑦]

赵绍光（2011）分析了目前高校负债现状及生存发展困境，指出了常规财务

---

① 陈剑.电子政务下高校财务管理方式创新［J］.财会通讯，2009（23）：67-68.
② 廖卫玲，汪晶.电子信息化推进高校财务管理创新［J］.电子科技大学学报（社科版），2010（6）：40-43.
③ 沈洪涛.我国高校财务管理的创新机制研究［J］.景德镇高专学报，2010（2）：92-93.
④ 吴晓玲.我国高校财务管理的现状及创新研究——以湖南某高校为例［D］.湘潭：湘潭大学，2010：13-35.
⑤ 周轲.我国高校财务管理制度创新研究［J］.中国商界（上半月），2010（9）：42-43.
⑥ 赵丹.浅议高校财务管理制度创新［J］.商业经济，2010（7）：120-121.
⑦ 黄向东.高职院校财务管理模式的改革与创新研究［D］.福州：福建农林大学，2011：12-42.

管理模式存在的缺位，并针对性地提出了引入权责发生制、进行成本预算管理、建立"多元化"筹资办学机制、科学优化债务结构、拓展管理空间、建立高校财务风险预警系统等建议，使之形成一套较为完整的科学的财务管理体系。[①]

王燕平、常洁（2011）阐述了以资金动态控制为重点的"统一领导、分级管理"的财务管理新模式，保证预算在财务管理中的核心地位；建立和完善财务管理指标评价体系；加强财务人员的后继培养，提高专业素质。[②]

沈颖（2012）认为，采取全新财务管理理念，完善各项财务管理制度，开拓筹资渠道等措施可促进其机制创新，并使其有限资金的利用率达到最大和资源配置最优，也是提高学校整体管理水平的重点。[③]

尚英梅（2012）指出，高校从政府的一个事业单位转变为独立自主的法人、从计划经济的被动安排到市场经济的自我发展，角色的变化要求高校财务人员从管理理念、财务目标、评价手段、运行方法等各方面进行科学而规范的变革。只有在管理中加强创新，通过提高财务管理工作的服务质量，支持学校管理的整体目标，促进教学、科研、后勤的全面发展，才能够开创财务工作的新局面。[④]

于连美（2013）认为，高等院校办校成败在于管理，而管理的核心在于财务管理。因此学校财务不能仅作为教学和科研的工具，需要根据环境变化，用一种更加科学高效的管理模式来实现更好的高校财务管理。[⑤]

杨湖（2014）分析当下高校财务管理的现状，通过结合实际情况进一步分析当下高校财务在管理方面存在的问题，提出应通过强化财务管理意识、建立健全高校财务预算制度、提高资金使用的效益性和科学性等措施，不断优化财务管理的建议。[⑥]

四、高校财务管理技术与方法创新

朱建芳（2008）以财务管理假设理论、委托代理理论、财务决策理论以及内部控制理论为依据，提出私立高校财务管理的基本假设，为学校经营者独立开展财务活动，包括筹资、投资和分配等重要决策奠定了理论基础，并从理论上解决私立高校应如何看待营利的问题，为将企业财务管理模式引入私立高等学校搭建

---

① 赵绍光. 高负债视域下的高校财务管理创新 [J]. 河北科技师范学院学报（社会科学版），2011（3）：84-87.
② 王燕平，常洁. 试论当前高校财务管理模式的创新 [J]. 新西部（理论版），2011（10）：130，166.
③ 沈颖. 浅析高校财务管理机制创新 [J]. 对外经贸，2012（6）：150-151.
④ 尚英梅. 高校财务工作质量的提升与管理创新的强化 [J]. 通化师范学院学报，2012（9）：26-27.
⑤ 于连美. 浅析高校财务管理模式的创新研究 [J]. 中国管理信息化，2013（10）：21-22.
⑥ 杨湖. 当下高校财务管理存在的问题和优化途径探究 [J]. 行政事业资产与财务，2014（9）：179-180.

了理论平台,通过分析私立高校财务决策存在的问题,提出应对措施。[1]

刘丽英(2011)认为,高等教育事业快速发展,中小型高校由于观念上的原因、制度建设不完善且执行力弱、管理会计应用程度不高、信息沟通不畅,以及财务人员素质不高等方面制约了高校财务管理工作的创新,针对这些问题,提出树立起现代财务管理的理念,实行精细化管理,严格控制办学成本;健全内部控制制度,建立有效的风险防范体系;加强管理会计的应用水平,做好财务信息统计分析工作;实现数据信息共享,加快部门之间信息交换速度,提高部门间的财务信息沟通效率等对策。[2]

张兵、曹林凤(2011)指出,传统的"报+算"的核算型财务模式已无法满足高校快速发展的需要。针对新形势和建设新型高校的目标要求,财务管理体制需在财务管理方式上做到四方面的创新:高校财务管理机构、财务管理方法和手段、财务管理系统以及财务管理人员能力。[3]

傅赛萍(2012)认为,高校财务管理存在管理模式不合理、内部会计控制不科学、预算考核指标体系缺失、现代化信息管理滞后等问题,针对这些问题,提出了建立科学合理的高校财务预算管理制度,建立健全内部会计控制制度和监督评价机制,构建系统的高校财务管理评价指标体系和建立完善的现代信息化高校财务管理系统等改革创新思路。[4]

王娟英(2014)从高校财务管理的必要性入手,在总结最新事业单位及高校最新会计和财务政策的基础上,分别从理念、人员、制度和信息化四个方面分析了高校财务管理的现状,从这四个方面提出了创新性途径,以期为完善高校财务管理提供有益的借鉴。[5]

胡冰(2014)结合我国高校实际情况,认为高校财务管理应在观念、制度、内容和方式等方面进行创新,应当建立系统的成本核算体系,树立以"成本绩效比较"的理念,以绩效为导向,以实现绩效最大化为目标,进行成本效益管理,提升财务管理水平。[6]

五、财务管理环境与高校财务管理创新

曹明国(2003)认为,为适应知识经济时代的要求,推动自身发展,高校必

---

[1] 朱建芳. 我国私立高等学校财务决策机制创新研究 [D]. 杭州:浙江工业大学,2008:5-44.
[2] 刘丽英. 谈中小型高校财务管理工作的改革与创新 [J]. 会计之友,2013(32):96-99.
[3] 张兵,曹林凤. 探索高校财务管理方式的创新 [J]. 中国科教创新导刊,2011(35):240-241.
[4] 傅赛萍. 我国高校财务管理改革与创新探讨 [J]. 南昌教育学院学报,2012(7):71-72.
[5] 王娟英. 高校财务管理的创新性研究 [J]. 管理观察,2014(24):75-77.
[6] 胡冰. 高校财务管理创新研究 [J]. 新会计,2014(8):31-32.

须积极应对挑战，不断创新财务管理的思想、内容、手段、目标和方法等，努力提高高校的财务管理工作水平。①

鲜明（2006）指出了市场经济条件下高校财务管理的主要特征、任务及内容，分析了其现状和问题，提出了筹资管理、投资管理、会计体系等改善高校财务管理的创新思路。②

安增龙、姚增福（2007）认为，现行的教学管理体制很可能造成完全学分制对高校财务管理工作的冲击，为了促进其工作的更好发展，要充分研究问题产生的宏微观因素，从内、外两个方面探究解决问题的对策。③

王茁（2007）指出，高校正面临着巨大的财务风险，外部监管机构应采取相应措施，改革高校财务管理体系和核算制度，完善高校会计核算方法，通过社会机构进行审计和评价高校的财务和经济活动；高校内部财务管理人员也应转变理财观念，加强预算管理，特别是提高预算执行力度，改进高校财务报告体系。④

王汉文（2008）认为，在国库集中支付制度下，高校需要转变财务管理理念，致力于深化高校运行成本的核算、做好风险管理、加强财务信息构建、完善内部控制、强化人员培训等方面的财务管理创新。⑤

李俊杰（2010）则认为，为更好满足国库集中支付制度下对财政资金收付过程核算、反映、监督的需要，高校的财务管理方式也必须相应地进行改变。⑥

杨海平（2008）认为，信息技术飞速发展的今天，高校财务人员需要与时俱进，从观念、制度、内容及方式进行改革与创新，以适应高校发展的需要，保证财务管理工作适应时代的进步。⑦

黄永林（2009）从高校财务领导体制、财务管理模式、财务工作主管、经济责任制度和财务机构设置等方面，回顾了新中国成立60年来高校财务管理体制改革与创新的历史过程，分析和总结了我国探索创建与社会主义市场经济体制相吻合、具有我国特色的高校财务管理体制的历史经验及意义。⑧

石宁（2009）认为，以人为本、全面、协调、可持续的科学发展观，对高校

---

① 曹明国. 浅析知识经济时代高校财务管理的创新 [J]. 泰州职业技术学院学报，2003（4）：71 - 73.
② 鲜明. 市场经济条件下高校财务管理创新研究 [J]. 中国科技信息，2006（5）：226 - 227.
③ 安增龙，姚增福. 完全学分制下高校财务管理创新发展的思考 [J]. 中国科技信息，2007（11）：195 - 196.
④ 王茁. 新时期高校财务管理研究：问题与创新 [J]. 吉林师范大学学报（人文社会科学版），2007（3）：29 - 31.
⑤ 王汉文. 省级国库集中支付下的高校财务管理创新研究 [J]. 浙江教育学院学报，2008（5）：108 - 112.
⑥ 李俊杰. 省级国库集中支付下的高校财务管理如何创新之探讨 [J]. 成人教育，2010（2）：91 - 92.
⑦ 杨海平. 信息时代高校财务管理的改革与创新 [J]. 广西质量监督导报，2008（4）：110 - 111.
⑧ 黄永林. 新中国成立60年高校财务管理体制的改革与创新 [J]. 会计之友，2009（12）：4 - 8.

财务工作具有重要的指导意义，他探讨了高校财务如何实践科学发展观，从而创新提高高校财务理念。①

韩俊仕（2012）分析了高校部门预算公开的现状，阐述了部门预算公开对高校财务管理的影响，提出了预算公开视角下高校财务管理思路的创新：健全制度，强化部门预算的编制、执行和分析，加强项目管理，提高科研经费管理水平，内部和外部监督相结合，有效发挥监督作用，严格界定三公经费内涵，加强三公经费管理。②

王迁丽（2012）对网络经济进行了概述，分析其含义与特征，阐述网络经济环境对高校财务管理的影响，提出了网络经济环境下高校财务管理创新策略。③

江鸿（2013）认为，随着社会主义市场经济的发展与知识经济的到来，高校财务管理面临着巨大的考验。为了适应知识经济时代的发展要求以促进自身的发展，对知识经济时代高校财务管理的创新进行有效性分析与研究。④

陈改荼（2013）认为，高校财务应以新的高校财务制度为依据，把科学发展观作为指导，完善财务管理体制和运行机制，优化现有的理财环境和理财方式，全面提高财务管理水平和服务水平，发挥财务管理在高校发展中的重要作用，为高校各项事业的发展提供有力保障。⑤

刘晓霞（2013）对新的会计制度下高校财务管理工作中面临的问题进行阐述，分析了高校新会计制度对高校财务管理的影响，提出新的会计制度下高校在财务管理工作中的管理措施和策略。⑥

林茜（2013）以现代大学制度建设为背景，通过对国内外高校现行财务管理模式的比较分析，结合当前高校实际情况，提出现代大学制度下基于分级财务管理模式的创新途径。⑦

何小红（2013）从社会管理视角探讨了高校财务管理创新问题。⑧

梁涛（2013）对新形势下高校财务管理的创新策略进行了探讨，提出了财务管理方法创新，"以人为本"的提高财会人员素质创新，细化财务管理内容创新等观点。⑨

---

① 石宁. 实践高校财务科学发展观创新提高高校财务理念［J］. 现代商业，2009（11）：218－219.
② 韩俊仕. 预算公开视角下高校财务管理创新思路探讨［J］. 新西部，2012（21）：123－124.
③ 王迁丽. 网络经济环境下高校财务管理创新研究［J］. 财经界，2012（12）：151，153.
④ 江鸿. 知识经济时代高校财务管理创新探究［J］. 中国外资，2013（4）：81.
⑤ 陈改荼. 以科学发展观指导高校财务管理创新［J］. 中外企业家，2013（3）：60－62.
⑥ 刘晓霞. 新会计制度下高校财务管理工作的创新研究［J］. 湖南工业职业技术学院学报，2013（6）：31，63.
⑦ 林茜. 现代大学制度下高校财务管理模式创新研究［J］. 行政事业资产与财务，2013（10）：1－2.
⑧ 何小红. 社会管理创新视角下的高校财务［J］. 教育旬刊，2013（11）：47.
⑨ 梁涛. 试论新形势下民办高校财务管理的创新策略［J］. 经济师，2013（2）：107－108.

吴捍泽（2013）认为，经营性理念是一种系统的、科学的管理思想。不管是营利组织或是非营利组织都要有自己的经营性理念。一套完整有效的经营性理念对组织的发展作用极大。大学作为一个非营利性组织，科学的经营性理念是学校平稳发展，在众多的竞争者中脱颖而出的关键因素。[1]

陈柯（2014）对内部控制视角下高校财务管理中存在的问题进行分析，从而提出应制定相应的解决办法，逐步完善高校财务管理。[2]

宁冰（2014）通过分析新形势下高校财务管理存在的问题，提出了一些应对政策和创新型思路方向。[3]

黄敏新（2014）认为，高等教育内涵式发展模式的推进以及新《高等学校会计制度》的实施，对高校财务管理工作提出了新的更高要求。对高校财务管理需要具备的新理念进行分析，并对规范高等学校的财务管理提出了建议。[4]

六、相关研究文献的述评

从国内现有关于高校财务管理创新文献的研究来看，还存在以下几点不足或缺陷：一是尚缺乏理论高度，现有的探讨，大多是高校财务实务人员根据自身工作体会提出的设想，虽然这些设想更有实践依据，但难免也会缺乏一定的理论高度，例如，这些创新设想并没有结合构建现代大学制度、推进大学法人治理的客观要求去谋划，也没有结合当前公共管理和现代财务学的前沿理论去提升；二是缺乏国际视野，忽略了国际高等教育财政和财务管理的发展趋势，以及国外高校财务管理的先进经验；三是缺乏系统性，比较零散、囿于片面，通常只是对某个方面，如模式、技术方法、制度、后勤财务等方面的管理创新进行探讨，缺少全方位、立体式的系统思考高校财务管理创新问题。但由于这些观点直接来源于实践，其中也有很多观点还是非常具有前瞻性的，如效益观念、风险观念，体制创新等。

第四节 高校财务管理创新的国际经验

本节主要介绍美国高校财务管理创新的特点，并顺带介绍英国、加拿

---

[1] 吴捍泽. 浅析经营性理念在高校财务管理的创新 [J]. 财经界，2013（11）：186，188.
[2] 陈柯. 内部控制视角下高校财务管理探究 [J]. 行政事业资产与财务，2014（27）：116 – 117.
[3] 宁冰. 新形势下高校财务管理制度的创新思路及对策 [J]. 行政事业资产与财务，2014（3）：191 – 192.
[4] 黄敏新. 新会计制度视角下的高校财务管理理念探析 [J]. 会计之友，2014（30）：86 – 88.

大、法国、澳大利亚和日本等国家高校财务管理实践情况及可资我们借鉴的创新经验。

一、美国高校财务管理创新的借鉴

（一）美国高校的财务管理体制

美国大学有公立和私立之分，财务管理模式也各不相同。其中，私立大学普遍采用分散型管理模式，即高校下设的学院直接管理院校的大部分经费，校部只接管每个学院上交的少部分经费，用于人员各项工资福利支出、校舍建设维护支出和其他公共支出。二级学院是学校的办学实体和管理重心，因此财务相对独立，拥有较大的办学自主权。公立大学一般采用集中型管理体制，即学校的预算管理、经费来源和支出控制权限集中于校级，院级向学校申请经费也要纳入校级预算，并且由学校报州政府审批后执行。州政府对州立学校实行较为严格的预算控制，但最近很多州发生财政困难，预算拨款不但没有增加，反而减少，所以其放权给学校时也会进行一定的支出控制。

这两种管理模式各有利弊。集中型管理模式便于校级集中管理控制，但不利于调动院（系）级预算管理、经费筹集和支出控制等方面的积极性；而分散型管理模式虽有利于发挥各院（系）的积极性，但不利于校级的集中管理。因此，美国有高校意识到这些问题，正在努力尝试构建责任中心制度，充分发挥两种管理模式的优势，使校级部门和各院（系）均成为"成本中心"或"支出中心"，这样实行预算管理和支出控制就能有效地提高经费的使用效益。

（二）美国高校的财务绩效评价

美国的高校财务绩效评价历史悠久，最早可追溯到20世纪早期的高校声誉排行研究这项活动，但真正的发展是在20世纪60年代开始的。由于当时出现了很多的新立高校，如何改善教育经费、办学物质等有限资源的管理就成了美国高校财务管理的紧要任务，并且各种资源配置方式的出现也成了高等教育绩效评价的主要内容。随之建立的"资源需求预测模型"，通过将生均学分成本作为院校效率基准，来帮助高校财务人员确定拨款重点和绩效水平。20世纪80年代以后，政府把重点放在高校结构中比例最大的州立学校，各州高校逐步采用以绩效拨款、绩效预算、绩效报告为主要形式的绩效责任考核机制，相互间更注重比较资源使用效率，并不断提升自身财务管理水平。到2000年，美国已有37个州建立了高校财务绩效评价体系，相应指标高达 37 个，通过总的学生学时、单位成本、教学人员工作量、生产率等绩效指标，促使高校的经费使用更具效率原则。

（三）宽松、灵活、开放的筹资环境，为美国高等教育提供了充裕的资金支持

美国高等教育政府拨款所占比例不是很多，其平均占各大学总收入一半左右。这其实与我国高等教育的目前状况大致相似，但政府提供给高校的筹资环境却很宽松、灵活。

一是通过税收政策鼓励私人机构向高校捐赠、投资。任何人向教育捐赠都可以抵扣所得税是美国法律所允许的。该政策虽针对任何形式的教育，但高校作为培养精英的摇篮，常常受益最大，主要原因是精英们常作为捐赠的主体。各高校也非常注重通过捐赠来筹集办学经费工作。

二是通过税收优惠降低高校支出水平。美国高校采购的物品可以免交销售税，单这项法律规定就可以为高校节约 8% 的采购开支。

三是争取各种渠道的科研经费。美国高校每年会接受联邦政府、州政府以及公司企业等大量的科研课题，而且提供的科研经费数目较大，这样高校就有机会获得高达 30%～100% 不等的科研项目间接费。因此，各高校都积极争取各种渠道的科研课题经费。

四是允许高校发行债券。高校发行债券的风险较企业来说相对较小，加之社会效益大，被民众广泛接受。高校发行债券机制与企业大体相似，能否正常售出，利率高低等都在于其信用等级。因而高校十分注重自身信用建设，采取定期申请信用级次评估的方法，通过利用其较高的信用等级直接向社会发售债券。

五是允许高校投资创收。美国高校财务部门均设有投资办公室，专门负责学校各种基金的投资与管理，对学校临时闲置的资金进行投资增值。非营利高校投资收入免税也是美国法律条文所允许的。这样高校一项重要的经费来源就是投资收益。

六是按照市场机制自主决定学费标准。私立大学学费标准是参照市场机制由校方或大学联盟（如常青藤大学联盟等）根据相关教育培养的成本决定的，而公立大学的学费却要由学校董事会批准后报州政府备案，但其学费与州政府拨款存在此长彼消的关系。

（四）科学、严格的预算，保证了美国高等教育的健康发展

通常，美国高校预算编制和管理程序十分严格。公立大学的年度预算，由各

学院提出，学校的预算部门审核汇总，经过层层审查论证和修改完善后，报州政府批准。大学预算需经州长批准已成为一项法律，具有严肃性和强制性，各高校必须无条件遵守，并规定预算收入节余可以结转下一年度继续使用。

（五）重视财务管理，促进高校决策科学化

美国各高校都很重视财务组织机构建设，使财务管理人员力量较为雄厚。各高校均设立财务副校长或财务总监，财务主管人员要求具备专业学历，校长主要负责学校的筹资工作，并关注学校财务状况。如芝加哥州立大学规定校长必须亲自出席每周召开的财务会议，以此了解学校的财务状况，并做出及时调整财务战略的对策。

（六）强化支出管理，节约经费开支

美国的高校极其注重支出的预算控制，规定支出不能超过预算控制数额，特殊情况除外；实行根据金额进行限制的严格采购制度，但零星物资采购排除在外，实行多家报价或招标采购，并有审计部门介入，每年都进行审计以确保每一笔交易的合法性；注重校产的管理和维护，尽可能延长资产的使用寿命，减少其更新改造支出；物业管理推行社会化，水、电、绿化卫生、安全保卫等公开向社会发包，这样充分利用社会资源，以提高管理效率，降低管理成本；结算中心控制支出，实行分散型财务管理模式的私立大学，一般都设立校级结算中心，集中核算和管理全校的收入，并控制支出；建立信息管理系统，将全校的财务、人事、学生事务等均实行上网管理，以便提高整个学校的管理效率，节约全校的支出。

（七）重视财务管理信息化建设，共享程度高

北伊利诺伊大学每一财政年度均编印《数据手册》（Data Book），分招生、学生结构、录取与新生特点、学位授予、教职员工、财务与学生成本六方面提供学校的财务状况和管理信息，介绍学校的财务政策，分析学校的财务运行效果。预算管理实现网上查询，每个人用手机就可随时查询预算执行情况。财务部门每个月都做预算执行情况分析，专项经费的执行情况单独分析，形成分析报告。充分体现公开、公正、公平的原则。

（八）基于责任中心管理的美国高校财务管理创新

责任中心管理（RCM）在20世纪七八十年代出现，在私立高校包括康奈尔

大学、哈佛大学、南加利福尼亚大学、范德堡大学、宾夕法尼亚大学等均采用这种管理模式，而公立大学更倾向于集权式的财务管理，由学校层面管理者依据先后顺序进行预算分配，但随着高校财务压力的加剧，越来越多的高校正在引进并使用这一基于激励的预算系统。1997年美国16%的公立大学和31%的私立大学都实行了责任中心管理模式。在过去30多年中RCM理论与实践一直在发展演化着，形式包括全面质量管理（TQM）、业务过程重建（BPR）和学校中心预算等，在密歇根大学责任中心管理被称作价值中心管理；俄亥俄州立大学称之为以激励为基础的预算；伊利诺伊州立大学则采用了任务导向的预算和规划；加利福尼亚大学洛杉矶分校（UCLA）称之为收入中心管理。

尽管如此，责任中心管理模式的核心是将学校内部的单位划分成创收中心和非创收中心，创收中心主要为学术单位如学院、研究所和学校附属企业，非创收中心主要为学校的管理服务部门和后勤支撑部门，创收中心要承担非创收中心的成本费用，创收中心之间相互提供服务也要进行结算。这种财务分权的管理模式使权利和责任相一致，既有利于调动各学术单位开拓财源积极性，也可以约束非创收中心节约成本费用。责任中心管理模式将在后面的章节中具体阐述。

二、英国高校财务管理创新的借鉴

（一）英国高等教育的拨款机制

在英国，公立大学占高校的比例比较高，政府拨款是高校办学经费的重要来源。高等教育拨款委员会（HEFCE）负责把经费分配给每所高校。高校收到拨款后，按照最初的预算分配给各二级学院。一般学院会合理分配资源，并上交资金供学校日常行政经费开支。但有些高校选择先扣除预计的行政经费，再将剩余资金在院系之间进行分配。

根据英国高等教育条例，英国在1992年成立了非官方的高等教育拨款委员会（以下简称"拨款委员会"），专门负责国家高等教育经费的分配。政府的教育经费之所以通过拨款委员会拨至学校，是为了大学免受政府政治干扰，保证大学学术自由。由英国法律可知，大学经费的额度是政府确定的，但学校的学科建设、人事、教学等内部管理问题，其无权干涉。拨款委员会根据高校教学与科研的评估情况来拨款，相当合理和透明。拨款委员会的任务是：制定并执行政策，保证科研项目、计划及各种活动与教育大臣的指示同高等教育条件一致；向教育大臣提供咨询，提出合理的资金分配原则和意见；帮助高等教育研究机构、大学提高教学质量，促进其发展并有效使用资金。拨款委员会的职能是：帮助高校满足学生需求，提升教学与研究质量；开展高等教育多样化，拓宽经费筹措渠道；建立与高等教育机构的合作联系；鼓励高等教育机构加强和扩大在当地、全国及世界范围内的影响；保证高等教育机构有效地使用资金。

（二）英国高校的学生贷款

英国的学生贷款由政府提供，经费主要用于解决学生在受教育期间的生活费用。贷款不是无偿的，学生先向政府借款，待完成学业工作后有了收入需偿还给政府。在英国，无论是公立大学，还是私立大学，每个大学生只要年龄未达 50 岁，都可以向政府申请并获得每年 3 000 英镑的贷款，该贷款申请完全是由学生自己决定，与他们的家庭经济状况没有丝毫关系。学生毕业后需分期向政府偿还所贷款项（一般还款期为 5 年）。若个人收入低于平均收入的 85%，可推迟贷款返还时间；若 25 年内仍不能还清或年龄已达 50 岁，则核销贷款，不需偿还；若年薪超过 1 万英镑，由所得税偿还。但是，有下列条件的学生可获得免费贷款，如残疾、有小孩、路途较远、所学时间超正常时间的学生。上述贷款事宜，只针对英籍和欧盟学生（英国"脱欧"前的政策）。

（三）英国大学与企业的合作

英国大学在 20 世纪 80 年代初开始与企业合作。其主要原因有两个：一是政府教育经费逐年减少，只有依靠与企业联合才能获得更多资助；二是学校和企业双方认识到国家发展有赖于国民的教育水平，只有双方加强合作，才能使国家在国际竞争中凸显优势。企业界可以利用大学在人才培养、技术开发与转让等领域的优势，大学肩负使研究人员扩大视野、提高专业水平、增加经济收入的重任。双方达成共识，有政府政策的引导，大学与企业合作进展顺利，业绩骄人。英国政府为加强大学与企业合作采取的政策措施如下：（1）鼓励大学从外部开拓资源。（2）对大学创收给予税费优惠政策：大学在举办短期课程、管理培训、开展咨询服务、技术转让、科研合同、成果开发、出售专利及开展社会服务等所得收入，凡用于教学和科研以及学校自身发展的，无须向政府纳税。（3）建立大学与企业界联系的纽带；英国教学公司、工业和高等教育委员会、多学科研究中心以及科学园等构成了大学与企业界联系的纽带。（4）积极推进私人投资倡议计划：政府希望大学引入私人基金来解决教育经费不足的问题。政府建立了私人投资倡议计划处和私人投资倡议计划热线服务，为私人投资者和在教育培训领域有私人基金项目的机构提供咨询建议、信息服务和帮助。大学与企业合作的主要形式：（1）学生培养计划。该计划是大学与企业联合实施，企业界为学生提供多种资助和工作实习。重点培训已在公司就职的大学毕业生。（2）联合聘请教授和科研人员：大学和企业共设"联合教授"的职位。（3）资助研究发展项目。（4）咨询与捐赠。

（四）英国高校的放权型财务管理体制

在英国，用于教学和研究的资金作为一套综合补助款拨付给学校或学院。经费若是用于支持教学、研究等相关活动，学校或学院可从自身需要考虑，在不失传统时仍自由支配。虽政府对大学的财务运营采取只补助、不控制的原则，但各高校在经费方面大多来自政府。

英国高校财务管理模式是典型的财务分级管理。其财务预算管理由学校校级财务部门集中编制，分校、院、系三级，由校长、院长、系主任各司其职。校长主管整个学校的预算，校区教务长主管校区预算并负责将经费分配到各学院，系主任掌握本系开支。对拨款进行合理分配关键是做好资金预算。预算资金配置的主体是学院，强调资金分配与工作体系相关，院长和系主任有充分的人事、财务和管理的自主权，学校各行政管理部门要履行服务的义务，无决定权，各行其是，各负其责。学校需开设一个银行账户，各二级学院和其他单位通过计算机联网结算，不得自行再开设账户，以此集中财力；同时，为增加二级单位的自主权，对预算经费及科研项目经费的支配权要适当下放。为加强高校财务管理监督，英国高校实施经济责任制或目标责任制，即各部门在编制预算时要向财务部门提交未来三年详细的工作计划、员工编制计划和财政开支计划。中期、年终都要进行预算执行情况检查，根据预算执行的相关状况做出改正。各部门每年年终都要向财务部门上交本年的工作总结报告，以考核其完成承诺、经济活动取得效益的实际情况。

（五）英国高校的财务绩效评价

在英国，高校财务绩效评价的发展从20世纪70年代末初见端倪。当时英国经济急剧下滑，生产力水平下降，财政赤字时常发生，主要靠政府财政拨款的英国高校面临效率较低，无法满足社会对高质量人才的需求，并且与工商业出现分离，缺乏竞争力。而公共部门，要考虑如何增加绩效，通过最经济的手段，用最少的钱，提供最优质的服务。这也是英国高校改革过程中亟待解决的首要问题，因此公共部门的绩效评价逐步被提上政府的议程。在整个撒切尔和梅杰执政时代，各种高等教育报告书、绿皮书、白皮书和法律层出不穷，高校绩效评价的内容在各种畅销书和相关文件中屡屡出现，最具盛名的是1985年的《大学效率研究指导委员会报告》。该报告针对大学领域的资源分配和使用效率问题，对当时负责教育经费拨款的机构大学拨款委员会（UGC）、大学校长委员会（CVCP）、高校本身、政府都提出了许多有参考价值的建议。其中，针对大学拨款委员会和大学校长委员会的共同建议中明确指出，应制定一系列包含投入和产出的绩效指标，各高校对这些指标要加以运用，并用于彼此间的相互比较。该报告将高校的绩效评价指标分为内部指标（反映学校自身特点）、外部指标（反映高校学科与社会发展的融合度）和运行指标（反映办学运营的效益效率情况）。其中财务绩效评价侧重于运行指标，按照"3E"原则，通过生均成本、设备利用率等具体指标来体现高校获取资源的经济性、使用资源的效率性和实现目标的效益性。英国政府对该报告中提出的将绩效评价方法作为改善高校财务管理的方法给予正面肯定：高校定期公布绩效指标有利于学校间的相互比较，完善财务管理，促进公共资金的高效使用。1986 年，大学校长委员会连同大学拨款委员会对绩效指标也做了分类，具体分为输入指标（反映高校人力、经费等可用资源）、过程指标（反映高校办学过程中有关资源使用率、管理行为等情况）和输出指标（反映高校教育产出质量）。上述指标对高校办学的各个方面的综合反映，有着深远的意义。

（六）董事会监督高校理财

在英国，大学和学院作为独立实体，各自选择从多种渠道筹集资金。但对于高等教育整体来说，资金来源的重要方式是靠英国高等教育拨款委员会拨款、公共资金筹集和学费。英国高校内部的预算安排和管理十分严格。以伦敦城市大学为例，学校成立了由学校教职工和校外的社区成员参与的校董事会。校董事会在财务方面需要肩负的责任是讨论通过学校年度预算，监督各项财务收支实况，听取财务和审计工作的有关汇报，保证学校的财务管理工作符合法律，使学校资金安排符合学校长期发展的需要。在内部管理体制上，每一个学院都是实体，院长负责组织本院财务收支计划的制订，充分保证预算平衡。在预算管理方面，为保证学校拨款程序的高度透明，通常将财务政策以小册子的形式发放给每位教职工。

以下通过伦敦城市大学国王学院的财务情况更加详细分析英国高校财务的地位和资金利用的情况。国王学院的管理依法律要求分为两部分：管理理事会和学术理事会。隶属于管理理事会下的财务管理委员会负责财务管理。其职责是有效管理和控制学院的财务运营。向理事会提供有效管理学院资产和收益的意见并提供财务管理条例的调整意见。该委员会下设投资管理委员会，负责学院长期（一年以上）资产管理。学院院长和财务部门负责人以主要成员的身份参与并发挥相应的作用。按照相关制度的规定，学院的院长是指定负责人，所有关于财务预算和结算的报告都必须经过院长的审核批准，但日常财务管理由财务部门负责。国王学院财务部只单设一个财务主管。

关于课题经费管理,所有收支须由学院的账号统一进行管理,各院系不得再次开设银行户。科研经费主要来自政府拨款,靠高等教育拨款委员会下拨的款项必须专款专用。只有通过学院财务主管、总会计师或相关负责人的签名同意,经费才能分配给国王学院。否则学院无法获得经费。学院为获得通过的课题开设院内账户,并将账户状况告知课题负责人。与该项目有关的费用全部必须从校项目账户内列支。每一课题负责人要做到提前向财务部门提供该财政年度的签字人姓名及签名笔迹。申请开支人和签名人职责分离,不能是同一人。超过1万英镑的开支得有两个签名人同时签字并征得财务主管的同意后才能生效。学院的教育资产主要是政府拨款、捐赠和自身增值,学院设立房地产战略管理委员会和学院房地产管理办公室对资产进行管理,最终产权归属学院,因而添置和处置资产都要通过理事会的同意。资产管理进入每个年度的财务预算和结算。资产管理与其他财务行为一起,受到学校内部审计和外部审计的双重监督,同时接受学院理事会的监督和控制。

三、加拿大高校财务管理创新的借鉴

加拿大高等教育的优势、知名度世界瞩目,这与政府的重视度密切相关。在经济合作与发展组织(OECD)成员中,人均教育投资比例最大。加拿大宪法规定:教育由各省负责管理,各省教育部负责监管高校的政策制定和财务拨款,学校享有很高的办学自主权。管理的科学化、民主化、规范化、专业化以及政府在教育方面的高投入,创造出一大批世界知名高等学府。尽管加拿大高校的大部分经费是政府拨款,然而政府却很少干涉学校管理,财务管理也包括在内,典型的是加拿大对大学并不实行国库集中支付制度。加拿大高校财务状况在公允性和透明性方面做得相当到位,政府规定公立大学向社会报告有关财务情况是其义不容辞的责任。因此,加拿大政府通过政策法律和经济资助对各大学的办学方向与科研方向影响巨大。

(一)组织构架及其职能

董事会是加拿大高校的最高权力机构,负责学校包括任命校长、筹集资金、监督财政管理制度、制定学校发展战略规划、处理大学法律事务、加强学校与政府和社会的联系等方面的管理。加拿大高校设置的财务处,其职能范围比我国高校要宽泛很多。相比其他方面,比较有特色的是加拿大高校财务处具有风险经营和保险管理的职能,以及管理、保护学校商业合约和相关法律责任的职能。财务处一般设财务策划、会计、捐款、薪金、保险、投资等部门，财务处工作人员必须具备财务专业知识背景才能委以重任。常务副校长分管学校的财务工作，主要负责领导各部门预算的制定和执行，向董事会报告工作。在高校设立财政委员会，主要负责批准年度预算，参照预算监督财务结果。高校遵守统一的国际会计准则，各校根据实际情况制定相应的财务管理规定和制度。遵守大学的财务政策、财务程序和资助人的指导方针是大学所有部门的职责。加拿大高校二级学院（单位）是学校的办学实体和管理中心，拥有较大的办学自主权，在财务上进行独立核算。学校主要通过制定相应的关键绩效指标（KPI）对各学院（单位）进行管理和考核。二级学院负责学科建设、教育、科研和学生管理等所有日常工作，并配备相应的财务管理人员，自主管理和使用资金。大学对所属二级学院（单位）拨款是依据财政拨款、学费的一定比例并结合教育成本来确定的。并且这些学院（单位）使用学校资源如教室、实验室、水、电等都要支付相应的费用，它们之间发生的费用按照市场价格进行内部结算，因此学校内部各学院间必须资源共享。学校对二级学院（单位）实行关键绩效指标（KPI）考核，这使得各部门负责人对财务管理和审计等工作非常重视。

（二）预算管理

加拿大高校一般设立预算管理办公室，从每年12月开始，校内各单位就需将本单位的年度预算建议上交给学校预算管理办公室，预算管理办公室把学校近三年的预算资料汇总，根据上年度各单位的实际支出情况，分析各项支出在预算中所占比例，按照收费学生培养成本的实际情况编制下年度的预算方案。在预算编制过程中，一般采用参与法、咨询法等鼓励各部门和教职工参与预算的编制，预算草案和定稿向全校进行公示。由于加拿大高校的预算论证较为充分；编制预算方法的精细程度和参与程度较高，这就使得经费分配具有相当程度的稳定性。加拿大高校非常注重支出的效益分析和考核：支出管理方面实行分类管理；控制方面主要采用绩效预算；收支金额确定方面主要采用零基预算；在收支预算上十分重视支出预算，通常按照学校发展和教育的规律编制6年期的预算方案，同时保证第6年末收支平衡，该过程中允许出现细微偏差；各学院依实际情况，相关的预算管理按照统一的项目明细科目细化，二级单位在预算范围内拥有充分的自主权。在执行过程中，学校事先规定了预算的偏差幅度为3%，对超预算一般不予调整。

（三）财务分类管理

加拿大高校财务实行分类管理，主要分三大类。一是与学术活动无关的财务往来管理，如采购管理，由于各高校财务状况公允性较高，政府的拨款转移支付后，便不再干预学校的自治。因此，政府的采购制度和高校是完全不能等同的。高校都有一整套按效率和可监控原则制定的严格采购制度，规定金额以下的，一般由各院系用采购专用卡采购；超过规定金额的，由学校购买服务机构按规定程序采购。采购记录和相关凭证按相关规定需要保存7年，随时接受采购卡管理机构、校内或校外审计机构以及其他监督机构的审计。二是与学术活动相关的财务往来管理，大学行政当局会根据学校财务收支状况和学生培养成本的变化，向学校董事会提出调整和提高学费的财务报告，获得通过后该方案方可实施。学校收取学费是需要提前告知学生，但校方仍有在未经通告的情况下改变收费的权力。三是科研经费管理。大学几乎全部都设有科研经费管理办公室，对科研经费进行统一管理。课题负责人通常只负责自己的经费号码，使用经费需先申请。科研经费的使用规定十分严格，如不准用于请客吃饭、私人消费、旅游等非正常耗费，除接受学校内审部门对经费进行审计之外，还要接受社会审计或资金提供单位对其进行的一系列审查。对于联邦科研基金和省科研基金的科研经费，学校不可以提取管理费。国家给学校下拨科研经费时，另拨15%作为学校的管理费；对于企业提供的科研经费，学校根据限制条件，可以按0~40%左右提取管理费。一般来说，限制条件增多，提取管理费的比例也随之提高。

（四）捐赠事务管理

捐款收入是加拿大高校在政府拨款、学生学费、研究基金之外的第四项重要收入。捐赠收入主要为限定用途的捐款，建立留本基金，除保证本金不变以外，学校还需通过限制每年基金收益的支出来防范捐款的通货膨胀风险，捐款投资收益只能用于捐款人或校董会确定的相关用途。加拿大法律规定，任何人向教育捐赠都能抵扣所得税，通过该项措施鼓励企业和个人向高校捐赠，促进教育事业发展。为做好募捐工作，有的高校创建了校友发展信息系统，设立记录和研究部，收集校友、家长、捐赠者、合作者、基金、媒体、政府代表和校方友人的信息，跟踪和更新几十万个名址特别是名人的资料。校内有关部门和院系可直接利用该数据库，与各方保持密切联系。学校成立发展办公室或基金办公室专门负责对外联络、校友会管理等各项工作，并负责筹资、接受和处理各项捐赠、维护校方和捐赠者关系等事宜。

（五）内部贷款

内部贷款计划是给学校内部能产生收益的创新性项目提供启动资金，旨在帮助各院系和教师的创业计划。该贷款因学校结余的流动资金而相应产生。贷款项目产生的效益除了增加学校的收入外,还为小规模的创新项目提供资助。内部贷款的申请程序与传统的商业贷款类似,申请院系需要向校财务处提供一份有关项目的商业计划。贷款需要还本付息,利息率的高低取决于学校短期资金运作的收益。贷款能否被批准,关键在于项目能否为学校带来收益。若不能带来收益,其必须在整体上对学校有益,并且自负盈亏。内部贷款计划为那些真正了解自己所从事的领域且有望成为企业家的人提供实质性的借贷帮助。此外,财务处某种程度上履行银行的职能,为学校多余的流动资金提供了一种有效的投资途径。

(六) 风险管控与法律保护

加拿大高校财务部门除了常规职责外,还有两项职能:一是风险管控与保险管理职能。加拿大高校将校园安全置于首位,财务处要帮助学校相关部门维护安全的学习和工作环境,并预测和控制各种可能发生的风险。财务部门对风险管控和保险管理的要求使得学校在物质财产方面和债务方面的损失和浪费降到最低。学校通过员工的协助控制风险,或通过风险资助的方式(如保险)预防和减少损失。除了主要的财产和债务保险计划外,还包括汽车保险、学生意外事故保险和志愿者保险、商业旅行保险等。二是管理、保护学校商业合约和相关法律文件的责任。财务部门既是学校安全的维护者,又是学校大部分商业合约与相关法律文件的管理者和存放地。这些文件包括原始文件和与非研究性合约、协议、债务合约以及租约等相关的档案,被标上专门的颜色标识,存放在财务处有安全防火性能的柜子里,以确保相关文件和记录的完整性。学校教职员工必须从副校长、院长或系主任那里得到书面授权才能获准阅览这些文件。财务部门要评估每一份合约以确认学校整体的利益得到保护,确保它没有违反学校各方面的规定和标准。

四、法国高校财务管理创新的借鉴

(一) 学校财务管理机构、岗位设置和核算形式

在法国,大学校长既是学校管理的总负责人,也是财务管理的最高负责人。在校长之下,一般设一名行政副校长或会计代理人,具体主管学校的财务系统。行政副校长或会计代理人必须具备高素质,拥有过硬的技术知识,接受过专业教育,可由政府主管教育部门或财政部门直接委派,也可由校长推荐、政府审核任命,并可连任。他们一方面代表政府,执行国家预算,对学校的经费进行管理和

监控；另一方面对校长负责，执行学校财务计划，为学校的建设和发展服务。这种双重职责，使得他们在财务管理方面享有较大权力，每笔经费支出均需经会计代理人签字。为规范他们的行为，上级审计部门每过几年就要对其工作进行审计。如法国审计法庭，每 5~7 年审核大学经费开支，主要针对会计代理人进行审计，审核其有无违法行为。

学校财务管理实行集中核算、分级管理，在管理权限方面，所有经费收支都需纳入学校的财务计划，经会计代理人审批方可生效；学校负责监督计划内教学、科研经费的使用，但教授可以根据完成具体任务的需要进行合理安排。在管理层次方面，要视学校规模和经费而定，实行两级或三级管理。不同高校虽在管理权限和层次上稍有差异，但总的财务核算权限还是集中在学校一级。全校只有财务处在银行开设账户，集中管理学校的全部资金。

（二）学校综合财务计划编制与执行

法国高校编制综合财务计划有相应的原则、内容、法定的审批程序，非常规范。与此同时，综合财务计划的执行也较为严格。

第一，编制原则。一是根据上年度实收和本年度预收，制订支出计划，量入为出，总量平衡。二是综合财务计划包括收入计划和支出计划，学校所有经费收支均纳入财务计划。三是优先安排日常必需支出，包括水、电、暖、通信、维修和教学等固定开支，有剩余财力再安排发展建设，如设备购置和科研需要。

第二，编制内容。在年度计划经费核定的基础上，先按大项目分类为人员、教学、科研、公共条件和维修等方面费用。大项目确定之后，再在项目经费总额内进行具体分类，例如，教学经费可分为文具、实验室研究、学术交流和设备等方面。二级分类下面还设有三级分类，最终构成年度财务计划。财务计划编制较为具体，各项经费都要详细纳入计划，基层照计划执行，其可操作性较强。

第三，编制方法和程序。校长、行政副校长或会计代理人和财务处，在征求学院及系、所领导意见的基础上，综合上年度计划执行情况和本年度预测收入，以及历史经验和现实需要，提出综合财务计划的初步方案。初步方案须经学校董事会讨论审定，然后报政府主管部门审批，形成正式方案。

第四，综合财务计划执行。学校财务处按年度财务计划，将经费指标合理分配到各学院及系、所，构成学院的财务计划。计划内经费的使用，有的学校管理严格，经费开支均要再行审批；有的学校赋予学院相应权力，校财务负责监督。学校财务计划一经下达，各级组织必须按计划执行，绝不允许超计划开支。如遇特殊情况必须增加开支的，可在学校每年 6~7 月调整计划时提出，经校董事会审批后，才能实施。学校调整计划增加支出，必须在收入增加的情况下才有可能批准。

（三）科研经费管理

法国高校的科研经费来源于三个方面：政府补助金；政府研究委员会、基金会或科学院的科研费；工业界或私人组织的课题费。前两个方面类似于我国的纵向科研费，第三个方面类似于我国的横向科研费。纵向科研经费与横向科研经费的比例约为 3∶1 或 5∶1。理工科高校与高科技产业紧密结合，他们互相促进，发展迅速，这样高校在企业界获得的研究经费不断增加，在学校科研经费中占的比例也逐年上升。科研经费的支出项目主要是人头费、材料费和设备费。研究所除教授和少量专职教学人员的工资由学校发放外，其余人员像研究人员的工资和研究生的费用都是用科研经费开支的，人头费占比较大。以此为例，一些大学提出，要逐步实行科研全成本核算的方案。学校科研经费的管理，基本上以课题组为管理单位，实行教授（课题组长）负责制。聘用研究人员核定工资、招收研究生确定待遇、购置设备、材料等，一般都由教授定夺，如此教授在经费使用上享有的权利较为充分。校财务处领导课题组在业务上的经费管理，并负责监督经费的收支情况。

五、澳大利亚高校财务管理创新的借鉴

（一）注重高校自主权，实行宏观管理

澳大利亚政府十分尊重高校的办学自主权。在财务管理方面，根据责、权、利相统一的原则，对高校实行宏观控制、目标管理、权力下放。学校可根据市场变化和学校的实际情况，自主调整学科专业结构、招生计划、自主确定学生收费标准；学校可自主使用国家拨给的经费；学校可自主制定教职工待遇分配政策（包括工资和奖励政策）。总之，学校在保证国家教育任务完成的前提下，拥有高度的办学自主权，真正体现了责权利相统一的原则，极大地调动了学校办学的积极性。

（二）鼓励高校创收，实行多渠道筹资

澳大利亚政府认为，高等教育是一种非义务教育。因为这些受教育者通过接受高等教育，今后在就业方面相比那些没有获得此教育的同龄人群有更多的优势

和机会。大学生享受高校教育，某种程度上对个人能力和水平是一种极大的提高，本质上是一种个人受益的行为。政府对学生的教育成本实行政府和学生共同承担的政策，规定凡是享受高等教育的本专科生和研究生都必须向学校交纳学费，收费标准取决于受教育级别的高低。政府鼓励学校发挥科研优势，向国家和各部门多争取科研项目经费；鼓励学校大力开展各类有偿社会服务；鼓励学校加强与企业合作，通过多种途径取得企业设立的各项基金；政府还鼓励学校兴办产业，支持学校办上市公司、校办工厂，并给予优惠政策。同时，联邦政府通过向大学提供教学及科研方面的经费，通过"高等教育贷款计划"（HECS）向学生提供贷款，帮助学生解决燃眉之急，鼓励高校发展海外自费留学生等多种措施，使各高校在政府相关政策的扶持和鼓励下，多方筹措资金，促进学校教学、科研等各方面的综合发展。

（三）实行政府贷款，保障学生就学

澳大利亚政府十分重视高等教育的普及，对高校学生实行贷款上学的制度。凡是符合入学资格的学生都可以向政府申请一笔教育贷款，用于在校期间的学费和生活费。贷款偿还采取相应的措施，学生毕业参加工作、具有偿还能力（年收入达到一定数额）后，从工资中逐步扣除。澳大利亚高校学生的贷款都是学生直接与银行发生联系，办理的手续也十分简单，学校不用担负任何连带责任。

（四）财务支出结构、教育成本及使用效益

首先，澳大利亚各高校普遍实行严格的财务预算管理制度，学校资金的安排和使用与自身的发展战略紧密相关。财务支出结构主要分为两大类：日常运行支出和项目支出。日常运行支出主要包括：与教学活动有关的支出（如教学人员的工资、教学业务费用等），与科学研究活动有关的支出（如研究人员的工资、研究材料等费用），与管理及服务保障系统活动有关的支出（含学校管理部门人员的工资和运行费用、后勤保障系统的运行费用等）。项目支出主要指设备购置、房屋建设和修缮等专项开支。

其次，澳大利亚高校教育成本（生均培养成本）情况。教育成本分析是把教育过程看作是一种培养人的特殊"生产过程"。在此基本假设下，把经济学中的一整套规范的成本分析方法移植到教育领域中，形成教育成本分析的经济学基础。澳大利亚高校在教育成本的测算方面做足了功课，但总体上还存在诸多问题。例如，根据各专业的特点差异，在分配学校资源时，采取给予不同的权重，这在一定程度上充分考虑了各专业培养过程的特殊性，但对于权重的多少，很大程度上依赖经验和学校与各下属单位的讨价还价的能力，缺乏科学的分配依据。

最后，澳大利亚高校提高资金使用效益的途径与措施。澳大利亚的高校非常重视学校办学资金的使用效益。它们采取的措施主要是通过系统的、严格的财务预算管理，来保证顺利完成学校的发展目标。大多数学校均将具体的教学研究单位（如学院、研究中心等）作为成本中心，在规定其目标、任务的前提下，将相应的费用限额下放给各教学研究单位，包括教师工资和日常运行费用。这既鼓励各下属单位努力开拓财源，又很好地控制了费用支出。

六、日本高校财务管理创新的借鉴

日本国立大学的财政主要是政府资助，还有一部分来源于科学研究经费补助金。与之相反，私立大学经费来源主要是学费，然后是社会捐赠。虽然经费来源不同，但共同之处是预算分为一般事业费和特别事业费，即除日常运行费用外，本着"财随事走"的原则，按项目拨付经费。学院是项目的申报者和执行者，同时是预算资金的管理者和使用者，达到财权与事权的统一。

日本高等教育的飞速发展与其教育财政制度的保障密不可分。2004年，日本国立大学法人化改革不仅改变了国立大学与政府之间的关系，也重新巩固了国立大学财政管理体系。国立大学法人化改革是将以往国立大学与政府的行政隶属关系转为契约关系，这对国立大学的组织治理模式、学校财务收支结构和财务运作方式均带来了较大程度的影响。但对政府的高等教育财政预算分配模式而言，法人化改革意味着国立学校特别会计制度的全面废除，也意味着一个崭新的预算分配体制的形成，如图 7-1 所示。

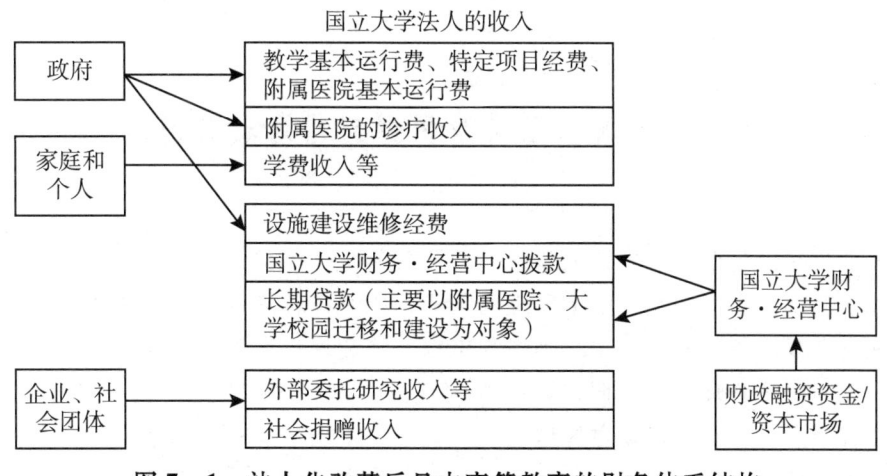

图 7-1 法人化改革后日本高等教育的财务体系结构

第八章

高校财务管理的理念、体制及运行机制创新

理念、体制、机制对高校财务管理创新具有基础性和关键性意义。本章首先阐释了高校财务管理的目标任务以及依法管理、市场主体地位、经营及绩效、风险管理、民主管理等体现当今世界发展趋势的高校理财理念。其次分别针对我国高校财务管理的领导体制、管理体制、总会计师的角色定位等热点问题做了系统阐释。随后从机构设置、流程再造、责任中心建设等方面阐释了运行机制的创新。最后提出了从重视立法、完善财政拨款机制、尊重高校法人地位、完善高校财务治理体系和提升治理能力等方面营造高校依法自主办学的财务治理环境。

第一节 高校财务管理理念和观念的创新

本节在借鉴企业财务管理和国外高校财务管理经验的基础上,结合我国高校深化改革的要求和强化财务管理的需要,探讨符合高等教育发展规律的财务管理理念观念创新问题。包括确立与市场经济和现代高等教育相适应的理财理念;创新财务管理目标,明确财务管理任务;树立法律观念,强化依法办学、依法管理意识;确立市场主体地位,主动参与市场活动;树立经营理念,加强办学成本核算,科学配置办学资源;强化风险意识,加强内部控制,促进财务健康发展。

一、确立与市场经济和现代高等教育相适应的理财理念

高校财务工作的基本任务是为学校事业发展和战略目标的实现,积极拓展经费来源,有效配置和使用经费。为此,面对社会主义市场经济大环境的日趋成熟和高等教育进入大众化发展阶段的形势及任务的变化,高校的理财理念和思路必须与时俱进,做相应的调整和更新,主要包括:一是要克服"等靠要"的政府"附属单位"的思维惯性,树立"独立法人"积极主动的市场意识和多渠道筹集资金的意识;二是要克服重会计核算、轻财务管理,重资源筹集、轻资源配置和使用效益,重货币资金管理、轻物化资产管理的事业单位财务工作传统,引入现代经营意识和全面的理财意识;三是要克服高校长期和普遍存在的只求"高大上"、缺乏成本意识的"成本最大化"倾向,树立投入产出和成本效益意识,将讲究"绩效"作为高校财务管理追求的核心目标之一;四是要克服高校财务运行追求"绝对无风险"的思维定式,确立货币的时间价值意识,适度和合理举债的意识,以及强化现金流量管理、统筹规划现金流量、提高资金使用效率的意识。

面对新的形势和任务,高校的财务管理必须认识到风险和效率的关系,就如同风险和收益的关系,是一个事物的两个侧面,没有风险就很难有高收益,同样没有风险也很难有高效率。在市场经济大环境中,从事经营理财的风险是客观存在的,应该看到这种风险的必然性。这种风险包括:一是固有的风险,如投入高校学科建设和科学研究中的资金和资源,其产出具有不可回避的不确定性,这就是高等教育领域特有的,也是固有的风险;二是外生的风险,如我们实证研究中揭示的在高校扩招中政府基本建设投入不到位对高校财务运营带来的风险;三是内生的风险,如在扩招过程中高校不顾自身财力,盲目贪大求洋的校园硬件条件建设,由此产生巨额预算赤字带来的财务风险;四是共生的风险,如本书所揭示高校在新校区建设中,政府、高校、银行共同作用产生的高校举债风险。

同时,我们也应该认识到风险是可以管理和防范控制的,"凡事预则立,不预则废""吃不穷穿不穷,算计不到一世穷"。我们的实证研究表明,即使在我国进入高等教育大众化初始阶段,政府基本建设投入缺失、高校出现较为普遍的债务风险的情况下,还是有不少学校因为发展目标任务定位适当,在保障学校适度举债的前提下,统筹安排学校资金流量,现金流量管理到位有效,财务风险也能控制在不影响学校正常运行的范围内,学校自有资金资源还得到了有效的使用,促进了各项事业的发展。

为了将新时期高校财务管理的理念落实到实践中,我们需要重新评估和塑

造高校内部财务管理的各个环节，包括财务管理的体制和机制，以及整个管理流程中的规划、决策、预算、执行、控制、评价、反馈、纠错、再规划等各个环节。

二、创新财务管理目标，明确财务管理任务

财务管理目标是组织财务活动、处理财务关系所要达到的最终目的，它是财务管理的一个基本理论问题，也是建立财务管理原则、明确财务管理任务、运用财务管理方法和设立财务评价指标体系的依据。任何单位或组织机构都必须确立与自身经营活动特点和财务管理环境相适应的财务管理目标，作为本单位或组织机构在特定的财务环境下开展财务工作的指南，高等学校也必须根据组织目标和不断变化的理财环境，创新财务管理目标，明确财务管理任务，引领财务管理科学化、规范化运行。

财务管理作为对企事业单位各项活动进行价值管理的一种手段，可以说是各项管理工作的核心。在市场经济体制下，财务管理的这种核心地位和重要作用已越来越凸显出来。财务管理工作与其他所有工作一样，都是一项有目的的活动，它必须有自己明确的目标，才能围绕这个目标采取各种必要的管理措施，以促进目标的实现。

（一）创新高校财务管理目标

财务目标是一个企业或组织目标的具体化，是从价值的角度解释组织目标，并通过价值管理来实现组织目标。长期以来，学术界对企业财务管理目标进行了深入的研究、探索，形成了利润最大化、企业价值最大化、所有者权益最大化、持续发展能力最大化等各种具有代表性的学术理论或学术观点。这些理论、观点能否应用于高等学校，值得探讨。

财务管理目标是组织目标的集中表现，它与组织目标密切相连。很显然，高等学校目标与企业目标具有悬殊的差异。因为企业是一个以营利为目的的法人组织，其一切经营活动都是围绕利润这个目标展开的。根据传统经济学的观点，企业属于物质资料生产领域，是社会财富的主要创造者，社会物质文明发展程度在很大程度上取决于企业能否不断提高生产力水平，能否使投入的物质资料产出更多的物质资料，即能否最大限度地创造社会财富。企业必须以营利为目标，或者说，企业只有不断地创造社会财富，积累社会财富，才能推动社会生产力的发展和企业自身的不断发展壮大，所以，企业是国民经济中最重要的经济组织。它通过生产经营活动为社会为广大消费者提供他们需要的商品或服务，并按照市场经

济的等价交换原则，取得收入。这里的收入除了要补偿为取得这些收入而发生的各项成本费用外，还必须能够盈利。如果某项活动不能产生利润，或其取得的收入不足以弥补所发生的成本费用，企业是不愿意去做的。因为企业的投资者之所以愿意投资，是希望获得一定的投资报酬，如果企业不能为投资者提供利润回报，企业就不能筹集到经营活动所需要的资金，企业就不能生存和发展，这也决定了企业必须以营利为其最高的目标。这个组织目标反映在财务管理上，就必须以利润最大化、企业价值最大化、所有者权益最大化等作为其财务管理的目标。利润最大化、企业价值最大化或所有者权益最大化如果从表现方式上看属于不同的目标类型，但从其实质上看则是相同的。利润最大化比较直接体现出企业的组织目标，即以营利作为其最高目标；企业价值最大化、所有者权益最大化作为企业财务管理目标也不难理解，因为企业价值最大化实际上体现为企业净资产的最大化，所有者权益最大化也表现为净资产的最大化，它们从某种意义上说是相同的事，同时它们也必须以利润最大化为基础。只有利润最大化，在不增加所有者投资的情况下，就能达到企业价值最大化或所有者权益最大化的目标。至于持续发展能力最大化，则主要是从企业持续经营这个角度阐述企业能否通过经营活动创造连续盈利的业绩，为投资者提供源源不断的投资回报，使他们以及债权人持续不断地为企业提供生产经营活动所需要的资金，其前提也是盈利。所以，不论是利润最大化，还是企业价值最大化、所有者权益最大化，抑或企业持续发展能力最大化，其核心问题都是企业必须有盈利，能够为社会创造更多的财富，能够产生一定的经济效益。

　　与企业相比，高等学校属于国民经济体系中的非物质资料生产领域，它不直接创造社会物质财富，但由于它所从事的是提高全民族科技文化素质的社会活动，高等学校作为人才培养和科技创新的主体，高等教育发展水平高低又直接影响着社会生产力发展的水平，所以是国民经济体系中必不可少的非物质资料生产部门，它们对社会物质财富的创造、对社会生产力的提高起着重要的推动作用。由于不直接创造社会财富，所以，高等学校就不可能像企业单位那样从事营利性的活动，这就决定了它们的组织目标是非营利的。

　　由于高等教育的非营利性，就不能给投资者提供投资回报，社会投资者通常不愿意对教育进行投资，所以，大部分高等学校由国家财政投资创办。根据公共财政理论，高等学校提供的不是纯公共物品，它们开展教育活动所需经费既不能像国家安全、行政、社会治安等公务部门那样全部由国家财政提供，也不能像企业那样按照等价交换的市场规则全额向消费者收费，而是由国家财政和这些公共物品消费者共同提供。这是高等学校财务活动的一个明显的特征。这个特征决定了高等学校不存在类似于企业那样需要支付利润的投资者，所以，不能照搬前面所提到适用于企业的利润最大化、企业财富最大化或所有者权益最大化等财务管理目标。

但有一点需要说明的是，高等学校尽管是非营利组织，也不存在需要分配予利润的投资者，并不是说高等学校就不必要确定财务管理的目标了。教育作为国民经济发展的基础性行业，它必须发挥对高素质人才培养、科技创新和生产力发展、社会进步的促进作用，使之与国民经济的各个部门保持协调发展，这就要求高等学校必须具有持续发展的能力，并通过各项财务活动的开展，促进高等教育事业的持续发展。高等教育事业要发展，就必须有足够的经费投入，所以，高等学校必须保有一定的财务资源，才能保证高等教育的顺利发展。目前，我国高等教育发展的水平还不能满足经济社会快速发展的要求，成为制约我国经济发展和社会进步的"瓶颈"，必须大力发展高等教育事业，全面提高公民的科技文化素质。而要大力发展高等教育事业，就要求高等学校必须最大限度地筹集高等教育事业发展所需要的财务资源。所以，财务资源最大化应作为高等学校财务管理的目标。

财务资源（financial resource）是指会计年度内用于安排各项支出的经济资源，简单地说，就是高等学校中的货币资金、应收款项及物资存货等，它相当于企业的流动资产。资产可根据流动性分为流动资产、长期投资、固定资产、无形资产及其他资产等类别，其中流动资产是指一年或一个会计年度能够变换为现金的资产。一所高校资产的数额也许很庞大，但是，如果固定资产、长期投资、无形资产及其他资产占总资产的比例很高，说明其资产的流动性很差，可用于安排当年支出的资金就很有限。我们知道，高等学校作为国家预算单位，其财务收支活动是按年度划分，并根据《预算法》和《高等学校财务制度》的规定编制年度收支预算。年度预算中，可用于安排当年各项事业支出的收入为年度内可实际收到的货币资金，为了满足高等教育事业发展对资金的需要，高等学校必须有充足的财务资源，否则就可能出现财务违约而引发财务危机。货币资金本身就是一种可用于安排支出的财务资源，应收款项为可在短期内转换为现金的财务资源，物资存货可减少未来货币资金支出的财务资源，如果这些财务资源占资产总额的比例高，说明单位可用于安排事业支出的财务资源充足，各项事业发展需要的资金就有保障。在高等学校中，能够增加财务资源的项目最主要的是来自国家财政补助收入和各项事业收入（当然，高校也可以向银行借款，但这在高校中不是主要的财务资金来源），财务资源充足就意味着高校组织收入的能力强。所以，把高等学校的财务目标定位在财务资源最大化，实际上也是收入最大化目标的具体体现。

财务资源最大化实质上就是高等学校现金流量最大化。现金流量指的是一个企事业单位在会计年度内现金流入、流出总量及流入流出量的差额，它反映企事业单位现金营运的能力，从侧面反映了企事业单位的业务运营活动的能力以及现金对业务运营的保障程度。现金流量问题在国外得到企业、政府及非营利组织的普遍重视，在这些会计主体的财务报表体系中，除了要求编制资产负债表、利润表（企业）或业务运营收支情况表（政府及非营利组织）外，都要求编制和提供现金流量表。

（二）明确高校财务管理任务，努力实现财务目标

把财务资源最大化作为高等学校的财务目标是根据高等学校的组织目标、财务活动的特点确定的。但要实现这个目标，必须从以下几个方面来努力：

1. 依法多渠道筹集资金

这是高等学校财务管理的一项重要任务，它要求高校财务工作的重心必须从以往注重"理财"转变为更注重"生财"方面。

"生财"最根本的途径就是增加各种收入。根据《高等学校财务制度》规定，高校的收入按照来源渠道不同可分为财政补助收入、事业收入、经营收入和其他收入（包括捐赠收入）。按照公共财政理论和实践，当高校承担的高等教育事业发展任务既定的情况下，能够从国家财政取得补助收入是一个常数，所以，高校增加收入最主要的途径就是增加事业收入、经营收入及其他收入的比例。这些收入都需要高校根据社会和市场的需求，通过发挥自身的优势，在为社会、为市场提供教育服务的过程中努力取得，如教育事业收入和科研事业收入。高校作为教学和科研的重要阵地必须充分发挥其人才密集、信息便捷、科研基础雄厚等优势，紧紧抓住科教兴国、创新型国家建设的有利时机，为社会提供教学培训服务、承接科研课题，取得教学收入和科研收入，为教育和科研事业的发展筹集资金。同时，高校必须走产学研相结合的道路，通过科研成果产业化取得的收入增加对教学科研的投入。

"生财"的另外一个途径是提高各种资源的使用效率，为高等教育发展多元化筹集资金。例如，高校拥有大量精密、科技含量高的现代化的先进仪器设备，它除了满足本单位开展教学科研活动的需要外，还可以通过承接社会、企业的各项实验，收取资产占用费、使用费等收入；再如，高校的教学楼、学生宿舍等，可以在暑期出租、出借，通过提高它们的使用率，取得收入。

对其他资源的利用也是高校的一条生财之道。如学校有大量的校友，他们走向社会后取得一定的成就，学校应该与他们保持密切的联系，争取校友对学校办学的支持。目前，许多名校都从有成就的校友中取得大量的捐赠款项。

2. 强化财务管理，优化资源配置，间接地增加财务资源

这对于规模较大的高校来说，财务管理制度的健全与否、资源配置的科学与否也直接影响着高校财务资源的使用状况。

3. 制定高效合理的财务管理体制，统一管理财务资源

从财务管理体制上看，目前普遍实行的有"统一领导、分级管理"和"统一领导、集中管理"的体制。一般地说，规模比较小的高校可实行"统一领导、集中管理"的财务管理体制，这有利于把有限的财务资源集中起来使用和管理；规模较大的高校则普遍实行"统一领导、分级管理"的财务管理体制，这里，分级管理只能是财权即对经费的使用权下放，但财力必须集中，即财务资源必须集中管理。如果财力不能集中，必然造成财务管理混乱、财力分散，就达不到财务资源最大化的管理目标。所以，高校应严禁二级单位在银行开户，银行账户必须集中到校级财务机构管理，达到财力集中的目的。

4. 严格预算控制，通过预算的硬约束，直接或间接地增加财务资源

财务资源最大化还表现为财务收支的平衡，高校财务工作要为教育事业活动筹集资金，以满足高等教育事业发展的需要，但必须达到收支平衡。所以，预算控制成了高等学校财务管理的一项重要的管理手段，通过多种渠道筹集的资金不安排于各项事业活动就会影响事业的发展，而不顾财力可能大量的提前消费、负债经营也不是一种可行的办法，因为负债终究要用单位的财务资源偿还，不顾财力而大量举债必然要影响未来的现金流量及财务资源的筹集。所以，其关键还在于必须寻求收支的平衡点，将年度的收入与支出，或财务资源流入与流出进行科学的规划，并通过预算控制的手段，确保财务资源收支平衡。

5. 通过体制创新、制度创新和管理创新来筹集财务资源

现代科技日新月异，管理技术方法和管理手段也层出不穷。高等学校必须适应这种变化，通过体制创新、制度创新和管理创新为各项事业的发展筹集尽可能多的财务资源。在体制创新方面，必须根据国家宏观经济管理体制的改革，结合高校的特点，不断改革现行的管理体制，激活运行机制，吸收和充分利用社会各界资源，为事业发展注入新的资源，例如，这几年高等学校管理体制改革就走出了一条具有创新意义的道路，通过与政府、企事业单位共建、联合办学等方式，在局部实行董事会管理体制，既使事业规模得到长足的发展，又带来数额可观的财务资源流入。在制度创新方面，就是要充分调动高校教职工的积极性，在分配制度方面进行大胆的改革和创新，特别是对事业发展作出重大贡献的人员给予高待遇，使他们能够更好地推动事业发展，高校必须从长远利益出发，要看到重要岗位人员对单位创造财务资源流入的潜力。管理创新除了事业业务管理方面要有创新外，在财务管理方面也必须创新。目前，高校普遍遇到事业发展对资金需求

的突出矛盾，如何保证用有限的资源来促进事业的快速发展就必须打破传统的财务管理常规，利用金融创新工具，为高等教育事业发展服务。例如，随着教育事业发展和教职工生活水平的提高，高校普遍面临着教育资源不足特别是硬件条件不足、停车场紧张的问题，高校可以尝试引入社会资本，利用政府和社会资本合作（PPP）等金融创新工具，为教育事业发展提供财务资源。

三、树立法律观念，强化依法办学、依法管理意识

党的十八届四中全会通过的《中共中央关于全面推进依法治国若干重大问题的决定》提出全面依法治国，总目标是建设中国特色社会主义法治体系，建设社会主义法治国家。这就是要在中国共产党领导下，坚持中国特色社会主义制度，贯彻中国特色社会主义法治理论，形成完备的法律规范体系、高效的法治实施体系、严密的法治监督体系、有力的法治保障体系，形成完善的党内法规体系，坚持依法治国、依法执政、依法行政共同推进，坚持法治国家、法治政府、法治社会一体建设，实现科学立法、严格执法、公正司法、全民守法，促进国家治理体系和治理能力现代化。全面依法治国与全面建成小康社会、全面深化改革、全面从严治党共同构成了以习近平同志为核心的党中央提出的"四个全面"战略布局。所以，全面推进依法治国不仅是"四个全面"战略布局的重要组成部分，而且是协调推进"四个全面"战略布局重要的制度基础和法治保障。

作为倡导、引领和推动社会发展进步的高等学校，在全面推进依法治国、建设社会主义法治国家的当下，应当积极响应和坚决拥护党中央的决定，率先全面树立法律观念，强化依法办学、依法管理意识，倡导、引领和推动全面依法治国战略的实施。

首先，高等学校应当真正树立法人主体观念，凸显法人主体地位。高等学校的法人主体地位在1999年1月1日起施行的《中华人民共和国高等教育法》（以下简称《高等教育法》）就确立了，第三十条明确规定："高等学校自批准设立之日起取得法人资格。高等学校的校长为高等学校的法定代表人。高等学校在民事活动中依法享有民事权利，承担民事责任。"并赋予高校享有招生、学科专业设置、教育教学、科学研究与社会服务、国际交流合作、机构设置与人事管理、财产管理与使用七个方面的自主权，并承担相应的责任。

高校树立法人主体观念，除了要依法进行事业法人注册登记外，还必须对高校的校名、校标、徽章等商标、标识进行注册登记，土地、房产等进行产权登记，并以法人身份开展与高等教育相关的教学科研等活动，维护高校事业法人的社会形象和合法权益，防范其他法人或个人盗用高校事业法人的名义非法从事相

关的活动。

其次，高等学校应当建立现代大学制度，完善法人治理结构。作为法人，高等学校应当按照法律法规的规定，通过建立健全现代大学制度，不断完善事业法人治理结构。《教育改革和发展规划纲要》明确要求，高等学校应当建立现代大学制度，推进高校自主办学、依法管理。

在法治社会里，高等学校跟企业一样，都必须在国家法律法规框架下，依法运营、依法管理。我国市场经济体制确立后，企业尤其是国有企业已逐步按照市场经济的规范要求建立了现代企业制度，使企业的经营管理逐步走上法治化轨道，并适应了在市场经济环境下依法开展经营活动。大学作为事业法人组织，也应当按照法律法规的要求，建立现代大学制度，推进高等教育现代化。现代大学制度的核心是在国家的宏观调控政策指导下，大学面向社会、依法自主办学、实行科学管理，关键是通过科学规范的制度安排，处理好内外部各种关系。通常认为，现代大学制度的构架主要包括两个层面，一是宏观层面，即学校的外部关系，这涉及大学与政府、大学与市场、大学与社会的关系，从而形成政府宏观管理、市场适度调节、社会广泛参与、学校依法自主办学的外部环境；二是微观层面，即学校的内部关系，这涉及行政管理与学术研究、校长与教师和学生的关系，从而建立校长负责、教授治学、民主管理的制度框架。

最后，高等学校应当建立健全规章制度，做到依法办学、依法管理。高等学校应当按照国家法律法规的要求和高等教育规律、办学特点和管理需要，建立健全相关规章制度，依照规章制度办学、做事、管人，做到依法办学、依法管理。这里，关键是要制定好大学章程，并依据大学章程和国家法律法规制定好大学的相关规章制度。

《大学章程》是大学最基本的规章制度，是现代大学制度的重要载体和大学治理的基础，也是保障大学自主办学权利的基础，被誉为大学"宪法"、大学"基本法"。在《高等教育法》中明确提出大学章程的基础性地位，《教育改革和发展规划纲要》明确提出要加强大学章程建设，2011年教育部颁发的《高等学校章程制定暂行办法》强调章程对建设现代大学制度的架构性和基础性作用，规定了大学章程制定的宗旨、原则、内容和程序以及核准和监督等重要事项。据此，《大学章程》应涉及高校管理的具体方式、组织结构、教学秩序、相关人员的权利义务以及产生的纠纷和需要的援助等方面，对其进行明确规定，使大学能够应用合适的管理方式和完善的管理结构，以保障大学规范有序的运营，同时应正确处理好大学、政府和社会的关系，充分发挥现代大学的应有职能，推动大学依法办学、依法管理。

在大学章程和国家法律法规的规范下，高校应当根据大学功能、高等教育规律、办学特点和管理需要，制定相关的规章制度，包括经费筹措、经费分配、预算控制、资产管理、财务管理、会计核算、内部控制、内部审计、信息公开等在内的各类规章制度。

四、确立市场主体地位，主动参与市场活动

时至今日，仍然有不少人士尤其是高校内部的教职工还存在这么一种思想观念，即高等学校是非营利的事业单位，其主要从事人才培养和科学研究，是社会再生产中的精神产品生产，它属于公共产品，教育事业是社会公益事业，其所需要的办学经费应由国家财政拨款提供，并不需要与市场有过多的接触，更不应把高校作为市场主体来看待；有的甚至认为，将高校视为市场主体，与学术自由背道而驰，就不能保持学术独立性，将会把高校办的不像高校，教育产业化就是一个很好的例证。这里有三个认识误区：一是公共产品属性认识的误区，二是大学功能认识的误区，三是对市场的认识误区，从而导致对高校参与市场活动的认识错位。

根据公共产品理论，社会产品根据其特性可分为公共产品和私人产品。其中，私人产品具有竞争性、排他性、独占性，必须等价交换才能取得或消费；公共产品具有非竞争性和非排他性，但具有外部性（即非独占性），通常不需要按照等价交换即可取得或消费，教育具有公共产品的属性，属于公共产品范畴。但教育也有不同的类型，简单地，可以将教育划分为基础教育和高等教育，其中，基础教育具备了公共产品的全部属性，属于纯公共产品；而高等教育具有较大的外部性、竞争性和排他性，属于混合产品或准公共产品。高等教育有利于提高一个国家、一个民族的科学文化素质，促进社会进步和经济发展，也能够使受教育者由于个人科技文化素养的提高而在将来获得更多货币、非货币收益，具有很强的外部性。而且，我国现阶段高等教育资源仍比较稀缺，政府无法为适龄青年提供普遍上大学的机会，使高等教育具有明显的竞争性。所以，作为一种准公共产品或混合产品，高等教育经费必须由政府、社会和受教育者个人共同提供，即应建立合理的教育成本分担机制——政府提供高等教育运行和发展的基本经费，社会公众和企业组织通过捐赠等回馈支持高等教育，受教育者通过缴费上学适当补偿办学成本耗费。

现代大学具有人才培养、科学研究、服务社会和文化传承的基本功能是全社会公认的。其中人才培养是核心，也是大学的基本功能；科学研究是大学的重要功能，也是人才培养的主要方式；服务社会是前面两种功能的延伸，而文化传承则是基础功能的发展，是现代大学的根本目的，只有文化不断传承，才能形成积

极向上的社会价值观和优秀文化传统，推动国家可持续发展，引领社会发展进步，这是大学独一无二、无可替代的功能。大学的这四大功能相互联系、不可分割，而且这些功能的发挥都需要耗费各种资源。大学作为非营利事业单位，要履行好这四大功能，就必须有相应的渠道取得必要的资金和资源。人才培养作为大学的基本功能，通过教育成本分担机制分别由政府、社会和受教育者共同分担和提供，但人才培养的数量与质量、种类与结构都必须符合经济社会发展的需要，这样政府和社会才会提供资金予以支持，受教育者才愿意付费接受高等教育；科学研究作为大学的重要功能，除了要符合科学技术发展规律、探索科学前沿外，还要根据经济社会发展需要进行应用科技开发、解决现实经济社会发展问题，政府和企事业单位设置的研究项目都有明确目标指向，高校必须向政府和有关部门单位申报研究项目，才能取得相应的研究经费支持；社会服务作为人才培养、科学研究功能的延伸，高校要利用人才密集、知识密集和信息资源等优势，通过向社会提供教育科技等服务，推动经济社会发展和科技进步，在服务中取得高等教育发展需要的资源。

可以这么说，在市场经济环境下，高等学校的各项办学活动都与市场密切相关，高校与政府、与社会、与企业、与受教育者的关系在一定程度上表现为一种供给与需求的关系。高等学校应当树立市场主体观念，主动适应市场经济发展，千方百计地依法多渠道筹集办学资金，不能仅仅靠政府的财政拨款。而要多渠道筹集办学资金，一方面必须充分发挥大学的服务社会功能，通过服务社会、服务经济建设，才能获取办学所需要的资金；另一方面必须主动融入市场，根据经济建设和社会发展的需要，按照市场经济规律和市场规则，提供社会服务，取得等价的服务收入。

五、树立经营理念，加强办学成本核算，科学配置办学资源

在市场经济环境和资源稀缺的约束下，任何经济实体可支配的资源都是有限的，如何使有限的资源发挥最大的效用，是摆在经济实体管理者尤其是财务管理者面前的一道难题。高校作为一个非营利实体，由于自身的活动不能或基本不能直接创造经济财富，其开展各项活动所耗费的资源基本上都来源于高校外部，如政府拨款、受教育者交纳学费、社会各界人士捐赠等，这些渠道来源的资源在用途上都有一定的限定，为了更好地促进各项事业的发展，高校应不断地开源节流、增收节支。同时，通过对有限的资源进行科学配置，并盘活存量资源，使其发挥最大效用。这就需要引入经营的理念，即采用企业经营的理念来经营学校。

高校引入经营理念首先要在财务管理上体现，因为财务管理是高校管理的核

心内容，尽管高校办学活动需要投入人、财、物等各类资源，但这些资源的共同特征是可以用货币这把尺度统一进行度量，它在财务上就体现为办学资金。大学经营理念的内涵并不是追求利润最大化，而是根据办学目标对其所拥有或控制的资源进行整合和优化配置，提高资源的使用效率和效益，它是对高校办学活动的一个整体谋划和精心运作的过程。其核心理念是在高校的财务管理中要有经营的意识，科学配置有限的办学资源，努力降低办学资源耗费，杜绝办学资源闲置浪费，促使办学资源的有效利用。目前，高校的现实情况是一方面办学资金严重不足，另一方面又存在严重的办学资源浪费，这是高校缺乏成本效益、投入产出观念造成的。所以，从根本上说，引入企业的经营理念，就是要树立成本效益观念、投入产出观念，以最小的资源投入产生最大的效用。

成本效益观念是伴随着人类生产活动而产生的。人们进行生产活动，必然有对生产过程中的耗费和所取得的成果进行比较的需求，进而产生对耗费的计量，从而就形成了成本的概念。现代成本理论是在资本主义工业生产和商品经济条件下建立和发展起来的，西方经济学更多的是从经济资源的稀缺性出发，从机会成本的角度来表述成本的实质。"在经济资源稀缺有限时，不能满足所有的要求，必须综合考虑各种因素作出一个最优选择而放弃其他的选择，实际上，放弃其他的选择就是我们作出最优选择的代价，将所放弃的其他选择称为机会成本。"[①]当一个社会或企业为了某一特定目的使用经济资源时，这些经济资源就不能同时被使用在其他的项目或安排其他的用途。如果是将这些经济资源用于生产某种产品，生产所获得的收入，是以放弃用同样的经济资源来生产其他产品时所能获得的收入作为代价的。由此便产生了机会成本的概念。生产一单位的某种商品的机会成本是指生产者所放弃的使用相同的生产要素在其他生产用途中所能得到的最高收入。

教育过程实质上也是一个投入产出的过程。尽管教育产出的判断比较复杂，但是对于教育活动必须消耗人、财、物资源是毫无疑问的。教育活动过程中对投入的各种资源的消耗，就构成了教育活动的成本。教育成本最早是在20世纪50年代末、60年代初伴随着教育经济学的产生而出现的，是教育经济学的重要内容。近年来，经济转型使各类学校不同程度地进入市场经济的潮流，非义务教育阶段的受教育者需要越来越多地承担受教育费用。特别是高等学校，随着其事业法人地位的确立，高校自身成本意识、投入产出意识也逐渐增强，核算办学成本、控制成本支出成为高校财务管理的必要手段。政府主管部门和高校制定学生

---

① [美] 萨缪尔森，诺德斯. 经济学（第十四版）[M]. 胡代光，等译. 北京：首都经济贸易大学出版社，1996：48.

收费政策时，也逐渐将教育成本作为制定收费标准的重要依据。

高校并不像企业那样重视成本的核算和管控。高校与企业最大的区别在于，企业属于营利组织，高校属于非营利组织，非营利组织由于没有计算利润的要求，所以其在经济运营中不会关注其运营的利润以及与利润相关的成本，而只是关注其现金资源是否能满足其执行计划的支付。因为高校主要由政府出资创办，政府对高校并没有偿付经济回报的要求，也不以经济盈亏作为考核高校运行绩效的指标。在现实的经济管理体制下，高校能否有足够的现金满足运转中的支付要求是高校内外相关利益方关注的重点，而高校运营的盈亏并不引人注目。可见，高校的经济运转不存在追求利润的动机，也就没有计算利润、核算成本的动机。

一方面，高校缺乏成本核算的外在强制。企业是营利组织，出资人要求企业计算利润，因为利润是股东获取回报的来源和投资的目的，是债权人提供资金的重要参考依据，也是税务部门征收企业所得税的基础。股东、债权人、税务部门等利益相关方都需要它提供利润信息。利润只有在正确计算成本、结转费用，并与收入配比后才能确定。也就是说，利润确定的基础是正确的成本计算。与企业组织不同，高校作为非营利组织，其运营不以营利为目的，教育活动耗费的资源主要不是靠自身的收入，而是由政府拨款或捐助者捐赠获得资金，高校的资金和物资提供者不要求取得经济上的回报，一般也没有缴纳所得税的要求，出资者、政府部门不需要高校的利润信息，所以没有核算成本的外部压力，这就决定了高校没有核算成本的外在要求。

另一方面，高校成本核算的内在要求也不足。在企业内部，企业管理者的考核和激励也需要利润和成本信息。特别是在竞争市场中，企业没有定价能力，产品价格受到社会平均成本的约束，只有通过核算成本，才能了解产品以什么价格出售会保本、盈利。增加利润的主要手段就是降低成本，成本控制对企业性命攸关，企业自身有成本核算和成本控制的内在动力。高校作为非营利组织，其运营不以营利为目的，"产品"价格也不受社会平均成本的约束。高校的业绩并不主要表现在办学成本的高低方面，而在于其教学质量、科研水平和整体办学实力，这些事业的发展是扩大学校的社会影响、提升学校声望和知名度的主要方面，而以充足的资源投入作为物质基础是事业发展的必要条件。所以，高校为了扩大社会影响，提高社会声望和地位，管理者有成本最大化的倾向，成本核算难以成为组织的内在要求。

不仅如此，高校还有成本最大化的动机。有关对高校办学质量或社会声望与办学成本关系的研究结果表明，全社会的高等教育资源是有限的，但社会倾向于将有限的资源投向社会声望高、名气大的高校。社会声望的上升增强了高校竞争有限教育资源的实力，使其有更多的机会、开辟更多的渠道来获得有限的资源。一个高校从社会获得的资源越多，就越有能力增添更多先进的教学技术手段，用优越的教学科研条件和较高的薪水吸引和稳定高水平的教师队伍，提高生源质量吸引更多的高素质学生，从而使学校的办学规模、质量和水平进一步提高，毕业生更受社会和市场青睐，使学校的社会声望进一步上升。这样就刺激高校总是把提高办学质量和水平以提高自己的社会声望作为组织运转的重要目标，千方百计地增加经费来源，加大对教学科研及相关方面的投入。投入增加，高校的教育成本自然随之增长。所以，高校在追求社会声望的过程中，不但不会降低成本，反而总是在努力增加成本，表现出成本最大化的倾向。"花钱是为了得到更多的钱"，从这一角度来分析高校管理层的成本动机，是符合成本效益原则，即通过投入产出的对比分析来看待"投入（成本）"的必要性和合理性。

尽管如此，它并不意味着高校可以不计成本而随意耗费办学资源，因为即使政府不要求高校提供像企业那样的投资回报，但高校仍然负有不断提高办学资源使用效益的财务责任，尤其是在全面深化财税改革、强化公共资金使用绩效的当下，不仅政府对高校的财政拨款提出绩效预算管理的要求，而且受教育者交纳的学费要以办学成本为依据，也对高校办学资源耗费的合理性、有效性予以关注。高校应当理性地加强成本核算，强化办学成本管理，科学配置各种办学资源。

从政府和社会角度，高等教育资源的稀缺性要求高校降低办学资源耗费，加强成本核算和管理。高校事业法人地位的确立以及高校财政拨款改为财政补助之后，更要求高校在财务管理工作中应当积极开源节流、增收节支。在高等学校内部管理方面，必须将高校使用资源的成本与取得的成果更紧密地联系起来，在时间上、空间上建立期间的可比原则和绩效的评价标准；通过办学成本的核算和投入产出分析，提高管理决策的科学性和办学资源配置的有效性。

六、强化风险意识，加强内部控制，促进财务健康发展

风险无时不有，无所不在。尤其在市场经济环境下，市场残酷的竞争，不论是做决策，还是做管理，无不面临着各种各样的风险。企业如此，高校也不能独善其身。企业长期在市场风浪中拼搏，具有很强的风险意识，并建立了较为科学规范的风险防范机制，积极应对各种风险。相对而言，高校与市场的关系不像企业那么密切，不论是管理层还是广大教职工，其风险意识相对较弱，有的高校缺乏必要的风险应对措施，一旦风险出现，就显得束手无策、无从应对，结果给学校造成巨大损失。

如前所述，在市场经济环境下，尽管高校不像企业那样时时刻刻都在市场的大风大浪中搏击，但为了履行大学的职能，为了给办学筹措更多的资金，不论是人才培养、科学研究，还是服务社会和文化传承，都必须与经济社会发展的需要紧密结合，才能促进经济社会发展和科技进步，进而推动学校的科学发展。这些都必须与市场结合，无不与市场相关，就必然要面对各种风险，那么就需要高校管理层科学判断办学决策制定和办学活动管理过程中可能存在的内部风险和外部风险，这种风险发生的概率，可能给学校造成的损失，评估学校风险承受能力，进而科学制定风险应对措施，有效防范和控制管理决策和日常办学活动的风险，尤其是财务风险。

与其他活动一样，高等学校办学活动也会有其固有的风险，固有风险具有不确定性，可能发生，也可能不发生。除了固有风险外，还有外生风险、内生风险和共生风险。外生风险主要由社会、政府和市场等因素导致；内生风险主要是由于高校内部的管理体制不顺、运行机制不活，办学行为和管理行为不够理性，制度不够健全等因素造成；共生风险则是由高校内外部的因素共同作用产生的，如铺张浪费、腐败等问题，既有社会不良风气对高校的影响，也有高校内部控制制度不健全、管理监督不到位等问题导致。从财务管理的角度看，高校管理、运行、市场等因素的影响，可能存在的财务风险类型很多，既有来自学校各种办学业务活动的财务风险，也有财务管理活动本身的风险；财务管理活动本身的风险，可能有财务的整体性风险，也可能有具体的业务管理风险，如预算与预算管理风险、收入与收入管理风险、支出与支出控制风险、对外投资与管理风险、资产与资产管理风险、债务与负债管理风险等。

对于固有风险和外生风险，高校有时是无能为力的，但应当建立充分的机制来发现可能发生的风险。内生风险同样要建立充分的机制，使管理层能够发现这些风险，如由人力资源、管理、科技创新、财务和安全环保等各种引起风险的相关因素，其中人力资源因素主要是与参与人员有关，如领导阶层的素质、领导能力、职业操守和基层工作人员的专业能力、文化素养等；管理因素主要包括组织结构、教育教学、业务程序等方面；科技创新因素主要是指现代科学技术的运用，如互联网技术；财务因素涉及高校的财务状况、教学成果、现金流量、筹资渠道、投资使用等方面；安全环保因素指的是安全和环境保护两方面的内容。至于共生风险，高校应当提高对外部环境变化的灵敏度分析和对内部控制制度、管理监督机制的建设，尽可能控制风险的发生。

高校应对和防范风险的最根本做法，就是加强内部控制制度建设，对各项办学活动采取切实有效的控制措施。一系列控制措施组成一个方法体系，但是风险类型不同，应对和防范风险的措施就不相同，因此，我们采取的措施要有针对性。现有的业务活动都要经历授权、审批、执行、记录及监督的流程，安排不同部门或人员负责，期望能够达到相互制约、相互牵制的目的，这是内部控制的精髓。

（1）不相容职务分离控制。以下几类职务属于不相容职务：授权与执行；执行与审核；执行与记录；保管与记录；保管与清查；会计工作岗位分离；计算机信息系统（CIS）部门内系统分析、程序设计、电脑操作和数据控制应分离。只有明确不相容职务，将不相容职务交于不同人员负责，才能保障工作高效有序地进行，减少贪污腐败行为的发生，形成各司其职、相互牵制、相互制约、协调运行的机制。

（2）授权审批控制。授权主要有两种形式：常规授权和特别授权，授权审批控制指高校按照相关规定，清楚认识各部门、各岗位的职责权限、审批流程和应负责任。高校应该制定相关的规章制度，明确界定授权的权限、责任、常规授权和特别授权的范围等有关内容，严格规范和控制特别授权。

（3）会计系统控制。必须严格遵守国家统一的会计制度，明确会计系统的内容。会计系统主要包括会计基础工作、会计资料、会计处理程序、会计机构和会计人员等方面。会计系统控制不仅要提高会计基础工作的质量，保证会计资料的真实性、完整性、合法性，还要详细了解由填写会计凭证到登记会计账簿再到编制财务报告的会计处理程序，依法建立专门的会计机构，招聘合格的会计人员。会计部门应建立独立稽核控制制度。首先要建立内部稽核制度，包括稽核工作的实施方式和人员分工，以及它的范围划分、权限限度、责任界定、基本流程和方法等。其次要建立内部牵制制度，要清楚地了解制度的基本原则，对不相容职务进行分离控制，实行钱账分管，先收钱后记账、先记账后付款等，严格按照相关规定执行，对与现金、银行存款经常接触的出纳岗位的职责权限做出限制性规定，定期对其进行检查和监督。

（4）财产保护控制。要求高校建立健全专门和配套的制度体系，如日常管理和定期清查制度，保证账实相符：对流动性较强的库存现金要每日盘点，每日与现金日记账进行核对；银行存款要采用函证法，定期将银行存款日记账与银行对账单核对；对于存货等财产物资也要逐笔记账，定期盘点。财产保护主要是采取将高校的财产物资准确入账，定期盘点财产物资，进行账实核对等措施，确保财产安全。

（5）财务报告控制。财务报告内部控制是一个为合理保证财务报告可靠性而设计的过程。

（6）预算控制。要求建立健全预算管理体系，对预算的流程、各部门或人员的责任、工作、权限和要求等做出规定。

（7）业务活动分析控制。要求高校建立健全相关的制度规范，收集与高校教学、科研、筹融资等方面有关的信息，应用各种分析方法，对收集的信息加以分析运用，了解高校业务活动的运行情况，从而发现业务运行存在的问题，及时追查原因，予以纠正并加以改进。

（8）内部审计。内审是对高校内部经济活动和管理制度的合法性、合理性和有效性进行独立评价的机构，是一种更加严格的审查机构，简单来说，内审是对其他内部控制的再控制。

（9）绩效考评控制。它是一种激励机制，要求高校实行绩效考评制度。这种制度的顺利实行是以能够对高校各部门和员工的绩效进行准确考评为基础的，这就要求设置科学有效的考核指标体系，对高校各部门和人员的工作业绩进行准确考评，将考评结果作为今后员工工资、晋升、调岗等的主要参考依据。

七、强化民主理财意识，推进财务信息公开

高等学校是公共事业单位，也是公众机构，其办学资金属于公共资金。高等教育质量如何，高等学校是否依法依规使用办学资金，办学资金使用效益如何等，是政府、社会公众和广大教职工普遍关心关注的问题。所以，高等学校不仅要依法理财，而且还要民主理财，主动接受政府、社会和教职工监督，尤其是学校教职工对学校理财工作的民主参与和民主监督。而依法理财、民主理财的最基本途径就是公开财务信息，提高财务透明度。

从财政的角度，财政信息公开、提高财政透明度是法治国家建设阳光政府、责任政府的基本做法，被国际货币基金组织（IMF）视为宏观经济稳定、国家善治和财政公平的一个重要的前提条件。为保障社会公众依法获取政府信息，提高政府工作透明度，促进依法行政，国务院在2008年颁布实施了《政府信息公开条例》，规定县以上各级人民政府应当重点公开包括财政预算、决算报告在内的相关信息，开启了阳光政府的大门。2014年修正的《预算法》第十四条更明确规定，经本级人民代表大会或者本级人民代表大会常务委员会批准的预算、预算调整、决算、预算执行情况的报告及报表，应当在批准后二十日内由本级政府财政部门向社会公开。这不仅有利于社会公众监督政府的预算行为，也有利于社会公众全面了解政府预算收支情况，并据此评判政府预算收支管理责任的履行情况。党的十八届三中全会更是从国家治理体系和治理能力现代化的战略高度，提出建立政府财务报告制度，通过公开披露政府财务信息，借以反映政府公共财政、公共财务治理体系建设情况，分析评价政府公共财政、公共财务治理能力、水平和绩效。

财务信息公开是企业特别是上市公司的惯例，也是法治国家对政府及非营利公共机构的一项法律强制要求。高校作为公共事业机构，主要由财政供给资金，为社会和民众提供教育公共产品，有义务也有责任向政府和社会公众公开信息。为深化和推进教育政务公开，《中华人民共和国政府信息公开条例》颁布实施后，教育部于 2010 年 4 月发布了《高等学校信息公开办法》，规定高校应主动公开包括收费、经费来源、年度经费预算决算方案、财政性资金使用与管理情况等在内的十二个方面的信息。为推进高校财务信息公开，教育部又分别于 2012 年、2013 年、2014 年连续印发了《教育部关于做好高等学校财务信息公开工作的通知》《教育部关于进一步做好高等学校财务信息公开工作的通知》《高等学校信息公开事项清单》，对高校财务信息公开工作进行了全面部署，要求高校充分认识财务信息公开工作的重要性和紧迫性，将高校公开的信息所包含的内容、进行公开的时间、用何种方式公开、公开的财务信息的质量情况、公开信息所面临的风险、对风险的应对和防范以及对已公开的信息进行监督等作为公开的信息报告的主要组成部分，对其进行明确规定。

公开披露高校财务信息，有利于进一步推进高校民主理财，优化办学资源配置，提高办学资金使用效益，也有利于加强社会监督，有效防范和扼制腐败，促进高校依法办学、规范管理，提高高校财务治理能力和财务管理水平。这些办法、通知和清单的制定必将有力地推进高校财务信息公开。但也存在法律规范层次低、财务信息公开目标和导向不明、公开内容过于宽泛、主体责任模糊、操作性不强、刚性不足等问题，有必要进一步充实和完善。

（一）建立健全高校财务信息公开的法律规章制度

从法律层面上看，发达国家不论是美国还是英国，都制定《信息自由法》，对政府及公共机构信息公开提出法律强制要求，并通过其他法规和会计准则规范，对财务信息公开做出明确规定。

我国至今还没有关于信息公开的法律，与高校财务信息公开有关的两部法律《预算法》《高等教育法》均没有做出相关规定，只有国务院、教育部公布的若干条例、办法、通知对信息公开做了规定，但条例、办法、通知的法律层次低，强制性弱。

鉴于《预算法》修正案对预算公开做出规定，也鉴于其他相关法律规章制度的制定需要一定时日，有的规章制度（如《高等学校财务制度》等）刚刚颁布，不可能马上就再修订，为了规范财务信息公开行为，当务之急是研究制定《高等学校财务报告制度》，明确通过财务报告来定期公开相关财务信息。

（二）建立以财务报告为主渠道的高校财务信息公开体系

高校财务信息应主要通过年度财务报告予以公开。因为财务报告不仅能够全面、系统、完整地反映高校的财务状况和业务运营成果，而且还综合反映了高校的人才培养、科学研究、社会服务、文化传承以及学科建设和队伍建设等方方面面的情况，并能透过财务报告反映高校的管理水平和办学资金的使用效益。

当然，财务报告应当针对不同利益相关者对高校的关注及其财务信息需求情况，在内容上应予以适当分类，提供详略不同的财务信息，以满足不同层次、不同类别使用者的需要。现行以部门预算为基础，以传统预算会计为基本模式的高校财务报表体系很难达到这样的目标。应当借鉴国外高校财务报告的做法和经验，进一步改革高校财务会计制度，建立高校财务报告制度，完善财务报告体系。

除了财务报告外，高校还应当根据国家有关法律规章，从满足不同使用者的需求角度，定期或不定期公开相关的财务信息。例如，高校的财务资产管理制度、财务政策、财务管理与会计核算制度、收费及资助政策、人事工资待遇政策、科研经费管理制度、基建工程与物资采购制度、捐赠资金管理制度、财务会计业务规程与业务流程等与财务管理相关的事项。

（三）构建高校财务报告的规范内容

根据现行《高等学校财务制度》的规定，高校应当定期向主管部门和财政部门等利益相关方提供财务会计报告，资产负债表、收入支出表、财政拨款收入支出表、固定资产投资决算报表等主表，有关附表以及财务情况说明书等是年度财务报告的重要组成部分。考虑到高校财务信息使用者日趋多元化，除了教育主管部门、财政及其他政府管理部门之外，债权人（如银行）、资金捐赠人、教育服务对象及社会公众也是高校财务信息使用者，高校的财务报告义务不应当仅限于主管部门和财政部门，还包括各利益相关主体。因此，高校需要向社会公开其财务报告。结合我国高校实际，借鉴国外高校财务报告的做法，我们认为，高校财务报告至少应包括高校简介、财务情况说明书、管理层声明、内部控制评价报告、重大财务事项、财务报表（包括资产负债表、收入支出表、财政补助收入支出表、净资产变动表、现金流量表、预算执行情况表）、财务报表附注及审计报告等内容。

（1）高校简介。其内容可以按照《高等学校信息公开办法》的规定，对学校的基本情况、师资力量和学科与专业设置等方面情况做简要说明。

（2）财务情况说明书。它主要是对高校报告期的财务状况进行说明，包括高校收入及其支出、结转、结余及其分配、资产负债变动、对外投资、资产出租出借、资产处置、固定资产投资、绩效评价的情况，对本期或者下期财务状况发生重大影响的事项，以及需要说明的其他事项。

（3）管理层声明。管理层声明是指学校管理层对所提供的财务报告是按照《事业单位会计准则》编制的、信息是真实的等做出的声明。一般由校长、主管财务的副校长或总会计师声明，以示对公布的财务报告负责。

（4）内部控制评价报告。高校是否存在与财务报告相关的内部控制缺陷，如果有，是否已采取措施纠正。

（5）重大财务事项。重大财务事项是指某一会计年度内发生的可能对高校财务状况、运营成果有重大影响的事项，包括但不限于受赠财产、试验仪器、教学设备、图书等公共采购和重要的基础设施建设项目的公开招标、投标情况、所签署的合同以及法律诉讼等事项。

（6）财务报表，主要内容如下。

资产负债表。它是高校财务报表体系中反映财务状况的核心报表，反映了高校某一特定日期及相邻年度年末资产、负债和净资产的情况，属于静态报表。资产按照其流动性披露列示，包括流动资产和非流动资产，在不同资产类别下进一步按总分类科目分项列示；负债按照偿还期限即流动负债和非流动负债披露列示，在不同负债类别下再进一步按总分类科目分项列示；净资产按照专用基金、财政补助结转结余和非财政补助结转结余分项列示，通过净资产来体现资产和负债的平衡。

收入支出表。收入支出表是反映高校某一会计年度各项收入、支出和结转结余情况，以及年末非财政补助结余的分配情况的重要报表，属于动态报表。收入支出表由本期收入、支出、本期结转结余、转入事业基金金额等项目构成。

财政补助收入支出表。财政补助收入支出表主要包括高校某一会计年度年初与年末财政补助结转结余之间的变动，财政补助收入、支出、结转及结余情况，也属于动态报表。这张报表应作为收入支出表的补充说明报表。

净资产变动表。净资产变动表是一张反映高校国有资产保值增值和国家、社会对高校经费投入有效性的重要报表，建议在《高校财务报告制度》中加以规定。

现金流量表。目前，高校尚未编制现金流量表。但是，随着现金流量分析和管理的重要性日益显现，高校现金流量表的编制也会提上议事日程。

预算执行情况表。高校财务管理的主要任务之一是合理编制预算，依法依规执行预算，有效控制预算执行，完整、准确地编制学校预算执行情况的相关报表，公开预算执行信息。预算执行报表一般包括收支预算总表、收入预算表、支出预算表、财政拨款支出预算表；收支决算总表、收入决算表、支出决算表、财政拨款支出决算表。比较简便的做法也可以将预、决算表合二为一，反映预算与实际执行的结果以及两者的差异情况。预、决算信息应全面向教育主管部门和学校教职工公开，并根据其他财务信息使用者的需要而公开。在对外财务报告中，除财务会计制度规定应提供的预、决算报表外，还应概要地公开预、决算执行情况，而没有必要提供预、决算的详细情况。

（7）财务报表附注。由于财务报表的生成具有很强的专业性，通常只反映一个历史区间的财务信息，单从几张报表中很难让社会公众完全了解报表所反映的财务状况，这就需要在报表附注中对某些信息加以描述和阐释，加强公众对公开的财务信息的理解，有利于他们做出相关的决策。高校的财务报表附注至少应当披露下列内容：一是遵循《事业单位会计准则》《高等学校会计制度》的声明以及采用的相关会计政策的说明；二是学校整体财务状况、业务活动情况的说明；三是会计报表中列示的重要项目的进一步说明，包括其主要构成、增减变动情况等；四是重要资产处置情况的说明；五是重大投资、借款活动的说明；六是以名义金额计量的资产名称、数量等情况，以及以名义金额计量理由的说明；七是以前年度结转结余调整情况的说明；八是将校内独立核算单位会计信息纳入学校财务报表情况的说明；九是高校办学绩效方面的统计分析信息、财务风险防范和财务发展趋势的信息；十是其他规定的补充信息。应该指出，不论是企业还是国外高校，其财务报告中并没有财务情况说明书，而只有财务报表附注。其实，这二者的大部分内容是相同的，可以取其一，但内容应当进行整合，使其全面完整。

（8）审计报告。在条件具备的前提下，高校对外公开的财务报表应当聘请会计师事务所进行审计鉴证，并将审计报告随同财务报表一起对外公开，这样才能更好地提升公开财务信息的公信力。

（四）高校财务信息公开的其他相关问题

（1）财务信息公开形式。高校应主要利用高校门户网站、信息公开网站等，公开通用的财务信息，方便社会公众获取。一般来说，年度财务报告和常规的财务规章制度在学校门户网站、信息公开网站公开。而专用的财务信息（如捐赠等），以及明细的财务信息等，可通过建立链接，在财务机构或相关部门的子网站中设置信息公开栏予以披露。这种公开信息的分类分级既有利于一般信息使用者的阅读获取，也有利于高校财务信息的维护和管理，同时也可避免信息过量而产生负面影响。

（2）财务信息公开程度。财务信息既要依法依规公开，以满足信息需求者的需求，但又要有利于高校信息管理，保护国家秘密、商业秘密。所以，财务信息公开应合理界定边界，规定财务信息公开的最低限度，以便最大限度地公开不涉及机密的财务信息，公众可以随时监督高校筹集资金的来源及使用情况，提高高校财务资源的公开度和透明度，加强公众的监督力度。

（3）财务信息公开频率。财务信息公开频率直接影响信息公开的及时性及其效用，所以应定期或不定期公开财务信息。一般来说，常规应定期公开年度财务报告，今后条件允许时可公开半年报或季报。而对于重大财务事项、敏感的或社会公众普遍关注的财务信息可以不定期及时地公开。

（4）财务信息质量要求。高校对外公开的财务信息应具备真实性、可靠性、相关性、完整性、及时性、可比性和可理解性等基本的质量要求。

（5）信息公开风险及其防范机制。高校财务信息公开风险主要有两个方面：一是过度公开风险，主要涉及国家秘密、商业秘密及个人隐私的信息。二是重大错报风险。针对此，高校应建立健全信息发布保密审查机制，防范过度公开。同时建立专门信息公开机构，对拟公开的信息进行筛选、审核和复核，避免出现重大错报风险。此外，建议教育部明确规定高校财务信息公开的层级和最低披露要求，并就禁止公开的涉密财务事项（如涉密的科研项目和科研活动，以及教育部门实施特殊的财务政策等）做出明确规定，以规范高校财务信息公开行为。

（6）财务信息公开的相关配套政策。主要包括：将高校财务信息公开纳入法律规定；建立负责财务信息公开的组织机构，促进信息公开的制度化和常规化；明确不予公开的财务信息范围；严格高校财务信息公开的监督检查与责任追究制度。

第二节 高校财务管理体制和机制的创新

一、完善与现代大学制度相适应的财务管理体制及机制

改革开放以来，高校内部财务管理体制始终是热门的研究课题，也有了许多的实践探索，概括起来包括"统一领导、集中管理"和"统一领导、分级管理"两种模式。在统一领导、分级管理模式下，还包括统一领导、一级预算、集中核算、分级管理；统一领导、一级预算、两级核算、分级管理；统一领导、两级预

算、两级核算、分级管理三种类型。具体实施中，同一表述在不同的高校也有不同的解释，其实质还是集权与分权的把握和拿捏。

根据现代管理理论和发达国家高等院校财务管理的实践，我们可以归纳出符合现代大学管理的高校内部财务管理体制的基本原则：一是高校内部的经费安排和使用权（或者说资金流向的决策权和具体的使用权）应该与相应的事责（即工作职责）一致，要逐步从条线职能管理为主转变到以院系为主的扁平化管理模式，将管理重心下移，提高决策的效率，提升决策的有效性、针对性和准确性。校内的一级预算法人实体，二级预算部门和学院，以及三级预算机构都应该有与其承担的事责相适应的资金流向的决策权和具体的使用权。这应该是校内预算单位可以向校部据理力争的最大"财权"，关系到能否确保在有限的经费投入内完成自身事业发展及任务的财力保障。二是高校内部的财力应该集中，或者说原则上一校只能有一个银行账号，任何校内预算单位都无权动用或者挪用预算执行中滞留、暂存或者富余的资金，这既有助于高校法人对学校货币资金的统一管理，提高统筹安排和调度货币资金的效率，还保障了专款专用原则的贯彻落实和学校预算的严肃性。三是会计核算的集中统一，这里的"集中统一"主要是指实行统一的会计核算制度，这是保证会计信息质量的前提。高校管理实践中所谓的"分级核算"，其实质是为了方便广大师生员工而实行的会计委派制，分级报销，分级汇总，这种操作方式不可能免除或降低高校法人承担的财务监督和会计信息合法、合规、真实、准确的责任，也不应该影响会计核算的统一性、严肃性和会计信息的质量，更不应该给审核报销中执行财会制度和财经纪律留下随意解释的自由裁量权。四是高校内部执行的财经政策、法规、纪律必须是集中统一的。在强调依法治国的当今社会，财务监管需要进一步加强，校规必须符合国法，校内二、三级单位也必须遵守校规，决不能以下放财权为名，放松和削弱财务监管，违法违规。

要建立开放、透明、高效的理财机制，其内涵包括：一是要建设集体领导、民主管理、群众监督的公开透明的理财机制，保障财务信息的合理公开，这既是有效的防腐剂，也是有效的增效剂，可以促进经费的合理流向和有效使用；二是建立和完善内控制度建设，这是防范高校财务风险的基本保障，包括相关管理职责的分别设置，做到相互制约，完善授权审批制度，健全和完善会计系统，加强财产保护，规范财务报告制度，进一步强化预算管理、业务及财务活动分析、绩效评价和内部审计；三是健全与理财相关的预算管理、资金管理、成本管理、财务分析、国有资产管理、工资管理、财会业务处理等职能的机构设置和人员配置，加强人员的培训。

二、高校财务管理体制创新

财务管理体制是高校组织财务活动、划分财务管理权限、协调处理财务关系的一项根本制度。一般而言,财务管理体制具体包括财务管理工作领导体制、财务管理体制和财务机构设置与财会人员管理体制等内容。随着高校管理体制改革、国家财政预算管理制度改革的不断深化,面临着许多新的情况和新的问题,高校的财务管理体制必须不断地加以创新发展,以适应全面深化改革的需要。

(一) 创新高校财务工作领导体制

财务工作领导体制是财务管理体制的核心内容。改革开放以来,高校财务工作在不同时期采取不同的领导体制。总体上说,高校财务管理工作由校(院)长或校(院)长领导下的总会计师负责制。2014年10月,中共中央办公厅印发了《关于坚持和完善普通高等学校党委领导下的校长负责制的实施意见》,并发出通知,规定各地区各部门从自身的实际情况出发,因地制宜,认真执行通知规定。2015年5月,教育部下发《教育部关于直属高校落实财务管理领导责任严肃财经纪律的若干意见》(以下简称《若干意见》),都涉及高校财务工作领导体制问题。

1. 在财务管理工作中贯彻落实党委领导下的校长负责制

党委领导下的校长负责制是我国高校一直实行的领导体制,在新的历史条件下如何赋予这一领导体制新的内涵,是我们应当认真研究和探讨的问题。财务管理工作是高校重要的行政管理工作,也应当在党委领导下,按照分工负责的原则,由高校行政具体负责。《若干意见》明确要求,直属高校党委要切实负起对学校财务管理工作的领导责任。那么,党委如何领导呢?我们认为,党委在财务管理的领导责任应主要侧重于财务管理的决策、支持和监督方面。具体地,应当在以下四个方面突出和体现党委对高校财务管理的领导。

一是批准学校财务预算,决定重大事项。财务预算作为学校各项事业计划顺利开展的重要财力保障和财力支撑,预算安排是否得当,是否做到统筹兼顾、收支平衡,既照顾一般又保证重点等,关系到学校建设、发展和稳定的全局性、战略性问题,学校重大投资、重大建设、重大举债以及大额资金使用等,都要纳入财务预算,并按规定由校党委常委会研究确定后,报经教职工代表大会审议通过,由学校行政执行。

二是营造良好氛围,支持校长依法行政。财务管理工作不仅要组织和筹集学校各项事业发展所需要的资金，而且要协调处理好各利益相关方的财务关系，尤其是在全面深化改革的当下，学校各项改革都需要付出成本代价，改革又涉及各方利益调整的问题，各方面矛盾意见集中，党委要把握改革方向，做好改革精神的宣传工作，努力营造深化改革、理顺财务管理体制机制、调整财务关系和利益关系的良好氛围，全力支持校长依法行政、依法理财，不断规范财务管理行为，提高财务管理水平。

三是加强队伍建设，实施一岗双责。为确保高校财务管理工作科学、规范、高效，队伍建设是关键，高校党委要选拔配备综合素质好，业务水平高，坚持原则、勇于担当、清正廉洁、乐于奉献的财务管理干部队伍，同时强化各级财务主管人员的财务管理责任。高校财务管理主体责任是高校管理主体责任的核心内容，是高校党委办学治校责任在财经方面的集中体现，《若干意见》明确要求党委主要负责人要抓好班子，带好队伍，做出表率，同时要求党政班子成员要落实"一岗双责"，带头贯彻执行国家财经法律法规。按照"一岗双责"的要求，根据分工抓好职责范围内的财经管理工作。

四是严肃财经法规，推动依法理财、民主理财，强化财务监督管理工作。高校党委要按照全面依法治国的战略布局和依法理财、依法治财的要求，认真执行民主集中制，严格执行领导班子议事规则与决策程序；要建立健全高校财务规章制度和内部控制制度，规范财务行为，强化财务管理和国有资产管理，提高资金使用效益，防止国有资产流失；要发挥审计监督和教职工代表大会民主监督，推行财务信息公开，促进财务运行管理的公开化、透明化。

在高校财务管理工作中，如何体现校长负责呢？我们认为，校长作为学校的行政负责人，在财务管理中应侧重对财务预算计划的执行和财务运行过程管理负责。具体体现在以下五个方面。

第一，做好规划、明确分工。校长应在全面把握高等教育发展规律、学校的基础条件和财力限度，理性制定适合学校发展的事业规划，依据事业规划与财务计划相结合、事业发展计划与财务预算相匹配的原则，提出切实可行的财务预算，按照规定程序批准后严格执行。为了确保事业发展计划和财务预算的圆满完成，应在行政领导班子、机关职能部门、院系单位之间进行合理的分工，全校各级各部门都应当为圆满完成事业发展计划和财务预算努力增收节支、开源节流。

第二，合理授权、分级管理。校长应根据事业发展计划和财务预算，按照职责分工，将财务、资产等相关管理授权副校长或总会计师全面负责、财务处长具体负责，并按照事业发展和预算执行任务分解、管理职能划分，将财务活动及管理职责交由校、院之间进行分级管理。这里，应当根据财务活动的不同类型、财务管理的不同环节，按照不同层级、不同职位的职责权限划分，合理授权、科学分级，真正做到按岗赋权、按权定责、权责统一。要防止因授权不当而造成越权、缺权现象，因分级不科学而产生上下层级之间相互扯皮、相互推诿现象。

第三，健全制度、落实责任。要根据国家财经法规和加强学校财务管理的实际需要，建立健全财务规章制度，包括预算管理制度、财务管理制度、资产管理制度、科研经费管理制度、基本建设管理制度、政府采购制度、"三公经费"开支制度以及会计核算制度等。通过这些制度，明确各层级、各职位的职责权限，规范预算执行与调整、财务收支管理流程、财务管理环节，并通过建立健全各层级、各职位的经济责任制，明确并落实各自的财务管理权限和责任，做到每一项财务活动事项都有具体部门单位和人员负责。

第四，科学决策、防范风险。市场经济环境下，风险无时不有，无所不在。随着办学规模的扩张，高校办学层次、办学形式复杂多样，高校人才培养、科学研究、社会服务、文化传承各功能的发挥，都需要与市场打交道。面对复杂的市场环境，高校办学的各个环节、各个方面都需要用市场的思维，去思考是否存在风险，尤其是财务风险。前些年，高校为了适应办学规模扩张对办学空间和办学条件的需要，纷纷建设新校区，大量举借债务（包括内债和外债），结果导致部分高校资金紧张、现金流量不足，财务暴露在风险之下，严重影响学校正常的运行，引起教育主管部门乃至国家的高度重视和社会各界的普遍关注。部分高校管理当局没有按照高等教育规律，不能根据需要与可能进行科学论证，盲目决策、盲目扩张，结果造成比较严重的财务风险。所以，高校校长应当从中吸取教训，任何建设性项目都必须根据自身财力和财务承受能力，做好可行性研究，经过科学论证后再做决策，切实防范财务风险。

第五，加强内控、强化监督。在授权管理、分级管理的情况下，为了使各层级、各单位严格按照职责权限行使职权，按规定程序组织财务活动，必须加强内部控制制度建设，对不相融职位分开设置，形成相互牵制、相互制约、相互监督的管理机制，并通过财务活动过程和结果的信息公开机制，提高财务透明度，在此基础上，发挥内部审计和教职工代表大会的监督作用，规范财务运行。

2. 建立总会计师制度，提高高校财务管理专业化水平

《国家中长期教育改革和发展规划纲要（2010－2020）》（以下简称《教育改革和发展规划纲要》）明确提出，完善教育经费监管机构职能，在高等学校试行设立总会计师职务，提升经费使用和资产管理专业化水平，公办高等学校总会计师由政府委派。为落实《教育改革和发展规划纲要》，教育部、财政部于2011年4月印发了《高等学校总会计师管理办法》（以下简称《办法》）。

高校实行总会计师制度由来已久。早在1979年教育部制定的《教育部部属高等学校〈会计人员职权条例〉实施细则》就提出设置一级财会机构的高校应当设有总会计师职位，并建立总会计师经济责任制。1982年财政部转发《教育部部属高等学校财务管理试行办法》和1988年国家教委《高等学校会计制度〈试行〉》都明确了按有关规定设置总会计师，实行在校（院）长领导下的以会计师为首的经济责任制。1991年国家教委、财政部联合颁布的《关于高等院校贯彻〈总会计师条例〉的实施意见》中要求加速推行校（院）长领导下的总会计师经济责任制。1994年国家教委颁发的《关于当前国家教委委属高校财经工作中几点意见的通知》中指出：委属高校日常财经工作原则上坚持实行校（院）长领导下的总会计师经济责任制，没有设置总会计师的，必须建立以校（院）长为首的经济责任制。2000年《教育部、财政部关于高等学校建立经济责任制加强财务管理的几点意见》也要求，要建立健全校（院）长经济责任制，按照'统一领导，分级管理'的原则，按管理层次分别建立总会计师或主管财务工作的副校（院）长、财务处长、二级单位财务负责人和基层财务人员等若干个层次的各级经济责任制。2005年，《中共教育部党组关于贯彻落实〈建立健全教育、制度、监督并重的惩治和预防腐败体系实施纲要〉的具体意见》明确，积极推行直属高校总会计师制度和会计委派制度。2007年《教育部 财政部关于"十一五"期间进一步加强高等学校财务管理工作的若干意见》指出：规模较大的高等学校按国家有关规定经批准可以设置总会计师岗位。但是也有一定的限制条件，在学历方面，要求具备财经、管理类专业本科以上学历，其他方面，要求从事工作时不能兼职，必须是全职，全身心投入学校财经管理工作。可以说，高校设置总会计师是完善经济责任制，强化财务管理，提高财务管理专业化水平的迫切需要。

　　但是，总会计师制度在实践中推行并不是一帆风顺的，而是迂回曲折的。1979～1985年间，在高校实行总会计师制度是国家相关制度的规定，并且还要求实行校（院）长领导下的总会计师经济责任制，1985～1995年间，要求高校抓紧设置、加速推行、尽快培养，清华大学、南京大学、武汉大学、厦门大学等部属高校分别设置了总会计师。但到了1995年之后，这些设置总会计师的高校，其总会计师又纷纷转任副校长，总会计师制度名存实亡。2005年之后，相关文件和制度又要求积极推行总会计师制度，对公办高等学校由政府委派总会计师。可以看出，我国高校总会计师制度经历了"由无到有"到"由有到无"再到"由无到有"的曲折发展历程。之所以总会计师制度发展如此曲折，除了对总会计师的专业知识没有做明确要求，有些学校选任的总会计师不具备专业知识，难以履行职责外，根本的原因是"没有位""不到位""放错位""排末位"的制度安排问题。许多高校并没有按照当时的相关法规制度要求设置总会计师岗位，而是由不具专业背景的副校长分管财务工作；有的高校只设置副总会计师，上面还有一位分管财务的副校长负责财务工作，即使设置了总会计师岗位的高校，也没有让总会计师进入学校的最高决策层，所以在校级领导排位时，不论其资历深浅，总是排在最末位，列入"另类"；有的高校虽然设置了总会计师岗位，但在工作分工时，并没有将学校相关的财经工作都由总会计师统筹统管，而是将财务以外的其他相关财经业务分别交由其他副校长分管，而总会计师却被安排分管财务以外的业务工作，造成较为严重的错位，也导致工作中产生不必要的矛盾和问题。

《教育改革和发展规划纲要》实施以来，教育部于 2011 年和 2013 年先后启动选拔了两批共 15 位总会计师分别委派到部属高校任职。所选任的总会计师均具有财经管理专业知识和相应管理经验，在任命总会计师为副校级行政领导的同时，任命为学校的党委常委，同时《办法》明确要求委派总会计师的高校不再设置与总会计师职位重叠的副校长，并明确总会计师并不是独立管理学校财经工作，只是起到辅助作用，校（院）长是主要负责人，因此，总会计师只承担相应的领导和管理责任，从而强化了总会计师财经管理工作的职责。这从根本上解决了过去长期存在的"没有位""不到位""放错位""排末位"等问题。除教育部向部属高校委派总会计师外，浙江、陕西、广东、上海、北京等省市也在地方所属高校推行了总会计师制度。然而，目前的总会计师制度在实施过程中仍然存在三个亟待解决的问题。

第一，总会计师的角色定位问题。有人认为，由政府向高校委派总会计师与"去行政化"本质要求相背离、与落实和扩大学校办学自主权相违背、与完善中国特色现代大学制度相矛盾[1]，实际工作中总会计师也为究竟应当代表政府主管部门还是代表学校而感到左右为难。事实上，总会计师是外部治理与内部治理的一个结合点，是连接出资人财务管理与法人财务管理的桥梁纽带。作为现代大学治理结构的一个重要环节，公办高校由政府委派总会计师是出资人对高校财务活动实施外部监管的有效手段，不仅中国这样做，西方许多国家如德国和法国等对其高校也采取财务主管人员由政府委派的监管手段，同时，作为具有财经专业知识和管理经验的高校行政领导班子成员，也是强化高校内部财务管理的重要举措。总会计师作为现代大学中最重要、最有价值的管理职位之一，是掌握着高校的神经系统（财务信息）和血液循环（资金资源）的灵魂人物，是高校财务资源调配和财务活动组织协调的第一负责人，肩负着为政府和高校当好家、理好财的重要职责。所以，他（她）既代表政府对高校进行外部财务监管，也代表高校党委和行政对学校整个办学活动和办学过程实施财务监管，总会计师在现代大学治理架构中具有核心作用，与"去行政化"、高校行使办学自主权并不矛盾。

---

[1] 陈国祥."去行政化"与政府委派总会计师[N].科学时报，2010-04-02.

第二，总会计师权利与职责的匹配问题。根据中国总会计师协会的调查结果显示，总会计师制度的实施状况不能令人满意，在国有企业中任职的总会计师"权小责大"的问题普遍存在，即权利与责任不相称问题。企业并没有赋予总会计师全面参与企业经营决策的权利，但大多数的总会计师却承担企业管理者的责任；内部受托责任普遍高于外部受托责任，企业高层管理结构没有对总会计师的职责权限进行明确界定和划分，对总会计师的工作表现不太关注；当企业不能顺利运营，受到调查时，却要将总会计师当作替罪羔羊，承担主要责任，不论问题因何而起，总会计师职责不清晰，权力与责任不对等，严重损害了总会计师职能的有效发挥。

那么，高校的情况又如何呢？《办法》第十条要求总会计师应当按照国家有关法律、法规、规章和制度的要求组织领导学校的财经管理和会计核算工作，参与学校重大财务、经济事项的决策，对执行情况进行监督，并规定了总会计师具体负责会计核算和财务报告、财务管理、参与重大财务管理活动和重要经济问题决策、加强会计监督、组织财会制度和内控制度制定实施、加强资产管理、组织落实审计意见等八项职责。同时，《办法》第十一条赋予总会计师参加重大经济事项决策，监督重大决策、财经法规、内控制度的执行，财务部门负责人任免、考核，大额资金流动联签权，制止或纠正违反国家法律、制度行为等五项权利。照此情况看，高校总会计师也存在着权利与责任不匹配的问题。

我们知道，财务是高校各项业务和管理活动最综合的反映，不论是人才培养、科学研究、社会服务、学科建设、队伍建设，还是基本建设、资产资源配置、仪器设备购置、后勤服务保障、对外投资、校办企业等，都直接或间接与财务工作相关，都涉及财务管理问题。在实行总会计师制度之后，是否还像原来主管财务副校长那样，与其他分管校领导之间各自分管、相互分割？原教育部财务司司长陈伟光曾撰文写道[①]：总会计师与主管财务副校长在行使财务管理的分工上具有共同点，但在其职能所处的地位上、执行职能的权威性上和在职能涉及的范围上有很大不同。例如，总会计师的职能涉及的范围较广，对学校所有的财产物资安全、保值或增值全面负责，要对经济活动的重大事项提出权威性的决策建议，而主管财务的副校长可以按不全面的分工只承担其职责范围内的工作，对不属于自己分管的工作不承担责任。不全面的分工，是指副校长可能只管事业性经费，基建财务可以不管；或可能只管投资学校收益部分，而不管投资；或只管钱，不管物。在学校的经济决策中，作为财务副校长，同其他副校长一样，发表的建议可以不具权威性。而总会计师从专业的角度，发表的建议就应具权威性。

---

① 陈伟光. 新形势下提高高校财务管理水平的思考［J］. 中国高等教育，2006（9）：26-29.

总会计师的职能对全校的经济、财务管理要全面负责，从这方面讲，职能涉及的范围必须要大、要全；但又是专一的，不像校长既管财务，又管办公室，或又管后勤，不少还分管教学工作。由此看来，总会计师的职责与权限问题尚需认真研究，要总会计师全面承担财经管理的责任，必须赋予其充分的权力，确保总会计师有责有权。

第三，总会计师考核管理问题。《办法》规定，学校主管部门对总会计师履职情况进行监督、考评（第十二条）；总会计师参加校领导班子年度考核，并向学校主管部门提交述职报告（第十三条）；学校主管部门对总会计师进行任期经济责任审计和离任审计，对总会计师任职期间的履职情况进行评估（第十四条）。

财务工作往往都是高校内部矛盾和各种意见最集中的工作，不论是资源分配、财务报销、支出控制，还是财务监管，都与相关部门单位和教职工个人的经济利益相关。财务管得松了，皆大欢喜，校内考核结果就比较好，但这与总会计师的职责要求相背离；而财务管严了，就得罪人，甚至与班子成员之间、与相关部门单位和教职工之间产生矛盾，校内考核结果肯定比较差。所以，总会计师参加校领导班子年度考核，就会使总会计师陷入两难困境。我们建议，总会计师除了参加学校领导班子考核外，主管部门还应就其履职情况做专门的评估，与校内考核结果相互印证，若出现较大出入的，应做专门调查。

在总会计师的管理方面，《办法》规定总会计师实行任期制，在同一学校任职不超过两届，任期届满，调派其他高校任职或改任其他职务。现行做法是总会计师人事工资关系一并转入任职高校，这与政府委派似乎不相匹配，总会计师由外部人一下子变成了高校的内部人，他就很难按照制度设计的初衷去履职尽责，总会瞻前顾后，不敢理直气壮去强化管理和监督。所以，我们建议，总会计师既然是政府委派，那么其人事工资关系应当存放在主管部门，其好处在于：一方面可以使总会计师尽心尽责地代表政府主管部门加强对高校的财务管理和监督（当然，也要为学校负责）；另一方面可以解除总会计师的后顾之忧，免得任期届满人事工资关系调来调去，缺乏安全感和稳定感。

总而言之，高校实行总会计师制度是完善和优化高校财务治理结构，强化现代大学制度下实现高校财务管理规范化、专业化、职业化，切实提高财务管理水平的重要举措，而要让总会计师履职尽责，必须做合理的制度安排，准确对其角色定位，职责确定合理，权利责任匹配，作用发挥到位。不论是否政府委派，总会计师都应代表政府和学校，认真履职尽责，而其首要职责就是要为学校筹集办学所需要的资金，努力开源节流、增收节支，否则，任何管理、监督都将成为一句空话；不论是否政府委派，总会计师必须摆正位置，努力协调、处理好上下左右前后的各种关系（特别是利益关系），努力协调、处理好学校财务与各项中心工作的关系，既对政府负责，也应当对学校负责。

（二）创新财务管理体制

1. 财务管理体制的类型

按照《高等学校财务制度》规定，高校一般应采用统一领导、分级管理或统一领导、集中管理的体制，而规模较大的高校一般采用统一领导、分级管理体制。在实践中，各高校从自身的实际情况出发，将统一领导、分级管理模式创新发展成符合自身特点和管理需要的财务管理体制，模式的改变可以从两个方面加以阐释：一是预算模式，有的学校采用一级预算，有的学校应用多层次的分级预算；二是会计核算模式，有的学校实行集中核算，有的学校采用分级核算。将预算模式和会计核算模式的不同选择进行交叉运用后就会形成多种多样的财务管理体制，不同体制的功能、特点、适用对象也不相同。其中最具代表性的是"统一领导、一级预算、集中核算、分级管理""统一领导、一级预算、两级核算、分级管理""统一领导、两级预算、两级核算、分级管理"三种模式。虽然这三种模式功能、特点、适用对象千差万别，但它们坚持统一领导的前提是相同的，并且都采用两级管理的模式。

首先，统一领导、一级预算、集中核算、两级管理模式。这种财务管理模式只在校级设立一级财务机构，在预算方面，学校实行一级预算，由校级财务机构全面负责整个学校预算的编制工作，包括收入预算和支出预算，各学院、部处等单位只需要按照校级编制的预算方案对获得的资金进行配置即可。在会计核算方面，学校采用集中核算模式，由校级财务机构负责整个学校的会计核算工作，学院的会计核算也由学校的财务机构派遣专员负责，这些工作人员依旧属于校级财务机构的编制。由校财务处负责学校的会计核算，学院的资金核算由财务处派人负责。这种集权式的财务管理模式既有其独特的优势，也存在明显的不足，学校的权力较大，便于对学校的财务资源进行宏观调控和优化配置，提高资金的使用效率，有利于学校整体发展。但同时也正是由于权力过于集中，财权下放不够，导致各学院、部处单位权力薄弱，工作积极性大大降低，不利于学院和学科的可持续发展。

其次，统一领导、一级预算、两级核算、两级管理模式。选择这种模式的学校采用的是一级预算，虽然学院不能够进行独立预算，但依然在各学院、部处单位设立了二级财务机构，负责学院的会计核算工作，二级财务机构不仅要接受校级财务机构和学院对其的双重领导，还要接受校级财务机构对其业务上的指导和监督。这种模式与"统一领导、一级预算、集中核算、两级管理"相比较，给予了学院一定的财权，学院在权力范围内自行安排经费使用，同时，鼓励学院自行筹资，对于学院自行筹资部分除按比例上交给学校外，其他部分留给学院自主安排使用，用于学科和队伍对建设，从而调动了学院筹资的积极性和主动性。但是由于二级财务机构受学院直接领导，可能出现为了本学院的利益而损害学校的整体利益的情况，影响学校的整体发展。

最后，统一领导、两级预算、两级核算、两级管理模式。选择这种财务管理模式，学校一般采用两级预算，包括校级预算和院级预算，各学院的预算由学院自行编制预算收入和支出方案，而不是由校级的财务机构全面负责。对于会计核算工作，也是由学院设立的二级财务机构独立负责本学院的会计核算。这种财务管理模式最大的特点就是过分强调分权，下放给学院过多的财权，大大调动了学院工作的积极性，但同时也正是由于权力的过度下放，削弱了学校的宏观调控能力，容易出现财力过分分散的局面，不利于学校统筹安排办学经费，妨碍资源的有效配置，影响学校的整体发展。

2. 财务管理体制的原则

上述各种财务管理体制类型都有利弊，而究竟采用哪种财务管理体制，既要根据学校的实际情况和管理需要，也要符合国家财务法规的规定。一般而言，应遵循以下原则：

第一，宏观调控与微观搞活相结合的原则。宏观调控、微观搞活与统一领导、分级管理相对应，统一领导是宏观调控的保证，分级管理则是微观搞活的体现，这是统一领导、分级管理体制的首要原则。宏观管理强调的是校级对学校整体财力的控制能力，学院的利益要服从学校的整体利益，而微观搞活则强调学校适当下放财权给学院，使学院能做到财权与事权相结合，保证学院自主办学的活力和积极性。将宏观管理与微观搞活结合起来，既可以防止财权的过分分散，削弱学校的财权，保证学校整体顺利运营，整体目标顺利实现，又可以防止财权过度集中，不利于学院的发展，也调动了各学院的积极性和主动性，真正做到管而不死、活而不乱，保证整个学校的发展活力。

第二，财力集中原则。财力集中原则要求高校所建立的财务管理体制要有利于学校集中必要的办学资金，增强学校办学实力和能力。适当下放财权有利于调动校内各单位开源节流、增收节支、当家理财的积极性，使他们能够根据办学需要和财力可能统筹安排本单位的财务收支活动。但高校毕竟是一个有机的办学整体，不仅要有一定的财力用于安排全校性的财务开支和支持某些重点工作的开展，而且要集中必要的财力，统筹安排学校的财务收支，保持足够的现金流量和支付能力。所以，不论财务管理如何分权，财力集中是必要的，整个学校的财务收支只能通过学校财务处在银行开设的账户，决不能允许校内各单位私自在银行开设账户。

第三，适度分权原则。统一领导、分级管理体制的关键就是将财权在高校各级单位之间进行合理分配，只有财权划分适度合理，才能保障财务管理工作顺利进行。财权过度集中或过度分散，都会妨碍财务管理工作的顺利开展，影响学校的整体发展和办学目标的实现。财权过度集中于校级，学院的财权与事权不相称，就会降低学院办事的效率，降低学院发展的积极性，限制学院发展的自主性，在一定程度上制约了学院的发展；财权过度分散，下放过多的财权给学院，就会造成校级财力不足，影响校级资源配置的效率，不利于学校进行宏观调控，进而影响学校整体的发展。在建立统一领导、分级管理体制时，必须要坚持适度分权原则，正确处理好集权与分权的关系。

第四，责权利结合原则。高校建立财务管理体制时要体现责权利相结合的原则。权是指要明确划分校级和院级的财权和事权，明确划分各部门的权利范围；责是指明晰校级和院级各自应该承担推动和促进各项事业发展的经济责任；利是利益，指的是学校要制定相关奖惩措施，对完成或超额完成任务的单位，给予相应的奖励，而对于没有完成任务的单位，给予一定的惩罚，做到赏罚分明，最大限度地激发各单位增收节支、开源节流的积极性和创造性。根据责权利相结合原则建立的财务管理体制是一种集权利机制、责任机制和激励机制为一体的体制，这种体制可以更好地促使财务人员为实现学校的整体利益而努力工作。

第五，管理重心下移原则。现代大学原有的管理模式的工作重心主要放在校级，二级学院拥有的财权不足，不能自主管理本学院的财务工作，目前，高校的财务管理体制不断地进行变革和创新，将财权进一步下放，二级学院财务机构自主管理本学院的经费，自主决定财务资源的配置，充分发挥其主观能动性；同时，二级学院的经济责任人对本单位的经济运行和管理承担责任。

3. "统一领导、集中管理"与"统一领导、分级管理"的内涵[①]

自高等教育规模扩张以来，大部分高校的整体规模都相当大，其财务管理普遍实行"统一领导、分级管理"的体制。

（1）关于统一领导。根据高等学校财经工作的特点和财务管理的实际需要，"统一领导"是指学校在以下几个方面实行统一领导：

一是统一学校的财经政策。这要求高等学校的财经工作和财务管理应当在国家法律法规的规范下，由学校财务部门统一制定涉及财经工作和财务管理的政策，尤其是学校重大的经济分配政策、预算政策和财务收支政策，经学校最高决策机构批准后，作为全校统一遵循的财经工作和财务管理政策。

---

① 高等学校财务制度讲座编写组. 高等学校财务制度讲座 [M]. 北京：中国人民大学出版社，1997.

二是统一财务收支计划。学校的财务收支计划是根据《预算法》《高等学校财务制度》的规定和学校各项事业发展的需要与财力可能进行统筹安排、综合平衡编制而成为的,是学校各项事业发展、组织财务活动和开展财务管理工作的依据。学校各部门、各单位必须严格遵照执行,未经批准,不得任意改变,更不得安排无计划、无预算、超预算的财务支出。

三是统一财务规章制度。财务规章制度是贯彻学校财经政策和财务收支计划的重要保证,是办理各项财务收支活动的基本行为规范。高校应当综合参照国家相关的法律规范、学校的财经政策,以及联系实际,结合自身实际情况和管理需求,制定统一、高效、完善的财务规章制度,广泛应用于全校范围内,统一执行。

四是统一调配办学资源。高校的办学资源是保证完成教学科研等各项事业任务的重要物质基础,其所有权属于具有法人资格的高等学校。为提高办学资源的使用效率,降低办学成本和资源耗费,高校应根据资源的分布情况和各部门各单位承担的事业发展任务的需要,统筹安排,统一调配,避免办学资源的部门所有、单位所有,防止办学资源闲置、重复购置。

五是统一财会业务领导。这要求高校的财务部门应当统一领导校内各部门、各单位财会人员和财会业务,并加强人员教育培训和业务指导管理工作。

（2）关于集中管理。集中管理是指在不影响校内单位经济利益和积极性的前提下,学校的财经工作和财务活动由学校统一集中管理。具体地说,它是在学校统一领导下,在以下三个方面进行集中管理：

一是财权的集中管理。这里,财权主要指学校办学资金的统筹安排和使用权。为了推动学校的整体发展,实现学校的整体目标,必须统筹安排办学经费的使用,对于高校内部单位来说不同的校内单位使用权限不同,实行独立核算的校内单位可以根据相关规定管理和使用资金,而非独立核算的校内单位不管筹集到多少资金,如何筹集到资金,都必须交给学校一级财务机构,由其进行集中管理,并由学校综合考虑事业发展需要和财力可能,进行统筹安排,合理划分职责权限,防止财权分散、财源流失。

二是财务规章制度制定和执行的集中管理。为保障高校能够对办学资金进行集中管理和维护高校财务运行的正常秩序,高校应该结合自身的特点和财务管理的需要,制定完善有效的财务法律规范,监督学校财经工作的贯彻执行,校内单位均不得另行制定与学校统一规章制度相抵触的财务管理办法等。

三是会计事务的集中管理。即要求高校所有的财务收支活动管理和会计核算事务集中在学校财务机构,包括机构集中、人员集中和财务会计事务集中,校内各部门、各单位不再另行设立机构、配备财会人员。

（3）关于分级管理。分级管理是高校财经工作和财务收支在建立财经规章制度、明确校内单位权责利关系和学校统一领导的基础上，根据财权划分、财权与事权相结合的原则，由学校和校内单位对财务收支活动进行分级管理。它是由于学校办学规模扩大后，为了下移财务管理重心，调动校内各单位增收节支、开源节流积极性，赋予其一定的财务自主权，以便其根据事业发展需要，自主安排财务收支活动。但分级管理并不等于校内各单位可以各自为政，其前提是统一领导，即在严格执行学校统一的财经政策、财务收支计划和财务规章制度的基础上，给予校内单位以下财务管理权限：

一是在学校统一财务收支计划和资源配置下，校内院级单位有权根据自身的实际情况和管理需求对学校下拨的办学经费自主管理和统筹安排使用，根据业务发展需要对其进行二次分配。应明确指出，这里分权指的是下放的财权，而不是财力，财力必须进行集中管理，由校级统筹安排，校内各院级单位不得假借下放财权之名，私自在银行开设账户或私设"小金库"，一所高校只能开设一个银行账户，且必须是校级财务机构在银行开设的，校内单位的所有财务收支活动都必须通过该银行账户办理。

二是在学校统一财务规章制度下，校内单位有权制定财务规章制度的具体实施办法。由于各学院的学科特点，各单位的业务活动不同，财务收支活动有各自的内在规律，为调动各学院、各单位增收节支、开源节流积极性，便于财务收支活动的管理，可以对学校统一的财务规章制度结合本单位的管理需要，制定更加细化和可操作的实施办法。但实施办法不得与学校统一的财务规章制度相抵触。

三是在学校统一财会业务领导下，校内单位有权管理本单位的会计事务。校内单位可以根据财务收支业务量的大小和管理的需要，按照规定的程序向学校财务部申请设立本单位的财务机构，配备必要的财会人员，在学校财务处的领导和业务指导监督下，组织、管理和核算本单位的财务收支活动，办理相应的财会事项，定期向学校财务处报账或报送财务报表，以便校级财务机构汇总编制反映全校财务收支全貌的财务报表。

四是集权与分权财务的动态协同管理。对于大部分高校来说，采用"统一领导、分级管理"财务管理体制时，涉及集权与分权的问题。如上所述，集权主要体现在财经政策、财务计划、财务规章、资源调配和财力集中管理权等方面，分级管理下的分权必须在这些集中管理和统一领导的框架内，按照权责结合、财权与事权结合的原则，赋予校内单位相应的财务预算经费二次分配和管理的自主权，而且二者要协调配合，共同构建整个学校的财务管理体系。

目前，大多数高校采用的是静态的财务管理模式，这种模式对于感知外界条件的变化不太灵敏，反应速度缓慢，财务风险的发生概率较高。为此，高校应当创新原有财务管理体制，将静态和动态的财务管理模式有机结合起来。在动态协同模式下，高校财务部门应携手校内各部门各单位，建立信息互通、资源共享的教学科研业务与财务活动之间的业务链，并主动与校外相关政府部门和企事业单位建立协作关系，实现校内外信息相通，资源、信息动态协调统一，提高财务对外部信息反馈的及时性。高校在日常财经管理活动中要进行动态分析，首先要了解学校对未来的经济预期、判断经济预期是否合理可行，其次要根据学校对未来的经济预期，设定一系列的财务指标评定外界条件的变化，针对信息变化及时做出反应，依据现实情况不断调整未来的经济预期，保证经济预期切合实际，有可能通过努力实现预期的财务管理目标。

动态管理弥补了静态管理模式的缺陷，相较于静态管理模式，动态管理模式对于外界信息的感知和反应更加灵敏，使学校及时了解外界信息，还能保证学校及时掌握实施分权管理模式下各院系单位的财务信息，下达的办学经费二次分配及使用情况。实施动态管理后，分级管理和分级核算结合将更加紧密，校级财务机构能够及时了解各院系单位的资金动态，便于进行统筹安排，优化资源配置，减少办学资源闲置浪费，更好地实施统一领导、集中管理和分权管理，学校也可以更容易地将宏观调控和微观搞活有机结合，既可调动院系单位的管理积极性，又不随意放任财权，科学地将集中管理和分级管理结合起来，形成"统而不僵，放而不乱"的财务管理格局。

三、高校财务运行机制创新

高校财务管理机制创新可以从不同角度阐述，下面着重就财务机构设置、基于价值链的财务管理业务流程构建和内部激励机制等方面探讨财务运行机制创新问题。

（一）创新财务机构设置

组织结构的权变理论认为，组织不是一个封闭的系统，而是开放的系统，与外界保持密切联系，应仔细观察系统的相互关系和动态活动，以期在一定条件下能够建立最佳组织结构的关系类型。无数的管理实践证明，建立一个科学的组织结构对提高组织绩效起着重要作用。高校的财务管理是对高校财经活动进行预测、决策、分析、控制和评价的管理活动，贯穿于高校管理活动的全过程，其核心是资金的筹集和使用，其主要职能是预测、决策、控制，而财务组织机构设置是财务管理的重要保证，因此，建立健全财务组织结构是做好财务管理工作的前提条件和重要保证，建立科学的财务组织结构是财务管理工作的重中之重。

根据调研情况，高校财务管理机构设置不尽相同，职能作用发挥不尽理想，甚至出现财务管理混乱的局面。有些高校除了财务处外，仍然设置校办产业处（办）、科技开发办、后勤办、基建处的财务机构，分别在银行开立账户，负责校办产业、科研、后勤、基本建设的财务收支等核算和管理职能，财力极其分散；有的高校虽然财力集中在财务处，但财务管理职能却在各个职能部处之间分割，如队伍建设经费和人员工资由人事处掌管，学科建设或重点建设（如"985工程""211工程"等专项）经费由学科处、发展规划处控制，科研经费由科研处管理，教学经费由教务处、研究生（处）管理，后勤服务经费由后勤处管理，设备物资采购经费由设备处管理，财务处未能发挥财务管理职能归口的作用，职能部门之间的分工变成了分家，分管变成了分割；有的高校没有考虑到办学规模不断扩大，办学经费不断增加的现实情况，仍然采取集中会计核算，结果导致院系单位和广大教师办理财务业务拥挤、排队的现象。2015年12月4日，"澎湃新闻"报道了上海某高校为了办理财务报销手续，许多学生凌晨三四点钟就带着被褥到财务处替他们的老师排队等候办理财务报销业务，基层院系和广大师生怨声载道、意见强烈。而这种情况不仅在上海某高校存在，在全国不少高校都普遍存在这种状况，尤其是年终岁末的集中报账峰期，排队报账几乎成了高校财务的"常态"。为什么会出现这种现象呢？我们认为，这主要是由于部分高校财务制度安排不科学、财务机构设置不合理等原因所致。高校应当根据事业发展的实际情况和加强财务管理的实际需要，与时俱进，不断深化财务管理体制改革，优化财务运行机制，创新财务机构设置。

（1）明确高校财务工作的归口管理。《高等学校财务制度》和相关法规明确规定，高校财务工作应当归口管理，财务处是高校履行财务管理职责的唯一部门，各高校不得在财务处之外设置与其职能相同、相似或重复、重叠的机构，各机关部处业务工作涉及财务管理的必须归口到财务处。财务处应根据国家财经法规和财务制度，以及学校的财务管理办法、规定等，统筹协调与教学、科研、后勤、基建、产业等相关业务的财务管理工作，实行综合管理，其他各职能部门应积极配合财务处，协同做好职能业务相关的财务管理工作，决不允许财务管理职能的分割。特别是2012年颁布实施的《高等学校财务制度》规定，高校的基本建设财务应与事业财务合并，高校基本建设财务应当纳入学校财务处统一管理，包括财务预算、资金管理、工程决算、会计核算等涉及财务管理的工作，都不得再由基建部门自行管理，财务处应当切实履行基建财务管理和会计核算的职责。

（2）创新机构设置，强化财务管理职能。财务管理机构是组织财务活动、实施财务管理的主体，机构设置是否合理将直接影响到财务运行的效率。我国目前不少高校仍然存在落后、陈旧的"大会计、小财务"的传统观念，认为财务部门只要把账记清、算明就行了，至于学校重大决策等工作，是学校领导和相关职能部门的事，财务部门做不了也做不好。由此而来，许多高校的财务处变成了会计核算处，财务处机构内部也根据会计核算的功能划分科室及岗位，财务管理职能被严重弱化。殊不知随着市场经济的深化发展，我国也在不断深化教育管理体制和教育财政体制的改革，高校的法人地位更是不断强化，在市场经济的大环境下，高校的财务收支活动日趋复杂，财务管理工作的地位愈加凸显，目前，这种重核算、轻管理的财务机构设置已越来越不能适应高校在市场经济环境下的运行管理要求。为改变这种状况和适应财务管理环境变化的要求，许多高校将面向全校教职工的日常财务报账业务从财务处分离出来，设立具有服务性质的会计核算中心，财务处除财务报销审核、后台记账和分类账务处理、财务报表编制外，将工作重点转移到财经规章制度与经济政策制定、财务计划与预算编制、财务收支管理、财务运行分析和重点建设资金筹措等财务活动组织、协调和管理方面。这是强化财务管理职能和创新财务运行机制的一种有益尝试，它促使财务处的工作重心由会计核算职能转移到办学资金筹措、财务活动的事前规划、事中控制、事后分析以及为各级管理决策提供参考等多种复合功能上来。在此基础上，高校财务处还应当根据财政预算管理改革的深化和对办学资金绩效管理的要求，将学校事业发展计划与财务预算、财务管理与资产管理更密切地结合起来，通过科学的财务规划和资金运筹，不断优化办学资源配置，提高办学资源使用绩效，促进学校各项事业协调发展。同时，还应充分发挥财务的综合管理职能和统筹协调作用，理顺财务管理与业务管理的关系，加强与人事、教学、科研、后勤、产业、基建等职能部门的协同管理，通过业务流程优化和再造，强化业务过程的财务控制，使财务管理职能自然延伸到各职能部门的业务管理全过程。

（3）按照权责结合的原则，构建上下联动、协同管理的财务运行机制。针对高校办学规模不断扩大和办学资金总量不断增长的现实，各高校普遍按照《高等学校财务制度》的规定，实行"统一领导、分级管理"的财务管理体制，赋予学院统筹安排使用学校预算下达和学院创收分成等经费的自主权，并按照权责结合、财权与事权结合的原则，在下移财务管理重心、赋予财权的同时，也要求学院切实负起财务管理的责任。但各高校的做法不尽相同，有的实行会计委派，将会计核算工作向学院延伸；有的设立专门的会计核算中心，集中为各学院和教职工的财务报账服务；有的在学院配备财务人员，设立财务室，进行分级管理和核算。

上述这些做法各有优缺点。会计委派是 20 世纪 90 年代普遍采用的一种做法，并延续至今，它由财务处选派财务人员到学院，为学院财务收支进行会计核算服务，这些人员编制、工作关系等都在学校财务处，由财务处定期对委派到学院的财务人员进行轮岗；会计核算中心是将学校会计核算业务从财务处分离出来，专门为学院和教职工办理财务报账等事务提供会计核算服务。与会计委派制不同的是，会计核算中心是财务处的直属分支机构，它可以为一个校区的所有学院和教职工办理会计核算业务，而会计委派制由于将财务人员直接委派到学院，他只为某个学院和学院的教职工办理会计核算业务。但二者也有许多相同之处，不论是会计委派制还是会计核算中心，其财会人员仍属于财务处，而且仅仅承担会计核算职责，与学院的财务管理工作相互割裂，不利于财务管理职能的延伸。

厦门大学等部分高校将"统一领导、分级管理"的财务管理体制与经济责任制结合起来，实行"统一领导、分级管理，财权下放、财力集中，权责结合、财事结合，分级报账、集中核算"的模式，这种模式根据办学经费规模的不断增长，为规范学院的财务管理行为，便于学院和教职工财务报账，更好地将学院的财务预算管理与会计核算工作结合，学校给学院下达专门编制，要求各学院配备具有专业知识和财会从业资格的财会人员——经费规模较大的学院应当同时配备专职的会计和出纳人员，经费规模较小的学院所配备的财会人员应以财务管理和会计核算为主，如工作任务不饱和，则可兼做其他业务工作，这些财会人员的组织、人事关系都在所在学院。其主要职责是执行学校的财务规章制度和财务预算政策，协助学院院长做好学院的财务预算，组织学院财务收支活动，办理票据领取核销，统筹学院办学经费使用和管理，办理学院范围的经费报销业务并按照会计核算制度要求加强会计核算，指导和督促学院教师承担的科研项目加强经费使用管理，及时与财务处办理备用金领用、会计凭证审核对账等工作。学校财务处主要负责对学院财会人员的业务领导、指导和培训、考核，对学院财务预算、财务规章制度执行情况和财务收支活动进行监控，建立连接学院的财务管理网络系统，实施远程财务账务处理，审核学院录入系统的财务报销凭证，并入学校财务处的大系统中。与上述会计委派制和会计核算中心模式相比，这种分级管理、分级报账和核算的财务运行机制，既可以使学院一级的财务管理与会计核算更紧密结合起来，又保证学校财务处能够适时对学院的财务收支活动、预算执行情况进行监控，及时纠正学院财务收支活动过程中出现的违反财务规章制度的事项，延伸校级财务管理职能；既便于学院和教职工办理财务业务，消除因业务集中在财务处办理造成的排队、拥挤现象，又便于学校的财务规章制度在学院和教职工中得到宣传、执行，减少对学校财务处的误解，可以说，是一种财务管理重心下移、权责结合得比较紧密的财务运行机制。当然，它也并不是一种十全十美的财务运行机制，例如，这些财会人员的组织人事关系放在学院，难免有个别财会人员会出现"屁股指挥脑袋"的本位主义现象,这需要通过加强业务培训和督促检查予以及时纠正,同时实施激励和奖惩办法,激励学院的财会人员坚持原则,自觉遵守执行财务规章制度。

(二) 基于价值链的财务管理业务流程再造

高校各项财会业务活动不是一项简单独立的经济活动,它往往伴随着多个部门之间的物流、资金流和信息流的相互联系和交换,虽然不同的业务活动有不同的参与主体,业务活动的流程也不尽相同,但是所有的业务活动都会涉及物流、资金流和信息流在不同部门之间相互交换和处理。财会业务活动是高校管理活动的重要内容,该业务活动涉及的范围广,流程复杂,业务活动的顺利进行需要各个部门的相互协作,各个环节的相互衔接,需要该业务流程的一体化管理,单靠一两个部门单打独斗,财会业务活动是很难顺利完成的。高校的业务活动异彩纷呈,多种多样,具有不同的特点和流程,高校财务管理业务流程大致可分为工资管理、业务处理、预算管理、资金管理、财务分析、成本管理和国有资产管理七个次级业务流程。这七大业务流程之间相互联系,不可分割,按照一定的规律集合在一起,构成高校财务管理系统。这七大业务流程中,资金管理和国有资产管理是最重要的两个环节,具体体现在对高校办学效益和事业发展的重要影响上,同时也是差错甚至违规行为的多发环节,主要应从以下几个方面加以控制和防范:

(1) 要加强对资金管理中的货币资金和对外投资的控制。货币资金和对外投资属于流动性比较强的资产,加强对这两项资产的控制对高校的发展具有重要意义。高校财务管理应当对货币资金收支以及货币相关保管业务建立严格的授权批准制度,尽量将与货币资金相关的不相容岗位相互分离,交给不同的工作人员负责,形成各司其职、各负其责、相互牵制、相互制约的内部牵制制度,以使相关机构和人员之间能够相互鼓励、相互监督,确保货币资金的安全完整;对外投资控制应对投资的决策机制和程序进行重点的规范,必要时应建立专门的规章制度加以引导和约束。对外投资决策,不仅投资的主体和客体可以参与其中,还可以在必要时引入第三方力量,如会计师事务所等中介机构,对投资项目的可行性、风险及效益等进行专业化的论证和评估。

(2) 要加强对物资采购与付款环节、工程项目招投标等环节的控制。在当今社会环境下,财产物资采购与付款环节一般是比较有"油水"的工作岗位,吃回扣等现象已屡见不鲜、时常发生,结果采购的物资价高质次,导致单位资金流失,产品质量得不到保证,因此高校必须采取有针对性的措施对其进行防范和控制。如建立及完善物资采购和付款环节的会计控制程序,建立健全相应的制度规范，形成严格有效的制约和监督机制，要对从请购到采购审批、从物品验收到款项支付的各个环节进行严格的程序规范，任何岗位的工作人员都不能私自决定采购的数量、品种、价格、供应单位等；对工程项目招投标，不仅要规范项目的决策程序，还要对项目招投标过程中的关键环节严加控制，不能因关键环节的过失而让整个工程项目埋单。高校可考虑推行项目代建制和项目会计委派制，防止在公共项目的招投标、承发包等环节发生贪污腐败，使得工程项目的价格和质量出现重大问题；而对于财产实物的领用，可以采取授权批准、实物保管与会计记录相互分离等措施，严格制约非实物保管人员，使相关工作人员没有权利领发钱财、实物，防止或杜绝各种实物资产的流失、损失等现象的发生。

基于价值链管理的高校财务运行管理，是对高校价值信息及其背后深层次关系的研究，即收集、加工、存储、提供并利用价值信息，实施对高校价值链的管理。其核心内容是建立一系列的具体管理线路对各类价值信息进行加工，使之形成在价值增值过程中有效的信息资源。一般说来，高校在与市场、企业关系日益紧密的情况下，其财务运行管理可以分成两个主要内容，一是设计管理线路，二是设计管理指标。

第一，分析企业对大学投入的特点，形成资源模块。随着国家建设教育强国的号角吹响，我国就开始不断加大对教育的经费投入，大学的办学规模不断扩张，反过来也要求更多的资金投入。我国从计划经济体制转向市场经济体制后，政府的角色也发生了很大的改变，政府不再对公共项目的建设和运营大包大揽，而是作为合作者的角色参与公共项目，政府已无力承担庞大的资金，对于高校来说也是如此，政府不可能也无力承担高等教育全部的经费需求。大学必须进入市场、与企业合作，通过企业来拓宽办学资金来源。企业向大学投入资金，必然有所图，有利可得，企业对大学投资一般有以下特点：大学良好的品牌效益和声誉效应，有利于企业扩大知名度，提升企业社会声誉，企业一般愿意对名牌大学投资；投资的形式也可以有多种选择，可以是货币资金，也可以是固定资产，如教学设备、实验器材，或资助大学建立实验室，基础设施建设；研究型大学所需要的资金往往要大大高于教学型大学；对于研究型大学的投资，企业一般更愿意投资于应用类项目，而不愿涉足投资回收期较长、甚至无利可图的基础性研究项目。企业对大学投资的方式也多种多样，可以直接对大学进行捐赠，也可以选择科研合作这条渠道，或者购买学校研发的专利技术，还可以以占用高校资源举办员工培训等方式。在资源模块中，高校可以设计科研合作模块、捐赠模块和课程培训模块等，每个学校可以根据自身的情况选取其中一个或多个模块进行管理。

第二，分析企业对大学投入的特点，形成产出模块。学校接受企业投资，通过满足企业价值回报过程中实现自身的价值,因此,产出模块必须分析大学为企业提供的价值回报。大学为企业提供的价值回报包括:一是知识产品。企业有时会以购买大学研发的可直接用于生产的科研成果的方式对大学进行投资,大学的知识产品往往可以决定企业的战略发展方向,毕竟企业自身的科技研发能力有限,一般会直接购买大学的科研成果。大学获取企业投资最有效的方法就是为企业提供知识产品。一些名牌大学通过生产、传播、转让知识产品来实现自身的经济价值。二是精神产品。主要是指大学要在观念、道德、价值、方法等方面为社会进步作出贡献。一所大学必须对所在国家、民族乃至整个人类社会的发展进步做出贡献,对政治、经济、科技、文化等人类社会生产生活的诸多领域产生重要影响,这种贡献和影响是大学社会声誉的来源和基础。一所大学的品牌、声誉、文化辐射力是其一直存在的隐性财富,正是由于这些隐性财富的存在才吸引了众多企业对大学尤其是名校投资,因为名校的隐性财富价值更大,众多企业愿意通过与名校合作来实现预期的回报,这也保障了大学可以从企业长期获得办学资源。三是学生产品。大学培育的人力资源即为"学生产品"。经过大学几年的培养,学生这一人力资源能够成长为满足企事业单位需求的高素质专门人才。企事业单位除了直接接收已经定型的专业人才外,还可以直接与高校合作,培养企事业单位要求的技术型、管理型等人才,也可以举办员工培训,更新员工的知识储备,拓展新的技能,提高员工素质和工作效率,这些人力资源也是大学产品。对于企业来说,人才是至关重要的,在这个人才竞争异常激烈的时代,谁拥有高素质的人才,谁就能在市场竞争中处于优势地位,企业对于学生产品具有极大的现实需求和潜在需求。

第三,通过对企业和大学之间的资源投入和回报关系,设计价值链管理线路图。在传统财务管理中对于高校接受企业捐资只是简单地记录为得到的一笔资金,并对这笔钱财进行专项管理,之后向资金捐赠方定期汇报资金的使用情况。实行价值链管理模式后,需要向捐赠方反馈的信息范围扩大了。由于企业进行投资的方向很明确,针对性和目的性很强,假设联想集团有意向对一所大学的计算机系进行投资,投资方式为捐赠一座实验楼,需要对与此相关的各种因素进行综合考察,这些相关的因素可能主要包括企业要捐助的科研方向,实验楼的适用人群和使用率等,这就需要收集这些信息,并进行相关分析。此外,我们也要对学校获得捐助后的情况加以考虑,学校的硬件设施有所增强,研究条件得到改善,如此对该项目科研人才的吸引力是否增强,学校对该研究方向的投入是否加大,相应的财务政策是否有变化,该研究方向的科研成果是否大幅度增加,该楼对捐赠方直接提供的技术支持、科研成果、给企业带来的价值回报是否符合预期,以及合作项目的成功是否带来了后续捐赠或扩大了捐资面和捐资力度等,我们都需要进行全面的了解和评估。

第四，高校实施价值链管理的系统条件。作为高校内部财务管理业务的创新流程，价值链管理信息系统可以不被会计准则、会计制度所制约，它可以根据自身的实际情况和管理者的需求，自主选择计量与计算、评价和分析、反映和反馈的程序和方法。价值管理信息系统的构建原理是：分别设置两个基本库——数据库和方法模型库，数据库记载与价值管理相关的基本事项，而方法模型库存放不同的确认和计量的规则及分析模型。价值管理信息系统要求丰富的流入信息、流畅的交互处理、有效的分析工具和直观的报告。首先，积极探索引入市场机制。我国自改革开放以来，经济飞速发展，科技日新月异，高等教育也取得了长足发展。国家不断地加大科研投入，高校科研工作发展迅速，科研实力和水平不断提高，科研成果更是引人注目，并得到国家更大的投入支持力度，科研经费连年攀升。国家在加大财政投入的同时，各高校要充分发挥财政资金的"酵母"作用，通过吸收社会资金、争取企业资助等方式，鼓励和支持社会力量筹资举办科技事业，逐步形成国有和民办事业相互促进、公平竞争的科研事业发展格局。高校要进一步完善科技风险投资机制，逐步加大科技风险投资规模，采取联合投资科研等形式，引导企业和全社会增加科技投入，积极构建科技投融资创新平台，逐步形成政府资金引导、商业资本及民间资本共同参与的多元化科研风险投融资体制。其次，完善资源共享机制。近年来，高校投入大量资金改善学校的硬件设施，如建造、更新实验室、购置科研仪器设备等，增强科研实力，但在学校硬件水平提升的同时，也出现了实验仪器设备重复购置、闲置浪费等诸多问题。为解决这些问题，政府职能部门和高校应积极采取措施，如建立大型科学仪器设备协作共用网。这种做法对于业务相近、设备通用性较强的单位来讲，具有普遍意义。高校要认真借鉴经验，在大力推进内部资源整合的基础上，探索实行"一家购建、多家共享、市场运作"的方式，探索完善资源共享机制，优化部门之间的资源配置，缓解资金供求矛盾，提高设施、设备利用率。

（三）创新内部激励机制

根据调节激励理论，人的努力程度是由效价和期望值两个因素决定的。效价是指目标对于满足个人需要的价值，期望值是指行为能否达到目标的主观概率。人的努力程度与效价和期望值呈正比关系。个人取得工作绩效要有奖励作为报酬，才可能产生满足感。奖励分成内在的和外在的两种类型。内在奖励，即个人对自我价值的肯定；外在奖励，即别人给予的物质或精神上的鼓励，二者缺一不可。奖励能否得到满足，还受公平感的影响。公平感不仅取决于外在，还取决于内心，只有当自己的付出与个人获得的奖励跟他人相比差不多时，才有公平感，否则会感到不公平，不公平即使有奖励也不会满足。满足感会反过来影响效价，新的效价和期望值会重新调整人的努力程度。人的行为就是在多因素相互联系、相互影响下循环往复连续进行的，中间只要有一个因素断链，都会影响人的努力程度。通过调节激励理论的各因素来尽最大努力调动员工的工作热情，成为企事业单位竞争的关键点。

由于人的需求多样化、多层次化，激励机制因人而异。高校员工基本上是知识分子，公平感对于维护知识分子的自尊心是非常重要的，因此财务管理应当体现公平性，让每位教职员工都能意识到机会是均等的，只要努力付出就会有等价的回报，这样才能留住人才、培养人才。此外，要注意激励方式的多样化，把物质激励与精神激励有机结合，例如，可以采用晋升激励，提高行政职务；薪酬激励，颁发额外奖金；名誉激励，召开表彰大会，颁发荣誉证书；培训激励，给予进修机会；学术假激励，使其能够有带薪休假的时间，到国内国外进修访问，扩大与国内外同行交流合作，跟踪学术前沿。通常，对于领导干部，宜采用晋升激励、名誉激励与薪酬激励相结合的方式；对于教师，宜采用职称晋升、名誉激励、薪酬激励、培训激励、学术假激励为主的方式；对于一般行政人员可采用职称晋升（如财会人员等）、名誉激励、薪酬激励、培训激励等方式；而对于广大后勤工作者，适宜采用薪酬激励与名誉激励相结合的方式。

就学校财务管理工作激励而言，为调动各职能部门和院系单位增收节支、开源节流的积极性，提高预算执行率和资金使用效益，高校应当建立预算执行绩效评价机制。预算执行绩效评价是对高校预算执行情况、完成结果以及效果进行绩效考评，包括绩效目标合理性及目标完成情况的考评。高校预算绩效评价是预算执行结果评估的重要环节，是反映高校事业资金投入和产出的效果、效率和效益评价，从而客观地评价高校预算执行、资金使用情况和产生的效益状况。高校应建立一套科学、规范的预算执行绩效评价体系，通过使用比较分析法、因素分析法、综合分析法、专题分析法等对生均事业支出、生均设备费、教学活动收入年增长率等教学绩效指标，科研绩效、自筹能力、资产绩效等资金投入绩效指标进行客观、科学的分析。通过分析，了解预算执行情况和财务状况，及时发现学校经济活动和财务管理中存在的问题，为领导决策和加强预算管理提供依据。

同时，还应当建立资金使用效益考核制度，落实资金使用责任制。首先，对全校资金使用效益、预算与实际的差额及原因进行整理，作为对各项资金使用情况进行分析评价的数值资料。其次，利用各学院（系）、部门对本部门预算期内预算执行情况和资金使用效益的书面分析评价报告，以及利用有关部门的各种专业检查资料、每学期的教学检查资料、各学院教学计划完成情况、实验课开设情况、新购设备仪器利用情况、新购图书资料读者阅览情况、各部门专业工作完成情况等资料，结合资金是否专款专用、有无浪费、挤占或挪用等现象进行以效益最大化为标准的考核评价。实行资金使用问责制，资金使用量、任务完成量、质量情况及资金使用效果都应列入各级领导任职考核的重要内容。另外，学校根据院（系）、部门的资金使用效益情况对学院（部门）进行奖惩。对资金使用效益高的给予适当的奖励，并在下年度预算安排中享受优先安排项目等优惠政策；对挪用、挤占预算资金，资金使用效益低的，除追究负责人的经济责任外，上年结余收回，下年度的预算定额下浮。

四、责任中心管理模式借鉴：财务分权体制与财务运行机制的结合

如第七章所述，美国大学的财务管理体制与其"分权管理"的办学思想相适应。财务管理分权是学校和学院都是相对独立的财务主体，在学校的统一财务政策、统一银行账户、统一资金调度下，由学校和学院分别组织各自的财务活动。但为了使财务的权责利紧密结合起来，美国的高校，尤其是私立大学普遍实行责任中心管理的财务运行机制，这是一种创新的分权式财务管理模式。

责任中心管理是一种财务责任与财务权利相结合，以学校内部组成单位（包括学院、校部机关、附属企业及其他机构）为责任中心，赋予自主筹集办学、运营资金责任和安排资金使用权利，确保预算收支平衡，并施于相应的财务业绩考核评价与激励机制的一种财务管理体制和运行机制。其目标是通过责任中心管理机制的建立，增强学校的筹资能力，激励各责任中心主动地、富有创造性地开展财务管理活动，以期不断提高办学资金的使用效益。

（一）责任中心的划分与设立

在责任中心管理模式中，高校一般将校内组织单位按照其是否具有组织和创造收入的能力，划分为创造收入中心和不创造收入中心两类。创造收入中心是指通过其运营活动不仅能够为自己的运营创造收入，也可以为学校非收入中心的运营提供收入的单位。对于这类中心，学校要求其要靠自身的收入来支撑其所有相关的运营开支（包括人员工资、学生资助及办学所需的各项运行及维护费用），同时承担学校管理服务中心运营的净成本，并保持中心本身的财务收支平衡。这类责任中心主要包括教学学院、资源中心和附属企业。非创造收入中心是指为创造收入中心提供运营支持服务以及学校行政管理等自身不仅不能为学校提供收入、也不能为本中心创造收入的单位，如学校的管理服务机构。

（二）责任中心管理模式下的收入分配

各责任中心的收入除特别规定外，一般都直接流向创造收入的责任中心。但有两种收入例外：一是学费，二是研究资助管理费。

学费：学校招收学生收取的学费收入，应在学校、学生注册学院和教学学院之间进行分配。以美国宾夕法尼亚大学为例，其学费收入的 20% 归学校管理机构，用于学校需要优先发展的项目；20% 归学生注册登记所在的学院；60% 归学生选课的课程所在学院。

学生财务资助费用的分配：对于本科生，财务资助从学生注册登记所在学院及教学学院的学费分配比例中提取（美国宾夕法尼亚大学一般为 28%）。对于研究生和职业类学生，财务资助由学生注册登记所在学院自行决定，且该费用记入该学院。

研究资助的分配：研究经费按成本补偿原则进行分配，主要是学校要提供基本的研究设施并对其进行维护。研究资助经费不同来源的分配情况如下：

联邦政府的资助：大学承接联邦研究项目，联邦政府除了提供研究项目拨款外，还额外为大学提供 50%～80% 的经费作为学校的研究管理费，用于补偿学校为联邦科研项目实施而发生的间接费用。换一种计算方法，联邦政府研究资助经费总额中，33%～45% 归学校作为研究管理费用，55%～67% 用于项目研究本身的开支。

非联邦政府的研究资助：可归属于学校作为研究管理费的比例比较低，有的甚至一分都没有。

（三）责任中心管理模式下的成本分配

学校各职能部门因不创造收入，其为创造收入中心提供服务所发生的费用（包括学校管理服务、设施、发展与校友关系、图书馆等发生的费用），根据费用发生与各责任中心的关系进行分类，并记入或分摊给创造收入的责任中心承担。

一类为直接费用，即直接为各责任中心提供服务而发生的费用，如各责任中心发生的水电费、电话费、网络资源使用费、大楼保安费等，可以通过一定的计量方式和收费办法，直接记录为该责任中心应承担的费用。

另一类为间接费用，即为维持整个学校正常运转而发生的管理服务费用，如学校各职能管理部门运行费用、公共环境及公共安全费用、公共设施建设与维护费用等。由于这类费用不是为某特定的责任中心提供管理服务而发生的，所以必须先在特定的会计账户中记录、汇总，然后按照商定的分配办法或统一按照某一规定的比例在各责任中心之间进行分配。

同时，各责任中心之间由于业务运营相互交叉、相互依赖，所以存在相互之间提供服务而必须结算服务费用的问题。例如，一个学院接受其他学院大量学生的授课任务将发生额外的设施和管理成本。相应地，其他学院将减少设施和管理成本。那么，学生跨学院选课就需要对相关费用进行结算并转移支付。这里，转移支付的费用包括分摊的任课教师的工资和每一位教师多承担其他学院一名或多名学生而发生的边际成本。

（四）责任中心管理的制度保障

责任中心管理实质上就是把学校的财务预算收支权利和责任在学校与责任中心，以及各责任中心之间分享和分担。这不仅涉及各方的财务利益关系和财务责任问题，也涉及学校在分权管理体制下如何做到既能够管好整个学校的财务预算活动，又能够公平合理地处理各责任中心的权责关系，并科学地考核各责任中心的财务业绩。所以，为了确保这种管理机制的高效运行，学校普遍建立了一套科学规范的财务预算管理制度。

（1）规范的财务政策。为了督促教学学院、资源中心、销售服务中心等创造收入的责任中心按照责任中心管理机制行使其财务预算权利和履行其相应的财务预算责任，学校应制定一系列财务预算政策和财务管理制度，这些财务预算政策包括财产管理政策、财务报告政策、贷款政策、工资支付政策、内部控制政策、投资管理政策、项目资助政策、捐赠管理政策、收费与学生付费政策、债务融资政策等。

（2）资金由学校统一管理。与我国的财务制度规定一样，美国的大学只能由学校在银行设立账户，并规定所有教学学院、资源中心、销售服务中心的收入都必须汇缴入这个账户。只有这样，学校才能按照规定的比例将创造收入的责任中心的收入收取给学校。至于经费的使用，对于创造收入的责任中心来说，它们就拥有充分的自主权，可以按照其完成教育、研究和社会服务三大使命的需要自主地使用经费。但是，所有经费支出都必须经过学校的财务结算系统支付出去。

（3）科学先进的学校管理电脑系统。学校需要建立财务结算管理电脑系统，靠这个系统对各责任中心的财务收支和预算执行进行记录、结算和管理，并监督各责任中心严格按照学校制定的财务政策和财务制度运行。

（五）责任中心管理模式的借鉴

责任中心管理模式作为财务分权的一种有效的管理模式，不仅在美国的私立大学普遍采用，许多公立大学也积极借鉴并采用，而且在其他西方国家的大学也采用类似的财务分权管理方法（或模式）。我国《高等学校财务管理》规定，规模较大的高校一般采用"统一领导、分级管理"的财务管理体制，这里的"分级管理"实际上就是分权管理模式。

分级管理是在我国高等教育迅猛发展、高等学校办学规模急剧扩大，办学资源投入不足与高等教育发展对资源需求不断增加的情况下，为了调动各院系增收节支、开源节流的积极性，提高办学资源使用效率，而采取的一种权责结合、财权与事权结合的财务管理体制。这种体制在实施过程中，往往会出现权责不匹配、不一致，学院层面只要权利、规避责任的现象。各学院为了学院的发展，都会积极地向学校要资源、争资源，至于使用效果如何，是否出现浪费现象，却往往没人过问，这加剧了学校办学资源的供求矛盾，也导致办学成本不断攀升。许多高校采取各种措施，试图改变这种状况，而责任中心管理模式就是一种值得借鉴的行之有效的权责紧密结合的分权管理模式。

第三节 营造依法自主办学的财务治理环境

一、重视教育立法保障

我国可以借鉴发达国家的发展经验，加强教育立法保障。如前所述，美日两国高等教育之所以能够顺利发展，与其重视教育立法有着密切关系。美国《莫雷尔法案》的颁布为该国高等教育从精英教育阶段顺利过渡到大众化阶段奠定了制度基础，而《退伍军人权利法案》《国防教育法》《高等教育法》等一系列法案的颁布则为其高等教育从大众化阶段过渡到普及化阶段奠定了制度基础。日本《帝国大学令》的颁布为日本在较短时间内实现"赶超欧美"目标奠定了制度基础，《大学令》以及第二次世界大战后《教育基本法》《学校教育法》《私立学校法》等一系列法律的颁布则为其高等教育从精英教育阶段顺利过渡到大众化阶段奠定了制度基础。

高等教育的"准公共产品"属性决定了政府负有高等教育财政拨款的职责。我国政府历来重视教育领域的财政投入，如前述研究提到的"一个比例，三个增长"的要求。其中，1993年颁布的《中国教育改革和发展纲要》明确提出了逐步提高国家财政性教育经费支出占国民生产总值的比例，"本世纪末达到百分之四"的目标，但是这一目标是以政府的政策文件颁布的，与国家立法的权威性和约束力尚有差距，缺乏法律的保障与约束功能，最终延迟到 2012 年才得以实现。这种以政府政策代替法律的现象在高等教育领域内屡见不鲜。为此，我国可借鉴发达国家的经验，加快建立健全教育立法，从而确保政府财政拨款的主渠道作用，确保我国高等教育的顺利发展，实现从高等教育大国走向高等教育强国的宏伟目标。

二、完善财政拨款模式

在西方高等教育的初创期及精英教育阶段，高等学校更多的是追求学术价值，经费管理效益和使用效益在管理层面是不屑一顾，乃至于羞于启齿的，这种理念和倾向深植于高等学校的文化基因内，今天还继续影响着高等教育的实践。但是，世界各发达国家发展的历程表明，随着高等教育大众化及普及阶段的到来，高等教育的教育规模和政府财力的矛盾日趋尖锐，人们日益关心高等教育发展的规划、数量、投入、产出、绩效、产品的提供能力以及财政经费使用的效益和高等教育的社会贡献。同时，随着知识经济时代的到来，人力资本理论的出现，知识被视为资本，人们开始逐步意识到办大学是一项经济投资行为。既然是投资，讲效益、求回报就是天经地义和理所当然的，没有效益的投资就是最大的风险。始于 20 世纪 80 年代的世界高等教育的管理变革，把竞争机制、效益观念、企业经营的理念以及顾客导向的服务意识等市场因素引入高等教育的发展中，追求绩效的管理与评价也就顺理成章地成为大学谋求发展的重要考量。为此，我们在大众化阶段的高等教育及大学管理中，接受、运用和借鉴绩效管理、竞争机制、市场机制等理念与方式方法势在必行，理直气壮地抓管理，讲绩效。

如前所述，在有限的财政预算约束下，各国政府在高等教育财政投入中采用促进公平和效率的主要举措，一是成本分担下的学生资助，以实现公平；二是预算约束下的绩效拨款，以增进效率。我国这些年的实践表明，"基本支出预算 + 项目支出预算"是相对合理和有效的财政经费分配方式。"基本支出预算"主要采用定额拨款的方式，就是所谓的公式法拨款，体现着公平的原则，主要功能是保障高校的基本支出；"项目支出预算"主要采用竞争的法则，体现着扶优扶强扶特的绩效导向，主要功能是保障专项建设任务的完成。

21 世纪以来，我国政府开始引入基于绩效导向的拨款方式，主要表现为拓展和增加"项目支出拨款"，这对一流大学建设起到了重要的保障作用，在提升高校办学质量和服务经济社会发展能力等方面也发挥了积极的促进作用。"211 工程"建设的效益集中表现在：一是集中力量，重点突破，带动高等教育整体水平的提高；二是改善了高等学校的办学条件，提高了办学整体实力和培养高层次创造性人才的能力；三是一批重点学科成为国家知识创新，技术创新和高层次人才培养的主要基地；四是建设起了全国高等教育数字化的信息平台；五是建立了规范、协调、科学的管理运行机制，提高了管理水平和效率。[①]"985 工程"建设更使我国一批重点建设的高校进入了世界一流高校竞争的平台，在世界一流高校排名中的地位不断提升，中国高等教育的影响力也在不断上升。

同时，推进过程中也出现了专项经费名目过多、交叉重复、资助对象固化、正向激励作用弱化，以及专项经费占总经费比重过大引起的问题。具体表现为重点建设学校和项目的固化，特色发展和内涵式发展的导向不够，高等教育发展出现同质化倾向，定额经费不足的同时专项经费大量结余，高校自主权口惠而实不至，以及我们在实证研究中概括的"四重四轻"（重业内评价轻社会关注、重指标排名轻内涵提升、重科学研究轻人才培养、重数量轻质量）等问题。这些问题影响了高校财务运行的健康顺畅和高等教育的整体绩效。

当前，在财政资金总体不很宽裕的条件下，首先，着力点应该是提高"基本支出拨款"占总体拨款的比重，使定额标准更接近学生培养的成本，确立"基本支出拨款"为主的财政经费分配基本模式，让高校的基本运行得到必要的财政保障。"基本支出拨款"中的定额可以有高校分类和地区差异系数，但差异也不能走进越分越细的死胡同。其次，要完善"项目支出拨款"制度：

第一，完善项目评审和验收制度。要进一步增加开放性和竞争度，让高等教育的利益相关者能够参与相应的评审和验收制度中来，接受更为严格的公众及社会的监督与评判，更好体现公开、公平、公正的竞争原则。要多倚重教育"产品"的直接"消费者"（即用人单位）和非利益相关者的第三方评估，提高科学性和公信度。

第二，完善项目评价的指向和内容。绩效评价要防止办学目标和路径措施的混淆。绩效评价的内涵包括效率、效果和经济三个维度，即所谓的"3E"，现在再加环境和公平两个维度，称为"5E"。就效果而言，高等教育办出特色争创一流的终极目标是立德树人、提高质量、促进公平、对接需求、服务社会，或者说出一流人才和一流成果，支撑创新驱动发展战略，服务经济社会发展。为此，评价的内容应主要针对终极目标的实现度，决不能因为终极目标相对比较难以评价，而过度的以支撑性、措施性和手段性目标的实现度来替代，比如重点学科、基地、人才计划、项目、奖项等。要特别注意避免本末倒置，将支撑性、措施性

[①] 改革开放 30 年中国教育改革与发展课题组. 教育大国的崛起 1978－2008 [M]. 北京：教育科学出版社，2008：206.

和手段性目标视为主要目标，要像区分目的地和路径的差异那样，区分终极目标与支撑性、措施性和手段性目标的差异。

第三，完善项目评价体系的设计。评价要避免目标任务过度的复杂化、标准化和指标化，克服过度依赖定量化指标体系的习惯性思维。实证研究中，我们总结的"四重四轻"中，"重"和"轻"的内容其实都是重要的，问题出在"重"的业内评价、指标排名、科学研究、数量等都是比较容易用定量化指标体系进行衡量、比较和评判；而"轻"的社会关注、内涵提升、人才培养、质量等则恰好相反，导致的结果就是目前实际存在的"四重四轻"。需要特别强调，要科学、慎重地引用各类排行榜，各种名目繁多的大学排行榜虽有一定参考价值，看似简单明了，但各种排行榜的视角既不同，也有限，引用不当，容易产生误读和误导。

而高校办学特色的精准描述往往比标准化的指标体系更能准确反映高校的绩效和社会价值。总体而言，面对高等教育面临的新挑战，应该努力使社会关注、内涵提升、人才培养和质量在评价体系中占主导地位。

第四，妥善拿捏政府运用经费分配手段管理学校与保障学校自主权之间的关系。如前所述，激励的方式应该有多种方式。从我们这些年的实践看，激励方式正在蜕变为与资源配置和与个人奖励直接挂钩为主，追求现实利益和实惠成了基本的价值取向。政府教育主管部门内部按职能各把一口，掌握部分资源，分别对学校实施评价激励和资源配置导向。而这种导向往往不是直接针对办学终极目标，而是针对与职能部门相关的各项工作任务，其中大部分指向办学的条件、基础、工作计划以及指标性的成果。虽然这种导向也有推进高校发展的一面，但容易使高校淡化乃至迷失办学终极目标的追求。在强大而现实的资源配置利益导向下，高校面向社会依法自主办学的自主权很难落到实处，政府职能的转变也只是停留在口头上。更为严重的是这些指向清晰划一的"指挥棒"，还导致了千军万马高校办学同质化的价值取向，形成了高校要办出特色很难逾越的利益屏障。总体而言，激励和资源配置导向应审慎评估和把握。项目管理机制要保障高校自主权，给高校在经费上留出更多"办出特色"的统筹安排空间，保障高校在"双一流"建设中能够有更大的建设目标、路径与措施的选择权。

总之，财政经费分配要重视社会各方对高等教育绩效评价的关注点和指向，要体现简政放权的导向，正确拿捏绩效导向与高校自主权间的关系，把握好公平与效率、保障运行和重点建设的关系，以及业内评价和社会关注、指标排名和内涵提升、科学研究和人才培养、数量和质量等关系，真正做到政府主导，保障投入，正确导向，用好宝贵而有限的财政资金。

三、完善高校面向社会依法自主办学的法人实体地位

世界银行对发展中国家曾提出了重塑政府角色的基本原则，即由政府直接控制转变为提供一个自主发展的政策环境，主要通过立法、规划、拨款、评估、监督和必要的行政手段，调控高等教育的发展规模与速度、质量与效益，借以实施对教育的管理职能，并将更多的精力用于加强对高等学校的监管与评价等方面，以促进高校办学质量与办学效益的提高。

为此，政府的管理手段应由直接管理转向间接管理，由微观管理转向宏观管理，由行政审批转向做好规划、协调和服务。在大政方针既定的条件下，放手让学校依法自主办学，将一系列与学校办学密切相关、属于高等学校自主办学范围内的权限，如学校专业的设置、教学计划的制订、人员配备、职称的评定以及经费的筹措与使用等权力落实到高等学校，促进学校自主决策、自主管理、自我约束、自负盈亏的品质形成，真正按照《高等教育法》的要求，成为面向社会自主办学的法人主体。

运用拨款间接调控而非直接干预高等教育是世界各国高等教育管理的潮流和趋势。国家通过拨款指导方针的提出，将拨款与对学校的评估相联系，有针对性地引导学校提高教育质量，促进高等教育与经济社会发展相融合，为国家发展战略的宏观目标服务。为了实现在公平有效分配财政经费、加强监督检查的同时，又能积极维护大学的办学自主性、不直接干预学校内部管理的目标，一些国家在大学与政府之间还设立了缓冲组织，包括各种拨款委员会、教育基金会等，处理一般性和专项拨款的决策。例如，英国非官方的英格兰高等教育拨款委员会专门负责高等教育的经费分配，美国州立大学的经费由专门委员会负责分配，日本科技厅的科研资助方案拨款吸收大学、研究所等组成的委员会参与决定等。各种委员会事实上充当了学校与政府间的"缓冲器"，既有利于国家的指导与监督，又有利于高校的自由发展。

就高校而言，各个学校因各自发展阶段、历史文化、发展定位、所在行业和区域不同而呈现不同的差异，这些差异就是每个学校的实际。在激烈的市场竞争环境中，每所高校都应有权遵循市场的法则和办学的规律，发挥自身的能动性和创造性，从学校的实际出发，合理选择一流大学和一流学科建设路径，科学规划、统筹安排学校各项资源，积极推进、做有特色和创造性的一流工作，真正做到每所院校都有自身独特定位、服务社会发展特定领域或方面、具有办学的独到特色，都能创造引以为荣且能得到社会承认的一流。社会需求的多样性决定了办学特色的多样性。学科是高等教育和高校发展建设的基础，当今学科的发展，使

得"赢者通吃"成为不可能性，高等教育要有分层分类发展的意识，不仅不同高校要有不同的发展方式，同一高校的不同学科也必须有区别地实施分类管理及发展。学校目标定位若不能扬长避短、突出特色，或者目标定得过低，都会在激烈的市场竞争中承受巨大的生存威胁；同样，学校目标如果定位过高，经费供给跟不上，成为无源之水无本之木，财务风险就会迅速集聚，如同20世纪末、21世纪初我国高等教育发展实践所显示的状况那样。

为了应对如此千变万化的个性化挑战，高等学校必须成为面向社会依法自主办学的法人实体，有更大的目标定位及经费筹措、统筹安排的自主权。高校自主权呼唤着政府职能的转变。政府要转变以资源配置为手段，设计各种大大小小、名目繁多的"指挥棒"，让高校疲于奔命地围着政府做这做那的管理思维定式，要慎重用好评价、激励和资源配置导向，让高校静下心来，独立自主地按照国家办学的总体目标任务和市场需求，遵循高等教育发展规律，用好办学的经费和资源，做有创造性和独到性的工作。

四、完善高校内部治理体系和治理能力建设

政府简政放权和高校依法自主办学是同一问题的两个侧面。两个侧面必须双轮同时改革和驱动，否则就难以走出"一管就死，一放就乱"的困境。反思我们过往的实践，思路和理念上重视自上而下的推动有余，关注学校治理体系和治理能力建设不足，重视发展的外力驱动，对内生动力的建设和构造用心不够，内因和外因，治本和治标的关系需要重新地审视和拿捏。在中国这么一个幅员辽阔，人力资源需求市场如此复杂的国度，单纯依靠政府的推动和管理是难以满足社会和市场的需求的，应该把着力的基点放在高校自身的治理结构和治理能力的建设上，让高校真正成为遵循党的教育方针和国家宏观规划及法律法规、充满活力、适应市场需求的独立办学实体。加强高校领导班子建设，督促高校内部治理体系构建和依法治校理念确立，提高学校自身的治理能力，既能让政府摆脱越俎代庖的管理模式，也能防止"一放就乱"的局面，还能收到事半功倍的成效，也是提高高校财务治理能力和水平的根本之策。

建立和完善中国特色现代大学制度建设。社会参与治理的办学模式是大学从"近代"向"现代"转型的标志。现代大学制度的核心特征就是大学治理结构向社会开放。根据利益相关者理论，学生、家长、投资人、政府、高校、社会和市场都是高等教育的利益相关者，现代大学制度需要建立一个社会参与、多元平衡的治理结构，高校的治理权不是完全交给政府、学校、市场中的任何一方。在我国的高等院校中，这种平衡机制的实现形式可以是理事会，理事会的成员应该由

社会、政府、学校、学生等利益相关者的代表参加，理事会的职能是对学校改革发展重大事项的咨询、协商、审议和监督。应该看到，我国公立大学理事会要发挥实质性作用就必须有政府代表参与，这应该成为政府职能和角色转换中，切实倾听市场和社会呼声、履行举办者和主要投资者及出资人职责、加强对高校总体改革发展指导和监督的重要形式。

党委领导下的校长负责制是中国特色现代大学制度的核心，要坚持涉及重大经费决策事项的集体决策制度。大学章程是高校治理体系中制度建设的统领。学术力量是高校办学的主要力量，必须坚持学术组织对涉及学科建设、人才培养等投入的知情权、参与权。民主管理和监督是内部治理体系中的重要组成部分，要坚持高校财务在学校内部公开和透明。要按照人权、财权与事责对等的原则，推进高校内部的管理重心下移，加大学院和基层组织对事责范围内经费的统筹权，建立和完善相应的决策制度及监督制度。

第九章

高校预算管理与绩效管理的创新

预算管理是高校实现财务管理目标任务和防范风险的主要抓手，绩效导向是当今高校财务管理的基本趋势和潮流。本章围绕如何将绩效管理理念融入高校预算管理整个流程这一核心，第一阐释预算管理创新和绩效管理的内涵、两者的关联及推行绩效预算的意义；第二分别提出绩效管理目标与指标体系、绩效成本及其分类与核算的办法；第三探讨绩效预算编制问题；第四阐释战略预算概念和执行控制、平衡计分卡运用，以及绩效评价和审计。

第一节　高校预算管理创新

作为全面深化财税管理体制改革的重要内容之一的预算管理改革，继2014年修正的《预算法》颁布实施以后，财政部将高校预算管理尤其是预算拨款制度改革作为预算管理改革的核心内容，并于2015年11月颁布《关于改革完善中央高校预算拨款制度的通知》，重点是改革政府对高等学校的预算拨款，完善基本支出体系、重构项目支出体系，规范高校预算管理行为。其中，基本支出将在现行生均定额体系的基础上，逐步建立中央高校本科生均定额拨款总额相对稳定机制和按照预算周期（一般2~3年为一周期）调整机制。重构的项目支出体系主要根据办学条件、教育教学改革、学科水平、办学特色以及协同创新成效等因素进行项目资金分配，强化政策和绩效导向，突出公平公正，实行新的项目管理方式。新的项目体系主要包括改善基本办学条件专项资金、教育教学改革专项资金、基本科研业务费、建设世界一流大学（学科）和特色发展引导专项资金、捐赠配比专项资金和管理改革等绩效拨款六项内容。各地方也将根据中央高等教育经费拨款制度改革做相应改革。

同时，为加强预算执行进度，提高预算资金使用效率，防止因预算执行进度缓慢影响事业发展并造成大量预算资金积压，对包括高等学校在内的政府预算单位的财政拨款尤其是项目支出拨款全额纳入国库集中支付范围，并加强对国库资金的预算执行动态监督管理。这些新的改革措施，要求高校必须创新财务预算管理。

一、高校预算管理存在的主要问题

高校的财务管理以预算管理为核心，强化预算管理，实现资源优化配置和有效使用，已成为高校管理工作的"重中之重"。但是，目前我国高校财务预算管理仍存在诸多问题。

（一）高校预算管理体制存在的问题

目前，我国高校主要实行"统一领导、分级管理"体制，即学校预算分别由学校和校内二级单位或基层单位分级管理；二级单位或基层单位只有相应的预算管理权，不具有预算的调整权。学校预算机构一般由负责预算批准与决策的校长办公会议、校党委常委会或财经领导小组和学校财务部门组成，虽然预算的编制和审批有相应的法规制度约束，但预算执行却缺乏有效的绩效考评控制机制。对收入组织、支出控制没有明确的经济责任制，责权利不清，这种模糊管理造成的后果，就是遇到问题或不了了之，或相互推诿，造成资金使用效率不高。

（二）高校预算编制、执行过程存在的问题

首先，预算约束软化，执行不力。目前我国部分高校之所以出现严重的财务问题，有的高校甚至存在严重的赤字，其重要原因就是由预算约束软化、预算执行不力造成的。虽然财务制度要求将高校所有的收入都纳入部门预算管理，但各高校及下属单位从自身利益考虑，往往不愿意将所有的收入特别是教育服务等收入都纳入预算管理。因为院系及下属单位怕会影响到它们从学校那里获得拨款，所以就采取私设小金库、账外账等手段转移、隐藏收入。同时，由于国家财政投入有限（对基础设施、基本建设等投入不足的情况尤其凸显），高校规模不断扩

大，有的甚至盲目扩张，那么贷款和集资必然成为解决投入不足的首要手段。在预算缺乏强力约束的情况下，就诱发了一些高校乱摊派、挪用专款等动机，尤其是在偿还贷款和筹资渠道不畅的压力下，有的院校采取把收费作为偿还贷款和集资款的重要途径。此外，有的高校支出缺乏合理的筹划，容易养成不算成本、不讲效益，大手大脚花钱的恶习。

其次，预算编制不完整、不科学。虽然大多数高校在一定程度上都能谨慎地编制预算，高校的财务活动也大多能按编制的预算来执行，但结果显示预算与实际执行之间存在较大的偏差，高校的财务部门也无法实施有效的预算控制。究其原因：第一，预算编制内容不完整。预算的完整性要求高校预算应包括所有的财务收支，完整反映财务收支全貌，而不允许在预算之外还存在其他主体的资金收支活动。由于高校资金来源日益多元化，许多学院、部门通过多种渠道吸纳的资金及相应的支出，整体的预算往往难以面面俱到，致使这部分资金游离于学校预算之外。第二，各部门预算管理不严谨，操纵预算。高校内部院系和部门负责人的预算观念不强，预算管理意识淡薄，在申报年度预算项目时，没有对年度内的工作所需要的资金数额做认真细致的思考，而只是为了圈取更多的预算资金而漫无目的的添加项目，虚增经费预算额度。由于信息的不对称性，尽管财务部门在编制预算时进行了详细的调查，也无法全面了解预算的项目和所需经费，如此一来，预算在编制时就缺乏准确性、科学性。第三，预算缺乏严肃性和过于粗糙。按照部门预算制度规定，高校在每年8月开始布置下一年度的预算，且在8月内必须完成编制和上报的过程。由于这个时期恰逢高校招生、放暑假，预算编制工作很难在这一阶段全部完成；由于预算编制时间短，财务部门和各职能部门没有足够的时间对预算项目进行必要的调研、论证，从而影响预算的细化，预算无法做到准确无误。这也致使高等教育预算难以按照预算法规的要求进行有效的审核和批复。而且，其经常性预算一般采用"基数＋增长"的粗放型编制办法，对预算增量缺乏详细说明，缺少明细支出项目，结果只能起到总额控制的作用。

同时，高校还存在预算编制方法落后、预算管理程序不合理、预算监督和审计乏力、专项资金管理混乱等问题。这些客观上要求高校应充分利用我国公共财政、公共预算改革的契机，改革和创新财务预算管理制度。

二、创新高校财务预算管理制度

预算是高校各项事业计划在资金上的体现，也是开展事业活动和财务收支活动的主要依据，预算管理是高校财务管理工作的核心内容。高校应当依据《预算法》和《高等学校财务制度》规定，针对财务预算管理工作中存在的问题，建立健全预算管理制度，强化预算刚性约束，自觉维护预算法律的严肃性和权威性。

一是建立健全综合财务预算制度，将学校所有收入和支出全额纳入财务预算，包括基本建设预算，全口径反映学校的财务收支全貌。

二是建立健全分级分项预算制度，按照"统一领导、分级管理"的体制，高校不仅要做好校级财务预算，学院也要做好本院的财务预算，科研项目也应当按照有关规定建立科研经费预算制度，以增强财务计划性，确保学校预算全面完成。

三是建立健全预算审批制度，财务预算作为学校"三重一大"事项，不仅要经由党委常委会研究确定，而且还需报请教职工代表大会审议通过；学院的财务预算也应当经由学院党政联席会议研究确定，报请学院教职工代表大会审议通过。

四是建立健全高校预算管理责任制度。鉴于高校预算管理的严肃性，预算一经确定必须严格执行，预算调整变动要经过严格的程序审核批准。学校应当按照校内各管理层次（包括主管预算工作的校长、部门负责人、二级单位和项目负责人等），将组织预算收入、控制预算支出的权利和责任具体落实到岗位和人员，使其各司其职、各尽其责，各负责人的权力与责任相匹配，从而保证在哪个层次上出现问题，上级都能及时采取措施予以纠正并依规追究相应层次人员的责任。

五是健全预算控制制度。预算控制制度应该贯彻机构分离、职务分离、钱账分离等原则。高校应根据自身的特点，建立职责分工明确的预算管理机制，保证预算编制、审批、执行与监督相互分离。

六是建立健全预算绩效管理制度。所有纳入预算安排的项目都应当进行绩效评估，不断提高预算资金的使用效益。

七是建立健全预算执行制度。任何财务收支活动尤其是财务支出必须严格按照预算确定的支出范围和标准办理，严禁办理无预算、超预算、超标准的财务支出。

八是建立健全预算审计制度。预算编制是否科学、预算执行是否严格、预算支出是否有效，需要经过审计鉴证。为加强审计监督，学校审计部门应当全程监督预算编制和预算执行，全面了解和掌握预算编制和执行情况，既要对预算进行合规性审计，也要对预算进行绩效审计，为学校提供审计增值服务。

九是建立健全预算公开制度。预算执行情况及结果也应当按照规定进行公开，接受广大教职工的监督，以便及时发现预算编制和执行过程中的问题，督促学校及时加以纠正。

三、细化预算编制，创新预算编制方法

预算编制是预算管理过程中重要的环节，预算编制质量的高低很大程度上决定了预算执行质量和资金使用效益。预算编制是个系统工程，需要采用科学、规范的方法来提高预算编制的准确度，用足够的时间沟通和论证。预算反映的不仅是财务指标，还涵盖了高校的包括教学、科研、管理、后勤等活动在内的各个环节的业务指标，需要进行充分的研究、立项和论证。[1] 因此，预算编制既要考虑财力可能，又要考虑学校中长期发展战略，还要考虑学校日常业务运行的需要。充分研究、论证学校年度工作计划与中长期发展规划的协调关系，统筹兼顾学校经常性预算与建设性预算，保证日常运转和未来发展目标实现的资金统筹预算，同时在预算安排上还要体现前瞻性。

2009年，财政部为了推进财政科学发展，更好地发挥财政职能作用，提高财政管理绩效，针对财政预算管理中存在的预算约束力不强、预算编制较粗、预算执行迟缓、管理基础工作比较薄弱等问题，制定出台推进财政科学化精细化管理的指导意见，提出要树立六个现代管理观念、七条基本要求、八项重点任务。要求树立精益思想和治理理念，运用信息化、专业化和系统化管理技术，细化预算编制，基本支出预算要如实、准确地反映预算单位机构编制、人员、经费类型等基础数据及变化情况，按照定额标准、编制、人员情况科学测算、细化预算编制；项目支出预算要提前做好充分的研究论证，明确项目实施计划和时间进度，保证项目可执行。推进资产管理与预算编制有机结合，制定资产配置、更新标准，在预算编制时充分考虑资产占用及使用情况，防止资产的重复配置、闲置，不断提高资产使用效率。2015年，财政部又要求各预算单位要加强财务工作的计划性，不仅要细化预算编制，而且要加快预算执行进度，实行用款计划管理，按年分月编制用款计划，其中基本支出按科目编制，项目支出按项目编制，预算执行时在支付令中全部细化到经济分类款级科目。

上述规定要求高校不仅要把预算编细，而且预算要编准。学校的财务预算是由各部门、各单位具体的事业活动产生的财务收支汇总编制而成的，学校内部应当建立自上而下与自下而上相结合的预算编制程序。根据学校事业发展计划和财政部门、教育主管部门的有关规定，明确学校预算编制程序、预算项目、预算定额、经费开支范围和标准、预算编制具体要求，向各部门各单位做

---

[1] 高茵. 高等教育投资体制及预算管理改革的思路 [J]. 北京理工大学学报（社会科学版），2005（4）：58-60.

明确布置；学校各部门各单位要根据事业计划，编制财务收支的细化项目、具体用款时间和用款额度，上报学校财务处，由财务处再根据需要和可能进行统筹安排，按用款时间和用款额度汇总编制学校细化的财务预算，并据此执行，除极特殊情况外，一律不得随意调整用款时间和额度。为细化预算编制，各高校应当把预算编制时间适当提前，以便各部门各单位能够认真谋划，编制出切实可行的预算。

预算编制方法是高校实现财务管理目标、完成财务管理任务的重要手段，运用科学的编制方法，可以提高预算的准确度。传统上，高校的财务预算往往按习惯、凭经验而采用基数法、增量法编制。这些方法虽然简单而且易于应用，但是不能有效的体现公平、规范和透明的原则，由于分配给下属预算单位的指标基数缺乏量化分析和科学论证，这些方法已经不再适合实际的管理工作。为细化预算编制，提高预算管理的科学性，使预算切实可行，高校财务部门应当创新预算编制方法，综合运用基数预算法、增量预算法、零基预算法、绩效预算法等，针对不同预算项目，选择恰当的编制方法。为提高预算编制的科学性，达到优化资源配置目的，应当采用零基预算法、绩效预算法。

零基预算法是以零为基础编制计划和预算的方法。在编制成本费用预算时，不考虑以往会计期间所发生的费用项目或费用数额，而是以所有的预算支出为零作为出发点，一切从实际需要与可能出发，逐项审议预算期内各项费用的内容及其开支标准是否合理，在综合平衡的基础上编制费用预算的一种方法。零基预算着眼点是立足现在，面向未来，创新思维，反映预算管理的前瞻性思维，可以更好地适应当前财政预算管理要求。在具体执行过程中，将学校所有活动都看作重新开始，然后根据高校的总体目标和事业发展计划，审查每项活动、每个项目对实现总体目标的意义和效果，并在成本效益分析的基础上，排出各项活动、各个项目的优先次序。资金和其他资源的分配，按照已认定的优先次序来排列，按照预算年度所有因素和事项的轻重缓急来测算每一单位、部门的支出需求，将预算编制到具体项目。整个预算编制过程是将高校的总体目标、事业发展计划细分到各具体的部门和单位，经过自上而下和自下而上的反复沟通，协调一致，形成预算初稿，经学校决策机构研究确定、教职工代表大会审议通过后形成正式预算，逐级下达到各部门各单位执行。零基预算是一种科学的预算编制方法，能够有效地优化资源配置，提高资金使用效益，防止预算安排和经费开支的随意性。

当然，除了零基预算法外，还应当不断探索和实行绩效预算法，实施绩效预算管理。这将在下一节中予以详细阐述。

四、改进预算执行

针对财政部门实行严格的预算执行进度管理和财政资金通过国库集中支付的规定，各高校财务部门普遍感到预算执行难度大，压力更大。这一方面是由于预算要由各部门各单位来具体执行，预算指标一旦下达后，各部门各单位要根据事业计划执行进度办理支出，财务处只能监督其执行，并无法强制其执行，有些部门单位好不容易争取到预算指标，就留着慢慢使用，生怕用完了再申请就很困难。另一方面财政部门和主管部门预算下达慢，很多项目经费要等到下半年甚至年末才下达，而短时间内要求把拨款用完确实有难度，有些项目经费如科研经费，研究期限往往3～5年，拨款部门为了尽快将向财政部门申请的预算资金拨出去，常常是前期拨得多后期拨得少，有时甚至将几年的研究经费一次性下拨，这难免在拨款年度出现经费支不出去的现象。拨款年度没有将经费使用完毕，将面临被财政部门收回或抵作下年度拨款的风险，而此责任又往往会追究到财务部门头上。

面对上述问题，除了财政部门和经费主管部门应及时拨款、按进度拨款以外，高校内部应采取各种强有力的措施改进预算执行，切实提高预算执行效率。

第一，采取"额度+进度"管理模式，提高预算执行效率。针对当前高校项目支出预算缺乏可行性论证，重点建设经费分配随意，各部门各单位争取到经费后不积极开展业务活动而造成预算执行进度缓慢、执行效率低，资金积压严重的状况，应当采取"额度+进度"的预算管理模式。即各部门各单位建设项目所下达的预算只是一个年度内可使用的最高额度，至于各部门各单位项目建设可使用多少资金则完全取决于项目建设进度，如果年度内建设进度快，可以按照最高预算额度使用，如果年度内建设进度慢，学校将剩余预算额度予以收回，下年度不再返还。收回的预算额度可以根据学校事业发展计划安排，用于急需建设的项目，或安排用于预算执行进度快、建设成效好的项目。这种预算管理模式可以避免各部门各单位千方百计向学校争预算，也可以有效督促部门各单位加快预算执行进度，提高预算执行效率。

第二，建立"长期规划、绩效评价、年度调整、滚动实施"的预算管理与运行机制。这种预算管理与运行机制实际上对党的十八届三中全会通过的《中共中央关于全面深化改革若干重大问题的决定》提出的"建立跨年度预算平衡机制"精神的贯彻落实，也应当作为高校深化财务预算管理改革的重要内容。按照事业发展计划与财务预算相结合的原则，列入事业发展计划的建设项目应当在充分论证建设绩效的基础上，根据财力可能，区分轻重缓急，细化成可实施和可执行的财务预算。项目建设期内应根据资金筹集情况和建设成效适时调整，滚动实施，确保项目建设取得成效，确保预算执行进度。

第三，建立预算执行动态监控系统。高校可以参照财政国库部门的做法，建立学校的预算执行动态监控系统，分部门、分单位、分项目建立预算执行会计，开展预算执行会计核算，适时反映预算执行的真实情况，并据此监督各部门、各单位、各项目按照规定用途，合理有效使用资金，防止挤占、挪用。

五、完善预算管理评价指标

高校预算管理（尤其绩效管理）在实践中可通过一套完整的评价指标体系进行考核。高校预算涉及资源配置及使用效益、学校综合财务状况、经济责任履行等方面，如果没有一个合理的预算管理评价指标，便无从考核预算编制的合理性及执行的严格性[1]。这些指标要与高校会计相结合，通过完善会计信息为预算制定和执行评估提供支持。同时，在管理考核时将定量与定性指标相结合。定量指标可以分析收支的进度与结构，预算差异产生的原因；定性指标则可以分析导致预算偏离的主观原因和客观原因，从而保证预算管理评价指标的合理性、科学性。

第二节　高校绩效管理与绩效预算

一、绩效管理与绩效预算管理

绩效管理是西方国家20世纪80年代以来掀起的新公共管理（NPM）的核心内容。根据著名的公共管理学者胡德（C. Hood, 1991）的观点，"新公共管理"主要包括七方面内容：公共政策领域的专业化管理、绩效的明确标准和测量、格外重视产出控制、公共部门内由聚合趋向分化、公共部门向更具竞争性的方向发展、对私营部门管理方式的重视、强调资源利用具有更大的强制性和节约性。[2]

---

[1] 罗玺，宾慕容. 完善高校预算管理体系的探讨［J］. 湖南农业大学学报（社会科学版），2005（6）：58 – 60.

[2] C. Hood. A Public Management for All Seasons? ［J］. Public Administration, March, 1991, 69 (1): 3 – 19.

这些内容突出了新公共管理的以下特点：

第一，注重将竞争机制引入公共管理，取消公共部门对公共服务供给的垄断，为私营部门创造更多的机会，使其能够充分参与到公共服务事务中。

第二，提倡分权与权力下放，主张分权模式，上下级之间实现了由隶属关系向契约关系的转变，上级对下级的控制也由注重过程的控制转向注重结果的控制。

第三，将私营部门的现代化管理技术如战略管理、全面质量管理、成本管理、标杆管理等引入公共管理领域，以提高公共管理的效益和质量。

第四，建立以产出和结果为导向的绩效管理模式，认为应按照不同机构的性质和职责，设置严明的绩效目标，设定科学的绩效评估标准，建立规范的绩效指标体系，选择恰当的评估方法，对公共部门的绩效进行考核评价，并将考评结果与部门预算以及个人的薪酬奖惩、职位晋升、荣誉地位等挂钩，切实提高公共服务的效率、效益和有效性。

可见，以绩效为导向的管理，即绩效管理构成新公共管理的核心内容，而绩效预算不仅在新公共管理中占据重要地位，而且它更是加快新公共管理理论在实际中运用的重要手段。

（一）绩效预算及其管理

1. 绩效预算及其特征

西方国家推行绩效预算已有很长时间，"绩效预算"（PB）一词也被广泛地运用，并普遍认为绩效预算是一种结果导向的预算，但是对于绩效预算这一概念的定义仍存在较大的争议。我国对"绩效预算"具体内涵的理解也十分混乱，这给我国公共部门施行绩效预算改革及构建适应公共财政要求的预算体制带来较大的困难。

最早的绩效预算可追溯到1950年美国总统预算办公室的定义，"绩效预算是这样一种预算，它阐述请求拨款是为了达到目标，为实现这些目标而拟订的计划需要花费多少钱，以及用哪些量化的指标来衡量其在实施每项计划的过程中取得的成绩和完成工作的情况"。世界银行认为，绩效预算是一种以目标为导向、以项目成本为衡量、以业绩评估为核心的预算体制，具体来说，就是把资源分配的增加与绩效的提高紧密结合的预算系统①。澳大利亚把绩效预算分成政府要办的事、配置预算资源、以结果为中心制定绩效目标、评价目标实现状况的标准和评

---

① 贾康，白景明. 绩效预算与政府绩效评价体系的要点 [EB/OL]. (2005-09-05). http://www.mof.gov.cn/lm2045_48.html.

价绩效的指标体系五个部分，并把绩效预算归结为政府行政活动的资金支持体系的评价模式。① 我国学者马国贤（2001）认为，绩效预算是指按政府职能的绩效目标和成本确定的财政资金计划。

总的来看，不同学者基于不同角度对绩效预算进行了定义。但内容基本上是一致的，即绩效预算由绩、效和预算三个要素组成：首先以量化的形式明确请求经费拨款的目标，以此作为编制预算的基础；其次确定具体指标衡量财政支出完成后将取得的成绩和完成工作的情况与产生的效果；最后根据绩效确定政府应对该支出项目的预算拨款数额。因此，绩效预算可以从四个角度来解释：（1）绩效预算是一种理念，它要求人们在编制预算或执行预算时要以机构绩效为依据，把拨款和拟做的事的结果联系起来。从这一点来说，并不要求衡量绩效。但应该承认，这种理念并没有量的显示，它相对于以往单纯分配资金的预算确实是一种突破，本质上是把行政目标与预算资源配置挂起钩来了②。（2）绩效预算将政府预算建立在可衡量的绩效基础上，强调"结果导向、产出导向"，或者说强调责任和效率，增强了预算资源分配与政府部门绩效之间的联系，其目的在于提高财政支出的有效性，从而有效地解决了财政资源需求无限性与供给有限性之间的尖锐矛盾。（3）绩效预算的核心是建立一套能够反映政府公共活动效能的指标体系、评价标准和计量方法，建立一套定性与定量相结合、短期目标与中长期目标相结合、经济效益和社会效益相结合的多层次的绩效评价体系，从而有效地支持和实施绩效管理。（4）绩效预算是一种示意图，它体现的是以民为本的执政观念，进一步说，就是预算资源的使用必须产生某种社会效益，而这种效益应是社会公众所需要的，并非简单地由政府认为应该取得的效益③。

与传统预算相比，绩效预算作为一种新的预算模式，具有以下特征：

第一，传统的预算模式重点关注投入功能，以投入和过程为导向，忽视了产出和效果，其过于注重资源如何在不同的支出项目上配置或分配，要求预算的合法性、预算支出的合规性，并强化对预算实施过程的控制，力求节省开支，达到预算收支平衡。绩效预算重点关注支出效果，重视对预算支出产生的预期效益，并据此编制支出预算，强调管理责任和义务，关心预算的产出和效率，要求公共部门明确预算支出的绩效目标，是一种以结果为导向、绩效为导向的预算。

第二，传统预算按照支出的具体用途、功能进行分类，难以表示其计划完成的成本、目的和程度，更无法考核支出的绩效。而绩效预算则要求判断各项支出是否符合经济原则，在部门预算的基础上按职能和项目计划编制，以便详细制定

---

①②③ 贾康，白景明. 绩效预算与政府绩效评价体系的要点 [EB/OL].（2005 - 09 - 05）. http：//www. mof. gov. cn/lm2045_48. html.

绩效指标，并且可以进行有效的成本计量，从过去的收支核算转到成本核算。因此，它可以提供各项政府支出计划的评价资料，明确实施某项计划的政府部门的职责。

第三，绩效预算强调计量和报告绩效与成本。绩效预算的一项核心工作就是建立科学的绩效和成本标准，以此为参照，与实际取得的绩效和发生的实际成本进行比较，来评价绩效目标实现的程度，分析存在的问题，提出改进措施。

第四，绩效预算作为一种公共预算基本编制方法，是一种以讲求绩效为目的的公共支出预算模式。它用于解决这样的问题：在现有财力约束下政府应如何更加合理有效地分配资金，如何提高财政支出效率；它的出发点是，政府应当花多少钱来让部门完成任务，而不是为了养活这些部门应当花费多少钱。

2. 绩效管理及其特征

新公共管理把绩效管理作为公共管理的核心。关于什么是绩效管理，目前国内外也尚无一致公认的定义，以至于英国人力研究协会在对1 000多家私人企业和公共部门的调查中发现，"即使是在那些宣称已经采用绩效管理的组织中，对绩效管理也不存在一致的定义"[1]。

在行政学学者夏夫里茨和卢塞尔看来，绩效管理是组织系统整合组织资源达到其目标的行为，绩效管理区别于其他纯粹管理之处在于它强调系统的整合，包括全方位控制、监测、评估公共组织所有方面的绩效。[2] 瑞典的决策部门认为：绩效管理并不是单纯的一些措施或方法，而是一个非常广义的概念。绩效管理的目的就是要实现成效和效率，成效是指应该做的事，效率是指要合理、高效地做事。[3] 美国国家绩效评估中的绩效衡量小组对绩效管理下了一个经典性的定义：绩效管理是"利用绩效信息协助设定统一的绩效目标，进行资源配置与优先顺序的安排，以告知管理者维持或改变既定目标计划，并且报告成功符合目标的管理过程"[4]。

马国贤教授提出绩效管理也称为目标—效果导向管理，是指根据财政效率原则及其方法论形成的以绩效目标为主的公共支出管理制度。简言之，绩效管理是指公共部门业绩评估，以实现公共部门管理的"4E"——经济（economy）、效率（efficiency）、效益（effectiveness）和公平（equity）——为目标的全新的管理模式，是对公共服务或计划目标进行设定与实现，并对实现结果进行系统评估的

---

[1] 栾凤廷. 西方国家公共部门实施绩效管理的制度基础［J］. 行政论坛，2004（4）：95-96.
[2] 陈振明. 公共管理学——一种不同于传统行政学的研究途径［M］. 北京：中国人民大学出版社，2003：275.
[3] 贾康，白景明. 绩效预算与政府绩效评价体系的要点［EB/OL］.（2005-09-05）. http://www.mof.gov.cn/lm2045_48.html.
[4] 张成福，党秀云. 公共管理学［M］. 北京：中国人民大学出版社，2001：271.

整个过程。绩效管理一般包括①：绩效奖励、精神补偿、奖金、增益分析、共享节余、绩效工资、绩效合同与协议、效率红利和绩效预算。

与传统管理技术相比，绩效管理具有以下特征：

第一，绩效管理是以"关注结果"为导向的管理。"关注结果"就是以面向结果的管理为主，以"结果为本"，相对应的是"以投入为本""以程序、规则或过程为本"。在传统行政管理模式下，大量存在和不断增加的政府规制曾被视为效率、公正、责任和秩序等理性化政府行为的化身。但随着时间的推移和社会的发展，这种规制为本的政府管理模式暴露越来越多的弊端，导致了所谓的"过度规制"问题。大量的政府内部规章制度极大地束缚了政府的创造力、灵活性、效率、效益以及管理能力的提高。新公共管理主张构建一种政府官员对结果负责而不是对过程负责的责任机制，从而改变以过程为导向的控制机制，谋求以结果为导向的控制的责任机制。

第二，将公共资金的管理分为绩效目标设定、拨款和评价三个环节。绩效管理来源于现代目标管理理论。目标管理要求将工作分成目标设定、实施和评价（反馈）三个基本环节。与之相对应，绩效管理要求将公共资金的管理分绩效目标设定、拨款和评价三个环节。其中，绩效评价主要从两个方面进行：一是确定绩效目标完成情况，为结算提供依据；二是分析评价结果，指出预算执行过程中存在的问题及其原因，使过去长期被忽视的问题浮出水面，并披露出来。所以，绩效管理将"预算"和"考核评价"两个环节联系起来，有利于克服传统预算管理模式下拨款与效果脱节的缺陷。

第三，绩效预算强调以效率为核心和以"顾客"为对象。首先，无论是设定绩效目标，还是评价部门、项目的资金效果均需回答两个问题：是否或在多大程度上增进了公共利益？获得的公共利益与拨款相比是否值得？其次，确定绩效目标应当充分考虑和体现"顾客"的需求，对公共支出评价也必须有"顾客"参与其中。最后，通过评价将资金集中于基本服务项目，而砍掉那些华而不实、无效率的部门和服务项目，切实提高公共资金的使用绩效。

3. 绩效预算与绩效管理关系

通过以上分析不难发现，绩效预算与绩效管理二者关系是明显的。新公共管理的核心问题是通过借鉴工商管理技术方法，引入市场竞争机制，改善公共部门管理，提高公共部门绩效。所以，绩效管理作为公共管理的核心内容，它强调的是以"绩效"为导向，要求公共部门建立以产出和成果为核心的绩效目标，建立

---

① 戴维·奥斯本，彼得·普拉斯特里克.摒弃官僚制政府再造的五项战略［M］.谭功荣，等译.北京：中国人民大学出版社，2002：148.

与绩效目标相应的绩效指标，确立需要努力达到的绩效标准，从而告诉部门应该做什么，目标和方向是什么，并借助实际绩效与目标绩效的比较，测定各部门绩效目标的显示情况，据此确定预算拨款，考核部门业绩。可见，绩效管理是一种以"结果"为导向的管理模式，放松对"过程""投入"等控制，强调对产出和结果负责。这就需要对执行效果（产出和结果）设计一套科学合理的评价指标体系，对公共部门的绩效情况进行考核评价。在这套指标体系中，关键是要将公共部门的绩效产出、结果以及投入情况进行量化核算，尽管绩效考核评价指标有许多非量化、非财务的指标，但结果、产出和投入的基本指标是可量化且可以财务的指标加以反映，即使是定性的、非财务的指标，也与财务指标之间存在密切的关系。绩效管理需要通过设定绩效目标，对实现该目标需要投入的资源、耗费的成本进行预算和核算，并以结果或产出来衡量绩效的高低。而绩效预算是以货币或价值的形式对绩效目标的设定、项目活动的资源投入，以及结果和产出进行财务规划和控制，它是绩效管理的前提和基础，绩效管理最重要的内容，也是以绩效为目标进行资源配置的基本方法。

绩效管理由于对公共部门效率和责任的强调，注重结果导向和对公民公共服务需求的回应，成为公共部门进行有效配置资源、提高公共服务效率的一个重要手段，是世界各国行政改革的趋势。公共部门的绩效管理得以成功实施，关键是依靠绩效预算，即绩效预算成为绩效管理的最基本方法。简言之，绩效管理构成公共部门管理重要组成部分或核心内容，而绩效管理主要是通过绩效预算得以实现的。绩效预算是公共部门将人民的意愿和资源以法定的形式转化为政策（管理）行动、促进政策（管理）目标实现的强有力工具。有效的绩效预算不仅取决于预算本身，而且很大程度上取决于与预算相关联的整个绩效管理体系和过程。

（二）西方国家绩效预算管理实践

1. 西方国家绩效预算管理的发展

在 20 世纪，西方国家在预算管理方面进行了许多有益的探索。以美国为例，随着从 50 年代的绩效预算（PB）、60 年代的规划项目预算制度（PPBS）、70 年代的零基预算（ZBB），直到 80 年代的目标管理（MBO）的推行，绩效、成本—效果分析等概念已深入人心，为改革打下良好的基础。当前，世界范围内的预算改革的核心是提高政府政策的绩效，而且这一趋势在各国也清楚地反映在大力推动的绩效预算制度上。具体而言，90 年代兴起的新绩效预算认为公共组织的发展应与战略规划相结合，突出总体目标导向，希望公共机构创建公共战略规划和绩效预算。各种与绩效相关的预算改革在许多 OECD 国家风起云涌般地浮现出来。美国 1993 年的政府绩效与成果法案（PRA）、英国 1988 年推出的续阶计划及稍后的公民宪章、澳大利亚 1984 年实施的预算改革白皮书、新西兰 1989 年制定的公共财务法等，都是著名的例证。

2. 新绩效预算管理的实践

在新公共管理改革浪潮的推动下，西方各国普遍施行以绩效预算为基本方法的绩效管理改革。在实施绩效预算的各个国家中，新西兰是应用产出或结果为基础进行预算资源配置最彻底的国家，加拿大、美国、澳大利亚的应用也较为普遍。目前各国实施绩效预算管理的共同做法是[①]：重视发展绩效量化技术，并试图让资源配置与绩效更加有效地结合起来；预算决策的分权化，将权力下放至各部或其他行政部门；在某些项目上强调多年度预算对资源配置决策的影响；将中长期预算估测纳入相关的预算过程；配合预算编制、执行，加强与之相关的会计、信息及人事等系统间配合；建立相应的诱因机制，提高预算的透明度。各国绩效管理的主要做法有：公共部门围绕其使命采用目标管理（MBO）、全面质量管理（TQM）等手段进行绩效管理，强化政府对议会和顾客的双重责任；实行成本核算，加强财务控制，完善信息反馈，实行以绩效为基础的预算制度；改革公务员制度，打破统一的薪酬体系，推行绩效工资制和业绩奖励制等。如美国的《政府绩效与成果法》、英国的《财务管理法》、澳大利亚的《计划管理与预算》和新西兰的《公共财政法》等，基本都涵盖了上述这些内容。

绩效预算管理模式不同于传统预算管理模式，其核心是将市场机制和竞争机制引入部门预算管理，使部门预算的编制、执行、调整紧紧围绕绩效而展开。大体上，绩效预算运行的框架体系如下：

一是年度绩效计划。年度绩效计划通常在编制年度预算时根据部门的战略目标确立，详细阐述部门在特定年度内拟提供的公共服务数量和水平。包括以结果为导向的绩效目标，实现绩效目标需开展的详细活动和需动用的资源，衡量绩效目标的具体指标及绩效标准等。

二是提交绩效报告。为跟踪部门年度绩效计划的进展情况，一般要求部门管理者定期或不定期提交绩效报告，通过绩效指标详细描述绩效目标的完成程度。

三是进行绩效评价。虽然绩效报告一般会对年度绩效计划和实际完成绩效进行比较，并对部门绩效目标实现情况做出判断，但由于绩效报告由部门自己提供，很难保证评价结果的客观公正性，需由独立于部门的外部机构进行评价。

四是反馈绩效评价结果。目前实行绩效预算改革的国家主要有两种模式：一种是绩效评价与预算分配之间没有非常直接的联系，如美国、荷兰、澳大利亚

---

① 张侃. 绩效评估与绩效预算 [J]. 地方财政研究，2005（11）：24–26.

等,这些国家主要以加强管理、提高效率为目的进行绩效评价;另一种是绩效评价与预算分配之间有一种非常直接的联系,绩效评价的好坏直接影响到拨款的多少,如新西兰、新加坡等。

绩效预算侧重对产出的控制,由于存在信息不对称,信息较充分的管理者更了解如何优化配置资源,以实现本部门的产出目标。因此,为实施绩效预算管理,还赋予部门管理者充分的自主权,强化部门管理者的责任,以权责发生制计量政府成本,并以制度和组织保障绩效预算改革的推进。

(三) 我国实施绩效管理的启示

绩效管理在我国仍处于探索阶段,无论是理论还是实践都很不成熟,在运行过程中存在着种种问题。这些问题突出表现在:绩效管理的实施缺乏制度基础和立法保障,绩效评估分散在多种管理机制中,评估内容和侧重点差别很大,评估程序和方法不相一致,缺乏与绩效管理相配套的信息系统支持,绩效管理的终极目的本应是为了提高组织和个人的绩效水平却沦落为控制下级的手段等。因此,借鉴国际公共部门绩效管理成功经验和教训,应采取由易到难、逐步完善的方法,在实践中不断进行探索。

首先,构建起推行绩效管理的制度基础。我国政府的职能配置、组织结构和运行机制等方面仍处于传统行政模式的阶段,建构于其上的绩效管理也难以发挥效用。西方新公共管理运动中倡导的分权化管理、责任机制、结果为本、顾客导向、契约化管理等理念,为公共部门绩效管理提供了有效应用的制度基础。而绩效管理也反过来为这些新的管理理念的落实提供了有效的技术支持。因此,从当前我国绩效管理的发展进程来看,进一步发展、深化和完善这些先进管理理念是进行有效绩效管理的关键。[①]

其次,要完善和深化绩效评估体系。建立健全规范化、系统化和制度化的绩效评估体系是推行绩效管理的关键环节。新公共管理运动中关于绩效评估的一些成功经验做法值得我们参考:评估标准采用反映公共管理多元目标的"3E"标准体系;评估主体则体现多元主体的理念——评估主体由上级部门、同级机关、下属部门及社会公众组成;决策性机构建立一套评估公示制度;建立独立的权威性绩效评估机构,保证绩效评估的客观、公正;加强绩效评估立法工作,使绩效评估有立法保障;重视引进企业有关绩效的评估技术、评估方法,诸如质量管理、目标管理等。

最后,构建一套完备的管理信息系统。从系统整合的观点看,管理离不开决

---

① 王艳.新公共管理运动对政府绩效管理的影响与启示 [J].兰州学刊,2004 (6):240-242.

策。既然是决策就需要信息，且信息量多少和质量的好坏直接关系着决策者参与决策的程度大小。绩效管理离不开信息系统的技术支持。与绩效管理相对应的信息系统的核心就是以应计制为基础的政府会计及财务报告。因为应计制背后的理念在于：预算执行过程不仅应确保财务合规性，而且应确保公共资源使用取得绩效。正因为如此，目前已超过一半的OECD成员国使用应计制政府会计来支持公共部门管理改革。

国内外经验表明，推行绩效管理是一项复杂的系统工程，是一个不断深化的过程。因此，根据公共财政改革、行政管理改革的总体部署和要求，把绩效预算、绩效管理的理念和方法逐步引入我国的公共管理（尤其是公共财政支出管理），按照"统一规划，积极稳妥，先易后难，分步实施"的原则，逐步建立起与公共财政、行政管理体制相适应，以提高公共部门管理效能和财政资金使用效益为核心、以实现绩效预算为目标的科学、规范的绩效评价体系，并不断深化绩效预算与绩效管理改革。

二、高校开展绩效预算管理的意义

随着西方新公共管理理论和改革实践引入中国，绩效预算、绩效管理已成为我国公共部门改革中最经常被提到的词汇，而且在我国公共部门改革实践中也得到逐步的试点和运用。高校作为公共部门，其开展绩效预算管理是公共部门管理实践发展的必然趋势与客观需求。

（一）高校开展绩效管理（预算）的动因分析

在新公共管理浪潮的推动下，高等学校的管理改革也进入了各国公共管理改革的视线。新公共管理被看作是解决困扰大学发展的财政问题、效率问题，适应社会需求不佳等诸多问题的良药。世界各国对高等教育财政、管理体制的改革要求，来自以下与高等教育发展直接相关的三个方面[①]：高等教育越来越大众化，规模也越来越大；随着高等教育入学率的不断提高，各国政府已经很难负担日益上升的高等教育费用，从而引发了高等教育的财务危机；注重效率和高等教育机构的问责制。

对我国来说，随着我国高等教育管理体制改革的不断深化和高等教育发展速度的加快，尤其是1999年以来全国各高校大幅度扩招以来，高等教育规模迅速

---

① 孙志军，金平．国际比较及启示：绩效拨款在高等教育中的实践［J］．高等教育研究，2003（6）：88-92．

增长，我国高等教育已从精英教育迅速向大众化教育转变，在校生规模已超过美国，并成为世界高等教育大国。高等教育规模增长虽然也促使高校经费收支规模的快速增长，然而，由于资金的增长速度跟不上教育规模的增长速度，高等教育经费的供求矛盾依然突出。与此同时，高校缺乏科学的成本会计制度、竞争机制和评估机制，缺乏客观、公正和健全的学术评价和质量控制系统，导致大学行政、后勤运行成本居高不下，加上高校规模盲目扩张，大部分高校存在较为严重的投入产出不匹配、成本效益不明显，高等教育经费浪费严重，财政的教育投资效益不高，教育质量普遍下降等问题。因此，如何树立以效率为中心的理财思想，优化资源配置，建立科学合理、高效的绩效预算管理模式，提高教育质量和办学效益等，是当前我国高校亟待解决的问题。

总之，高校作为公共部门的重要组成部分，其开展绩效管理（预算）具有深刻的背景。我们完全可以这样理解，高校开展绩效管理（预算）是公共部门管理实践发展的必然趋势和客观要求。

（二）高校绩效管理情况分析

各国高校为了应对以上所述的教育困境，广泛采取绩效预算、绩效管理的方法和举措，以便在有限的公共资源投入下，解决财政困境，提高办学效益和办学质量。采取的主要措施有：

第一，扩大高校的自主权。近年来，各国政府纷纷出台相关的法规以界定大学的法律地位，使大学真正成为具有民事权利和民事责任的法律实体，使大学拥有更多的自主权，提高大学自主决策的能力，并对决策的后果负责（如1988年英国教育改革法案明确规定了现有的高等教育机构是拥有自主权利的法人实体）。各国政府还通过下放课程设置权、资金使用、调配和留存权、人事聘任和解聘权、一定的收费决定权等权利，来提高大学自主决策、自主筹划的能力，减少政府在高等教育领域过多的干预[①]。

第二，构建严格的问责制度。在放权的同时，建立严格的问责制度。如果说分权是各国政府通过实施合同制方式在大学与政府之间建立一种契约关系，代替之前的监护关系、行政关系的话，那么建立严格的问责制度就是要以契约的形式来强制大学承担政府期望大学应承担的责任，促使学校提高科研、教学效率、效益。

第三，高等教育引入绩效拨款方式。为了解决财政危机，各国政府按照教育成本分担理论，创造了不同形式的高校成本补偿机制，同时强调资金来源的多样

---

① 孙贵聪. 西方高等教育管理中的管理主义述评 [J]. 比较教育研究，2003（10）：67-71.

化，各国政府纷纷进行高等教育经费拨款制度改革。其改革的方向是把产出或绩效拨款机制引入到高等教育资源分配之中，更多地关注高校的产出或绩效。绩效拨款背后的理念是：提高大学效率，向高校植入结果导向以及以客户为中心的理念，将资金分配与教育产出挂钩，以此将更多的资源分配给可以培养更多学生以及质量更高的高校，从而在分配高等教育财政资源时能够做到更加简单、公正、透明、自主。如美国肯塔基州用绩效指标来衡量政府的财政拨款；澳大利亚在高等教育公式拨款模式①中倾向于绩效拨款方法。采用此方法使得大学能够通过提高教学质量和科研绩效来改变所获得的拨款量②。

第四，强化产出和结果控制，极力降低大学运行成本，提高绩效。许多大学以"效率"为核心，以成本和产出（结果）为主要决策因子；在开设课程和进行科研选题时，一改以往首先考虑学科和知识发展需要的做法，而是将成本和产出作为决策的首要因素。在教师聘用上，比以往更多地聘用兼职教师，以降低成本，通过绩效评价、激励等措施提高教师的工作效率。同时，在评价的过程中也侧重于成本和产出的测量，一项课程的成功与否，很大程度上取决于课程所产生的效益。另外，在制度建设方面，引入和完善成本计量制度、绩效评估制度，以利于决策的施行。总之，对成本的敏感、对产出的重视已开始体现在大学运行中的每一个环节③。

应当指出，尽管开展绩效预算、实施绩效管理是高校管理改革的世界性趋势，但各国高校开展绩效管理也存在一定困难，绩效管理关键是绩效指标体系的设计。由于各国对高校绩效考核评价标准难以制定，相关绩效指标定性标准不易把握和难以量化，从而限制了绩效管理的应用范围和程度。但绩效拨款模式将会越来越多地被尝试、发展与完善。绩效管理一定程度上解决了高校财政危机，优化高校资源配置，对推进高校稳定协调、快速发展，提高教育质量和效率具有重要的意义。

（三）我国高校绩效管理的意义

各国高等教育绩效管理改革对我国高校建设与发展，尤其是建立我国高等教育财政拨款机制，具有重要的借鉴意义。

为了扩大高校的办学自主权，增强高校办学活力，我国自 1986 年开始实行

---

① 公式拨款法，是指政府按总的生均成本拨款，对构成生均成本的因素赋予不同的权重（因子）。在公式拨款中，权重成了高校争取经费、调整招生专业、制定学籍管理等活动的"晴雨表"。

② 东北财经大学经济与社会发展研究院课题组，朱昌发. 高等教育财政拨款体制的国际比较 [J]. 经济研究参考，2004（60）：8－20.

③ 孙贵聪. 西方高等教育管理中的管理主义述评 [J]. 比较教育研究，2003（10）：67－71.

"综合定额+专项补助"的拨款方式。虽然对不同层次、不同种类的学生分别制定了不同的定额标准,据此计算确定"综合定额"部分的经费预算。随后根据国家财力和办学成本的不断增加,并考虑不同学科门类和学生类别的投入状况,陆续对综合定额拨款标准进行调整,但由于这种预算模式总体上不能准确反映高校的办学成本,依靠学生数的"综合定额"在某种程度上助长了大学在数量和层次结构上的盲目扩张与升级,更无法激励高校追求效率。这种拨款方式责任不明确,既给国家带来巨大的财政负担,也影响了高校的办学质量。实践证明,这种"综合定额"的预算拨款方式并不能有效提高办学效益和促进高等教育质量提升。因此,应借鉴各国实践有效采用的绩效拨款机制,积极探索我国高等教育拨款方式改革。2015年财政部根据深化财政体制改革重构的高等教育拨款体系中,对基本支出拨款却仍然采用综合定额拨款方式,而对项目支出拨款将主要根据办学条件、教育教学改革、学科水平、办学特色以及协同创新成效等因素进行项目资金分配,强化政策和绩效导向,突出公平公正,实行新的项目管理方式。应当充分肯定,这是高等教育拨款方式的进步,但还应当对进一步深化高等教育拨款机制改革进行积极探索,逐渐过渡到绩效拨款,并可借鉴国外的实践经验采取以下举措[①]:第一,探讨符合大学实际的拨款公式,这个公式需要考虑的因素包括学校的规模、专业设置、学生层次和学科结构等;第二,按照权责发生制会计基础核算不同类别学生的培养成本,了解掌握学校学生培养的成本耗费情况;第三,聘请专业的中介机构对大学实施外部评价,从而逐步建立完善的大学绩效评价体系;第四,将绩效因子纳入拨款公式,并逐步加大绩效在资源分配中的比重。

当然,高校自身也应当利用我国深化财政预算管理改革的契机,建立起以绩效预算为核心的高校财务预算管理的新体系,以提高办学资金的使用效益。高校预算改革要以绩效为中心,建立科学合理的指标体系和评价标准,建立经费拨款与绩效考核挂钩的机制。

第三节 高校绩效管理目标及指标体系

现代大学,不论是普通大学还是研究型大学,尽管它们在社会中扮演的角色不同,但经济社会发展的需要都赋予它们人才培养、科学研究、社会服务和文化

[①] 孙志军,金平. 国际比较及启示:绩效拨款在高等教育中的实践[J]. 高等教育研究, 2003 (6): 88-92.

传承的功能，都要求它们履行好社会赋予它们的职能作用。大学开展人才培养、科学研究、社会服务和文化传承等活动都需要消耗大量的经济资源。尽管公立高校是非营利的事业单位，不以追求经济效益为目标，但这并不意味着高校就可以不讲求效益。高校应当树立投入产出、成本效益观念，使其人才培养、科学研究、社会服务和文化传承能够为经济发展和社会进步作出应有的贡献。因此，高校应当把绩效管理看作是一种目标管理、一种责任管理、一种以财务管理为核心的管理模式、一种以定量分析为特征的数量化管理。

一、绩效目标

高校绩效预算管理的核心是要对办学活动设定绩效目标，根据实现绩效目标衡量开展办学活动的工作量，并按照一定的标准将这些工作量以价值的形式换算成开展活动的成本，然后再按照一定的程序编制经费预算。为了达到绩、效以及预算三个要素相互联系并且统一的管理目标，需要将绩效管理和预算管理联系起来，构建一套指标体系、评价指标和计量方法，以此来反映业务活动效能。高校想要实现绩效预算以及绩效管理，第一要务就是要依据其功能，将其主要的业务活动分解出来，并根据政府及社会的要求来确定高校需要达到的目标，进而将这些具体目标转换成量化或非量化指标，反映出应该达到的业绩或效果。据此，高校的绩效目标应当包括整体绩效目标和分项绩效目标。

（一）整体办学绩效目标

高校整体绩效目标也是高校的宏观绩效目标，它是高校各种绩效目标的综合体现，也是高校应达到的办学水平和政府及社会认可度。在确定高校综合办学绩效目标时，应当将投入产出、成本效益方面的绩效因素考虑进去。同时，在整体办学绩效目标的确定方面，还应当根据绩效管理的要求，将经济性（在某一投入水平和既定时间内，获得效益或产出进行投入产出、成本效益分析所应当达到的目标）、效率性（在既定时间和预算投入下产生的办学效果，要求达到生产效率和资源配置效率的目标）、效果性（通过实施绩效管理衡量办学及管理服务的改善情况）加以考虑。

（二）分项办学绩效目标

高校的整体办学绩效由分项办学绩效组成，因此，分项办学绩效目标的设计非常重要。分项办学绩效目标的确定有不同的维度，可以从大学的功能角度设计，也可以从投入、过程及结果（或产出）的角度来确定。我们认为，应当将这两方面综合起来考虑，以大学功能为主，以投入为支撑，以过程为依据，以产出或结果为最终目标。

1. 教学与人才培养的绩效目标

教学与人才培养的绩效目标应该考虑与教学和人才培养相关的投入、过程及产出等因素，同时还要考虑高校的类型。

（1）投入：师资投入（包括生师比、教师的职称和学历等）；学生投入（包括学生结构、学生入学质量等），物质资源投入（包括占地面积及校舍、教学仪器设备、图书资料、现代教学技术应用、教育及校园文化环境等），财务资源投入（包括生均教学经费、生均仪器设备经费、生均图书经费等），学科资源投入（包括重点学科、一级学科点、二级学科点）。

（2）过程：课程设置（包括双语课程、跨学科课程、研究性课程），教学环节（包括课堂教学、课外辅导与互动性教学、实习实训与实验课程），研究性学习（包括聘请名家做学术讲座、研究生参与导师科研等），教学合作与交流（聘请外籍教师、派出学生交流等）。

（3）结果：优秀教学成果（包括名师、名教材等），课程考试（包括课程考试合格率、外语四六级通过率等），研究生取得的科研成果（包括论文、专利、奖励），竞赛类获得成绩名次，就业率，考研出国率，用人单位满意度等。

上述教学与人才培养绩效目标只是大致的目标，对于不同类型的大学应当有所不同，而且应通过具体的量化指标加以体现。

2. 科学研究的绩效目标

科学研究的绩效目标的设计应当将投入、过程和产出进行比较来反映。由于科学研究过程比较复杂，难以量化，对绩效衡量影响可不予考虑。这里侧重于投入和产出维度。

（1）投入：研究基地、平台（包括重点实验室、重点研究基地、研究中心等），科研队伍（包括科研团队、引进科研人才、科研启动经费），物质资源投入（包括实验室用房、实验室建设、仪器设备投入、附属设施等），财务资源投入（包括科研经费等）。

（2）产出：学术论文（包括各类、各级别的学术论文）、学术著作（包括专著、教材等）、发明专利、科研奖项、学术会议、研究基地平台等。

3. 社会服务绩效目标

社会服务是现代大学的一项重要功能，由于与教学科研直接相关，难以单独进行综合考核该项绩效的投入和过程，主要侧重于评价其产出绩效。根据大学社会服务的内容，其绩效目标应分为以下几个方面：

（1）科技文化知识普及类：包括举办各种宣传栏，对社区进行科技文化的普及教育等。

（2）人才培养培训类：包括非学历的各层次人员的在职培训。

（3）科技及管理咨询服务类：包括为政府及企事业单位的科技及管理提供咨询服务。

（4）科技成果转化类：包括成果的直接转化和产业化及其所产生的经济效益和社会效益等。

4. 财务绩效目标

财务绩效目标主要体现在财务的筹资目标、办学资源配置（从投入产出、成本效益角度）目标、费用支出控制目标、资产管理及保值增值目标、财务效益目标、财务安全目标等。由于财务绩效是其他各项绩效的综合反映，在大学绩效目标中应当占有重要的位置。

5. 管理绩效目标

高校办学过程中包含着管理活动，包括了人财物、教学科研及社会服务过程的组织、指挥、协调等，办学过程中的这些管理活动是学校办学绩效的直接影响因素。因此，在设计高校的办学绩效目标时，应当对高校的办学管理设定基本的目标。

二、绩效指标体系

（一）西方国家高校绩效指标体系简介

绩效指标分类是制定和应用绩效指标对高校进行绩效考核评价和实施绩效管理的基础。为了对高校实施绩效预算管理，1985年英国的贾勒特报告（Jarratt Report）将高校的绩效指标分为内部指标、外部指标和运行指标三类。其中，内部指标主要反映高校方面的特征；外部指标反映高校所设置的专业适应社会经济需要的情况；运行指标则反映高校办学资源使用和运行效率情况，如图书馆的利用率等。

1986年，英国副院长与校长协会和大学拨款委员会（CVCP/UGC）联合工作小组将绩效指标分为输入指标、过程指标和输出指标三类。输入指标主要指高校的可利用资源、人力以及办学经费等情况，反映高校的办学条件和办学实力；过程指标指高校办学过程中有关资源的使用率、管理行为和组织行为情况；输出指标则为高校通过教学科研等活动，最终取得的成绩与产出。目前，英国较为全面的绩效指标体系是英国副院长与校长协会和大学拨款委员会联合工作小组编制的《英国大学管理统计和绩效指标体系》。

应当指出,将高校的绩效指标分为输入、过程和输出三类能够较为全面地反映高校办学资源配置与利用、办学活动组织与管理、办学目标与绩效的实现情况,但反映的绩效指标体系基本上是衡量生均成本和师生比等评价学校效率方面的财务指标,并没有涉及学校办学效益的指标,因而不够完整和全面。而且,高校的办学活动和管理工作受到许多外界或环境引起的不可控因素的影响,所以,应当充分考虑相关因素。为此,卡伦(Cullen)在此基础上进一步将绩效指标分为经济指标、效率指标和效益指标三类,即通常所称的3E指标。在美国,高等教育绩效指标体系主要是作为政府教育拨款的一个参考因素。最有代表性的是美国肯塔基州的高等教育绩效指标体系(见表9-1),该体系包括教育质量、教育培养、机会均等、经济发展和生活质量、协调与倡议精神五大类25个指标。

表9-1　　　　　　美国肯塔基州高等教育绩效指标

办学任务	计划指标	绩效指标
教育质量	1. 教育产出 2. 总体质量 3. 质量评审 4. 教职工水平	(1) 普通教育成果 (2) 学位教育成果 (3) 学术成果 (4) 师生发展成果 (5) 州范围的评审 (6) 校内评审 (7) 专业发展机会 (8) 教师薪资的竞争力
教育培养	5. 教育成就 6. 支持基础教育 7. 技术运用	(9) 补习 (10) 学生保持率 (11) 毕业率 (12) 地方中小型满意度 (13) 合作教育计划 (14) 远距离学习 (15) 技术手段用于教学
机会均等	8. 高等教育机会均等	(16) 就业 (17) 招生

续表

办学任务	计划指标	绩效指标
经济发展和生活质量	9. 劳动力培训和为本州经济部门服务 10. 科研和公共服务	（18）劳动力培训 （19）工业和雇主的满意度 （20）科研 （21）社会服务
协调与倡议精神	11. 合作措施和成就 12. 有效性	（22）校内合作 （23）高校和职业技术学院的合作 （24）计划、预算和评价的结合 （25）设备维修

表9-1中的绩效指标体系建立的目的是为了服务于教育拨款，使高等教育拨款能更好地体现公平和效率的原则。由于该指标体系注重的是学校办学质量和办学水平，因此指标体系中有许多非财务指标和定性指标（如教育培养类），且因体系建立的目的不同，使得该指标体系对学校的资金投入效率和效益方面基本上无所涉及。

其他具有代表性的绩效指标体系是由凯夫和卡梅伦等提出的包含14个指标的绩效指标体系。他们将这些指标分为两类：一类是关于教学的指标，包括：（1）入学质量；（2）学位结果；（3）生均成本或师生比；（4）附加值；（5）回报率；（6）浪费率和未完成率；（7）毕业时或五年后的就业率；（8）学生和同学评价。另一类是关于科研的指标，包括：（9）研究学生的数量；（10）出版物及专利等；（11）科研质量；（12）科研收入；（13）同行评价；（14）声誉排行。

卡梅伦还采用声誉调查法，通过对组织成员的满意度来测量组织的绩效，他所设计的评价学校绩效的指标体系包括三个领域九个方面，分别是精神领域（如学生对教育的满意程度、教师和行政人员的满意程度、机构的健康状况）；学术领域（如学生学术发展、专业发展和教学人员的质量、学生个性发展）和外部适应性（如学生职业发展、系统的开放性和与社区的关系、获得资源的能力）。

（二）我国高校绩效指标

我国相关行业和学术界就如何开展高校绩效评价、如何建立高校绩效指标体系的问题进行了广泛的研究。从相关的研究情况看，目前主要集中从财务绩效、预算绩效以及办学效益的角度进行研究，而真正从综合绩效管理的角度进行研究得比较少。

杨周复、施建军（2002）从财务的角度提出高校财务绩效评价指标体系[①]。该指标体系由五个子指标体系组成：一是评价总经费效益的指标体系，由国家拨款数、学校自筹经费数、学校自筹资金占预算总收入的比重、学校资金的负债状况、生均培养费、公用经费占事业支出比重、生均固定资产7个指标组成；二是评价事业发展成绩的指标体系，由在校学生数、师生比、教职工与学生比3个指标组成；三是评价产业效益的指标体系，由企业利润总额、企业人均利润、产业利润占学校自筹收入的比重3个指标组成；四是评价对外服务绩效的指标体系，由教师人均科研经费数、科研及科技服务收入占学校总收入比重、人均对外服务收入3个指标组成；五是评价科技成果的指标体系，由学校当年教师人均科研成果奖、学校当年教师人均发表论文数、人均对外服务收入3个指标组成。在此基础上，他们又进一步在"高校财务评价体系"中建立了高校财务综合评价指标体系，该体系分为财务实力、财务绩效和财务风险三个子系统。其中，财务绩效指标体系主要用于评价高校运行效率和财务绩效，该指标体系分为教学绩效、科研绩效、自筹绩效、资产绩效和产业绩效五大部分18个指标。

陆嫒（2006）[②]指出，大学预算具有资源配置和目标控制两种职能，资源配置是预算的基本功能，而目标控制是指高校根据对自身情况和所处环境的综合分析，在一套完整的绩效指标体系中设定绩效目标，以衡量预算对资源配置的效率和与学校战略目标的差距。所以，建立全面完整的预算绩效指标体系是高校预算发挥目标控制功能的关键。她借鉴《英国大学管理统计和绩效指标体系》认为，我国高校绩效指标体系可先划分为教学绩效、科研绩效、自筹能力、资产绩效、校产绩效、声誉绩效六大层次，然后在这六大层次中选取共21个关键绩效指标，对预算执行结果加以衡量。这样就构成了表达高校预算导向的绩效指标体系。

但她所提出的21个绩效指标中，关于教学绩效、科研绩效、自筹能力、资产绩效和产业绩效五个方面的18个指标均与杨周复、施建军所提出的18个指标完全相同。同时，他在此基础上增加了反映高校声誉的三个指标，分别是：校友捐赠率、捐赠收入年增长率和捐赠收入占总收入比重。

此外，梅义标（1991）[③]在《构建我国高校办学效益评价指标体系的思考》一文中，从投入与产出的比较角度探讨高校办学效益，认为办学效益反映办学目标的实现程度，应从经济效益和社会效益两个方面评价高校的办学效益，并设计

---

① 杨周复，施建军. 大学财务综合评价研究［M］. 北京：中国人民大学出版社，2002：136.
② 陆嫒. 高校预算绩效评价的理论研究及绩效指标体系设计［J］. 技术经济与管理研究，2006（1）：60 - 61.
③ 梅义标. 构建我国高校办学效益评价指标体系的思考［J］. 教育财会研究，1999（5）：20 - 23，25.

了一套反映经济效益和社会效益的指标体系。朱海宇等（2002）[①] 提出高校绩效统计指标分为宏观和微观两个层次。宏观绩效指标主要从国家宏观教育政策角度考虑，由规模指标和结构指标构成；微观绩效指标则从高校的角度提出，要求高等学校加强自身管理，在投入确定的情况下，最大限度地扩大其产出数量，并提高其过程质量，因此需设置投入指标、过程指标、产出指标。

本书认为，构建高校绩效评价指标体系的目的是为了实施绩效预算和绩效管理，所以既要借鉴国外和我国相关评价的指标，又要从开展绩效预算、绩效管理的需要和我国高校的特点进行设计。高校绩效指标是一个反映高校绩效目标的指标体系，它应当具有层次性，既要反映高校的综合绩效，又要按绩效管理的要求反映各功能或活动的绩效，从而使高校的绩效指标系统化。所以，在高校的绩效指标体系设计时，应当将绩效目标所涉及的内容建立一个既层次分明，又相互联系的指标体系，而且每一层次都应当涵盖到上一层次的所有内容，并突出关键性指标。

1. 人才培养绩效指标

人才培养是高校最基本的活动，要实现教学和人才培养的绩效，必须有一定资源的投入，通过教学和人才培养过程的转换，才能产出一定的成果。所以，设计教学和人才培养绩效指标时，应分别从投入、过程和产出三个方面，并通过经济性、效率性和效果性进行分析评价。

（1）投入指标。

师资资源：师资是高校办学最重要的资源，一定数量和规模的师资是大学办学的基本条件，而师资水平高低更是一所大学办学水平的重要标志，师资力量强弱在很大程度上决定着大学教学和人才培养质量的高低。所以，师资投入就成为大学教学和人才培养绩效的决定性因素。其作为绩效指标主要是生师比、高职称教师比例和高学历教师比例。

学生资源：学生好比是生产企业的原材料，是企业生产的对象，原材料的质量高低决定着生产出来的产品质量高低。在高校，学生是教学和培养的对象，学生入学质量是高校教育成败的重要因素。学生资源包括学生结构和学生质量。

物质资源：物质资源投入是教学和人才培养必备的条件。这里，物质资源投入主要衡量生均校园面积、生均教学实验用房面积、生均教学仪器设备额、生均计算机台数、生均语音室座位数、生均图书资料册数等。

财务资源：财务资源投入是一项综合的资源投入，不论是师资队伍投入还是

[①] 朱海宇，刘占军，沈晓伏，刘英. 高等学校教育绩效统计指标体系初探 [J]. 沈阳农业大学学报（社会科学版），2002（4）：339-342.

物质资源投入，最终都应当以价值的形式反映在财务投入上，所以，衡量财务资源投入是重要的绩效指标，这主要可以从分项财务资源投入和综合的财务资源投入两方面衡量。其中，分项财务资源投入可以用生均教学经费、生均仪器设备经费、生均图书资料经费、生均校园文化及综合素质教育经费衡量，综合财务资源投入可以用生均事业费指标衡量。

学科资源：学科资源也是一项教学和人才培养的基本投入，它是学校师资水平、办学条件和办学水平的综合体现，对学生质量、学生培养质量、教学和人才培养绩效都将产生直接的影响。学科资源可以从重点学科比例、一级学科博、硕士授权比例，二级学科博、硕士授权比例等指标加以衡量。

（2）过程指标。过程是教学和人才培养取得绩效的关键步骤，应主要衡量课程教学、教学环节、素质培养、教学设施利用等方面。

课程教学：应从教师人均年开课门数、教师人均年授课时数、教授人均年为本科生开课门数、教授人均年为本科生授课时数、课程结构等方面加以衡量。

教学环节：除课堂教学外，还应当衡量教学辅导、实习实训、实验等重要的教学组成环节，可以从教学辅导课时数占课程时数比例、实习实训时数占课程时数比例、实验课开出率等方面加以衡量。

素质培养：包括人文社会和科技文化等素质培养，这需要通过参加学术讲座、参与校园文化活动、研究生参与导师的课题研究等来培养学生的全面素质。衡量指标包括生均年参加学术讲座次数、生均年参加校园文化及社团活动次数、研究生人均参与导师课题研究个数等。

教学设施利用：大学生以自主学习为主。大学应当创造条件如图书借阅、上阅览室自修、电脑和互联网使用、实验室开放等，使学生能够将课余时间充分用于学习和掌握各方面相关的知识和技能。衡量指标包括生均年借阅图书册数、生均年使用电脑及互联网时数等。

（3）产出指标。

在校学生教学成果：如课程考试合格率、英语四六级考试通过率、各类比赛竞赛获奖率、研究生人均科研成果数等。

毕业就业成果：如学生毕业率、获学位率、研究生考取率、就业率、用人单位满意度等。

教学成果：它可以通过新课程比率、教学成果获奖率、出版教材增长率、出版教材被其他学校采用率、新获教学与人才培养基地数等指标衡量。

2. 科学研究绩效指标

科学研究是现代大学，特别是研究型和教学研究型大学的一项重要的功能，它与教学和人才培养具有同等重要的地位。那么，衡量大学的科学研究绩效就成为考核评价大学绩效的重要内容。它可以分别通过对科研投入和科研成果产出两方面进行衡量的基础上，再按照投入产出、成本效益分析的原则，分析和衡量科研的绩效。

（1）科研投入指标。科研投入主要可以从研究平台、科研队伍、物质资源、财务资源四个方面进行衡量。

研究平台：主要指国家或省部级重点实验室、工程研究中心、工程中心、重点研究基地、研究中心、研究所等。在绩效衡量中，研究平台可以用重点实验室、重点研究基地、其他研究平台的数量表示，以便与其科研成果产出情况进行比较。

科研队伍：大学一般没有专门的科研人员编制，教师既是科研人员又是教学人员。各大学对教师一般都要求有教学工作量和科研工作量，如果科研任务重、科研成果多，可以适当减免部分教学工作量，或以科研工作量抵免教学工作量。那么，从绩效管理的角度，为了区分教学与科研的绩效，在人员工资等支出方面可以根据其承担教学和科研工作量的情况适当分摊。衡量指标包括科研团队、引进科研人才、科研辅助人员的数量等。

物质资源：如实验室用房、实验室建设、仪器设备购置、科研辅助设施、研究数据库及图书资料等。物质资源投入的价值可以通过财务资源投入来衡量。

财务资源：包括为保证科研平台的运行而专门投入的财务资源、研究团队投入经费、引进人才给予的科研启动费、实验室建设而投入的相关建设经费以及科研组织与管理费用等。相应地，衡量指标包括科研平台运行费投入、科研团队经费投入、实验室建设经费投入、科研附属设施经费投入、研究数据库及图书资料经费投入、科研组织与管理经费投入、科研课题研究经费投入等。

（2）科研成果产出指标。大学科学研究活动的成果产出也表现在很多方面，除了直接产出如获得科研课题资助、学术论文、科研专著、发明专利、成果转化与产业化、各级各类科研奖励等之外，还有其他相关的成果产出，包括科研对教学和学科建设的促进与推动，如教材的出版、教学内容更新、学科实力和水平的提高等；也促成研究平台、研究团队的形成和批准，国际学术交流与合作的扩展与加强等。所以，评价和衡量科学研究的成果产出应是多方面、多角度的。

而作为对大学科学研究的绩效衡量，还必须将投入与产出进行比较，并应用成本效益分析等方法，衡量它的经济性、效率性和效果性。

科研成果产出可以通过人均获资助科研课题数、人均获科研经费额、人均发表学术论文数、文科教师人均出版著作数、理工科教师人均获批发明专利数、科研成果转化及产业化率、人均科研成果获奖数、科研平台产出率、科研仪器设备利用率、新增各类学术团体任职人数、新增科研团队数等指标加以衡量。

3. 社会服务绩效指标

社会服务虽然作为现代大学的一项重要功能，但大部分大学并没有作为一项专门的工作由专门的一帮人去做，往往是从事与教学科研直接相关的社会服务。由于这种特点，有的社会服务的直接投入比较少，产出却很明显，如培训及科技管理咨询；有的需要一定的投入，但没有与之相对应的产出，如科技文化普及类的宣传活动等，很难单独衡量社会服务绩效或进行投入产出评价。所以，对大学的社会服务绩效的衡量应当主要侧重于衡量其产出绩效，即社会效益和财务效益，并主要从以下几个方面来衡量：社区接受科技文化知识普及教育人次、举办科技文化宣传次数、各类非学历人才在职培训人次、各类成人学历教育人数、咨询服务产生的经济效益、科技成果转化及产业化的经济效益、社会服务费用、社会服务为办学提供的经费等。

4. 管理绩效指标

与企业生产经营一样，大学的办学活动也贯穿着管理活动，包括人财物、教学科研及社会服务过程的规划、组织、指挥、协调、控制等，办学管理情况直接影响学校的办学绩效。所以，在衡量大学办学绩效时，应当对大学的规划、组织、协调和管理控制等方面的绩效进行衡量。

战略规划绩效：战略规划绩效一方面要衡量规划的长远绩效，另一方面要衡量学校根据战略规划所制订的年度工作计划的实现情况、没有实现的原因以及对学校整体绩效的影响等。战略规划绩效的衡量指标有：战略规划完成进度、年度工作计划完成率等。

制度绩效：制度包括管理体制与运行机制两个方面，好的管理体制和运行机制可以使权责利得到有机结合，使学校及学校内部各职能部门和院系单位能够在其职责范围内，按照学校各项事业发展的规律有效地行使职权，对所从事的活动和工作负责，能够创造性地开展工作。这应通过对制度进行评估，分析制度是否有效，并评定一定的分值来衡量其绩效。

人事管理绩效：主要从人力资源配置、教职工工作量饱和度、工作人员准点率、工作态度满意率等方面进行衡量。

物质资源管理绩效：它主要体现在物质资源配置绩效（是否由于配置不全而造成不能合理使用或闲置、空置而不能发挥效用，如仪器设备配套率、校舍空置闲置率等）、使用绩效（各种物质资源的使用率等，如仪器设备使用率等）和管理绩效（物质资源损耗、积压等，如物质资源报废报损率）。

5. 财务绩效指标

预算绩效管理的核心是财务预算管理的绩效，因为财务绩效是学校办学绩效最综合、最集中的体现。所以，在绩效衡量中应当将财务绩效作为一个单独的项目予以衡量。

财务绩效主要体现在财务实力、财务预算、筹资能力、经费配置（从投入产出、成本效益角度）、费用控制、资产管理及财务效益、财务安全等方面。

财务实力：从绩效管理的角度看，财务实力强不一定能够取得好的办学绩效，但财务实力强弱却是一所大学能否高水平办学和取得高水平研究成果的重要保证，而且从绩效衡量的投入产出分析的需要看，也应当对大学的财务实力进行衡量。大学的财务实力可以从办学经费、分项经费和人均经费几个方面进行衡量，如办学总经费、办学总经费增长率、教职工人均经费额、师均科研经费额等均可以作为衡量大学财务实力的指标。

财务预算：大学要取得好的财务绩效，一个重要方面在于预算管理与预算控制是否符合绩效管理的要求。而财务预算绩效首先就体现在预算的准确性和支出预算的控制方面。所以，可以通过年度综合财务收入预算准确率和年度综合财务支出预算调整率这两个指标来衡量财务预算绩效。

筹资能力：主要指学校通过办学活动和管理活动筹集经费的能力，包括教学活动、科研活动、社会服务活动、校办产业经营活动、接受捐赠和赞助活动等筹集经费的能力。可以通过自筹经费比例及增长率、教学收入比例及增长率、科研收入比例及增长率、社会服务收入比例及增长率、校办产业上缴比例及增长率、捐赠及赞助比例及增长率等指标来衡量筹资能力绩效。

经费配置：经费配置即学校将办学经费安排到教学、科研、人员待遇和物质资源购置等方面的比例和结构，它与财务预算相关，与学校的发展规划和办学目标也直接相关。透过经费配置的这些比例和结构，可以侧面衡量和分析学校的财务绩效，如事业支出比率、人员经费支出比率、教学支出比率、科研支出比率等。

费用控制：费用控制是学校财务管理工作的重要内容，也是学校办学活动能否取得绩效的重要管理工作，所以应当对相关费用支出控制情况进行衡量，如生均事业费支出、生均教学支出、师均科研支出、生均培养成本等。

资产管理：资产管理除了进行实物管理外，也应当进行价值管理，并从价值的角度来衡量学校资产管理的有效性，特别是衡量资产的安全完整、保值增值情况，如固定资产增长率、校办企业资本保值增值率、对外投资保值增值率等。

财务效益：财务效益是衡量学校财务工作的直接绩效，它是学校财务部门利用财务资源进行资金调度、财务运作等为学校取得财务收益或节省财务支出。衡量学校财务效益除了衡量取得的资金收益，也应当衡量节省的财务支出，如资金收益率、贷款利息支出节省额等。

财务安全：财务安全就是要衡量学校的财务是否存在风险。如果学校的财务状况很差，完全暴露在风险之下，那就很难说明其办学能够取得很好的绩效，当然更谈不上能够有好的财务绩效，所以应当将财务安全情况作为衡量高校财务绩效的重要指标。财务安全与否可以通过财务状况、财务结构、债务负担和支付能力等方面予以衡量，指标一般包括负债比率、负债与事业基金比率、负债还本付息占年度正常经费收入比例、现金支付能力等。

上述各类绩效指标汇总如表9-2所示。

表9-2　　　　　　　　高校绩效指标体系

一级指标	二级指标	三级指标	四级指标	备注
人才培养绩效	投入指标	师资资源	生师比 高职称教师比例 高学历教师比例	修正性因素：院士、博导、国家级及省部级称号人才
		学生资源	学生结构 学生质量	修正性因素：研究生来源、本科生入学分数
		物质资源	生均校园面积 生均教学实验用房面积 生均教学仪器设备额 生均计算机台数 生均语音室座位数 生均图书资料册数	
		财务资源	生均教学经费 生均仪器设备经费 生均图书资料经费 生均校园文化及综合素质教育经费 生均事业费	
		学科资源	重点学科比例 一级学科博硕士授权比例 二级学科博硕士授权比例	
	过程指标	课程教学	教师人均年开课门数 教师人均年授课时数 教授人均年为本科生开课门数 教授人均年为本科生授课时数 课程结构	课程结构：双语课、跨学科课程、研究性课程占课程比例

续表

一级指标	二级指标	三级指标	四级指标	备注
人才培养绩效	过程指标	教学环节	教学辅导课时数占课程时数比例 实习实训时数占课程时数比例 实验课开出率	
		素质培养	生均年参加学术讲座次数 生均年参加校园文化及社团活动次数 研究生人均参与导师课题研究个数	
		教学设施利用	生均年借阅图书册数 生均年使用电脑及互联网时数	
	产出指标	在校学生教学成果	课程考试合格率 英语四六级考试通过率 各类比赛竞赛获奖率 研究生人均科研成果数	
		毕业就业成果	学生毕业率 获学位率 研究生考取率 就业率 用人单位满意度	研究生考取率应包含出国读学位比率
		教学成果	新课程比率 教学成果获奖率 出版教材增长率 出版教材被其他学校采用率 新获教学与人才培养基地数	
科学研究绩效	投入指标	研究平台	重点实验室 重点研究基地 其他研究平台	
		科研队伍	科研团队 引进科研人才 科研辅助人员	修正性因素：具有科研及学术头衔的教师情况
		物质资源	实验室用房 实验室建设（含仪器设备） 科研附属设施 研究数据库及图书资料	

续表

一级指标	二级指标	三级指标	四级指标	备注
科学研究绩效	投入指标	财务资源	科研平台运行费投入 科研团队经费投入 实验室建设经费投入 科研附属设施经费投入 研究数据库及图书资料经费投入 科研组织与管理经费投入 科研课题研究经费投入	
	产出指标	科研课题	人均获资助科研课题数 人均获科研经费额	分横向、纵向
		科研成果	人均发表学术论文数 文科教师人均出版著作数 理工科教师人均获批发明专利数	分论文级别
		成果转化	科研成果转化及产业化率	
		成果获奖	人均科研成果获奖数	分获奖级别
		研究平台	科研平台产出率 科研仪器设备利用率	
		研究队伍	新增各类学术团体任职人数 新增科研团队数	
社会服务绩效		社会效益	社区接受科技文化知识普及教育人次 举办科技文化宣传次数 各类非学历人才在职培训人次 各类成人学历教育人数	
		财务效益	咨询服务产生的经济效益 科技成果转化及产业化的经济效益 社会服务费用 社会服务为办学提供的经费	
管理绩效		战略规划	战略规划完成进度 年度工作计划完成率	
		制度	权责利结合度	
		人事管理	人力资源配置 教职工工作量饱和度 工作人员准点率 工作态度满意率	

续表

一级指标	二级指标	三级指标	四级指标	备注
管理绩效		物质资源管理	仪器设备配套率 仪器设备使用率 校舍空置闲置率 物质资源报废报损率	
财务绩效		财务实力	办学总经费 办学总经费增长率 教职工人均经费额 师均科研经费额	
		财务预算	年度综合财务收入预算准确率 年度综合财务支出预算调整率	
		筹资能力	自筹经费比例及增长率 教学收入比例及增长率 科研收入比例及增长率 社会服务收入比例及增长率 校办产业上缴比例及增长率 捐赠及赞助比例及增长率	
		经费配置	事业支出比率 人员经费支出比率 教学支出比率 科研支出比率	
		费用控制	生均事业费支出 生均教学支出 师均科研支出 生均培养成本	
		资产管理	固定资产增长率 校办企业资本保值增值率 对外投资保值增值率	
		财务效益	资金收益率 贷款利息支出节省额	
		财务安全	负债比率 负债与事业基金比率 负债还本付息占年度正常经费收入比例 现金支付能力	

三、绩效指标量化

绩效预算管理实质上是一种数量化管理，这就需要根据绩效目标及所确定的具体绩效指标进行量化，以便对大学绩效目标和具体绩效指标的实现程度和实现情况进行分析、评价和考核，使之具有可操作性。

（一）绩效指标量化模式

一般说来，高校所确定的绩效目标都能够以数量表示，许多目标属于质量目标，如大学的办学实力和办学水平、学生培养质量、科学研究成果水平等，而且可量化的数量目标如高素质教师数量、招收学生数、开设课程门数、毕业生就业率、办学总经费等，也具有多种计量方式，而不像企业那样可以用产值、销售收入、利润等单一具体的量化经济指标作为其绩效目标。尽管如此，从绩效管理的要求出发，应当对反映高校办学绩效的指标采用多种量化方式，对相关可量化的指标进行具体量化。

1. 绩效指标的价值量化

在衡量高校办学绩效指标中，反映投入和产出的许多指标都可以用价值量予以反映，如为开展教学、科研活动而投入的经费，教学、科研及社会服务活动为学校办学所贡献的收入等。从绩效预算管理的角度看，由于最终考核衡量的是能够在财务层面体现的"绩"与"效"，所以，所有的绩效指标都应当直接或间接地用价值量予以衡量。

2. 绩效指标的非价值量化

高校的绩效并不完全表现在价值方面，而更多的是表现在非价值方面，即社会效益方面，它可以用实物量、业务量等数量单位予以表示。如招生数量、合格毕业生数量、课程门数、各类奖项、学术论文或著作、发明专利成果等。尽管非价值的绩效指标以实物量、业务量等形式表示，但这些指标实际上隐含着相关的价值量内容，如招生数量与相关经费支出和教学收入相关，而毕业生数量、开设课程门数等也包含着培养成本和课程成本的内涵。

3. 绩效指标的量化表现形式

这里主要指绩效指标究竟是以绝对数的形式反映还是以相对数的形式反映。绝对数一般用数量、金额等反映规模、总量、单位数量等尺度表示，在绩效考核评价时，反映绩效情况的指标大部分可用绝对数表示。相对数一般用比率、比例等反映程度、水平、质量等尺度表示。在绩效管理、绩效考评中，不仅需要采用绝对数来衡量、反映绩效目标的实现情况，更需要采用相对数来评判学校绩效目标的实现程度、完成质量等。

（二）高校绩效指标量化标准

在确定量化模式之后，接下来就要考虑以什么标准和方法对高校的绩效指标进行量化核算了。绩效指标的量化标准高低的确定将直接影响绩效的考核评价。一般地说，量化标准可以分为高、中、低三类，如果标准定得过高，要完成绩效目标变得很困难，也就失去了绩效管理的意义；如果标准定得过低不需要经过任何努力就能够达到，那么也就达不到绩效管理的目的。所以，一般的绩效指标量化标准要适中，既不能过高，也不能过低，而应当掌握在中等水平，实施单位经过一定的努力就能够实现或达到。一般地说，高校绩效指标量化标准主要可分为以下几类：

国际标准：主要参照国际上权威机构对大学办学的一般要求，并得到国际高等教育界普遍公认的标准。

国家标准：本国所有标准中最高的标准，一般以主管部门根据全国高等学校的办学条件和国家对高等教育发展的需求制定。就我国高等教育来说，国家标准就是教育部所颁布的相关办学标准，高校科研活动的国家标准应当以科技部、国家自然科学基金委员会等所颁布的标准作为国家标准。目前，有关高等学校办学投入方面的国家标准主要有普通高等学校基本办学条件指标、科研平台建设指标、人员编制指标、财政部门预算定员定额标准。

除此之外，还有行业标准、专业标准等。

（三）绩效指标的量化方法

根据上述的量化模式和量化标准，就可以对前面所设计的高校绩效指标进行具体量化了。这里，绩效指标的量化方法应当以最新的标准进行，如关于生师比、各类学生的折算等，教育部 2004 年颁布的《普通高等学校基本办学条件指标（试行）》与中央机构编制委员会办公室、教育部和财政部 2005 年向全国部属高等学校下发的《关于普通高等学校编制的指导意见（征求意见稿）》就有出入，究竟以哪个标准来量化？我们认为，应当以最新颁布的标准作为量化标准。

1. 人才培养绩效指标

（1）投入指标。

师资资源：

生师比＝专任教师总数/折合在校学生数；

高职称教师比例＝高职称教师人数/专任教师总数；

高学历教师比例＝具有博士学位（或硕士以上）教师人数/专任教师总数。

学生资源：

研究生与本专科生比例＝研究生数量/本专科生数量。

物质资源：

生均校园面积＝校园总面积/折合在校学生数；

生均教学实验用房面积＝教学实验用房总面积/折合在校学生数；

生均教学仪器设备额＝教学仪器设备总额/折合在校学生数；

生均计算机台数＝计算机台数/折合在校学生数；

生均语音室座位数＝语音座位数/折合在校学生数；

生均图书资料册数＝图书资料总册数/折合在校学生人数。

财务资源：

生均教学经费＝教学经费总投入/折合在校学生数；

生均仪器设备经费＝仪器设备经费总额/折合在校学生数；

生均图书资料经费＝当年图书资料经费总额/折合在校学生数；

生均校园文化及综合素质教育经费＝校园文化及综合素质教育经费/折合在校学生数。

学科资源：

重点学科比例＝重点学科数/学校学科总数；

一级学科博硕士授权比例＝一级学科博硕士授权点数/学校一级学科总数；

二级学科博硕士授权比例＝二级学科博硕士授权点数/学校二级学科数。

（2）过程指标。

课程教学：

教师人均年开课门数＝年开课总门数/专任教师数；

教师人均年授课时数＝总授课时数/专任教师数；

教授人均年为本科生开课门数＝年教授为本科生开课总门数/教授人数；

教授人均年为本科生授课时数＝年教授为本科生授课时数/教授人数；

课程结构＝年开设双语课、研究性课程和跨学科课程总门数/年开课总门数。

教学环节：

教学辅导课时数占课程时数比例＝$\sum$辅导课时数/课程总时数；

实习实训时数占课程时数比例＝$\sum$实习实训时数/课程总时数；

实验课开出率＝开出实验课数/实验课总数。

素质培养：

生均年参加学术讲座次数＝年参加学术讲座总人数/年平均在校生数；

生均年参加校园文化及社团活动次数＝年参加校园文化及社团活动总人数/年平均在校生数；

研究生人均参与导师课题研究个数＝研究生参与导师课题研究人数/研究生平均人数。

教学设施利用：

生均年借阅图书册数＝年图书总借阅册数/折合在校学生数；

生均年使用电脑及互联网时数＝年电脑及互联网使用总时数/折合在校学生数。

（3）产出指标。

在校学生教学成果：

课程考试合格率＝课程考试合格生人数/参加课程考试学生人数；

英语四六级考试通过率＝英语四六级考试通过人数/参加考试人数；

各类比赛竞赛获奖率＝比赛竞赛获奖人次数/各类比赛竞赛参赛人次数；

研究生人均科研成果数＝参加导师课题研究取得的成果数/参加导师课题研究人数。

毕业就业成果：

学生毕业率＝本届毕业生人数/同届招生人数；

获学位率＝本届毕业生获学位数/本届毕业生总数；

研究生考取率＝毕业生考取研究生人数/本届毕业生总数；

就业率＝本届毕业生就业人数/本届毕业生人数；

用人单位满意度＝表示满意的用人单位数/调查的用人单位数。

教学成果：

新课程比率＝年开设新课程门数/全年开设课程门数；

教学成果获奖率＝本年度获奖教学成果数/本年度教学成果申报评奖数；

出版教材增长率＝(本年度出版教材数－上年度出版教材数)/上年度出版教材数；

出版教材被其他学校采用率＝教材被其他学校采用部数/出版教材部数。

2. 科学研究绩效指标

（1）科研投入指标。

研究平台：以绝对数反映，因为这与投入、产出直接相关。同时可通过在全国同类学科的科研平台水平来衡量。

科研队伍：主要衡量研究人员的实力和水平，这虽然与教学投入中的生师比及职称学历等有关，但可以从另一个侧面来衡量队伍的投入情况，如引进科研人才、科研团队等方面予以衡量。因为这两方面都需要相应的经费投入。

物质资源：

物质资源中，实验室用房、实验室建设、仪器设备购置、科研附属设施、研究数据库及图书资料等，主要衡量物质资源投入的数量，而这些数量投入的价值则可在财务资源中予以衡量。

财务资源：

科研平台运行费投入＝科研平台运行的经费直接投入＋科研平台耗费资源折合货币投入；

科研团队经费投入＝科研团队经费＋引进人才安家费和科研启动费；

实验室建设经费投入＝实验室及附属设施建设、装修、改造等经费投入；

仪器设备经费投入＝科研仪器设备及附属设备购置、安装、调试等费用；

科研组织与管理经费投入＝课题申报、报奖评奖、对外联络与推介、科研服务等费用；

科研课题研究经费投入＝教师争取的科研经费＋高校自身投入的课题研究经费。

（2）科研成果产出指标。

人均获资助科研课题数＝本年获某类资助课题数／全年平均教师人数；

人均获科研经费额＝本年获科研经费额／全年平均教师人数；

人均发表学术论文数＝本年公开发表学术论文数／全年平均教师人数；

文科教师人均出版著作数＝本年正式出版著作数／全年文科教师平均人数；

理工科教师人均获批发明专利数＝本年度获发明专利数／全年理工科平均教师人数；

科研成果转化及产业化率＝本年科研成果转化及产业化项目数／本年度获批发明专利成果数；

人均科研成果获奖数＝本年获得科研成果数／全年平均教师人数；

科研平台产出率＝科研平台产出科研成果数／科研平台数；

科研仪器设备利用率＝科研仪器设备平均年开放使用时数／科研仪器设备规定年使用时数。

3. 社会服务绩效指标

社区接受科技文化知识普及教育人次＝举办社区科技文化知识普及教育数次×平均每次参加人数；

各类非学历人才在职培训人次＝各类非学历在职人员培训举办班次数×平均每班人数；

各类成人学历教育人次＝各类成人学历教育班次数×平均每班人数；

咨询服务产生的经济效益＝$\sum$（科技咨询的经济效益＋管理及其他咨询的经济效益）；

科技成果转化及产业化的经济效益＝$\sum$（科技成果转化的经济效益＋产业化的经济效益）；

社会服务费用 = $\sum$（科技文化知识普及教育及宣传费用 + 在职培训费用 + 成人教育费用 + 咨询服务费用 + 科技成果转化及产业化费用）；

社会服务为办学提供的经费 = $\sum$（科技文化知识普及教育及宣传收入 + 在职培训收入 + 成人教育收入 + 咨询服务费收入 + 科技成果转化及产业化收入）。

4. 管理绩效指标

战略规划绩效：

战略规划完成进度 = $\sum$ 发展战略规划各项目年度完成进度率；

年度工作计划完成率 = $\sum$ 年度工作计划分项完成率。

战略规划完成进度是从宏观上衡量学校发展战略规划的完成情况，而年度工作计划完成率则从微观角度衡量规划和计划管理工作的绩效。

制度绩效：

权责利结合度 =（院系单位的满意度 + 学校的满意度）/2；

权责利结合度指标应通过设计一套反映权责利结合情况的调查问卷，在院系单位和学校领导中进行问卷调查，并由被调查人员根据有关规定及权责利的履行情况做出回答，并进行加权平均，得出院系单位和学校的满意率，再除以2来进行量化确定。

人事管理绩效：

人力资源配置 = 教学科研人员数/行政管理人员数/教学科研辅助人员数；

教职工工作量饱和度 = 满工作量教职工数/教职工总人数；

工作人员准点率 = 迟到早退人次/考勤人次数；

工作态度满意率 = 工作态度考评满意人数/教职工总人数。

人力资源配置情况可根据中央机构编制委员会办公室、财政部、教育部的文件对照衡量其绩效情况。当然，即使人力资源配置合理，但如果教职工的工作量不饱和，工作人员存在大量迟到早退和工作态度、工作效率低下的情况，也不能说明其人事管理有绩效。所以，这几个方面指标都需要进行量化衡量。

物质资源管理绩效：

仪器设备配套率 = 配套齐全的仪器设备台数/仪器设备总台数；

仪器设备使用率 = 仪器设备使用时数/仪器设备规定的标准使用时数；

校舍空置闲置率 = 空置闲置的校舍面积/校舍总面积；

物质资源报废报损率 = 报废报损的物质资源价值/本年购置物质资源总价值。

物质资源管理绩效也应体现在有效配置和管理方面，其中，仪器设备使用率是衡量仪器设备是否得到充分利用；校舍空置闲置率指标的衡量在各校不断扩建新校区的情况下，有其特殊意义。

5. 财务绩效指标

财务实力指标：

办学总经费 = 各级财政拨款 + 学校自筹经费；

办学总经费增长率 = (本年办学总经费 - 上年办学总经费)/上年办学总经费；

教职工人均经费额 = 年度经费总额/全年平均教职工人数；

师均科研经费额 = 年度科研经费总额/全年专任教师平均人数。

这里，办学经费是指高校从各种渠道取得的总经费收入，包括各级财政拨款和学校自筹经费收入，不包括举债收入。

财务预算指标：

年度综合财务收入预算准确率 = 年度综合财务预算收入额/年度综合财务实际收入额；

年度综合财务支出预算调整率 = 综合财务预算支出调整额/年初综合财务预算支出额。

预算管理的核心是如何以绩效为导向，科学核算高校教学科研等活动的成本，以及为教学科研等活动筹集的经费，并按照有关财务制度规定严格控制经费支出。所以，应当把年度综合预算准确率和年度综合财务预算支出调整率作为衡量财务预算管理绩效的指标。

筹资能力指标：

自筹经费比例 = 自筹经费总额/办学经费总额；

自筹经费增长率 = (本年自筹经费总额 - 上年自筹经费总额)/上年自筹经费总额；

教学收入增长率 = (本年度教学收入额 - 上年教学收入)/上年教学收入；

科研收入增长率 = (本年度科研收入额 - 上年科研收入)/上年科研收入；

校办产业上缴利润增长率 = (本年度校办产业上缴利润额 - 上年校办产业上缴利润)/上年校办产业上缴利润额；

捐赠及赞助收入增长率 = (本年度捐赠及赞助收入额 - 上年捐赠及赞助收入额)/上年捐赠及赞助收入额。

上述所有经费收入均为实际到账的收入，以采用现行高等学校财务会计制度所规定的收付实现制基础核算。

经费配置指标：

事业支出比率 = 事业支出总额/年度经费支出总额；

人员经费支出比率 = 本年度人员支出总额/本年度经费支出总额；

教学支出比率 = 教学支出总额/年度经费支出总额；

科研支出比率 = 科研支出总额/年度经费支出总额。

上述的事业支出为除基本建设以外的、与学校教学科研等事业活动相关的各项支出；人员经费包括在职人员工资等经费支出，也包括离退休人员的经费支出，还包括用于各类学生的"奖、贷、助、补、免"等经费支出；教学科研支出分别以现行高等学校财务会计制度规定的口径和项目核算。

费用控制指标：

生均事业费支出＝年度事业费支出总额/全年平均折合在校学生数；

生均教学支出＝年度教学支出总额/全年平均折合在校学生数；

生均培养成本＝(生均事业费支出－应用科研的部分支出－购置固定资产支出＋固定资产折旧费－预付后期费用支出＋前期预付费用摊销＋预提本期承担的将在下期支付的支出－本期预付后期费用的支出)/全年平均折合在校学生数。

上述"生均培养成本"为采用权责发生制基础核算的生均培养成本，它与生均事业支出有很大的不同，真正按照受益原则和权责关系，将本期支出中与当年学生培养无关的、或未受益的全部或部分支出做了剔除，而将不在当期支出但却当期学生培养实际发生并应承担的费用进行预提或摊销计入。

资产管理指标：

固定资产增长率＝(年末固定资产总值－年初固定资产总值)/年初固定资产总值；

校办企业资本保值增值率＝(校办企业本年度所有者权益净增加额＋本年转出所有权益－本年投入资本等增加的所有者权益)/年初校办企业所有者权益；

对外投资保值增值率＝(年末对外投资公平市价－年初对外投资公平市价)/年初对外投资公平市价。

由于高校为非营利机构，其资产保值增值主要从对外投资方面衡量，固定资产增长率是衡量固定资产增长情况的指标。

财务效益：

资金收益率＝利息及其他财务收益/全年平均资金额；

贷款利息支出节省额＝无资金来源建设资金投入应付利息额－实际支出利息额。

衡量贷款利息支出节省额主要是基于这样的考虑，目前大部分学校由于财务管理体制和财务运行机制不尽科学，财权和财力比较分散，不仅财务管理上存在很多问题，而且因财力分散而在学校办学规模扩大等基本建设上大量向银行贷款，增加了利息负担。这个指标主要是为了衡量学校的财务管理体制和财务运行机制上能否产生一定的财务效益。

财务安全指标：

负债比率＝年末负债总额/年末资产总额；

负债与事业基金比率＝年末负债总额/年末事业基金总额；

负债还本付息占年度正常经费收入比例＝全年负债还本付息额/年度正常经费收入额；

现金支付能力＝全年银行存款平均余额/全年平均月现金支付金额。

第四节 高校绩效成本及其分类与核算

绩效指标是学校绩效管理所要达到的目标，绩效指标量化是将绩效指标通过定量的方式予以表达，而绩效成本则是用货币或价值的形式将实现绩效目标所需要的资源投入或运行过程耗费的资源具体化为成本耗费。所以，应当研究如何根据项目或活动的绩效目标、绩效量化指标，按照财务技术方法和会计原理，换算成绩效成本。为了核算绩效成本，这里需要研究绩效成本与传统或现行的办学支出或事业费支出之间的关系，以便进一步研究如何将办学支出或事业费支出转换为绩效成本，以及转换过程中应当注意的问题及相关问题的处理解决办法。

一、高校办学支出与绩效成本

绩效成本是一个新的概念，为了全面准确理解绩效成本的内涵和外延，有必要搞清楚高校办学支出与绩效成本之间的区别与联系。

高校办学支出有时直接称为事业支出，应该说办学支出与事业支出之间也有区别，这里暂且不予辨析。高校办学支出处于不同的阶段和不同的角度，可以从两个方面来理解：一是预算阶段或预算角度可理解为预算支出，二是执行阶段或会计角度可理解为会计支出。其中，预算支出是根据党和国家的办学方针、政策，学校承担的办学任务和事业发展计划，按照开展教学、科研及社会服务活动的需要和部门预算规定安排的年度办学支出。它是学校预算年度开展各项财务活动的依据。会计支出是学校在执行年度财务预算过程中，开展教学、科研、社会服务等各项活动实际发生的、按照现行高校财务会计制度规定，通过一定的程序和手续进行会计核算所确认的办学支出。

预算支出和会计支出有相同点也有不同点。相同点主要体现在两个方面：第一，它们都是根据国家的有关财务预算和会计法规制度办理的支出，都与学校从事的教学、科研、社会服务等活动相关；第二，它们所采用的核算基础都是收付实现制，预算支出是根据学校可组织的办学经费，有计划地安排用于教学、科研和社会服务等各项活动，从预算的会计确认角度看，经过一定程序安排批准的预算经费即为预算支出，即使它在预算年度没有实际发生支出而形成结余，但由于它指定了具体用途，就不能安排用于其他方面的业务活动；会计支出以实际支付的现金来确认，即使是用于购置能够为学校办学长期使用的固定资产，也确认为会计支出；相反，虽然是在本会计期间实际耗费的资源但由于本期没有实际发生现金支出，也不确认为本期的会计支出。但它们之间也有不同点，首先，预算支出是学校预算阶段安排的计划支出，会计支出是学校预算执行过程中发生的实际支出；其次，预算支出是根据当年预算安排的支出，具有年度性，会计支出是学校安排用于教学科研等活动项目滚动资金在当年的支出，具有连续性，也就是说，年度安排的预算经费不一定全部在当年支出，而实际发生的年度会计支出既有当年预算安排在当年发生的支出，也有以前年度预算安排在当年办理的支出。

高校的绩效成本是根据高校项目或活动所确定的绩效目标，按照绩效管理的要求设置可衡量的绩效指标并进行量化，再根据开展活动或项目所需要发生的资源耗费，以项目或活动为对象，将所有相关的资源耗费按项目或活动归集、汇总，最后采用成本计算的方法，计算出绩效项目或活动的成本。由此可见，高校的绩效成本与办学支出具有很大的区别。

从绩效管理的需要看，现行的高校财务会计制度并不能很好地核算出政府或社会对高校经费投入的经济产出或财务产出，也无法客观地衡量相关活动的成本效益。因为现行高等学校财务会计制度是基于支出的概念，而不是成本费用的概念，即其采用收付实现制作为会计核算基础，所核算的教学、科研及社会服务活动的成本费用为当期现金支出，而不是根据相关活动开展所耗费资源按照权责关系进行货币量化而形成的成本费用。或者说，要核算高等学校开展教学、科研及社会服务活动而实际发生的真实成本费用，应当采用权责发生制会计核算基础，将当期支出与开展相关活动的成本费用区别开来，将当期支出但与当期相关活动无关的部分予以剔除，将以前期间支出但本期耗费的部分以及虽然当期未实际发生支出但本期实际耗费的部分均应纳入核算。这样，才能核算出高校教学、科研、社会服务等相关活动的真实成本费用，才能便于衡量、考核和评价高等学校开展各项活动取得的实际绩效。

二、高校办学绩效成本分类

绩效成本的核算可以采用按项目或活动计算，也可以采用按照人财物耗费的构成来计算，还可以按照项目或活动的组织情况计算。本书认为，应当以各项活动或项目的人财物投入需要来计算，同时考虑其他相关因素。例如，高校除了正常的教学科研等活动外，还必须按照党中央的要求做好民主党派和相关社会团体的工作，这部分成本耗费也需要加到管理成本中。同时，办学过程发生的许多与教学科研相关的又不能具体对象化的零星杂项支出，特别是校园环境方面的支出，也应当予以考虑。

（一）人员耗费成本

高校的人员耗费成本主要包括三个部分：在职人员成本、学生奖助成本和离退休人员费用。

在职人员成本是高校人员耗费成本中最主要的成本，它应根据高校的办学规模和人员编制、财政部门有关定员的规定来确定高校各类人员的编制数，根据国家有关工资政策、当地政府出台的补贴政策和教育行业有关教师工资待遇的惯例，确定教职工的人员成本。由于高校主要从事教学、科研和社会服务活动，如果人员编制能够明确划分这三类活动的，应当将相关的在职人员成本在相关活动之间做区分，否则就纳入教学和人才培养活动中，因为高校最主要的活动是人才培养活动，科研从根本上说也是为了人才培养；而社会服务除了履行社会责任外，也是为了能够为高校的办学提供经费上的支持。同时，还应当考虑不同类型大学（研究型、教学型等）教师承担科研任务的轻重对编制的影响，而适当放宽专任教师的编制，因为按照我国现行的科研拨款体制，高校教师承担科研课题获得的拨款中并没有包含人员经费。

学生的"奖、贷、助、补、免"等均为国家或教育部政策规定的支出，应当按照国家或教育部有关"奖、贷、助、补、免"的政策规定和学校的实际情况，计算学生奖助成本。这里，贷款部分不应纳入成本，但按照国家有关政策规定予以贷款减免部分应确认为学生奖助成本。

离退休人员费用照理说不应作为人员成本，如前所述，由于我国社会保障和退休养老制度尚未完全建立，在职人员的退休养老金等社会保障费用没有在其在职期间予以应计，所以，按照现行的政策采用递延的办法，将离退休人员费用视同在职人员的退休养老成本。离退休人员费用也应当按照实际的离退休人数和国家、地方有关离退休人员待遇政策计算。

（二）物质资源耗费成本

物质资源耗费成本应当分两个部分来确认：一是当期开展教学科研活动耗费的物质资源，即当期购买、当期耗费的消耗性物资，如教学科研实验性材料、练习及考卷印刷、教学耗材、零星维修、办公用品等消耗性材料，应当采用相应的方法（如先进先出法、加权平均法等）据实确认耗用成本。二是长期资产的耗用，由于长期资产是一时购置、长期为高校的教学科研服务，而其价值随着使用而逐渐损耗，按照现行高校财务会计制度，长期资产在购置当年就全部作为事业支出确认，这不仅会造成各会计期间的办学成本费用高低起伏变动很大，而且也不能真实反映办学的资源耗费情况，而从绩效管理的角度看，也不便于衡量和考核高校的办学绩效。所以，应当采用类似企业折旧的办法，将长期资产的购建费用均衡地分摊到长期资产发挥作用或教学科研等活动耗用的期间，并确认为办学成本。这里，为了简化绩效成本核算，建议采用分类折旧的办法，同时由于高校教学科研等购建的长期资产由于具有很强的专用性，可以不考虑残值和清理费，采用原始价值即历史成本和直线法进行折旧。办学活动中如果使用了无形资产，也应当按照法定或实际的期限进行摊销。

（三）财务资源耗费成本

财务资源耗费指高校教学、科研及社会服务活动实际耗费的财务资源，是教学、科研、社会服务及管理等日常运行发生、直接以现金办理的支出，但不包括构成固定资产的当年财务资源流出，已作为人员耗费成本确认的也不包含在此项目中。

高校的财务资源耗费成本应当按照财务制度规定或部门预算规定的定额标准核算，在发生财务资源耗费时应当根据其所归属的活动或项目，直接确认为相关活动或项目的成本费用。

三、高校绩效成本的核算问题

高校教学、科研、社会服务的绩效成本按照人、财、物耗费进行分类计算后，按照绩效预算管理的要求，还应当核算相关活动或项目的绩效成本。这就需要以高校所从事或开展的活动、项目作为绩效成本的核算对象，将人财物资源耗费分别按相关的绩效成本对象进行汇总归集。

（一）绩效成本对象

成本对象是汇总、归集和分配人财物资源耗费的载体。无论是生产产品的企业还是培养人才的高校，其开展相关的活动都要耗费一定的资源。所不同的是，企业生产活动的资源耗费产出了有形的产品，所以企业以产品作为成本计算对象。

高等学校从事人才培养、科学研究和社会服务等活动，这些活动产出的都是无形产品，由于人才培养、科学研究和社会服务之间的界限不十分明了，各项资源耗费很难在这三项活动之间进行划分，高校的办学成本究竟是多少就成了一笔糊涂账。但是，要高校开展绩效预算管理，要衡量和考核办学绩效，就需要将办学所耗费的资源按照一定的程序和方法在人才培养、科学研究和社会服务等活动之间进行科学划分，并分别归集、汇总、核算，而办学成本核算的首要问题也是确定成本核算对象，使办学资源耗费得到正确的归集、汇总和分配。从绩效预算管理的需要看，为了体现结果导向、成本核算、绩效考评的原则，在进行成本核算时必须以高校所从事的人才培养、科学研究和社会服务活动作为成本对象。

应该指出，高校成本核算是一个内容庞大、构成复杂、专业性又很强的会计分支，成本核算对象也需要细加研究，才能准确地核算出高等教育成本。绩效成本核算只是高校成本核算的一个侧面，而且从绩效预算管理的目的看，暂且以人才培养、科学研究和社会服务作为成本对象有利于绩效管理的实施。

（二）绩效成本项目

高校办学的资源耗费归纳为人财物资源耗费只是一种笼统的归纳，其实其名目繁多、内容复杂，而如何进行适当的归纳并设置成本项目是一个值得研究的问题。本书认为，高校绩效成本项目的设置应按以下几个原则考虑：提供绩效管理所需要的成本信息；为提高核算的效率，不要将项目设得太细太复杂；成本项目的内容必须是当期从事办学各项活动所发生的资源耗费，所有应计入绩效成本的费用都能在相关的成本项目中反映出来；绩效成本项目与现行高校财务会计制度规定的教育经费支出项目、政府预算收支科目分类尽量保持一定的联系。

根据高校绩效成本项目设置的原则要求，为了使成本项目能尽量反映高校办学资源耗费的用途和去向，结合财政部《政府预算收支科目》分类规定和绩效成本内涵，在人才培养、科学研究和社会服务活动中，应分别设置人员费用、日常公用费用和长期资产折旧及摊销费用三大类别，在这三大类别下再进一步划分具体项目。

（三）绩效成本归集

在确定高校绩效成本计算对象和成本项目后，就需要对高校办学活动所发生的费用按照一定的标准或标志进行归集，然后再将所归集的办学费用按照与绩效成本对象的关系或受益情况进行分配，最终确定各绩效对象的成本。

根据成本会计原理和成本计算的基本程序，成本应当按照成本计算对象进行归集。在绩效预算和绩效管理中，为了衡量绩效项目投入产出、成本效益情况，绩效成本应当以作为绩效进行衡量、考核、评价的项目或活动为对象，归集绩效成本。如前所述，高校的主要活动是人才培养、科学研究和社会服务，那么绩效成本就应当按照这三类活动分别进行归集。

在进行绩效成本归集时，应当根据费用与成本对象的关系区分为直接费用和间接费用。其中，直接费用指开展特定绩效项目或活动而发生的能够直接计入绩效成本对象的费用，例如，为了培养人才而在教学活动中直接发生的教师工资、教学组织和教学活动过程发生的费用；为了进行科学研究而在科研活动过程中发生的调查研究、实验材料等各种费用；为开展社会服务而发生的广告宣传、沟通联络、劳务报酬等相关费用。间接费用则指为维持学校正常运行或整体性组织管理而发生的各项费用，包括校园绿化、环境卫生、保安保洁、路灯照明、道路及水电等基础设施、行政管理等费用，这些费用与特定的绩效项目或活动并没有直接关系，所以不能直接计入绩效成本对象。

所以，高校应当设置"教学绩效成本""科研绩效成本""社会服务绩效成本"三个直接费用归集账户，同时设置若干相应的间接费用归集账户，并按照前述的绩效成本项目分别将高校办学活动中所发生的各项费用进行归集。

（四）绩效成本分配

高校在办学活动所发生的各项费用按照与绩效成本对象之间的关系区分为直接费用和间接费用后，已分别在相关的费用归集账户中归集了。接着就需要对间接费用按照一定的标准在各绩效成本对象之间进行分配。按理说，既然大学的绩效活动或项目分为人才培养、科学研究和社会服务，而且人才培养有不同的层次，科学研究有不同的项目，那么，高校不但要对间接费用在人才培养、科学研究和社会服务之间进行分配，而且人才培养、科学研究和社会服务等费用也应当分别在不同层次的人才培养、不同科研项目或社会服务项目之间分配。但考虑我国高等学校的现实和为简便起见，这里需要做两点特别说明。

第一，尽管大学有人才培养、科学研究和社会服务等功能，但人才培养是大学的核心功能，否则就不成为大学了，而可能变成研究所或企业、培训咨询公司了。而且按照我国现行的财政体制及科研经费管理制度，大学教师向政府有关部门、企事业单位申报科研课题时，要求大学应当为科研提供基础的条件和设施，而且在科研经费预算中只能列支少量的劳务费，不得列支在职人员的工资支出。所以，除了与科研活动直接相关的费用以外，一般的费用应直接归属于人才培养发生的费用。

第二，将大学作为一个绩效预算、绩效管理单位，可以以人才培养、科学研究和社会服务作为绩效成本对象，核算总体的绩效成本，但是大学内部还需要将绩效成本分解到各教学、科研和社会服务单位，以及各层次学生、各类科研项目和各具体的社会服务项目，才能确保绩效管理的有效实施。

四、建立满足绩效管理的会计信息系统

会计信息系统是高校实施预算控制、推进绩效管理的重要基础。2013年颁布的《高等学校会计制度》，已经将原有制度不适应高等学校会计核算与管理的诸多弊端进行了有效的改进，如将以前的运行经费和基本建设经费分别报表，改变为现在的统一报表，同时进一步理顺了高校收入、支出、资产、负债、净资产的分类等，这些都有助于高校财务管理的进一步完善。

同时我们也应看到，新制度组织提供的信息，主要还是满足政府财政对高校财务管理的需要。高校还应从管理会计的视角和理念出发，进一步完善现有制度，开发和补充能够满足高校自身财务管理需要的会计信息，例如，需要设计和编制对财务风险管理和控制有着重要作用的现金流量表；需要研究对预算及资金管理有重要意义的限定性和非限定经费的界定及核算方法；需要研究设计与绩效预算管理配套的"责任中心"相适应的"责任会计"的核算对象与方法；需要研究对绩效认定及学费收取有重要意义的办学成本、人才培养成本、绩效成本的界定和核算的方式方法，等等。

第五节 高校绩效预算编制

高等学校绩效预算是为达到绩效管理所确定的项目或活动的绩效目标而需要耗费资源的一种财务计划。绩效预算与传统的预算不同，所以，应当具体探讨绩效预算的编制问题。

一、绩效预算的原则

绩效预算是一种全新的预算编制模式，它应当首要探讨绩效预算的编制原则。我们认为，高校绩效预算应当遵循以下几个基本原则：

第一，绩效导向原则。也称为结果导向原则，绩效导向是绩效管理、绩效预算的根本目标，所以，绩效预算的核心原则应当以绩和效来确定项目或活动的成本，并据此编制预算。

第二,全面性原则。全面性原则就是要求编制的绩效预算应当力求全面、完整。这就要求高校应当将项目或活动的完全成本编入绩效预算,才能全面反映要取得目标绩效所耗费的资源。也就是说,绩效预算应当以权责发生制为基础编制,将与项目或活动相关的成本费用都考虑进去。

第三,货币衡量原则。即纳入绩效预算的项目或活动所耗费的资源都应当能够进行货币量化,或通过货币的形式综合计量编入预算。这就要求绩效预算应当以可量化的绩效指标为基础,进一步根据绩效预算管理的要求,将要达到或实现的绩效实物指标转换为货币指标,并可以进行量化考核评价。

当然,除了这些基本原则外,有的学者还提出如预算应在年度基础上准备、预算是未来导向的、预算管理是透明的、遵循法定程序等原则[①]。这些原则是预算的一般原则,这里就不做专门的阐述。

二、绩效预算的编制程序和方法

绩效预算与传统的"基数+增长预算"模式不同,与目前在大部分西方国家盛行的零基预算也不同,必须根据绩效管理的目标需要,重新确定预算编制程序。

(一)确定绩效项目或活动

由于绩效预算是以项目或活动为基本载体的,所以,在编制绩效预算之前,必须首先确定高校所从事的项目或活动,才能确定项目或活动的预算。高校最基本的活动是教学、科研和社会服务,应当以这些基本活动来确定具体的项目。

(二)确定绩效项目或活动的绩、效指标

在确定绩效项目或活动以后,就应当考虑这些项目或活动要达到什么样的目标,按照绩效管理的要求,这种目标应当做到绩、效与成本的统一,所以,绩、效应当以可量化的经济技术指标进行反映。这里,绩、效指标可以是数量指标,也可以是质量指标;可以是绝对数指标,也可以是相对数指标。

(三)测算绩效项目或活动的资源耗费

项目或活动的绩、效指标确定以后,就应当测算这些项目或活动要达到所确

---

① 王雍君. 公共预算管理 [M]. 北京:经济科学出版社,2002:34-35.

定的绩、效指标需要耗费的资源,即项目或活动将发生的费用。这里的资源耗费是按照项目或活动的绩效指标及要实现这些指标的资源耗费标准测算出来的,它既不是实际费用,也不是实际支出。所以,绩效项目或活动的标准资源耗费需要对项目或活动的过程或步骤以及国家或行业有关资源耗费标准配置进行测算,以此作为编制绩效预算的基础。

(四)将绩效项目或活动的资源耗费折算为绩效成本

资源耗费形成会计期间的项目或活动费用,由于这些费用有的是本会计期间发生的,有的是以前会计期间发生的,有的可能要在将来的会计期间发生,而且项目或活动的形式多种多样,这就使得项目或活动的费用确认变得复杂,难以形成项目或活动的绩效成本,所以需要对项目或活动的资源耗费以具体的项目或活动为对象,以权责发生制为基础,分别进行归集和计算,并对象化为项目或活动的绩效成本。由于项目或活动的绩效成本是根据国家或行业有关资源配置标准和权责发生制会计基础计算出来的,所以,这里的项目或活动的绩效成本为标准的绩效成本。

(五)将高校办学支出分解、调整为项目或活动的绩效成本

由于2014年实施的高校会计制度和会计实务均采用收付实现制基础(即现金制基础)确认和记录办学活动所发生的各项资源耗费,而且这种资源耗费也没有严格地按照项目或活动进行分类核算。这就存在两个方面的问题:一是要将高校现行确认和记录的办学支出按照绩效预算的要求分解为项目或活动的支出,以便进行对象化计算为项目或活动的绩效支出;二是要将按照现金制基础确认和记录的高校办学支出换算为权责发生制的费用,然后再调整为项目或活动的绩效成本。

(六)对实际成本与标准成本差异的分析与调整

按照绩效管理要求计算的项目或活动的绩效成本为标准成本,但高校由于所处的地区不同、办学条件不同、资源配置不同,使得高校实际的办学成本与标准的绩效成本之间产生一定的差异,这种差异体现在两方面:

一是实际成本超过标准成本。可分为合理的超支和不合理超支两部分。其中合理超支部分应为其办学质量和水平高于一般高校的办学质量和水平,如高素质的师资队伍、精良的教学科研设施、优良的工作和学习环境、丰富多彩的校园文化,以及环境性、政策性等因素导致的实际成本超过标准成本,如地处经济社会较发达地区,物价水平比较高而导致的劳务及货物成本较高,国家政策导致高校

所在地区之间在办学成本支出之间的差异。至于不合理的超支，主要是指由于高校管理水平或主观因素造成的实际成本超过标准成本的费用，如由于管理不善导致水电费超支，由于控制不严导致办公费用、接待费用严重超支等。

二是实际成本低于标准成本。这同样也可以分为合理的节支和不合理节支两部分。其中合理节支是指高校通过规范管理、加强控制而节约的费用支出，如通过计量控制了水电费及取暖费开支，通过强化管理节省了会议费、差旅费及接待费等支出，通过提高工作效率而节省的人力资源成本等，这些都是合理的节支。不合理节支指以降低办学质量为代价而不能合理配备教学资源（包括教学设施、教学仪器设备、实验设施、教师层次等）而形成的实际成本低于标准成本的部分。

由于标准成本与实际成本之间存在合理与不合理的出超和入超，所以，在进行绩效预算编制时，就必须以标准成本为基本依据，在此基础上再充分考虑各标准成本项目与实际成本之间差异的合理性，进行适当的预算调整，以确定绩、效、成本相统一的绩效预算数额。在这里，为了鼓励和奖励具有较高绩效的项目或活动，应当将合理的出超和合理的节约部分编入预算，以便开展更具高绩效的活动；而对于不合理的出超和影响绩效的节约不应编入绩效预算，以督促其采取切实有效措施，控制不合理支出，并在其提出提高绩效措施的前提下，将影响绩效的那部分预算逐渐予以拨补，以促进其全面提高项目或活动的绩效。

（七）编制项目或活动的绩效成本表

经过上述对高校项目或活动成本计算后，就可以将项目或活动的资源耗费及对象化为项目或活动的成本编制成绩效成本表。这里的绩效成本表是非常细化的表格，应当将项目或活动的各个过程或步骤所将发生的各项费用、计算过程及结果全面而完整地反映在表格中，以便在具体实施过程中加以控制。

（八）形成高校的绩效预算

由于高校办学的多目标和项目或活动繁多，绩效成本表还不足以形成高校的绩效预算。所以，应当在项目或活动绩效成本表的基础上，编制出整个学校的绩效预算表。在这张绩效预算表中，应当将项目或活动的总成本，高校自身办学能够获得的收入、需要各级政府或社会各界提供的办学经费支持的数额等分栏列示，以反映高校办学活动的经费总需求、自身办学活动贡献、政府及社会净投入情况。同时，对于高校自身办学贡献应当提出保障措施、社会投入的保障措施、政府投入的绩效说明等。

第六节 高校战略预算与控制机制

高校应在预算管理中导入战略管理的思想。战略目标是高校中长期奋斗的目标定位，也称愿景。高校目标定位能否实现，很大程度上取决于高校所实施的相应战略是否正确。战略是实现目标的路径选择和谋划。法国学者塔威尔在他的《企业生存战略》一书中提出：对于一个组织来说，战略用于实现组织的目标，确定战略已经成为其生存的先决条件。美国学者安东尼在他的《管理控制系统》一书中提出：不同组织之间的战略有所区别，不同的战略要求不同的任务优先，不同的关键成功因素和不同的技术。另一位美国学者钱得勒在他的《战略与结构》一书中则进一步说道：公司战略应适应环境的变化，满足市场的需要，而公司组织结构又必须适应公司战略的变化。

高校作为非营利组织，其战略规划和一般的企业战略规划相比，存在目标多元化的特点，即高校的战略目标是综合的，是人才培养战略、科技发展战略、社会服务战略、人才强校战略、国际合作战略等多目标战略的组合。高校功能的多元化和学科门类的综合性，使得高校内部组织呈现出复杂化。高校的组织结构中包括战略决策系统、学术管理系统和执行管理系统。其中尤为重要的是科学合理地规范学术权力与行政权力的划分，清晰界定各自的分工职责。学术管理系统主要负责高校的学科建设工作，要保障学术机构的健全与完善，运行机制的规范和决策程序的科学性。执行管理系统负责高校的日常行政管理工作，包括人事、财务、后勤管理等。战略决策系统需要综合平衡各项战略目标与学校目标定位及发展愿景的关系。

现代企业理论中的代理理论，有助于我们借鉴和思考如何有效组织学校战略目标实施。代理理论阐述了企业内部组织结构及其企业成员之间的代理关系，代理产生的根本性原因就是所有权和经营权的分离。组织有组织的目标，管理者也有管理者的目标。组织目标的完成有赖于对组织每一位成员的有效管理，以保证组织按其所有者的意愿行事。如果代理人（管理者）的目标不同于委托人（所有者）就会有委托/代理问题存在，而想要解决委托/代理问题，就需要建立起组织的控制机制，即管理控制系统，其目的就是引导管理者和员工将个人目标追求融入组织的总目标之中，以确保组织目标的实现，即组织目标与管理者及员工个人目标的契合。没有这样的管理控制系统，任何组织都无法有效地贯彻它的战略。

管理控制系统、战略计划和管理控制是组织中的计划及控制职能的基本要素。其中，战略计划决定组织的目标。一个正式的战略计划确定过程，有助于协调各级各类管理人员的目标使命符合组织的长期目标，铸就一个促使管理人员着眼组织长远目标考虑的机制，也有助于促进思考为执行长期战略所要做的短期工作，并为此提供相应的管理上的先进工具及方式方法，明确制订年度计划及预算保障的构思框架。管理控制则是对战略计划的一种落实保障机制。在管理控制中使用最广泛的一种控制方法就是预算控制，预算控制既是对组织战略目标实现的资金投入保障机制，也是确保投入资金在实际使用中遵循战略计划实施的监管机制。预算编制是作为计划过程的一部分开始的。预算一旦编制完成又体现为计划过程的终点，转化为资金投向的控制依据，从而将事业计划与为落实该计划而投入的经费紧密地联系在一起，这种联系就形成了预算控制，成为管理控制中的重要手段。

　　战略导向的预算包括战略预算、运营预算和年度财务预算。战略预算是高校发展战略在预算中的具体化，是以高校战略目标实现为基本绩效导向的预算，使高校的预算为战略服务，直接支撑战略的执行和实现，所以也是一种绩效预算。战略预算管理应该是学校战略目标分解、实施、控制和实现的过程，它通过预算的编制、执行和调整，服务于高校发展的战略目标。战略预算编制中需将战略具体化，确定实现战略的行动方案、应达到的指标值，是一种基于战略、自上而下的预算编制方法。战略预算具有前瞻性和长周期的特点，通常为跨年度的预算，预算的内容包括资本性预算和运营性预算。运营性预算是高校实施战略目标时在日常运营活动中的具体预算，如高校日常教学、科研、后勤保障、行政管理等方面的日常运营开支，不包括资本性的预算。年度财务预算则是根据战略预算、经营预算及年度事业计划编制而成，包括了年度资本性预算和运营性预算。

　　以科学严谨的态度平衡高校事业发展的目标任务和经费的投入的关系是编制切实可行的预算，有效实施预算控制，防范财务风险的必要前提。高等学校中事业发展计划与预算脱节的情况普遍存在，二者往往是分别进行，且互不通气的。预算编制工作往往被简化为一种在以往基础上的外推和追加的过程，而预算审批则更简单，甚至不加研究调查，凭主观判断随意增减预算，导致预算很难发挥服务战略目标实现和有效控制经费运行的作用。例如，本书分析的我国高等学校在20世纪末21世纪初呈现的财务风险，主要表现为高校债务负担过重、资金运行发生困难，个别高校出现严重的支付困难。究其原因主要为：一是财政对高校的经费投入总量与其承担的目标任务不匹配；二是拨款的结构性问题，即基本运行经费不足，而专项资金比重过大。

　　战略预算应该关注以最为经济有效的方式实现战略目标。学校内部应该全面推行综合预算的理念,要按照办学终极目标和上级主管部门的总体要求,分清主次,从学校实际出发,分轻重缓急,统筹安排年度预算。要审慎评估、平衡、谋划在人才培养、科学研究、社会服务等方面的资源配置政策、经济政策和收入分配政策,妥善把握好核心任务和其他功能、内涵和外延、大师和大楼、办学质量和办学条件等关系,使经费更多地流向办出特色、核心任务、内涵建设、队伍建设和办学质量的提高上。在这些年国家财政对高等教育投入有较大幅度提高的情况下,有效使用经费的任务显得更为紧迫和重要,要倡导勤俭办学的优良作风,摒弃名目繁多且华而不实的各类工程,把经费用在刀刃上。

在预算实施过程中还应注意:一是风险管理。在预算管理过程中,需关注外界环境变化所带来的战略经营风险,它最终将导致财务风险,以致影响到高校的正常运营。因此,需要注意财务风险预警,在不利风险来临之前采取相应措施,应对风险。二是划分责任中心。为了有效控制预算的执行,通常首先将高校内部的各部门划分为不同的责任中心;其次为每一个责任中心制定预算,即责任预算;最后对各责任中心的责任预算的执行风险进行考核评估,即经济性方面的考核,通过评价绩效,分析资金的使用效率。三是建立年度预算执行到位的保障机制,尽快扭转高校内部普遍存在的预算不平衡局面,即一方面部分项目和工程的年度支出预算完成不了,另一方面许多工作任务又得不到应有的经费支持,不少资源躺在那里"打呼噜",要提高既有经费的有效产出。

第七节　平衡计分卡方法

平衡计分卡(BSC)是将战略目标、预算保障和绩效评价有机连接起来的一项具体操作方法。该方法已经在国外高校财务管理中得到相当的应用,逐渐成为高等学校实施战略管理和绩效评价的重要方法,如美国加州大学、华盛顿大学已有成功的实践,德国和瑞士的高校也有较广泛的应用。

在战略预算管理中,首先,平衡计分卡将学校的战略目标分解为客户、内部业务流程、学习与增长、财务四个维度的业绩目标;各维度的关键成功因素、指标、指标值、行动方案、任务等要素;每一个关键因素可以由一个以上指标来衡量,每一个指标的实现还可以确定若干关键成功因素,进而再分解为若干二级指标,等等。其次,根据成本动因,即引起成本发生的原因,推算完成目标任务和行动方案等所需要的经费投入,由此确定预算指标总量和分解预算指标。以战略目标为导向、平衡计分卡为依托、成本动因为基础的预算编制方法,将预算制定和战略目标实现融合成一个有机的整体，有利于促进高校财务工作更好地服务学校发展的目标定位，比传统预算编制方法更为科学、合理、有效。

平衡计分卡本质上也是一种绩效评价模型，它以组织战略目标为导向，明确了绩效衡量的指标和标准，同时又将实现战略目标的经费投入通过战略预算的编制予以了明确和保障，这就为高校战略目标实施中的投入产出绩效衡量提供了一个基本框架。

将平衡计分卡引入高校的战略预算和业绩评价系统，一是能协助高校在各种不同的战略指标之间达成平衡，以努力达到聚焦学校的整体战略目标，并能鼓励教职员工按照学校的最大利益去工作，具有聚焦学校整体战略目标的功能，是凝聚组织、增加沟通、确立学校整体战略定位及提供战略实施反馈的有效工具；二是形成一种制度化的宽框架、细项目的预算和业绩评价系统，尽可能地细化项目预算内容，以便预算的制定、执行和最终的业绩评价，同时在发生某些细化项目有节余时，允许结余资金可按宽框架进行适度调剂，避免过度刚性预算导致突击花钱等弊端。

建立平衡计分卡的绩效指标应以高校的定位作为总目标，然后建立四个维度的分目标，再设计整体层面和部门层面的核心指标，再层层分解，最后确定各指标的目标值。平衡计分卡四个维度的指标之间具有相互驱动的因果关系，要避免过度强调某一方面的指标。由于高校从事的是非物质生产活动，它在人才培养、科学研究、社会服务等方面的效益有时很难从数量上予以衡量和表达，特别是质量上的差异往往很难定量化的衡量，因此使用平衡计分卡对高校绩效评价时，要克服片面追求指标全盘量化的倾向，既要充分运用量化指标，又要合理采纳定性指标，以便更为系统全面地衡量和评价高校绩效。以高校战略目标为导向，平衡计分卡可从客户、内部流程、学习与成长、财务四个维度建立相应的指标框架。

一、客户维度

客户包括学生、家长、用人单位、提供资金来源的单位（如科研合作单位）等，由此评价客户满意度、客户忠诚度、市场份额等。在评价体系中引入客户方面的评价指标，是为了引导高校把以客户及市场需求为驱动的战略分解到具体的校、院、系运作体系中。在长期计划经济体制和高等教育处于精英教育发展阶段的双重影响下，我国高等教育至今很难突破固有的思维定势，对客户维度的绩效考核和评价仍然是绩效评价体系中的"短板"，需要引起更多的关注和重视。

高校是个拥有多重顾客的组织，学生、家长、政府、用人单位等均可视为学校的顾客，不同的目标顾客对学校所提供的服务有不同的期望。客户方面的战略目标既要满足政府和用人单位对人才质量的要求，也要满足学生对教育服务的要求。只有客户对高校的教育质量感到满意，高校才能够被这个充满竞争的社会所接受。为此，学校必须同时满足这些不同目标顾客群的需求，即学校应该对学生、家长、政府、用人单位的需求予以平衡的关注。高校在顾客层面的使命为"创造顾客价值"，在此基础上可以设定学生成就、顾客满意以及提升学校形象等方面的绩效目标。例如，在学生成就方面，可设计优秀学生的比例、考取研究生的比例、学生获奖风险和学位获得率等；在顾客满意方面，可设计学生满意度、家长满意度和用人单位满意度以及毕业生跟踪调查有效性等；在提升学校形象方面，可设计毕业生就业率、培养成功人士的数量、社会评价和媒体对学校的正面报道频率和强度，以及高校品牌知名度等。

二、内部流程维度

高校是通过教学、科研、社会服务等活动，来创造社会价值的组织，而这些活动是通过一系列的内部功能和业务流程来提供的。在这个层面上应研究设计与学校人才培养、科学研究和社会服务等基本功能相关的关键性指标。

人才培养是高校最基本的功能，也是学校资源保障的重点。由于人才培养的绩效相对比较难以界定和衡量，特别是人才培养成本的界定和质量的评价往往见仁见智，因此在高校管理实践中容易搁置或回避。但是我们必须正视困难，努力探索。如表9-2所示，这方面的绩效衡量可以分别从投入、过程和产出三个方面切入。在投入方面，包括师资资源、学生资源、物质资源、财务资源、学科资源。在过程方面，包括课程教学、教学环节、素质培养、教学设施利用。在产出方面，包括在校学生教学成果、毕业就业成果、教学成果。

科学研究也是高校的一项重要职能，对高水平大学显得尤为重要。如表9-2所示，这方面的绩效衡量可以分别从投入和产出两方面切入。在投入方面，包括研究平台、科研队伍、物质资源、财务资源。在产出方面，包括科研课题、科研成果、成果转化、成果获奖、研究平台、研究队伍。

社会服务则是高校的第三大职能，如表9-2所示，这方面的绩效可以分别从社会效益和财务效益两方面衡量。

三、学习与成长维度

高校战略管理的关键在于培养核心竞争力，而高校核心竞争力就表现在教职员工的职业素养、能力以及学习与成长能力。本维度绩效的衡量可以考虑的方面包括：第一，员工满意程度。员工满意程度涉及的因素通常包括工作环境、高校文化、工作性质、公平性等方面。员工感到满意是提高劳动生产率、反应速度和服务质量的一个必要前提，对本职工作最满意的员工同时能使组织的顾客最满意。员工满意度可从薪酬激励、工作强度、工作环境三个方面进行问卷调查。第二，员工的能力与素质。员工只有具备了胜任本职工作的能力，才能做好分配给自己的工作。员工能力与素质可从知识水平、科研能力、实践能力、参与管理、效率等方面进行考核评价，包括师德状况、质量意识、言谈示范性、举止示范性等。第三，员工培训与发展。在知识经济下，高校之间的竞争越来越取决于人才的竞争，而培训和教育是保持和提升高校人才竞争力的重要手段。高校借助培训和教育的功能，不仅能使高校成为"学习型高校"，而且也能作为一种激励手段，使高校员工在接受培训的同时，感受到学校对他们职业发展的重视，提高他们对自身价值的认识。这一评价可从培训次数、培训经费等较易量化的角度进行考核。第四，薪酬激励。"增加正面奖励，减少负面惩罚"是薪酬激励的重要方式。这类指标通常主要采用定量指标予以评价。

四、财务维度

财务维度指标评价高校内各部门为实现目标而采取行动的财务收支状况、资金使用是否经济有效、财务风险状况及可控程度、财务业绩是否有助对办学效益的提高，即经费使用的效率和效果。高校作为非营利性事业单位，除少数经营性部门应以经济效益为标准考核外，大量的事业活动都不是以追求经济效益为主要目标。由于高校产出的结果也是以资源的投入为基础和前提，尽管其来源的用途是消耗性的，使用的结果是非补偿性的，投入产出的关系是模糊的，但财务指标综合性强的特点还是有助于反映学校管理绩效的基本状况。因此，可以从财务的视角出发，以经济性、效率性、效果性为评价的标准，选择适当的评价指标，评判高校财务运行的实绩和效率。如表9-2所示，财务维度可参考的绩效指标包括财务实力、财务预算、筹资能力、经费配置、费用控制、资产管理、财务效益、财务安全几方面。

第八节 高校绩效评价及审计

目标控制离不开执行评价，绩效评价及审计是高校战略目标实现及财务运行状况评价中最重要的方式。传统的财务审计在经济发展过程中发挥了巨大的作用，它具有监督和评价的功能，但由于其审计的内容主要局限在财务收支的合法、合规性方面，并以查错纠弊和提供鉴证性意见为目的，而对公共资金使用效果方面未予涉及。在高校资金规模日益扩大、各种融资方式不断出现和财务风险加剧的情况下，社会和高校自身日益迫切感受到需要获取和提供有关资金使用的经济性、效率性、效果性和公平性等方面的可靠信息，需要对高校利用资源所取得的实际成果进行独立评价和客观的说明。加强高校绩效审计的任务已迫在眉睫。

高校运营管理应"以全面预算管理为核心，建立规划先行、预算科学、监管到位、绩效考评、奖惩分明的运行机制"。高校需通过内部审计的事前、事中、事后审计，保证预算管理的有效作用，并协助外部审计工作，为政府和公众提供关于高校经费使用的经济性、效率性、效果和公平性的可靠信息。高校目标的评价指标同样可以运用平衡计分卡的方法，分解为财务、客户、内部经营过程、学习和成长四个维度。高校绩效审计的流程也应围绕预算管理的过程，如图9-1所示。

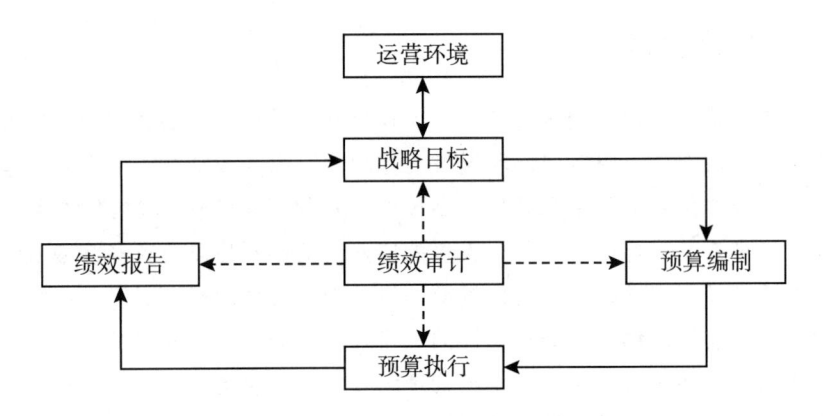

图9-1 高校绩效审计流程

高校预算管理循环：根据运营环境确定战略目标—预算编制—预算执行—绩效报告，以保证资金的正常运行并发挥它在高校目标实现过程中的作用。具体包括内容：预算编制是以战略目标为导向，包括战略预算、经营预算、财务预算；预算执行通过计量环节，反映预算执行的进度和结果，通过整合一体的财务结算以及集中会计核算监控资金预算执行。绩效报告包括两个内容：比较与分析——将预算与实际比较、追溯差异的原因和责任，并及时预警财务风险，分析其效率性；报告——将计量及比较与分析的结果以报告的形式传递给上级，以矫正差异或对财务风险采取应对措施，如调整战略目标或调整预算。

高校绩效审计的流程以预算管理过程为核心进行审计，具体流程如下：

第一步：战略目标。高校是一个综合的动态系统，高校和外部主体之间的相互作用构成了一个经济系统。审计人员应对高校组织运营所在的环境深入了解，为此需要获取高校教育行业环境的各种信息，把注意力集中在评价组织的战略总目标以及实现该目标的具体战略与计划的适当性方面。同时还需识别威胁这个战略目标实现所面临的风险，以及管理层对这些风险的应对方法和措施。

第二步：预算编制。包括编制方法、编制内容的适当性、资金数额能否保证战略目标实现的审计，即根据平衡计分卡所确定的财务、客户、内部经营过程、学习和成长的目标值及行动方案编制的预算是否适当的审计。

第三步：预算执行。审计人员需了解高校资金运营管理的内部控制的设计是否完善，然后对执行风险进行测试并获取客观证据。根据测试结果判断控制风险的高低，确定实质性测试的范围，即对财务数据的公允性进行审计，并将预算与实际数据比较，分析财务风险，追溯差异的原因和责任。

内部控制测试内容包括对高校业务流程控制（控制活动）和信息系统控制的健全性和有效性的审计。业务流程控制是指在业务层面上确保管理层的指令得以实施的政策和程序。各部门在资金筹集、资产运营、成本费用的开支等业务中是否建立了完善的内部控制：授权批准、职责分离、资产的安全保管、准确记录和日常审核。信息系统控制审计内容包括：一般控制，设计对信息技术管理、安全管理及软件开发与维护的控制；应用控制，设计以确保数据收集和数据处理的完整性、准确性、授权和有效性的控制。

第四步：绩效报告。根据平衡计分卡所确定的财务、客户、内部经营过程、学习和成长的评价指标，将实际取得的业绩与预期的目标值比较，然后提出财务报告和审计报告。

绩效评价和审计要防范市场机制的负面效应。市场机制可以促进服务经济社会发展理念的确立和大学自律，但也有负面效应，如利益诱惑、精神价值追求弱化、唯利是图、狭隘、生意人等消极思潮的影响。特别是对基础学科及基础研究，需要遵循规律，网开一面，不能简单套用市场的机制，简单地评价投入与产出的关系。

第十章

高校现金流量表及财务风险预警系统

编制高校现金流量表和构建高校财务风险预警系统,是高校在财务管理及风险防范技术方法层面创新的重要内容。本章首先阐释了高校财务风险与现金流的关系。其次阐释了高校现金流量表的编制方法,并用案例展示现金流量表在分析高校现金流状况及财务风险中的意义和作用。最后阐释如何构建基于现金流量模型的高校财务风险预警系统,全面介绍系统的设计、应用软件化的实现,以及预警系统的应用与展望。

第一节 高校财务风险与现金流

总体来看,现有研究对高校财务风险的界定更多的是对各种风险现象的描述。实质上是把对企业财务风险研究的那一套照搬到高校来[1],没有结合高校运行及其资金运行的特点,深入探究高校财务风险的症结和产生这些风险的更深刻的根源。事实上,高校财务风险有自己独特的特点,应该和企业财务风险进行区分[2]。

第一,高校财务收支活动的目标与企业不同。虽然高校的资金流转环节与企业类似,高校的财务风险与企业的财务风险也有类似之处,但因为高校与企业性

---

[1] 熊筱燕,孙萍. 略论高校财务风险的界定 [J]. 江苏高教, 2005 (3): 133.
[2] 陈琤. 高校财务风险评价指标体系研究 [J]. 云南财贸学院学报(社会科学版), 2006 (3): 124-126.

质上的差异，两者在经营目标、产出内容、经营业绩表现等方面均不相同，财务风险的表现形式也有较大的差异。高校是非营利组织，支出不具有经费上的补偿性，运行成果的价值既难以用货币来衡量、也不追求营利性，资金运行没有可循环性及再生能力。高校投入的是可以货币化的资源，产出的则是很难货币化的、具有社会价值的人才和科研成果等公共产品，其运行的目标就是在特定的经费投入下提供尽可能多且质量高的公共产品，产生尽可能大的社会效益。事业单位的这一特性，决定了高校需要的是持续不断的经费投入，用以满足持续不断地为社会提供公共产品的需要。因此，高校财务风险的主要表现形式是缺乏持续不断的现金流来保障其公共产品的生产所需。

第二，高校业务活动和资金运作方式不同于企业。高校的现金流入主要是政府的财政拨款、学生的学费收入以及社会捐赠收入等。高校的现金流出几乎是与教学科研等活动同步进行的，而教学科研活动一般是由分散在多部门、多层次甚至是不同地点的教职工分别进行，因此现金流出的分布也必然是分散的。除人员支出通常由学校直接支付外，其他各项支出都是根据年初预算由财务处将经费下拨到相关职能部门（如教务处、科研处、各教学科研单位等）以及各院系，相关职能部门和院系再根据实际需求在预算额度内支付各项支出。

第三，预算管理是高校控制财务风险的主要抓手。预算细分度大是高校财务管理的普遍现象，每个高校都有成千上万个项目。如果职能部门、院系和项目没有及时足额地完成预算支出，就会形成学校可动用的沉淀资金。成千上万项目结余的集聚效应，就形成了高校"赤字预算"的客观基础，高校内部俗称"内债"。因此，除了高校按照"量入为出"原则安排的正常预算支出外，高校运行过程中自然形成的可借用的资金沉淀量、学校超预算收入安排的支出的规模、学校预算收支管理的实际控制力三大因素决定着学校现实的支付能力和现金流量的充足与否，即学校的实际财务状况和财务的风险程度。

第四，适度举债成为高校财务管理面临的新挑战。传统的高校财务管理理念认为高校是事业单位，因此必须严格遵循"量入为出"的预算管理原则，学校既不能举外债，也不宜有内债。随着20世纪世界高等教育出现的"高校管理革命"，以追求效率为主要特征的企业管理理念逐步引入高校的财务管理，例如，货币的时间价值、闲置资金的充分运用、财务杠杆的原理、绩效的评估等。同时，随着高等教育行业内竞争加剧，学校发展的法律环境变迁，学校独立法人地位进一步完善，使得高校适度举外债既有了需要，也有了可能。高校在适度举内债及外债时，控制财务风险的主要着眼点，或者说"适度"的主要考量点，就是要有适度的现金流来保障学校的正常运行与发展。

依据前述对我国特定发展阶段高校财务风险的实证研究，该阶段高校财务风险的一个标志性的特征就是学校的现金流短缺乃至断流，财务支付发生困难。实践证明，现金流在很大程度上影响着特定会计主体的生存与发展。随着决策有用性会计目标的提出及流行，现金流量情况及其所包含的内在信息受到越来越多的关注。现金流信息为财务状况的界定和财务风险的判定提供了更为可靠有效的依据，从现金流角度分析高校的财务状况能够更加清楚有效地识别财务风险，因此现金流对于财务风险研究就产生关键性的指标意义。

高校现金流入和现金流出的差异是客观存在的。现金流量的状况直接决定高校的财务支付能力，当本期现金流入大于本期现金流出，或本期现金流入与上期现金结余之和大于本期现金流出时，高校不会感受到财务风险；当本期现金流入与上期现金结余之和小于本期现金流出，即出现入不敷出时，意味着现金短缺、支付困难，高校就会面临现实的财务风险。高校一旦在财务支付方面出现问题，财务风险就会马上显现，其特征就是现金短缺、入不敷出、支付困难，甚至出现现金断流现象，并对学校的正常运行及事业发展产生负面影响。

因此，"现金流"作为资金运作的动态表现，能够更集中和直接地反映会计主体的财务状况和偿付能力的大小，也是高校财务运行是否健康、安全最直观和最具有表征意义的指针。通过分析现金流量，可以了解高校的现金来源和现金运用的具体状况以及现金余缺的信息，及时识别财务运行的风险点，适时进行资金调度和风险的防范。现金流量控制与财务风险管理相辅相成、互为依存：一方面，管控现金流量有利于防范和控制财务风险；另一方面，防范和控制财务风险，有助于高校现金流动的顺畅，保障学校各项事业的顺利进行。

如同我们在第二章因子分析中运用降维技术得到的结论，举债风险、支付能力、支出收入比、事业基金可用率四项因子最终揭示的就是高校现金流短缺风险，我们也可以逆此流程，以"现金流"作为分析财务风险的起始点，逆向而上追溯财务风险发生的四项因子，再到具体的财务指标，乃至更具体的因素。由此，可以有效管控高校的现金流量及财务风险，也为高校适度举债及提高资金运行效率奠定了理论基础。

第二节 高校现金流量表的编制

一、编制现金流量表的意义

高校财务风险最重要的特征是现金流的短缺，入不敷出，支付发生困难，甚至出现断流。为此，通过编制现金流量表可以揭示学校现金流的变动态势，为考量高校财务风险提供重要依据。同时，通过对现金流量表中主要项目的现金流进行分析，可以找出高校财务风险的原因所在。

（一）完善现有报表体系的重要措施

根据1998年颁布的《高等学校会计制度（试行）》编制要求，高校会计报表包括资产负债表、收入支出表、附表及收支情况说明书。资产负债表反映报告期初和期末学校的资产负债状况，收入支出表反映报告期内学校的收入和支出情况。但是这些信息还不能较完整地揭示学校整体的财务状况及变动的原因，除了收入和支出，借款、投资、结转自筹基建、财务结算过程中的资金流动等都会影响学校的财务状况。现金流是从一个新的视角，即现金流量变动的角度来揭示和反映学校的财务状况。现金流量表反映报告期内学校现金流入和流出的总量、净额和分类情况。资产负债表、收入支出表和现金流量表是三位一体的完整的报表体系。现金流量表最初是从企业进入了财务报告的报表体系，随后也成为发达国家非营利组织财务报告的重要组成部分。

（二）考量高校财务风险的重要依据

随着我国高校理财要求的提高，权责发生制的核心思想在高校收入和支出的确认中得到越来越多的运用，学校财务收支与现金流入及流出的不同步正在扩大，仅仅依靠财务收支情况来判断学校财务状况已经显得力不从心。特别是高校管理中的效率意识日益深入人心，适度举债促进发展的观念逐步为高校财务管理界所接受，人们日益意识到现金流量已经成为判断财务状况和高校财务风险的重要指标。高校财务风险最重要的特征是现金流的短缺，入不敷出，支付发生困难，甚至出现断流，从而影响学校的正常运行。编制现金流量表的目的是揭示学校现金流的变动态势，为探索适度举债促进发展，精准识别高校财务风险提供重要的依据。

（三）控制高校财务风险的有效工具

分析归纳目前我国高校现金流风险的类型，大致可以分成三类：一是在日常运营活动中因预算管理不善等引发的资金总体失衡的风险，二是资金用于校办产业以及其他投资而引发的投资风险，三是校园建设等引发的大量银行贷款产生的筹资风险。同时，我国政府对公立高校实行"基本支出预算＋项目支出预算"的财政拨款方式，并对拨款资金逐步推行国库集中支付管理。这种管理方式不仅要求学校实现现金总流量的收支平衡,还要实现基本运行和专项经费运行中各自现金流量的分类收支平衡。现金流量表为我们提供了分类、分层次的现金流量收支平衡的动态信息,揭示显现的和潜在的风险,为保持高校健康的财务状况和精准地把控现金流量,有效控制财务风险提供手段和工具。

二、现金流量表的原理及基本内容

(一) 现金流量表编制的原理

首先,为了反映高校会计期间现金流入量、流出量及净流量的状况,设计编制现金流量表的主表。为此,根据财务管理的一般规则和高校资金运动的特点,将高校的资金活动分为日常运行、投资、筹资三大类。"日常运行"指与维持学校日常运行相关的资金活动,包括人员薪酬、教学科研运行、后勤保障、水电煤、通信邮电和行政管理等开支。学校日常运行支出相对稳定、持续,现金流出主要在本会计期间产生效用。日常运行经费要求相应的现金流入和流出基本平衡或略有结余。"投资"既包括对校办产业的投资和其他对外投资,也包括学校自筹经费对校内基本建设的投资,该活动的特点是起伏变动较大,现金流出具有投资性,可超越会计期间长期发挥作用,投资现金流一般表现为净流出。"筹资"主要指对外举债,该活动一般发生在学校现金流短缺的情况下,通常用于长期的自筹基建资金缺口,或短期的日常运行资金缺口,该活动的特点也是不具规律性,筹资现金流一般表现为净流入。现金流量表主表编制,先是依据资产负债表计算出三大类活动各自的现金净流量,再是三大类活动现金净流量之和就构成学校总体的现金净流量,然后是通过与资产负债表中"现金及现金等价物"期初和期末差额的比较,验证该会计期间的现金净流量。

其次,为了反映高校会计期间日常运行活动中基本活动财务收支和项目活动财务收支的资金流结构,设计编制现金流量表的附表。根据"基本支出预算+项目支出预算"财政拨款构架的思路,高校日常运营活动中不仅要实现总的运营收支平衡,还要实现基本运行活动和专项运行活动中各自的分类收支平衡。为此,我们从资金提供方是否限定资金的特定用途为依据,将高校的财务收支分成"非限定性"和"限定性"两类。"非限定性"是指资金提供方不限定特定用途的资金,如政府拨款中的基本支出预算及不指定用途的捐赠经费等;"限定性"是指资金提供方限定特定用途的资金,如政府拨款中的项目支出预算,以及各类纵横向科研经费、各种社会服务费、指定用途的捐赠经费等。"非限定性"经费可由学校自主安排用途和流向,反映了学校自主财力的规模及收支平衡状况。现金流量表附表是依据学校收入支出表，先是分别计算出非限定性和限定性各自收支净额，再是将两类收支净额之和加上调整项，构成本期运营收支的净额，然后是与主表中本期运营收支净额进行核对验证。

（二）现金流量表的基本内容

目前我国高校的"现金"概念主要指库存现金和银行存款，一般不涉及持有期限短、流动性强、易于变现、价值变动风险小的投资等现金等价物。现金流量表是反映高校在一定会计期间所发生的现金流入和流出的报表。由于我国高校基本建设和日常运行拨款的经费渠道不同，适用的会计核算体系和制度也不同，考虑到学校日常运营资金是学校财务活动的主体，占学校资金活动量的比例大，情况也复杂，所以本书设计的现金流量表仅限于日常运营的现金流量，不涉及基本建设方面的现金流量。需要说明的是在高校财务运行的实践中，日常运营资金有结转自筹基建的支出内容，因此在我们设计的现金流量表中也有相应的考虑和反映。

高校现金流量表由主表和附表构成。主表总括并分类揭示了运营产生的现金净流量、投资产生的现金净流量、筹资产生的现金净流量以及总的现金净流量的变动及其形成。为了更有针对性地揭示我国高校现金流量的特点，参照国际上一些发达国家的做法，我们在对现金流量进行分类时，在《高等学校会计制度（试行）》财务收支分类的基础上做了一些调整，这些调整包括：

第一，将"结转自筹基建支出"从"运营支出"中剔除，转为"投资"活动导致的现金流出。将基建支出认定为资本性支出，看成长期的投资，这样既能比较真实反映日常运营的实际支出，也能将因自筹基建导致日常运营现金流量的变化分离出去进行单独的核算和反映。

第二，将"对校办产业投资收益"和"其他投资收益"从"运营收入"中剔除，转为"投资"活动导致的现金流入，这样比较容易分析考察因投资而产生的现金流变化和投资的收益及风险。

第三，将学校"借款利息支出"从"运营支出"中剔除，转为"筹资"活动的现金流出，这样比较容易分析筹资活动产生的净现金流。

主表中的"运营产生的现金流量"反映的是高校教学、科研和对外服务等活动产生的现金流量；"投资产生的现金流量"主要是校办产业投资以及其他对外投资发生的现金流变化，还包括用日常运营资金投入到基本建设中的现金流出，即结转自筹基建支出；"筹资产生的现金流量"反映高校借入款项的新增数以及借入款项发生的本年利息支出等，反映高校因举债增加的现金流入量；总的现金流量净增加额是上述三项现金流量净增加额之和。

附表是对主表中"本期运营收支结余"的形成做进一步的分层解析。附表将日常运营的收支进一步划分为非限定性收支和限定性收支两个部分。"非限定性收入"是高校从教育事业基本拨款、学费收入以及其他自筹收入产生的收入,这些收入高校可自主安排用于教职工、学生、离退休等人员开支,教学科研以及其他运营事项的开支,满足高校日常运营中的基本支出等需要。"限定性收入"是高校从专项拨款和科研项目等获得的专项性的收入,学校不能自主安排,只能专款专用,用于指定的项目支出。附表编报的目的是要分类分析基本经费运行和专项经费运行中各自收支的平衡状况,进一步剖析高校运营现金流量的结构性平衡状况。

三、现金流量表的编制方法

本书中的现金流量表是以财政部 1998 年颁布的《高等学校会计制度（试行）》和教育部直属高校"2008 年度部门决算报表"统一表式为编制基础,与相应的资产负债表、收入支出表以及银行贷款情况明细统计表的内容相衔接并满足一定的勾稽关系。

（一）主表的编制

现金流量表的主表采用间接法编制,也称资产负债表法。编制时以资产负债表为主要依据,以报告期未完项目收支差额、事业基金、专用基金等项的增加额为基础,然后根据现金流分为运营、投资和筹资三类的基本分类原则,进行相应的收支归类调整:加上应付及暂存款等流动负债的增加额,减去应收及暂付款、材料等非现金流动资产的增加额,得到"运营产生的现金净流量"。然后再加上"投资活动产生的现金净流量"和"筹资活动产生的现金净流量",得到"现金及现金等价物净增加额"。"补充说明"部分是用"现金及现金等价物"的期末和期初额的比较来验证前面现金流量计算的正确性。具体编制的方法如表 10-1 所示。

表 10-1　　　　　现金流量表（主表）的编制说明

项目	行次	编制说明
一、运营产生的现金流量	1	
未完项目的收支差额增加额	2	财基 01 表,行 38,栏 4 - 栏 3
事业基金增加额	3	财基 01 表,行 26,栏 4 - 栏 3
专用基金增加额	4	财基 01 表,行 30,栏 4 - 栏 3

续表

项目	行次	编制说明
经营结余增加额	5	财基01表，行33，栏4－栏3
本期收支结余	6	2＋3＋4＋5
加："结转自筹基建"由"支出"转"投资"	7	财基03表，行24，总计栏
"偿还借款利息"由"支出"转"筹资"	8	财基04表，合计行，栏6＋栏8
减："校办产业投资收益"由"收入"转"投资"	9	财基02表，行36，本年累计数栏
"其他对外投资收益"由"收入"转"投资"	10	财基02表，行37，本年累计数栏
本期运营收支结余	11	6＋7＋8－9－10
应付票据增加额	12	财基01表，行17，栏4－栏3
应付及暂存款增加额	13	财基01表，行18，栏4－栏3
应缴财政专户款增加额	14	财基01表，行19，栏4－栏3
应交税金增加额	15	财基01表，行20，栏4－栏3
代管款项增加额	16	财基01表，行21，栏4－栏3
应付工资（离退休）增加额	17	财基01表，行22，栏4－栏3
应付地方（部门）津贴增加额	18	财基01表，行23，栏4－栏3
应付其他个人收入增加额	19	财基01表，行24，栏4－栏3
本期流动负债增加额	20	12＋13＋14＋15＋16＋17＋18＋19
应收及暂付增加额	21	财基01表，行4，栏2－栏1
借出款增加额	22	财基01表，行5，栏2－栏1
材料增加额	23	财基01表，行6，栏2－栏1
财政应返还额度增加额	24	财基01表，行7，栏2－栏1
本期非现金流动资产增加额	25	21＋22＋23＋24
运营产生的现金净流量	26	11＋20－25
二、投资产生的现金流量	27	
加：对校办产业投资收益	28	财基02表，行36，本年累计数栏
其他对外投资收益	29	财基02表，行37，本年累计数栏
减：对校办产业投资增加额	30	财基01表，行8，栏2－栏1
其他对外投资增加额	31	财基01表，行9，栏2－栏1
结转自筹基建	32	财基03表，行24，总计栏
无形资产增加额	33	财基01表，行13，栏2－栏1
固定资产增加与固定基金增加差额调整项	34	财基01表，行12的栏2－栏1与行29的栏4－栏3之差

续表

项目	行次	编制说明
投资产生的现金净流量	35	28＋29－30－31－32－33－34
三、筹资产生的现金流量	36	
加：借入款项增加额	37	财基01表，行16，栏4－栏3
减：偿还借款利息	38	财基04表，合计行，栏6＋栏8
筹资产生的现金净流量	39	37－38
现金及现金等价物净增加额	40	26＋35＋39
补充说明：	41	
现金及现金等价物的期末余额	42	财基01表，行1＋行2＋行3，栏2
减：现金及现金等价物的期初余额	43	财基01表，行1＋行2＋行3，栏1
现金及现金等价物净增加额	44	42－43

注："编制说明"中列出的"行次"和"栏次"均为教育部直属高校"2008年度部门决算报表"统一表式中的行次和栏次编号。下同。

对主表编制做如下说明：

（1）行次2反映的是未完项目的收支差额的本年度增加额，主要是运营活动中限定性收支的本年度差额。

（2）行次3、行次4反映的是事业基金和专用基金的本年度增加额，主要是日常运营活动中非限定性收支的本年度差额。

（3）行次5反映的是经营结余的本年度增加额。

（4）行次7、行次8，由于"结转自筹基建"和"本年偿还的利息支出"已在会计核算中列入日常的运营支出，年度运行收支结余结转事业基金时实际已成为现金流量的减项，这里做加项予以恢复，以便在行次32、行次38分别列为"投资"和"筹资"的现金流出项。

（5）行次9、行次10，由于"对校办产业投资收益"和"其他对外投资收益"已在会计核算中列入日常的运营收入，年度运行收支结余结转事业基金时实际已成为现金流量的加项，这里做减项予以恢复，以便在行次28、行次29列为"投资"的现金流入项。

（6）行次12～行次19，反映的是除借入款项以外，主要因为结算过程而导致的流动负债增加所产生的现金流入的增加。

（7）行次21～行次24反映的是非现金流动资产增加导致的现金流出。

（8）行次28、行次29反映投资收益带来的现金流入。

（9）行次30、行次31反映增加投资产生的现金流出。

（10）行次32反映的是用日常运营资金投入到基本建设中的现金流出。

（11）行次33反映的是无形资产增加的现金流出。

（12）行次34是固定资产增加额与固定基金增加额之间差额的调整项。通常固定资产与固定基金的本期增加额及余额均相等，若有差额，通过此调整项确保资产负债表总体勾稽关系的平衡。

（13）行次37、行次38反映本期因借入款变动导致的现金流变化和偿还借款利息导致现金流出。

（14）上述"主表"中存在以下的重要勾稽关系：

现金及现金等价物净增加额 = 运营产生的现金净流量 + 投资产生的现金净流量 + 筹资产生的现金净流量

现金及现金等价物净增加额 = 本期收支结余 + 流动负债增加额 − 非现金流动资产增加额 − 投资增加额 + 借入款项增加额

运营产生的现金净流量 = 本期收支结余 + 收支转投资和筹资的调整项 + 流动负债增加额 − 非现金流动资产增加额

（二）附表的编制

现金流量表的附表采用直接法编制，也称收入支出表法。编制时以收入支出表为主要依据，先根据收入明细表将高校的收支分成"非限定性"和"限定性"两大类，然后计算两大类的收支；再根据支出明细表分别计算两大类下的相应分类支出；随后得出两大类各自的收支净额，然后加上调整项，即"未完项目收支差额、事业基金、专用基金三项的增加额与本期收支差额之差"，得到"本期运营收支结余"，并与主表中的相应部分进行核对检验。需要说明的是，在收入分类上，我们根据学校是否具有统筹安排的自主权，将日常运营的收入分为限定性和非限定性；在支出分类上，我们根据现行的报表体系，将日常运营的支出分为基本支出和项目支出。两种分类既有联系，又有区别，大部分内容是重合的，但不完全一致。具体编制的方法如表10-2所示。

表10-2　　　　　　　现金流量表（附表）的编制说明

项目	行次	编制说明
一、运营非限定性收支	1	
1. 中央教育经费拨款	2	财基02表，行2本年累计栏 − 行3本年累计栏
2. 地方教育经费拨款	3	财基02表，行9本年累计栏
3. 教育事业收入	4	财基02表，行25本年累计栏

续表

项目	行次	编制说明
4. 经营收入	5	财基 02 表，行 33 本年累计栏
5. 上级补助收入	6	财基 02 表，行 24 本年累计栏
6. 附属单位缴款收入	7	财基 02 表，行 34 本年累计栏
7. 其他收入	8	财基 02 表，行 38 + 行 39 + 行 40 本年累计栏（行 36、行 37 投资收益未列入）
运营非限定性收入小计	9	2 + 3 + 4 + 5 + 6 + 7 + 8
1. 基本支出	10	财基 03 表，行 3 总计栏 -（财基 04 表，合计行，栏 6 + 栏 8 偿还借款利息）
2. 经营支出	11	财基 03 表，行 21 总计栏
3. 对附属单位补助支出	12	财基 03 表，行 22 总计栏
4. 上缴上级支出	13	财基 03 表，行 23 总计栏
运营非限定性支出小计	14	10 + 11 + 12 + 13
运营非限定性收支净额	15	9 - 14
二、运营限定性收支	16	
1. 中央教育经费专项拨款	17	财基 02 表，行 3 本年累计栏
2. 科研经费拨款和科研事业收入	18	财基 02 表，行 12 + 行 28 本年累计栏
3. 其他专项经费拨款	19	财基 02 表，行 16 本年累计栏
运营限定性收入小计	20	17 + 18 + 19
1. 科研项目支出	21	财基 03 表，行 14 本年累计栏
2. 其他项目支出	22	财基 03 表，行 12 - 行 14 本年累计栏
运营限定性支出小计	23	21 + 22
运营限定性收支净额	24	20 - 23
加：未完项目和基金增加额与本期收支差	25	主表 6 行 -（财基 02 表行 41 本年累计栏 - 财基 03 表 25 总计栏）
减：拨出经费	26	财基 03 表，行 1 本年累计栏
本期运营收支结余	27	15 + 24 + 25 - 26（结转自筹基建未列入运营支出）

对附表编制做如下说明：

（1）行次 2 ~ 行次 8，日常运营产生的非限定性收入，主要是指除了中央教育经费专项拨款、科研经费拨款、科研事业收入、其他专项经费拨款四项收入外的学校全部其他日常收入。

(2) 行次 10 ~ 行次 13，日常运营中与非限定性收入相关的各项支出。

(3) 行次 17 ~ 行次 19，日常运营产生的中央教育经费专项拨款、科研经费拨款、科研事业收入、其他专项经费拨款四项构成限定性收入。

(4) 行次 21 ~ 行次 22，日常运营中的各项目的支出。

(5) 行次 25，本期未完项目、经营结余及基金的增加额与本期收支余额的差额，即（未完项目收支差额增加额＋事业基金增加额＋专用基金增加额＋经营结余增加额）－（本期收入－本期支出）。本行次解决资产负债表和收入支出表之间的衔接问题。在《高等学校会计制度（试行）》中，收入支出表中当年收支的结余，一部分体现在资产负债表的"未完项目收支差额"中，另一部分转为资产负债表的"事业基金"增加额。资产负债表的"事业基金"增加额既受当年收支结余转入额的影响，也受校内科研管理费提取额、代付附属单位人员工资和"四金"的回收额的影响，还受基金本身当年的使用情况和跨年度的收支调整等因素的影响。资产负债表的"专用基金"增加额既受当年从支出中提取的职工福利基金、学生奖贷基金和勤工助学基金的影响，也受拨入或捐赠的修购基金、住房基金、留本基金的影响，还受基金本年使用情况的影响。资产负债表的"未完项目收支差额"增加额既受当年收支差额的影响，也受历年结余使用情况的影响。我们建议通过完善有关收支结余结转、基金提取等会计核算的规范，努力使各项资金的余额与本期收支结余相等，即未完项目收支差额增加额＋事业基金增加额＋专用基金增加额＋经营结余增加额＝本期收入－本期支出，这样可使现金流量变动分析更趋完整。

(6) 行次 26，拨出经费项目。

(7) 学校的收入和支出存在以下的勾稽关系：

总收入 =（运营限定收入＋运营非限定收入）＋投资收益 = 运营收入＋投资收益

总支出 =（运营限定支出＋运营非限定支出）＋结转自筹基建＋偿还借款利息

＝运营支出＋结转自筹基建＋偿还借款利息

（三）主表与附表的关系

根据现金流量表基本内容，现金流量表的主表及附表中存在以下勾稽关系。

现金及现金等价物净增加额 = 运营产生的现金净流量＋投资产生的现金净流量＋筹资产生的现金净流量

运营产生的现金净流量 = 非限定性收支净额＋限定性收支净额＋调整项①

现金流量模型就是建立在这些勾稽关系之上，通过追溯现金流量表中每一

---

① 调整项主要是考虑到主表与附表之间的勾稽关系，是由若干条项目合并组成的。

个项目的具体影响因素的变化，找出导致高校财务发生风险的薄弱管理环节。图 10-1 展示了现金流量模型的基本框架。

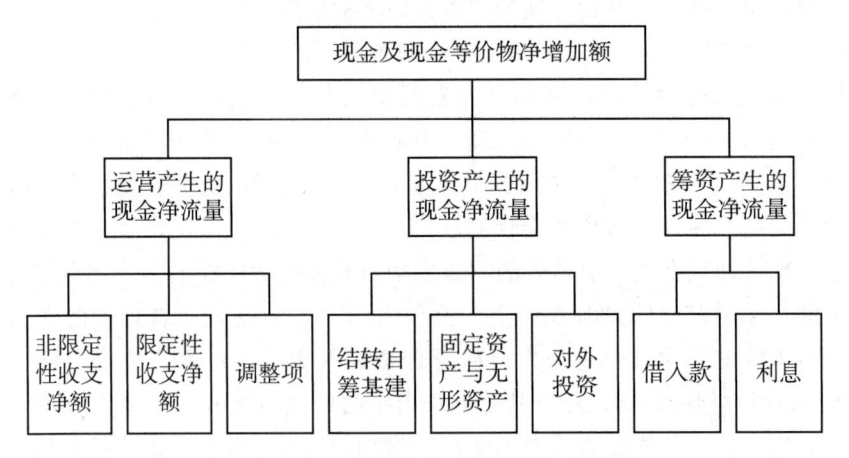

图 10-1 现金流量模型的基本框架

图 10-1 能够说明高校现金流量的构成及其影响因素。应用该模型进行分析时，我们可以按照自上而下，层层分解的方式对高校的现金流量做出评判。

模型的第一层表明高校在报告期中现金流量的净增加情况。该数值为正则表明高校在本年度的现金收支活动中留有结余，高校净现金流有所增加；该数值为负则表明高校在本年度现金流出大于现金流入，高校净现金流规模在缩小。

模型的第二层揭示导致现金净增加额是否为正值的原因，即分别列示运营、投资及筹资三项资金活动对现金流量净增加额的贡献。

模型的第三层进一步揭示各项资金活动对现金流的影响。运营活动产生的现金净流量可从限定性和非限定性收支净额及调整项目上分析；投资活动产生的现金净流量可从结转自筹基建、固定资产与无形资产以及对外投资三方面分析；筹资活动产生的现金净流量可从借入款及偿还利息两方面分析。

现金流量模型为高校的现金流量分析提供了一个大体思路，我们可以按照上述思想对现金流量模型进行更深入的分析，挖掘引起高校财务风险的一些重要因素。

第三节 高校现金流量表分析案例

我们根据某高校 2003~2008 年决算报表，编制了该校现金流量表的主表（见表 10-3）和附表（见表 10-4）。

表 10 – 3　　　　　某高校现金流量表——主表　　　　　单位：万元

项目	2003 年	2004 年	2005 年	2006 年	2007 年	2008 年	合计
一、日常运营产生的现金流量							
未完项目的收支差额增加额	205	3 019	3 661	1 138	1 102	3 697	12 822
事业基金增加额	6 846	2 897	-1 321	-1 181	4 142	-28 770	-17 387
专用基金增加额	877	297	1 091	23	437	-5 050	-2 325
本期收支结余	7 928	6 213	3 431	-20	5 681	-30 123	-6 890
加："结转自筹基建"由"支出"转"投资"	2 419	51 871	6 496	4 665	0	36 715	102 166
"偿还借款利息"由"支出"转"筹资"	529	0	640	219	224	873	2 485
减："校办产业投资收益"由"收入"转"投资"	0	0	1	9	0	0	10
"其他对外投资收益"由"收入"转"投资"	7	9	9	12	1 369	10	1 416
本期运营收支结余	10 869	58 075	10 557	4 843	4 536	7 455	96 335
应付票据增加额	4 177	-4 177	0	0	0	0	0
应付及暂存款增加额	-273	-288	322	-527	-586	1 572	220
应缴财政专户款增加额	-24	331	462	-443	-90	-27	209
应交税金增加额	6	-13	-18	0	-1	24	-2
代管款项增加额	-60	101	-126	-262	-40	712	325
应付工资（离退休）增加额	0	0	0	0	0	0	0
应付地方（部门）津贴增加额	0	0	0	0	0	0	0
应付其他个人收入增加额	0	0	0	0	0	0	0
本期流动负债增加额	3 826	-4 046	640	-1 232	-717	2 281	752
应收及暂付增加额	23 144	-20 899	18 354	8 929	2 926	-28 597	3 857
借出款增加额	-215	-267	87	-245	-90	0	-730
材料增加额	-36	-10	34	-23	-1	12	-24
财政应返还额度增加额	0	0	0	0	0	1 868	1 868
本期非现金流动资产增加额	22 893	-21 176	18 475	8 661	2 835	-26 717	4 971
运营产生的现金净流量	-8 198	75 205	-7 278	-5 050	984	36 453	92 116

续表

项目	2003 年	2004 年	2005 年	2006 年	2007 年	2008 年	合计
二、投资产生的现金流量							
加：对校办产业投资收益	0	0	1	9	0	0	10
其他对外投资收益	7	9	9	12	1 369	10	1 416
减：对校办产业投资增加额	-146	200	459	-118	-197	0	198
其他对外投资增加额	-1 100	-1	-850	-61	-208	0	-2 220
结转自筹基建	2 419	51 871	6 496	4 665	0	36 715	102 166
投资产生的现金净流量	-1 166	-52 061	-6 095	-4 465	1 774	-36 705	-98 718
三、筹资产生的现金流量							
加：借入款项增加额	5 000	-5 000	3 000	5 812	0	2 000	10 812
减：偿还借款利息	529	0	639	219	224	873	2 484
筹资产生的现金净流量	4 471	-5 000	2 361	5 593	-224	1 127	8 328
现金及现金等价物净增加额	-4 893	18 144	-11 012	-3 922	2 534	875	1 726
补充说明：							
现金及现金等价物的期末余额	4 875	23 019	12 007	8 085	10 619	11 494	70 099
减：现金及现金等价物的期初余额	9 768	4 875	23 019	12 007	8 085	10 619	68 373
现金及现金等价物净增加额		-4 893	18 144	-11 012	-3 922	2 534	875	1 726

表 10-4　　　　某高校现金流量表——附表　　　　单位：万元

项目	2003 年	2004 年	2005 年	2006 年	2007 年	2008 年	合计
一、运营非限定性收支							
1. 中央教育经费拨款	12 309	11 564	12 128	14 333	16 051	18 533	84 918
2. 地方教育经费拨款	3 997	5 312	8 961	6 723	6 489	6 859	38 341
3. 教育事业收入	14 982	18 000	20 439	18 257	18 095	21 311	111 084
4. 经营收入	349	714	549	366	319	351	2 648
5. 上级补助收入	0	14	0	9	15	11	49
6. 附属单位缴款	2	0	0	0	0	0	2
7. 其他收入	679	51 109	1 006	977	844	771	55 386
运营非限定性收入小计	32 318	86 713	43 083	40 665	41 813	47 836	292 428
1. 基本支出	31 529	39 053	45 302	46 583	45 357	51 497	259 321
2. 经营支出	68	73	72	86	23	122	444
3. 对附属单位补助支出	0	0	0	0	0	0	0

续表

项目	2003年	2004年	2005年	2006年	2007年	2008年	合计
4. 上缴上级支出	0	0	0	0	0	0	0
运营非限定性支出小计	31 597	39 126	45 374	46 669	45 380	51 619	259 765
运营非限定性收支净额	721	47 587	-2 291	-6 004	-3 567	-3 783	32 663
二、运营限定性收支							
1. 中央教育经费专项拨款	3 049	4 907	2 763	2 818	3 755	4 565	21 857
2. 科研经费拨款和科研事业收入	6 400	6 357	8 939	8 834	10 649	13 851	55 030
3. 其他专项经费拨款	1 433	1 152	1 183	1 378	4 923	5 171	15 240
运营限定性收入小计	10 882	12 416	12 885	13 030	19 327	23 587	92 127
1. 科研项目支出	232	269	119	73	6 864	10 026	17 583
2. 其他项目支出	2 631	2 296	2 818	3 714	4 811	3 654	19 924
运营限定性支出小计	2 863	2 565	2 937	3 787	11 675	13 680	37 507
运营限定性收支净额	8 019	9 851	9 948	9 243	7 652	9 907	54 620
加：未完项目和基金增加额与本期收支差	2 129	637	2 900	1 604	451	1 331	9 052
本期运营收支结余	10 869	58 075	10 557	4 843	4 536	7 455	96 335

在主表和附表（表10-3和表10-4）的基础上形成了该校的现金流量简缩表如表10-5所示。

表10-5　　　　　　　　　　某高校现金流量简缩表　　　　　　　　单位：万元

项目	编号	2003年	2004年	2005年	2006年	2007年	2008年	合计
运营非限定性收支净额	1	721	47 587	-2 291	-6 004	-3 567	-3 783	32 663
运营限定性收支净额	2	8 019	9 851	9 948	9 243	7 652	9 907	54 620
未完项目和基金增加额与本期收支差	3	2 129	637	2 900	1 604	451	1 331	9 052
本期运营收支结余	4=1+2+3	10 869	58 075	10 557	4 843	4 536	7 455	96 335
本期流动负债增加额	5	3 826	-4 046	640	-1 232	-717	2 281	752
本期非现金流动资产增加额	6	22 893	-21 176	18 475	8 661	2 835	-26 717	4 971
运营产生的现金净流量	7=4+5-6	-8 198	75 205	-7 278	-5 050	984	36 453	92 116
投资产生的现金净流量	8	-1 166	-52 061	-6 095	-4 465	1 774	-36 705	-98 718
筹资产生的现金净流量	9	4 471	-5 000	2 361	5 593	-224	1 127	8 328
现金及现金等价物净增加额	10=7+8+9	-4 893	18 144	-11 012	-3 922	2 534	875	1 726

再在表 10-5 的基础上绘制了该校 2003~2008 年现金净流增量产生合计的示意图（见图 10-2）。

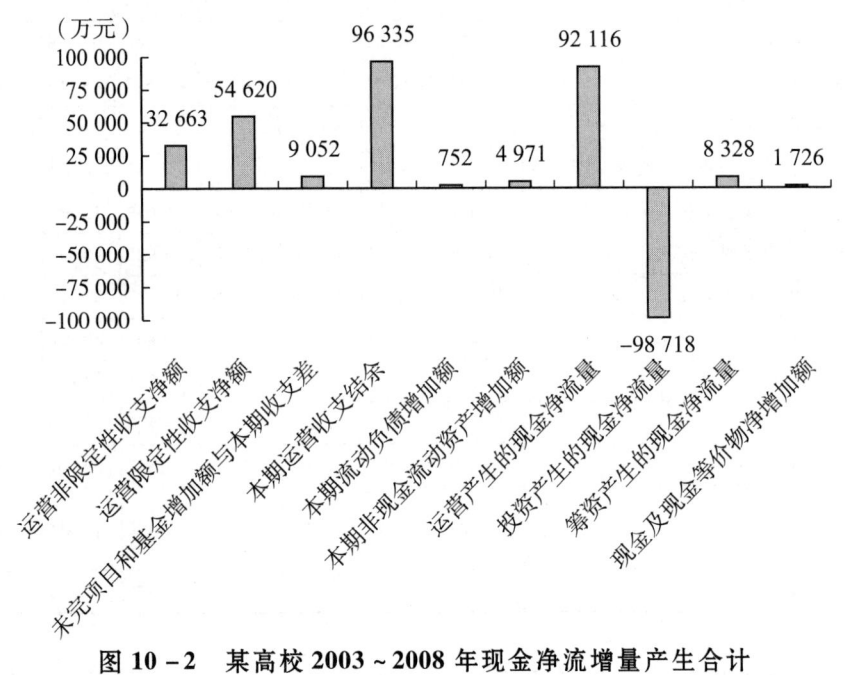

图 10-2　某高校 2003~2008 年现金净流增量产生合计

我们以图 10-2 及表 10-5 中的主要指标为起点，结合表 10-3 和表 10-4 的分项数据，以及该校决算报表和财务账册的相关信息，分析 2003~2008 年该校现金流量的变动情况，以此剖析该校的财务状况及风险。

1. 运营非限定性收支净额

图 10-2 显示该校"运营非限定性收支净额" 6 年的合计数为 32 663 万元。根据表 10-5，发现 2004 年该指标为 47 587 万元，比 6 年的合计还多。再从表 10-4 往上追溯到该年的"运营非限定性收入小计"及其中的"其他收入"，发现数字与其他年份也形成了巨大的差异。学校反映是因为该年得到置换土地收入 50 000 万元，列"其他收入"，安排用作新校区的自筹基建开支。根据现金流量表的分类，"自筹基建支出"列入"投资现金流"，而不是"运营现金流"，所以未列入"运营非限定性支出"。如果按照"收支配比"原则，我们在计算运营收入时扣除这 50 000 万元一次性的特殊收入，则 6 年的"运营非限定性收支净额"就从 32 663 万元变为 -17 337 万元。从表 10-5 中注意到该校从 2005 年起，"运营非限定性收支净额"一直处于负数状态，说明学校校级可自主安排使用投向的收入一直处于入不敷出的状态，需要引起关注。

进一步追溯到表 10-4 的"运营非限定性收入小计"，如果剔除 2004 年 50 000

万元的土地置换收入的因素，该项收入基本逐年稳步上升。据学校介绍，2006年运营非限定性收入较2005年降低的原因是从该年起地方政府学费政策发生变化，使该校每年学费收入减少5 000万元以上，相当于学校年收入的10%左右。由此，该校当年"运营非限定性收入"由上年的43 083万元跌到40 665万元，"运营非限定性收支净额"由上年的-2 291万元猛跌到-6 004万元，表明地方政府的学费政策调整给学校的现金流造成了较大的压力。

2. 运营限定性收支净额

图10-2显示该校"运营限定性收支净额"6年的合计数为54 620万元。根据表10-5，每年的收支净额保持在7 652万~9 948万元之间，比较稳定。从表10-4追溯，这项运营限定性收支净额主要来源于科研经费拨款和科研事业收入与科研项目支出的差额37 447万元。运营限定性收支净额的54 620万元，成为该校为解决自筹基建举"内债"的重要资金来源。这也反映出该校"运营非限定性"和"运营限定性"资金在使用上存在的不平衡和结构性矛盾。

3. 未完项目和基金增加额与本期收支差额

图10-2显示该校"未完项目和基金增加额与本期收支差额"6年的合计数为9 052万元。表10-5显示，该指标年度间的波动较大，在451万~2 900万元之间。

4. 本期运营收支结余

图10-2显示该校"本期运营收支结余"6年的合计数为96 335万元。如上所述，2004年学校置换了一个校区，得到50 000万元的净收入，该年收支结余特别高，达58 075万元，剔除这一因素，运营收支结余前3年每年保持在8 075万~10 557万元之间，2006年和2007年主要受地方政府学费政策调整影响分别跌至4 843万元和4 536万元，2008年又恢复到7 455万元。6年总计运营收支结余达96 335万元，可以分为非限定性收支净额32 663万元、限定性收支净额54 620万元、未完项目和基金增加额与本期收支差额9 052万元。本期运营收支结余构成了运营产生的现金净流量的基础，也是该校自筹基建的现金流基础。

5. 本期流动负债增加额

图10-2显示该校"本期流动负债增加额"6年合计数为752万元，对本时段现金流量的影响有限。但是该项目年度间的变化不小，在-4 046万~3 826万元之间。

6. 本期非现金流动资产增加额

图10-2显示该校"本期非现金流动资产增加额"6年合计数为4 971万元。每年变动起伏相当大，在-26 717万~22 893万元之间。据学校介绍，主要都是自筹基建引起的。例如，2003年学校新校区建设支出20 000多万元计入应收及暂付款项，当

年"非现金流动资产"就增加 22 893 万元,2004 年因收到了校区置换收入,遂将这笔应收及暂付款项转为当年支出,当年"非现金流动资产"就减少 21 176 万元。

7. 运营产生的现金净流量

图 10-2 显示该校 6 年"运营产生的现金净流量"为 92 116 万元,其构成为本期运营收支结余增加导致现金净流量 96 335 万元,流动负债增加导致现金净流量 752 万元,非现金流动资产增加导致现金净流量 -4 971 万元。

8. 投资产生的现金净流量

图 10-2 显示该校 6 年"投资产生的现金净流量"为 -98 718 万元。从表 10-3 追溯,其中主要原因是新校区建设,6 年共结转自筹基建 102 166 万元,对校办产业及其他对外投资两项收益为 1 426 万元,对校办产业及其他对外投资两项总额减少 2 022 万元。

9. 筹资产生的现金净流量

图 10-2 显示该校"筹资产生的现金净流量"6 年总计为 8 328 万元。追溯表 10-3,其中借入款达 10 812 万元,支付的利息为 2 484 万元。

10. 现金及现金等价物净增加额

图 10-2 显示该校"现金及现金等价物净增加额"6 年总计 1 726 万元,来源分别为运营产生的现金净流量 92 116 万元,投资产生的现金净流量 -98 718 万元,筹资产生的现金净流量 8 328 万元。

综合上述现金流量分析和学校情况简介,我们可以对该校 2003~2008 年的财务状况做出以下的分析评价:

第一,考察该校的现金流量状况。总体看,2003~2008 年现金及现金等价物净增加额 1 726 万元,表明现金净流量收支平衡,略有结余。6 年间筹资(银行贷款)产生的现金净流入仅 8 328 万元。2008 年底学校资产负债表显示"借入款"余额 11 000 万元,"银行存款余额" 11 500 万元,贷款风险很小。学校基本可以做到不依靠"外债"的现金流量动态平衡。但是如果分年度看,6 年中有 3 年现金及现金等价物净增加额为负值,说明某些时点及时段依然需要临时性的依靠"外债"实现现金流量的平衡。所以,总体上说该校属于现金流量动态上的紧平衡。

第二,考查该校的运营收支状况。总体看,2003~2008 年本期运营收支结余 96 335 万元,其中运营非限定性收支净额 32 663 万元,运营限定性收支净额 54 620 万元,3 项指标均收大于支,且结余金额相当可观。但是如果分年度看,2004 年因学校土地置换运营非限定性收支净额而高达 47 587 万元,随后连续 4 年均为 -6 004 万~-2 291 万元的负值,与此形成鲜明反差的是各年度运营限定性收支净额在 7 652 万~9 948 万元之间。这一运营非限定性经费(非专项经费)和运营限定性经费(专项经费)的结构性矛盾虽然在各高校具有普遍性,但必须引起管理层的高度重视。

第三，考查该校新校区建设的资金及现金流来源。据学校介绍，该校 2003~2008 年进行了新校区建设。新校区建设 11 亿元经费的来源为：中央和地方政府的专项拨款 1 亿元，学校土地置换收入 5 亿元，学校借"内债"4 亿元，银行贷款 1 亿元。在当时的会计核算体系下，政府 1 亿元拨款直接进入学校基本建设经费核算和报告，不纳入学校财务核算和报表汇总。如前所述，学校土地置换收入 5 亿元和学校借"内债"4 亿元分别在附表（见表 10 - 4）"运营非限定性收入"和"本期运营收支结余"中反映，支出则列入主表（见表 10 - 3）"投资产生的现金流量"中的"结转自筹基建"。收到银行贷款 1 亿元即列入主表（见表 10 - 3）"筹资产生的现金流量"中的"借入款项增加额"，支出也列入主表（见表 10 - 3）"投资产生的现金流量"中的"结转自筹基建"。如果仅从现金流量平衡的角度考察，如前所述，该校可以做到在没有"外债"的情况下，主要依靠土地置换和加强校内现金流量管理完成新校区建设。新校区建设并未导致以巨额银行贷款为主要特征的筹资风险。

第四，考查该校整体的财务状况和风险。从现金流量的角度考察，该校重视现金流量规划，加强现金流量管理，在极少"外债"的情况下，完成新校区建设，同时保障了学校日常运行中的现金流顺畅，未发生任何控制、延迟、拖欠或暂停支付等情况。从专款专用财务管理要求的角度考察，限定性经费与非限定性经费的结构性矛盾突出。解决这一突出矛盾，既要靠学校内部进一步加强财务管理，也要靠教育主管部门改革经费分配办法及高校的会计核算制度。

从以上案例分析可以看到，现金流量表提供了资产负债表和收入支出表所没有的现金流量变动及其原因的信息。尤其是提供了将现金流分为运营、投资和筹资三大类进行分类分析的方法，比较清晰地揭示了特定历史条件下，高校资金在日常运营中的总体失衡风险、用于校办产业以及其他投资而引发的投资风险以及因校园建设等引发的大量银行贷款产生的筹资风险，从而为控制和管理高校财务风险提供了新的视角和工具。

第四节 建立高校财务风险预警系统的目的和原则

一、高校财务风险预警系统的目的

高校财务风险预警是指高校的相应职能管理部门以学校的信息化平台和手段

为基础，以高校的财务报表、预算指标、财务资料以及收集到的其他相关资料为依据，依靠学校的组织体系，通过采用各种方法和工具，分析学校财务运行情况和理财环境，对学校营运中潜在的财务风险进行预测和监控，一旦发现财务风险的早期征兆，及时发出警示，确保学校准确地采取相应措施化解风险或将风险损失降低到最小限度。

本书试图探索建立基于现金流量的高校财务风险预警系统，其基本特征是以高校现金流量运行状况为核心关注点，以求更为有效地预测、控制和管理高校的财务风险。具体说，就是要在高校现有的财务管理和会计核算基础上，围绕现金流量这个核心关注点，通过设置科学、量化的敏感性指标和设定指标的标准（阈值），揭示高校办学资金使用的合理程度及财务状况，并结合财务风险特征事件的出现与否，及时对高校财务运行中潜在的风险起到预警预报的作用，为各级领导的宏观决策提供客观的依据，从而避免或防范高校的财务风险。

二、高校财务风险预警系统的作用

风险不可能也不应当回避。高校财务管理面临的挑战是在承担合理、适度风险的同时，如何避免财务失败的风险，避免风险对高校生存的威胁。因此，构建高校财务风险预警系统，实时了解和把握学校的财务状况是避免财务风险的重要管理手段。财务风险预警系统要在高校日常活动的全过程中，以高校的财务报表、财务预算及其他相关的财务资料为依据，利用会计、金融、统计学和管理学等理论，采用比例分析、数学模型等方法，发现并预测高校财务管理中存在的风险，向管理者示警。

（一）高校财务风险预警系统的功能

第一，风险识别功能。高校财务风险控制目标是可以确定的，高校财务风险发生的概率和频率也可以从高校财务活动和日常管理活动中找到规律，通过财务风险预警系统就能有效地识别各种相对应的财务风险。

第二，风险评估功能。依据收集与高校发展相关的宏观政策和市场竞争状况，通过高校财务风险预警系统汇聚的高校自身的各类财务和运营状况信息，经财务风险预警模型，进行各种财务风险的分析比较，将高校运营的实际情况同预定的目标、计划、标准进行对比，提出评估意见和风险等级的判别。

第三，风险预警功能。在风险评估的基础上，当财务管理活动出现偏差，并有可能危害高校财务状况的关键因素出现时，就可以让财务风险预警系统对可能产生的问题和危险预先发出警告，提醒管理者预先做出准备或采取对策，避免潜在的风险演变成现实的损失，起到防患于未然的作用。

第四，风险报告功能。当高校财务发生潜在的危机时，财务风险预警系统能及时查找导致财务状况恶化的根源，并通过良好的信息反馈机制迅速报告给高校的管理者，使高校管理者明了问题的症结所在，有的放矢，采取有效的措施，避免潜在的风险演变成现实的损失，或阻止财务状况的进一步恶化，避免财务危机的发生。

第五，风险控制功能。财务风险预警系统通过目标控制和程序控制，清晰地告知管理者应朝哪一个方向努力来有效地解决问题，运用功效系数法等手段，将控制对象与控制目标之间的偏离控制在最小的范围之内，减少控制执行中的疏漏，通过严密的控制，减少控制的随意性，提高财务风险控制的效率。

第六，风险免疫功能。财务风险预警系统，通过对财务危机的监测、控制和处理，系统的数据库中储存有类似财务危机的发生缘由、处理经过、平息波动和解除危机的各项措施，以及处理反馈与改进建议，以此作为处理未来类似情况的预案。当再次发生类似财务风险的征兆时，管理者可以利用财务预警系统历史数据作出相应的反应，避免发生类似的财务风险。

需要特别指出，首先，建立在定量分析基础上的财务风险预警系统只是提供高校财务危机发生可能性的线索，但并不能够确切地告知是否一定会发生财务危机。分析人员应结合一些相关的非定量因素（特征事件）进行综合分析和评价，由学校高层管理者综合定量和定性分析的信息做出最终的风险管理决策。其次，还应该认识到高校财务风险预警系统的建立并非是一劳永逸的，而是需要高校自身从学校的实际出发，根据内外环境的变化，及时对财务风险预警系统的相关控制标准和预警指标进行修正和完善，确保高校财务危机预警系统的合理性和有效性。只有这样，才能真正发挥财务风险预警系统的作用，为高校的长远健康发展保驾护航。

（二）高校财务风险预警系统模型构建的意义

一是防范高校发生财务危机给社会经济造成负面影响。当财务发生潜在的危机时，高校财务风险预警系统能及时寻找导致财务状况恶化的根源，以及对风险因素进行判断，从而制定有效措施，阻止财务状况进一步恶化，避免高校财务危机发生，从而给社会带来巨大的负面影响。

二是为高校举办者观察高校运转提供数据库和资信。高校财务风险预警系统可由预警信息系统、预测系统、预警指标体系、预警准则、预警对策系统等构成。预警指标体系是对预警系统活动进行评价的指标体系，是预警系统开展识别、诊断、预控等活动的前提，其目的是为了使信息定量化、条理化和可操作。预警指标体系除了对潜在因素进行定量外，还对显现因素或现状信息进行定量。不同的高校，其指标体系会有所差异，但最重要的是选择敏感指标和主要指标，以便能真正反映高校所面临的风险。

三是为建立高校的投入产出效率模型数据库提供相对可靠的数据基础。高校财务风险预警系统中的财务数据构成了投入产出效率模型中投入信息最重要的内容，由于这些数据和信息来源于财务实时处理的第一线，不易人为的操纵和修改，具有相对可靠的真实性。

四是为高校管理者改进和提高财务管理水平、强化风险管理提供分析的线索和思路，以及提供决策的数据信息基础和理论依据。这里需要特别指出，我们构建的高校财务风险预警系统更多地着眼于运用相对指标的分析、风险等级阈值的确定、风险等级的划分，它不受学校规模的影响，更加适合于学校与学校之间的横向比较。风险预警系统是各高校了解和分析自身财务风险的有效工具，但是它更适合教育主管部门用于了解和分析所辖各高校财务风险状况。而高校现金流量表的分析方法，提供的主要是绝对值的数据，它受不同学校规模的影响，所以校际的横向可比性较差，但是它对特定学校历史数据的纵向可比性很强，通过对该校不同时期现金流量的对比分析，能更加清晰地揭示该校财务状况和财务风险的变化状况及原因。因此，对单个高校而言，现金流量表则是更为重要、有效的财务风险分析工具。总之，本书构建的高校财务风险预警系统和高校现金流量表，在基于现金流量分析基础上的高校财务风险分析及预警中各有侧重，可以起到互为补充的作用。

三、建立高校财务风险预警系统的基本原则

第一，科学性原则。财务风险预警的方法和指标设计必须科学。财务预警指标应能准确把握高校整体财务运行规律，掌握各组相关财务数据的内在联系，有效揭示高校各项运营活动的潜在风险。

第二，系统性原则。财务风险预警系统将高校作为一个整体来考虑，财务风险预警不仅要求指标具有先进性，而且要求对象必须具有完整性和全面性，对每一类风险的各个因素都予以充分考虑，做到指标不重复、不遗漏，使指标体系能够全面、真实地反映风险的全貌。

第三，预测性原则。系统对风险的监测要有分析运营趋势和预测未来的作用。财务风险预警系统侧重点在于依据高校各项运营活动中的历史数据资料，分析预测高校未来可能发生的情况，而不仅仅是对高校过去的运营绩效和受托管理责任的履行情况做出考核评价。所以，在设计高校财务风险预警指标时必须注意财务风险预警系统与财务评价系统的区别，并通过对潜在风险的监测，帮助高校采取有效措施加以防范。

第四，灵敏性原则。预警系统所选择的指标要能够灵敏地反映高校财务风险状况的主要方面，风险因素一旦萌生，相关指标值就能够迅速反映出来。这是高校财务风险预警的根本目的，财务风险预警的基本功能就是要敏感地反映高校财务运行状况的波动和异常情况。

第五，动态性原则。高校陷入财务危机是一个逐步的过程，通常是从财务正常发展到财务出现危机。因此，对高校财务风险的预警必须将高校的运营活动视为一个动态的过程，在分析高校过去运营状况的基础上，预判未来的发展趋势。从预警时间跨度上看，预警的时间越长，管理者应对的余地和选择就越充分。动态性原则还要求财务风险预警系统应根据社会、市场、高校等实际情况的变化和发展而不断修正、补充预警的内容，确保预警系统的先进性。

第六，会计核算体系为基础的原则。会计核算信息是相对可靠的定量分析的数据来源。财务风险预警系统应主要以现行会计核算体系为基础，以高校的财务报表、财务预算及其他相关的财务资料为依据。这样就能够较客观、容易地取得综合反映高校的偿债能力、运营能力、现金流量、发展能力等方面可信的相关数据。

第七，直观实用原则。预警是一种预报，即高校在运营情况及财务状况出现恶化或发生险情之前，能够及时地发出警示。直观性要求高校财务风险预警系统应非常直观地反映高校各项运营活动中的潜在风险，让财务风险预警系统的使用者容易理解和把握。

第八，定性和定量相结合的原则。高校财务风险预警系统不能只注重定量分析，还应结合必要的定性分析才能提高预警系统的实效性。定量分析建立在统计规律的基础上，对于特定方法都有统一的模式和统一的指标阈值，难以照顾到高校的个别情况。定性分析需要凭借分析者的经验对财务风险的趋势进行定性分析和判断，有时会比定量分析更加可靠和有效。例如，依据高校出现拖延和管制正常的报销支付、向银行贷款遭到拒绝等财务风险特征事件的出现，我们就可以比较容易地判断学校财务风险已经累积到相当的程度。定量与定性方法相互结合，取长补短，往往在管理实践中能够得到更为有效的结果。

第五节　基于现金流量模型的高校财务风险预警系统的设计

一、高校财务风险预警系统的整体架构

（一）高校财务风险预警系统的基本内容

在吸收国内外高校财务预警现有的研究成果基础上，我们认为建立有效的财务风险预警模型，应以现金流、财务指标和特征事件为考量基础，为高校的风险管理进行服务，从而有效地引导管理者在决策过程中，充分考虑影响决策的各种因素，采用定量和定性相结合的分析方法，运用科学的决策模型进行决策。因此，以现金流量模型为核心的高校财务风险预警系统包括三个判别基础，分别为现金流量模型、财务风险指标体系以及财务风险特征事件，如图10-3所示。

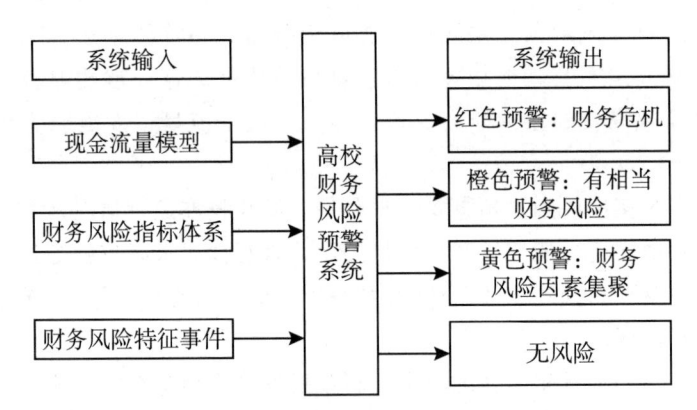

图10-3　基于现金流量模型的财务风险预警系统

（1）现金流量模型。优点，一是输入数据的可靠性相对比较强；二是可以动态反映和观察风险；三是更加贴近现实和人们的理解。不足之处，按目前我国高校财务管理的现实基础，要发挥该模型定量分析预测的功能尚需做出较大努力。

（2）财务风险指标体系。优点是理论分析比较充分，可以多视角考察财务风险，实践中使用的也比较多。不足之处，一是输入数据可操纵性较大，可靠性相对较弱，且时点数据的局限性也比较大；二是各指标对总体风险影响的权重较难确定。

（3）财务风险特征事件。优点是有时会比定量分析更加可靠和有效。不足之处，一是有赖于评估者个人的经验和判断力；二是有效的特征事件一旦出现，风险一般都累积到相当程度，预警的功能显得欠缺。

因此，三者合在一起判断风险，可以取长补短，增强风险的识别功能和识别可靠性。基于上述三个系统输入的各自特点，我们所设计的高校财务风险预警系统在具体应用时，其主要思路是以现金流量模型为核心评判模型，从现金流量视角定量描述高校的财务状况，从而可以分析和揭示高校财务风险的状况和走势；风险特征事件则为辅助评判模型，对高校财务风险进行定性补充的判定；财务指标体系是验证模型，其主要作用是对高校风险状况提供数据验证，并帮助高校及时、多维度地分析了解自身的财务状况。

（二）以现金流量模型做核心评判模型的特点

目前在理论和实践中，企业对现金流量的预测一般都采用定量方法。代表性的定量方法，一是根据历史财务资料，在资产负债表和利润表的基础上编制现金流量表来进行预测；二是根据历史数据，利用普通的预测方法直接对现金流量进行预测。常用的预测方法有：线性回归法、指数平滑法、移动平均法等。从我们对部属高校的问卷调查显示，目前几乎没有高校对现金流量进行预测。本书在提出高校现金流量表编制方法的基础上，探索建立基于高校财务信息化基础上自动生成的高校现金流量表，为开展高校现金流量的预测工作奠定基础。

如前所述，作为非营利的事业单位，高等学校财务风险不同于企业。高校财务风险归根到底是由高校运行中现金流入与流出状况所制约，流入大于流出，并且高于非付现成本，表明高校的财务状况较好，财务风险就较小；反之，高校面临财务风险就较大。因此，高校财务风险预警系统应该主要从现金流量的角度来识别和研判相应的风险。

现金流量是按收付实现原则来计量的，它与实际资金运动相一致。目前我国高校会计核算主要采用收付实现制原则，因此有一种观点认为可以简单地用收入和支出的实现来替代现金流入和流出的核算。应该看到，高校采用收付实现制的核算基础也不可避免地需要引入权责发生制的原理。例如，应收款项的确立，就是应收未收的收入，或者说应流入而未流入的现金流；又如，对外投资和收回投资、借入款项和归还借款，发生的现金流入和流出在收入支出表中均没有反映；再如，教育事业支出可能消耗的是库存材料，虽然发生了支出，但现金并未发生流出，等等。因而如同企业一样，高校收入支出与现金流入流出不相一致的客观性，决定了采用现金流量反映高校的实际支付能力、偿债能力、资金周转情况、财务状况和风险状况，对于高校财务风险管理更具实际意义。

相比以往各种类型的高校财务风险预警系统，基于现金流量的高校财务风险的预警系统的特点如下：

一是预警高校财务风险更具可靠性。高校货币资金的流入和流出是严格按照收付实现原则计算的，而且银行存款等货币资金的收入和支出信息需要与开户银行的对账单等资料核对吻合，现金流量的信息降低了人为操纵的可能性，相对而言比较真实、可靠。因此，以现金流量模型为核心评判模型的高校财务风险预警系统更具可靠性。

二是预警高校财务风险更具综合性。研判财务状况是研判财务风险的切入点和基础，而现金流量又是研判财务状况最核心的指针。现金流量综合反映了高校收支的配比、债权债务的平衡、资产结构的合理性、财务管理的能力、保障运行的支付能力等。我们还可以通过现金流量表去追溯和发现高校财务状况恶化和风险累积的具体原因。因此，以现金流量模型为核心评判模型的高校财务风险预警系统更具综合性。

三是预警高校财务风险更具有效性。高校财务最核心的任务就是通过开源节流、加强预算管理等手段和措施，保障学校事业发展的资金需求，最直接和现实的体现就是确保现实的支付能力。从本书上述的研究表明，这些年高校财务风险最直接、最突出的表现就是高校现实的支付能力发生困难乃至危机。以研判高校现金流量的进出、结构和趋势就能未雨绸缪，采取有针对性的措施，防患于未然，确保高校的现实支付能力顺畅。因此，以现金流量模型为核心评判模型的高校财务风险预警系统更具有效性。

（三）以风险特征事件做辅助评判模型的特点

财务风险特征事件是指在高校实际运行中对财务风险有明确表征意义的具体事件。由于财务风险特征事件的表征意义明确、具体，因此对于高校财务风险预警具有十分重大的意义。风险特征事件分析属于定性分析范畴，是对现金流量分析和财务指标分析的一种补充，是结合非量化因素，依靠分析人员以及有关风险专家的经验做出的判断。风险特征事件是在定量分析的基础上考虑是否提高财务风险预警等级的重要因素，这些因素大多不能量化，即使能够量化，但其在财务风险预警系统定量分析中的作用也不敏感，需要借助分析人员和有关风险专家的经验去识别、分析和应用。

1. 风险特征事件分析的主要优点

相对于基于现金流量和财务指标对财务风险进行的定量分析，风险特征事件分析往往对财务风险具有更强的判别力。

首先，克服定量和指标分析所固有的某些不足和缺陷。第一，由于组织和人的行为比较复杂，不能简单地将高校的各类运行活动数字化。即使实证分析考虑的因素比较全面、有效，但仍然不能穷尽客观世界中一些具有重大影响的偶发因素，不同的高校有其自身的特殊性，相对比较统一的指标体系和预测模型不能有效地适应所有不同高校财务风险预测的需要。第二，财务指标是由各种数字表达的，这些数字往往只反映了高校有关项目的表面现象，对于数字背后的真实情况是很难全部予以表达和揭示。例如，应收及暂付款项目，在分析报表中告诉我们的只是一个总数，到底有多少是刚刚发生的，有多少已经存续了很长时间了，有多少可能就是实际支出了，外人是无从知道的，而这些对于分析高校的真实支付能力具有重要的影响。第三，还有一些财务指标的假设前提存在先天缺陷，如反映偿债能力的主要指标，流动比率、速动比率和资产负债率，是以破产清算为前提的，主要着眼于资产的账面价值而忽视了融资能力以及运行中不断变化的偿债能力，或者说这些指标都是以一种静态的眼光来衡量偿债能力的。第四，财务指标还容易被内部人控制，内部人利用会计制度的灵活性，虚构某些事项或者采用挂账等手段，达到内部人希望达到的财务数据，操纵财务指标的现象便出现了。

其次，与定量和指标分析相结合会使财务风险的预测更加有效和直观。作为经验分析方法的风险特征事件分析，与基于现金流量和财务指标的定量分析相互结合，相互补充，才会使财务风险的预测更加有效和直观。例如，实际工作中可能某种风险特征事件已经发生了，但依据现金流量和财务指标分析时，实际测到的定量值尚未达到设定的标准阈值水平，因而未达到设定的财务风险等级，甚至只能预测该风险特征事件将要发生。在这种情景下，就需要依据风险特征事件的经验分析方法来确定财务风险的等级。

此外，由于风险特征事件分析的开放性，也使得不同的高校可以根据自身运行的特殊性和实践经验做出判断，对财务指标和现金流量分析的结果进行分析判断，及时充实和完善特征事件库，并从实际出发来调整财务风险预警等级。

2. 风险特征事件分析的主要缺点

财务风险预警中，没有绝对适用的方法和模型，任何方法和模型均有缺陷，风险特征事件分析也不例外。第一，风险特征事件分析的最大困难就是事件的选择。与财务指标相比，事件的选择带有较大的特殊性，需要根据经验判断和风险意识来确定。必须注意到，一些在历史上有效的财务风险特征事件，并不能确保现在及未来的有效性。第二，风险特征事件分析受到分析人员和有关专家的专业水平、历史经验、风险意识和对预警模型信赖程度等因素的很大影响。对于相同的事件，不同的分析人员和专家往往会做出不同的判断，这样就会影响到财务风险预警的最终结果。第三，财务风险预警信息传递的主要是高校运行不佳的信号，分析人员往往会有"厌恶风险"的偏好，采取消极的态度来"规避风险"，而不愿意谨慎看待已经发生的风险特征事件,这样风险特征事件分析在整个财务风险预警模型中的作用会就会受到影响。

二、基于现金流量模型的高校财务风险评价体系设计

(一)模型构建的思路

高校财务风险评价的目的是及时地揭示出高校资金运动过程中的各项风险,加强高校的资金管理。作为风险诊断工具,更加突出过程管理而非结果判别,强调对风险的防范而非对风险的补救。因此,那些由于现金流断裂造成的财务风险固然要披露,但本书设计的财务风险评价体系更注重捕捉风险积聚过程中所显现出来的各项征兆,以达到风险预警与监管的作用。在构建评价规则时需要注意两个核心:一是风险的分类化评价,二是风险的等级化评价。分类化评价要求选取一定的评价指标反映出高校总体运行、日常运营、投资以及筹资四类风险情况;等级化评价要求根据风险的危害程度进行定性划分。相较于目前财务风险评价中应用较多的排序评价法,本书的评价法试图兼顾描述财务风险的总体状况以及追溯风险等级下各项资金活动的具体表现。因此,总体评价思路就是先进行风险分类,再通过阈值与判别流程实现等级的划分。其关系通过图10-4来表现。

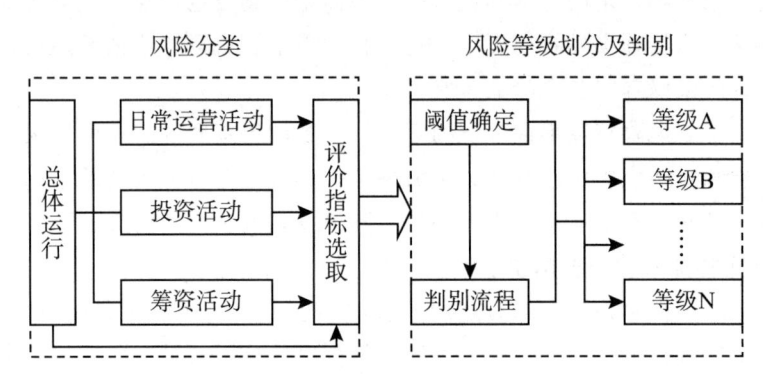

图10-4 风险评价体系的规则构建思路

具体地说,风险分类阶段主要找出能够反映资金活动中四类风险的评价指标;风险等级划分及判别阶段主要找出能够对评价指标进行风险等级划分的阈值以及建立判别流程,并据此给出高校风险的评估结果。值得注意的是,高校财务风险往往伴随高校发展呈现出阶段性的特征,表现在不同时期下,用于测度各项资金活动中的风险指标会有侧重点的差异,相应地,在各个等级的描述中风险表征也会反映出这种阶段性特点。因此,风险指标可以进行相应地调整与变动,但

是风险指标的选取与风险等级的表征应该具有相应的一致性。

（二）选取分类评价指标

就高校财务实践来看，通常影响日常运营风险、投资风险以及筹资风险的决定因素是运营非限定性收支平衡状况与限定性收支平衡情况、自筹基建支出情况以及贷款利息支出情况等内容，故代表性的评价指标选取可参考如下。

第一，总体运行风险。采用"期初现金余额＋本期运营收支结余"这一评价指标，用于说明高校运营总体收支平衡的状况以及期初现金结余的状况。该评价指标若大于零，则说明高校能够保持收支平衡，现金流转比较正常；而这一指标小于零，则表明高校现金流转已经出现问题。

第二，贷款风险。高校贷款额增加，相应的利息支出也会增加。同时高校所贷款项中相当一部分属于中长期性质，因此在各个年度中并不实际发生本金归还，但是利息支出则作为一项固定支出要定期支付，并且利息支出在目前高校中是必须由日常运营经费承担。当贷款数额较大，利息支出占日常运营支出的比重过大时，贷款的财务风险开始累积和显现，为此可以选用"利息支出占运营支出的比例"来作为贷款风险的评价指标，反映高校在这方面的风险状况。其中，运营支出包括高校的非限定性支出以及限定性支出两项内容。

第三，投资风险。根据前面对高校"投资"的界定，日常运营经费用于投资的主要流向是自筹基建，其经费来源为日常运营的收支结余，就此意义上考量，高校日常运营收支结余资金与用于基建支出的资金之间应具有匹配性。因此，对自筹基建等投资性资金流向的合理性判别我们用"投资及暂付款的现金净流量占本期运营收支结余的比重"这一评价指标。我们采用"投资及暂付款的现金净流量"反映用于自筹基建等投资性用途的资金流量，其数值上为现金流量表主表中的"本期非现金流动资产增加额"与"投资产生的现金净流量"的项目之差①。需要注意的是，这里所计算的自筹基建支出等投资性用途的现金净流出量，是忽略了投资收益以及不是用于高校自筹基建支出等方面的影响，使得该指标的计算值与实际自筹基建支出占收入的比例值有偏差。但该指标应用时计算口径一致，依然具有可比性，能够对高校的投资风险加以揭示。

第四，日常运营风险。对日常运营风险的考量从"限定性收支净额"以及"非限定性收支净额"两个方面分别进行分析。同时，为了做到各个高校之间运营风险具有相对的可比性，进一步设定了"非限定性收支净额与本期运营收支结余之比"这一评价指标，来关注运营活动产生的现金流量当中有多少来自高校非

---

① 因为高校的"投资产生的现金净流量"项目绝大多数为负值，故此处做减法来得到其现金流出量。

限定性活动的贡献。这样就用3个评价指标来综合考量高校的日常运营风险。

综上所述，选取6个评价指标能分别反映出高校不同类别的财务风险情况。这些指标的数据来源全部取自现金流量模型，计算较为简单。需要指出的是，选取不同的会计期间去采集和计算这些评价指标，现金流量模型所反映的风险状况会有所不同。例如，如果评价指标的计算是采用某一年度的现金流量数据，那么模型反映的是该年度的风险等级状况，有较强的时期针对性；如果评价指标的计算是采用几年的现金流量合计数据，那么模型所反映的是高校几年来总体的财务风险状况，更能够说明高校财务风险长期累积的效应和状况。

在6个评价指标中，"期初现金余额+本期运营收支结余""限定性收支净额""非限定性收支净额"是绝对值指标，尽管在高校之间不具可比性，但是可以从定性的角度对高校收支是否平衡进行揭示，同时也可以对同一高校进行历史的动态比较；"利息支出占运营支出的比例""投资及暂付款的现金净流量占本期运营收支结余的比重""非限定性收支净额与本期运营收支结余之比"是相对值指标，能够使高校在校际对贷款、投资、运营方面的风险进行比较，并以定量分析的方式对不同风险状况的高校予以区分。相对于采用财务指标进行的多变量风险评价模型而言，现金流量评价模型的6个评价指标避免了不同变量赋予不同权重，以及由此造成过分放大或缩小某一变量对风险判定的影响。

（三）设计风险等级

目前对高校财务风险评价较常采用的是排序方法，这种方法仅对位于序列两端的高校具有提示作用，而对于中间序列的高校只是指出其相对排名，具体该高校的风险程度如何并不加以反映。本书试图采用对高校财务风险进行等级划分的方法，这样就可以较为直接地描述出高校的财务风险总体状况，及时地对风险做出提示，并进一步追溯到该风险等级下具体评价指标的相应状况。

本书对高校财务风险进行等级划分，是从现金流量的角度出发，结合高校资金运动的特点，分别从总体运行情况、贷款情况、投资情况以及日常运营情况选取具有代表性的评价指标，根据高校在各个评价指标中的表现情况，将高校财务风险由低到高划分为不同的等级。根据我们的研究，通常影响贷款风险、投资风险与日常运营风险的决定因素是贷款利息支出情况、自筹基建支出情况、运营非限定性收支平衡状况与限定性收支平衡情况等内容，故不同风险等级中的特征描述将围绕这些内容展开。根据问卷调查和实证研究的结果，在基于现金流量模型的高校财务风险预警系统中，将风险等级状况设定如表10-6所示。

表10-6　　高校在不同财务风险等级下的财务活动特征表现

预警类型	现金流量状况
绿色	高校总运行经费、限制和非限制性经费都收支平衡，总体运行平稳，现金流转正常；高校无贷款或是有少量贷款，但是贷款总额及利息支出较少，能够随时安排资金作为还款保障；自筹基建贷款额相对较少
黄色	高校总体运营收支可以实现收支平衡，总体运行平稳，现金流转正常；贷款利息支出在其运营支出中的比例有所增加，形成相对稳定、固定的支出，但是尚未形成高校实际的财务负担；自筹基建支出比例有所增加，尚在高校自身支付能力范围之内，但是结余资金再用于安排其他事项的余地不大；限定性收支净额留有结余，非限定性收支净额已经达到入不敷出的境地，基本支出的赤字可以通过挤占限定性收支结余来缓解压力
橙色	在动用沉淀资金以及银行存款的状态下，高校总体运营收支仍能达到收支平衡，运行平稳，现金流转正常；高校的贷款额较大，需安排较大资金用于偿还贷款本息，逐渐形成高校实际的财务负担；自筹基建支出比例增大，已实际超出高校自身的支付能力，必须借助银行贷款来保证基建支出以及其他日常运营的资金所需；限定性收支净额仍有结余，但是用于弥补非限定性收支净额的赤字程度已是"杯水车薪"，需要另筹资金用于高校运营当中的正常支出
红色	高校总体运营已经难以达到收支平衡，出现入不敷出的状况，现金流转发生困难；但还可以得到银行贷款，动用银行贷款的数额较大，利息支出已成为沉重的财务负担，成为高校运营支出的一个重要组成部分；非限定性收支净额出现严重亏空，数额较大；限定性收支净额也出现了入不敷出的情况

一是绿色——安全等级。财务风险等级中最安全的层级。在各方面的资金管理上都比较谨慎，具有较强的风险应对能力。预算与预算执行情况良好，使得限定性收支净额与非限定性收支净额都有所结余，利用结余资金扩充学校基础建设，基础建设规模适当，利用贷款适当，贷款利息支出控制在学校能够承受的范围之内。因此，高校总运行状况安全、良好。

二是黄色——低风险等级。与安全情况相比，高校总体运行状况较为稳定。但可能存在一些隐患：由于预算或预算执行中的问题出现了非限定性收支净额为负值的情况；或者基础建设投入扩大对日常运营资金产生了一定的影响等。这一等级的风险尚不影响高校资金的日常运转，但高校要注意这些隐患，采取针对性的补救措施，加强相应的财务管理工作。在该等级下，高校财务风险因素正在逐渐聚集并有所显现。

三是橙色——较高风险等级。与低风险情况相比，高校总体运行状况基本稳定，但已经显现一定的困难。例如，维持高校正常运转的非限定性收支净额亏空较大，限定性收支的结余已不足以平衡非限定性收支差额所需的现金要求；或者基建投入已经需要相当数额的银行贷款来确保，贷款利息支出已逐渐成为高校的财务负担，对高校的运营产生一定的影响。对这类风险高校要充分重视，以防未然。该等级下，已经形成相当的财务风险预测。各种风险特征表现已经趋于稳定持续，高校为维持其正常运行除了动用大部分或全部的沉淀资金外，尚需借助部分银行贷款予以填补。

四是红色——高风险等级。风险程度最高的等级。处于该等级中的高校可能有两种情况，一种是在橙色等级的基础上财务状况出现了进一步恶化，另一种则是因为高校在某项特征中表现异常突出。可能有以下状况：高校已经需要依靠银行贷款维持日常资金的周转，从而贷款利息支出过大而成为正常运转的沉重负担；基建投入所需资金远远超过高校运营结余部分，严重影响高校日常运营；高校用于日常运营的非限定性收支净额亏空过多，靠挤占限定性资金结余尚不能弥补，甚至出现限定性收支自身也出现亏空的现象。该等级下，或多或少已影响到高校的日常运转，必须找出问题的症结所在，及时采取断然措施。

应用绿色、黄色、橙色以及红色等级来划分高校财务风险的安全与危害程度时，可以看到高校的风险等级与评价指标之间是具有匹配性的，即越是安全的等级，其评价指标的标准就越高。高校的现金流可能在某类资金运动方面表现较好，但是在其他方面表现较差，这样按照"木桶短板"理论，高校的财务风险还是处在较危险的等级，揭示了相应的风险，警示学校资金管理在具体方面所存在的不足，指出今后需要努力改进的地方。

（四）确定等级阈值

在等级划分的设计当中提到，处于不同等级下的高校在总体运行风险、贷款风险、投资风险以及日常运营风险上的特征表现会有不同，其原因在于高校自身财务状况所能达到哪个等级的评价指标的值，就会表现出该等级下对应各类风险中的特征。于是通过设定评价指标在不同等级上的判定条件来实现对高校财务风险等级的划分。在这一过程中，不同等级判定条件的设定就转化为界定相邻两个等级之间临界值的问题，即评价指标阈值的确定问题。通过观察上述6个评价指标的特点，3项绝对值指标的阈值只能从有无风险的角度，定性地进行粗略区分，因此阈值确定的关键即在于对3项相对值指标做出合理界定，据以对高校风险实行等级的区分。

在对评价指标进行阈值确定的过程中，我们采用了小样本下的经验确定法以及全样本下的统计分析方法，以求对阈值做较为科学、合理的界定。

根据高校财务风险等级划分所选取的 6 项评价指标自身的特点（见表 10 – 7），在阈值确定的过程中需要从定性、定量两个方面加以考虑。对于 a、d、e 3 个绝对值指标，通常会受到学校规模等因素的影响，于是在高校之间并不具有可比性的特点，但是按照"量入为出，收略大于支"的资金管理要求来看，这 3 个指标的数值为正且数值越大时，表明高校的资金保障越充足，应对各项风险的能力就越强，也就是用定性分析的方式来衡量高校的财务风险。而对于 b、c、f 3 个相对值指标，由于其具有在各高校之间可以相比较的特点，因而可对各个指标设定不同的阈值，从而可以用定量分析的方式对高校的财务状况进行等级的划分，由此对高校财务风险划分等级。

表 10 – 7　　　　　高校财务风险等级划分的评价指标

评价指标	变量设定	指标特点
期初现金余额 + 本期运营收支结余	a	绝对值指标
贷款利息支出/运营支出	b	相对值指标
投资及暂付款的现金净流量/本期运营收支结余	c	相对值指标
非限定性收支净额	d	绝对值指标
限定性收支净额	e	绝对值指标
非限定性收支净额/本期运营收支结余	f	相对值指标

为实现不同等级的划分，就要确定等级分类的边界值，即评价指标阈值的确定。阈值个数的选取则与最终划分的等级数目密切相关。根据上述研究所划分的四类风险等级，理论上每项评价指标需确定 3 个不同的阈值。阈值的选择往往要借助于科学的统计理论及方法。

（五）风险等级判别流程

等级划分的流程，实际上就是对高校财务风险，按照从整体到局部的层级顺序进行考察。总体运行没有出现风险，并不代表贷款、投资以及运营方面没有风险；但是总体运行一旦表现出了风险，必然表明其具体的资金管理活动中出现了较大的风险。等级判别的流程包含三个步骤：一是对总体运行风险进行初步诊断，判别高校是否已进入风险最大的等级范围；二是对分类资金活动的风险进行分别诊断，将高校自身财务状况及指标值与相应评价指标中的阈值做比较，考察各类风险的情况；三是综合诊断，综合考虑总体风险与各类风险的等级结果，最终确定高校的风险等级。一般来说，高校最终的财务风险等级取决于总体风险等级与各类风险等级中的最差等级，即按照"木桶短板"原理来确定。

（六）评价结果运用

风险等级划分的最终结果，在个体层面上，用于描述一定时期内具体高校的财务风险状况；在整体层面上，则可以揭示各个风险等级的高校分布情况，以反映这一时期高校财务风险的整体状况及程度，为教育主管部门对高校的财务风险管理提供依据。

由于高校财务风险的等级评价是对总体风险及分类风险情况的综合反映，所以对具体高校风险产生的原因，可以通过日常运营风险、投资风险、筹资风险中的单因素、双因素及三因素分析予以确定，由此诊断出该校应着重加强哪类具体风险的管理；同时对教育主管部门而言，可以通过汇总各高校风险产生的原因，对导致这一时期高校整体财务风险的分布和原因进行诊断及评价。

三、基于风险特征事件的高校财务风险评价设计

（一）特征事件选择的基本原则

第一，风险特征事件不宜过多。高校财务风险主要表现为现金短缺、入不敷出，支付发生困难乃至现金断流，所选择的财务风险特征事项主要针对这些财务风险的表现，并与这些表现形式有直接或间接的因果关系。特征事件数量不宜过多，数量太多不利于预警模型的有效运行。

第二，风险特征事件要强烈有效。引入非定量的经验分析方法的目的，就是要弥补财务指标和现金流量分析的不足，增强财务风险预警的准确性和有效性。因此，所选定的风险特征事件相对于财务指标体系和现金流量模型，应更能揭示和表征高校运行中的现金流量风险，所以特征事件的强烈有效是最重要的要求。

第三，风险特征事项要具有开放性。由于不同的高校有不同的运行特点，不同的发展时期高校财务风险有不同的侧重点和表现，因此所选定的风险特征事项应具有开放性，以适应不同学校和不同发展时期的特殊性。具体设计中，可以在预警系统中形成较少数量的"财务风险特征事件库"，分析人员可以根据具体情况和历史经验进行判断和选择使用。

（二）选取代表性风险特征事件

一是内部控制严重缺乏有效性。杨周复、施建军（2002）[1]认为，加强学校

---

[1] 杨周复，施建军. 大学财务综合评价研究 [M]. 北京：中国人民大学出版社，2002：61-65.

财务的内部控制和会计制度管理规范,是防止资产和资金流失,加强财务管理安全和防范财务风险的有效措施。健全和有效的内部控制对高校的健康运行提供了一个合理的保证,是防范财务风险的基础工作。基于 1992 年 COSO① 公布的《内部控制——整体框架》的基本思想,我们把高校内部控制的健全和有效作为财务风险预警的一个财务风险特征事件。内部控制严重缺乏有效性,即意味着高校财务风险因素的集聚和防范风险能力的下降,甚至意味着财务危机将要发生。

二是对正常支出实行各种拖延支付的约束和管制。一段时期以来,高校财务的实践表明,当高校开始对按预算计划的经费支出、科研项目经费支出等正常的支出,实行各种拖延支付的约束和管制时,高校一定出现了现金流非正常的短缺。如果不针对产生的问题做出有效的应对措施,任其发展延续下去,高校就会面临现金断流的危机。

三是向银行借款遭到拒绝或发生困难。高校向银行借款遭到拒绝或发生困难,或许也意味着现金断流的风险。如果是因高校运行性质的需要而向银行借款,则表示财务危机即将形成。同时也需注意,向银行借款遭到拒绝或发生困难的判断有很大灵活性,要根据政府对高校贷款的导向政策和各金融机构对高校贷款的具体政策倾向和要求进行评估,可能因为不同高校所处的地区不同、隶属关系不同、学校类型不同而有较大差异。

四是校办产业或其他对外投资遭遇重大财务风险。校办产业或其他对外投资遭遇重大财务风险,而高校并无有效的应对措施,这种风险就会逐步传递到高校,或由高校承担相应的连带责任,影响高校财务的健康运行,从而导致高校现金支付金额突然增大,现金短缺,乃至现金断流。

也有研究认为特征事件内部指标可设计为七项:(1)正常预算支出延期支付的金额和比例;(2)当年银行贷款利息超过当年校级预算中公用经费的金额和比例;(3)举债超过标准值规模的金额和比例;(4)发生有一定影响的资金运作和校办产业财务风险事件;(5)财务状况连续失衡;(6)向银行贷款受到拒绝;(7)存在资金运作和校办产业的重大隐患等。

在基于现金流量模型的高校财务风险预警系统的设计上,上述(1)(2)(3)三项可以并在财务风险指标体系中,并考虑增加其权重;上述(4)(5)(6)三项可以作为重要的财务风险特征事件,并考虑各内部指标权重。

(三) 基于风险特征事件的高校财务风险排序评价

对于财务风险特征事件对高校财务健康运行的后果影响程度,我们使用基于

---

① COSO 是美国反虚假财务报告委员会下属的发起人委员会(The Committee of Sponsoring Organizations of The Treadway Commission)的英文缩写。

不确定有序加权平均（UOWA）算子的多属性群决策方法来评估并进行排序。

1. 设定决策者集、权重向量集、特征事件集和评价属性集

财务风险预警模型中决策分析人员和有关专家构成决策者集：

$$D = \{d_1, d_2, \cdots, d_m\}$$

根据每位决策者的专业水平、工作性质和历史经验产生其权重向量集：

$$\omega = (\omega_1, \omega_2, \cdots, \omega_m)$$

$$\omega_k \in [0, 1], \sum \omega_k = 1$$

所选定的财务风险特征事件构成事件集：

$$A = \{A_1, A_2, \cdots, A_t\}$$

决策者对财务风险特征事件的评价构成评价属性集：

$$I = \{I_1, I_2, \cdots, I_n\}$$

2. 构建加权群体决策矩阵

首先，设决策者 $d_k \in D$ 给出方案 $A_i \in A$ 在属性 $I_j \in I$ 下的属性值为 $\beta(k)_{ij}$，从而构成决策矩阵：

$$R_k = (a(k)_{ij}) t \times n$$

其中，$a(k)_{ij} = [p(k)_{ij}, q(k)_{ij}]$；

$k = 1, 2, \cdots, m$；

$i = 1, 2, \cdots, t$；

$j = 1, 2, \cdots, n$。

其次，利用 UOWA 算子对决策矩阵 $R_k = (a(k)_{ij}) t \times n (k = 1, 2, \cdots, m)$ 中第 i 行的属性值进行加权集成，得到决策者 d_k 所给出的方案 A_i 的综合属性值：

$$a(k)_i = UOWA(a(k)_{i1}, a(k)_{i2}, \cdots, a(k)_{in})$$

$$k = 1, 2, \cdots, m$$

$$i = 1, 2, \cdots, t$$

从而得到群体决策矩阵：

$$R = (a(k)_i) m \times t$$

最后，利用决策者的权重向量 $\omega = (\omega_1, \omega_2, \cdots, \omega_m)$ 和平衡系数 m 将群体决策矩阵 $R = (a(k)_i) m \times t$ 的第 k 行乘以 $m\omega_k$，得到加权群体决策矩阵：

$$R = (b(k)_i) m \times t$$

3. 利用可能度矩阵对特征事件后果影响程度进行排序

首先，利用区间数比较的可能度公式对 $R = (b(k)_i) m \times t$ 中的第 i 列数据进行排序，得到第 i 列数据的排序向量 $\phi_i = (\phi_{i1}, \phi_{i2}, \cdots, \phi_{im}) (i = 1, 2, \cdots, t)$。

其次，利用 UOWA 算子计算得到方案 A_i 的群体综合属性值 $a_i (i = 1, 2, \cdots, t)$：

$$a_i = w_1 b\sigma(1)_i + w_2 b\sigma(2)_i + \cdots + w_m b\sigma(m)_i$$

其中，$b\sigma(k)_i$ 是 $b(1)_i$，$b(2)_i$，…，$b(m)_i$ 中第 k 个最大元素。

最后，利用区间数比较的可能度公式对区间数 $a_i(i=1,2,…,t)$ 进行比较并建立可能度矩阵，得到排序向量 $\phi = (\phi_1, \phi_2, …, \phi_t)$，因此得到所选择的财务风险特征事件对高校财务健康运行影响程度的等级排序。

第六节 基于现金流量模型的高校财务风险预警系统的应用

前述实证研究表明，2003~2007 年是我国高校扩招、财务风险较为集中的阶段。使用这一阶段数据进行预警系统设计的应用试算，能够较好地体现财务风险的持续性效应及累积性效应，同时还可以用教育界关于该时期高校财务风险的反思和总结作为预警系统设计有效性的验证。因此，本节应用上一节设计的基于现金流量模型的高校财务风险预警系统，选取 76 所部属高校 2003~2007 共计 5 年的合计财务数据作为研究算例，通过 6 项指标各风险等级的阈值确定，运用风险等级判别流程，划分出 76 所高校在此期间的风险等级分布情况，并进行分析评价及原因诊断。

一、高校财务风险等级阈值的确定

风险测评过程是基于编制完成的部属高校 2003~2007 年间的现金流量表，以及前文设计的 6 项评价指标及 4 个风险等级。通过观察评价指标的特点，对绝对值指标的阈值从有无风险的角度定性地进行粗略区分，对相对值指标的阈值通过小样本下的经验确定法以及全样本下的统计分析方法予以确定。

（一）经验阈值确定

在经验法下，我们选取了 15 所样本学校，包括上海市全部 8 所教育部直属高校以及随机抽取了全国另外 7 所教育部直属高校。根据 15 所高校的 2003~2007 年的资产负债表、收入支出表、银行贷款情况统计表编制出相应的现金流量表，并计算得出以 5 年现金流量的合计数为基础的 6 个评价指标的具体数值。再通过对高校财务工作者实际工作经验的总结和分析判断，确定了各评价指标的阈值，如表 10-8 所示。

表 10 – 8　　　　　　　经验法下评价指标的阈值

评价指标	绿色	黄色	橙色	红色
期初现金余额 + 本期运营收支结余（a）	a > 0	a > 0	a > 0	a < 0
贷款利息支出/运营支出（b）	b < 5%	b < 5%	b ≥ 5%	b ≥ 10%
投资及暂付款的现金净流量/本期运营收支结余（c）	c < 1	c < 1.5	c < 3	c ≥ 3
非限定性收支净额（d）	d > 0	—	—	—
限定性收支净额（e）	e > 0	—	—	—
非限定性收支净额/本期运营收支结余（f）	—	f > −0.5	f > −1	f ≤ −1

在此基础上，形成对不同风险等级的划分，如表 10 – 9 所示。

表 10 – 9　　　　　　以经验阈值为依据的等级划分

划分依据	绿色等级（同时满足以下条件）	黄色等级	橙色等级	红色等级（满足以下条件之一）
条件 1	期初现金余额 + 本期运营收支结余 a > 0	期初现金余额 + 本期运营收支结余 a > 0	期初现金余额 + 本期运营收支结余 a > 0	期初现金余额 + 本期运营收支结余 a < 0
条件 2	贷款利息支出与运营支出之比 b < 5%	贷款利息支出与运营支出之比 b < 5%	贷款利息支出与运营支出之比 b ≥ 5%	贷款利息支出与运营支出之比 b ≥ 10%
条件 3	投资及暂付款的现金净流量与本期运营收支结余之比 c < 1	投资及暂付款的现金净流量与本期运营收支结余之比 c < 1.5	投资及暂付款的现金净流量与本期运营收支结余之比 c < 3	投资及暂付款的现金净流量与本期运营收支结余之比 c ≥ 3
条件 4	非限定性收支净额 d > 0	非限定性收支净额与本期运营收支结余之比 f > −0.5	非限定性收支净额与本期运营收支结余之比 f > −1	非限定性收支净额与本期运营收支结余之比 f ≤ −1
条件 5	限定性收支净额 e > 0	—	—	—

对 15 所高校应用经验阈值进行风险等级划分发现，结果与其他学者根据排序法所得到的风险评定结果具有一定的匹配性。验证了利用经验法确定的阈值具有可行性及合理性。但是对于小样本而言，得到的阈值只能代表 15 所高

校的情况，是否能够应用到部属高校中还需进一步检验。此外，阈值的确定在经验法下存在主观性强的特点，不同的专家见仁见智，就会出现同一指标值在不同的阈值界定下，同一高校的风险可能会被评价到不同的风险等级中去，因此，阈值的界定还需要完善科学依据。为此，我们采用较为科学的统计方法，以 76 所部属高校 2003~2007 年的全样本数据为基础，按现金流量合计数据计算出每个高校 6 个评价指标的具体数值，然后逐一界定各评价指标的阈值。

（二）统计方法确定阈值

在统计方法应用中，对于给定的一个数据集，如何用较好的方法选择一个适当的阈值，许多学者提出了不同的方法和工具，如平均超出量图、Pareto 分位数图及各种 Hill 图[①]。其中 Hill 估计是一种很便捷的阈值选取方法[②]。在实际应用中，又有很多学者对传统方法进行改进，以实现阈值的定量精确选取，如宋加山等（2008）[③] 提出采用变点统计理论对 Hill 估计方法做出改进。在他们的改进过程中提到，利用变点就是模型中的某些或某个量起突然变化之点，这种突然变化往往反映事物某种质的变化。随后，他们利用 Hill 图中斜率变点处前后两段数据的回归系数值的差分进行比较，找到差分的最大值然后确定出阈值。我们由此借鉴 Hill 估计中对数据进行升序排列以及变点统计理论中关于变点的思想，对 3 项相对值指标的阈值界定采用平均值及异常值相结合的方法。而对 3 项绝对值指标则通过实际工作经验定性地将高校进行分类并确定阈值。具体过程如下：

1. 选取确定阈值的方法

选用不同的阈值确定方法会造成最后结果具有不同程度的差异性，即使在同一种方法下所取得的阈值，也只能得到一个近似的估计。而我们则希望达到通过一个大致的阈值能够对高校的整体风险做出划分的目的，并不强调阈值的精度。因此在阈值的方法选择上，首要考虑是否可以应用较为成熟的 Hill 估计。我们以部属高校 2003~2007 年的现金流量合计数为依据，对 b、c、f 三个相对值指标做描述统计后发现（见表 10-10），只有 b 指标不具有厚尾现象（峰度 Kurtosis > 3，即表示具有厚尾现象）。

[①] 史道济，张春英. 尾部指标估计中的阈值选择 [J]. 天津理工大学学报，2006 (6)：78-81.
[②] Reiss R D, Thomas M, Reiss R D. Statistical Analysis of Extreme Values [J]. Birkhäuser Verlag Basel, 1997, 106 (A6)：10915-10921.
[③] 宋加山，李勇，彭诚，等. 极值理论中阈值选取的 Hill 估计方法改进 [J]. 中国科学技术大学学报，2008 (9)：1104-1108.

表 10 – 10　　　　　b、c 和 f 评价指标的描述性统计

评价指标	个数	最小值	最大值	平均值	标准差	偏度		峰度	
	统计量	统计量	统计量	统计量	统计量	统计量	标准误差	统计量	标准误差
货款利息支出/运营支出（b）	76	0	10%	2.45%	2.363%	1.362	0.276	1.597	0.545
投资及暂付款的现金净流量/本期运营收支结余（c）	76	-2.59	12.67	1.6483	1.6341	4.129	0.276	28.145	0.545
非限定性收支净额/本期运营收支结余（f）	76	-5.50	0.88	-0.4346	1.0042	-2.667	0.276	10.479	0.545

对于服从厚尾分布的 c 和 f 指标，由于 76 个样本观测值 X 满足相互独立的假设前提条件，可将其按照升序排列，得到次序统计量 $x_{(i)}$，满足 $x_{(i)} \geq x_{(i-1)}$，i = 2，3，…，n，然后利用 Hill 估计量计算方法来确定阈值[①]。

$$\gamma(k) = \frac{1}{k}\sum_{j=1}^{k}(\ln x_{(n-j+1)} - \ln x_{(n-k)})$$

$$(k = 1, 2, \cdots, n-1)$$

但是由于该方法的计算量较大，同时 b、c、f 指标不同时具有厚尾现象，因此无法对具有相对值指标特点的评价指标应用统一的方法进行阈值确定。

另外，宋加山等（2008）[②] 所提到的利用变点统计理论中，指出变点就是模型中的某些或某个量起突然变化之点，这种突然变化往往反映事物某种质的变化。在对 Hill 估计做出改进的过程中，就是利用 Hill 图中斜率变点处前后两段数据的回归系数值的差分进行比较，找到差分的最大值然后确定出阈值。我们借鉴 Hill 估计中对数据进行升序排列以及变点统计理论中关于变点的思想，设计一种较为简易的方法来确定评价指标的阈值。

具体思路如下，首先是对各个指标分别进行升序排列。其次是对于 3 项具有相对值指标特点的评价指标，其阈值确定采用平均值及异常值相结合的方法。我们先计算出序列中前后两个数据的差分；由于高校中总是存在异常好以及异常差的数据点，因此可通过观察差分来找出突然变化的点（异常值），此点即作为阈

---

① 叶五一，缪柏其. 应用改进 Hill 估计计算在险价值 [J]. 中国科学院大学学报，2004（3）：305 – 309.

② 宋加山，李勇，彭诚，等. 极值理论中阈值选取的 Hill 估计方法改进 [J]. 中国科学技术大学学报，2008（9）：1104 – 1108.

值；如果剔除异常类别之后，差分序列变化较为平稳，无法直接观察到突变点，则采用算数平均数的方法将高校分为平均水平之上的类别以及平均水平之下的类别。最后是对于3项具有绝对值指标特点的评价指标，由于高校之间不具有可比性，因此可以通过实际工作经验定性地将高校进行分类，相邻两个类别之间的临界值即为需要确定的阈值。

2. 阈值的计算确定

我们先对相对值指标的阈值进行界定，再对绝对值指标的阈值进行界定。

（1）b：贷款利息支出/运营支出。b指标值越大，代表高校的贷款风险越高。将b指标按升序排列后如图10-5所示，可以看出，前面数值变化较为平稳，最后6所高校变化较为突然，表明这6所高校的贷款风险异常突出。

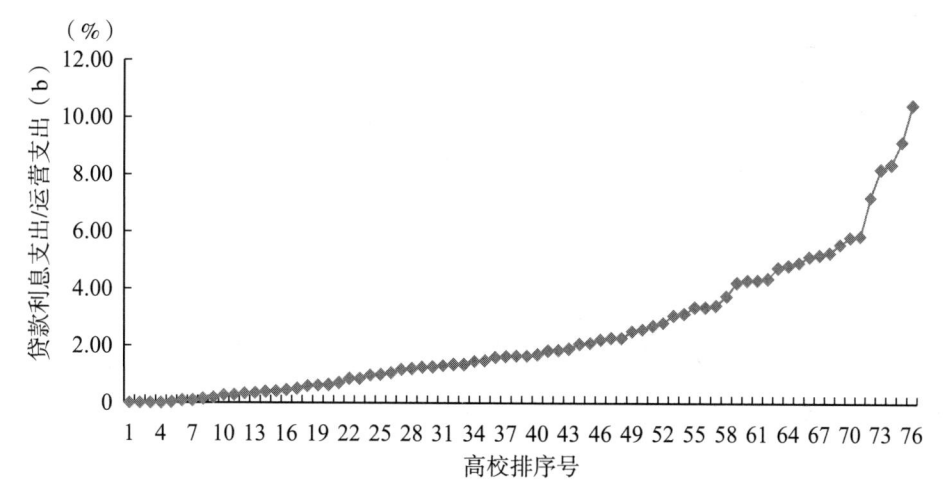

图 10-5　部属高校 b 评价指标的升序排列

计算b指标的差分序列，如表10-11所示。

表 10-11　　　　部属高校 b 评价指标的一阶差分　　　　单位：%

序号	b	差分	序号	b	差分	序号	b	差分	序号	b	差分
1	0	—	7	0.09	0.01	13	0.35	0.02	19	0.61	0.02
2	0	0	8	0.14	0.05	14	0.39	0.04	20	0.63	0.02
3	0	0	9	0.19	0.05	15	0.41	0.02	21	0.70	0.07
4	0	0	10	0.27	0.08	16	0.45	0.04	22	0.85	0.15
5	0.02	0.02	11	0.28	0.01	17	0.50	0.05	23	0.85	0
6	0.08	0.06	12	0.33	0.05	18	0.59	0.09	24	0.97	0.12

续表

序号	b	差分	序号	b	差分	序号	b	差分	序号	b	差分
25	0.99	0.02	38	1.65	0.02	51	2.71	0.13	64	4.83	0.08
26	1.05	0.06	39	1.65	0	52	2.81	0.10	65	4.93	0.10
27	1.17	0.12	40	1.70	0.05	53	3.07	0.26	66	5.14	0.21
28	1.20	0.03	41	1.83	0.13	54	3.14	0.07	67	5.20	0.06
29	1.25	0.05	42	1.85	0.02	55	3.37	0.23	68	5.28	0.08
30	1.26	0.01	43	1.90	0.05	56	3.37	0	69	5.57	0.29
31	1.31	0.05	44	2.07	0.17	57	3.43	0.06	70	5.81	0.24
32	1.35	0.04	45	2.10	0.03	58	3.76	0.33	71	5.86	0.05
33	1.35	0	46	2.22	0.12	59	4.23	0.47	72	7.21	1.35
34	1.46	0.11	47	2.28	0.06	60	4.31	0.08	73	8.21	1.00
35	1.48	0.02	48	2.28	0	61	4.32	0.01	74	8.38	0.17
36	1.60	0.12	49	2.51	0.23	62	4.37	0.05	75	9.16	0.78
37	1.63	0.03	50	2.58	0.07	63	4.75	0.38	76	10.45	1.29

对 b 指标的差分做柱形图，如图 10-6 所示。

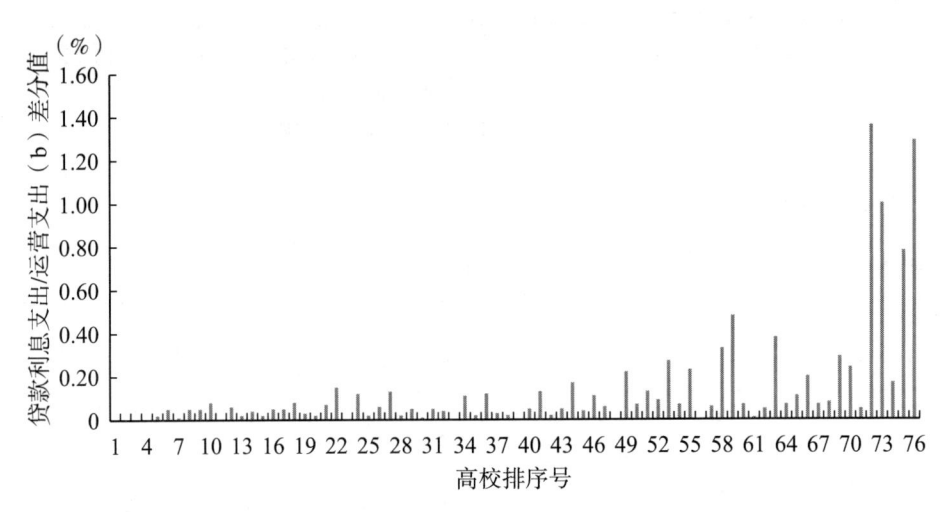

图 10-6 部属高校 b 评价指标的一阶差分柱状图

结合 b 指标的原始数据升序排列及差分柱状图可以直观地看出异常差的高校，在第 72 个数据点处，$\Delta b = 7.21\% - 5.86\% = 1.35\%$ 发生明显突变，因此可确定异常差类的阈值为 6%。同时观察发现，b 指标中并没有异常好的高校（Δb 变化不大）。从差分柱状图中可以看出，第 49 个数据点处，Δb = 2.51% - 2.28% = 0.23%，该数据点之前的数据变化较为平稳，但是该点之后的数据增幅都较大，因此可确定该点的阈值为 2.5%。在第 59 个数据点处又出现了一个突变，该点前面的数据增幅较大，后面的增幅相对较少，此处的 Δb = 4.23% - 3.76% = 0.47%。由此可界定阈值为 4%，可将剩下的数据再分为两类。

综上所述，b 指标的阈值可确定为 2.5%、4% 和 6%。

（2）c：投资及暂付款的现金净流量/本期运营收支结余。c 指标值越大，代表高校的投资风险越高。将 c 指标按照升序排列后如图 10-7 所示。可以看出，c 指标两段均存在异常值。

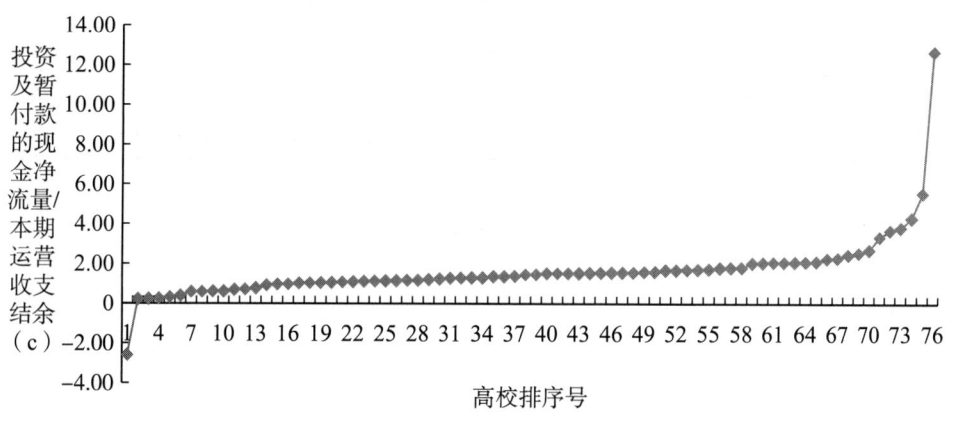

图 10-7 部属高校 c 评价指标的升序排列

计算 c 指标的差分，如表 10-12 所示。

表 10-12　　　　　部属高校 c 评价指标的一阶差分

序号	c	差分	序号	c	差分	序号	c	差分	序号	c	差分
1	-2.59	—	8	0.60	0	15	0.97	0.04	22	1.10	0.02
2	0.23	2.82	9	0.62	0.02	16	0.98	0.01	23	1.12	0.02
3	0.24	0.01	10	0.62	0	17	1.03	0.05	24	1.13	0.01
4	0.26	0.02	11	0.70	0.08	18	1.04	0.01	25	1.14	0.01
5	0.33	0.07	12	0.72	0.02	19	1.05	0.01	26	1.15	0.01
6	0.40	0.07	13	0.78	0.06	20	1.06	0.01	27	1.17	0.02
7	0.60	0.20	14	0.93	0.15	21	1.08	0.02	28	1.17	0

续表

序号	c	差分	序号	c	差分	序号	c	差分	序号	c	差分
29	1.21	0.04	41	1.52	0	53	1.70	0.02	65	2.11	0.02
30	1.24	0.03	42	1.52	0	54	1.71	0.01	66	2.26	0.15
31	1.28	0.04	43	1.52	0	55	1.73	0.02	67	2.29	0.03
32	1.29	0.01	44	1.54	0.02	56	1.79	0.06	68	2.45	0.16
33	1.30	0.01	45	1.55	0.01	57	1.80	0.01	69	2.54	0.09
34	1.30	0	46	1.56	0.01	58	1.81	0.01	70	2.70	0.16
35	1.36	0.06	47	1.56	0	59	2.03	0.22	71	3.35	0.65
36	1.36	0	48	1.56	0	60	2.05	0.02	72	3.68	0.33
37	1.38	0.02	49	1.59	0.03	61	2.07	0.02	73	3.81	0.13
38	1.46	0.08	50	1.60	0.01	62	2.07	0	74	4.29	0.48
39	1.47	0.01	51	1.68	0.08	63	2.08	0.01	75	5.54	1.25
40	1.52	0.05	52	1.68	0	64	2.09	0.01	76	12.67	7.13

对差分序列做柱状图，如图 10 - 8 所示。

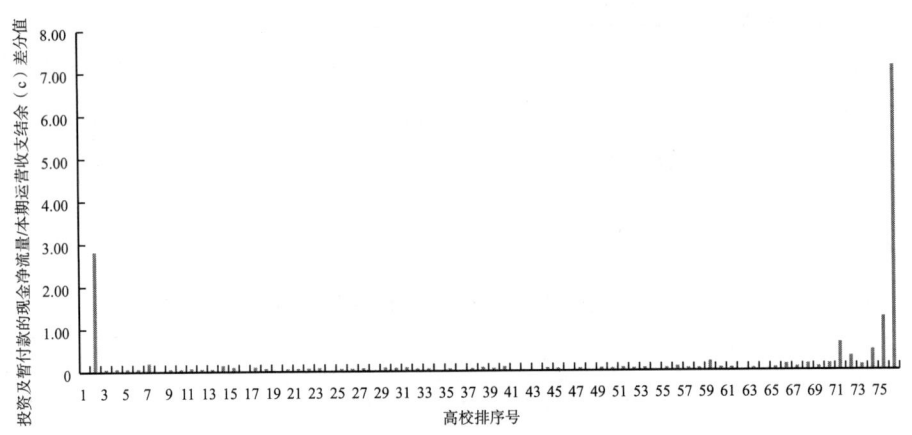

图 10 - 8　部属高校 c 评价指标的一阶差分柱状图

从图 10 - 8 中可以看到，在第 2 个数据点处，有一个较为明显的突变，Δc = 0.23 - (- 2.59) = 2.82。c 指标为投资及暂付的现金净流量与本期运营收支结余之比，从该指标的实际意义可以看出，负值代表该校的本期运营收支情况较差。因此可以界定阈值为 0，将负值的数据纳入异常差类当中。同时，在第 71 个数据点处，Δc = 3.35 - 2.70 = 0.65，在该点之后，c 值的增幅迅猛，最大增幅达到 7.13，故此处界定阈值为 3。另外，观察第 59 个数据点左右两部分，左边增幅极其微小,而该点右侧的增幅相对较大。因此判断该点也是一个突变点。此处 Δc = 2.03 - 1.81 = 0.22,故此处的阈值可设定为 2。至于该点之前的数据 [0.23,1.81],变化较为平稳,于是采用平均值的算法界定阈值,经过计算得出,此区间的平均值在 1.19,其左右相邻的数据分别为 1.17 和 1.21,为了使阈值设定简便,此处采用 1.2 作为阈值。

综上所述,c 指标的阈值可确定为 0、1.2、2 以及 3。其中,根据评价指标的实际含义,c < 0 以及 c > 3 均应列入异常差类当中。

(3) f:非限定性收支净额/本期运营收支结余。f 指标值越小,代表高校的运营风险越大。将 f 指标按照升序排列后如图 10 - 9 所示。可以看出,异常值出现在序列的左侧,表明位于左侧的高校运营风险比较突出,并且表现出差异性较大的特点。

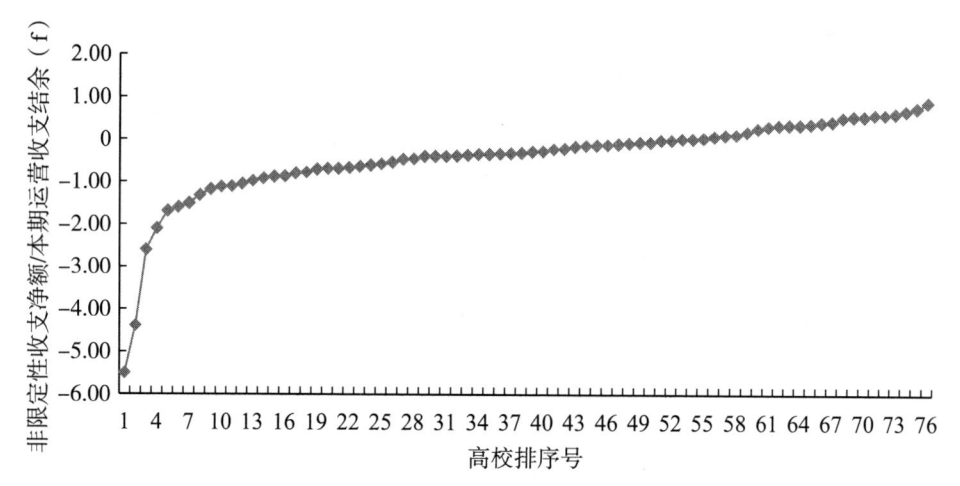

图 10 - 9 部属高校 f 评价指标的升序排列

计算 f 指标的差分,如表 10 - 13 所示。

表 10 - 13   部属高校 f 评价指标的一阶差分

序号	f	差分	序号	f	差分	序号	f	差分	序号	f	差分
1	-5.50	—	7	-1.51	0.09	13	-0.98	0.07	19	-0.71	0.07
2	-4.39	1.11	8	-1.32	0.19	14	-0.92	0.06	20	-0.69	0.02
3	-2.60	1.79	9	-1.18	0.14	15	-0.88	0.04	21	-0.69	0
4	-2.10	0.50	10	-1.12	0.06	16	-0.87	0.01	22	-0.67	0.02
5	-1.69	0.41	11	-1.11	0.01	17	-0.80	0.07	23	-0.64	0.03
6	-1.60	0.09	12	-1.05	0.06	18	-0.78	0.02	24	-0.61	0.03

续表

序号	f	差分	序号	f	差分	序号	f	差分	序号	f	差分
25	-0.58	0.03	38	-0.32	0.01	51	-0.02	0.05	64	0.35	0
26	-0.54	0.04	39	-0.29	0.03	52	-0.02	0	65	0.37	0.02
27	-0.47	0.07	40	-0.28	0.01	53	0.01	0.03	66	0.41	0.04
28	-0.46	0.01	41	-0.23	0.05	54	0.01	0	67	0.43	0.02
29	-0.40	0.06	42	-0.22	0.01	55	0.03	0.02	68	0.52	0.09
30	-0.40	0	43	-0.17	0.05	56	0.07	0.04	69	0.55	0.03
31	-0.40	0	44	-0.15	0.02	57	0.10	0.03	70	0.55	0
32	-0.39	0.01	45	-0.14	0.01	58	0.11	0.01	71	0.59	0.04
33	-0.37	0.02	46	-0.13	0.01	59	0.18	0.07	72	0.59	0
34	-0.35	0.02	47	-0.11	0.02	60	0.26	0.08	73	0.62	0.03
35	-0.35	0	48	-0.09	0.02	61	0.31	0.05	74	0.68	0.06
36	-0.34	0.01	49	-0.07	0.02	62	0.34	0.03	75	0.75	0.07
37	-0.33	0.01	50	-0.07	0	63	0.35	0.01	76	0.88	0.13

对 f 指标的差分做柱状图，如图 10-10 所示。

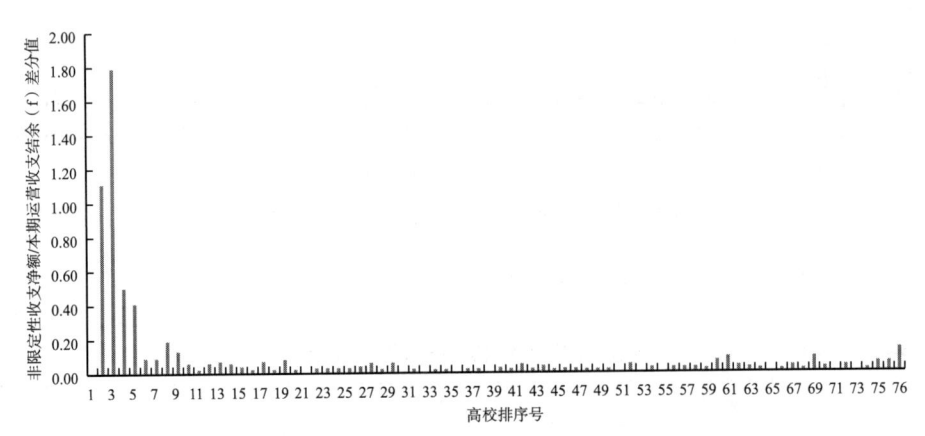

图 10-10 部属高校 f 评价指标的一阶差分柱状图

图 10-10 中会明显发现尽管左边序列的差分值较为突出，但是差分值却在逐渐缩小，在第 8 个数据点时差分却又突然增高，发生突变。此处的 $\Delta f = (-1.32) - (-1.51) = 0.19$，所以可以界定阈值为 -1.50。此后在 27 个数据点处也发生了突变，该点左侧的差分值较该点右侧的差分值高。此处的 $\Delta f = (-0.47) - (-0.54) = 0.07$，由此可以界定该点的阈值为 -0.5。随后自第 51 个数据点开

始,差分值开始增大,此处 Δf =(-0.02)-(-0.07)=0.05,但是由于在原始序列当中,有两个数据点均为 -0.02,因此调整阈值在 -0.02~0.01 之间,故设定阈值为 0。

综上所述,f 的阈值可设定为 -1.5、-0.5 以及 0。

(4) a:期初现金余额 + 本期运营收支结余。① 将 a 指标按照升序打出散点图(见图 10-11),由于本期运营收支结余是 5 年的合计数,高校都能够达到该指标大于 0 的条件。由此设定 a 指标的阈值为 0。

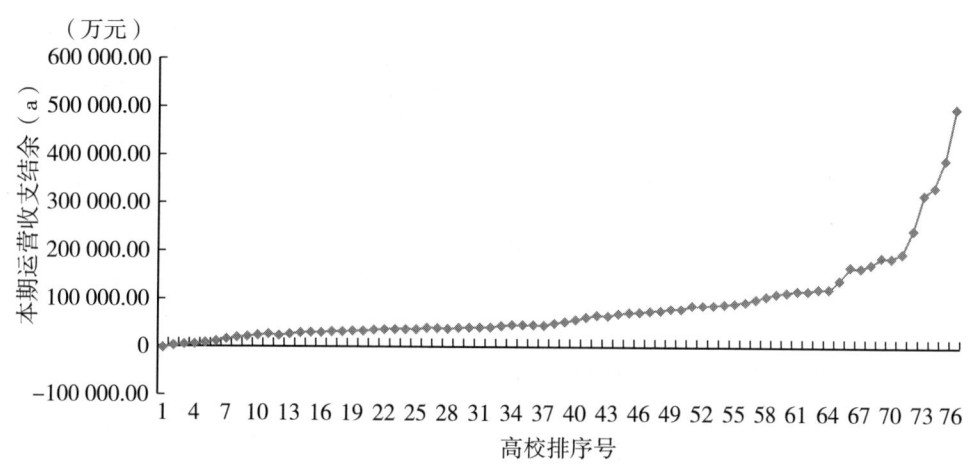

图 10-11 部属高校 a 评价指标的升序排列

(5) d:非限定性收支净额。大多数高校的非限定性收支净额都是赤字(见图 10-12),共计 51 所,占全部高校的 67.11%,所有高校的 d 指标平均值为 -26 851.97 万元。其中,有 5 所高校的非限定性收支净额在 -10 亿元以下。从实际情况来看,尽管高校在日常运营中非限定性支出只能由非限定性收入来弥补,并可能会出现支略大于收的情况,但是并不意味着高校面临较高的运营风险。另外,对于运营风险较小的高校而言,通常是其非限定性收支净额为正值。而非限定性收支净额亏损特别严重的高校应给予充分的重视。因此,对 d 指标的阈值设定分为两个部分。一是将 d>0 作为安全等级的必需条件;二是将 d 指标的异常值直接列示,及时反映出其异常风险。

综上所述,d 指标的阈值为 0 和 10 亿元。

---

① 因为采用的是 5 年的现金流量合计数据,故 a 指标采用本期运营收支结余来反映高校的总体运行风险。

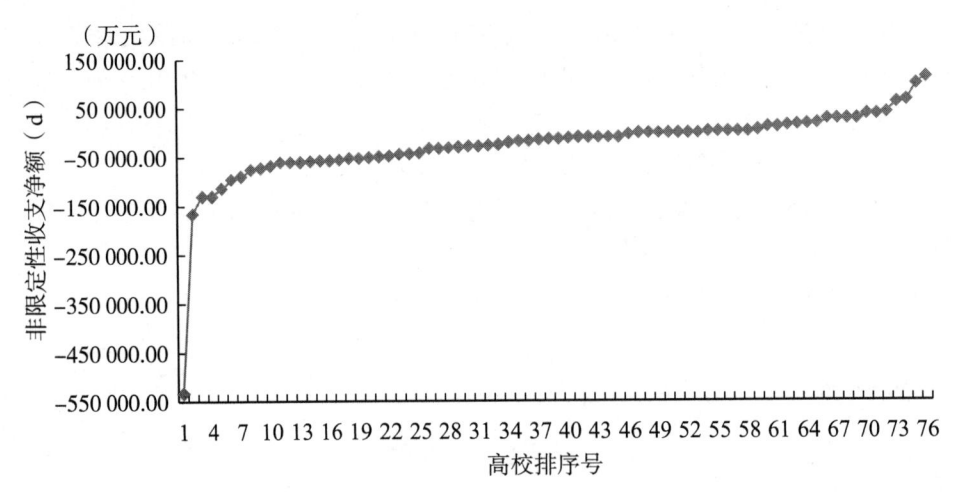

图 10-12　部属高校 d 评价指标的升序排列

（6）e：限定性收支净额。从整体情况来看，运营限定性收支净额均为正值（见图 10-13），均值在 91 433.57 万元。表明 76 所高校均存在不同程度的专款富余现象。由图 10-13 可见，不同高校的富余程度不同，但是差异性较大。在实际工作当中，富余的专项资金经常被挤占用作他用。但从分年度的情况来看，一些高校的限定性收支净额也存在出现赤字的现象，因此可对 e 指标设定阈值为 0，以反映限定性收支净额出现的风险。

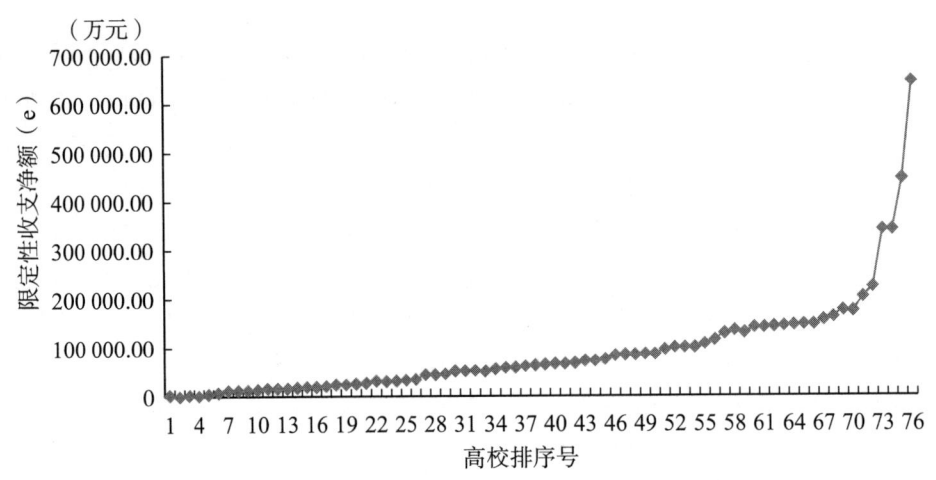

图 10-13　部属高校 e 评价指标的升序排列

综上所述，采用全样本计算得出的 6 项评价指标的阈值情况如表 10-14 所示。

表 10 – 14　　　　　　全样本下评价指标的阈值

评价指标	绿色	黄色	橙色	红色
期初现金余额＋本期运营收支结余（a）	a＞0	a＞0	a＞0	a≤0
贷款利息支出/运营支出（b）	b＜2.5%	b＜4%	b＜6%	b≥6%
投资及暂付款的现金净流量/本期运营收支结余（c）	0≤c＜1.2	c＜2	c＜3	c＜0 或 c≥3
非限定性收支净额（d）	d≥0	—*	—*	d＜－10 亿
限定性收支净额（e）	e＞0	e＞0	e＞0	e≤0
非限定性收支净额/本期运营收支结余（f）	f≥0	f＞－0.5	f＞－1.5	f＜－1.5

注：＊由于是绝对值指标，只能定性地给出两个阈值：0 和 －10 亿元；绿色等级的高校能够达到非限定收支平衡，故得到 d≥0 的条件，通过全样本发现极少数高校非限定收支亏损在 －10 亿元以上，故使用 d＜－10 亿元来揭示这种异常现象。对于中间两个等级，基于非限定收支净额在高校间不可比，所以不设定阈值及评判条件，以"—"列示。

通过与经验法下得到的阈值进行对比，我们发现运用统计方法得到的阈值在总体上与经验法下得到的阈值具有相当的一致性，因此能够对经验法下得到的阈值做出验证。事实上，在全样本下由统计方法得到的阈值更具有一般性，更加符合 76 所高校的财务特点。两种方法下得到的阈值，区别主要在于全样本下的阈值在个别指标上更加细分。于是，通过对比两种方法得到的阈值，我们最终采纳了全样本下通过统计方法得到的阈值，形成了适用不同风险等级下各项评价指标的阈值。

二、高校财务风险等级判别流程

为实现高校财务风险四个等级的判别，我们将采用两个层次的判别过程。第一层，为优先级判别，主要是对高风险等级的判定。对资金有突出问题的高校（即达到上述阈值表的边界值）提示有高风险，直接进入红色风险等级。第二层，为综合级判定，对没有进入高风险的高校，根据其资金活动中不同状况，分别揭示其风险的特征，判断进入绿色、黄色、橙色相应等级。

按照这种分层判别的思想，我们在对高校财务风险进行判别时对第一层（优先级）采用单项指标"一票否决"的判定方法，即"木桶短板"的思路；第二层（综合级）采用多指标的综合判定。具体步骤可概括为：在优先层级上，进行的是红色预警与非红色预警的划分，即当某高校其中某一评价指标达到红色等级的风险阈值时,直接进入红色预警范围,否则进入非红色预警范围。在综合层级上,主要是对非红色预警范围内的高校做进一步划分,根据确定好的各评价指标的安全阈值、低风险阈值的基础上,综合对应找出符合绿色、黄色与橙色等级的高校。由此,高校财务风险等级划分可由图 10-14 实现。

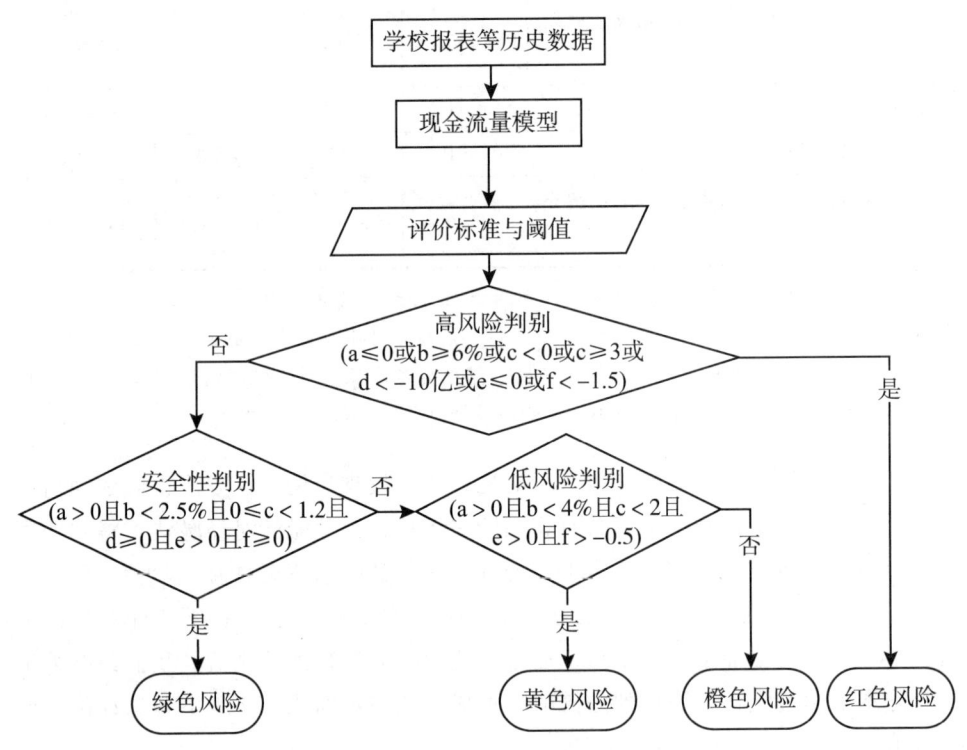

图 10-14 高校财务风险等级划分

由于前述预警系统应用算例中,现金流量模型是运用高校 5 年的现金流量数据来测算与判断高校的财务风险状况,因此更能够体现出各高校长期累积的财务风险效应。如果要预测未来高校财务风险的状况,可行的方法是预测后 1 年的高校现金流量,然后给出滚动的下一个 5 年的数据,再纳入该模型中进行财务风险等级划分的判别。

三、教育部直属高校财务风险等级划分结果

依据 76 所部属高校 2003~2007 年的现金流量合计数,以全样本下用统计方法确定的阈值,经过对 76 所高校评价指标值的计算测定,将各校归入不同的风险等级,如表 10-15 和表 10-16 所示。

表 10-15　　部属高校评价指标值

学校编号	a 期初现金余额+本期运营收支结余（万元）	b 贷款利息支出/运营支出（%）	c 投资及暂付款的现金净流量/本期运营收支结余	d 非限定性收支净额（万元）	e 限定性收支净额（万元）	f 非限定性收支净额/本期运营收支结余
JYB-10	>0	0.85	0.93	-168 445.90	>0	-0.34
JYB-31	>0	0.70	0.62	-35 249.90	>0	-0.98
JYB-71	>0	1.48	1.56	-52 788.77	>0	-1.11
JYB-48	>0	1.90	1.08	-28 662.19	>0	-0.69
JYB-30	>0	2.51	1.52	-74 868.59	>0	-1.51
JYB-50	>0	2.81	1.21	159.05	>0	0.01
JYB-40	>0	1.85	0.23	-28 271.15	>0	-0.35
JYB-43	>0	0.35	3.81	-780.03	>0	-0.07
JYB-44	>0	0.09	0.60	22 714.09	>0	0.55
JYB-73	>0	3.37	2.45	-21 947.36	>0	-0.40
JYB-34	>0	1.35	1.71	-53 523.08	>0	-0.69
JYB-35	>0	0.41	0.70	-10 189.22	>0	-0.14
JYB-57	>0	4.31	1.81	-4 535.34	>0	-0.13
JYB-24	>0	0.08	1.04	-131 038.49	>0	-0.71
JYB-74	>0	1.31	0.78	26 138.72	>0	0.55
JYB-61	>0	0.19	2.11	-53 374.35	>0	-2.10
JYB-27	>0	0.45	1.24	15 893.42	>0	0.34
JYB-76	>0	2.10	2.26	126.29	>0	0.01
JYB-75	>0	1.70	1.29	-2 621.81	>0	-0.07
JYB-16	>0	5.20	1.14	-56 237.79	>0	-0.47
JYB-17	>0	3.76	1.05	-130 022.31	>0	-1.12
JYB-66	>0	0.39	0.97	-17 508.02	>0	-0.28
JYB-38	>0	1.46	2.05	1 999.00	>0	0.07
JYB-25	>0	5.81	1.13	114 661.95	>0	0.68
JYB-6	>0	0.27	1.59	-33 916.83	>0	-0.40

续表

学校编号	a 期初现金余额+本期运营收支结余（万元）	b 贷款利息支出/运营支出（%）	c 投资及暂付款的现金净流量/本期运营收支结余	d 非限定性收支净额（万元）	e 限定性收支净额（万元）	f 非限定性收支净额/本期运营收支结余
JYB-12	>0	4.23	3.35	-66 290.94	>0	-2.60
JYB-29	>0	0.97	0.24	-530 697.09	>0	-1.60
JYB-37	>0	4.83	1.52	40 005.06	>0	0.59
JYB-32	>0	0.02	0.62	-59 537.23	>0	-0.61
JYB-4	>0	2.28	1.55	-95 915.81	>0	-0.87
JYB-15	>0	0.50	1.10	-51 194.65	>0	-0.54
JYB-45	>0	2.07	1.12	-36 066.37	>0	-1.05
JYB-69	>0	8.21	1.79	60 193.96	>0	0.88
JYB-36	>0	1.35	1.38	17 230.11	>0	0.43
JYB-68	>0	2.71	2.09	-10 079.58	>0	-0.17
JYB-7	>0	0.63	2.03	-28 894.13	>0	-0.35
JYB-51	>0	8.38	2.07	11 270.58	>0	0.37
JYB-65	>0	1.60	1.30	-30 148.86	>0	-0.78
JYB-64	>0	2.58	1.15	-14 407.38	>0	-0.37
JYB-60	>0	5.14	1.46	-14 048.29	>0	-0.58
JYB-59	>0	2.28	1.52	10 941.19	>0	0.10
JYB-49	>0	2.22	1.68	-48 657.11	>0	-0.40
JYB-11	>0	0.33	0.72	-2 290.58	>0	-0.02
JYB-53	>0	1.05	2.29	-9 973.25	>0	-1.18
JYB-28	>0	1.63	1.70	-60 385.20	>0	-0.67
JYB-3	>0	4.32	0.40	64 373.74	>0	0.26
JYB-52	>0	1.25	12.67	-10 360.27	>0	-4.39
JYB-55	>0	0.61	1.73	3 889.00	>0	0.35
JYB-54	>0	0	(2.59)	565.25	>0	-0.80
JYB-72	>0	5.28	2.54	28 866.80	>0	0.75

续表

学校编号	a 期初现金余额+本期运营收支结余（万元）	b 贷款利息支出/运营支出（%）	c 投资及暂付款的现金净流量/本期运营收支结余	d 非限定性收支净额（万元）	e 限定性收支净额（万元）	f 非限定性收支净额/本期运营收支结余
JYB-14	>0	1.65	1.36	-57 222.08	>0	-0.64
JYB-19	>0	9.16	1.54	1 617.64	>0	0.03
JYB-41	>0	4.75	1.17	28 341.65	>0	0.35
JYB-1	>0	1.20	1.56	-12 648.09	>0	-0.09
JYB-2	>0	3.14	1.47	-16 217.99	>0	-0.39
JYB-26	>0	3.07	1.03	-89 643.78	>0	-0.23
JYB-63	>0	4.93	2.07	6 470.67	>0	0.18
JYB-33	>0	0.28	0.60	-2 047.22	>0	-0.11
JYB-47	>0	5.86	1.60	-25 800.89	>0	-0.29
JYB-56	>0	0	1.56	1 554.06	>0	0.31
JYB-62	>0	1.65	1.30	-11 827.65	>0	-0.32
JYB-5	>0	0.99	1.52	-60 955.79	>0	-0.33
JYB-22	>0	0.85	2.08	-44 092.27	>0	-0.92
JYB-39	>0	1.26	1.17	101 863.40	>0	0.59
JYB-20	>0	1.17	0.98	34 694.97	>0	0.11
JYB-58	>0	3.37	1.80	17 460.59	>0	0.52
JYB-42	>0	0	0.26	13 802.02	>0	0.62
JYB-21	>0	0.14	1.28	-42 993.88	>0	-0.22
JYB-23	>0	0.59	1.06	36 193.53	>0	0.41
JYB-67	>0	1.83	1.36	-2 244.60	>0	-0.02
JYB-13	>0	10.45	5.54	-114 514.85	>0	-5.50
JYB-8	>0	3.43	1.68	-77 161.27	>0	-0.46
JYB-18	>0	4.37	3.68	-57 153.51	>0	-0.88
JYB-70	>0	5.57	2.70	-10 986.71	>0	-0.15
JYB-9	>0	7.21	4.29	-44 065.36	>0	-1.32
JYB-46	>0	0	0.33	-59 272.77	>0	-1.69

表10-16　　　　　　　部属高校的风险等级划分结果

绿色	黄色			橙色			红色	
JYB-42	JYB-58	JYB-40	JYB-75	JYB-60	JYB-72	JYB-57	JYB-18	JYB-54
JYB-39	JYB-36	JYB-64	JYB-1	JYB-32	JYB-25	JYB-70	JYB-12	JYB-13
JYB-44	JYB-55	JYB-2	JYB-33	JYB-14	JYB-37	JYB-68	JYB-29	JYB-19
JYB-74	JYB-27	JYB-6	JYB-35	JYB-28	JYB-41	JYB-47	JYB-10	JYB-51
JYB-23	JYB-56	JYB-49	JYB-21	JYB-48	JYB-3	JYB-7	JYB-24	JYB-69
JYB-20	JYB-59	JYB-8	JYB-26	JYB-34	JYB-63	JYB-73	JYB-17	JYB-9
—	JYB-50	JYB-67	JYB-66	JYB-65	JYB-38	JYB-16	JYB-61	JYB-52
—	JYB-11	JYB-5	JYB-62	JYB-4	JYB-76	JYB-15	JYB-46	JYB-43
—	—	—	—	JYB-53	JYB-22	JYB-45	JYB-30	—
—	—	—	—	JYB-71	JYB-31	—	—	—

根据以上的分析研究，部属高校2003~2007年的财务状况表明，高校财务风险处于橙色等级的高校数最多，共29所，占全部高校的38.16%；其次是处于黄色等级的高校，有24所，占全部高校的31.58%；而有17所高校位列红色等级，占全部高校的22.37%；只有6所高校处于绿色等级，占全部高校的7.89%。这些数据揭示出绝大多数部属高校都表现出不同程度的财务风险，印证了部属高校短期集中累积和出现财务风险的特点。

按照图10-3的描述，高校财务风险预警系统中"现金流量模型"测定的结果应该与"财务风险指标体系"测定的结果相互验证。

首先，用分年度每项财务风险指标值最大高校和最小高校的结果验证现金流量模型的风险等级划分。表10-17列示了第二章76所部属高校2003~2007年财务风险描述性统计分析中，各年度每项财务风险指标最大和最小的各5所高校的代码。通过与表10-16的对比分析可以看到，其中风险最大的高校基本都集中在现金流量模型列为"红色"预警等级的高校，如JYB-13、JYB-19、JYB-9、JYB-18、JYB-17等10所以上高校落在该等级中，还有JYB-72、JYB-41、JYB-63、JYB-70、JYB-34等高校落在"橙色"等级中；而风险最小的高校比较集中在JYB-42、JYB-44、JYB-74这些高校均落在"绿色"等级中，JYB-56、JYB-33则落在"黄色"等级中。因此，两个评价系统具有较强的吻合度。

表10-17　2003～2007年部属高校财务指标描述统计分析风险最大和最小的高校

风险最大的5所高校

指标	2003年	2004年	2005年	2006年	2007年
借入款余额	JYB-13, JYB-17, JYB-19, JYB-26, JYB-1	JYB-13, JYB-17, JYB-19, JYB-3, JYB-16	JYB-13, JYB-18, JYB-18, JYB-3, JYB-8	JYB-13, JYB-18, JYB-16, JYB-3, JYB-8	JYB-13, JYB-18, JYB-67, JYB-8, JYB-4
资产负债率	JYB-13, JYB-19, JYB-50, JYB-60, JYB-41	JYB-19, JYB-13, JYB-72, JYB-60, JYB-41	JYB-19, JYB-13, JYB-9, JYB-18, JYB-70	JYB-13, JYB-19, JYB-9, JYB-18, JYB-58	JYB-9, JYB-13, JYB-63, JYB-19, JYB-70
可动用资金与流动负债比	JYB-41, JYB-9, JYB-23	JYB-41, JYB-9, JYB-38, JYB-72, JYB-70	JYB-41, JYB-9, JYB-13, JYB-76, JYB-70	JYB-9, JYB-41, JYB-70, JYB-7, JYB-17	JYB-41, JYB-70, JYB-9, JYB-38, JYB-34
负债总额占总收入比	JYB-13, JYB-19, JYB-50, JYB-51, JYB-1	JYB-13, JYB-19, JYB-72, JYB-57, JYB-1	JYB-9, JYB-19, JYB-13, JYB-18, JYB-70	JYB-9, JYB-58, JYB-19, JYB-13, JYB-63	JYB-9, JYB-70, JYB-67, JYB-13, JYB-63
借入款项占总支出比	JYB-19, JYB-50, JYB-13, JYB-51, JYB-60	JYB-19, JYB-13, JYB-72, JYB-51, JYB-68	JYB-9, JYB-19, JYB-18, JYB-70, JYB-13	JYB-9, JYB-63, JYB-18, JYB-13, JYB-13	JYB-9, JYB-70, JYB-67, JYB-19, JYB-18
借入款项占货币资金比	JYB-41, JYB-13, JYB-50, JYB-17, JYB-19	JYB-41, JYB-9, JYB-13, JYB-38, JYB-17	JYB-9, JYB-19, JYB-13, JYB-9, JYB-59	JYB-9, JYB-41, JYB-70, JYB-13, JYB-18	JYB-9, JYB-70, JYB-41, JYB-70, JYB-69
存款净余额	JYB-13, JYB-17, JYB-19, JYB-41, JYB-50	JYB-13, JYB-17, JYB-19, JYB-16, JYB-41	JYB-13, JYB-18, JYB-16, JYB-9, JYB-9	JYB-13, JYB-18, JYB-16, JYB-9, JYB-8	JYB-13, JYB-18, JYB-9, JYB-70, JYB-8
垫付资金总额	JYB-29, JYB-26, JYB-17, JYB-1, JYB-10	JYB-29, JYB-17, JYB-10, JYB-20, JYB-8	JYB-18, JYB-29, JYB-17, JYB-5, JYB-20	JYB-26, JYB-18, JYB-20, JYB-17, JYB-5	JYB-26, JYB-5, JYB-20, JYB-18, JYB-29
存款净余额占总支出比	JYB-50, JYB-13, JYB-19, JYB-41, JYB-17	JYB-19, JYB-13, JYB-9, JYB-72, JYB-41	JYB-9, JYB-18, JYB-13, JYB-19, JYB-70	JYB-9, JYB-18, JYB-63, JYB-13, JYB-70	JYB-9, JYB-70, JYB-18, JYB-69, JYB-13

续表

风险最大的 5 所高校

指标	2003 年	2004 年	2005 年	2006 年	2007 年
现实支付能力	JYB-41、JYB-23、JYB-64、JYB-38、JYB-36	JYB-41、JYB-38、JYB-59、JYB-34、JYB-9	JYB-41、JYB-34、JYB-7、JYB-23、JYB-59、JYB-76	JYB-41、JYB-9、JYB-34、JYB-17、JYB-34	JYB-41、JYB-34、JYB-9、JYB-38、JYB-36
潜在支付能力	JYB-13、JYB-19、JYB-41、JYB-17、JYB-51	JYB-19、JYB-13、JYB-72、JYB-9、JYB-57	JYB-9、JYB-18、JYB-13、JYB-19、JYB-70	JYB-9、JYB-18、JYB-63、JYB-13、JYB-70	JYB-9、JYB-70、JYB-18、JYB-69、JYB-13
应收及暂付款占流动资产比	JYB-9、JYB-23、JYB-17、JYB-64、JYB-18	JYB-9、JYB-59、JYB-34、JYB-7、JYB-8	JYB-7、JYB-18、JYB-59、JYB-34、JYB-9	JYB-9、JYB-7、JYB-70、JYB-59、JYB-17	JYB-9、JYB-18、JYB-70、JYB-59、JYB-34
年度收支比率	JYB-29、JYB-41、JYB-6、JYB-5、JYB-13	JYB-41、JYB-37、JYB-5、JYB-72、JYB-70	JYB-24、JYB-8、JYB-21、JYB-66、JYB-22	JYB-24、JYB-66、JYB-58、JYB-73、JYB-70	JYB-53、JYB-55、JYB-52、JYB-13、JYB-76
事业基金可用率	JYB-50、JYB-28、JYB-1、JYB-12、JYB-49	JYB-46、JYB-38、JYB-12、JYB-75、JYB-50	JYB-75、YB-72、JYB-45、JYB-50、JYB-49	JYB-75、JYB-45、JYB-72、JYB-64、JYB-38	JYB-6、JYB-45、JYB-49、JYB-28、JYB-38
专项资金占用率	JYB-41、JYB-13、JYB-50、JYB-23、JYB-17	JYB-41、JYB-13、JYB-9、JYB-34、JYB-72	JYB-41、JYB-18、JYB-13、JYB-9、JYB-34	JYB-9、JYB-70、JYB-41、JYB-13、JYB-18	JYB-9、JYB-18、JYB-70、JYB-13、JYB-69

风险最小的 5 所高校

指标	2003 年	2004 年	2005 年	2006 年	2007 年
借入款余额*	JYB-6、JYB-31、JYB-33、JYB-43、JYB-44、JYB-46、JYB-52、JYB-53、JYB-55、JYB-56、JYB-61、JYB-63、JYB-74	JYB-43、JYB-44、JYB-52、JYB-53、JYB-55、JYB-56、JYB-61、JYB-63	JYB-15、JYB-43、JYB-46、JYB-53、JYB-55、JYB-56、JYB-61	JYB-15、JYB-33、JYB-42、JYB-43、JYB-46、JYB-53、JYB-56	JYB-11、JYB-33、JYB-42、JYB-46

续表

风险最小的5所高校

指标	2003年	2004年	2005年	2006年	2007年
资产负债率	JYB-31, JYB-43, JYB-33, JYB-32, JYB-56	JYB-43, JYB-23, JYB-32, JYB-33, JYB-15	JYB-43, JYB-32, JYB-56, JYB-23, JYB-15	JYB-43, JYB-33, JYB-32, JYB-56, JYB-10	JYB-33, JYB-48, JYB-32, JYB-11, JYB-54
可动用资金与流动负债比	JYB-33, JYB-43, JYB-56, JYB-31, JYB-32	JYB-43, JYB-33, JYB-32, JYB-31, JYB-53	JYB-56, JYB-33, JYB-32, JYB-47, JYB-43	JYB-32, JYB-30, JYB-56, JYB-33, JYB-74	JYB-33, JYB-32, JYB-30, JYB-3, JYB-10
负债总额占总收入比	JYB-31, JYB-56, JYB-33, JYB-32, JYB-43	JYB-23, JYB-43, JYB-32, JYB-33, JYB-53	JYB-56, JYB-32, JYB-43, JYB-55, JYB-23	JYB-56, JYB-33, JYB-32, JYB-43, JYB-10	JYB-33, JYB-48, JYB-32, JYB-54, JYB-31
借入款项占总支出比	JYB-31, JYB-56, JYB-33, JYB-43, JYB-55	JYB-43, JYB-53, JYB-55, JYB-33, JYB-44	JYB-56, JYB-55, JYB-43, JYB-53, JYB-15	JYB-56, JYB-33, JYB-53, JYB-42, JYB-56	JYB-33, JYB-11, JYB-42, JYB-46, JYB-32
借入款项占货币资金比	JYB-31, JYB-56, JYB-33, JYB-43, JYB-55	JYB-43, JYB-53, JYB-55, JYB-33, JYB-44	JYB-56, JYB-55, JYB-43, JYB-53, JYB-15	JYB-56, JYB-33, JYB-53, JYB-42, JYB-56	JYB-33, JYB-11, JYB-42, JYB-46, JYB-32
存款净余额	JYB-10, JYB-29, JYB-5, JYB-24, JYB-3	JYB-10, JYB-29, JYB-24, JYB-5, JYB-32	JYB-29, JYB-10, JYB-24, JYB-32, JYB-20	JYB-29, JYB-10, JYB-32, JYB-24, JYB-26	JYB-29, JYB-10, JYB-3, JYB-26, JYB-32
垫付资金总额	JYB-56, JYB-33, JYB-43, JYB-55, JYB-54	JYB-56, JYB-53, JYB-55, JYB-33, JYB-44	JYB-56, JYB-53, JYB-54, JYB-44, JYB-52	JYB-54, JYB-53, JYB-44, JYB-42, JYB-56	JYB-54, JYB-42, JYB-46, JYB-44, JYB-33
存款净余额占总支出比	JYB-52, JYB-74, JYB-67, JYB-44, JYB-43, JYB-10	JYB-52, JYB-67, JYB-44, JYB-43, JYB-10	JYB-67, JYB-46, JYB-52, JYB-32, JYB-44	JYB-44, JYB-32, JYB-46, JYB-29, JYB-10	JYB-29, JYB-3, JYB-32, JYB-46, JYB-44
现实支付能力	JYB-52, JYB-74, JYB-67, JYB-58, JYB-44, JYB-43	JYB-52, JYB-67, JYB-1, JYB-74, JYB-44	JYB-67, JYB-52, JYB-1, JYB-46, JYB-74	JYB-67, JYB-3, JYB-44, JYB-1, JYB-29	JYB-67, JYB-3, JYB-29, JYB-74, JYB-32

续表

指标	风险最小的 5 所高校				
	2003 年	2004 年	2005 年	2006 年	2007 年
潜在支付能力	JYB – 52, JYB – 1, JYB – 74, JYB – 43, JYB – 44	JYB – 52, JYB – 67, JYB – 10, JYB – 43, JYB – 44	JYB – 46, JYB – 52, JYB – 67, JYB – 32, JYB – 10	JYB – 32, JYB – 44, JYB – 46, JYB – 15, JYB – 29	JYB – 3, JYB – 29, JYB – 32, JYB – 46, JYB – 44
应收及暂付款占流动资产比	JYB – 43, JYB – 50, JYB – 33, JYB – 44, JYB – 55	JYB – 53, JYB – 56, JYB – 50, JYB – 42, JYB – 44	JYB – 53, JYB – 44, JYB – 52, JYB – 42, JYB – 24	JYB – 43, JYB – 53, JYB – 75, JYB – 50, JYB – 44	JYB – 46, JYB – 42, JYB – 54, JYB – 50, JYB – 45
年度收支比率	JYB – 36, JYB – 56, JYB – 74, JYB – 35, JYB – 67	JYB – 11, JYB – 1, JYB – 67, JYB – 36, JYB – 45	JYB – 20, JYB – 59, JYB – 1, JYB – 26, JYB – 46	JYB – 26, JYB – 59, JYB – 60, JYB – 55, JYB – 10	JYB – 20, JYB – 39, JYB – 3, JYB – 5, JYB – 33
事业基金可用率	JYB – 56, JYB – 55, JYB – 44, JYB – 33, JYB – 53	JYB – 56, JYB – 55, JYB – 33, JYB – 76, JYB – 57	JYB – 56, JYB – 55, JYB – 57, JYB – 54, JYB – 33	JYB – 56, JYB – 55, JYB – 33, JYB – 57, JYB – 54	JYB – 56, JYB – 55, JYB – 33, JYB – 51, JYB – 63
专项资金占用率	JYB – 43, JYB – 53, JYB – 42, JYB – 56, JYB – 74	JYB – 43, JYB – 42, JYB – 53, JYB – 44, JYB – 56	JYB – 56, JYB – 42, JYB – 43, JYB – 44, JYB – 53	JYB – 42, JYB – 44, JYB – 56, JYB – 43, JYB – 53	JYB – 42, JYB – 44, JYB – 33, JYB – 74, JYB – 11

注：*"借入款余额"风险最小的前 5 所高校中列举的是借入款为 0 的高校，2003 年有 13 所，2004 年有 8 所，2005 年有 7 所，2006 年有 7 所，2007 年有 4 所。

资料来源：根据本书第二章第二节整理。

其次，用高校各项财务指标年平均数综合排序来验证现金流量模型的风险等级划分。我们再用第二章76所部属高校2003~2007年财务风险描述性统计分析的结果，以各项财务指标的年平均数据得到高校排序，然后再与现金流量模型的风险等级对比验证（见表10-18）。可以发现，同样是用财务指标体系与现金流量模型的等级判别结果进行比较验证，但验证的结果似乎与表10-16验证的结果显示出一定的差异。其原因在于各评价方式所采用的评价原则有差异。第一，在表10-16的现金流量模型的等级划分体系中，我们采用的是"木桶短板"的评判原则，如果某高校一项指标进入"红色"预警等级，则该校就进入"红色"预警。第二，在表10-17的分年度每项财务风险指标最大和最小的前5所高校的验证模型中，采用的是选择某风险指标最大的高校的评判原则，与"木桶短板"的评判原则是类似的，因此表10-16与表10-17两个评价体系的吻合度就较高。第三，在表10-18的各高校财务指标年平均数综合排序对比验证模型中，"排序法"将15个指标视为一个整体的评判依据，每个指标仅占1/15的权重，而且如因子分析时指出的那样，反映举债风险的指标共有6个，因而举债因素占了很大的权重。显然，这一"排序法"的评判原则与表10-16"等级法"的评判原则是迥然不同的，因此验证结果的吻合度就相对要低。

这也表明，同样是用财务指标模型进行验证，由于评价原则和方式方法的设计不同，评价的结果也会有一定的差异。因此，评价原则和方式方法的设计对评价结果是至关重要的。

为了确保现金流量模型评价的可靠性，我们再将其风险等级划分的结果与第二章因子分析和聚类分析的结果进行比较验证。

（1）用因子分析结果进行验证。我们用第二章因子分析的结果对现金流量模型等级划分的结果进行比较验证。根据76所部属高校2003~2007年因子分析综合得分排序结果（见表2-66），先选取2003~2007年380个样本中风险最高的20%样本，再将其中的高校按出现的频次由多至少排列为表10-19，然后用表10-16的风险评价等级与表10-19对比分析。可以看出，在表10-19的前20%高风险样本中出现两次以上的高校，在现金流量模型的评价中基本都落入"红色"与"橙色"的风险预警等级。因此，因子分析的结果与现金流量模型对高风险高校的认定有很强的吻合度。

表 10-18　　部属高校风险等级划分与风险排序的结果比对

绿色	排名	黄色	排名	橙色	排名	红色	排名
JYB-42	71	JYB-58	20	JYB-72	7	JYB-54	65
JYB-39	32	JYB-36	44	JYB-25	24	JYB-13	2
JYB-44	73	JYB-55	66	JYB-37	17	JYB-19	4
JYB-74	69	JYB-27	60	JYB-41	3	JYB-51	8
JYB-23	45	JYB-56	74	JYB-3	56	JYB-69	10
JYB-20	48	JYB-59	29	JYB-63	31	JYB-9	1
		JYB-50	18	JYB-38	22	JYB-52	58
		JYB-67	57	JYB-76	33	JYB-43	72
		JYB-11	61	JYB-57	11	JYB-18	5
		JYB-75	36	JYB-70	6	JYB-12	19
		JYB-1	37	JYB-68	21	JYB-29	54
		JYB-33	76	JYB-47	9	JYB-10	70
		JYB-35	67	JYB-7	35	JYB-24	59
		JYB-21	51	JYB-73	12	JYB-17	16
		JYB-26	55	JYB-16	15	JYB-61	47
		JYB-66	40	JYB-15	62	JYB-46	25
		JYB-62	42	JYB-60	14	JYB-30	50
		JYB-5	43	JYB-32	75		
		JYB-40	63	JYB-14	46		
		JYB-64	27	JYB-28	39		
		JYB-2	34	JYB-48	53		
		JYB-6	52	JYB-34	23		
		JYB-49	26	JYB-65	30		
		JYB-8	13	JYB-4	28		
				JYB-22	38		
				JYB-31	64		
				JYB-45	41		
				JYB-71	49		
				JYB-53	68		

表 10-19　部属高校因子分析综合得分风险排序前 20% 的高校

学校编码	综合得分排序号	学校编码	综合得分排序号
JYB-13	7、10、11、13、17	JYB-73	34、39、58
JYB-19	8、19、22、26、36	JYB-58	27、72
JYB-41	15、20、21、25、41	JYB-38	60、66
JYB-9	1、2、3、35	JYB-17	64、67
JYB-70	6、9、24、48	JYB-46	4
JYB-47	38、42、44、73	JYB-50	51
JYB-72	18、28、30、37	JYB-12	53
JYB-57	47、49、57、70	JYB-25	54
JYB-18	5、12、14	JYB-52	55
JYB-51	32、43、46	JYB-49	65
JYB-8	40、45、63	JYB-59	68
JYB-16	29、31、52	JYB-34	71
JYB-60	56、61、76		

资料来源：根据第二章表 2-66 整理。

（2）用聚类分析结果进行验证。同样，我们根据第二章 76 所部属高校 2003~2007 年聚类分析的结果（见表 2-67），编制出表 10-20。再用表 10-16 与表 10-20 的结果对比分析。可以看出，除 JYB-58 外，聚类分析中处于"高风险"和"较高风险"的高校全部落在现金流量模型的"红色"与"橙色"预警的高校中；除 JYB-43 外，处于"低风险"的高校均落在"黄色"预警的高校中。因此，聚类分析的结果也与现金流量模型对高校财务风险等级的认定有较强吻合度，特别是在高风险高校的认定上表现尤为明显。

表 10-20　部属高校聚类分析中高风险和低风险的高校

		出现频次
高风险 高校编号	JYB-9	2
	JYB-46	1
		出现频次
较高风险 高校编号	JYB-13、JYB-19	5
	JYB-41	4

		续表
		出现频次
较高风险 高校编号	JYB-18	3
	JYB-63、JYB-70	2
	JYB-72、JYB-58、JYB-9	1
		出现频次
低风险 高校编号	JYB-56、JYB-43	2
	JYB-33	1

资料来源：根据第二章表2-67整理。

综上所述，将现金流量模型的风险等级评价结果与财务风险指标体系以及因子分析、聚类分析的结果比较验证，总体上现金流量模型的风险等级划分结果还是较为可靠和可信赖的。同时需要再次强调，根据图10-3所示，基于现金流量模型的高校财务风险预警系统中，对高校整体财务风险状况的判定，除了需要与财务风险指标体系的比较验证外，还需要结合财务风险特征事件的出现与否进行综合权衡判定。

四、高校财务风险评价及原因诊断

在高校财务风险等级判别过程中，评价指标能够揭示高校财务风险产生的具体影响因素，我们可借此进一步分析高校财务风险发生的原因。

首先，我们注意到处于不同风险等级的高校，其风险的产生可能是单因素导致的，但更多的是双因素或三因素共同作用的结果。表10-21给出了导致高校处于不同风险等级的具体因素，并按单因素、双因素与三因素分别汇总。从表10-21中可以发现，高校财务风险往往是多因素共同作用的结果，且风险等级越高，多因素影响比重越大。分析70所处于红色、橙色、黄色不同风险等级的高校分布，单因素导致三个不同风险等级的高校数为24所，占34.29%，而双因素和三因素导致的相应高校数合计数为46所，占65.71%。同时，在红色风险等级高校中，由双因素与三因素导致的高校数为13所，占该等级高校总数17所的76.47%，在三个风险等级中是最高的。

表 10-21　部属高校财务风险处于黄、橙、红色等级的原因诊断

等级	高校合计数（所）	原因诊断			不同风险下的高校数量（所）		
		作用因素	风险构成	数量（所）	日常运营风险	投资风险	筹资风险
黄色等级	24	单因素风险	日常运营风险	5	5	—	—
			投资风险	5	—	5	—
			筹资风险	0	—	—	—
			小计	10			
			占黄色等级高校比重	41.67%			
		双因素风险	日常运营+筹资风险	2	2	—	2
			筹资风险+投资风险	2	—	2	2
			日常运营+投资风险	8	8	8	—
			小计	12			
			占黄色等级高校比重	50.00%			
		三因素风险	日常运营+投资风险+筹资风险	2	2	2	2
			占黄色等级高校比重	8.33%	—	—	—
		财务风险整体描述		小计	17	17	6
				占该等级比重（%）	70.83	70.83	25.00
橙色等级	29	单因素风险	日常运营风险	5	5	—	—
			投资风险	2	—	2	—
			筹资风险	3	—	—	3
			小计	10			
			占橙色等级高校比重	34.48%			
		双因素风险	日常运营+筹资风险	1	1	—	1
			筹资风险+投资风险	3	—	3	3
			日常运营+投资风险	9	9	9	—
			小计	13			
			占橙色等级高校比重	44.83%			
		三因素风险	日常运营+投资风险+筹资风险	6	6	6	6
			占橙色等级高校比重	20.69%	—	—	—
		财务风险整体描述		小计	21	20	13
				占该等级比重（%）	72.41	68.97	44.83

续表

等级	高校合计数（所）	原因诊断		不同风险下的高校数量（所）		
		作用因素	风险构成	数量（所）	日常运营风险	投资风险	筹资风险

等级	高校合计数（所）	作用因素	风险构成	数量（所）	日常运营风险	投资风险	筹资风险
红色等级	17	单因素风险	日常运营风险	4	4	—	—
			投资风险	0	—	0	—
			筹资风险	0	—	—	—
			小计	4			
			占红色等级高校比重	23.53%			
		双因素风险	日常运营+筹资风险	1	1	—	1
			筹资风险+投资风险	3	—	3	3
			日常运营+投资风险	4	4	4	—
			小计	8			
			占红色等级高校比重	47.06%			
		三因素风险	日常运营+投资风险+筹资风险	5	5	5	5
			占红色等级高校比重	29.41%			
		财务风险整体描述		小计	14	12	9
				占该等级比重（%）	82.35	70.59	52.94

其次，从导致高校财务风险的各因素所占比重看，比重最大的是日常运营风险，然后是投资风险，最后是筹资风险。在上述的高校样本中，处于三个风险等级的高校均体现上述特征。如红色等级的17所高校中，涉及日常运营风险的有14所，占82.35%；涉及投资风险的有12所，占70.59%；涉及筹资风险的有9所，占52.94%。探究这一现象的原因，可以从进一步深入分析2003~2007年大规模、超自筹经费来源的校园基本建设资金来源着手。这些资金无非来源于两个方面，一是挤占或挪用日常运营中的基本支出预算或项目支出预算的相应资金，二是大规模向银行举债贷款，即不是"内债"就是"外债"，别无他途。

挤占或挪用日常运营中的基本支出预算或项目支出预算的相应资金，在会计核算中表现为巨额的结转自筹基建支出或应收及暂付款的规模，由此不仅显示为投资上的风险，也显示为日常运营上的风险。同样，大规模地向银行举债贷款，一定会紧随着巨额的还本付息冲击，随之就挤占或挪用日常运营中的基本支出预算或项目支出预算的相应资金，在会计核算中表现为巨额的还本付息的支出，由此不仅显示为筹资上的风险，也显示为日常运营上的风险。

所以，高校的投资风险和筹资风险都会导致及表现为日常运营风险，但是日常运营风险则并不一定会产生筹资风险，更不太可能导致投资风险。由此，我们就可以理解为什么日常运营风险在三类风险中所占比重是最高的，而且投资风险和筹资风险最终都将逐步扩散影响到日常运营活动，集中体现为日常财务运行失衡的风险。因此，统筹规划和平衡好日常运营、投资和筹资三项财务活动是降低高校总体财务风险的关键所在。

第七节 基于现金流量模型的高校财务风险预警系统的软件化实现

我们构建的高校财务风险预警系统实现了对高校财务风险进行等级划分。通过预警模型的分析，及时发现财务风险的早期讯号，进而提出高校财务风险预警，使高校采取相应措施，及早防范危机。但在具体实践中我们发现，在高校现有的会计信息基础上，无论是进行现金流量表的编制，还是进行风险财务指标以及等级划分中评价指标的计算，都是一项费时费力的巨大工程。为此，我们尝试将所构建的高校财务风险预警系统实现软件化，通过对高校现有会计信息的提取和加工，自动生成对高校决策有用的关键数据及图形。这样，不但使得高校能够快捷、直观、明了地了解自身的财务状况，还便于教育主管部门对高校的财务风险进行横向及纵向比较，使高校之间的财务状况具有可比性，进而及时采取相应措施，防范财务危机。由此，为政府和高校识别高校财务风险、有效监管财务状况提供适用工具和手段，增强监控和防范高校财务风险的能力。

基于以上思考，我们以软件的形式设计了高校财务风险预警系统（FRWSU）[1]。该系统核心模块包括现金流量模型、风险指标模型和特征事件模型三个部分。该系统在分别考查每个模块所展示的高校财务状况的基础上，综合判断高校的财务风险究竟是属于哪一个等级，并能揭示高校在风险管理中所存在的薄弱环节，从而为高校提出针对性的改进建议。

本节简要对高校财务风险预警系统的主要界面进行展示及说明。

---

[1] 高校财务风险预警系统（FRWSU）于 2010 年获得国家版权局计算机软件著作权专利。

一、主菜单说明

高校财务风险预警系统主菜单的内容包括用户信息、数据处理、风险预警、系统维护、帮助 5 项，各项菜单的子菜单标题如表 10-22 所示。

表 10-22　　　　　　　　　　主菜单内容

用户信息	数据处理	风险预警	系统维护	帮助
选择高校	数据导入与导出	特征事件模型	用户管理	功能介绍
新建高校	打印设置	现金流量模型		关于预警系统
更改高校信息	打印报表	风险指标模型		关于制作者
注销	打印当前页	集成计算模型		与我们联系
退出				客户反馈

在"关于预警系统"界面中，我们可以查看软件的基本信息，如图 10-15 所示。

图 10-15　"帮助—关于预警系统"截图

二、系统操作介绍

对于某一高校而言，需要借助以下界面来完成其自身财务风险的评价过程。具体操作如下列截图所示。

第一步，选择具体高校，如图 10 – 16 所示。

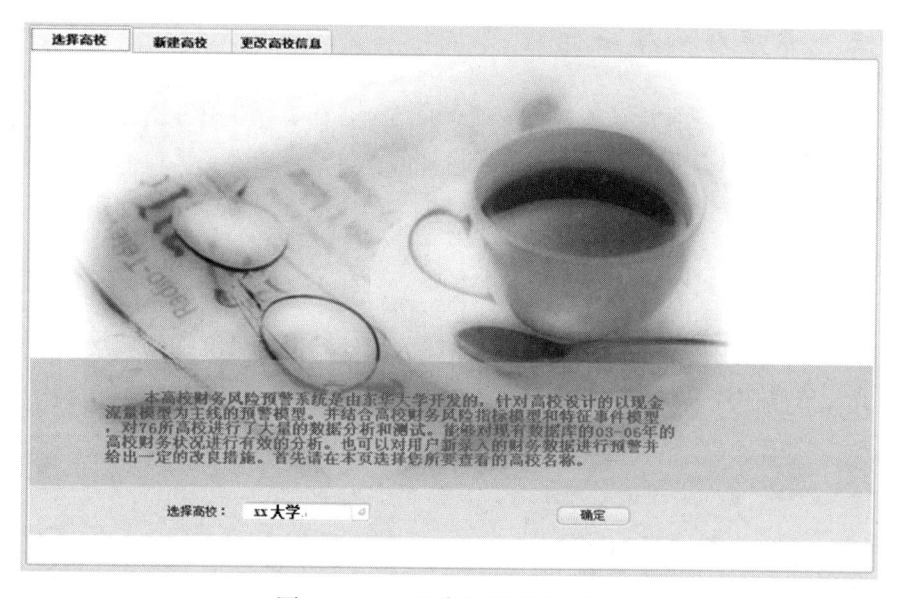

图 10 – 16　"选择高校"截图

第二步，选择高校要进行财务风险分析的财务数据，如图 10 – 17 所示。

图 10 – 17　"数据处理"截图

三、系统核心模块介绍

该系统主要以现金流量模型为基础，并结合特征事件和财务指标体系开发高校财务风险的软件，重点是对高校财务风险的评价预警，为了更加清晰地展示高校财务风险预警系统的特点，以下将通过系统截图对各模块内容进行说明。

（一）风险预警的主界面

如图10-18所示，风险预警模块分现金流量模型、风险指标模型、特征事件模型、集成计算模型4个模块内容。

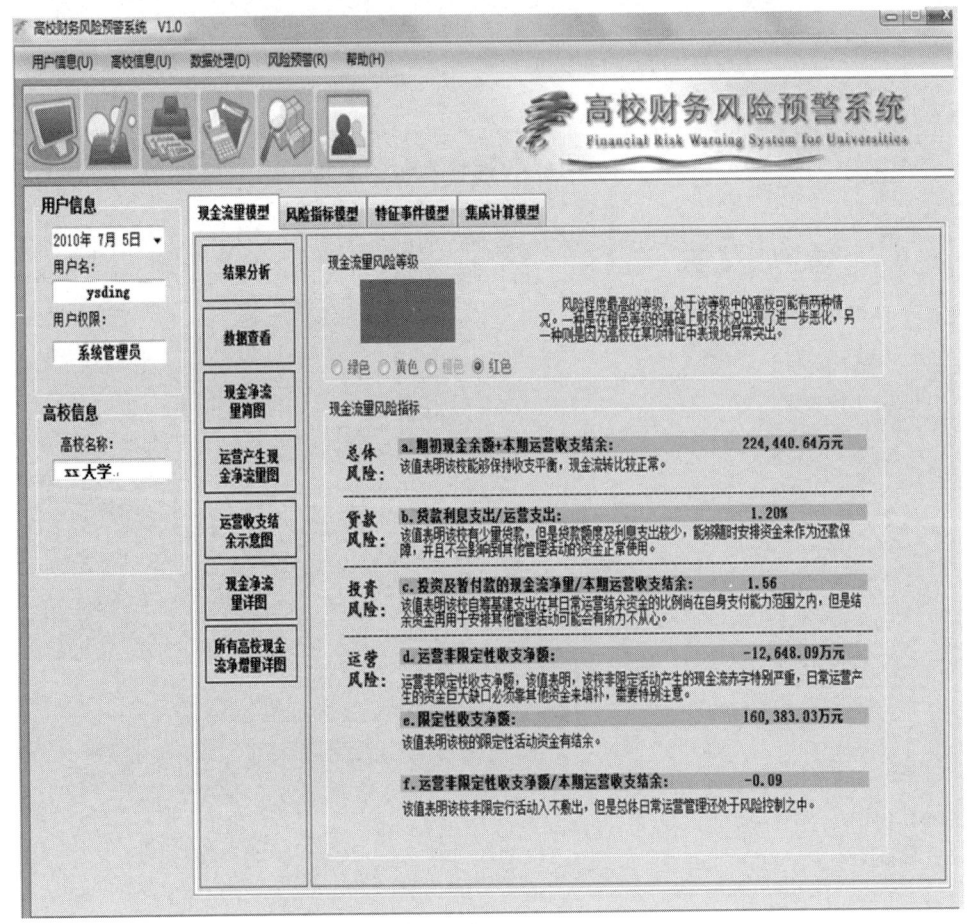

图10-18 风险预警的主界面截图

（二）现金流量模型

根据现金流量表（主表和附表）编制的方法，分别计算不同年份不同学校的运营产生的现金净流量、投资产生的现金净流量、筹资产生的现金净流量、现金及现金等价物净增加额4个数据。通过整理、汇总分析，我们从原始数据表中提取该系统可能用到的所有数据，以此建立相应的数据库。我们还编制了现金流量表（主表和附表）的转换程序，以便对主表及附表进行分别查看。

现金流量表的内容可以从“数据查看”中获取（见图10－19）。以下仅列举主表截图内容。

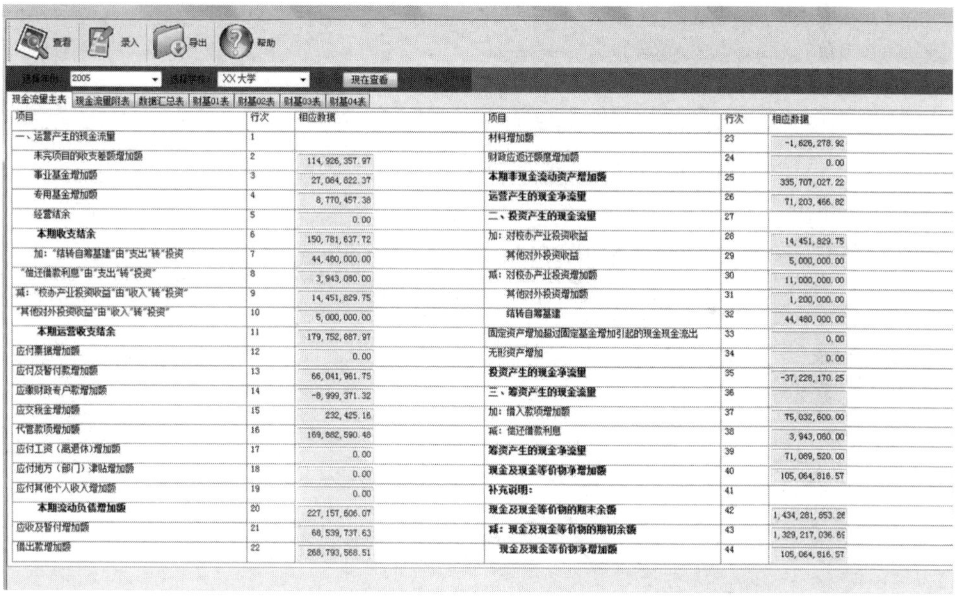

项目	行次	相应数据	项目	行次	相应数据
一、运营产生的现金流量	1		材料增加额	23	-1,626,278.92
未完项目的收支差额增加额	2	114,926,357.97	财政应返还额度增加额	24	0.00
事业基金增加额	3	27,064,822.37	**本期非现金流动资产增加额**	25	335,707,027.22
专用基金增加额	4	8,770,457.38	**运营产生的现金净流量**	26	71,203,466.82
经营结余	5	0.00	**二、投资产生的现金流量**	27	
本期收支结余	6	150,781,637.72	加：对校办产业投资收益	28	14,451,829.75
加：“结转自筹基建”由“支出”转“投资	7	44,480,000.00	其他对外投资收益	29	5,000,000.00
“偿还借款利息”由“支出”转“投资”	8	3,943,080.00	减：对校办产业投资增加额	30	11,000,000.00
减：“校办产业投资收益”由“收入”转“投资”	9	14,451,829.75	其他对外投资增加额	31	1,200,000.00
“其他对外投资收益”由“收入”转“投资”	10	5,000,000.00	结转自筹基建	32	44,480,000.00
本期运营收支结余	11	179,752,887.97	固定资产增加超过固定基金增加引起的现金现金流出	33	0.00
应付票据增加额	12	0.00	无形资产增加	34	0.00
应付及暂付款增加额	13	66,041,961.75	**投资产生的现金净流量**	35	-37,228,170.25
应缴财政专户款增加额	14	-8,999,371.32	**三、筹资产生的现金流量**	36	
应交税金增加额	15	232,425.16	加：借入款项增加额	37	75,032,600.00
代管款项增加额	16	169,882,590.48	减：偿还借款利息	38	3,943,080.00
应付工资（离退休）增加额	17	0.00	**筹资产生的现金净流量**	39	71,089,520.00
应付地方（部门）津贴增加额	18	0.00	**现金及现金等价物净增加额**	40	105,064,816.57
应付其他个人收入增加额	19	0.00	**补充说明：**	41	
本期流动负债增加额	20	227,157,606.07	**现金及现金等价物的期末余额**	42	1,434,281,853.26
应收及暂付增加额	21	68,539,737.63	**减：现金及现金等价物的期初余额**	43	1,329,217,036.69
借出款增加额	22	268,793,568.51	**现金及现金等价物净增加额**	44	105,064,816.57

图10－19　数据查看界面——现金流量主表截图

同时，我们可以将现金流量表转换成图形的样式，生成现金流量简图进行逐一查看，如图10－20～图10－24所示。

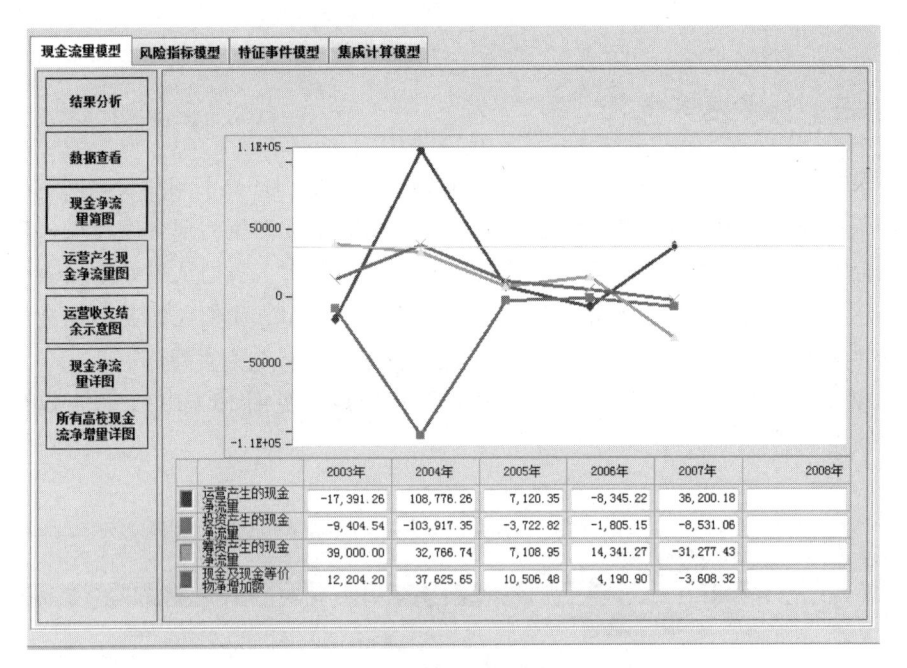

图 10-20 "现金净流量简图"界面截图

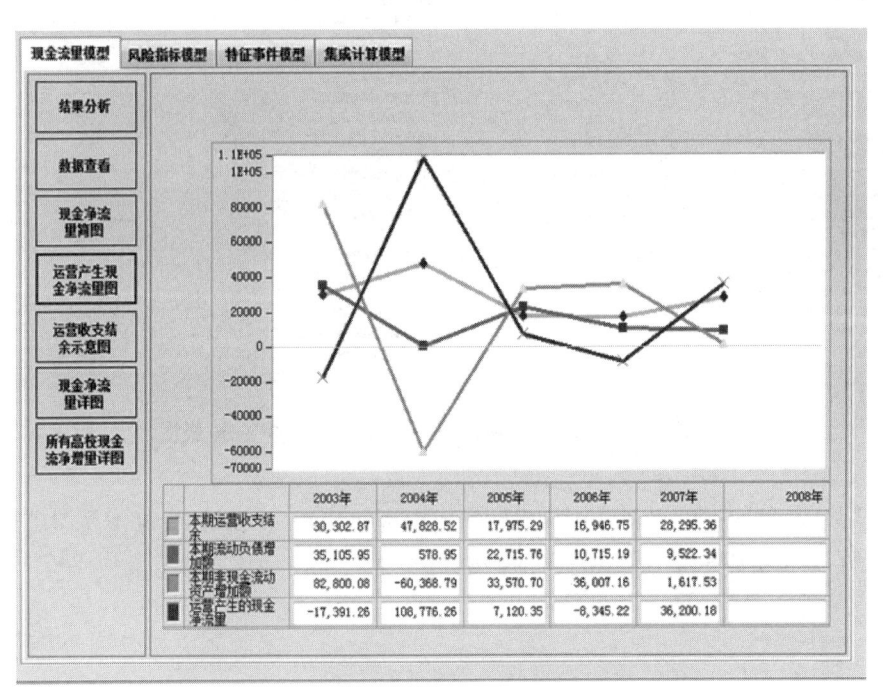

图 10-21 "运营产生现金净流量"界面截图

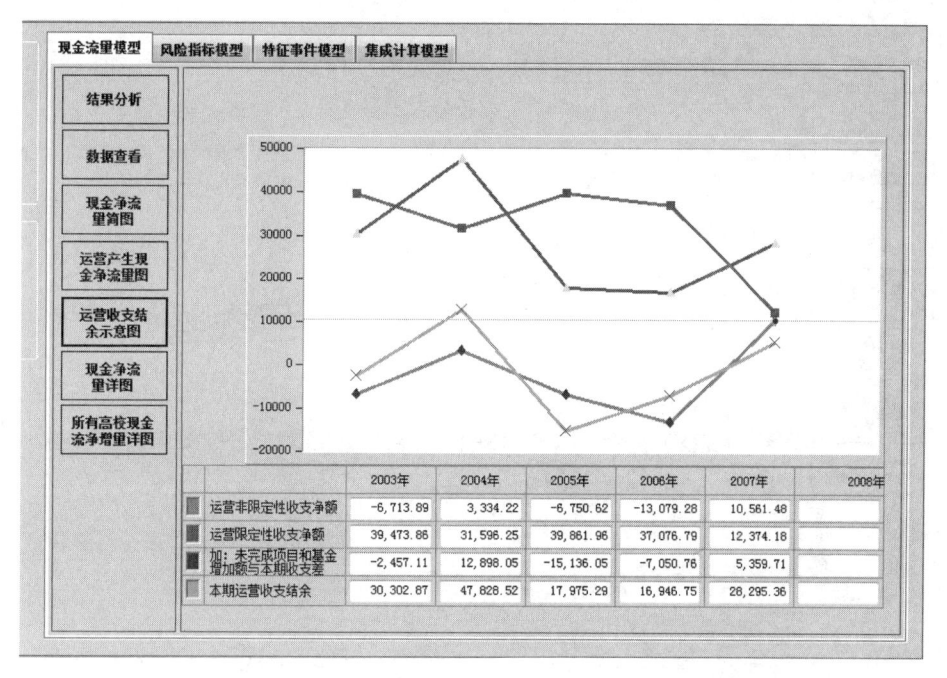

图 10-22 "运营收支结余示意图"界面截图

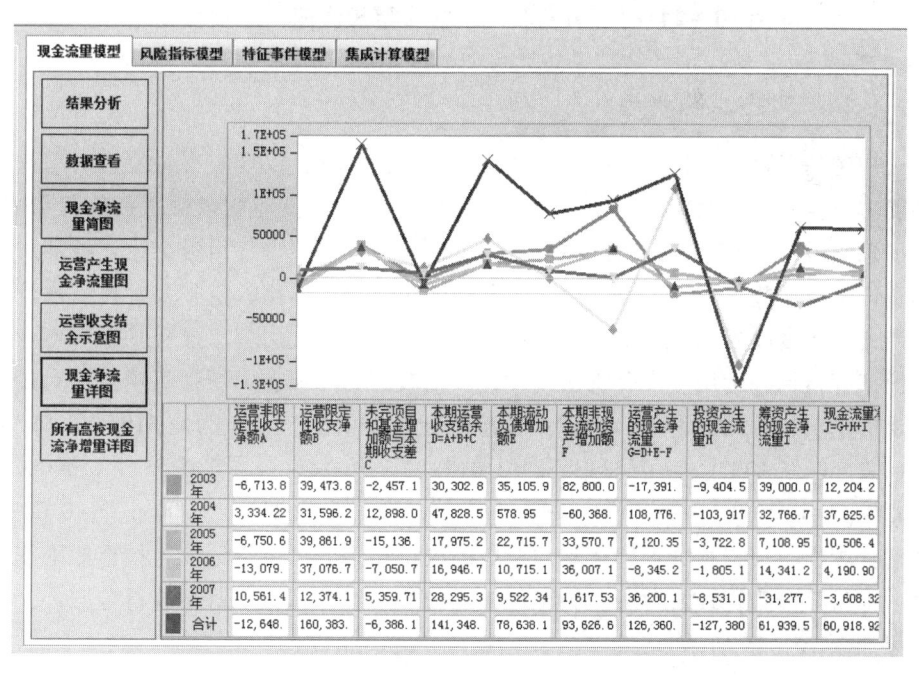

图 10-23 "现金净流量详图"界面截图

第十章 高校现金流量表及财务风险预警系统

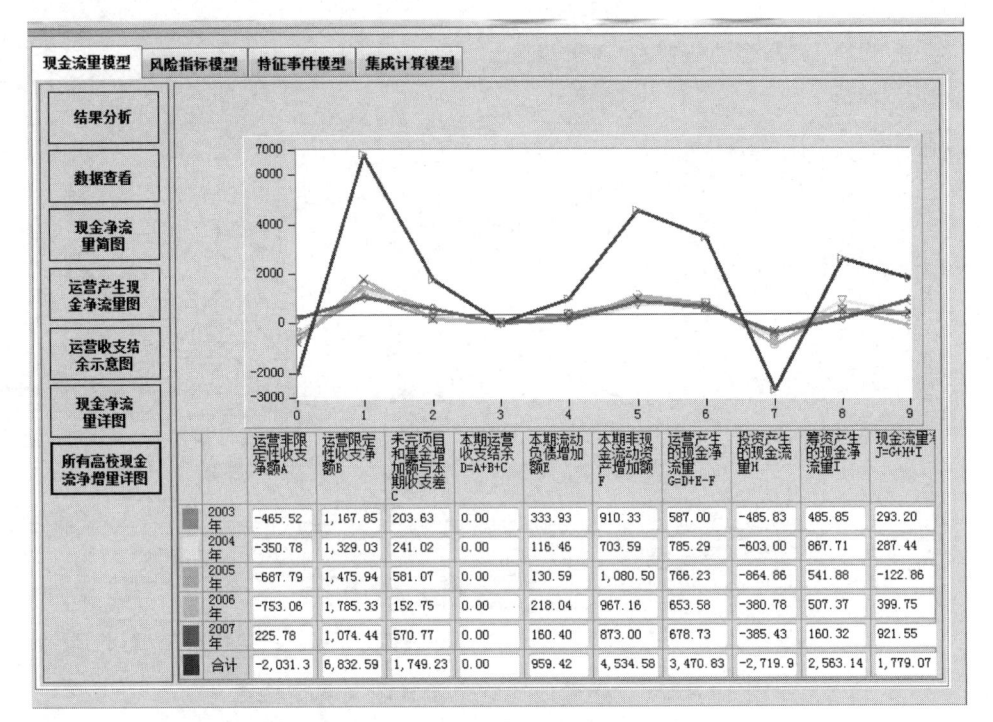

图 10-24 "所有高校现金流净增量详图"界面截图

(三) 风险指标模型

构建基于财务指标的高校财务风险指标预警系统,以现实支付能力、潜在支付能力、自有资金余额占货币资金比、存款保障率、借入款余额、资产负债率、负债总额占总收入比、借入款项占总支出比、借入款项占货币资金比、可动用流动资产余额、垫付资金总额、可动用资金余额占总支出比、应收及暂付款占流动资产比、年度收支比率、事业基金可用率、专项资金占用率、投资基金占事业基金比率等指标,运用层次分析法(AHP)对其进行分析,并根据每项指标对最后结果的正负影响加以调整,得到该风险指标模型的综合权重为 0.3101、0.0335、0.1632、-0.1002、-0.0038、-0.0138、-0.0209、-0.0245、-0.0073、0.0249、-0.0260、0.1157、-0.0447、-0.0132、0.0020、-0.0066、-0.0897。然后计算出每项指标数据,将其与对应的权重相乘,再将指标值与权重的乘积相加,即得风险指标模块得分,为了便于比较及后续计算,要对所有得分归一,其结果如图 10-25 所示。

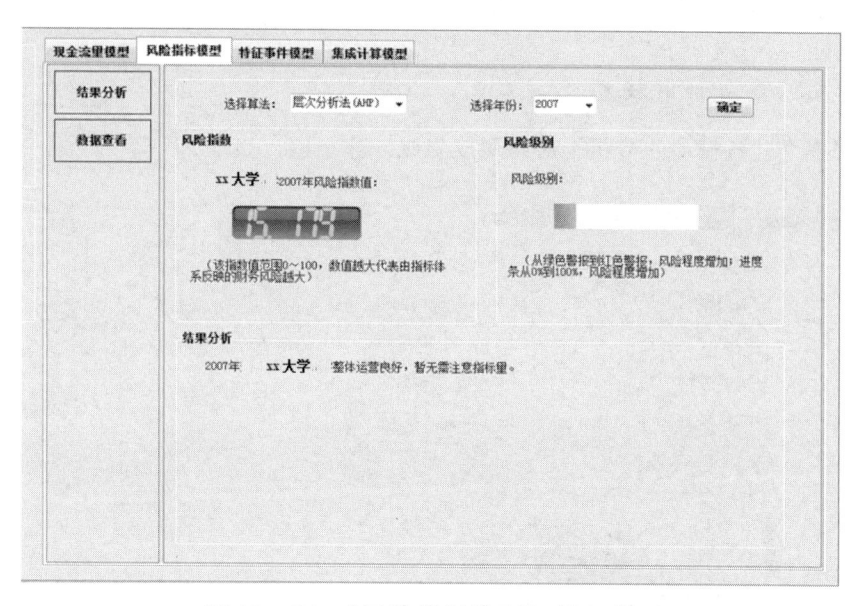

图 10-25 "风险指标模型"界面截图

(四) 特征事件模型

此模型中初步将特征事件分为意外事件、高校资金、管理体制三大类，根据用户选择事件的类型及事件发生的情况，采用层次分析法（AHP）进行粗略打分，如图 10-26 所示。

图 10-26 "特征事件模型"界面截图

(五) 集成计算模型

根据上述各模型的分析，最终形成集成计算模型，如图 10 - 27 所示。

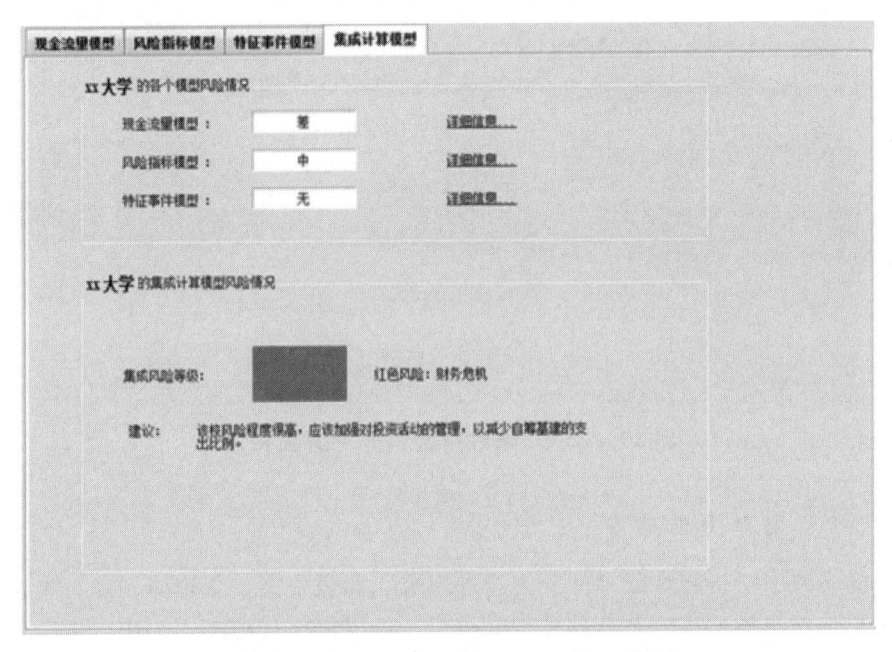

图 10 - 27　"集成计算模型"界面截图

根据集成计算模型，可以从整体上得到该校的风险等级，以及针对该校风险提出的相应的建议。其中，建议中所提到的该校风险管理存在的薄弱环节，又可以通过现金流量模型采用层层分解的方式，查找出风险产生的具体原因，从而有效地采取对策，加强高校的风险管理。

四、高校财务风险预警系统进一步应用展望

(一) 高校财务风险预警系统的应用特点

迄今为止对高校财务风险预警的研究，基本都建立在财务上的资产负债表和收入支出表的基础上，选择不同的财务指标，并确定各相应指标的标准，然后构建一个指标体系来揭示和判别具体高校的财务风险。这些方法建立在传统理论的基础上，多角度反映，体系完备，理论性强，对促进高校的财务管理水平起到了很好的推动和促进作用。但是，任何方法都会有局限性，传统的高校财务风险预

警方法也不例外，多指标、多角度指标体系的优点是较全面，而缺陷一是重点不清晰；二是对风险的认识和界定见仁见智，指标选取也各有侧重；三是指标之间存在对某些因素的重复关注和考量，如第二章因子分析揭示的"举债因子"涵盖了财务风险指标体系15个指标中的6个指标，说明该体系中考虑"举债"风险的权重明显偏重。

本书借鉴现代财务学的管理思路及理念，换一个视角去考察高校的财务风险，将着眼点聚焦在现金流管理上，把研究基础放在现金流量表上。事实上，无论企业和事业单位，也无论主观人为的风险偏好的倾向如何，现金流量的管理在任何情况下都是实实在在，且无法回避的财务风险管理的现实挑战。高校若能保持顺畅的现金流，保障各项事业顺利、正常的开展，学校就很难感受和体验现实的财务风险；反之，一旦现金流发生短缺乃至断流，就如21世纪初一些高校在急速扩张中面临的困境和危机，学校就很难否认已经存在的财务风险和危机。以现金流量模型为核心的高校财务风险预警系统正是基于这一认识，以现金流量为基本着眼点，去判断和揭示高校的财务风险。在研究中，我们也大量用到资产负债表和收入支出表中的数据以及由此构成的财务分析指标。我们提出的预警系统是以现金流量为核心判别模型，判别财务风险的层次等级、风险的类型、追溯形成风险的因素；以风险特征事件为辅助判别模型，通过高校财务风险预警系统中的风险特征事件帮助高校快速诊断出异常风险；以财务指标体系为验证模型，揭示核心模型的风险形成因素，通过财务指标体系获得相关验证。三者融为一体，相辅相成，相互补充和验证，以求提高预警系统的实效性。

我们的预警系统以现金流量表为起点，去分析和追溯高校财务风险的起因和症结。本书基于现金流量的分析研究表明，依靠过度贷款的校园基本建设及高校扩张，其举债风险和投资风险最终必然影响学校的日常运行，表现为高校日常运营的财务风险。所以，高校必须树立面向市场的独立的法人责任意识，加强整体规划，提高财务管理水平，这是防范和管控财务风险的根本。

鉴于基于现金流量模型的高校财务风险预警系统的特点，我们既可以用该模型去分析高校现实的财务状况和风险程度，也可以用该模型赋值后取得相应的预测值，预测高校未来的财务状况和风险程度。该模型既可以作为高校防范财务风险、提高财务管理水平的工具，也可以作为政府审视、判定和管控高校财务风险的工具，促进高等教育的健康发展。

（二）高校财务风险预警系统的应用层次

高校财务风险预警系统可以提供给政府和高校等不同层级的主体来应用，以实现不同管理层的目标。

在政府管理层面上，高校财务风险预警系统主要用于政府对高校资金投入、使用效果评价和财务风险监控。第一，作为常态化分析工具，政府可通过关注财政资金的投入效益，相应地调整下一年度的投入政策及投入重点，为高校健康发展提供资金支持。第二，作为预警工具，政府通过关注高校整体的风险程度及风险分布状况，出台有针对性的调节政策对高校整体财务风险进行及时干预和控制。

在高校个体层面上，高校财务风险预警系统是高校提高自身财务管理水平的有效工具。第一，参照高校整体财务状况统计得出的阈值标准，高校个体可根据自身的财务状况明确其在高校整体风险等级中所处的位置。第二，借助于高校财务风险预警系统的诊断功能和现金流量表的分析功能，高校分别从其日常运营活动、投资活动及筹资活动中查找出现金流量风险产生的原因，能够更加细致地排查出各项资金管理活动中存在的风险隐患，通过对症下药寻求适合该校的风险管理措施，以达到提高自身财务管理水平的目标。第三，高校财务风险预警系统还能够与高校预算管理相结合，对高校资金的投放、使用以及来源结构进行比较和日常监控，为高校提供决策分析工具，促进高校的平稳发展。

总之，我们从现代财务学现金流量管理的视角，审视和评判高校的财务风险，提出基于高校会计制度的高校现金流量表的编制方法，以及基于现金流量模型的高校财务风险预警系统，并实现了软件化，为高校和政府完善高校财务管理、提高财务管理水平和效率，管控高校财务风险提供了新的视角、方法和工具。

附 录

"高校财务管理创新与财务风险防范机制研究"调查问卷

尊敬的领导和专家：

您好！我们是教育部哲学社会科学研究重大课题攻关项目"高校财务管理创新与财务风险防范机制研究"课题组，因课题需要进行此项调查。下列问题请尽可能详细回答，问卷仅供研究之用，请放心作答。谢谢您的大力支持！

一、财政政策及拨款机制

1. 根据您的判断，在中国，高等教育经费来源中政府财政拨款所占比重应达到（　　）。

（1）30%以下　　　　　　　　（2）30%~40%
（3）40%~50%　　　　　　　　（4）50%~60%
（5）60%~70%　　　　　　　　（6）70%以上

2. 您认为公办高校"定额+专项"的现行拨款机制的不足之处有（　　）。（可多选）

（1）定额不足以保障基本要求　　（2）专项的拨款机制透明度不够
（3）缺乏公共监督机制　　　　　（4）其他_____

3. 您认为改进现行的财政拨款机制应（　　）。（可多选）

（1）计算更加科学合理的定额拨款标准
（2）增加监督和审核机制
（3）改变拨款机制和模式
（4）其他_____

4. 您认为民办教育在中国大众化高等教育中的学生规模比例应占（　　）%？

5. 您是否认为政府应该对民办高校实行财政拨款或补贴？（　　）
（1）是　　　　　（2）否　　　　（3）说不清楚　　　（4）其他_____
6. 您认为政府对民办教育的收费是否应该让其按成本来收？（　　）
（1）是　　　　　（2）否　　　　（3）说不清楚　　　（4）其他_____

二、人才培养成本

7. 大学的功能包括教育、科研和社会服务。您认为不同类型的大学，教师提供教育服务这一基本功能所占的比重分别为多少？
（1）研究型大学　　　　　　（　　）%
（2）教学研究型大学　　　　（　　）%
（3）教学型大学　　　　　　（　　）%

8. 您认为下列哪些因素会影响高校人才培养成本核算的准确性。（5分表示影响最大，请在合适的分值处打"✓"）

评分项目	1	2	3	4	5
会计年度与学年不一致					
收付实现制的核算办法					
未划分运行性支出与资本性支出					
没有实现分专业类别核算					
其他一					
其他二					

9. 您认为下列哪些因素会影响高校人才培养成本。（5分表示最重要，请在合适的分值处打"✓"）

评分项目	1	2	3	4	5
培养的层次结构（博士、硕士等）					
学科类别结构（文科、理工科等）					
办学规模					
学校所在地区					
学校财务管理水平					
物价指数					
其他一					
其他二					

三、财务风险的定义、成因和特征

10. 您认为公办高校的财务风险是指（　　　）。（可多选）

（1）不能清偿到期债务　　　　（2）财务状况失衡，现金流量短缺

（3）与资金运作有关的风险　　（4）与校办产业有关的财务风险

（5）其他_____

11. 您认为公办高校的财务风险是由于（　　　）引起的。（可多选）

（1）政府投入不足　　　　　　（2）学校管理及决策体制机制的缺陷

（3）扩张过快引起过度贷款　　（4）资本市场投资失误

（5）校办产业投资失误　　　　（6）对外担保产生的连带责任

（7）科研违约　　　　　　　　（8）道德风险造成资源被恶意损失

（9）学校财务制度不健全　　　（10）其他_____

12. 您认为引发高校贷款的原因是（　　　）。（可多选）

（1）政府投入不足

（2）扩招带来的基本建设投入加大

（3）高校缺乏独立法人的责任意识

（4）政府未对高校贷款进行必要的审核及管理

（5）银行未对高校贷款进行必要的审核及管理

（6）高校自身的管理和运行效率问题

（7）其他_____

13. 您是否认为现金短缺或断流是高校财务风险最突出的表现？（　　　）

（1）是　　　　（2）否　　　　（3）其他_____

14. 您认为下列哪些事件表征高校财务危机的发生（　　　）。（可多选）

（1）学校无法偿还到期银行借款

（2）学校急需要资金，但银行不愿意贷款

（3）学校拿不出现金支付日常运行开支

还有：

（4）_____

（5）_____

（6）_____

（7）_____

四、现金流量管理

15. 您认为影响高校现金流量的因素主要有（　　　）。（可多选）

（1）财政政策和学费政策　　　（2）政府拨款力度和支持强度

（3）招生规模　　　　　　　　（4）科研收入

（5）预算约束的刚性程度　　　（6）管理效率

（7）银行贷款　　　　　　　　（8）国库集中支付

（9）其他_____

16. 您认为高校现金流量管理的目标应该是（　　）。

（1）经济效率目标　　　　　　（2）收支平衡目标

（3）财务风险防范目标　　　　（4）没有目标

（5）其他_____

17. 您认为年末自有资金占货币资金的比重最低应该在（　　）：

（1）等于同类学校的平均水平　（2）在同类学校的平均线下

（3）等于货币资金的 50%　　　（4）占货币资金 50% 以上

（5）其他_____

五、财务风险的监控和防范

18. 您认为高校财务风险预测的方法有（　　）。（可多选）

（1）利用财务指标预测

（2）利用持续的现金流预测

（3）利用典型财务风险事件预测

（4）利用综合财务风险预警模型预测

（5）无法预测

（6）其他_____

19. 您认为今后高校财务风险防范机制建立的重点是（　　）。（可多选）

（1）确立大学独立法人地位，建立高校退出机制

（2）建立高等学校财务分级评价体系

（3）加强对高校财务管理的领导和控制

（4）推进高校校长职业化进程

（5）实行教育主管部门委派高校总会计师

（6）建立和完善高校内部财务控制体系

（7）建立财务风险预警机制

（8）其他_____

20. 防范高校财务风险的制度性措施是（　　）。（请选两个最重要的）

（1）保证公共财政对教育经费的足额投入

（2）改革高校体制，增强高校独立法人的自律意识

（3）制定高校贷款管理制度，规范贷款行为

（4）构建中央、地方等多渠道经费保障机制

21. 防范高校财务风险的技术性措施是（　　）。（请按重要性排序）

（1）教育主管部门建立高校财务风险预警体系

（2）高校建立财务风险评估和管理体系

（3）建立和完善大额资金流动审核机制

（4）提高高校财务运作的透明性

22. 建立校董会和设立校董对于防范高校财务风险具有（　　）。

（1）积极意义　　　　　　　（2）没有意义

（3）不确定的意义　　　　　（4）说不清楚

六、财务管理创新和对策

23. 您认为国外、我国港澳台地区高校的财务管理机制对我国大陆地区高校而言（　　）。

（1）在本质上没有区别，可供我国大陆地区高校学习借鉴

（2）公立高校和私立高校有较大差别，应该有区别的学习借鉴

（3）体制性差异导致高校财务管理机制不可简单模仿

24. 您认为下列哪些因素会影响高校资源配置效率（　　）（可多选）；其中和国外大学相比，差距最显著的两项是（　　）。

（1）学校没有办学自主权

（2）市场机制不充分，高校的资源转让和获得非常困难

（3）学校注重争取经费投入而忽视财务管理工作

（4）教职工队伍结构不合理造成资源浪费

（5）教师追求教学科研成果质量而不太关注经费投入效益的心态

（6）其他_____

25. 在下列关于建立高校财务公司的提法中您同意哪个观点？（　　）

（1）可在学校内部建立财务公司

（2）可建立大学城等区域性的财务公司

（3）无论哪种财务公司效果都是有限的

（4）财务公司的模式不符合我国高校的特点

26. 您认为通过发行教育债券缓解教育投资不足，（　　）。

（1）应该积极尝试

（2）存在操作难点

（3）不符合高校非营利的特点

27. 您认为高校最理想的财务管理体制是（　　）。
（1）统一领导、集中管理、集中核算
（2）统一领导、分级管理、集中核算
（3）统一领导、分级管理、分散核算

28. 在健全高校法人制度中，谁应该监督高校决策者的行为（　　）。
（1）上级主管部门
（2）完善学校的法人治理结构，适度分离决策权、执行权和监督权
（3）教职工代表大会、校工会委员会和学生组织等
（4）社区、媒体等社会舆论
（5）其他_____

29. 在学生收费、基建、大宗物资购买、校办产业、合作办学的过程中，教职工应享有（　　）。
（1）决策权　　（2）审核权　　（3）建议权　　（4）知情权

七、有关贵校的财务状况

30. 贵校的财政拨款模式是（　　），
您认为有什么不足（　　），
您认为理想的财政拨款模式是（　　）。

31. 贵校资金紧张的时间一般集中在几月份？（　　）

32. 贵校资金紧张发生的频率如何？（　　）
（1）一直发生　　　　　　（2）经常发生
（3）偶尔发生　　　　　　（4）从未发生

33. 贵校的贷款结构如何？（　　）
（1）长借短贷　　　　　　（2）流动资金贷款
（3）项目贷款　　　　　　（4）其他_____

34. 贵校历史贷款最高额度（　　），
目前贵校实际贷款额度（　　），
目前贵校发展所需资金缺口（　　）。

35. 请按照您认为的贵校经费短缺的程度由大到小排序。（　　）
（1）引进人才的经费　　　　（2）科研配套经费
（3）教学投入经费　　　　　（4）学校的扩张所需的经费
（5）其他_____

36. 贵校贷款的主要用途为（　　）。
（1）新校区建设　　　　　　（2）教学设施的更新和维护

（3）后勤设施建设　　　　　　（4）校办产业等对外投资

（5）弥补运行经费不足　　　　（6）其他基本建设

37. 贵校是否制订了切实可行的还贷计划和措施？（　　）

（1）是　　　　　　　　　　　（2）否

38. 贵校的还贷风险（　　）。

（1）尚未进入还贷期　　　　　（2）开始还本付息

（3）开始付息但尚未还本　　　（4）部分项目开始还本付息

39. 贵校的还贷方式（　　）。

（1）本息全由学校偿还　　　　（2）学校还本，政府贴息

（3）老校区土地置换　　　　　（4）政府还贷

（5）其他_____

40. 贵校还贷资金的主要来源（　　）。

（1）财政拨款　　　　　　　　（2）学校自筹资金

（3）社会捐赠　　　　　　　　（4）老校区土地置换

（5）借新债还旧债　　　　　　（6）其他_____

41. 您认为贵校还贷压力如何（　　）。

（1）没有压力　　　　　　　　（2）基本可以偿还贷款

（3）目前尚可，但未来将出现困难　（4）已出现困难

42. 您认为贵校存在财务风险吗？（　　）

（1）有　　　　　　　　　　　（2）没有

（3）说不清楚，因为_____

43. 贵校对年现金流入量和现金流出量是否可以预测？（　　）

（1）可以　　　　　　　　　　（2）不能

（3）没有进行预测

44. 贵校是否建立了财务风险监控体系？（　　）

（1）已建立，用的较好　　　　（2）已建立，但不完善

（3）正在建立　　　　　　　　（4）打算建立

（5）不打算建立

45. 贵校财务风险预警机制体现在（　　）。（可多选）

（1）制定了财务风险预警目标

（2）定期采集财务风险信息和数据

（3）建立了财务风险测评工具

（4）实施了财务风险报告（信号传输）制度

（5）制定了财务风险危机处理预案

（6）没有明显体现

46. 贵校财务风险管理的内部控制体系体现在（　　）。（可多选）

（1）有预算控制　　　　　　　（2）有明确的职责分工

（3）有准确的记录　　　　　　（4）有专人审核

（5）没有显著的体现

47. 贵校财务风险的监督机制体现在（　　）。（可多选）

（1）明确了监督部门和监督职责　（2）监督部门具有独立性

（3）定期进行监督检查　　　　　（4）检查监督的内容涵盖了所有财务活动

（5）没有显著的体现

48. 贵校筹资、举债、预算等财务事项的决策主体是（　　）。

（1）党委常委会　　　　　　　（2）校务委员会

（3）财经领导小组　　　　　　（4）学校主要领导

49. 参与贵校财务决策的成员包括（　　）。（可多选）

（1）学校党政领导　　　　　　（2）行政管理部门相关负责人

（3）各学院行政负责人　　　　（4）教职工代表

（5）各类委员会的成员　　　　（6）银行等债权人机构

（7）捐款人

您的学校：_____　　　您的姓名：_____

您的职务（请在相应职务后打"√"）：（1）主管财务的校领导（　　）

（2）财务处处长（　　）

（3）财务处副处长（　　）

（4）财务管理方面的专家（　　）

电子邮件：_____　　　您的联系电话：_____

参考文献

[1] 艾洪德,张淑敏,吕伟,吕晓乐.基于公共财政框架下大学教育公共财政制度变革研究[J].辽宁教育研究,2006(8).

[2] 爱德华·希尔斯.学术的秩序——当代大学论文集[M].李家永,译.北京:商务印书馆,2007.

[3] 安增龙,姚增福.完全学分制下高校财务管理创新发展的思考[J].中国科技信息,2007(11).

[4] 奥利维尔·如恩斯.为什么20世纪是美国世纪[M].闫循华,等译.北京:新华出版社,2002.

[5] 北京大学课题组.关于扩大高等教育规模对短期经济增长作用的研究报告[R].2001.

[6] 布鲁斯·约翰斯通.高等教育财政的问题与出路[M].沈红,等译.北京:人民教育出版社,2004.

[7] 蔡俊兰.中国高等教育规模与经济发展相关的实证分析[J].高教探索,2008(3).

[8] 曹明国.浅析知识经济时代高校财务管理的创新[J].泰州职业技术学院学报,2003(4).

[9] 曹淑江.教育制度和教育组织的经济学分析[M].北京:北京师范大学出版社,2004.

[10] 曹淑江.高等学校的软预算约束与财务自主权[J].高等教育研究,2005(10).

[11] 崔凤彩.我国高等院校财务管理模式合理化研究[D].保定:河北大学,2009.

[12] 储锦超.高校财务管理的创新与发展[J].华东经济管理,2005(11).

[13] 陈波,陈廷柱.美国高等学校社会服务职能的形成与动因探析[J].大学(学术版),2013(11).

[14] 陈柯. 内部控制视角下高校财务管理探究 [J]. 行政事业资产与财务, 2014 (27).

[15] 陈改茶. 以科学发展观指导高校财务管理创新 [J]. 中外企业家, 2013 (3).

[16] 陈国祥."去行政化"与政府委派总会计师 [N]. 科学时报, 2010-04-02.

[17] 陈剑. 电子政务下高校财务管理方式创新 [J]. 财会通讯, 2009 (23).

[18] 陈金明. 高校后勤社会化财务管理之创新 [J]. 高校后勤研究, 2004 (1).

[19] 陈建胜. 新形势下高校财务管理创新 [J]. 会计之友, 2005 (2).

[20] 陈玲. 对构建高校财务风险评价指标体系的探讨 [J]. 商业会计, 2006 (10).

[21] 陈时见, 甄丽娜. 美国高校社会服务的历史发展、主要形式与基本特征 [J]. 比较教育研究, 2006 (12).

[22] 陈淑芬. 对创新高校财务管理若干问题的探讨 [J]. 现代经济信息, 2011 (19).

[23] 陈伟光. 新形势下提高高校财务管理水平的思考 [J]. 中国高等教育, 2006 (9).

[24] 陈武元. 论私立高等教育发展的制度环境——兼论中国民办高等教育发展的制度环境选择 [J]. 教育发展研究, 2008 (5-6).

[25] 陈武元. 日本研究型大学经费筹措研究 [J]. 江苏高教, 2007 (2).

[26] 陈武元. 影响大学经费筹措的主要理论综述 [J]. 中国高等教育评论, 2012 (3).

[27] 陈武元. 我国普通高校经费筹措的实证研究 [J]. 教育发展研究, 2009 (7).

[28] 陈武元, 薄云. 韩国、马来西亚、菲律宾三国私立高等教育经费政策研究 [J]. 高等教育研究, 2008 (2).

[29] 陈武元, 洪真裁. 现代大学制度与高水平大学建设 [J]. 复旦教育论坛, 2009 (5).

[30] 陈晓芳, 等. 风险导向的高校内部审计整合框架 [J]. 财务与会计导刊, 2006 (7).

[31] 陈晓荣. 高校财务管理模式的创新 [J]. 财会月刊, 2005 (12).

[32] 陈新宁. 奥特曼模式在企业财务风险预警系统中应用的探讨 [J]. 郑州航空工业管理学院学报, 1999 (2).

[33] 陈颖. 基于准公共产品的高等学校学生培养成本研究 [J]. 经济论坛. 2009 (14).

[34] 陈振明. 公共管理学——一种不同于传统行政学的研究途径 [M]. 北京: 中国人民大学出版社, 2003.

[35] 陈琤. 高校财务风险评价指标体系研究 [J]. 云南财贸学院学报 (社会科学版), 2006 (3).

[36] 程志. 浅议高校财务管理模式的改革与创新 [J]. 长春理工大学学报 (高教版), 2009 (11).

[37] 戴维·奥斯本, 彼得·普拉斯特里克. 摒弃官僚制政府再造的五项战略 [M]. 谭功荣, 等译. 北京: 中国人民大学出版社, 2002.

[38] 戴传红. 高校财务风险的成因及防范 [J]. 安庆师范学院 (社科版), 2006 (1).

[39] 戴士权, 王雪燕. 日本私立高校经费筹措及其对我国民办高等教育的启示 [J]. 现代教育科学, 2006 (4).

[40] 丁建洋. 从知识本位走向能力本位: 大学本质的回归——基于政策的视角看日本大学在产学合作中的特征 [J]. 中国高教研究, 2011 (8).

[41] 丁玉苓, 高岩. 试析高校财务风险的成因及对策 [J]. 渤海大学学报 (哲学社会科学版), 2006 (4).

[42] 东北财经大学经济与社会发展研究课题组. 高等教育经费筹措的国际比较 [J]. 经济研究参考, 2004 (60).

[43] 董慧英. 高校办学条件与评估相关指标分析 [J]. 财务与会计导刊, 2006 (7).

[44] 董乃斌, 任元明. 高等学校财务风险的控制 [J]. 西南农业大学学报 (社会科学版), 2004 (3).

[45] 杜映梅. 绩效管理 [M]. 北京: 对外经济贸易大学出版社, 2003.

[46] 杜万波, 谢青. 浅谈高校财务风险防范 [J]. 内蒙古科技与经济, 2004 (4).

[47] 范文曜, 闫国华. 高等教育发展的财政政策——OECD 与中国 [M]. 北京: 教育科学出版社, 2005.

[48] 范晓军. 基于经营理念的高校财务分级管理创新模式的研究 [D]. 保定: 华北电力大学, 2009.

[49] 傅赛萍. 我国高校财务管理改革与创新探讨 [J]. 南昌教育学院学报, 2012 (7).

[50] 改革开放30年中国教育改革与发展课题组. 教育大国的崛起 1978 –

2008 [M]. 北京：教育科学出版社，2008.

[51] 高长春，等. 大众化教育阶段高等教育筹资模式与高校财务管理模式的国际比较研究报告. 2009 – 09.

[52] 高长春，吴国新. 我国高校办学标准与经费投入配比的现状研究 [J]. 现代大学教育，2009（4）2.

[53] 高腊生，田细菊. 高校财务管理模式的局限性及其创新 [J]. 财会通讯，2005（5）.

[54] 高培业. 企业失败判别模型实证研究 [J]. 统计研究，2000（10）.

[55] 高等院校学费标准调查 [N]. 中国教育报，2016 – 08 – 16.

[56] 高茵. 高等教育投资体制及预算管理改革的思路 [J]. 北京理工大学学报（社会科学版），2005（4）.

[57] 葛文雷，等. 我国高校财务管理与财务风险现状调查报告. 2009 – 9.

[58] 葛文雷，史良，张广玮. 高校财务风险时序比较 [J]. 财会通讯. 2010（6）.

[59] 戈飞平. 美国高等教育财政政策分析及其启示 [J]. 华东经济管理，2004（3）.

[60] 耿成兴. 地州高校办学经费筹措的困境与对策 [J]. 财务与金融，2011（3）.

[61] 龚茂全. 基于杠杆理论的公司财务风险控制研究 [D]. 长沙：湖南大学，2007.

[62] 官原将平. 日本大学的科学研究 [J]. 辽宁高教研究，1985（3 – 4）.

[63] 顾晓敏，蔡雯. 基于战略定位的高校预算管理研究 [J]. 经济师，2009（12）.

[64] 郭亚利. 高等院校财务管理创新问题探讨 [J]. 西安邮电学院学报，2006（6）.

[65] 国家发改委. 高等学校教育培养成本监审办法（试行）（发改价格 [2005] 1008 号）.

[66] 韩俊仕. 预算公开视角下高校财务管理创新思路探讨 [J]. 新西部，2012（21）.

[67] 韩玲. 企业财务风险征兆的识别及风险防范 [J]. 财会月刊（理论版），2006（26）.

[68] 杭文娟，刘敏. 财务治理若干基本理论问题研究 [J]. 市场周刊（财经论坛），2004（6）.

[69] 郝忠焰. 我国企业现阶段财务风险的识别及防范 [D]. 北京：对外经

济贸易大学，2006.

[70] 何小红. 社会管理创新视角下的高校财务 [J]. 教育旬刊，2013（11）.

[71] 何艾兵. 大众化教育经费投入不足的对策思考 [J]. 理论月刊，2001（8）.

[72] 黄敏新. 新会计制度视角下的高校财务管理理念探析 [J]. 会计之友，2014（30）.

[73] 黄卫挺，史晋川，郑红亮. 预算软约束与高等学校财务困境 [C] // 中国经济改革与发展（论文集）. 北京：经济科学出版社，2008.

[74] 黄向东. 高职院校财务管理模式的改革与创新研究 [D]. 福州：福建农林大学，2011.

[75] 黄永林. 新中国成立60年高校财务管理体制的改革与创新 [J]. 会计之友，2009（12）.

[76] 胡冰. 高校财务管理创新研究 [J]. 新会计，2014（8）.

[77] 胡赤弟. 教育产权与现代大学制度构建 [M]. 广州：广东高等教育出版社，2008.

[78] 胡天义. 高等院校财务管理体制的创新与完善 [J]. 中国科技信息，2005（11）.

[79] 胡信生. 高校财务风险的类型及其防范 [J]. 教育财会研究，2004（6）.

[80] 胡信生，拓东玲，王希文. 高校财务风险的类型及其防范 [J]. 教育财会研究，2004（6）.

[81] 胡星辉. 高校后勤社会化改革的财务管理创新 [J]. 事业财会，2002（5）.

[82] 胡梅. 高校后勤实体财务管理体制创新研究 [J]. 会计之友（下旬刊），2006（12）.

[83] 贾生华，陈宏辉. 利益相关者的界定方法述评 [J]. 外国经济与管理，2002（5）.

[84] 贾康，白景明主持课题. 绩效预算与政府绩效评价体系的要点 [R]. 2005.

[85] 姜晓璐，张丹，徐明稚. 基于共生理论下高校财务风险的演变机理研究 [J]. 中国高教研究，2009（11）.

[86] 江鸿. 知识经济时代高校财务管理创新探究 [J]. 中国外资，2013（4）.

[87] 江涛. 舒尔茨人力资本理论的核心思想及其启示 [J]. 扬州大学学报

（人文社会科学版），2008（6）．

[88] 蒋业香，李存芳．基于模糊集合理论的高校财务风险分析与评价 [J]．高教发展与评估，2007（3）．

[89] 景琪荣．试论如何创新高校财务管理观念 [J]．经济师，2007（9）．

[90] 敬采云．负债条件下高校财务管理的创新 [J]．西南科技大学学报（哲学社会科学版），2007（5）．

[91] 荆新，王化成，等．财务管理学 [M]．北京：中国人民大学出版社，1998．

[92] 介新．普通高等学校贷款问题研究 [M]．北京：高等教育出版社，2004．

[93] 金霞．高校财务管理制度创新的理性思考 [J]．江苏高教，2003（1）．

[94] 康智云．新时期财务管理面临的挑战与理念创新 [J]．财会研究，2011（15）．

[95] 李昌容．高等学校会计制度存在的问题与对策 [J]．财务与会计导刊，2006（10）．

[96] 李春生．日本大学的科学研究费补助金制度 [J]．辽宁高等教育研究，1996（5）．

[97] 李华中．上市公司经营失败的预警系统研究 [J]．财经研究，2001（10）．

[98] 李建发．从宏观政策层面看我国高等教育经费的筹措与配置 [J]．高等教育研究，2004（5）．

[99] 李建发，郭鹏．中国大众化高等教育财政政策及其改革问题探讨 [J]．教育与经济，2004（4）．

[100] 李俊杰．省级国库集中支付下的高校财务管理如何创新之探讨 [J]．成人教育，2010（2）．

[101] 李美端．创新高校财务管理途径 [J]．中国农业会计，2008（3）．

[102] 李萍，许宏才．中国政府间财政关系图解 [M]．北京：中国财政经济出版社，2006．

[103] 李少华．大学理念与现代大学制度 [J]．北京大学教育评论（高等教育管理专刊），2005（S1）．

[104] 李胜，傅太平．论企业的全面风险管理 [J]．经济与管理，2004（6）．

[105] 李素红，黄耕，尹志军．建立高校财务风险预警模型的判别分析 [J]．河北工业大学学报，2006（2）．

[106] 李文利．美国、加拿大高校学生贷款研究 [J]．比较教育研究，2004

（10）．

　　［107］李勇，张丹．教育部直属高校教育经费投入影响因素实证分析［J］．教育财会研究，2010（3）．

　　［108］李永宁．高校财务管理改革与创新的理论探索［J］．改革与战略，2005（6）．

　　［109］李永宁．高等教育财政政策的现状与建议［J］．财会研究，2006（11）．

　　［110］李兆荣，李从松．高等教育服务的特性及其财政政策的公共选择［J］．武汉理工大学学报（信息与管理工程版），2003（8）．

　　［111］李亚勋．我国普通高等教育招生规模研究——基于中美比较的视角［J］．教育发展研究，2006（1）．

　　［112］梁涛．试论新形势下民办高校财务管理的创新策略［J］．经济师，2013（2）．

　　［113］梁文军，彭晓东．对高校财务管理创新的思考［J］．会计师，2012（5）．

　　［114］廖卫玲，汪晶．电子信息化推进高校财务管理创新［J］．电子科技大学学报：社科版，2010（6）．

　　［115］林钢，等．论高等教育成本的确认与计量［J］．教育财会研究，2006（6）．

　　［116］林莉．西方高等教育财政危机研究［D］．厦门：厦门大学，2003．

　　［117］林莉．中国高校贷款问题研究［D］．厦门：厦门大学，2006．

　　［118］林莉．美国高校贷款的历史演变及启示［J］．清华大学教育研究，2009（4）．

　　［119］林莉．高校贷款中的公平与和谐发展问题［J］．高等教育研究，2007（12）．

　　［120］林茜．现代大学制度下高校财务管理模式创新研究［J］．行政事业资产与财务，2013（10）．

　　［121］林毅夫，李志赟．政策性负担，道德风险与预算软约束［J］．经济研究，2004（2）．

　　［122］刘丽英．谈中小型高校财务管理工作的改革与创新［J］．会计之友，2013（32）．

　　［123］刘力．美国产学研合作模式及成功经验［J］．教育发展研究，2006（4）．

　　［124］刘戎．创新高校财务管理模式［J］．财政监督，2012（23）．

［125］刘晓光，郭霞，董维春．日本高校社会服务：形式、特点及启示［J］．现代教育管理，2011（10）．

［126］刘晓霞．新会计制度下高校财务管理工作的创新研究［J］．湖南工业职业技术学院学报，2013（6）．

［127］刘福东，李建发．国外大学财务报告的对比与借鉴——基于美、英、澳、新西兰四国大学年报的分析［J］．教育财会研究，2011（1）．

［128］刘道玉．高校学风亟待整肃［J］．高等教育研究，2004（1）．

［129］刘格辉．基于现金流的财务风险预警研究［D］．长沙：湖南大学，2007．

［130］刘贵生．财务本质论［J］．财经理论与实践，1994（4）．

［131］刘国永．关于高等教育绩效评价的几个问题［J］．大学（研究与评价），2008（6）．

［132］刘海峰，李霁友．高校财务预算管理模式及发展趋势研究［J］．生产力研究，2010（5）．

［133］刘淑华，王福友．预算软约束：高校群体性负债的深度分析［J］．教育发展研究，2010（5）．

［134］刘天佐．高校经费筹措与管理新论［M］．长沙：湖南人民出版社，2007．

［135］刘向东，张伟，陈英霞．欧洲高等教育机构经费筹措模式及经验启示——以欧盟七国为例［J］．外国教育研究，2003（11）．

［136］刘艳华．高校财务风险防范对策研究［J］．河北工业大学学报，2008（4）．

［137］刘延玲．财务治理模式的比较与借鉴［J］．经济视角，2006（9）．

［138］刘迎春．浅析如何防范高校财务风险［J］．沿海企业与科技，2006（9）．

［139］刘跃，王玲．西部高校财务预警与财务风险防范研究［J］．财会通讯（学术版），2006（2）．

［140］柳志．基于AHP的高校财务风险评价指标权重计量［J］．财会通讯（理财版），2008（5）．

［141］龙斌．高校财务创新管理探析［J］．怀化学院学报，2006（3）．

［142］卢书文．"举债办学"形势下的高等学校财务风险问题［J］．周口师范学院学报，2007（11）．

［143］卢宁文，孙明贵．基于预算管理的高校资金运用的绩效审计方法［J］．科技管理研究，2010（8）．

［144］栾凤廷．西方国家公共部门实施绩效管理的制度基础［J］．行政论坛，2004（4）．

［145］罗序斌，郑克强．化解地方高校债务风险的"2+1"模式——基于国企债务重组经验的启示［J］．教育学术月刊，2009（12）．

［146］罗玺，宾慕容．完善高校预算管理体系的探讨［J］．湖南农业大学学报（社会科学版），2005（6）．

［147］罗晓华．高等教育财政投资政策研究［D］．厦门：厦门大学，2007．

［148］罗斯，威斯特菲尔德，杰富．公司理财［M］．吴世农等，译．北京：机械工业出版社，2007．

［149］芦延华．浅议防范高校财务风险［J］．教育财会研究，2006（5）．

［150］陆文龙．政府职能的转变与现代大学制度的建立［J］．现代大学教育，2005（6）．

［151］陆媛媛．高校新校区建设贷款行为博弈分析［D］．重庆：西南交通大学，2005．

［152］陆正飞，王化成，宋献中．当代财务管理主流［M］．大连：东北财经大学出版社，2004．

［153］吕伟，等．高等教育财政：国际经验与中国道路选择［M］．大连：东北财经大学出版社，2004．

［154］马娴．人力资本理论与教育投资问题新探［J］．云南师范大学学报（哲学社会科学版），2004（2）．

［155］毛国育，李孟玫．对高校财务理念重构与创新的思考［J］．创新论坛，2013（6）．

［156］毛明．加入 WTO 与高校财务管理创新［J］．事业财会，2002（5）．

［157］毛亚庆．高等教育管理方式转型的知识解读［J］．中国高等教育评论，2012，（3）．

［158］梅义标．构建我国高校办学效益评价指标体系的思考［J］．教育财会研究，1999（5）．

［159］么立华．中国公立大学财务治理模式创新研究［D］．长春：东北师范大学．2013．

［160］宁冰．新形势下高校财务管理制度的创新思路及对策［J］．行政事业资产与财务，2014（3）．

［161］潘懋元．走向社会中心的大学需要建设现代制度［J］．现代大学教育，2001（1）．

［162］彭清华．论高校发展中的财务安全［J］．教育财会研究，2002（3）．

［163］彭邵兵，邢精平．公司财务危机论［M］．北京：清华大学出版社，2005．

［164］彭江．国内关于现代大学制度的研究综述［J］．现代大学教育，2005（2）．

［165］彭韶兵，邢精平．公司财务危机论［M］．北京：清华大学出版社，2005．

［166］秦红．降低多校区大学办学成本的探讨与思考［J］．中国高教研究，2008（9）．

［167］秦秋菊，余秀丽，魏梦琳．陕西高校财务管理观念的创新［J］．中国科技信息 2008（12）．

［168］邱航．高校财务管理观念创新［J］．中国管理信息化，2006（2）．

［169］渠苏平．高校财务风险防范措施刍议［J］．财会通讯（理财版），2007（10）．

［170］阙海宝，杜伟，黄玉祥．民办高等教育经费筹措分析［J］．江苏高教，2004（6）．

［171］阙海宝，杜伟，黄玉祥．日本私立大学经费筹措对我国民办高等教育的启示［J］．教育探索，2005（1）．

［172］萨缪尔森，诺德斯．经济学（第十四版）［M］．胡代光，等译．北京：首都经济贸易大学出版社，1996．

［173］斯科特·贝斯利，尤金F．布里格姆．财务管理精要（原书第12版）[M]．刘爱娟等，译．北京：机械工业出版社，2003．

［174］尚英梅．高校财务工作质量的提升与管理创新的强化［J］．通化师范学院学报，2012（9）．

［175］沈洪涛．我国高校财务管理的创新机制研究［J］．景德镇高专学报，2010（2）．

［176］沈颖．浅析高校财务管理机制创新［J］．对外经贸，2012（6）．

［177］石宁．实践高校财务科学发展观创新提高高校财务理念［J］．现代商业，2009（11）．

［178］史道济，张春英．尾部指标估计中的阈值选择［J］．天津理工大学学报，2006（6）．

［179］施惠敏．由高校贷款建设引起的会计思考［J］．财务与会计导刊，2006（3）．

［180］施小蕾，徐晓鹏．新制度经济学视角下高校财务管理制度创新探索［J］．牡丹江教育学院学报，2008（4）．

[181] 舒敏芬. 论高等学校财务风险及其防范 [J]. 宁波大学学报（教育科学版），2005（5）.

[182] 帅毅. 企业财务管理视角下的高校财务管理创新研究 [J]. 会计之友，2012（5）.

[183] 宋加山，李勇，彭诚，等. 极值理论中阈值选取的 Hill 估计方法改进 [J]. 中国科学技术大学学报，2008（9）.

[184] 宋新平，丁永生. 基于最优支持向量机模型的经营失败预警研究 [J]. 管理科学，2008（1）.

[185] 宋新平，丁永生，曾月明. 基于遗传算法的同步优化方法在财务困境预警中的应用 [J]. 预测，2009（1）.

[186] 宋晓波. 完善公司财务治理权机制 [J]. 辽宁经济，2005（9）.

[187] 宋旭红."现代大学制度"概念综述 [J]. 江苏高教，2005（3）.

[188] 孙贵聪. 西方高等教育管理中的管理主义述评 [J]. 比较教育研究，2003（10）.

[189] 孙红丽. 高校财务管理创新的若干思路 [J]. 会计之友，2009（6）.

[190] 孙明贵，等. 高校财务风险防范机制研究报告. 2009-09.

[191] 孙明贵. 基于战略导向的非财务绩效评价指标研究与应用 [J]. 财会月刊，2010（24）.

[192] 孙明贵，乔子金. 浅议高校科研资源的虚拟共享 [J]. 时代金融，2007（12）.

[193] 孙志军，金平. 国际比较及启示：绩效拨款在高等教育中的实践 [J]. 高等教育研究，2003（6）

[194] 汤谷良. 高级财务管理 [M]. 北京：中信出版社，2006.

[195] 天野郁夫. 日本国立大学的财政制度：历史性展望 [J]. 陈武元，译. 大学教育科学，2012（6）.

[196] 天野郁夫. 高等教育的日本模式 [M]. 陈武元，译. 北京：教育科学出版社，2006.

[197] 天野郁夫. 日本高等教育改革：现实与课题 [M]. 陈武元等，译. 厦门：厦门大学出版社，2014.

[198] 田禾彦. 澳大利亚高等教育投资政策的历史演变及启示 [J]. 台声：新视角，2005（2）.

[199] 田靖鹏. 谈高校财务管理体制的创新 [J]. 财会月刊（综合版），2006（7）.

[200] 万琳琳，王晓东. 对当前高校财务管理的创新探究 [J]. 经济研究导

刊，2011（14）.

[201] 万艳丽. 高校财务风险与内部会计控制［J］. 事业财会，2008（2）.

[202] 万宇洵，黄文雅. 高校财务风险评价指标体系构建［J］. 湖南经济管理干部学院学报，2006（3）.

[203] 王长乐. 大学的要义［J］. 南京师大学报（社会科学版），2003（3）.

[204] 王诚，毛建荣. 公办高校财务风险及其防范［J］. 华东经济管理，2004（6）.

[205] 王崇保. 高校财务风险现状分析及防范措施［J］. 高等教育财会，2006（4）.

[206] 王德春，张树庆. 高校财务风险与防范对策［J］. 山东农业大学学报（社会科学版），2003（6）.

[207] 王幡. 日本大学产学合作的现状［J］. 世界教育信息，2007（5）.

[208] 王刚耀. 财务治理与财务管理比较分析［J］. 湖南财经高等专科学校学报，2006（8）.

[209] 王汉文. 省级国库集中支付下的高校财务管理创新研究［J］. 浙江教育学院学报，2008（5）.

[210] 王洪才. 现代大学制度的内涵及其规定性［J］. 教育发展研究，2005（11）.

[211] 王洪才. 论大众高等教育与多元参与治理模式建构［J］. 中国高等教育评论，2012（3）.

[212] 王娟英. 高校财务管理的创新性研究［J］. 管理观察，2014（24）.

[213] 王雷，郎安. 促进高等教育公平的财政保障机制研究［J］. 海南大学学报（人文社会科学版），2009（2）.

[214] 王良驹. 新时期高校财务管理面临的挑战与理念创新［J］. 教育财会研究，2006（5）.

[215] 王玲，张义芳，武夷山. 日本官产学研合作经验之探究［J］. 世界科技研究与发展，2006（4）.

[216] 王满玲. 国外公司财务风险预测研究进展评述［J］. 预测，2004（6）.

[217] 王迁丽. 网络经济环境下高校财务管理创新研究［J］. 财经界，2012（12）.

[218] 王秦湘. 试论基于经营理念的高校财务分级管理创新模式［J］. 现代营销，2011（1）.

[219] 王艳. 新公共管理运动对政府绩效管理的影响与启示［J］. 兰州学刊，2004（6）.

[220] 王延杰.按照公共财政要求深化我国高等教育投融资体制改革 [J].财政研究,2003 (8).

[221] 王燕平,常洁.试论当前高校财务管理模式的创新 [J].新西部:理论版,2011 (10).

[222] 王漪.关于高校财务风险控制的思考 [J].安徽教育学院学报,2006 (5).

[223] 王义秋,等.论以公共责任为基础的高校会计报告 [J].经济与社会发展,2005,(12).

[224] 王雍君.公共预算管理 [M].北京:经济科学出版社,2002.

[225] 王占军.高等教育绩效评价历史考察 [J].教育理论与实践,2011 (5).

[226] 王茁.新时期高校财务管理研究:问题与创新 [J].吉林师范大学学报(人文社会科学版),2007 (3).

[227] 汪流明.高等学校财务风险防范体系的构建 [J].决策探索,2006 (4).

[228] 文部科学省,日本学術振興会.科学研究費助成事業2015 [R].2015.

[229] 我国高等教育在校生达3647万 [N].中国教育报,2016-08-31.

[230] 邬大光.现代大学制度的根基 [J].现代大学教育,2001 (3).

[231] 邬大光.高校贷款热的冷思考 [J].南风窗,2007 (4).

[232] 邬大光.高校贷款的理性思考和解决方略 [J].教育研究,2007 (4).

[233] 邬大光.论建立有中国特色的现代大学制度 [J].中国高等教育,2006 (19).

[234] 伍中信.现代企业财务治理结构论 [R].中南财经政法大学博士后流动站出站报告,2001.5.

[235] 伍中信.现代公司财务治理理论的形成与发展 [J].会计研究,2005 (10).

[236] 伍中信,等.论以财权配置为核心的企业财务治理体系的构建 [J].当代财经,2006 (10).

[237] 吴捍泽.浅析经营性理念在高校财务管理的创新 [J].财经界,2013 (11).

[238] 吴松.我们离现代大学制度有多远?[J].中国大学教学,2005 (1).

[239] 吴晓玲.我国高校财务管理的现状及创新研究——以湖南某高校为例 [D].湘潭:湘潭大学,2010.

[240] 夏兰.财务治理及其相关范畴研究 [J].重庆职业技术学院学报,

2006（7）.

［241］鲜明．市场经济条件下高校财务管理创新研究［J］．中国科技信息，2006（5）.

［242］肖薇，王义．公立高校财务管理科学化、精细化的研究［J］．教育财会研究，2012（4）.

［243］熊筱燕，孙萍．略论高校财务风险的界定［J］．南京师范大学学报，2005（3）.

［244］徐道宣．高校财务风险的成因及防范对策［J］．黄石教育学院学报，2006（9）.

［245］徐明稚．高校财务管理应"量入为出"［J］．中国高等教育，2005（20）.

［246］徐明稚．向管理要效益，确保办学良性运转［J］．中国高等教育，2007（3/4）.

［247］徐明稚．坚持纺织特色，发展特色学科群［N］．中国教育报，2007-01-31.

［248］徐明稚．高等教育办出特色与资源配置［J］．中国教育财政，2014（7-2）.

［249］徐明稚，张丹，姜晓璐．基于现金流量模型的高校财务风险评价体系［J］．会计研究，2012（7）.

［250］徐明稚．对我国高等教育投入的思考与建议［J］．教育发展研究，2009（7）.

［251］徐明稚．大学管理和大学发展［J］．中国高等教育，2010（6）.

［252］徐明稚．高校编制现金流量表初探［J］．财务与会计，2009（11）.

［253］徐明稚．改进我国高校科研评价的思考和建议［J］．中国高校科技，2013（8）.

［254］徐明稚．以章程建设坚持特色规范办学［J］．中国高等教育，2014（7）.

［255］徐孝民．现阶段高校实行国库集中支付制度的利弊及对策——基于高校组织定位和活动规律的视角［J］．中山大学学报（社会科学版），2010（3）.

［256］徐孝民．高校科研项目人力资本投入补偿的思考——基于科研经费开支范围的视角［J］．中国软科学，2009（12）.

［257］许琳．高等教育投资的国际比较研究［D］．厦门：厦门大学，2007.

［258］许拯声，孙西．会计师事务所与上市公司的博弈模型分析［J］．东华大学学报（自然科学版），2010（1）.

[259] 许拯声, 尹阳英, 张文灏. 甄别上市公司虚假财务报表方法及案例分析 [J]. 商业会计, 2010 (10).

[260] 许拯声. 基于平衡计分卡的高校预算和绩效评价机制 [J]. 财会月刊, 2009 (24).

[261] 许道银. 试论高校财务危机预警系统 [J]. 徐州师范大学学报（自然科学版）, 2003, 21 (4).

[262] 薛绯, 顾晓敏. 关于贷款风险防范的理论综述 [J]. 商业研究, 2008 (11).

[263] 薛红兵. 论高校财务风险防范 [J]. 福建金融管理干部学院学报, 2007 (4).

[264] 亚瑟·M. 科恩, 卡丽·B. 基斯克. 美国高等教育的历程（第 2 版）[M]. 梁燕玲, 译. 北京: 教育科学出版社, 2012.

[265] 闫琳. 高等教育信贷政策及风险控制研究 [D]. 长春: 吉林大学, 2005.

[266] 阎向军. 从清产核资看行政事业单位的不良资产 [J]. 中国农业会计, 2006 (1).

[267] 沈祖芸. 严格"刚性"预算, 东华大学建新校区负债"零增长" [N]. 中国教育报, 2007-04-17.

[268] 杨海平. 信息时代高校财务管理的改革与创新 [J]. 广西质量监督导报, 2008 (4).

[269] 杨鸿燕. 试论当代高校财务管理理念及制度创新 [J]. 经济研究导刊, 2008 (11).

[270] 杨湖. 当下高校财务管理存在的问题和优化途径探究 [J]. 行政事业资产与财务, 2014 (9).

[271] 杨庆英. 我国高校财务管理改革与创新的思考 [J]. 经济与管理研究, 2004 (2).

[272] 杨明. 政府与市场——高等教育财政政策研究 [M]. 杭州: 浙江教育出版社, 2007.

[273] 杨瑞龙, 周业安. 利益相关者理论及其应用 [M]. 北京: 经济科学出版社, 2002.

[274] 杨晓波. 试析美国公立高等教育的政府财政政策 [J]. 外国教育研究, 2006 (11).

[275] 杨振民. 高校财务风险的类型与防范 [J]. 河北大学成人教育学院学报, 2006 (6).

[276] 杨周复,施建军. 大学财务综合评价研究 [M]. 北京:中国人民大学出版社,2002.

[277] 阳晓晖. 对高校财务管理技术创新的思考 [J]. 山西财政税务专科学校学报,2004(4).

[278] 叶平. 关于进行高等教育规模增长速度预警研究的探讨 [J]. 高等教育研究,1996(6).

[279] 叶加洪,张凡. 论我国地方政府问责的特点及完善路径 [J]. 法制与社会,2010(30).

[280] 叶五一,缪柏其. 应用改进 Hill 估计计算在险价值 [J]. 中国科学院大学学报,2004(3).

[281] 叶璋礼. 略论高校财务管理观念创新 [J]. 事业财会,2005(5).

[282] 衣新龙. 财务治理理论初探 [J]. 财会通讯,2002(10).

[283] 尹平. 经营风险与防范 [M]. 北京:经济科学出版社,1998.

[284] 尹亚男. 创新高校财务管理理念 [J]. 理论界,2008(8).

[285] 尤素英,蓝增全. 建立高校财务预警系统的探讨 [J]. 西南林学院学报,2004(24).

[286] 于红梅. 引入企业财务管理理念创新高校财务管理模式 [J]. 财会研究,2009(9).

[287] 于连美. 浅析高校财务管理模式的创新研究 [J]. 中国管理信息化,2013(10).

[288] 于谦龙,顾晓敏. 基于最小二乘支持向量机的高校财务困境预警研究 [J]. 统计与决策,2011(8).

[289] 于谦龙,顾晓敏. 农业高校的管理机制改进研究 [J]. 安徽农业科学,2011(6).

[290] 俞建海. 政策性负担逆向选择与高校软预算约束 [J]. 高等教育研究,2007(9).

[291] 袁贵仁. 建立现代大学制度推进高等教育改革 [J]. 中国高等教育,2000(3).

[292] 袁连生. 中国高等教育大众化进程中的财政政策选择 [J]. 教育与经济,2002(2).

[293] 袁连生. 论教育的产品属性、学校的市场化运作及教育市场化 [J]. 教育与经济,2003(1).

[294] 张兵,曹林凤. 探索高校财务管理方式的创新 [J]. 中国科教创新导刊,2011(35).

[295] 张成福, 党秀云. 公共管理学 [M]. 北京: 中国人民大学出版社, 2001.

[296] 张丹, 等. 高校财务风险与预警系统研究报告. 2009-09.

[297] 张丹, 姜晓璐. 我国高等教育财政投入机制分析——基于教育部76所部属院校相关数据 [J]. 教育发展研究, 2009 (7).

[298] 张丹, 杜深. 我国高等教育财政拨款模式的不足和对策 [J]. 安徽大学学报 (哲学社会科学版), 2010 (3).

[299] 张丹, 苏晶. 基于P-S方法的高校财务风险预警模型与应用 [J]. 统计与决策, 2009 (12).

[300] 张丹. 促进我国高等教育发展方式转变的思考 [J]. 纺织教育, 2010 (5).

[301] 张德祥. 关于"现代大学制度研究"的几点思考 [J]. 辽宁教育研究, 2005 (8).

[302] 张东海. 美国联邦科学政策与世界一流大学发展 [M]. 上海: 上海教育出版社, 2010.

[303] 张敦力. 试论公司治理中的财务治理 [C]. 中国会计教授会年会论文集, 2002.

[304] 张梅英. 论高校财务风险与防范对策 [J]. 河南理工大学学报: 社会科学版, 2006 (11).

[305] 张界新. 高等学校适度负债发展的思考 [D]. 武汉: 华中农业大学, 2002.

[306] 张俊宗. 现代大学制度: 内涵、主题及主要内容 [J]. 江苏高教, 2004 (4).

[307] 张侃. 绩效评估与绩效预算 [J]. 地方财政研究, 2005 (11).

[308] 张玲. 财务危机预警分析判别模型 [J]. 数量经济技术经济研究, 2000 (3).

[309] 张民选. 绩效指标体系为何盛行欧美澳 [J]. 高等教育研究, 1996 (3).

[310] 张巧良, 张磊. 对高校财务管理创新的思考 [J]. 财会研究, 2003 (12).

[311] 张舒华. 高校财务风险影响因素的分析 [J]. 财会之窗, 2006 (3).

[312] 张万朋, 王千红. 财政性教育投入与高等教育经费需求匹配特征分析 [J]. 复旦教育论坛, 2009 (4).

[313] 张万朋, 王千红. 高等教育规模扩张的经济学分析 [J]. 华东师范大

学学报（教育科学版）.2007（2）.

[314] 张万朋.美国如何防范高校债务风险[J].陕西教育（行政版），2008（11）.

[315] 张先恩.科技创新与强国之路[M].北京：化学工业出版社，2010.

[316] 张训婷.基于现代企业财务管理的高校财务管理创新研究[J].现代经济信息，2014（10）.

[317] 张彦君，陈青峰.高校后勤社会化财务管理之创新[J].高校后勤研究，2006（4）.

[318] 张杨.中日高等教育政策与财政比较[J].教育与经济，2002（2）.

[319] 张依群.试论高校财务预算管理的理念创新[J].教育财会研究，2004（1）.

[320] 张友棠，黄洁莉.大学人力资源成本会计制度设计的探索[J].财务与会计导刊，2006（3）.

[321] 张曾莲，李建发.论高等教育成本管理[J].预算管理与会计，2008（7）.

[322] 张曾莲，李建发.高校成本核算模式的设想[J].预算管理与会计，2008（7）.

[323] 张正体.高校财务风险探讨及对策[J].经济研究参考，2004（85）.

[324] 赵丹.浅议高校财务管理制度创新[J].商业经济，2010（7）.

[325] 赵根，李元勋.高校财务风险及控制[J].商场现代化，2005（11）.

[326] 赵建军.我国高等学校财务治理问题研究[J].教育财会研究，2008（5）.

[327] 赵莉萍.高校财务二级管理体制改革及创新[J].新西部，2009（2）.

[328] 赵荣宾.高等院校"贷款兴教"的风险分析及其调控[D].济南：山东大学，2007.

[329] 赵绍光.高负债视域下的高校财务管理创新[J].河北科技师范学院学报：社会科学版，2011（3）.

[330] 赵文华，高磊，马玲.论现代大学制度与大学校长职业化[J].复旦教育论坛，2004（3）.

[331] 赵艳芹，宁丽新，朱翠兰.西方公共产品理论评述[J].商业时代，2008（28）.

[332] 赵宪武，朱颖义.对高校财务管理技术创新的思考[J].高等教育研究学报.2003（3）.

[333] 肇洪斌.高校财务风险初探[J].辽宁教育行政学院学报，2006（7）.

[334] 曾月明,朱杏龙,葛文雷.高校财务风险的涵义及形成机理探究[J].南京财经大学学报,2009(3).

[335] 郑继辉."高校财务风险"研讨综述[J].铜陵学院学报,2003(3).

[336] 郑鸣,黄光晓.我国高校财务困境预测研究[J].经济纵横,2008(5).

[337] 郑晓薇.高校财务管理创新三论[J].经济管理,2008(7).

[338] 郑晓薇.高校财务管理目标研究概述[J].财会月刊,2007(36).

[339] 郑晓薇.美国高校财务困境预警研究述评[J].上海管理科学,2011(1).

[340] 郑晓薇.我国高校财务困境的界定和特征[J].上海管理科学,2012(1).

[341] 郑晓薇.企业与利益相关者关系的生态学视角[J].上海管理科学,2007(3).

[342] 钟洁颖.基于价值链管理的高校财务创新[D].厦门:厦门大学,2007.

[343] 周轲.我国高校财务管理制度创新研究[J].中国商界(上半月),2010(9).

[344] 周其仁.市场里的企业:一个人力资本与非人力资本的特别合约[J].经济研究,1996(6).

[345] 周谊,张翠琴.中美教育经费投入的数量及体系比较[J].外国中小学教育,2005(6).

[346] 邹晓平.现代大学制度下的权力冲突与协调机制分析[J].大学教育科学,2004(2).

[347] 朱爱华.修改和完善高校会计制度的探讨[J].教育财会研究,2006(1).

[348] 朱爱丽,陈长亮.树立科学发展观,防范高校财务风险[J].财会通讯:理财版,2006(2).

[349] 朱国仁.高等学校职能论[M].哈尔滨:黑龙江教育出版社,1999.

[350] 朱海宇,刘占军,沈晓伏,刘英.高等学校教育绩效统计指标体系初探[J].沈阳农业大学学报(社会科学版),2002(4).

[351] 朱家位,朱耀顺.高校后勤社会化后财务管理的创新[J].云南教育,2003(30).

[352] 朱建芳.我国私立高等学校财务决策机制创新研究[D].杭州:浙江工业大学,2008.

[353] 朱一新. 高校财务管理创新刍议 [J]. 教育发展研究, 2004 (9).

[354] 朱一新. 高校财务风险预警机制的建立 [J]. 南通大学学报: 教育科学版, 2005 (12).

[355] 朱腾明, 李爱国. 浅谈我国高校的财务管理创新 [J]. 财会与审计, 2004 (5).

[356] 祝君. 论高校财务风险管理系统的构建 [J]. 陕西省经济干部学院学报, 2006, 120 (1).

[357] 左胜平. 浅论高校内部会计控制 [J]. 广东经济管理学院学报, 2006 (1).

[358] Alice M. Rivlin. Federal Credit Activities: An Analysis of President Reagan's Credit Budget for 1982 [R]. CBOffice, 1981.

[359] Alisa Federico Cunningham, Jamie P. Merisotis, Thomas R. Wolanin, Mark P. Harvey. Options for a Federal Role in Infrastructure Development at Tribal Colleges & Universities [R]. White House Initiativeon Tribal Colleges and Universities by the Institute for Higher Education Policy, February 2000.

[360] Andy Green. Education and Globalization in Europe and East Asia: Convergent and Divergent Trends [J]. Journal of Education Policy, 1999.

[361] Besley S, Brigham E. Essentials of managerial finance [M]. Cengage Learning, 2000.

[362] Beth M. McCuskey. The Future of the University Profession and Implications for Practitioners: A Delphi Study [D]. Morgantown: West Virginia University, 2003.

[363] Flexner Abraham. University: American, English, German, New York, etc. [M]. Oxford University Press, 1930.

[364] Francis Keppel. The Higher Education Acts Contrasted, 1965 – 1986: Has Federal Policy Come of Age? [J]. Harvard Educational Review, 1987.

[365] Frederiksen, C. F. "A Brief History of Collegiate Housing." In R. B. Winston Jr., S. Anchors, and Associates, Student Housing and Residential Life [M]. San Francisco: Jossey – Bass, 1993.

[366] Froomkin, Joseph. Students and Buildings: An Analysis of Selected Federal Programs for Higher Education. Planning Papers of the Office of Program Planning and Evaluation, Office of Education [EB/OL]. https://eric.ed.gov/contentedlivery/servlet/ERICServlet? accno = ED023268.

[367] Gavin, M., Hausmann R. The Roots of Banking Crises: The Macroeco-

nomic Context [J]. Social Science Electronic Publishing, 1996 (4026).

[368] Hana Polackova Brixi & Allen Schick (edit): Government at Risk: Contingent Liabilities and Fiscal Risk [M]. Oxford: World Bank and Oxford University Press, 2002.

[369] Harry S. Truman, Third Annual Message, The White House, Jan. 7. 1948. The State of the Union Messages of the Presidents, 1790 – 1966 [M]. New York: Chelsea House, 1966.

[370] Hans Vossensteyn. Fiscal Stress: Worldwide Trends in Higher Education Finance [J]. Journal of Student Financial Aid, 2004, 34 (1).

[371] Higher Education Facilities Act [EB/OL]. [1963 – 12 – 16]. http://www. higher-ed. org/resources/facilities_bill. htm.

[372] Jiang Xiaolu, Zhang Dan, Xu Mingzhi. Research on University Financial Risk's Early-warning Levels Design Based on Threshold Value Analysis [C]. DaLian, 2010.

[373] Johns R. L., Alexander K., JordanK F. Financing education: fiscal and legal alternatives [M]. Gainesville: CharlesE. Merrill Publishing Company, 1972.

[374] Kennedy J. F. Public papers of the Presidents of the United States, John F. Kennedy: containing the public messages, speeches, and statements of the President [M]. Tokyo: Yushodo, 1961.

[375] Martin Trow. Comparative Perspectives on Higher Education Policy in the UK and the US [J]. Oxford Review of Education, 1988, 14 (1).

[376] OECD. Education at a Glance: OECD Indicators 2008 [EB/OL]. www. oecd. org.

[377] Pawan Agarwal. Higher Education in India: the Need for Change ICRIER Working Paper No. 180 January 2006 [EB/OL]. www. icrier. org.

[378] Stoner K. L., Cavins K M. New options for financing residence hall renovation and construction [J]. New Directions For Student Services, 2003 (101).

[379] Summary of the Three Year Kennedy Record [EB/OL]. [2006 – 03 – 20]. http://www. jfklibrary. org/jfk_leg_record3. html.

[380] Texas Council of Public University Presidents and Chancellors. Public Higher Education Capital Funding: A Survey of 37 States [EB/OL]. www. cpupc. org.

[381] The Congress of the United States Congressional Budget Office. An Analysis of the President's Credit Budget for Fiscal Year 1986 [EB/OL]. [1985 – 03 – 01]. http://www. cbo. gov/ftpdocs/59xx/doc5984/doc05a – Part_4. pdf.

[382] The Higher education Act of 1965 [EB/OL]. [1965-08-11]. http://www.washingtonwatchdog.org/documents/usc/ttl20/ch28/subchVII/ptA/sec1132b-1.html.

[383] U. S., Congress, House, Committee on Education and Labor. The Higher Education Act of 1965: Reportto Accompany H. R. 9567 [M]. 89th, Congress, 1st session, 1965.

[384] Young S. J. The Use of Market Mechanisms in Higher Education Nance and State Control: Ontario Considered [J]. Canadian Journal of Higher Education, 2002, 32 (2).

[385] 阿曽沼明裕. 国立大学ファンディングー1990年代以降の変化の位置づけ [R]. 国立大学財務・経営センター研究報告, 2009 (11).

[386] 科学技術振興機構. 産学官連携データ集2014-2015 [M/OL]. https://sangakukan.jp/.

后 记

本书是在课题组各项研究成果的基础上汇总编著而成。其中包括向教育部财务司提供的 5 份研究报告《大众化教育阶段高等教育筹资模式与高校财务管理模式的国际比较研究报告》《我国高校财务管理与财务风险现状调查报告》《高校财务风险与预警系统研究报告》《高校财务风险防范机制研究报告》《高校绩效预算和绩效管理研究报告》，两部专著《高校财务风险及预警防范机制研究》和《高等教育经费筹措与高校财务管理创新研究》（书稿），52 篇在《会计研究》《中国高教研究》《教育发展研究》等公开发表的论文，以及 1 项国家版权局计算机软件著作权专利《高校财务风险预警系统 FRWSU》。

课题研究中，汇集了财务学、会计学、财政学、高教管理和信息科学等多学科的学科带头人和一批中青年教师，也培养了一批博士和硕士研究生，探索了发挥工科大学和综合性大学管理学科各自优势，协同创新的模式。课题既有面对实时的应急对策研究，也有面向长远的建制性对策研究。

各章主要撰写人员：第一章，张丹、曾月明、杜深、高伟静、姜晓璐；第二章，葛文雷、林嘉永、张光伟、史良、姜晓璐；第三章，徐明稚、张丹、郑晓薇、姜晓璐；第四章，陈武元；第五章，陈武元；第六章，高长春、张斌、吴炯、王千红、王国兵、陈颖、徐明稚；第七章，李建发、张曾莲；第八章，李建发、徐明稚；第九章，李建发、孙明贵、卢宁文；第十章，徐明稚、张丹、丁永生、姜晓璐、刘长奎。徐明稚对本书做了总纂及部分内容的修改。

本书得到了教育部社科司、财务司、各省（自治区、直辖市）教育主管部门及相关高校的大力支持，孙明贵教授和陈武元教授做了大量的组织协调工作，张丹教授和姜晓璐博士在最终研究成果和本书的总纂中做了大量的协助工作，所有课题组成员及参与人员都倾注了宝贵的心血和才识，借此表示衷心的感谢！限于我们的学识，疏漏和差错在所难免，敬请专家学者和广大读者不吝赐教。

著 者
2016 年 10 月

教育部哲学社会科学研究重大课题攻关项目成果出版列表

序号	书　名	首席专家
1	《马克思主义基础理论若干重大问题研究》	陈先达
2	《马克思主义理论学科体系建构与建设研究》	张雷声
3	《马克思主义整体性研究》	逄锦聚
4	《改革开放以来马克思主义在中国的发展》	顾钰民
5	《新时期　新探索　新征程——当代资本主义国家共产党的理论与实践研究》	聂运麟
6	《坚持马克思主义在意识形态领域指导地位研究》	陈先达
7	《当代资本主义新变化的批判性解读》	唐正东
8	《当代中国人精神生活研究》	童世骏
9	《弘扬与培育民族精神研究》	杨叔子
10	《当代科学哲学的发展趋势》	郭贵春
11	《服务型政府建设规律研究》	朱光磊
12	《地方政府改革与深化行政管理体制改革研究》	沈荣华
13	《面向知识表示与推理的自然语言逻辑》	鞠实儿
14	《当代宗教冲突与对话研究》	张志刚
15	《马克思主义文艺理论中国化研究》	朱立元
16	《历史题材文学创作重大问题研究》	童庆炳
17	《现代中西高校公共艺术教育比较研究》	曾繁仁
18	《西方文论中国化与中国文论建设》	王一川
19	《中华民族音乐文化的国际传播与推广》	王耀华
20	《楚地出土战国简册［十四种］》	陈　伟
21	《近代中国的知识与制度转型》	桑　兵
22	《中国抗战在世界反法西斯战争中的历史地位》	胡德坤
23	《近代以来日本对华认识及其行动选择研究》	杨栋梁
24	《京津冀都市圈的崛起与中国经济发展》	周立群
25	《金融市场全球化下的中国监管体系研究》	曹凤岐
26	《中国市场经济发展研究》	刘　伟
27	《全球经济调整中的中国经济增长与宏观调控体系研究》	黄　达
28	《中国特大都市圈与世界制造业中心研究》	李廉水

序号	书名	首席专家
29	《中国产业竞争力研究》	赵彦云
30	《东北老工业基地资源型城市发展可持续产业问题研究》	宋冬林
31	《转型时期消费需求升级与产业发展研究》	臧旭恒
32	《中国金融国际化中的风险防范与金融安全研究》	刘锡良
33	《全球新型金融危机与中国的外汇储备战略》	陈雨露
34	《全球金融危机与新常态下的中国产业发展》	段文斌
35	《中国民营经济制度创新与发展》	李维安
36	《中国现代服务经济理论与发展战略研究》	陈 宪
37	《中国转型期的社会风险及公共危机管理研究》	丁烈云
38	《人文社会科学研究成果评价体系研究》	刘大椿
39	《中国工业化、城镇化进程中的农村土地问题研究》	曲福田
40	《中国农村社区建设研究》	项继权
41	《东北老工业基地改造与振兴研究》	程 伟
42	《全面建设小康社会进程中的我国就业发展战略研究》	曾湘泉
43	《自主创新战略与国际竞争力研究》	吴贵生
44	《转轨经济中的反行政性垄断与促进竞争政策研究》	于良春
45	《面向公共服务的电子政务管理体系研究》	孙宝文
46	《产权理论比较与中国产权制度变革》	黄少安
47	《中国企业集团成长与重组研究》	蓝海林
48	《我国资源、环境、人口与经济承载能力研究》	邱 东
49	《"病有所医"——目标、路径与战略选择》	高建民
50	《税收对国民收入分配调控作用研究》	郭庆旺
51	《多党合作与中国共产党执政能力建设研究》	周淑真
52	《规范收入分配秩序研究》	杨灿明
53	《中国社会转型中的政府治理模式研究》	娄成武
54	《中国加入区域经济一体化研究》	黄卫平
55	《金融体制改革和货币问题研究》	王广谦
56	《人民币均衡汇率问题研究》	姜波克
57	《我国土地制度与社会经济协调发展研究》	黄祖辉
58	《南水北调工程与中部地区经济社会可持续发展研究》	杨云彦
59	《产业集聚与区域经济协调发展研究》	王 珺

序号	书　名	首席专家
60	《我国货币政策体系与传导机制研究》	刘　伟
61	《我国民法典体系问题研究》	王利明
62	《中国司法制度的基础理论问题研究》	陈光中
63	《多元化纠纷解决机制与和谐社会的构建》	范　愉
64	《中国和平发展的重大前沿国际法律问题研究》	曾令良
65	《中国法制现代化的理论与实践》	徐显明
66	《农村土地问题立法研究》	陈小君
67	《知识产权制度变革与发展研究》	吴汉东
68	《中国能源安全若干法律与政策问题研究》	黄　进
69	《城乡统筹视角下我国城乡双向商贸流通体系研究》	任保平
70	《产权强度、土地流转与农民权益保护》	罗必良
71	《我国建设用地总量控制与差别化管理政策研究》	欧名豪
72	《矿产资源有偿使用制度与生态补偿机制》	李国平
73	《巨灾风险管理制度创新研究》	卓　志
74	《国有资产法律保护机制研究》	李曙光
75	《中国与全球油气资源重点区域合作研究》	王　震
76	《可持续发展的中国新型农村社会养老保险制度研究》	邓大松
77	《农民工权益保护理论与实践研究》	刘林平
78	《大学生就业创业教育研究》	杨晓慧
79	《新能源与可再生能源法律与政策研究》	李艳芳
80	《中国海外投资的风险防范与管控体系研究》	陈菲琼
81	《生活质量的指标构建与现状评价》	周长城
82	《中国公民人文素质研究》	石亚军
83	《城市化进程中的重大社会问题及其对策研究》	李　强
84	《中国农村与农民问题前沿研究》	徐　勇
85	《西部开发中的人口流动与族际交往研究》	马　戎
86	《现代农业发展战略研究》	周应恒
87	《综合交通运输体系研究——认知与建构》	荣朝和
88	《中国独生子女问题研究》	风笑天
89	《我国粮食安全保障体系研究》	胡小平
90	《我国食品安全风险防控研究》	王　硕

序号	书　名	首席专家
91	《城市新移民问题及其对策研究》	周大鸣
92	《新农村建设与城镇化推进中农村教育布局调整研究》	史宁中
93	《农村公共产品供给与农村和谐社会建设》	王国华
94	《中国大城市户籍制度改革研究》	彭希哲
95	《国家惠农政策的成效评价与完善研究》	邓大才
96	《以民主促进和谐——和谐社会构建中的基层民主政治建设研究》	徐　勇
97	《城市文化与国家治理——当代中国城市建设理论内涵与发展模式建构》	皇甫晓涛
98	《中国边疆治理研究》	周　平
99	《边疆多民族地区构建社会主义和谐社会研究》	张先亮
100	《新疆民族文化、民族心理与社会长治久安》	高静文
101	《中国大众媒介的传播效果与公信力研究》	喻国明
102	《媒介素养：理念、认知、参与》	陆　晔
103	《创新型国家的知识信息服务体系研究》	胡昌平
104	《数字信息资源规划、管理与利用研究》	马费成
105	《新闻传媒发展与建构和谐社会关系研究》	罗以澄
106	《数字传播技术与媒体产业发展研究》	黄升民
107	《互联网等新媒体对社会舆论影响与利用研究》	谢新洲
108	《网络舆论监测与安全研究》	黄永林
109	《中国文化产业发展战略论》	胡惠林
110	《20世纪中国古代文化经典在域外的传播与影响研究》	张西平
111	《国际传播的理论、现状和发展趋势研究》	吴　飞
112	《教育投入、资源配置与人力资本收益》	闵维方
113	《创新人才与教育创新研究》	林崇德
114	《中国农村教育发展指标体系研究》	袁桂林
115	《高校思想政治理论课程建设研究》	顾海良
116	《网络思想政治教育研究》	张再兴
117	《高校招生考试制度改革研究》	刘海峰
118	《基础教育改革与中国教育学理论重建研究》	叶　澜
119	《我国研究生教育结构调整问题研究》	袁本涛 王传毅
120	《公共财政框架下公共教育财政制度研究》	王善迈

序号	书　名	首席专家
121	《农民工子女问题研究》	袁振国
122	《当代大学生诚信制度建设及加强大学生思想政治工作研究》	黄蓉生
123	《从失衡走向平衡：素质教育课程评价体系研究》	钟启泉 崔允漷
124	《构建城乡一体化的教育体制机制研究》	李　玲
125	《高校思想政治理论课教育教学质量监测体系研究》	张耀灿
126	《处境不利儿童的心理发展现状与教育对策研究》	申继亮
127	《学习过程与机制研究》	莫　雷
128	《青少年心理健康素质调查研究》	沈德立
129	《灾后中小学生心理疏导研究》	林崇德
130	《民族地区教育优先发展研究》	张诗亚
131	《WTO主要成员贸易政策体系与对策研究》	张汉林
132	《中国和平发展的国际环境分析》	叶自成
133	《冷战时期美国重大外交政策案例研究》	沈志华
134	《新时期中非合作关系研究》	刘鸿武
135	《我国的地缘政治及其战略研究》	倪世雄
136	《中国海洋发展战略研究》	徐祥民
137	《深化医药卫生体制改革研究》	孟庆跃
138	《华侨华人在中国软实力建设中的作用研究》	黄　平
139	《我国地方法制建设理论与实践研究》	葛洪义
140	《城市化理论重构与城市化战略研究》	张鸿雁
141	《境外宗教渗透论》	段德智
142	《中部崛起过程中的新型工业化研究》	陈晓红
143	《农村社会保障制度研究》	赵　曼
144	《中国艺术学学科体系建设研究》	黄会林
145	《人工耳蜗术后儿童康复教育的原理与方法》	黄昭鸣
146	《我国少数民族音乐资源的保护与开发研究》	樊祖荫
147	《中国道德文化的传统理念与现代践行研究》	李建华
148	《低碳经济转型下的中国排放权交易体系》	齐绍洲
149	《中国东北亚战略与政策研究》	刘清才
150	《促进经济发展方式转变的地方财税体制改革研究》	钟晓敏
151	《中国—东盟区域经济一体化》	范祚军

序号	书名	首席专家
152	《非传统安全合作与中俄关系》	冯绍雷
153	《外资并购与我国产业安全研究》	李善民
154	《近代汉字术语的生成演变与中西日文化互动研究》	冯天瑜
155	《新时期加强社会组织建设研究》	李友梅
156	《民办学校分类管理政策研究》	周海涛
157	《我国城市住房制度改革研究》	高 波
158	《新媒体环境下的危机传播及舆论引导研究》	喻国明
159	《法治国家建设中的司法判例制度研究》	何家弘
160	《中国女性高层次人才发展规律及发展对策研究》	佟 新
161	《国际金融中心法制环境研究》	周仲飞
162	《居民收入占国民收入比重统计指标体系研究》	刘 扬
163	《中国历代边疆治理研究》	程妮娜
164	《性别视角下的中国文学与文化》	乔以钢
165	《我国公共财政风险评估及其防范对策研究》	吴俊培
166	《中国历代民歌史论》	陈书录
167	《大学生村官成长成才机制研究》	马抗美
168	《完善学校突发事件应急管理机制研究》	马怀德
169	《秦简牍整理与研究》	陈 伟
170	《出土简帛与古史再建》	李学勤
171	《民间借贷与非法集资风险防范的法律机制研究》	岳彩申
172	《新时期社会治安防控体系建设研究》	宫志刚
173	《加快发展我国生产服务业研究》	李江帆
174	《基本公共服务均等化研究》	张贤明
175	《职业教育质量评价体系研究》	周志刚
176	《中国大学校长管理专业化研究》	宣 勇
177	《"两型社会"建设标准及指标体系研究》	陈晓红
178	《中国与中亚地区国家关系研究》	潘志平
179	《保障我国海上通道安全研究》	吕 靖
180	《世界主要国家安全体制机制研究》	刘胜湘
181	《中国流动人口的城市逐梦》	杨菊华
182	《建设人口均衡型社会研究》	刘渝琳
183	《农产品流通体系建设的机制创新与政策体系研究》	夏春玉

序号	书　名	首席专家
184	《区域经济一体化中府际合作的法律问题研究》	石佑启
185	《城乡劳动力平等就业研究》	姚先国
186	《20世纪朱子学研究精华集成——从学术思想史的视角》	乐爱国
187	《拔尖创新人才成长规律与培养模式研究》	林崇德
188	《生态文明制度建设研究》	陈晓红
189	《我国城镇住房保障体系及运行机制研究》	虞晓芬
190	《中国战略性新兴产业国际化战略研究》	汪　涛
191	《证据科学论纲》	张保生
192	《要素成本上升背景下我国外贸中长期发展趋势研究》	黄建忠
193	《中国历代长城研究》	段清波
194	《当代技术哲学的发展趋势研究》	吴国林
195	《20世纪中国社会思潮研究》	高瑞泉
196	《中国社会保障制度整合与体系完善重大问题研究》	丁建定
197	《民族地区特殊类型贫困与反贫困研究》	李俊杰
198	《扩大消费需求的长效机制研究》	臧旭恒
199	《我国土地出让制度改革及收益共享机制研究》	石晓平
200	《高等学校分类体系及其设置标准研究》	史秋衡
201	《全面加强学校德育体系建设研究》	杜时忠
202	《生态环境公益诉讼机制研究》	颜运秋
203	《科学研究与高等教育深度融合的知识创新体系建设研究》	杜德斌
204	《女性高层次人才成长规律与发展对策研究》	罗瑾琏
205	《岳麓秦简与秦代法律制度研究》	陈松长
206	《民办教育分类管理政策实施跟踪与评估研究》	周海涛
207	《建立城乡统一的建设用地市场研究》	张安录
208	《迈向高质量发展的经济结构转变研究》	郭熙保
209	《中国社会福利理论与制度构建——以适度普惠社会福利制度为例》	彭华民
210	《提高教育系统廉政文化建设实效性和针对性研究》	罗国振
211	《毒品成瘾及其复吸行为——心理学的研究视角》	沈模卫
212	《英语世界的中国文学译介与研究》	曹顺庆
213	《建立公开规范的住房公积金制度研究》	王先柱

序号	书　名	首席专家
214	《现代归纳逻辑理论及其应用研究》	何向东
215	《时代变迁、技术扩散与教育变革：信息化教育的理论与实践探索》	杨　浩
216	《城镇化进程中新生代农民工职业教育与社会融合问题研究》	褚宏启 薛二勇
217	《我国先进制造业发展战略研究》	唐晓华
218	《融合与修正：跨文化交流的逻辑与认知研究》	鞠实儿
219	《中国新生代农民工收入状况与消费行为研究》	金晓彤
220	《高校少数民族应用型人才培养模式综合改革研究》	张学敏
221	《中国的立法体制研究》	陈　俊
222	《教师社会经济地位问题：现实与选择》	劳凯声
223	《中国现代职业教育质量保障体系研究》	赵志群
224	《欧洲农村城镇化进程及其借鉴意义》	刘景华
225	《国际金融危机后全球需求结构变化及其对中国的影响》	陈万灵
226	《创新法治人才培养机制》	杜承铭
227	《法治中国建设背景下警察权研究》	余凌云
228	《高校财务管理创新与财务风险防范机制研究》	徐明稚
……